DESCRIPTION
DE
L'ÉGYPTE,
RECUEIL
DES OBSERVATIONS ET DES RECHERCHES
QUI ONT ÉTÉ FAITES EN ÉGYPTE
PENDANT L'EXPÉDITION DE L'ARMÉE FRANÇAISE.

SECONDE ÉDITION

DÉDIÉE AU ROI

PUBLIÉE PAR C. L. F. PANCKOUCKE.

TOME SEPTIÈME

ANTIQUITÉS — MÉMOIRES

IMPRIMERIE
DE C. L. F. PANCKOUCKE.

M. D. CCC. XXII.

DESCRIPTION
DE
L'ÉGYPTE.

DESCRIPTION

DE

L'ÉGYPTE

OU

RECUEIL
DES OBSERVATIONS ET DES RECHERCHES
QUI ONT ÉTÉ FAITES EN ÉGYPTE
PENDANT L'EXPÉDITION DE L'ARMÉE FRANÇAISE.

SECONDE ÉDITION
DÉDIÉE AU ROI
PUBLIÉE PAR C. L. F. PANCKOUCKE.

TOME SEPTIÈME.

ANTIQUITÉS—MÉMOIRES.

PARIS
IMPRIMERIE DE C. L. F. PANCKOUCKE
M. D. CCC. XXII.

ANTIQUITÉS
MÉMOIRES.

EXPOSITION
DU SYSTÈME MÉTRIQUE
DES ANCIENS ÉGYPTIENS,

CONTENANT DES RECHERCHES SUR LEURS CONNAISSANCES GÉOMÉTRIQUES,
GÉOGRAPHIQUES ET ASTRONOMIQUES,

ET SUR LES MESURES DES AUTRES PEUPLES DE L'ANTIQUITÉ;

Par E. JOMARD.

> « On se convaincra, d'après ces recherches, que les mesures itinéraires des anciens sont plus exactes qu'on ne le croit. En les comparant au plan de la terre, tel qu'il nous est connu, il est souvent difficile, quelquefois même impossible, de décider si les erreurs que l'on croit apercevoir dans ces itinéraires, doivent être rejetées plutôt sur le compte des anciens que sur l'imperfection de nos connaissances actuelles. »
>
> (*Recherches sur la géographie systématique et positive des anciens*, par M. Gosselin.)

INTRODUCTION.

La recherche des mesures employées chez les anciens a occupé depuis deux siècles un grand nombre d'auteurs. Parmi la multitude des idées plus ou moins hypothétiques qui ont servi de base à leurs travaux, il en est une qui consiste à chercher en Orient l'origine d'un système métrique fondé sur des bases naturelles. Les écrivains qui l'ont adoptée, n'ont manqué ni de savoir ni d'imagination : ils ont fait usage de toutes les ressources de l'érudition ; ils ont presque épuisé les commentaires ; il semble enfin qu'ils n'aient rien laissé à faire dans cette partie de la question qui exige l'étude des témoignages des anciens. Mais les pays orientaux ont-ils été eux-mêmes étudiés avec autant de soin, les monumens observés avec autant de sagacité, interrogés avec autant de succès ? Aucune de ces contrées, si l'on en excepte l'Égypte (encore le doit-on à une circonstance extraordinaire), n'a été explorée avec cette curiosité scrupuleuse, cette minutieuse fidélité, qui seules peuvent mener à des résultats incontestables ; et si la précision géométrique est nécessaire pour avoir, sur les monumens des arts, des données vraiment utiles, à plus forte raison est-elle rigoureusement indispensable, quand il s'agit de la recherche des élémens des mesures.

Notre dessein n'est pas d'établir une discussion suivie des hypothèses de Newton, de Greaves, de Bailly, d'Arbuthnot et de tant d'autres, ni de combattre les résultats auxquels sont parvenus Fréret, d'Anville, Labarre, Gibert, Paucton, Romé de Lille, et surtout le savant anglais Éd. Bernard, dont le travail a été si utile à nos recherches ; il serait trop fatigant pour le lecteur de suivre l'analyse de leurs nombreux ouvrages, et de partager par là en quelque sorte la peine que nous avons prise dans cette investigation épineuse : nous citerons seulement ces auteurs toutes les fois qu'il sera nécessaire. Notre sujet est d'ailleurs plus restreint, plus circonscrit, que celui qu'ils ont embrassé; et il ne nous paraît encore que trop vaste, quand nous considérons qu'il a paru depuis peu sur cette matière plusieurs savans ouvrages dont quelques-uns sont devenus, pour ainsi dire, classiques. Si nous osons entreprendre à notre tour de traiter ce sujet, et nous flatter d'obtenir l'attention, ce ne peut être que par l'exactitude des faits que nous présentons réunis; faits que nous avons eu le bonheur de recueillir nous-mêmes en Égypte, et l'avantage de pouvoir méditer et comparer entre eux depuis la fin de l'expédition française. La fidélité des observations, quelles que soient les conséquences qu'on en tire, trouvera toujours grâce, par son utilité, aux yeux des lecteurs amis de la vérité. Ces recherches, qui ont été annoncées depuis long-temps, nous occupaient déjà en Égypte pendant le cours de l'expédition; elles devaient servir de base au travail que nous avons entrepris sur la géographie comparée : mais, craignant de nous abandonner trop légèrement à des idées qui pouvaient passer pour systématiques, nous avons cru devoir les mûrir par une longue méditation, plutôt que de les présenter avec trop de confiance. Peut-être aussi nous sera-t-il permis d'alléguer, pour motif d'un pareil retard, les soins assidus qu'il nous a fallu donner à la publication de la *Description de l'Égypte*, dont le plan est assez connu des savans pour nous dispenser d'entrer ici dans de plus grands détails.

S'il a existé chez les anciens des mesures fixes et assujetties à un type invariable, aucun pays, plus que l'Égypte, n'offre l'espoir de découvrir ce système régulier. C'est bien chez une nation où tout portait le caractère de la sagesse et de la fixité, qu'il est raisonnable de faire une pareille recherche. Quand on ne connaîtrait pas le goût naturel qui portait les Égyptiens vers les choses exactes, n'est-on pas conduit à étudier leurs mesures avec curiosité, quand on sait, par l'histoire, qu'ils avaient eu, les premiers, des poids et des mesures; qu'un de leurs législateurs avait inventé les mesures usuelles, et les avait réglées lui-même; que d'ailleurs le mesurage des accroissemens périodiques du Nil, et celui des limites des terres annuellement confondues par l'inondation, avaient, de temps immémorial, appelé l'attention des Égyptiens, et exigé non-seulement des mesures constantes et invariables dans tout le pays, mais encore une exactitude géométrique dans les opérations fréquentes où l'on en faisait usage? Bien plus, l'examen des constructions et des monumens de tout genre de l'Égypte ancienne, exécutés avec tant de soin, suffirait seul pour faire présumer que le peuple qui les a élevés, possédait des mesures précises et enchaînées par une certaine loi. Le témoignage de Platon est positif, et celui de Diodore de Sicile ne l'est pas moins. « Hermès, dit celui-ci, avait inventé les poids et les mesures qui prévenaient la fraude dans le commerce. » Cet Hermès n'est autre que le ministre d'Osiris, appelé *Thoth* chez les Égyptiens, inventeur du calcul, des sciences exactes et de tous les arts utiles. « Theuth, dit Platon, avait découvert la science des nombres, la géométrie, le calcul et les mesures [1]. »

[1] Plat. *in Phædro*.

DES ANCIENS ÉGYPTIENS. 5

Il est donc naturel de penser que l'étude des monumens laissés par les Égyptiens y fera retrouver leur système métrique : c'est là la fin essentielle de notre travail, notre but n'étant pas de donner un tableau de toutes les mesures appartenant aux divers peuples et citées par les auteurs. Outre que cette recherche serait hors du plan de l'ouvrage et au-dessus de nos forces, elle se trouvera faite en partie, pour ainsi dire, par la seule détermination des mesures égyptiennes. Celles-ci, en effet, ont donné naissance à beaucoup d'autres, telles, par exemple, que les mesures hébraïques, ainsi que l'atteste positivement S. Épiphane. Nous ferons de fréquens rapprochemens entre les mesures égyptiennes et les mesures étrangères ; mais nous n'avons l'intention de traiter de celles-ci que d'une manière accessoire. D'ailleurs, pour le seul travail que nous présentons, il a fallu une multitude si considérable de calculs, qu'il restait peu de place pour d'autres matières [1]. Quoique nous ayons cité un grand nombre d'anciens passages, nous en avons cependant négligé beaucoup : les rassembler tous est un travail facile à un auteur, mais presque inutile pour les érudits

[1] Il est facile d'apprécier le temps et le soin qu'ont coûté tous ces calculs, quelque avantage que nous ayons tiré d'ailleurs des mesures décimales, qui donnent la facilité de convertir rapidement toutes les autres mesures en fractions du mètre ; avantage qui avait manqué aux métrologues, et qui est du plus grand secours dans cette recherche, en ce qu'il donne le moyen de faire à-la-fois une foule de rapprochemens compliqués. Souvent une remarque importante naît de la seule comparaison des divers résultats, traduits en quantités métriques, c'est-à-dire ayant pour base la même unité. Le calcul décimal est un instrument également précieux. Nous n'en réclamons pas moins l'indulgence du lecteur pour les erreurs numériques, inévitables dans des opérations si multipliées.

et rebutant pour les autres. Nous devons réclamer l'indulgence des savans, pour n'avoir pas toujours cité les ouvrages des écrivains plus modernes. A plus forte raison nous sommes-nous abstenus de combattre leurs opinions, quand elles différaient des nôtres : le lecteur sentira sans peine que cette discussion aurait été au moins superflue.

Sans prolonger davantage ces observations préliminaires, nous allons entrer en matière dès à présent, en traçant d'abord un aperçu de la marche que nous nous proposons de suivre.

Les métrologues ont suivi trois voies différentes pour arriver à la détermination des mesures des anciens. La première et la plus directe consiste à rechercher les *étalons* mêmes des mesures; la seconde, à mesurer les espaces ou les édifices dont les anciens auteurs ont donné les dimensions précises; la troisième, à découvrir dans les monumens s'il y a quelques mesures communes qui en divisent exactement les dimensions, qui en soient parties aliquotes. Nous ferons usage de ces trois moyens différens, mais en donnant toujours la préférence aux preuves tirées des monumens, et ne faisant usage des preuves d'analogie que pour confirmer des valeurs déjà établies par les premières. La conservation actuelle des mesures dans le pays lui-même, avec des modifications qui ne les ont pas effacées, est encore une ressource précieuse à laquelle nous aurons souvent recours.

Que veut-on faire en recherchant la valeur des mesures anciennes ? Connaître la grandeur absolue d'une coudée, d'un pied, d'un plèthre ou d'un stade, exprimée en mètres et en parties de mètre, ou en toute autre mesure moderne. A défaut d'étalon, il n'est qu'un moyen infaillible; c'est de mesurer des monumens dont les anciens nous aient transmis les grandeurs en coudées, en pieds, en plèthres, etc., et de comparer celles-ci avec les dimensions actuelles. Malheureusement il y a en Égypte très-peu d'édifices dont les anciens aient rapporté les dimensions : aussi nous rassemblerons avec soin tous les faits de ce genre. A mesure que nous aurons déterminé diverses valeurs, nous les mettrons à part; nous observerons si quelque rapport constant lie en effet ces valeurs entre elles; et, dans ce cas, nous conclurons légitimement que ces mesures sont le fruit d'une institution, et non du hasard ou du caprice. Passant à la recherche des parties aliquotes, si nous leur trouvons des valeurs égales à celles que nous aurons déterminées précédemment, celles-ci en recevront une confirmation solide, ainsi que le système des mesures en lui-même.

L'examen de l'étendue de l'Égypte et de la valeur du degré terrestre en cette contrée fera le premier objet de nos recherches. Ainsi que nous l'avons dit plus haut, ce n'est pas avancer une idée absolument nouvelle, que de comparer les mesures des anciens avec un type pris dans la nature. On ne sera donc pas surpris que nous exposions d'abord les grandes mesures géographiques de l'Égypte, rapportées par les auteurs; mesures qui sont liées avec la détermination de l'arc terrestre qui joint Syène et Alexandrie, et par conséquent avec la grandeur réelle du stade. La comparaison des nombreuses distances fournies par les auteurs, avec la carte que nous avons levée géométriquement en Égypte, donnera immédiatement la valeur des grandes mesures itinéraires, telles que le schœne, le stade, le mille, etc.

Passant à l'étude des monumens qui, par leur grandeur presque immense, approchent en quelque sorte des distances itinéraires, nous commençons par l'examen de ces pyramides qui, après tant de siècles et tant d'écrits, sont encore aujourd'hui imparfaitement connues, surtout pour les résultats singuliers qu'elles présentent et les conséquences qu'on peut en déduire sous le rapport des sciences exactes. Le soin apporté aux mesures prises pendant le cours de l'expédition ne laisse heureusement rien à désirer sous ce rapport intéressant. L'étude des pyramides nous fournit une détermination du stade égyptien, du plèthre, de l'orgyie, de la coudée, du pied, enfin de l'aroure, mesure agraire fort importante en Égypte.

Après ces monumens extraordinaires, viennent les temples, les palais, les hypogées et les divers édifices de l'Égypte : tantôt nous y trouvons les anciennes mesures écrites pour ainsi dire, en comparant seulement les dimensions données par les auteurs, avec celles des lieux; tantôt nous les obtenons en prenant les diviseurs communs des dimensions actuelles. Ces deux moyens se servent de confirmation et de preuve réciproque; c'est en même temps une application des précédens résultats, qui en fortifie de plus en plus la certitude.

De même que les monumens renferment dans leurs principales dimensions les élémens des mesures, ainsi les figures elles-mêmes qui les décorent en présentent souvent le type. Ce fait, tout singulier qu'il peut paraître, n'en est pas moins exact. Ces figures sont assujetties à des échelles métriques, et la stature même des personnages est conforme à des règles invariables : tant le goût de la précision, ou même, si nous pouvons le dire, l'esprit géométrique, était inné et dominant chez ces peuples. Il est surprenant qu'on ait douté de leurs travaux et de leurs observations scientifiques, attestés pourtant par les historiens : mais ce doute, s'il était naturel, est aujourd'hui absolument dissipé, quand on voit quelle rigueur mathématique a présidé à leurs constructions et jusqu'aux moindres détails de leurs ouvrages. Ici nous examinons le rapport naturel entre la coudée et le pied dans la stature humaine, et les autres rapports entre les différentes parties de cette stature.

Dans un autre chapitre, nous recherchons les valeurs du pied grec et du pied romain d'après les monumens, et nous en faisons voir l'accord avec les mesures égyptiennes ; il en est de même du pied dont Pline a fait usage. Après toutes ces déterminations, nous observons la succession et l'enchaînement des principales mesures et l'identité de leurs rapports avec ceux qui résultent des écrits des anciens.

Les mesures actuelles des Égyptiens et leurs rapports évidens avec les anciennes, des recherches sur les stades des jeux et les stades itinéraires, et des remarques sur les cirques et les hippodromes qui sont en Égypte, font l'objet des deux chapitres suivans.

Ayant ainsi établi la plupart des mesures propres à

l'Égypte, nous recherchons dans les auteurs, et surtout dans Héron d'Alexandrie, qui nous a conservé un tableau curieux de l'ancien système égyptien, tous les autres passages relatifs aux mesures. En y appliquant nos déterminations, nous en voyons la justesse confirmée. C'est ainsi que les valeurs assignées pour le mille, le stade, le plèthre, la canne, l'orgyie, la coudée, le pied, etc., se trouvent justifiées. Les mesures des anciens peuples en rapport avec celles de l'Égypte, et des observations sur les diverses mesures égyptiennes, comprenant une recherche particulière des différentes espèces de schœne et de parasange, complètent ce chapitre.

Si l'Égypte a été imitée par les autres nations, c'est surtout pour ce qui touche aux usages ordinaires de la vie civile. On ne doit pas être étonné que les Hébreux et les Grecs aient emprunté ses mesures, ou qu'ils les aient modifiées de manière qu'on les découvre aisément dans celles qu'ils ont adoptées. Ici nous examinons plusieurs des mesures que nous ont transmises les auteurs, et nous en formons des tableaux séparés.

Les applications puisées dans les témoignages des anciens viennent à l'appui de ce genre de preuves secondaires; nous en présentons d'autres qui sont tirées des monumens, et plusieurs qui se rattachent à l'astronomie. On a ici l'occasion de discuter, d'expliquer peut-être ce qui a été rapporté sur toutes les mesures de la terre attribuées aux anciens et aux Arabes.

Tout ce qui précède se rapporte aux mesures linéaires; le chapitre suivant est consacré aux mesures de superficie.

Les résultats auxquels nous sommes ainsi parvenus, supposent, dans les auteurs du système métrique, des connaissances de géométrie et de géographie mathématiques. Nous réunissons ici tous les faits qui démontrent à quel degré les Égyptiens avaient porté ces connaissances, et nous comparons ces faits avec les témoignages de l'antiquité.

Nous finissons par des notes et des éclaircissemens nécessaires à l'intelligence de ce travail, dans lequel nous avons été contraints de nous restreindre, afin d'éviter des développemens trop volumineux. Parmi ces éclaircissemens, nous avons fait entrer des recherches étymologiques, dont le résultat confirme l'origine du système métrique.

Dans la conclusion du mémoire, on examine quelques objections, et l'on expose des considérations générales sur les travaux scientifiques des Égyptiens : cette conclusion est accompagnée d'un tableau général et comparé des mesures égyptiennes et des principales mesures hébraïques, grecques et romaines, appuyé sur toutes les déterminations précédentes.

Tel est le plan que nous avons adopté comme propre à être aisément suivi du lecteur sans une attention fatigante, attention qu'exigent malheureusement presque tous les ouvrages de métrologie. D'ailleurs, la marche analytique est toujours préférable dans les sujets un peu complexes, parce que chaque pas que l'on fait est comme un point fixe d'où l'on part pour avancer plus loin, sans qu'on craigne d'avoir à rétrograder. Il suffit, pour saisir le fil de ces recherches, d'avoir sous les yeux

et de consulter de temps en temps le tableau qui en offre
l'ensemble : les nombres qui le composent renferment,
en quelque façon, la solution générale des questions
que fait naître sur cette matière la lecture des passages
des anciens.

CHAPITRE Ier.

Valeur du degré terrestre; étendue de l'Égypte; échelle du système.

§. I. *Valeur du degré terrestre en Égypte.*

La vallée d'Égypte comprend environ huit degrés de latitude; sa plus grande longueur est du midi au nord. Une aussi grande plaine, qui se termine à la mer, offrirait toutes les conditions les plus avantageuses pour mesurer un arc du méridien; et il est à regretter qu'on n'ait pu exécuter cette opération dans les circonstances favorables qui ont existé au commencement du siècle. Cependant les résultats que fournissent les mesures déjà faites sur le globe, donnent une approximation très-grande et suffisante pour la question actuelle. De l'hypothèse d'un 334e d'aplatissement, on déduit, pour la longueur en mètres du 25e degré, pris à Syène, 110791^m,11, et pour celle du 32e, à Alexandrie, 110892^m,66. Le 27e degré est de 110818^m,44; et le 28e, de 110832^m,64.

Il s'ensuit que, pour une latitude moyenne de 27° 39′ 14″, ou 27° 40′ en nombre rond, comme est celle de l'Heptanomide ou Égypte moyenne, le degré vaut 110827^m,87 [1] ou 110828 mètres : en faisant

---

[1] La formule par laquelle on calcule la valeur du degré à la latitude moyenne de l'Égypte, est celle-ci : $g' = g(1 - 3a \sin.^2 L')$, g' étant la valeur cherchée, g le degré moyen du globe, a l'aplatissement $= \frac{1}{334}$,

14 EXPOSITION DU SYSTÈME MÉTRIQUE

usage de la mesure de Svanberg, il serait de 110835 mètres[1].

Ainsi ce degré de l'Égypte est inférieur de 283 mètres ou de $\frac{1}{400}$ environ au degré moyen du globe, lequel est de $111111^m\frac{1}{9}$, ou $57008^{toises},22$. La minute de ce degré est de $1847^m,13$; et la seconde, de $30^m,786$.

Nous ne pouvons guère douter que la carte d'Ératosthène n'ait été, au moins en partie, formée avec des documens égyptiens. Il paraît qu'à une époque fort ancienne il a été fait, en Égypte, des observations célestes, et qu'on y a construit une carte où la valeur des degrés a été établie d'après le module trouvé à la hauteur de l'Égypte moyenne[2]. Mais les Égyptiens ignoraient la sphéroïdicité de la terre; ils ont supposé tous les degrés égaux entre eux et à celui de l'Égypte moyenne, dont ils avaient déterminé l'étendue : c'est ce travail sur lequel Eratosthène s'est appuyé.

et L' la latitude moyenne $= 27°\ 39'\ 14''$. (Puissant, *Traité de géodésie*, pag. 135.) On peut aussi, en substituant à g la valeur du degré de l'équateur, calculer le degré cherché; le résultat se confond presque avec le premier. Des différences très-légères ne doivent pas entrer ici en ligne de compte, et sont absolument sans importance.

[1] Cette dernière valeur du degré résulte de l'aplatissement du globe, que Svanberg, auteur de la dernière mesure d'un degré en Laponie, a calculé en combinant sa mesure avec celle que Bouguer et La Condamine ont faite au Pérou, avec celle qui a été exécutée dans les Indes orientales, enfin avec la mesure faite en France par MM. Delambre et Méchain. Cet aplatissement doit être de $\frac{1}{313}$, selon Svanberg, pour concilier les quatre mesures; les savans hésitent entre cette valeur et celle de $\frac{1}{312}$: mais toutes ces différences sont légères, quant à la valeur du degré. Au reste, je n'ignore pas l'incertitude qui plane encore sur les élémens d'après lesquels on fixe la grandeur absolue des degrés du méridien : mais, quelles que soient les anomalies qu'on a découvertes dans la courbure de la terre, elles n'influent point sensiblement sur le résultat qui nous occupe.

[2] Nous traiterons plus loin des connaissances géographiques et géométriques des Égyptiens.

En effet, personne n'ignore que le stade dont Ératosthène et Hipparque ont fait usage, est égal à 158$^m\frac{1}{2}$, à fort peu près : beaucoup d'observations et de recherches l'ont démontré, particulièrement les savans travaux de M. Gossellin. Si l'on convertit en mètres les distances de l'équateur à Syène et Alexandrie, que les dernières observations astronomiques portent à 24° 5′ 23″ et à 51° 15′ 5″, sur le pied de 110828 mètres, on trouve en nombre ronds (et l'on ne doit pas en chercher d'autres), pour la première latitude, 2670000 mètres, et pour la seconde, 3460000 mètres. Or, suivant Strabon, Hipparque comptait 16800 stades de distance de l'équateur à Syène. Si l'on divise 2670000 par 16800, l'on trouve, pour valeur de ce stade, 158^m,9. Ératosthène comptait 21700 stades entre l'équateur et le parallèle d'Alexandrie; la division de 3460000 par 21700 donne 159^m,4. Mais Hipparque, plus précis, a corrigé cette distance, et l'a portée à 21800 stades. Le quotient donne ainsi 158^m,7 ; ce qui est plus exact.

Non-seulement ces résultats confirment la valeur du stade dont a usé Ératosthène, mais encore ils prouvent, 1°. que l'antiquité possédait d'excellentes observations; 2°. que l'évaluation des grandes distances géographiques employées par ces anciens auteurs grecs reposait sur la valeur du degré égyptien.

§. II. *De l'étendue de l'Égypte en latitude, et de la distance d'Alexandrie à Syène.*

La mesure de la terre généralement attribuée à Ératosthène est fondée sur deux élémens : l'un est la distance angulaire comprise entre Alexandrie et Syène ; l'autre est la distance itinéraire de ces deux lieux. On a cru qu'il s'agissait de l'arc de grand cercle qui joint ces deux villes, tandis qu'il était question de la distance des parallèles : en effet, cet arc est donné de $\frac{1}{50}$ de la circonférence, ou de 7° 12′, ce qui n'excède que d'environ 4′ l'arc récemment observé entre les deux parallèles ; tandis que l'arc entre les deux zéniths s'élève à plus de 7° 36′, ce qui porte la différence à plus de 24′.

Il en est de même du nombre des stades contenus entre Alexandrie et Syène. Les 5000 stades d'Ératosthène conviennent très-bien (à 9 ou 10 près) à la distance des parallèles ; mais la distance des villes en comprend près de 5400.

Ces mesures ont été l'objet de tant de discussions et la matière de tant d'erreurs, que j'ai cru nécessaire d'établir les véritables valeurs de l'arc et de la distance itinéraire qui séparent Syène d'Alexandrie, comptées, soit entre ces deux points, soit entre les parallèles ; mais je me bornerai ici à ces résultats immédiats de l'observation, renvoyant l'examen des auteurs à un autre chapitre[1].

1°. La latitude de Syène étant de 24° 5′ 23″, et celle

[1] *Voyez* le chapitre x.

d'Alexandrie, de 31° 13′ 5″, la différence des parallèles est donc 7° 7′ 42″. Pour avoir la valeur réelle de cet arc mesuré en mètres, j'emploierai celle de chacun des degrés 25e, 26e, 27e, 28e, 29e, 30e, 31e et 32e, calculés d'après les formules connues, qui supposent un 334e d'aplatissement : ces valeurs sont de 110791 mètres, 110805 mètres, 110818 mètres, 110833 mètres, 110847 mètres, 110862 mètres, 110877 mètres, 110893 mètres, et par conséquent l'arc de 7° 7′ 42″ équivaut à 790064 mètres. Le même arc, calculé sur le pied de 110828 mètres pour un degré, valeur prise à la hauteur moyenne de l'Égypte, est de 790050 mètres. Ces deux mesures sont tellement rapprochées qu'on peut s'en tenir, dans l'évaluation d'une aussi grande distance, au nombre rond de 790000 mètres [1].

2°. L'arc de grand cercle qui joint Alexandrie et Syène, calculé dans le triangle sphérique formé par cet arc, la différence de latitude (7° 7′ 42″), et la différence de longitude (2° 59′ 19″), est égal à 7° 36′ 10″; ce qui, à raison de 110828 mètres par degré, fait, en nombre rond, 842600 mètres. Cet arc, calculé par les distances à la méridienne et à la perpendiculaire de la grande pyramide, est de 843522 mètres : si l'on veut prendre un terme moyen avec la précédente valeur, on trouve, en nombre rond, 843000 mètres.

Ces deux distances de 790000 mètres et de 843000 mètres nous serviront à examiner les mesures que rap-

---

[1] On doit se borner aux nombres ronds, sans égard à quelques centaines de mètres, attendu la différence qui doit exister entre le lieu des observations modernes et les centres des anciens observatoires à Syène et Alexandrie.

portent les anciens pour l'étendue de l'Égypte entre Alexandrie et Syène, et à déterminer les élémens dont ils se sont servis pour exprimer ces dimensions.

§. III. *Base ou échelle suivie chez les anciens pour la subdivision des mesures.*

Il n'est pas inutile de faire précéder la recherche de l'unité métrique par quelques considérations sur la base qui a été choisie, dans l'antiquité, pour régler la succession des mesures en général. Cette base est la division duodénaire, qui a été suivie partout en Orient : elle a été transmise à l'Europe par les Romains, qui l'avaient reçue des Grecs, et ceux-ci de l'Égypte. C'est à la propriété connue du nombre 12, d'avoir un grand nombre de diviseurs, qu'elle doit la préférence qu'on lui a donnée : son origine est dans la géométrie; et l'on sait qu'elle a aussi une source puisée dans la nature. De cette division duodénaire, combinée avec le nombre des doigts de la main, dérive naturellement l'échelle sexagésimale.

La division du cercle, considéré comme figure géométrique, est de pure spéculation. Postérieure à la division des cercles astronomiques, il est infiniment probable qu'elle lui doit aussi son origine. Or, le cercle zodiacal a été divisé, dès les premiers temps, en douze parties, comme le témoignent Macrobe[1] et d'autres auteurs, et comme le prouvent les zodiaques de Tentyris et de Latopolis en Égypte, qui ont succédé sans doute à un grand nombre d'autres. Chacune de ces parties ré-

[1] *In Somn. Scipionis*, lib. 1, cap. 21.

pond à un intervalle de temps qui est d'environ trente jours ; le jour était donc une division naturelle du cercle solaire en trois cent soixante parties ; et il n'est pas douteux que ce ne soit la source de la division du cercle, en général, en 360 degrés. Cette division sexagésimale doit être regardée comme d'autant plus ancienne, que le compte de trois cent soixante jours à l'année suppose l'observation dans l'enfance : mais la commodité d'une telle division l'a fait survivre à cette année défectueuse ; et nous la conservons encore aujourd'hui pour le même motif.

C'est une erreur très-grande, mais commune, que d'attribuer à Ptolémée la découverte et le premier usage de la division sexagésimale du cercle. Trois cents ans avant Ptolémée, Hipparque [1] plaçait la ville de Rhodes à *trente-six parties* de l'équateur ; or, 36 degrés ordinaires ou sexagésimaux expriment assez exactement la latitude de cette île. Avant Hipparque, Ératosthène et d'autres savans (au rapport de Strabon) mesuraient les intervalles des parallèles en *soixantièmes du cercle* [2] ; ceux-ci se divisaient ensuite en soixante autres parties, et ces dernières parties en stades.

---

[1] *Uranolog.* pag. 207.

[2] « Le cercle de l'équateur étant, selon Ératosthène, de 252000 stades, le quart de ce même cercle sera de 63000 stades. Telle sera donc aussi la distance de l'équateur au pôle : elle comprendra quinze des soixante parties dans lesquelles on divise le cercle entier de l'équateur. De ces quinze *soixantièmes*, on en compte quatre depuis l'équateur jusqu'au tropique d'été, c'est-à-dire jusqu'au parallèle de Syène : car c'est d'après la mesure connue des intervalles célestes qu'on évalue celle des intervalles terrestres correspondans. »

Ὄντος δὴ κατ' Ἐρατοσθένην τοῦ ἰσημερινοῦ κύκλου σταδίων μυριάδων πέντε καὶ εἴκοσι καὶ δισχιλίων, τὸ τεταρτημόριον εἴη ἂν ἓξ μυριάδες καὶ τρισχίλιοι· τοῦτο δή ἐστι τὸ ἀπὸ τοῦ ἰσημερινοῦ ἐπὶ τὸν πόλον, πεντεκαί-

Cette division sexagésimale était appliquée à la durée même du jour, chez les anciens astronomes : on divisait le jour en soixante primes ou minutes, πρῶτον; celles-ci en soixante secondes, δεύτερον; puis en soixante tierces, τρίτον; enfin en soixante quartes, τέταρτον [1]. Les soixantièmes de jour, *sexagesimæ diurnæ*, ont long-temps prévalu sur la division en vingt-quatre heures; mais c'était sans doute seulement pour les usages astronomiques et pour la facilité des supputations : tout le reste des mesures étant sexagésimal, il était commode, pour réduire les observations, que le temps fût divisé de la même manière. Les astronomes anciens, dit le P. Pétau, se servaient plus souvent des soixantièmes de jour que d'heures et de minutes. Il faut faire observer que cette même division est celle des Indiens [2].

Nous savons par Aratus que le cercle se divisait en douze parties, ou duodécades (δυωδεκάδες κύκλοιο); c'est l'origine des *dodécatémories* ou douze divisions du zodiaque. On sait aussi que la circonférence se divisait en trente-six décans : ainsi les duodécades valaient trois décans.

On croit que la coudée astronomique, d'après Ératosthène, valait deux parties, appelées μοίραι, nom qui s'écrivait en abrégé, μοί, comme le mot de *degré* s'écrit

---

δέκα ἑξηκοστὰ σταδίων, οἵων ἐστὶν ὁ ἰσημερινὸς ἑξήκοντα· τὸ δ' ἀπὸ τοῦ ἰσημερινοῦ ἐπὶ τὸν θερινὸν τροπικόν, τεττάρων· οὗτος δ' ἐστὶν ὁ διὰ Συήνης γραφόμενος παράλληλος· συλλογίζεται δὴ τὰ καθ' ἕκαστα διαστήματα, ἐκ τῶν φαινομένων μέτρων. (Strab. *Geogr.* lib. II, pag. 78.)

Voyez aussi *Ach. Tat.* c. 26 et 29.
[1] Gemin. *Elem. astron.* Uranol. pag. 36.
[2] « Les Indiens, dit Bailly, divisaient leur jour en soixante parties, celles-ci en soixante autres, celles-ci encore en soixante; ce qui fait deux cent seize mille parties dans le jour. »

deg[1]. Il serait intéressant de connaître pourquoi cette division, valant deux degrés ou un 180ᵉ de cercle, avait emprunté le nom de *coudée*, plutôt que celui d'une autre division. Les anciens mesuraient en *doigts* les phases des éclipses, ainsi que nous le faisons nous-mêmes quand nous donnons douze doigts au diamètre du soleil; c'est d'eux que nous tenons cette méthode. En effet, le diamètre du soleil était estimé, par les Égyptiens, de 30′ ou un demi-degré. (*Voyez* le chapitre x, à la fin.) La coudée astronomique renfermait donc quatre fois le diamètre du soleil; et, en lui supposant vingt-quatre doigts comme à la coudée usuelle, le diamètre en prenait six.

Quelques-uns ont admis que la coudée répondait à un degré: dans cette opinion, le diamètre du soleil serait douze doigts, comme chez les modernes. On serait porté à le croire, en considérant l'anneau de trois cent soixante-cinq coudées du cercle d'Osymandyas, où la marche du soleil en un jour, c'est-à-dire un degré, correspond à une coudée. Les jours de l'année, selon Diodore, étaient distribués par coudées dans ce cercle astronomique, et les divisions portaient l'indication du lever et du coucher des astres pour chaque jour[2]. Ajoutons que, selon Ptolémée, les anciens divisaient le degré en vingt-quatre doigts; ce qui suppose encore la coudée d'un degré.

Maintenant voyons en résumé si cette division des me-

---

[1] Hipparque rapporte que, vers le Borysthène, le soleil, au solstice d'hiver, s'élève au plus de neuf coudées; ce qui suppose environ 18°.

[2] Ἐπιγεγράφθαι δὲ καὶ διῃρῆσθαι καθ' ἕκαστον πῆχυν τὰς ἡμέρας τοῦ ἐνιαυτοῦ, παραγεγραμμένων τῶν κατὰ φύσιν γινομένων τοῖς ἄστροις ἀνατολῶν τε καὶ δύσεων, κ. τ. λ. (*Biblioth. hist.* lib. 1.)

sures de soixante en soixante est seulement spéculative, ou si elle répond à des grandeurs réelles et terrestres.

1°. La circonférence, selon Achille Tatius, se divisait en soixante parties [1] : c'est le sexagésime, sextant ou scrupule, ἑξηκοςὸν, dont usait Ératosthène dans la division des zones terrestres, d'après les Égyptiens; il en supposait trente dans la demi-circonférence, et elles valaient 4200 stades, selon lui, qui comptait 252000 stades au périmètre du globe [2] : le soixantième de 252000 stades est en effet 4200. Achille Tatius fait mention de cette même division dans plusieurs passages.

Geminus divise aussi le méridien en soixante parties ou ἑξηκοςὸν, et distribue les zones comme ci-dessus [3].

2°. Le soixantième du cercle se divisait en soixante parties, selon Ératosthène : or, la soixantième partie de six degrés, ou le dixième du degré, répond, en effet, au grand schœne égyptien. Je me borne ici à énoncer cette proposition.

3°. Le soixantième de cette nouvelle partie est le stade de six cents au degré, mesure connue sous le nom de *stade olympique*, et composée de 600 pieds.

---

[1] Il y avait six sexagésimes pour chacune des zones boréale et australe; cinq pour les zones tempérées, et huit pour la zone équinoxiale; en tout, trente. (Achil. Tat. *in Uranol.* cap. 26.)

[2] « Si nous coupons en trois cent soixante sections le grand cercle de la terre, chaque section sera de sept cents stades. Ce calcul est celui d'après lequel Hipparque fixe les distances sur le méridien que nous avons dit devoir passer par Méroé, partant de la région située sous l'équateur, et s'arrêtant de sept cents stades en sept cents stades.... Il tâche de déterminer quelles sont, à chaque point, les apparences célestes. » (Strab. *Geogr.* lib. II.)

[3] Gemin. *Elem. astron.* cap. 4, *in Uranol.* pag. 19.

4°. Enfin le soixantième de ce stade est la canne de 10 pieds ou décapode, vulgairement attribuée aux Grecs.

Ainsi le sexagésime, le schœne, le stade, le décapode, sont des grandeurs réelles et d'usage, tirées de la division du cercle terrestre de soixante en soixante parties. Rappelons ici qu'Ératosthène et les autres anciens divisaient les soixantièmes de cercle en stades; et, en effet, nous venons de voir que ces divisions contenaient soixante fois soixante stades, c'est-à-dire 3600 stades. Ce point est important dans la recherche qui nous occupe. (*Voyez* pag. 19, note 2.)

Le grand mille ancien était encore soixante fois au degré, comme on le verra plus tard ; le plèthre, à son tour, était compris soixante fois au mille. Ce mille avait la même valeur que celle du mille hachémique des Arabes ; le mille anglais nautique d'aujourd'hui est de la même mesure.

Remarquez maintenant l'ancienne division du jour en soixante primes ou minutes, et de la prime en soixante secondes. Chaque jour, le soleil s'avance d'à peu près un degré céleste. Ainsi les deux espèces de degrés se divisaient de la même façon; la minute et la seconde de temps correspondaient à la minute et à la seconde d'espace, c'est-à-dire au mille et au plèthre.

L'année égyptienne était elle-même en harmonie avec cette division fondamentale. En effet, tous les mois étaient constamment égaux et de trente jours chacun, et sans aucune intercalation, c'est-à-dire de trois périodes de dix jours ou décans. Douze mois faisaient donc trois cent soixante jours, trente-six périodes de dix jours, et soixante-douze périodes de cinq jours. Une dernière période de cinq jours, appelés *épagomènes*, et placés au bout des douze mois, achevait l'année égyptienne.

Je terminerai ces observations succinctes sur la division sexagésimale, en faisant remarquer que l'antiquité en a fait usage dans les grandes périodes astronomiques[1]. Nous avons dit que le jour se divisait en soixante minutes, la minute en soixante secondes, etc. Or, il y avait aussi une période de soixante jours; une autre de soixante ans, appelée *sossos;* une autre de soixante sossos, appelée *saros*. Le lustre est lui-même une période de soixante mois[2].

Les traces de cette même division sexagénaire parmi toutes les espèces de mesures se montrent sans cesse dans l'antiquité; mais elles conduiraient trop loin, si l'on voulait les suivre jusqu'au bout. Ce qui précède, suffit pour démontrer que les mesures d'espace, aussi bien que celles du temps, avaient été assujetties, dès les siècles les plus reculés, à la division duodécimale et sexagésimale : on est donc bien autorisé à croire que toutes les mesures usuelles étaient subdivisées d'une manière uniforme; mais il ne faut point anticiper sur les preuves[3].

[1] Mon objet n'est pas ici de faire connaître la nature de ces périodes; et je dois me borner à observer que l'astronomie a été la source de cette division, comme je l'ai déjà dit au commencement de ce paragraphe. L'étude du ciel a précédé les abstractions du calcul, et je le regarde comme l'origine première de la géométrie : il n'est pas étonnant qu'un système métrique ait été fondé sur cette base.

[2] Je m'interdis de parler des mesures d'intervalle qui ont pour diviseurs les nombres 6 et 10, bien qu'on sente qu'elles reviennent à la division senaire, comme le néros des Chaldéens, qui vaut dix sossos, et dont le saros en prend six, etc. Ces trois périodes, qui valent six cents ans, soixante ans et trois mille six cents ans, se retrouvent aussi chez les Indiens.

[3] Les divisions souvent arbitrai-

CHAPITRE II.

Détermination des mesures itinéraires par les distances géographiques des divers points de l'Égypte.

Nous avons dit que les grandes mesures itinéraires pouvaient se déduire facilement de la comparaison des passages des auteurs avec les mesures prises sur le terrain. Nous n'avons pas à craindre qu'on objecte que ces dernières n'ont pas été exécutées soigneusement. La majeure partie du territoire de l'Égypte a été levée par des procédés géométriques pendant le cours de l'expédition française : trois corps d'ingénieurs ont contribué à ce travail important. Toute la carte repose sur une quantité d'observations astronomiques. Enfin l'on n'a pas négligé de faire, dans les principales villes, une suite d'opérations trigonométriques, dont l'exactitude a été soumise à plusieurs épreuves. Les dimensions que nous allons rapporter pour en déduire la valeur absolue des mesures citées par les auteurs, peuvent ainsi être considérées comme une base exacte.

Il en résulte que le travail nécessaire pour ce rapprochement devient plus long que difficile; il se réduit même, en quelque sorte, à une énumération des nombres rapportés par les historiens, comparés avec les

res des mesures, chez les peuples modernes, ont cependant retenu partout les traces des échelles duodécimale et sexagésimale.

mesures prises au compas sur la carte moderne, et à une suite d'opérations d'arithmétique. Cependant il a exigé un examen attentif des auteurs et de plusieurs manuscrits. Afin de mettre plus d'ordre dans cette recherche, et de faire plus aisément saisir d'un coup d'œil les conséquences qui en découlent pour la valeur des mesures, nous avons disposé en tableaux tous ces résultats.

Il n'est pas besoin d'avertir que la plupart des grandes distances itinéraires sont rapportées en nombres ronds; une carte ne peut fournir des résultats plus précis : aller au-delà, ce serait méconnaître les limites du possible, et s'exposer au reproche d'une affectation minutieuse.

Il faut bien faire attention que les anciens voyageurs nous ont transmis les distances telles qu'on les leur indiquait dans le pays; et comme plusieurs mesures différentes, mais de même dénomination, étaient en usage en Égypte, ils ont le plus souvent rapporté les intervalles sans avertir du module propre à chacun d'eux. La géographie comparée fait découvrir aisément de quelle mesure il s'agit dans chaque cas particulier.

(*Voyez le tableau ci-joint.*)

Après cette exposition des distances géographiques exprimées en mesures anciennes, et des longueurs absolues des espaces correspondans, il reste à ajouter ensemble les mesures de même espèce, ainsi que les grandeurs des distances, et à chercher le rapport des deux sommes. Ce rapport donnera la grandeur moyenne de

TABLEAU DES MESURES ITINÉRAIRES EN ÉGYPTE.

AUTEURS.	LIEUX ANCIENS.	DISTANCES RAPPORTÉES PAR LES AUTEURS EN MESURES ANCIENNES. NOMBRE des mesures.	DISTANCES MESURÉES SUR LA CARTE. en mètres.	LIEUX CORRESPONDANTS	QUOTIENT apprécié, ou valeur des mesures anciennes.	ESPÈCES des mesures employées par les anciens.	AUTEURS.	LIEUX ANCIENS.	DISTANCES RAPPORTÉES PAR LES AUTEURS EN MESURES ANCIENNES. NOMBRE des mesures.	DISTANCES en mètres.	LIEUX CORRESPONDANTS	DISTANCES MESURÉES SUR LA CARTE.	QUOTIENT apprécié, ou valeur des mesures anciennes.	ESPÈCES des mesures employées par les anciens.
Artémidore d'Éphèse, dans Strabon.	De la tête du Delta à l'Éléph.	25 schoenes.	150000.	De la tête du canal Abou-Menyegh à Tynch	6000 m.	Schoene d'Hérodote.		D'Alexandrie à Syène.	570 milles.	843000.	Distance directe, calculée dans le triangle sphérique et par les distances à la subdivision et à la perpendiculaire. (Voyez ci-dessus, page 17.)		1476 g.	
Strabon et Périple de la Mer Érythrée.	De Syène Hormos à Bérénice.	1800 stades.	333000.	Des îles Gafarines en partie d'Abyssinie, au sud de Syène, entre les parallèles.	185.	Grand stade.		Idem.			655 milles.	970000.	En suivant les grands contours de la vallée, de 5000 en 5000 mètres	1480 g.	
Ératosthène, dans Strabon.	Distance du parallèle de Syène à celui d'Alexandrie.	5000 stades.	790000.	Différence des latitudes observées, 7° 7' 40", réduite en valeur du degré moyen d'Égypte.	158.			De Memphis au lac de Moeris.	72 milles.	106800.	De Myt-Rahyneh environ au Birket-el-Keroun, en suivant le Nil et les canaux.	1191 1.	Mille romain.	
	Distance du parallèle d'Alexandrie à l'équateur.	21700 stades.	3450000.	Latitude d'Alexandrie, 31° 13' 5", réduite sur le même pied.	159.4.	Stade de 700 au degré.	Pline.	Largeur du lac Mareotis.	30 milles.	44600.	De Birk Abouyr au fond du lac jusqu'au canal d'Alexandrie, en face de la colonne.	1486.	
Hipparque, dans Strabon.	Distance du parallèle d'Alexandrie à l'équateur.	21600 stades.	3460000.	Latitude d'Alexandrie, 31° 13' 5", réduite sur le même pied.	158.7.			Longueur du lac.	40 milles.	59000.	D'un endroit situé près de la Tour des Arabes à Tell Gemla, près du canal.	1480.	
	Distance de Syène à l'équateur.	16800 stades.	2670000.	Latitude de Syène, 24° 5' 23".	158.9.			Circonférence du lac.	150 milles.	212000.	Circuit du lac, en suivant les anciennes limites, encore visibles, de 2000 mètres en 2000 mètres.	1480.	
Aristide, in s. Ægypto.	Du Phare à Canope.	150 stades.	27760.	Un fort du Phare au chit d'Aboukyr.	184.8.	Grand stade.		Idem.	40 schoenes.	222000.	Idem.		5500.	Schoene de Hérodote, par Pline transition.

[1] Il y a, dans Pline, 40 schoenes; je pense que c'est par transposition.
[2] Il y a longueur dans Pline, au lieu de circonférence. Il dit aussi que le contour est de 500 milles ou plus de 900. Si l'on suivait toutes les anfractuosités du lac, on trouverait peut-être 200 milles, au lieu de 150.

	De Pelusium au temple de Jupiter Cassius.	12 schoenes, ou 40 milles.	35500.	De Tyneh aux ruines voisines de Ras-el-Kazroun, en passant par Osyeh.	5540.	Petit chœne.
Antonin.	D'Alexandrie à Memphis.	144 milles.	212000.	De Myt-Rahyneh à Alexandrie, en suivant le désert de Damanhour, et traversant le lac Maréotis.	1479.	
	De Memphis à Zonara.	40 milles.	59000.	De Myt-Rahyneh à Zhouy en ligne droite.	1476.	
	De Bersoua à Peuta.	28 milles.	41500.	De Koum-el-Ahmar à Deyr.	1478.5.	
Itinéraire d'Antonin.	De Tenayris à Hermopolis.	42 milles.	62200.	De Daschrab à Ermont en ligne droite.	1481.	
	D'Hermonthis à Lato.	24 milles.	35500.	D'Ermont à Esné en ligne droite.	1479.	Mille romain.
	De Lato à Apollinopolis.	32 milles.	47400.	D'Esné à Edfou en ligne droite.	1481.	
	D'Hermopolis à Lyco.	59 milles.	87500.	D'Achmouneyn à Syout en deux distances.	1483.	
	D'Anteo à Ptolopolis.	52 milles.	77400.	De Qâou à Akhmym.	1481.5.	

[1] Cette distance réelle, en ligne droite, est de 128000 mètres, et la précédente, de 15000 ; aussi la projetée ne change pas pour celà d'aspect ; on voit sans doute 15 et 18 schœnes ou 6 numéros ronds, ou bien de 15,8 et 18.8, d'ailleurs, le pentédére est sans doute la mesure qui suffit que ce représente Hérodote entre le lac et Héliopolis, Pélouse étant le point de la côte le plus proche, et Héliopolis étant comme près de la tête du Delta. Voyez ci-dessous. Le même Artémidore fait connaître le schoene majeur dont on se sert entre Memphis et Thèbes. (Voyez ci-après.)

[2] Au 21e degré 5 min. Ce rapprochement rapproche de démontrer la position de Bérénice d'après d'Antoine, laquelle laisse au mérite de l'incertitude despris les nombreuses et savantes recherches de M. Barbier.
[3] Je n'ai à point cité un très-grand nombre d'exemples, qui auraient dû les superflus, et je n'ai pas dû employer les distances visiblement défectueuses, telles que celle de 36 milles entre Syène et Ouaben, dans l'Itinéraire, ou celle de 400 stades, rapportée par Diodore, entre Ménophis et la montagne des Pyramides.

chacune des mesures; et les nouveaux résultats seront plus précis que le quotient approché, rapporté dans la sixième colonne du tableau.

Or, la somme totale des distances exprimées en grands stades est de 4795 $\frac{1}{2}$; la somme des intervalles correspondans exprimés en mètres est de 887027 : divisant celle-ci par la première, on trouve, pour la valeur du stade, 185^m,04, ou 185 mètres.

La somme des stades de la mesure d'Hérodote est de 19440, et celle des espaces correspondans est, en mètres, de 1949400 : résultat pour la grandeur du petit stade, 100^m,27, ou 100 mètres en nombre rond.

Par ce même moyen, on trouve que la valeur du grand schœne est de 11095^m,23; celle du schœne d'Hérodote, de 6018^m,56. Cette dernière mesure est trop forte d'après la proportion du stade, qui en est la 60e partie. Il en est de même de la précédente.

La valeur du petit schœne est déterminée ici à 5547^m,6.

Le stade de sept cents au degré, dont Hipparque, Ératosthène et Strabon ont fait usage, se trouve fixé, par le même rapprochement, à 158^m,71, en employant la latitude d'Alexandrie d'après le calcul du premier, comme étant plus exact que celui du second.

Quant au mille romain, bien que les savans aient beaucoup d'autres données pour en déterminer la valeur, cependant il n'est pas sans intérêt de la retrouver ici par la seule comparaison des nombres des itinéraires avec les distances des principaux lieux de l'Égypte. Or, ces distances paraissent avoir été mesurées avec un grand soin, tant sous l'empire égyptien que sous la domination romaine. La valeur que fournit ce rapprochement, se trouve être de 1479^m,88, ou 1480 mètres; ce qui excède la mesure de 756 toises ou 1473^m,47, adoptée par d'Anville, mais se rapproche beaucoup de celle de 1481 mètres que M. Gossellin a préférée, et dont M. Walckenaer a également fait usage. Les raisons apportées par ces savans sont assez connues pour me dispenser d'entrer dans aucun détail sur une matière aussi discutée, et même, on peut le dire, presque entièrement éclaircie. Je me bornerai à observer, 1°. que la valeur du mille, simplement déduite de son rapport connu avec le degré et fixée d'après le degré égyptien, comme on le verra plus loin, est de 1477^m,77, et, à deux mètres près, conforme au terme moyen que je viens de conclure des distances itinéraires; 2°. que cette même évaluation tient le milieu entre celle de d'Anville et celle que proposent MM. Gossellin et Walckenaer[1]. J'ai fait entrer ici l'évaluation de cette mesure romaine, parce qu'elle a un rapport évident avec la mesure égyptienne correspondante.

[1] *Voyez* l'article relatif au pied romain, *chap.* vi.

CHAPITRE III.

Détermination des principales mesures égyptiennes par les dimensions des pyramides.

La recherche du stade, que je regarde comme la source de l'unité métrique, est nécessairement une des plus importantes de celles qui doivent nous occuper. D'un côté, les mesures étant enchaînées entre elles, on pourrait déduire toutes leurs valeurs de celle de l'un des élémens déterminés; en second lieu, celle-là tient juste le milieu de l'échelle. J'ai reconnu la valeur approchée du grand stade égyptien par les mesures géographiques de l'Égypte : le plus vaste monument du pays et du monde [1] va me la fournir également ; je veux parler de la grande pyramide de Memphis. Cette voie est aussi directe et aussi rigoureuse que la première, et, de plus, elle conduit à une plus grande précision.

Je commencerai par établir ici toutes les mesures récentes de ce monument, qui ont été prises, comme on le sait, avec des instrumens et avec un soin qui laissent peu à désirer : sans cette exactitude, il serait bien su-

---

[1] Cependant une des pyramides mexicaines, la pyramide de Cholula, suivant les mesures rapportées par l'illustre Humboldt, a environ 162 pieds de haut, sur 1317 de base (54 mètres sur 439 mètres); ce qui suppose un volume de 93662406 pieds cubes, qui excéderait celui de la grande pyramide de près de seize millions de pieds cubes, compris le socle, ou de plus d'un tiers. La pyramide de Teotihuacan n'a que 208 mètres de base et la même hauteur : celle de Papantla est très-petite relativement; sa hauteur est de 18 mètres, et sa base de 25 mètres. (*Recherches sur les monumens américains*, pag. 26-28.)

perflu de s'occuper des mesures de la pyramide et d'y chercher des résultats; tant on a accumulé d'erreurs pour avoir ignoré ses véritables dimensions.

C'est par ce motif que je m'abstiens de citer les mesures anciennement données par les voyageurs. La discussion en a été faite mille fois par les savans, et n'a servi qu'à prouver autant de fois la contradiction de ces mesures entre elles et l'impossibilité de les concilier. Les nouvelles en diffèrent absolument, comme cela devait arriver par la découverte du véritable sol, qui n'a été connu que depuis peu[1].

§. I. *Dimensions de la grande pyramide de Memphis; côté de la base.*

Au mois de pluviôse an IX (janvier 1801), MM. Le Père et Coutelle, en fouillant au pied de la pyramide, vers les deux angles du nord, ont trouvé une esplanade qui est l'ancien sol du monument, c'est-à-dire du socle sur lequel il reposait. Sur cette esplanade, et en avant des extrémités apparentes, ils ont découvert deux encastremens presque carrés, taillés dans le rocher; ils ont reconnu ces encastremens bien de niveau, et leurs angles vifs et parfaitement droits. C'est d'un angle à l'autre et en dehors qu'ils ont pris la mesure de la base, sur la ligne même qui les joint, avec une attention minutieuse et des moyens très-exacts. MM. Le Père et Coutelle don-

---

[1] Je ne parle pas non plus de la mesure prise par M. Grobert pendant l'expédition; elle excède toutes celles connues, et le procédé qu'il a suivi devait le conduire à ce résultat. (*Voy.* les Observat. de M. Coutelle sur les pyramides d'Égypte.)

DES ANCIENS ÉGYPTIENS, CH. III.   31

neront le récit détaillé de leur opération, qui mérite toute confiance[1] ; je me borne à énoncer ici le résultat, lequel donne, pour la longueur de cette ligne, 716 pieds 6 pouces, ou 252^m,747[2].

En mesurant la ligne qui joint les extrémités des arêtes actuelles de la pyramide, prolongées jusqu'au sol visible, ils ont trouvé 699 pieds 9 pouces.

Un an auparavant (le 24 frimaire an VIII), j'avais mesuré le côté de la pyramide à la hauteur de la grande assise taillée dans le roc vers l'angle nord-est, et à partir d'un point placé dans le prolongement de l'arête actuelle, qui est formée par les angles des marches, jusqu'au point correspondant du côté de l'ouest. Pour mettre la plus grande exactitude possible à mon opération, qui devait servir aux calculs de l'astronome Nouet, j'ai commencé par bien établir sur le sol, à chacun des angles, la direction des deux faces perpendiculaires; puis j'ai tracé celle de la diagonale au moyen du plan vertical passant par l'arête. Ces trois lignes devaient se couper en un même point ; ce que j'ai obtenu en effet pour les deux angles : ensuite, au moyen de jalons, et en y apportant tous mes soins, j'ai prolongé les directions des faces tournées à l'est et à l'ouest, de 30 mètres

---

[1] J'ai distingué dans cet article les mesures de MM. Le Père et Coutelle, de celles que j'ai exécutées moi-même.

[2] Je me sers ici du mètre définitif, et non du mètre provisoire en usage pendant le cours de l'expédition; c'est une attention qu'il faut avoir, en usant des mesures qui ont été prises durant le voyage. La correction qu'on doit appliquer à tous les nombres, est de $\frac{1}{1217}$; une distance mesurée pendant l'expédition d'Égypte, et longue de 3079 mètres, vaut 3080 du mètre actuel. Pour 1000 mètres, il faut ajouter 1 pied.

32 EXPOSITION DU SYSTÈME MÉTRIQUE

en avant vers le nord, pour éviter le monticule qui masque le bas de la pyramide.

Les deux points extrêmes de ces prolongemens et l'espace intermédiaire se trouvaient sur un sol bien plan et horizontal. La ligne de jonction de ces deux points me représentait donc exactement le côté nord de la base. Je l'ai mesurée avec une bonne chaîne métrique, une première fois de l'est à l'ouest, et une seconde fois de l'ouest à l'est; le résultat a été le même, et de $227^m,80$. J'ai fait la même opération sur le côté occidental de la pyramide, et j'ai trouvé $226^m,70$. La différence peut être comptée pour peu de chose dans une longueur aussi considérable : le terme moyen est de $227^m \frac{1}{4}$[1], ou 699 pieds 9 pouces 6 lignes. Ces $227^m,25$ font, en mètre définitif, $227^m,32$; telle est la base visible.

C'est cette mesure qui a été publiée dans le troisième volume de la Décade égyptienne[2], et que j'avais communiquée à M. Nouet l'astronome pour en faire usage.

On voit que la mesure de MM. Le Père et Coutelle ne diffère point de la mienne. Un tel accord paraîtra surprenant à ceux qui savent que les mesures données jusqu'alors différaient de plusieurs pieds, et même de plus de 20 et 30 pieds. Cette conformité est un garant de plus de l'exactitude de la mesure totale que j'ai rapportée en premier lieu; et ce qui la confirme tout-à-fait (quoiqu'elle n'ait pas besoin de confirmation), c'est que la pyramide était certainement revêtue d'un parement uni. Tous les auteurs nous l'apprennent, et nous en avons, de plus, un témoin bien sûr dans les débris

[1] Mètre provisoire.   [2] Page 110.

mêmes de ce revêtement, dont le sol est jonché. Supposant que ce revêtement eût une épaisseur de 5 à 6 pieds, et le socle, 2 à 3 pieds de largeur, le tout avait environ 8 pieds; ce qui fait, pour les deux angles, 16 pieds, qui, joints aux 699 pieds 9 pouces, reproduisent la mesure totale de 716 pieds 6 pouces. J'ai ajouté ce détail en faveur des personnes qui trouveraient cette mesure de MM. Le Père et Coutelle beaucoup trop grande, seulement parce qu'elle excède toutes celles qui leur sont connues; car les soins qu'on a mis à l'exécuter, suffisent pour en garantir l'exactitude.

Il est donc certain que le côté du monument a $232^m,747$ sur la ligne la plus extérieure; mais il ne l'est pas moins que la base proprement dite de la pyramide reposait sur un socle, ainsi qu'en avaient les obélisques : sans quoi elle aurait été fort sujette aux dégradations; ce qui ne s'accorderait pas avec sa destination ni avec le soin apporté dans toutes les parties de cette construction immense. D'ailleurs, il est évident que les encastremens devaient recevoir une pierre où l'arête du revêtement venait aboutir; et cette pierre était nécessairement un socle. Enfin, si l'on doutait de son existence, il suffirait de considérer la seconde pyramide, où ce socle est parfaitement conservé et très-apparent [1].

---

[1] *Voyez* ci-dessous, §. VII, et les pl. 7, 16, *A*., vol. v. Je ne pense pas qu'on puisse élever de doute sur l'existence du socle de la pyramide. Partout où les monumens d'Égypte ont pu être fouillés suffisamment, on a trouvé des socles ou des soubassemens (*voyez* à Thèbes, à Den- derah, etc.). Bien plus, toutes les fois que les Égyptiens ont représenté un obélisque dans les hiéroglyphes, ils l'ont appuyé sur un socle. Les chambres monolithes ont un socle. Il serait bien difficile, au reste, de concevoir, dans le style égyptien, un monument sans une base quel-

34 EXPOSITION DU SYSTÈME MÉTRIQUE

Il est aisé de reconnaître la hauteur de cet embasement ; c'est en effet la partie taillée dans le rocher. Sa hauteur, mesurée en deux parties, est de 1^m,849[1] : sa saillie ou largeur étant de moitié (ce qui est la proportion du socle de la seconde pyramide), le plan du revêtement devait tomber à 0^m,924 du bord du socle, sur le dessus de la première assise taillée dans le roc. L'épaisseur du revêtement était ainsi de 1^m,791, ou 1^m,8. La longueur qui en résulte pour le côté de la base de la pyramide revêtue, est de 230^m,902.

§. II. *Hauteur de la pyramide.*

La pyramide a une plate-forme supérieure de 30 pieds 8 pouces (9^m,96) de large ; et, au centre de cette plateforme, sont deux assises ruinées. Ces deux assises, dont la hauteur est de 3 pieds 4 pouces (1^m,117, selon M. Le Père), ne doivent pas être comptées dans la hauteur apparente.

Le 24 frimaire an VIII, j'ai mesuré, avec M. Cécile, toutes les assises de la pyramide, une à une. Le nombre en est de deux cent trois, en comptant, pour la première, par en bas, un degré taillé dans le roc, et dont la hauteur, visible alors, était de 1^m,082 (3 pieds 4 pouces)[2] ; la hauteur

conque, puisque leurs colonnes en ont toujours.

[1] *Voyez* la 1re table des hauteurs des degrés de la pyramide, degré n°. 203, à la fin de ce chapitre.

[2] M. Le Père a fouillé plus tard au pied de cette même assise, et a trouvé que la mesure totale était de 1^m,33, c'est-à-dire plus haute de 0^m,248. *Voyez*, à la fin de ce

DES ANCIENS ÉGYPTIENS, CH. III.

totale est de 425 pieds 9 pouces (138ᵐ,50), et, en retranchant les deux assises supérieures, de 422 pieds 5 pouces[1], ou..... 137ᵐ,218.

Par le calcul trigonométrique et au moyen d'observations très-précises, M. Nouet a trouvé la hauteur du bord de la plateforme au-dessus du sol, c'est-à-dire du pied du rocher qui fait la première assise de la pyramide (y compris le degré inférieur qu'il a mesuré, de 1ᵐ,14), de 137ᵐ,531. 137,531.

Enfin MM. Le Père et Coutelle ont recommencé une mesure exacte de toutes les assises de la pyramide avec le plus grand soin et un instrument fait exprès; ils ont trouvé aussi deux cent trois assises, et la hauteur totale au-dessus de l'esplanade inférieure dont j'ai parlé, de 428 pieds 3 pouces 2 lignes un sixième, ou 139ᵐ,117. Il faut retrancher les deux assises supérieures, de 1ᵐ,117; il reste ainsi 138ᵐ... 158.

Mais, comme cette hauteur, ainsi que les deux premières, comprend le degré inférieur qui faisait partie du socle, et, en outre, un petit degré descendant jusqu'à l'esplanade, et que M. Nouet lui-même avait remarqué, il faut, pour avoir la hauteur de la pyramide tronquée au-dessus du socle ou de l'assise taillée dans le roc, en

---

chapitre, la 2ᵉ table des hauteurs des degrés de la grande pyramide.   [1] *Voyez* les tables des hauteurs, degrés nᵒˢ. 1 et 2.

déduire ces deux mesures prises par M. Le Père :

La première, 4 pieds 1 pouce 2 lignes, ou....	$1^m,330.$
La deuxième, 1 pied 7 pouces 2 lignes, ou...	$0, 519.$
TOTAL..........	$1^m,849.$

De 138^m déduisant $1^m,849$, il reste $136^m,151$............................ $136^m,151.$

Il faut de même retrancher de la mesure prise par M. Nouet, $137^m,531$, la hauteur qu'il avait trouvée au degré inférieur, $1^m,14$; il reste $136^m,391$.......... $136,391.$

Enfin, de la hauteur $137^m,218$, que j'ai mesurée moi-même assise par assise, et que j'ai rapportée ci-dessus, il faut retrancher $1^m,082$ pour le rocher; il reste $136^m,136.$ $136,136.$

Telles sont les trois mesures de la hauteur de la plate-forme, prises au-dessus du degré taillé dans le roc, et, par conséquent, de la base même dont j'ai pris la mesure. Ces valeurs sont si rapprochées, que chacune d'elles pourrait être employée sans crainte d'aucune erreur sensible; mais on peut s'en tenir à la première, qui a été obtenue par les moyens les plus exacts de tous.

DES ANCIENS ÉGYPTIENS, CH. III.

§. III. *Calcul des dimensions et des angles de la grande pyramide.*

Je compterai les hauteurs verticale et oblique de la pyramide entière, à partir du dessus du rocher dont j'ai parlé, c'est-à-dire du socle, comme j'ai fait de la hauteur de la plate-forme.

Pour calculer la hauteur de la pyramide revêtue, il faut reconnaitre d'abord l'épaisseur qu'avait le revêtement à la partie supérieure; or, on a un moyen de l'évaluer, dans celui qui subsiste encore à la seconde pyramide, laquelle a sa base moindre d'un huitième que la première. J'ai mesuré ce revêtement de la seconde pyramide vers le haut, et j'ai trouvé $1^m,3$: M. Coutelle avait trouvé un peu plus de $1^m,15$ [1]. Il en résulte que l'épaisseur du revêtement de la grande pyramide, à la hauteur de la plate-forme actuelle, devait être proportionnellement de $1^m,46$: ajoutons $1^m,46$ à $4^m,98$, moitié de la largeur de cette plate-forme; on a $6^m,44$ pour la demi-base de la pyramide tronquée.

Il suffit maintenant de faire la proportion suivante, pour avoir la hauteur de la pyramide revêtue : la demi-base $115^m,451$, moins $6^m,44$, demi-base supérieure, ou $109^m,011$, est à $156^m,151$, hauteur de la plate-forme

---

[1] Cette mesure a été prise sur la pyramide revêtue, en même temps que celle de l'inclinaison des faces. On sait qu'il n'existe plus qu'une portion de ce revêtement dans la partie supérieure, et qu'il n'est pas facile de gravir jusqu'à ce point. J'étais avec mon collègue M. Delile, quand je suis monté jusqu'au haut de cette pyramide, et nous en avons détaché ensemble des morceaux du revêtement, qui font connaître l'inclinaison des faces.

au-dessus du socle, comme la demi-base entière 115^m,451 est à la hauteur cherchée, c'est-à-dire 144^m,194.

Valeurs calculées des lignes et des angles de la pyramide.

Hauteur de la pyramide revêtue..........	144^m,194.
Hauteur du triangle des faces, c'est-à-dire apothème ou hauteur oblique de la pyramide............................	184, 722.
Arête.................................	217, 83.
Diagonale de la base..................	326, 54.
L'angle de l'arête avec la base..........	57° 59′ 40″
L'angle formé au sommet par les deux arêtes.	64° 0′ 40″
L'angle du plan des faces ou de l'apothème avec le plan de la base...............	51° 19′ 4″
L'angle des deux apothèmes............	77° 21′ 50″
L'angle de l'arête avec la diagonale......	41° 27′ 0″
L'angle des deux arêtes opposées........	97° 6′ 0″

§. IV. *Rapports des dimensions de la pyramide.*

La première remarque qui se présente, est celle du rapport frappant qui existe entre la base du triangle et sa hauteur, c'est-à-dire entre la base de la pyramide et sa *hauteur oblique* ou l'apothème. Ce rapport est de 5 à 4.

En effet, à............ 184^m,722,
Ajoutant un quart...... 46, 180,

On reproduit........ 230, 902, qui est la valeur de la base
(*voyez* pag. 34).

Il est incontestable qu'un tel rapport n'est pas fortuit; on ne pourrait citer aucun exemple de dimensions prises dans les monumens des arts, entre lesquelles on trouvât ce rapport par le seul effet du hasard et avec une telle précision. Il est donc déjà extrêmement vraisemblable que les constructeurs de la pyramide avaient pour but, en choisissant et fixant ce rapport d'une dimension à l'autre, de conserver le type de quelque mesure de longueur. Le plus grand diviseur commun de la base et de l'apothème se trouve être en effet *le côté de l'aroure égyptienne; l'apothème lui-même est le stade égyptien.*

On ne sera pas surpris que ce soit la hauteur oblique, et non la verticale, qui présente avec la base ce rapport exact, si l'on fait réflexion que la base et l'apothème pouvaient recevoir l'application immédiate de la mesure et servir ainsi d'étalon, tandis que l'axe ou la hauteur perpendiculaire n'était qu'une ligne géométrique, impossible à atteindre autrement que par le calcul; ligne d'ailleurs incommensurable avec le côté, ainsi que l'arête et la diagonale de la base [1]. Les Égyptiens, qui avaient étudié les propriétés des lignes, et qui connaissaient très-bien celles des figures triangulaires, n'ignoraient pas que, dans une pyramide à base carrée, il n'y a que deux dimensions qui puissent avoir un diviseur commun.

L'entrée de la pyramide est à la quinzième assise : sa hauteur verticale au-dessus du même point ou au-dessus du socle est de $12^m,64$; ce qui donne par le calcul $15^m,4$ pour la hauteur oblique de ce même point; or, $15^m,4$ font précisément la douzième partie de $184^m,722$, longueur de l'apothème.

La longueur du canal qui descend depuis le sol horizontal de l'entrée, jusqu'à l'origine du canal ascen-

---

[1] La valeur de la hauteur est ici $\frac{1}{7}\sqrt{39}$; celle de l'arête, $\frac{1}{7}\sqrt{89}$; celle de la diagonale, $\sqrt{50}$, l'apothème étant égal à 4, et la base à 5.

dant, passait 23 mètres, selon toutes les données[1]; c'est la dixième partie de la base et la huitième partie de l'apothème.

Beaucoup de dimensions de la pyramide renferment des parties aliquotes de la base et de la hauteur oblique, ainsi qu'on le verra plus tard; mais j'ai dû citer d'abord les rapports les plus saillans.

Après avoir remarqué les rapports simples qui existent entre les lignes de la pyramide, si l'on cherche une mesure de petite dimension qui divise exactement la base et qui ait pu servir de mesure usuelle, telle, par exemple, que celle qui répond à une coudée, on ne tarde pas à trouver que cette base renferme cinq cents de ces mesures. En effet, la 500ᵉ partie de $230^m,902$ est $0^m,462$. Or, la coudée égyptienne usuelle, comme nous le verrons bientôt, a une longueur de $0^m,462$; c'est cette mesure et le pied qui en est formé, qui ont présidé à la construction de toute la pyramide[2].

Les rapprochemens que ces valeurs présentent avec plusieurs mesures actuellement usitées en Égypte, sont

---

[1] La longueur de la galerie est de $22^m,363$ jusqu'à la partie forcée de l'ouverture : on peut supposer, sans erreur, que le sol incliné de cette galerie se prolongeait encore de 7 décimètres environ jusqu'au palier. Total, $23^m,1$. Le revêtement avait bien, à cette hauteur, environ $1^m,7$; mais le palier ne pouvait guère avoir moins d'un mètre.

[2] Je me sers, dans cette recherche, de la base de la pyramide, et non d'une petite dimension de cet édifice, ainsi que Newton l'a fait en se réglant sur le côté de la chambre du Roi; car cette dernière longueur n'est pas partie aliquote de la base.

L'hypothèse par laquelle on déduit une mesure des dimensions d'un monument, serait gratuite et arbitraire, si cette mesure n'était pas un diviseur exact de *sa dimension la plus grande*. Ces sortes de déductions n'ont de force que dans un cas, c'est lorsque le nombre à diviser est très-grand; mais il faut encore que le résultat qu'on en tire puisse s'appliquer et se vérifier ailleurs. Plus le nombre d'unités comprises dans

DES ANCIENS ÉGYPTIENS, CH. III.   41

trop frappans pour ne pas trouver ici une place; mais je me bornerai aux plus remarquables. Si l'on prend la 60ᵉ partie de 230^m,902, qui fait la longueur de la pyramide, on trouve 3^m,85; or, 3^m,85 font la longueur juste du *qasab* ou canne moderne du Kaire, que la mesure agraire appelée *feddân* contient vingt fois en carré.

Si de même on prend la 400ᵉ partie de 230^m,902, on trouve 0^m,5775[1]; c'est encore la valeur précise de la coudée du pays. On sait que cette coudée, *pyk belady*, se distingue des autres qui sont en usage au Kaire et en Égypte, non-seulement par ses dimensions, mais par son origine, que le surnom de *belady* indique assez clairement. Ce surnom prouve bien qu'il s'agit d'une mesure nationale et dont la source est égyptienne.

Il est impossible que des rapports si marquans soient purement fortuits, et il faut conclure qu'il y a une dépendance entre les anciennes et les nouvelles mesures; autrement, comment des mesures à l'usage vulgaire se trouveraient-elles mathématiquement comprises soixante fois et quatre cents fois dans la base de la pyramide? La *canne* et le *pyk* d'aujourd'hui dérivent donc de quelques mesures pareilles de l'antiquité. Voyons suivant quel rapport.

La coudée ancienne étant supposée de 0^m,462, en y ajoutant un *quart* ou *six doigts*, on a 0^m,5775, longueur du *pyk belady*.

la dimension est considérable, plus l'erreur possible sur la détermination de cette unité se trouve réduite.

[1] Cette mesure est celle que M. Costaz a publiée dans l'Annuaire égyptien; elle est en mètre provisoire : la valeur, en mètre définitif, est de 0^m,5777.

De même, il y avait une ancienne *canne* de 3^m,08 : augmentée aussi d'un *quart*, elle vaudrait 3^m,85 ; ce qui est la longueur même du *qasab* actuel : or, cet excédant d'un *quart* pour la coudée et pour la canne modernes est précisément la différence qui existe entre la hauteur et la base de la pyramide, ainsi qu'on l'a dit[1].

Le nom même que porte le *pyk* ou *dera' belady*, ou *coudée du pays*, par opposition à ceux de *pyk Stambouly*, ou *coudée de Constantinople*, et de *dera' el-Meqyâs*, ou *coudée du Meqyâs*, était déjà un motif de soupçonner quelque rapport entre cette mesure et l'ancienne coudée de l'Égypte.

Au reste, il ne faut pas s'étonner si le côté de la grande pyramide contient *soixante fois* juste le qasab : le stade contenait jadis soixante cannes ; mais, la canne moderne étant plus grande d'un quart, et le côté de la pyramide étant plus grand d'un quart que l'apothème, qui fait le stade, le rapport de 1 à 60 s'est conservé.

Ce qui a été dit sur les dimensions de la pyramide, annonce déjà que c'est un monument métrique, c'est-à-dire destiné à conserver l'unité des mesures nationales : c'est ainsi que la parfaite orientation de ses faces nous apprend sa destination astronomique. Des développemens ultérieurs fortifieront ce résultat.

---

[1] J'entrerai ailleurs dans d'autres détails sur ce point curieux.

§. V. *Origine du type qui a été choisi pour fixer les dimensions de la grande pyramide.*

On a soupçonné qu'il existait chez les Égyptiens une ancienne mesure de la terre : un passage d'Achille Tatius appuie cette conjecture, mais jusqu'à présent aucune preuve n'en a été fournie. Nous allons en trouver un indice qui paraît irrécusable, dans l'examen de la grande pyramide. En effet, la valeur du degré de l'Égypte à la latitude moyenne, telle qu'elle résulte des observations et des théories les plus récentes, et qu'elle se trouve rapportée dans le chapitre premier, est de 110827^m,68; si l'on en prend la 600e partie, on trouve 184^m,712.

Mais 184^m,712 est, à 0^m,01 près, la hauteur oblique de la pyramide, que nous avons reconnue égale à 184^m,722. De même, si l'on divise la valeur du degré par 480, on trouve 230^m,891, longueur de la base à fort peu près. D'un autre côté, si l'on veut reproduire la valeur du degré en multipliant par 600 l'apothème de la pyramide, on trouve 110853 mètres; ce qui ne diffère que de 5 à 6 mètres du degré moyen d'Égypte.

Quand on sait qu'il a existé chez les anciens un stade de six cents au degré, il n'est guère possible de ne pas en reconnaître ici l'origine, et de ne pas avouer qu'il a sa source dans une mesure de la terre qui aurait été faite en Égypte, puisqu'on en trouve la longueur précise dans la hauteur de ce monument égyptien : de pareilles coïncidences ne peuvent être l'effet du hasard. Mais il ne faut pas anticiper sur nos preuves; on verra que nous ne supposons rien sans autorité.

C'est une erreur grave commise par Éd. Bernard, Fréret, Bailly, Paucton, Romé de Lille et d'autres métrologues, d'avoir cru que le côté de la grande pyramide représentait le stade égyptien; car pas un auteur ne donne à cette base un stade (ou, ce qui revient au même, 600 pieds) de longueur. Hérodote rapporte qu'elle avait 8 plèthres ou 800 pieds; Diodore, 7 plèthres ou 700 pieds; Pline, 883 pieds; Strabon, *plus d'un stade*. Enfin Diodore dit que la seconde pyramide n'a qu'un stade, et qu'elle le *cède de beaucoup* en grandeur à la première.

S'il est surprenant que tant de savans aient fait cette faute, il l'est encore plus qu'aucun d'eux n'ait reconnu que Strabon[1] attribue un stade de *hauteur* à la pyramide, et nou au côté: mais il fallait entendre *la hauteur oblique*, ou la hauteur de la face; et c'est à quoi l'on n'a pas songé. Diodore donne à la hauteur un peu plus de 6 plèthres ou d'un stade; l'excédant dont il parle est peut-être la hauteur même du socle. Hérodote, qui suppose autant de hauteur que de largeur à la pyramide, s'écarte des autres écrivains; et je n'entreprends point d'expliquer ici une hauteur aussi excessive que celle de 8 plèthres: il faut se garder de tout expliquer.

---

[1] Strabon donne aux deux pyramides la hauteur d'un stade : il ajoute que la hauteur excède un peu le côté de la base, et que l'une l'emporte un peu sur l'autre; ce qui a besoin d'explication.

Εἰσὶ γὰρ σταδίαι τὸ ὕψος, τετράγωνοι τῷ σχήματι, τῆς πλευρᾶς ἑκάσ- της μικρῷ μεῖζον τὸ ὕψος ἔχουσαι· μικρῷ δὲ καὶ ἡ ἑτέρα τῆς ἑτέρας ἐστὶ μείζων. (Strab. *Geogr.* lib. XVII.)

Dans les éclaircissemens, ch. XIII, j'examinerai ce passage plus en détail, et je ferai voir comment l'une et l'autre pyramides, quoique différentes, pouvaient avoir un stade.

Maintenant la valeur de la coudée est facile à déduire : Hérodote et tous les auteurs, sans exception, nous apprennent que la coudée égyptienne était la 400ᵉ partie du stade. Si l'on divise donc $184^m,722$ par 400, on a $0^m,462$.

Cette exposition paraîtra, je crois, simple et convaincante; et c'est parce qu'elle explique bien les autorités anciennes, et même qu'elle peut servir à lever les difficultés introduites par les savans modernes, qu'elle me paraît avoir le caractère de la vérité.

Plusieurs savans ont cru trouver le stade de cinq cents au degré dans la base de la pyramide; mais, outre qu'elle l'excède de plus de 9 mètres, et qu'elle supposerait le degré trop grand d'au moins 4600 mètres, existe-t-il une preuve positive que cette espèce de stade ait été employée dans l'antique Égypte? Nous avons, au contraire, vu les plus grandes mesures géographiques de l'*Égypte ancienne* exprimées dans les auteurs avec le stade de six cents au degré.

Rappelons ici le résultat que fournit le tableau des distances itinéraires de l'Égypte, citées dans le chapitre II. Un grand nombre de distances sont rapportées en stades de 185 mètres. Ces distances sont exactes, identiques avec celles de la carte moderne; elles ont été fournies dans le pays, sur les lieux mêmes, à Diodore de Sicile, à Strabon et à d'autres anciens voyageurs, et ils les ont consignées dans leurs mémoires. Or, ce stade est le même que celui qui est connu sous le nom de *stade olympique*. On peut donc déjà reconnaître la source de cette espèce de mesure : le reste de nos recherches fera voir qu'elle appartient en propre à l'Égypte, et que les Grecs la lui ont empruntée avec d'autres résultats qui appartiennent aux sciences exactes.

Si le côté de la pyramide a quelque rapport avec le stade de cinq cents au degré, il n'en faut pas aller chercher la raison bien loin ; c'est qu'une même unité, savoir, le degré terrestre, étant divisée de plusieurs façons, toutes les parties aliquotes doivent nécessairement avoir des rapports simples entre elles, et par conséquent avec celle qui a été choisie par les Égyptiens.

D'après ce qui précède, le périmètre de la grande pyramide pris cent vingt fois est donc égal au degré terrestre. Ce monument renferme sur ses deux principales dimensions une mesure qui est la 2400e partie du degré ; savoir, sur l'une quatre fois, et sur l'autre cinq fois. La hauteur fait *un stade*, ou six secondes terrestres ; le tour de la base fait trente secondes ou une demi-minute.

La différence du côté à la hauteur est le quart du stade ; c'est la mesure de cent coudées, ou le côté même de l'aroure, mesure capitale en Égypte, puisqu'elle servait chaque année à distribuer les terres entre les cultivateurs, ainsi qu'à rétablir les limites des propriétés confondues par l'inondation.

Mais, à côté de cette conséquence, rappelons-en une seconde qui est du plus grand intérêt ; c'est que les mesures dont il s'agit sont propres à l'Égypte et à sa latitude moyenne. Une demi-minute du degré moyen du globe, à raison de 111111^m,1, ferait 925^m,925 : mais le périmètre de la pyramide est de 925^m,60 seulement ;

la différence qui en résulterait pour le degré, serait d'environ 278 mètres. Ainsi les mesures qui ont servi de type à la construction de la pyramide, ont été puisées dans le pays, et non ailleurs.

Je m'abstiens de faire ici aucune réflexion sur l'exactitude que supposent, dans la mesure du degré terrestre, les dimensions de la pyramide; il est certain qu'elle est de beaucoup supérieure à celle de la plupart des mesures prises dans des temps plus modernes [1], et même à une époque assez voisine des temps actuels, bien que les auteurs de celles-ci eussent à leur usage des instrumens et des méthodes perfectionnés qu'ont ignorés les Égyptiens. Mais il faut avouer que nous ignorons nous-mêmes les procédés que ces peuples ont mis en usage : nous sommes induits seulement à penser que l'arpentage des terres, exécuté depuis long-temps avec beaucoup de précision, et l'étendue de l'arc du méridien sous lequel l'Égypte est placée, avaient fourni à cette détermination du degré terrestre une base excellente et dont la grandeur a pu suppléer à l'imperfection des instrumens astronomiques ou géodésiques. Au reste, il peut y avoir eu quelque compensation qui ait diminué l'erreur des mesures ou celle de la construction.

Si l'on supposait gratuitement que l'exactitude de cette mesure est impossible, et que les Égyptiens ont dû nécessairement se tromper, au moins autant que les observateurs du siècle dernier, quoique d'ailleurs une

---

[1] Maupertuis, selon Svanberg, s'est trompé de 200 toises sur la valeur du degré; le P. Boscovich s'est trompé de 56 toises; Picard avait fait une erreur de près de 100 toises. (*Base du système métrique*, par M. Delambre, *Discours prélimin.*, pag. 8.)

pareille supposition, dénuée de preuve, n'eût réellement aucune force, on pourrait encore l'admettre, et tirer les mêmes conséquences pour les valeurs que nous avons données au pied égyptien et à la coudée. Ainsi, quand les Égyptiens auraient fait, par exemple, une erreur de 200, même de 400 mètres sur la longueur du degré, ils auraient déduit la même grandeur pour le pied métrique, à un millimètre près, en plus ou en moins. A plus forte raison les résultats ne changeraient pas sensiblement, si l'on faisait varier le degré d'une quantité moindre que 400 mètres. Il en serait encore de même, si l'on adoptait, pour évaluer la longueur des degrés de l'Égypte, une autre donnée que l'hypothèse admise jusqu'à présent d'un aplatissement du globe, égal à $\frac{1}{334}$, ou bien si l'on prenait un autre degré que celui de la latitude moyenne, tel que celui de la latitude même des pyramides, qui est égal à 110862 mètres, et qui produirait un pied supérieur de 9 cent-millièmes de mètre seulement. Enfin ces valeurs demeureraient également constantes, quand on ferait différentes hypothèses sur l'épaisseur du revêtement de la pyramide. En effet, les variations de cet élément sont restreintes dans des limites très-bornées, et le grand nombre des unités de pieds comprises dans l'apothème ou dans la base fait que ces variations influent extrêmement peu sur la valeur absolue de cette même unité.

§. VI. *Examen de plusieurs autres dimensions des pyramides.*

Voici d'autres dimensions de la grande pyramide, qui vont nous présenter des résultats parfaitement d'accord avec ceux que nous avons obtenus.

La première moitié du canal ascendant a 33^m,134; ce qui répond à cent huit parties de la hauteur divisée en six cents.

La partie haute du même canal, mesurée sur le sol, depuis l'aplomb du canal qui conduit à la chambre de la Reine, jusqu'au palier du vestibule de la chambre du Roi, a 40^m,508; ce qui correspond à cent trente-deux de ces parties.

Mesurée depuis la fin du premier canal, elle a 44^m,69, ou cent quarante-quatre parties [1].

Le palier qui est en haut, a 1^m,557 de longueur; ce qui fait un peu plus de cinq parties.

Le vestibule de la chambre du Roi a 8^m,585 de longueur, ou vingt-sept parties.

La hauteur de cette chambre a 5^m,858, ou dix-neuf parties.

La largeur de la chambre a 5^m,235, ou dix-sept parties.

La longueur de la même a 10^m,467, ou trente-quatre parties; ce qui est juste le double de la largeur.

---

[1] Les deux moitiés réunies du canal ascendant, l'une de 33^m,134, et l'autre de 44^m,686, ne forment qu'une seule ligne dont la longueur totale est de 77^m,82, faisant exactement 42 orgyies, 168 coudées, ou 280 pieds de la mesure de Pline, équivalens chacun à une demi-coudée hébraïque. Nous traiterons plus loin du pied dont Pline a fait usage.

Les pierres en saillie qui forment le ciel de la galerie haute, ont 1^m,543 d'un angle à l'autre; ce qui fait cinq parties.

Cette 600e partie de la hauteur de la pyramide ou du stade ne peut être autre chose que le pied égyptien, puisque tout stade est formé de 600 pieds. Sa dimension est de 0^m,308, et c'est celle que les Grecs ont adoptée, ainsi que nous le verrons plus tard.

Personne ne révoque en doute le rapport du pied égyptien avec la coudée, dont il faisait les deux tiers. Si l'on ajoute donc à 0^m,308 une moitié en sus, ou 0^m,154, on a 0^m,462; et cette dernière mesure, les deux moitiés du canal ascendant la renferment soixante-douze et quatre-vingt-seize fois; le vestibule de la chambre, dix-huit fois [1]. Cette mesure est égale à la hauteur divisée en quatre cents parties.

Le canal horizontal qui conduit à la chambre de la Reine, est de 38^m,791; c'est quatre-vingt-quatre de ces mêmes parties.

Le sol de la galerie haute, long de 40^m,508, fait quatre-vingt-huit de ces parties.

La hauteur de cette galerie est de 8^m,121; c'est, à fort peu près, dix-huit parties.

La longueur du sarcophage de la chambre du Roi est de 2^m,301; c'est cinq parties.

---

[1] Le pied de Pline se trouve en nombres ronds dans les dimensions précédentes. La première en contient 120; la deuxième, 160; la troisième, 30. Le sarcophage qui est dans la chambre du Roi, supposé de 2^m,42 de longueur, selon Greaves, ou 7.296 pieds anglais (le pied anglais étant de 0^m,3046), contiendrait juste 8 pieds de la mesure de Pline, ou 4 coudées hébraïques. Mais M. Le Père a mesuré le sarcophage à 2^m,301; ce qui fait, à fort peu près, 5 coudées égyptiennes.

La hauteur verticale de l'entrée étant de 12^m,64, comme on l'a vu plus haut, la hauteur oblique du même point est, avec le revêtement, de 15^m,40. Ce nombre est précisément la douzième partie de l'apothème, et il fait juste 50 pieds égyptiens.

Le socle avait 1^m,849 de hauteur. C'est précisément, à moins de 0^m,002 près, 6 pieds égyptiens ou 4 coudées, c'est-à-dire l'orgyie, suivant Hérodote. Ainsi l'unité *métrique usuelle* était à la portée de la main, et l'unité de *mesure itinéraire* était la ligne de milieu de la pyramide; celle-ci peut-être était gravée sur le revêtement lui-même.

On trouve que la distance horizontale de l'apothème, au centre de l'ouverture de la pyramide, est de 4^m,70, environ 15 pieds égyptiens ou 10 coudées. Si l'on avait mis l'ouverture au milieu de la face, la chambre n'aurait pas été au centre de l'édifice, et l'axe de cette chambre n'aurait pas été le même que celui de la pyramide. Il a fallu un bien grand soin d'exécution pour placer l'ouverture à cette distance précise de l'apothème, de manière que la chambre à laquelle conduit cette issue, fût au milieu même de la pyramide, et que son axe se confondît avec celui du monument. Strabon avait lui-même connu ce fait singulier de la déviation de l'ouverture. En parlant des deux grandes pyramides, il dit qu'il y a une pierre mobile *presque au milieu des faces*, à une certaine hauteur, et qu'en ôtant cette pierre on trouve un canal oblique et étroit qui conduit jusqu'au tombeau[1].

Voyez, *chap.* vi, l'article du pied de Pline.

[1] Ἔχει δ' ἐν ὕψει μέσως πως τῶν πλευρῶν λίθον ἐξαιρέσιμον· ἀρθέντος

Par ces mots, μέσως πως τῶν πλευρῶν, il faut entendre évidemment, non le centre des faces, mais la ligne de milieu du triangle, ou l'apothème.

Il se trouve encore que le faux plafond de la chambre du Roi est au tiers de la hauteur de la pyramide, c'est-à-dire au centre de gravité du triangle de la coupe; et, ce qu'il y a de remarquable, c'est qu'à ce point correspond précisément la voûte plate qui sert de décharge à la chambre contre le poids immense de la masse supérieure: cette espèce de voûte a été découverte en dernier lieu par MM. Le Père et Coutelle.

Au reste, la difficulté d'établir sur le terrain l'alignement de la méridienne dans une aussi grande longueur a dû être considérable; et elle serait aujourd'hui même assez grande, malgré la perfection de nos instrumens. On ne sait point assez jusqu'à quel point la pyramide suppose d'adresse, de savoir et d'habitude de construction de la part de ses auteurs, et c'est bien à tort qu'on l'a regardée comme un ouvrage sans art : la galerie haute, longue de plus de 135 pieds, construite avec un appareil d'une rare précision, la chambre du Roi et le vestibule revêtus en granit avec un soin admirable, suffiraient pour détruire cette opinion. Nous reviendrons ailleurs sur cette curieuse matière : bornons-nous à ajouter ici que l'observatoire d'Uranibourg n'était pas plus exactement orienté que la pyramide, puisque Tycho s'était trompé de 18 minutes[1]. Encore la déviation

---

δὲ σύριγξ ἐστὶ σκολιὰ μέχρι τῆς θήκης. (Strab. Geogr. lib. XVII, pag. 555.)
Ce passage a été traduit et compris d'une manière défectueuse. On a cru que cette ouverture était au milieu de la face, tandis qu'elle n'est qu'au douzième de la hauteur.

[1] Selon Picard. Au reste, La-

DES ANCIENS ÉGYPTIENS, CH. III.   53

de 20 minutes que l'on trouve aujourd'hui entre la direction du côté de la pyramide et le méridien, peut-elle être attribuée en partie à l'état de dégradation actuel, autant qu'à l'erreur des observateurs qui ont tracé sur le terrain cette grande ligne méridienne. Une déviation de 3 décimètres suffisait pour produire un écart de 20 minutes.

On trouve dans les pyramides, autres que la grande, plusieurs dimensions qui coïncident avec les précédentes; mais il paraît qu'elle est la seule où l'on ait affecté la précision extrême des mesures.

Le fossé de la seconde pyramide a 32^m,4 de largeur; le côté de chacune des deux pyramides à degrés, 31^m,6; l'entrée du temple situé dans la troisième pyramide, 31 mètres. Ces trois dimensions, que j'ai mesurées moi-même, et qui doivent être plutôt un peu fortes que trop faibles, à cause des décombres qui embarrassent les extrémités; ces dimensions, dis-je, représentent assez bien un plèthre de 100 pieds égyptiens, ou 30^m,80.

La hauteur de la pyramide à degrés est de 18^m,60.

Le fossé de la première pyramide est de 18^m,60.

Ces deux nombres expriment une mesure de 60 pieds égyptiens, qui, exactement, feraient 18^m,47.

lande pense que Picard s'est trompé en prenant une tour d'Elseneur pour une autre, ainsi que l'assure M. Augustin dans le tome XII des anciens Mémoires de l'Académie de Copenhague (*Connaissance des temps*, an XIII, pag. 265).

§. VII. *Application des résultats précédens à l'interprétation des anciens auteurs.*

Hérodote donne 8 plèthres de base *à la grande pyramide :* nous trouvons à cette base un stade et quart; ce qui fait 750 pieds : or, le plèthre était de 100 pieds, et il était compris six fois dans le stade; la base a donc 7 plèthres et demi. Il paraît que cet auteur a voulu employer un nombre rond. On disait peut-être communément : « La pyramide a 7 à 8 plèthres. » Ce qui rendrait cette idée plausible, c'est que Diodore attribue à cette même base 7 plèthres de longueur.

Hérodote compte aussi 8 plèthres dans la hauteur; mais Diodore donne seulement un peu plus de 6 plèthres. Comme nous l'avons vu[1], cette dernière mesure est très-exacte; il serait difficile d'expliquer l'autre, à moins de supposer qu'Hérodote entendait la hauteur de la pyramide depuis le fond du canal, où, suivant lui, on avait amené les eaux du fleuve.

Pline attribue 883 (DCCCLXXXIII) pieds à la base de la grande pyramide[2] : cette mesure est parfaitement exacte, si l'on admet que le chiffre L se sera glissé dans les copies des manuscrits; car 833 fois $0^m,2771$ (mesure du pied de Pline, comme on le fait voir chapitre IV et chapitre VI de ce mémoire) répondent à $230^m,902$, qui est la longueur exacte de la base.

Le même Pline, à l'occasion de la grande pyramide, s'exprime ainsi : *Altitudo à cacumine pedes* XV-S; c'est

[1] *Voyez* ci-dessus, pag. 44. [2] *Hist. natur.* lib. XXXVI, c. 12.

la partie la plus embarrassante de tout le passage. Les éditeurs ont corrigé *altitudo* en *latitudo*, et l'on a entendu cette dimension de la largeur d'une plate-forme supérieure. Je trouve cette correction plausible; car les quinze pieds et demi de Pline font 4^m,30, ou plus de 9 coudées. Quelques savans proposent de lire xxv au lieu de xv-s [1]. Du temps de Diodore, la plate-forme n'avait que 6 coudées [2]; aujourd'hui elle en a près de 22. Il est naturel de penser que cette plate-forme, au temps de Pline, était plus étendue qu'à l'époque de Diodore : la sommité, étant la partie la plus sujette aux dégradations, a dû se détruire progressivement, jusqu'à en venir à l'état où nous la voyons aujourd'hui.

Quant à la mesure de quatre jugères donnée par Pomponius Mela, tant pour la base que pour la hauteur de la pyramide, on ne peut qu'observer qu'elle est formée entièrement d'après celle d'Hérodote, *réduite à moitié*.

Je vais maintenant examiner les passages qui regardent les autres pyramides. Hérodote rapporte que la

---

[1] Voici l'extrait des manuscrits que j'ai consultés à la Bibliothèque du Roi : Mss. n°. 6797, *ped.* xv; n°. 6798, *ped.* xvii (les deux derniers chiffres ont été ajoutés après coup par une autre main); n°. 6801, *ped.* xvii; n°. 6802, *ped.* xv; n°. 6803, *ped.* xvii; n°. 6804, *ped.* xv-s; n°s. 6805 et 6806, *ped.* xv-s : les n°s. 6799 et 6800 finissent au trente-deuxième livre. La leçon *ped.* xv-s est celle qui a prévalu.

[2] Diodore dit que la pyramide était intacte de son temps. Il n'en faudrait pas cependant conclure qu'il a vérifié par lui-même que cette plate-forme de 6 coudées était *conservée* des temps primitifs. Ce qui prouve qu'il n'a pas vu les choses par ses yeux, c'est qu'il assure qu'il ne reste pas de vestiges des chaussées qui ont servi à la construction des pyramides. Nous en avons vu deux subsistantes, et qui ont une étendue très-considérable. De plus, cette quantité de 6 coudées est insensible dans le calcul des dimensions et de la masse de l'édifice. Au reste, nous reviendrons tout-à-l'heure sur ce passage.

pyramide de Céphren (la seconde pyramide) avait en hauteur 40 pieds de moins que la grande; Diodore lui attribue un stade de côté, ainsi qu'on l'a dit; Strabon lui donne un stade de hauteur, de même qu'à la première; enfin Pline lui donne 737 pieds et demi de côté.

La mesure d'Hérodote semble, au premier coup d'œil, n'avoir rien de précis, bien qu'il dise *avoir mesuré lui-même* cette pyramide : cependant la différence de 40 pieds entre elle et la première est très-exacte. En effet, la hauteur perpendiculaire de la grande est de 468 pieds égyptiens [1]; celle de la seconde est de 132 mètres, ce qui répond à 428 pieds : l'excès de la première est donc de 40 pieds.

Les 737 pieds et demi de Pline sont une mesure parfaitement exacte : en effet, si l'on multiplie $0^m,2771$, valeur du pied de Pline, par $737\frac{1}{2}$, on trouve $204^m,35$. Or, j'ai mesuré la base de la pyramide revêtue, et j'ai trouvé qu'elle avait, avec le socle, $207^m,9$ sur la face du nord : comme ce socle a un mètre et demi de large, il faut retrancher 3 mètres; ce qui réduit la mesure à $204^m,9$, c'est-à-dire à peu près $204^m,35$ [2].

La hauteur d'un stade donnée par Strabon sera expliquée ailleurs : la première et la seconde pyramides, très-différentes de base, différaient beaucoup moins en élévation.

---

[1] $144^m,194$ font 312 coudées $\frac{1}{4}$, ou un peu plus de 468 pieds égyptiens.

[2] Avec son socle, la seconde pyramide a un dixième juste de moins que la base de la première, et ce dixième est de 50 coudées, ou de la moitié du côté de l'aroure, c'est-à-dire $\frac{1}{6}$ de stade; autrement $207^m,9$ font $\frac{9}{10}$ de $230^m,9$. On peut croire qu'il y avait un motif à ce rapport précis.

DES ANCIENS ÉGYPTIENS, CH. III.   57

La troisième pyramide, ou pyramide de Mycérinus, avait trois plèthres de côté, suivant Hérodote et selon Diodore. C'est celle qui était revêtue de granit. J'ai trouvé 102^m,2 de longueur à cette troisième pyramide sur la face du nord : il faut en déduire environ un mètre et demi, à cause des sables amoncelés au pied; ce qui la réduit à 100^m,7. Trois plèthres et quart font 100^m,1 : il paraît donc que trois plèthres étaient une valeur donnée en nombre rond.

Il faut remarquer ici que le côté de cette troisième pyramide équivaut, à moins d'un mètre près, au petit stade de quatre cent mille à la circonférence dont a parlé Aristote, et dont Hérodote s'est le plus souvent servi [1].

Pline donne à la longueur de la troisième pyramide 363 pieds : or, 363 fois 0^m,2771 donnent aussi 100^m,59. On voit que Pline est l'auteur qui connaissait le mieux et qui nous a transmis avec le plus d'exactitude les mesures des trois premières pyramides; mais, pour apprécier cette exactitude, il fallait avoir la valeur du pied dont il a fait usage. On ne peut pas considérer cette coïncidence comme fortuite; car il n'est nullement probable que des nombres rompus, comme 883 ou 833,737 $\frac{1}{2}$ et 363, ne soient pas donnés dans l'intention de fournir des dimensions précises [2].

---

[1] *Voyez* le tableau des distances itinéraires de l'Égypte, *chap.* II. Je ne pourrais affirmer que la mesure que j'ai prise de ce côté du Mycérinus fût exacte, à un mètre près : en effet, malgré tous mes soins et l'application qu'il m'a été permis d'y mettre, je n'ai pu la mesurer avec une précision aussi grande que la première.

[2] Selon Hérodote, la pyramide de Mycérinus avait 20 pieds de moins que celle de son père Chéops. Larcher a avancé que la différence doit s'entendre des hauteurs, et non des bases des deux pyramides. Or, je

La quatrième pyramide, ou celle de la fille de Chéops, avait, selon Hérodote, un plèthre et demi. J'ai mesuré cette quatrième pyramide; elle a un peu plus de 43 mètres sur la face du midi : un plèthre et demi ferait $46^m,2$; c'est encore une mesure en nombre rond.

Enfin d'autres pyramides, selon Diodore, avaient 2 plèthres de côté : j'ignore à quels monumens correspond cette mesure. J'ai dit plus haut que j'ai trouvé le côté de chacune des pyramides à degrés égal à $31^m,6$, mesure qui doit correspondre à un plèthre.

J'ai omis de parler d'une mesure de Philon de Byzance, qui attribue 6 stades de tour à la grande pyramide : peut-être Philon entendait-il le stade de sept cents au degré, ou d'Ératosthène, égal à $158^m \frac{1}{3}$, mesure qui était en usage de son temps; car il y en a fort près de 6 dans le périmètre du monument.

trouve que les bases diffèrent de 420 pieds égyptiens ou d'Hérodote, c'est-à-dire de plus de la moitié de la grande; ce qui justifie l'expression *beaucoup plus petite que celle de son père*. Il faudrait, pour tout expliquer, supposer simplement que le mot τετρακοσίων, ou bien le chiffre T, manque dans les manuscrits.

Si l'on compare la hauteur perpendiculaire de la grande pyramide à celle de la troisième, on trouve que la différence est de 300 pieds d'Hérodote, et non de 20 (a). Dans ce cas, il faudrait donc lire τριακο- σίων, ou bien T, au lieu de εἴκοσι.

Il est certain que le texte est corrompu : c'est au lecteur à décider quelle correction est la plus probable; pour moi, je penche à croire qu'il s'agit de la différence des bases, 1°. à cause du sens de la phrase, 2°. à cause de la simplicité de la correction.

(a) La hauteur de la troisième pyramide est d'environ 53 mètres; celle de la première est de $144^m,2$, et avec le socle 146 mètres : la différence est donc de 93 mètres, répondant à 300 pieds égyptiens à fort peu près.

§. VIII. *Examen particulier d'un passage de Diodore.*

Un passage de Diodore de Sicile fait entendre qu'il y avait, de son temps, sur le haut de la pyramide, une plate-forme de 6 coudées de large. Il est ainsi conçu :

« La plus grande des pyramides est de forme quadrilatère; chaque face a sept plèthres de long (au-dessus de la base), la hauteur a plus de six plèthres. Les faces vont en diminuant peu à peu, *jusqu'au sommet, où elles ont six coudées.* »

Ἡ μὲν γὰρ μεγίϛη, τετράπλευρος οὖσα τῷ σχήματι, τὴν ἐπὶ τῆς βάσεως πλευρὰν ἑκάϛην ἔχει πλέθρων ἑπλὰ· τὸ δ᾽ ὕψος, ἔχει πλείω τῶν ἓξ πλέθρων· συναγωγὴν δ᾽ ἐκ τοῦ κατ᾽ ὀλίγον λαμβάνουσα μέχει τῆς κορυφῆς, ἑκάϛην πλευρὰν ποιεῖ πηχῶν ἓξ [1].

On peut faire deux suppositions sur cette plate-forme supérieure : ou elle était dans le dessein primitif des constructeurs, ou elle provient de la dégradation successive de la cime. Dans le dernier cas, on ne peut y avoir égard, en recomposant la pyramide revêtue : on peut observer seulement que cette mesure est conforme, suivant l'ordre des temps, à celle de Pline qui vient d'être examinée, et à celle d'aujourd'hui. En effet, le progrès de la dégradation a dû aller en croissant depuis l'antiquité jusqu'à nos jours.

Dans le premier cas, les auteurs de la pyramide, voulant éviter la destruction d'une pointe trop aiguë, auraient formé exprès une petite plate-forme de 6 cou-

[1] *Biblioth. hist.* lib. 1, pag. 39.

dées. Or, cette mesure, d'après notre évaluation, serait de $2^m,771$. Si l'on regarde cette dimension comme la base d'une petite pyramide, et qu'on en calcule l'apothème, on trouve pour celui-ci $2^m,22$; cette mesure est presque égale à la longueur du sarcophage de la chambre du Roi.

Dans la seconde supposition, il est possible que sur le centre de la plate-forme, fixée à dessein à cette hauteur, il y eût un cippe dont l'extrémité représentait la sommité même de la pyramide : la mesure totale de l'apothème venait aboutir à cette cime.

Il n'y a pas à penser qu'on eût placé une statue quelconque sur un espace aussi étroit; car elle eût été imperceptible à une si grande hauteur. Les Égyptiens n'ont jamais sculpté de figures de cette espèce, eux qui en exécutaient de si colossales placées à la hauteur de la vue.

La conséquence de cette discussion est que la mesure générale de la pyramide n'éprouve point de changement, ou même qu'elle est confirmée par l'existence de la plate-forme de 6 coudées citée par Diodore, de quelque façon qu'on l'envisage.

§. IX. *Application des résultats aux passages des auteurs arabes.*

Je finirai cet article en rapportant quelques mesures des auteurs arabes, qui confirment pleinement tous les résultats que j'ai exposés.

Abou-l-Farage rapporte que la grande pyramide est longue et large de 500 coudées; c'est précisément ce que j'ai avancé dans ce chapitre. La coudée de 0,462 étant multipliée par 500, reproduit exactement la longueur de la base. Ce passage est d'autant plus précieux, qu'il prouverait seul *à priori* la valeur de la coudée égyptienne. L'auteur n'avertit pas de l'espèce de la coudée qu'il emploie; mais on chercherait vainement dans tous les systèmes métrologiques une mesure de cette grandeur.

Le même auteur rapporte que cette pyramide a 250 coudées de haut : ce qui semblerait d'abord infirmer le résultat précédent; car la hauteur verticale est plus que moitié de la base. Cette hauteur, étant de $144^m,194$, comme on l'a vu pag. 38, fait 312 coudées et quart, pareilles aux précédentes, et non 250. Mais l'explication est palpable; c'est que l'auteur a donné ici sa mesure en *coudées nouvelles,* ou pyk belady[1]. En effet, le pyk belady valant $0^m,5777$, 250 *pyk* font $144^m,4$; ce qui est, à $0^m,2$ près, la hauteur de la pyramide.

Autrement, le pyk belady vaut une fois et un quart l'ancienne coudée; or, 250 multipliés par $1\frac{1}{4}$, font $312\frac{1}{2}$. Voilà, sans doute, un résultat bien satisfaisant et d'une grande précision, au lieu d'une difficulté qu'on aurait pu supposer au premier coup d'œil[2].

Les 317 coudées citées par A'bd el-Rachyd el-Bakouy, pour la hauteur de la pyramide, ressemblent

---

[1] Abou-l-Farage a puisé son recueil dans plusieurs sources différentes; il aura pris la base de la pyramide dans un ouvrage, et la hauteur dans un autre.

[2] M. Silvestre de Sacy, qui rapporte ce passage dans son *Mémoire sur les pyramides,* le traduit ainsi :
« Nous avons vu des mausolées étonnans sur les tombeaux des anciens rois; nous avons regardé par une ouverture qui était faite dans l'un de ces édifices, et qui est profonde de 50 coudées, et nous avons reconnu que ce sont des pierres de taille disposées par lits. Ils ont par

62 EXPOSITION DU SYSTÈME MÉTRIQUE

beaucoup au nombre que nous venons de rapporter, de 312 coudées et demie; si l'on joint à l'axe les 4 coudées du socle, la somme fait 316 coudées et demie.

Ces deux derniers passages font voir, pour le dire en passant, que les Arabes savaient calculer les triangles avec beaucoup d'exactitude; car on ne pouvait atteindre que par le calcul à la connaissance de l'axe de la pyramide.

A'bd el-Latyf (liv. 1, chap. IV, pag. 175, trad. de M. de Sacy) rapporte « qu'un homme instruit dans l'art de prendre les mesures donnait à la hauteur perpendiculaire de la grande pyramide 317 coudées environ, et à chacun des côtés des *quatre plans triangulaires qui s'inclinent sur cette perpendiculaire*, 460 coudées. » Avant il dit « qu'il y a un plan supérieur de dix coudées de côté. »

Ces mesures sont exactes, si l'on y applique la valeur de la coudée ancienne, de $0^m,462$. La hauteur verticale était, avec le socle, de 316 coudées et quart, comme on vient de le voir. La longueur de l'arête, et c'est de cette ligne qu'il s'agit visiblement, est de 471 coudées; si l'on en retranche la longueur de l'arête de la petite pyramide, dont 10 coudées feraient la base, arête qui serait d'environ $9\frac{1}{2}$, il restera $461\frac{1}{2}$, et en nombre rond 460.

A la vérité, A'bd el-Latyf croit qu'il y a erreur dans

le bas 500 coudées de large, sur une égale longueur, à la mesure de la coudée....(a), formant une figure carrée, et leur élévation est de deux cent cinquante coudées. Les pierres que l'on a employées pour les construire, ont de 5 à 10 coudées, etc. »

(a) « Il y a ici un mot effacé que je n'ai pu deviner. » (*Note de M. de Sacy.*) Le mot effacé signifie probablement *coudée des temps antiques.*

la mesure, et trouve qu'on aurait dû donner 400 coudées à la perpendiculaire. Mais, 400 coudées étant en effet la hauteur des faces ou des plans triangulaires, tout se trouve expliqué parfaitement; car il laisse subsister la mesure de 317 coudées, laquelle ne peut absolument s'appliquer qu'à la hauteur verticale de la pyramide.

Au commencement de l'article, A'bd el-Latyf dit que, selon ceux qui ont pris les dimensions des *deux grandes pyramides*, la base de chacune d'elles a 400 coudées, et leur hauteur aussi, à la mesure de la coudée noire: mais l'auteur n'admettait pas ces mesures, sans doute parce qu'il reconnaissait que les deux pyramides y étaient confondues. Dans les notes sur ce passage (pag. 216), M. de Sacy remarque, 1°. que Mohalli rapporte les mesures de 317 et 460 coudées, et qu'il donne 9 coudées au plan supérieur; 2°. que Joseph ben Altiphasi, dans son Histoire de l'Égypte, et Ebn Salamas, donnent aussi 317 coudées de hauteur à la pyramide, et 460 coudées *à chacun des côtés des triangles équilatéraux qui en forment les plans inclinés.* La concordance est parfaite; mais ici, par *équilatéraux*, il faut entendre *isocèles*.

On a long-temps cru que les faces de la pyramide étaient des triangles équilatéraux : cette erreur est très-concevable, puisque, de près, il est bien difficile de distinguer la différence entre deux lignes de 500 et de 471 coudées; et que, de loin, c'est-à-dire à la distance convenable pour voir l'ensemble de ce vaste monument, la différence est encore moins sensible. L'angle, à la base, était de 57° 59′ 40″, et, au sommet, de 64°

0′ 40″, au lieu de 60 degrés que supposerait un triangle équilatéral.

Ainsi voilà six passages tirés d'auteurs graves, ayant bien connu l'Égypte, et qui confirment entièrement la valeur de l'ancienne coudée.

RÉSUMÉ DE CE CHAPITRE.

Je vais rassembler, en peu de mots, les principaux résultats qui précèdent.

La base de la grande pyramide est de $230^m,902$, et la hauteur oblique, de $184^m,722$: ces deux nombres sont entre eux comme 5 est à 4. La base fait 500 coudées égyptiennes et 750 pieds égyptiens ; elle équivaut exactement à 400 *pyk belady*, ou coudées actuellement en usage au Kaire et dans tout le pays ; elle égale 60 *qasab*, mesure du côté du feddân des Égyptiens modernes.

Cette base est exactement la 480ᵉ partie du degré terrestre, propre à la latitude moyenne de l'Égypte. La hauteur de la pyramide en est la 600ᵉ partie. Or, l'antiquité a connu un stade de six cents au degré, très-célèbre sous le nom de *stade olympique*, et dont les Grecs ont fait usage. Strabon, d'un autre côté, nous apprend que la grande pyramide avait un stade de haut. Il paraît donc que les Égyptiens possédaient une mesure très-exacte du degré terrestre ; et, comme il s'agit du degré propre à l'Égypte, et qu'on sait par quelques auteurs qu'ils avaient fait une mesure de la terre, il est infiniment probable que c'est là en effet cette mesure qui leur appartient.

Ils ont pris la 600ᵉ partie de ce degré pour leur stade ou mesure itinéraire de 100 orgyies ou 600 pieds. Enfin ils ont employé ce stade comme un type pour construire la grande pyramide et conserver à la postérité leur mesure de la terre et l'unité métrique.

La cinquième partie de la base, ou, ce qui revient au même, la différence de la base à la hauteur, était une mesure de 100 coudées, autrement le côté de l'aroure, mesure essentielle en Égypte, et qui servait au partage des terres. Le côté de la pyramide renfermait cinq de ces mesures; la hauteur en contenait quatre, autrement 400 coudées, ce qui est est le propre du stade.

La surface du triangle contenait *dix aroures;* et celle de la base, *vingt-cinq aroures.*

Le périmètre de la pyramide valait une demi-minute du degré terrestre, et le tour du monument, répété cent vingt fois, équivalait à ce degré.

Les principales dimensions de la grande pyramide et des cinq autres sont également multiples des mesures précédentes.

Pline a rapporté exactement les dimensions des trois principales pyramides. Diodore et Hérodote se sont bornés le plus souvent à des nombres ronds.

Enfin plusieurs auteurs arabes, et parmi eux A'bd el-Latyf, l'un des plus recommandables, ont pleinement confirmé notre sentiment, 1°. sur le nombre de 500 coudées que renfermait la base de la grande pyramide; 2°. sur la hauteur du monument, d'où résulte nécessairement la longueur de l'apothème, c'est-à-dire du stade.

C'est ainsi que ces constructions extraordinaires et presque inexplicables renferment en elles des résultats importans et des faits dignes de méditation. Leur époque est un mystère; mais leur but n'est plus incertain, quoique d'ailleurs on ne puisse affirmer qu'elles avaient une destination unique. Hérodote y avait lu des inscriptions que le temps a dévorées : mais ce qui reste écrit dans les lignes pour ainsi dire éternelles de la grande pyramide, nous dédommage bien de ces inscriptions; et, s'il est vrai que ses auteurs aient ignoré la science des hiéroglyphes, ainsi qu'on en a jugé par l'absence totale de ces caractères, nous prenons du moins une haute idée de l'état des connaissances des Égyptiens à l'époque de la construction de l'édifice, et nous devons reconnaître qu'ils étaient versés à-la-fois dans la géométrie et dans l'astronomie pratiques. Ces pyramides auxquelles les modernes et les anciens ont assigné tant d'objets différens, attribuées à la vanité par les uns, à la superstition par les autres, et saluées par tous les âges du nom de merveilles du monde, ont peut-être servi de tombeaux, comme l'ont dit tant d'écrivains; mais ce sont des tombeaux de princes qui ont voulu ou permis qu'elles attestassent à la postérité les lumières de l'Égypte savante. Elles ont rempli leur destination; car elles nous ont conservé le type certain de la grandeur du globe terrestre et l'inappréciable notion de l'invariabilité du pôle.

Cette haute idée de conserver ainsi les mesures nationales dans quelque monument inaltérable était digne d'être imitée par les peuples modernes, et par la France

DES ANCIENS ÉGYPTIENS, CH. III. 67

surtout, à qui l'univers savant doit une mesure de la terre et un système métrique si parfaits. Quel plus beau livre pourrait-on léguer à la postérité, si l'on y consacrait tous les grands résultats où les sciences exactes sont parvenues de nos jours? C'est dans cette heureuse alliance des *sciences* et des *arts*, dont les Égyptiens semblent seuls avoir eu le secret, que réside peut-être la gloire la plus solide pour une nation civilisée.

———

Je crois devoir rapporter ici textuellement les mesures de hauteur de toutes les marches de la grande pyramide: la connaissance la plus précise de cet élément capital est indispensable dans la question; et c'est celle qui a manqué jusqu'ici à toutes les personnes qui l'ont voulu résoudre. Il importe donc qu'il ne reste aucun nuage sur la valeur exacte de cette dimension; c'est pourquoi j'ai rapporté la mesure que j'ai prise avec M. Cécile, bien qu'elle soit moins rigoureuse dans les détails que celle de MM. Le Père et Coutelle. Nous n'avons mesuré les degrés qu'à 6 lignes près; mais les différences, tantôt positives et tantôt négatives, se sont compensées à cause du nombre considérable de mesures, comme on sait qu'il arrive toujours, quand on emploie une très-grande quantité d'observations faites dans des conditions semblables [1].

[1] M. Fourier a bien voulu me permettre de citer ici une proposition générale qu'il a démontrée, et qui fait connaître le degré de certitude résultant d'une longue suite d'opérations de ce genre.
Il est aisé d'estimer d'avance la plus grande erreur que l'on puisse

5.

68 EXPOSITION DU SYSTÈME MÉTRIQUE

Je dois faire observer que les hauteurs des assises n'ont pas été mesurées par les observateurs dans les mêmes endroits : on ne sera donc pas surpris des différences de grandeur qui existent entre les mesures partielles dans les degrés correspondans. Ceux-ci sont plus ruinés vers le milieu qu'aux angles, et à un angle qu'à l'autre. D'ailleurs, le parement était, sans nul doute, exécuté avec une parfaite régularité; mais on n'était pas obligé de mettre le même soin à l'exécution du noyau. En outre, l'irrégularité des assises ne fait absolument rien au compte total de la hauteur, et l'on voit que l'accord est parfait. On remarquera, au reste, la grande différence qui existe entre la hauteur des premières marches et celle des dernières : à mesure qu'on s'élève, les pierres deviennent de plus en plus petites; toutefois celle du sommet a encore 20 pouces (541 millimètres) de hauteur.

commettre en mesurant une quantité avec un instrument donné. Cette limite de l'erreur d'une seule opération peut toujours être connue, si l'on applique un très-grand nombre de fois le même instrument à la mesure d'une même quantité.

Lorsqu'il résulte de la nature même de l'opération, que l'erreur commise peut également être positive ou être négative, et lorsqu'on a estimé la limite de cette erreur, il est facile d'en conclure la limite de l'erreur totale à laquelle on est exposé dans une longue suite d'opérations. *Il faut multiplier la limite connue de l'erreur d'une seule opération par la racine carrée du nombre des opérations* (et non par ce nombre lui-même); *le produit est la limite de l'erreur totale.*

On est aussi assuré que ce produit surpasse la somme des erreurs, qu'on est assuré que l'erreur d'une seule opération est au-dessous de sa limite connue. Ainsi il est, par hypothèse, extrêmement probable que l'erreur d'une observation est moindre que sa limite connue; et cette probabilité équivaut, dans la pratique, à une certitude entière. Or, il est également probable que l'erreur totale est au-dessous du produit de cette limite par la racine carrée du nombre des opérations. Ces deux probabilités, dont l'une appartient à l'erreur d'une seule opération, et l'autre à l'erreur de

TABLE DES HAUTEURS

DE TOUS LES DEGRÉS DE LA GRANDE PYRAMIDE,

A PARTIR DU SOMMET,

MESURÉES PAR MM. LE PÈRE ET COUTELLE.

NUMÉROS des degrés.	PIEDS.	POUCES.	LIGNES.	MÈTRES.	NUMÉROS des degrés.	PIEDS.	POUCES.	LIGNES.	MÈTRES.
Plate-forme } 1. 2.	3.	5.	3.	1,117.	42. 43.	3.	5.	10 ½.	1,134.
3.	1.	8.	11.	0,566.	44. 45.	3.	3.	7.	1 072.
4.	1.	9.	5.	0,580.	46.	1.	7.	11 ½.	0,540.
5.	1.	8.	1 ¼.	0,545.	47. 48.	3.	3.	11.	1,081.
6. 7.	3.	6.	9.	1,157.	49. 50.	3.	3.	11.	1,081.
8. 9.	3.	5.	1.	1,112.	51. 52.	3.	6.	8.	1,155.
10. 11.	3.	2.	8.	1,047.	53. 54.	3.	11.	7.	1,288.
12.	1.	7.	11.	0,539.	55. 56.	3.	5.	3.	1,117.
13. 14.	3.	2.	9.	1,049.	57.	1.	8.	10.	0,564.
15. 16.	3.	2.	4.	1,038.	58.	1.	9.	11.	0,503.
17.	1.	7.	5.	0,525.	59.	2.	0.	0.	0,650.
18. 19.	3.	3.	2.	0,050.	60.	2.	3.	9.	0,751.
20.	1.	8.	8 ½.	0,560.	61. 62.	3.	4.	11.	1,108.
21.	1.	9.	3.	0,575.	63. 64.	3.	4.	10.	1,105.
22.	1.	10.	1.	0,598.	65. 66.	4.	0.	0 ½.	1,300.
23.	1.	11.	4.	0,632.	67.	1.	8.	8 ½.	0,560.
24.	2.	0.	8.	0,668.	68. 69.	3.	6.	3 ½.	1,145.
25. 26.	3.	2.	4.	1,038.	70. 71.	3.	5.	5 ½.	1,122.
27. 28.	3.	2.	2.	1,033.	72. 73.	3.	9.	6 ¼.	1,233.
29. 30.	3.	2.	2.	1,033.	74. 75.	3.	9.	4.	1,227.
31. 32.	3.	2.	1.	1,031.	76. 77.	3.	7.	6.	1,178.
33. 34.	3.	2.	9.	1,049.	78. 79.	3.	7.	5.	1,175.
35. 36.	3.	2.	3.	1,035.	80.	2.	0.	6.	0,663.
37. 38.	3.	3.	3.	1,063.	81. 82.	4.	0.	1.	1,302.
39.	1.	8.	1.	0,544.	83.	2.	4.	5.	0,769.
40. 41.	3.	9.	0.	1,218.	84.	2.	3.	6.	0,746.

plusieurs opérations successives, diffèrent si peu entre elles, qu'elles doivent être regardées comme égales dans les applications, lorsque le nombre des opérations est fort grand.

Si j'applique cette règle au cas présent, je trouve que la somme des erreurs que nous aurions pu commettre, M. Cécile et moi, est égale à un peu plus de sept pouces, en supposant que nous ayons pu, à chaque fois, nous tromper de six lignes.

NUMÉROS des degrés.	PIEDS.	POUCES.	LIGNES.	MÈTRES.	NUMÉROS des degrés.	PIEDS.	POUCES.	LIGNES.	MÈTRES.
85.	2.	6.	1.	0 814.	159.	2.	11.	7¼.	0,965.
86. 87.	4.	6.	0.	1,462.	160.	3.	1.	0.	1 002.
88. 89.	3.	10.	2.	1,250.	161.	2.	7.	7.	0 855.
90. 91.	3.	7.	3.	1,171.	162.	2.	2.	7½.	0,721.
92. 93.	3.	8.	0½.	1,192.	163.	2.	5.	1½.	0,788.
94. 95.	3.	10.	8.	1,263.	164.	2.	7.	3½.	0.847.
96. 97.	4.	2.	11.	1,378.	165.	2.	6.	6½.	0,827.
98. 99.	4.	0.	3½.	1,307.	166.	2.	10.	1.	0,923.
100.	2.	0.	11.	0 675.	167.	2.	10.	9.	0,941.
101. 102.	4.	5.	3.	1,442.	168.	3.	3.	5½.	0,068.
103.	2.	7.	9½.	0.861.	169.	3.	10.	5.	1.257.
104.	2.	9.	4.	1,902.	170.	2.	0.	10½.	0,673.
105.	3.	0.	1.	0,977.	171.	2.	0.	7.	0.666.
106.	3.	2.	3½.	1 036.	172.	2.	0.	11.	0 675.
107.	1.	9.	3½.	0,576.	173.	2.	2.	1.	0 706.
108.	1.	10.	7½.	0,612.	174.	2.	2.	2½.	0.709.
109. 110.	3.	11.	9.	1.293	175.	2.	3.	3.	0,738.
111.	2.	3.	3.	0,738.	176.	2.	3.	2½.	0,736.
112.	2.	6.	8.	0,830.	177.	2.	2.	7.	0,720.
113.	2.	9.	7.	0,909.	178.	2.	4.	5.	0.769.
114. 115.	4.	6.	5½.	1.474.	179.	2.	7.	1½.	0 842.
116.	2.	0.	0.	0,650.	180.	2.	7.	1½.	0,842.
117. 118.	3.	9.	3½.	1,226.	181.	2.	6.	10½.	0,836.
119.	1.	9.	0.	0,568.	182.	2.	8.	9.	0,887.
120. 121.	3.	11.	6½.	1,287.	183.	1.	10.	1.	0.598.
122. 123.	3.	7.	9½.	1.185.	184.	1.	10.	2.	0,600.
124. 125.	3.	8.	8.	1,209.	185.	2.	11.	4.	0,957.
126.	1.	9.	10¼.	0.592.	186.	2.	5.	2½.	0,791.
127.	1.	10.	10.	0,618.	187.	2.	2.	1.	0,706.
128. 129.	4.	2.	7½.	1,369.	188.	2.	3.	3½.	0,739.
130. 131.	4.	4.	8.	1,426.	189.	2.	4.	8.	0,776.
132. 133.	4.	2.	1.	1.356.	190.	2.	2.	1.	0 706.
134.	2.	3.	1.	0 733.	191.	2.	0.	9.	0,670.
135.	2.	6.	4.	0,821.	192.	2.	7.	2.	0,814.
136.	2.	4.	7½.	0.775.	193.	2.	8.	7.	0 882.
137. 138.	4.	7.	1.	1,491.	194.	2.	4.	8.	0,776.
139. 140.	4.	0.	10.	1.322.	195.	3.	2.	1½.	1,032.
141. 142.	3.	11.	6.	1.286.	196.	2.	9.	6½.	0,908.
143. 144.	4.	2.	7.	1.369.	197.	3.	3.	3½.	1.064.
145.	2.	3.	0.	0,731.	198.	3.	0.	3½.	0.983.
146.	2.	1.	2.	0,681.	199.	2.	11.	11.	0,972.
147. 148.	3.	10.	4½.	1,255.	200.	3.	2.	5½.	1,042.
149. 150.	3.	11.	10.	1,295.	201.	4.	1.	11.	1,331.
151. 152.	3.	11.	0.	1,273.	202.	4.	4.	1⅙.	1,411.
153. 154.	4.	3.	4.	1.390.	203, rocher.	4.	1.	2.	1,330. } 1,849.
155.	2.	6.	8.	0 830.	*Idem.*	1.	7.	2.	0,519.
156.	2.	10.	11½.	0,946.					
157.	2.	7.	7.	0.855.	TOTAL....	428.	3.	2⅕.	139,117.
158.	2.	1.	10.	0.699.	Encastrement.	0.	7.	8.	0,207.

DES ANCIENS ÉGYPTIENS, CH. III.

TABLE DES HAUTEURS

DE TOUS LES DEGRÉS DE LA GRANDE PYRAMIDE,

A PARTIR DU SOMMET,

MESURÉES PAR MM. JOMARD ET CÉCILE.

NUMÉROS des marches.	PIEDS.	POUCES.	LIGNES.	MÈTRES.	NUMÉROS des marches.	PIEDS.	POUCES.	LIGNES.	MÈTRES.
Plate-forme { 1.	1.	8.	0.	0,5414.	36.	1.	7.	0.	0,5143.
2.	1.	8.	0.	0,5414.	37.	1.	7.	0.	0,5143.
3.	1.	9.	0.	0,5685.	38.	1.	7.	6.	0,5279.
4.	1.	9.	6.	0,5820.	39.	1.	9.	6.	0,5820.
5.	1.	8.	6.	0,5549.	40.	1.	11.	6.	0,6361.
6.	1.	9.	0.	0,5685.	41.	1.	9.	6.	0,5820.
7.	1.	10.	0.	0,5955.	42.	1.	10.	0.	0,5955.
8.	1.	9.	6.	0,5820.	43.	1.	8.	0.	0,5414.
9.	1.	7.	6.	0,5279.	44.	1.	8.	0.	0,5414.
10.	1.	7.	6.	0,5279.	45.	1.	8.	0.	0,5414.
11.	1.	7.	6.	0,5279.	46.	1.	8.	0.	0,5414.
12.	1.	7.	0.	0,5143.	47.	1.	8.	0.	0,5414.
13.	1.	7.	0.	0,5143.	48.	1.	7.	6.	0,5279.
14.	1.	7.	0.	0,5143.	49.	1.	8.	6.	0,5549.
15.	1.	7.	6.	0,5279.	50.	1.	8.	0.	0,5414.
16.	1.	7.	6.	0,5279.	51.	1.	9.	0.	0,5685.
17.	1.	7.	0.	0,5143.	52.	1.	10.	0.	0,5955.
18.	1.	7.	6.	0,5279.	53.	1.	11.	6.	0,6301.
19.	1.	8.	0.	0,5414.	54.	2.	1.	0.	0,6767.
20.	1.	9.	0.	0,5685.	55.	1.	8.	6.	0,5549.
21.	1.	9.	6.	0,5820.	56.	1.	8.	0.	0,5414.
22.	1.	10.	0.	0,5955.	57.	1.	9.	0.	0,5685.
23.	1.	11.	0.	0,6226.	58.	1.	10.	0.	0,5955.
24.	2.	0.	6.	0,6632.	59.	2.	1.	6.	0,5903.
25.	1.	7.	6.	0,5279.	60.	2.	4.	6.	0,7715.
26.	1.	7.	6.	0,5279.	61.	1.	9.	0.	0,5685.
27.	1.	7.	0.	0,5143.	62.	1.	8.	6.	0,5549.
28.	1.	7.	6.	0,5279.	63.	1.	8.	0.	0,5414.
29.	1.	7.	6.	0,5279.	64.	1.	9.	0.	0,5685.
30.	1.	7.	0.	0,5143.	65.	2.	0.	0.	0,6497.
31.	1.	7.	0.	0,5143.	66.	2.	1.	0.	0,6767.
32.	1.	8.	0.	0,5414.	67.	1.	9.	0.	0,5685.
33.	1.	7.	0.	0,5143.	68.	1.	10.	0.	0,5955.
34.	1.	8.	0.	0,5414.	69.	1.	8.	0.	0,5414.
35.	1.	7.	0.	0,5143.	70.	1.	9.	0.	0,5685.

EXPOSITION DU SYSTEME METRIQUE

NUMÉROS des marches.	PIEDS.	POUCES.	LIGNES.	MÈTRES.	NUMÉROS des marches.	PIEDS.	POUCES.	LIGNES.	MÈTRES.
71.	1.	9.	0.	0,5685.	120.	2.	2.	0.	0,7038.
72.	1.	10.	6.	0,6091.	121.	1.	9.	6.	0,5820.
73.	1.	11.	6.	0,6361.	122.	1.	10.	6.	0,6091.
74.	2.	0.	6.	0,6632.	123.	1.	10.	0.	0,5955.
75.	1.	8.	6.	0,5549.	124.	1.	11.	0.	0,6226.
76.	1.	9.	6.	0,5820.	125.	1.	10.	0.	0,5955.
77.	1.	10.	0.	0,5955.	126.	1.	10.	6.	0,6091.
78.	1.	10.	0.	0,5955.	127.	1.	11.	0.	0,6226.
79.	1.	9.	6.	0,5820.	128.	1.	10.	0.	0,5955.
80.	1.	11.	0.	0,6226.	129.	2.	4.	0.	0,7580.
81.	2.	1.	0.	0,6767.	130.	2.	5.	0.	0,7850.
82.	2.	1.	0.	0,6767.	131.	2.	0.	0.	0,6497.
83.	2.	3.	6.	0,7444.	132.	2.	1.	0.	0,6767.
84.	2.	4.	0.	0,7580.	133.	2.	1.	0.	0,6767.
85.	2.	6.	6.	0,8256.	134.	2.	2.	6.	0,7174.
86.	2.	9.	0.	0,8933.	135.	2.	4.	6.	0,7715.
87.	1.	9.	6.	0,5820.	136.	2.	6.	0.	0,8121.
88.	2.	0.	6.	0,6632.	137.	2.	7.	6.	0,8527.
89.	1.	9.	0.	0,5685.	138.	1.	11.	0.	0,6226.
90.	1.	9.	6.	0,5820.	139.	2.	0.	0.	0,6497.
91.	1.	10.	0.	0,5 55.	140.	2.	1.	0.	0,6767.
92.	1.	10.	0.	0,5955.	141.	2.	0.	0.	0,6497.
93.	1.	10.	0.	0,5955.	142.	2.	11.	6.	0,6361.
94.	1.	10.	0.	0,5955.	143.	2.	1.	6.	0,6903.
95.	2.	1.	0.	0,6767.	144.	2.	2.	6.	0,7174.
96.	2.	3.	0.	0,7309.	145.	2.	3.	6.	0,7444.
97.	1.	11.	6.	0,6361.	146.	2.	1.	6.	0,6903.
98.	2.	0.	0.	0,6497.	147.	1.	11.	6.	0,6361.
99.	2.	1.	0.	0,6767.	148.	1.	11.	0.	0,6226.
100.	2.	1.	0.	0,6767.	149.	1.	11.	6.	0,6361.
101.	2.	3.	0.	0,7309.	150.	1.	9.	6.	0,5820.
102.	2.	3.	0.	0,7309.	151.	2.	0.	0.	0,6497.
103.	2.	6.	6.	0,8256.	152.	2.	0.	0.	0,6497.
104.	2.	9.	0.	0,8933.	153.	1.	10.	6.	0,6091.
105.	3.	0.	0.	0,9745.	154.	2.	3.	0.	0,7309.
106.	3.	2.	6.	1,0422.	155.	2.	7.	0.	0,8392.
107.	1.	11.	0.	0,6226.	156.	2.	9.	6.	0,9068.
108.	1.	10.	0.	0,5955.	157.	2.	9.	0.	0,8933.
109.	2.	0.	0.	0,6497.	158.	2.	2.	0.	0,7038.
110.	2.	1.	0.	0,6767.	159.	3.	0.	0.	0,9745.
111.	2.	4.	0.	0,7580.	160.	3.	3.	0.	1,0557.
112.	2.	7.	0.	0,8392.	161.	2.	7.	0.	0,8392.
113.	2.	9.	0.	0,8933.	162.	2.	4.	6.	0,7715.
114.	2.	9.	0.	0,8933.	163.	2.	4.	6.	0,7715.
115.	1.	9.	0.	0,5685.	164.	2.	7.	6.	0,8527.
116.	1.	9.	6.	0,5820.	165.	2.	7.	0.	0,8392.
117.	1.	9.	0.	0,5685.	166.	2.	10.	0.	0,9204.
118.	2.	1.	6.	0,6903.	167.	2.	11.	0.	0,9474.
119.	1.	8.	0.	0,5414.	168.	3.	4.	0.	1,0828.

DES ANCIENS ÉGYPTIENS, CH. III.

NUMÉROS des marches.	PIEDS.	POUCES.	LIGNES.	MÈTRES.	NUMÉROS des marches.	PIEDS.	POUCES.	LIGNES.	MÈTRES.
169.	3.	10.	0.	1,2452.	188.	2.	0.	6.	0,6632.
170.	2.	2.	0.	0,7038.	189.	2.	3.	6.	0,7444.
171.	1.	10.	0.	0,6091.	190.	2.	3.	6.	0,7444.
172.	2.	2.	0.	0,7038.	191.	2.	3.	0.	0,7309.
173.	2.	1.	0.	0,6767.	192.	2.	2.	0.	0,7038.
174.	2.	1.	6.	0,6903.	193.	2.	5.	0.	0,7850.
175.	2.	2.	6.	0,7174.	194.	2.	7.	0.	0,8392.
176.	2.	4.	6.	0,7715.	195.	2.	10.	0.	0,9204.
177.	2.	5.	6.	0,7986.	196.	3.	0.	0.	0,9745.
178.	1.	11.	0.	0,6246.	197.	3.	2.	0.	1,0287.
179.	2.	10.	0.	0,9204.	198.	3.	0.	0.	0,9745.
180.	2.	7.	0.	0,8392.	199.	3.	2.	0.	1,0287.
181.	2.	6.	0.	0,8121.	200.	3.	6.	0.	1,1369.
182.	2.	9.	6.	0,9068.	201.	3.	8.	6.	1,1046.
183.	1.	10.	0.	0,5955.	202.	4.	4.	6.	1,4212.
184.	1.	8.	0.	0,5414.	203, rocher.	3.	4.	0.	1,0828.
185.	2.	11.	0.	0,9474.					
186.	2.	6.	0.	0,8121.	Total....	425.	9.	0.	138,30.
187.	2.	1.	0.	0,6767.					

CHAPITRE IV.

Détermination des mesures par les divers monumens égyptiens.

§. 1. *Observations préliminaires.*

Une des méthodes employées par ceux qui ont voulu découvrir la valeur des mesures anciennes, consiste à chercher les quantités qui se trouvent répétées en nombre rond dans les monumens antiques. Cette méthode, que Newton a suivie, est appuyée sur une idée fort simple; savoir, que les architectes et les constructeurs n'ont, en général, aucun motif de donner aux lignes de leurs plans des dimensions irrégulières, et des fractions arbitraires des mesures usuelles, et qu'il leur est bien plus commode et plus naturel d'employer des nombres ronds et entiers. Mais le moyen en lui-même est hypothétique, et par conséquent peu sûr; il faut donc en user sobrement. En bonne critique, je pense que l'on doit se borner à deux applications de cette méthode :

1°. Choisir de préférence les monumens dont les historiens ont rapporté eux-mêmes les mesures;

2°. Dans les autres monumens, n'admettre comme fondamentales que les grandes mesures, et ne point tenir compte des nombres fractionnaires, ni de ceux qui ne contiennent que très-peu d'unités.

On doit surtout considérer que les mesures contenues un nombre irrégulier de fois (quoiqu'entier) ne donnent point des résultats concluans. J'appelle irréguliers des nombres comme 11, 13, 29, etc., et en général les nombres premiers ou sans diviseurs. Il faut, dans la supposition d'un système bien ordonné, que les répétitions ou multiplications des mesures suivent une marche analogue à la subdivision elle-même des unités métriques; par exemple, si les diviseurs de l'échelle sont reconnus constans et réguliers, comme 3, 6, 10, 12, etc., on doit s'attacher aux grandeurs qui sont multiples ou sous-multiples de l'unité supposée, suivant ces mêmes nombres 3, 6, 10, 12, etc. Par cette condition, on s'impose de grandes difficultés sans doute; mais c'est le seul moyen d'arriver à des résultats un peu exacts.

On conçoit quel vague et quel arbitraire il y aurait autrement dans cette méthode, qui, en elle-même et employée seule, a presque autant d'inconvéniens qu'elle offre d'avantages. Deux exemples suffiront pour le faire sentir.

Si je considère le côté de la grande pyramide comme devant renfermer un nombre exact de coudées, et que j'y reconnaisse, par exemple, le nombre rond et parfait de 500 coudées, je ne cours presque aucune chance d'erreur dans la détermination de cette unité métrique; ou du moins cette chance de $\frac{1}{500}$ est si faible, qu'elle ne peut influer presque en rien sur la valeur de l'unité. Mais si je prends une dimension beaucoup moindre, comme celle de la chambre de la pyramide, qui serait supposée par avance de 10 ou de 12 coudées, je ne puis assigner la valeur de la coudée qu'avec l'approximation d'une dixième ou d'une douzième partie et avec une assez grande incertitude.

Supposons *à priori* que la fameuse colonne de Dioclétien à Alexandrie renferme quelque partie aliquote qui soit une des mesures anciennes, répétée en nombre rond dans tous les membres de cette colonne; si l'on fait cette recherche, on n'en trouvera aucun qui remplisse cette condition, à moins d'en altérer les mesures. Sur quantité de mesures très-précises que l'on a recueillies, il n'y a que le diamètre inférieur de la base et la hauteur du piédestal qui renferment le pied romain un nombre entier de fois, savoir, neuf et onze fois, et le pied qui en résulte est de $0^m,2952$ ou $0^m,2953$. Toutes les autres mesures s'en écartent absolument. La hauteur totale est de 97 pieds romains et une fraction; en pieds égyptiens, de $93\frac{1}{3}$.

Qu'on essaie les différens pieds, les coudées anciennes ou modernes, ou quelque autre mesure encore; on n'y trouvera aucune coïncidence, si ce n'est fortuitement. Et en effet, comment n'en serait-il pas ainsi? La proportion corinthienne ne serait-elle pas troublée, si toutes les parties de la colonne, sans exception, contenaient le pied romain, ou toute autre mesure, en nombres entiers?

La méthode des parties aliquotes, telle que je l'ai définie plus haut, c'est-à-dire assujettie à des conditions rigoureuses, est sans doute un moyen de découvrir la valeur des mesures égyptiennes : car les constructeurs égyptiens paraissent avoir employé, dans le plus grand nombre des cas, ces mêmes mesures en nombres ronds et entiers; et de plus, les quantités sont multiples ou sous-multiples, selon la progression senaire ou duodécimale. Ainsi, en décomposant les dimensions des édifices, c'est-à-dire en suivant la méthode inverse des architectes égyptiens, on retrouvera les unités et les élémens dont ces dimensions étaient composées.

Il faudrait d'abord, dans une étude de cette nature, essayer de découvrir si le monument est métrique, c'est-à-dire, s'il a pu servir à conserver quelque mesure ancienne. Dans l'exemple de la colonne d'Alexandrie, qui nous occupait tout-à-l'heure, il est facile de voir qu'il ne faut pas chercher des mesures anciennes en nombre rond pour tout le monument, parce que les règles suivant lesquelles cette colonne a été proportionnée, ne s'accordent pas avec cette condition. De plus, on n'a pas la connaissance de la mesure du soubassement qui supportait le piédestal; on ne sait pas même s'il en a existé un. Il en est de même du socle où posait la statue. Mais il y a d'autres remarques à faire, et qui supposent une connaissance plus approfondie du monument que celle dont se contentent souvent les métrologues dans des cas semblables. Le piédestal, la base et le chapiteau de cette colonne, forment autant de parties séparées, ainsi que le fût; mais elles ne sont qu'ébauchées : le fût est la seule partie qui soit véritablement terminée[1]; s'il y a une partie qui soit l'ouvrage de la haute antiquité, ce ne peut être que celle-là. Tout le monde convient que ce fût est antique et appartient aux Égyptiens, tandis que le reste est l'ouvrage des architectes romains, et date du temps de la décadence de l'art.

[1] *Voyez* le mémoire de M. Norry, lu à l'Institut du Kaire, *Décade égyptienne*, tom. 1.

Si donc quelque partie de cette colonne doit renfermer une ancienne mesure, c'est le fût : c'est ici une seule pièce monolithe, où rien ne s'opposait à l'emploi de la méthode égyptienne. Nous trouvons en effet que son diamètre renferme, à très-peu de chose près, 6 coudées, et que sa longueur est le neuvième du stade égyptien, ou bien les deux tiers du plèthre. Un aussi beau morceau que ce fût de granit était digne de recevoir le cachet des mesures égyptiennes : aussi nous l'a-t-il conservé.

Nous allons maintenant rapporter les dimensions de plusieurs monumens égyptiens, en faisant un choix dans l'immense quantité de ceux que nous pourrions citer. Le résultat qu'elles offrent n'est point ici donné comme une preuve du système ancien, mais comme une confirmation des bases que nous avons reconnues.

§. II. *Monument d'Osymandyas.*

On lit dans Diodore de Sicile que le tombeau d'Osymandyas renfermait un grand anneau ou couronne d'or (doré), qui avait *trois cent soixante-cinq coudées de tour et une coudée d'épaisseur*, et dont chaque division répondait à un des jours de l'année. On y avait marqué le lever et le coucher des astres pour chaque jour. Cet anneau était donc un monument astronomique et métrique [1].

On est porté, d'après ce seul passage, à étudier très attentivement toutes les parties du tombeau d'Osymandyas, et principalement ses dimensions; car il paraî

[1] *Voyez* ci-dessus, pag. 21.

DES ANCIENS ÉGYPTIENS, CH. IV.   79

hors de doute que les dimensions principales de ce grand et magnifique bâtiment devaient être en rapport avec le système métrique des anciens.

Deux voies se présentent pour déterminer ici les mesures anciennes d'après les dimensions des différentes parties de cet édifice.

La première consiste à voir s'il y a quelque quantité qui soit partie aliquote de ces diverses mesures ; nous allons d'abord faire cette recherche. Après la désignation des lignes, nous donnerons les dimensions qui ont été mesurées en Égypte[1], et ensuite les rapports des dimensions.

(1) La hauteur du pylône est de............ $23^m,1^2$. La 50e partie de cette mesure est............ $0^m,463$.
(2) La longueur de la cour est de............ $46, 6$. La 100e partie est...... $0, 466$.
(3) La longueur de chaque côté du pylône est, sans la porte, de... $30, 8$. La 100e partie est...... $0, 308$.
(4) La longueur du socle du grand colosse est de................ $11, 7$. La 24e partie est..... $0, 48$.
(5) La largeur du même socle est de....... $5, 5$. La 12e partie est....... $0, 463$.
(6) L'épaisseur du pylône à la base est de.... $5, 521$. La 12e partie est...... $0, 460$.
(7) La même, mesurée sous la porte...... $6, 184$. La 20e partie est...... $0, 309$.
(8) La profondeur de la cinquième porte.... $2, 354$. La 5e partie est...... $0, 471$.
(9) L'ouverture de la troisième porte....... $3, 085$. La 10e partie est...... $0, 3085$.
(10) Profondeur de la troisième salle hyp.^{le}.. $29, 85$. La 96e partie est...... $0, 310$.

[1] Voyez pl. 27, A., vol. II.
[2] On n'a pu mesurer que la partie subsistante de la hauteur de ce pylône, égale à $14^m,94$; la seconde partie, qui a $8^m,2$, a été restaurée d'après les autres monumens.

(11) Longueur de la statue
renversée contre le mur du fond...... 13^m,9. La 30° partie de cette mesure est............. 0^m,463.

Tous ces nombres se réduisent visiblement à deux dont les valeurs sont 0^m,462 ou 0^m,463 et 0^m,308. Or, la première est celle que j'ai attribuée à la coudée ancienne : l'autre est celle du pied qui en dérive, dans le rapport de 2 à 3 ; rapport qui, suivant Hérodote, est celui de ces deux mesures égyptiennes [1].

La hauteur du pylône est la moitié du côté de l'aroure ; car la 50° partie est la coudée ancienne, et l'aroure contient 100 coudées.

La longueur de la cour est *le côté de l'aroure lui-même.*

La troisième de ces dimensions, la longueur de chaque massif du pylône, est juste *un plèthre,* mesure égyptienne qui avait 100 pieds ; car sa 100° partie est le pied égyptien.

La neuvième dimension est l'ancienne *canne* de 10 pieds ou le décapode, qui formait 6 coudées et deux tiers.

Les quatrième, cinquième, sixième, huitième, dixième et onzième dimensions sont encore multiples de la coudée, suivant les nombres 24, 12, 5, 96 et 30.

La longueur de la cour des statues-piliers, mesurée selon l'axe et entre les piliers eux-mêmes, est de 29^m,75 : c'est un plèthre, à un mètre près. Cette différence provient peut-être du mesurage.

Le résultat de ces divers rapprochemens (qu'il serait

---

[1] *Voyez,* à la fin, le tableau des mesures égyptiennes, tiré d'Hérodote, n°. (I).

DES ANCIENS ÉGYPTIENS, CH. IV.

facile de pousser beaucoup plus loin) est donc que les dimensions principales de l'édifice renferment deux mesures aliquotes en nombre rond, l'une de 0^m,308, qui est le pied égyptien, l'autre de 0^m,463, c'est-à-dire le pied et la coudée antiques, tels que nous les avons déterminés; et ces dimensions fournissent par conséquent l'orgyie, le plèthre, le côté de l'aroure, etc.

Le *second moyen* que nous voulons mettre en usage dans cette recherche, est celui que nous fournit la description de Diodore de Sicile, quand il nous apprend et la nature et le nombre des mesures de certaines parties du monument. Il donne 2 plèthres à la longueur du pylône. Or, comme nous venons de le voir, chacun des côtés du pylône (sans la porte) est de 30^m,8 : le plèthre était donc de 50^m,8 [1].

Diodore donne 4 plèthres à chaque côté du péristyle; il s'agit d'un péristyle qui n'existe plus aujourd'hui : la cour bordée de colonnes dont il reste la fondation et quelques parties, a 46^m,6 selon l'axe; c'est un plèthre et demi.

L'odéon avait 2 plèthres; mais il n'en reste plus de traces. La salle des soixante colonnes, ou *atrium*, a 29^m,85, selon l'axe : c'est un plèthre (à 9 décimètres près).

Diodore donne au pied du grand colosse plus de 7 coudées. Il est fâcheux que l'on n'ait pas pris toutes les mesures de l'un des pieds, qui existe encore : mais on a la largeur de l'ongle du pouce, qui est de 0^m,243, et

---

[1] On pourrait objecter que la largeur de la porte doit compter dans la façade du pylône : mais le pylône a deux parties; et puisque chacune avait un plèthre, on pouvait dire que l'ensemble en avait deux.

celle de la tête, dont la hauteur est de $2^m,707$. Ces deux nombres se rapportent à une proportion de *douze fois nature*, d'après la connaissance que les monumens nous donnent de la stature égyptienne. Ainsi le pied avait, à fort peu près, $3^m,4$, le pied de la stature étant d'environ $0^m,284$. Or, 7 coudées de $0^m,462$ ne font que $3^m,234$; ce qui est en effet un peu moins que $3^m,4$. Si la coudée égyptienne dont il s'agit eût été plus grande seulement d'un douzième, le pied de la statue n'aurait pas excédé ni même atteint 7 coudées. Ce calcul ne donne pas la valeur précise de la coudée; mais il assigne une limite certaine qu'elle ne peut dépasser. J'insiste sur cette observation, parce que les résultats publiés jusqu'à présent sont fort au-dessus de la grandeur que j'attribue à la coudée égyptienne.

Le colosse dont la tête est isolée et renversée dans le sable, est de *six fois nature*, comme on en juge par neuf mesures différentes, principalement par la longueur de l'oreille, qui est de $0^m,325$. Voilà donc deux statues colossales multiples, en nombre rond, de la stature humaine, et sous-doubles l'une de l'autre. Cette remarque est importante relativement à l'échelle des figures égyptiennes, et se reproduira ailleurs [1].

Quant au toit du monument, il avait deux orgyies, suivant Diodore. J'ignore à quelle partie peut répondre cette mesure, qui est excessive pour l'épaisseur d'une toiture, à moins que l'auteur n'ait voulu désigner un entablement tout entier.

---

[1] A la fin de cet article est le détail des mesures des colosses qu'on trouve dans le monument d'Osymandyas.

DES ANCIENS ÉGYPTIENS, CH. IV. 83

Les colonnes du péristyle, dit Diodore, sont des figures de 16 coudées de haut. Les statues-piliers ont 10^m,635 avec la coiffure et le socle; en déduisant l'une et l'autre, il reste 7^m,4, faisant 16 coudées de 0^m,462.

Diodore de Sicile rapporte encore que le pylône avait 45 coudées de haut : mais la hauteur actuelle est, comme on l'a dit page 78, de 23 mètres, ce qui fait juste 50 coudées de 462 millimètres.

On trouve 9^m,1 de profondeur à la galerie de la deuxième cour, sur les trois côtés qui ont deux rangs de colonnes. Cette mesure fait à fort peu près 20 coudées. Est-ce la même dimension que celle de la largeur du plafond, qui, selon Diodore, est formé, en tout sens, de pierres de 18 coudées?

Enfin cet auteur parle de deux statues assises de 27 coudées de haut, placées contre le mur de fond. Il y en a une, aujourd'hui renversée à terre, qui avait 13^m,9, faisant juste 30 coudées; mais ce n'est peut-être pas la même figure[1].

On ne peut quitter un monument aussi capital sans examiner ce qui regarde le fameux cercle d'or. Mille conjectures ont été jetées sur ce cercle astronomique; je me borne ici à examiner les rapports de mesures que présente le monument avec ce point de la description de Diodore, laquelle est très-exacte, ainsi que tout le monde sait[2].

[1] La valeur qui résulterait rigoureusement, pour la coudée, de ces trois derniers exemples, serait plus grande de $\frac{1}{15}$ que 0^m,462. Je reviendrai sur cette remarque, très-importante pour l'étude des mesures égyptiennes.

[2] *Voy.* la Description de Thèbes par MM. Jollois et Devilliers.

84 EXPOSITION DU SYSTÈME MÉTRIQUE

Cet anneau de 365 coudées de tour était *sur le tombeau*, ἐπὶ τῦ μνήματος. Je mesure la largeur du monument : elle est de 56^m,434. Un cercle ayant ce diamètre aurait en circonférence 177 mètres, dont la 365e partie est de 0^m,47, c'est-à-dire une coudée à fort peu près : ainsi la largeur de ce monument répond effectivement au diamètre d'un anneau qui aurait 365 coudées de tour[1]. Mais si le cercle dont il sagit était placé sur cette large terrasse, il devait être à quelque distance des bords. Le diamètre d'un cercle de 365 coudées, étant de 116$^{coud.}$,14, répondait à 180 pieds égyptiens, ou 30 orgyies de 6 pieds chaque : en effet, 30 orgyies font 55^m,4. Or, la largeur du monument, compris les deux murs, est de 56^m,434, comme on l'a dit ; ce qui excède en effet, comme il est nécessaire, le diamètre supposé. Autrement, 116^{coudées},14 de la mesure de 0^m,462 font 53^m,7 ; cette mesure étant le diamètre intérieur de l'anneau, si l'on y ajoute une coudée pour l'épaisseur, on a 55^m,7, qui font 30 orgyies, à 5 décimètres près.

Je pense donc qu'il faut chercher la place de ce grand anneau sur la terrasse du monument, au-dessus de la salle des soixante colonnes, ou bien sur une salle postérieure ; que le cercle avait un diamètre de 180 pieds ou 30 orgyies, et qu'il était réellement divisé en trois cent soixante-cinq parties de la longueur exacte d'une coudée ; enfin, que rien ne choque la vraisemblance dans le passage de Diodore de Sicile[2]. Il est indifférent,

[1] Les murailles de Babylone avaient, comme on sait, 365 stades de tour. *Voyez* ci-dessous. *chap.* x.

[2] Ἣν διελθοῦσιν ὑπάρχειν ἐπὶ τοῦ μνήματος κύκλον χρυσοῦν, τριακοσίων καὶ ἑξήκοντα καὶ πέντε πηχῶν τὴν περίμετρον, τὸ δὲ πάχος πηχυαῖον. Ἐπιγεγράφθαι δ᾽ ἐκ διηρῆσθαι καθ᾽

après cela, d'examiner si le cercle était d'or effectivement : il est plus vraisemblable qu'il n'était que doré. Les écrivains qui ont rejeté l'existence de ce cercle astronomique, seulement parce que la supposition d'une pareille masse en or est fabuleuse, me paraissent donc avoir manqué de réflexion et de critique.

Colosses du monument d'Osymandyas.

1. STATUE D'OSYMANDYAS.

Je rassemble ici dans une première colonne les douze mesures qu'on a prises de ce colosse et de ses parties, et dans la deuxième, les grandeurs des mêmes parties calculées d'après la stature de $1^m,847$, qui est la stature égyptienne métrique [1].

Tête.

(1) Hauteur de la tête............ $2^m,707$. | $0^m,247$.
(2) D'une oreille à l'autre, en passant sur la face............ 4, 08. | 0, 34.

Corps.

(3) D'une épaule à l'autre, en passant sur la poitrine......... 7, 11. | 0, 59.
(4) Largeur des épaules, prise sur la perpendiculaire............ 6, 84. | 0, 51.

Bras et main.

(5) De l'emmanchement de l'épaule au pli du coude............ 3, 9. | 0, 32.
(6) Tour du bras, au pli du coude.. 5, 33. | 0, 28.

ἕκαστον πήχυν τὰς ἡμέρας τοῦ ἐνιαυτοῦ, παραγεγραμμένων τῶν κατὰ φύσιν γινομένων τοῖς ἄστροις ἀνατολῶν τε καὶ δύσεων, καὶ τῶν διὰ ταύτας ἐπιτελουμένων ἐπισημασιῶν κατὰ τοὺς Αἰγυπτίους ἀστρολόγους.

[1] Je compte sept têtes et demie dans la hauteur des figures ; ce qui donne $0^m,247$ pour la tête d'une figure qui aurait $1^m,847$ de haut. *Voyez* plus bas le *chap.* v, sur les échelles des figures égyptiennes.

(7) Diamètre du bras, entre le coude
et l'épaule............... 1ᵐ,462.   0ᵐ,091.
(8) Longueur de l'index........... 1, 0.   0, 083.
(9) Longueur de l'ongle du grand
doigt................... 0, 19.   0, 014.
(10) Largeur du même............ 0, 16.   0, 0133.

Pied.

(11) Largeur du pied, mesurée depuis l'articulation du pouce
jusqu'à celle du petit doigt,   1, 3.   0, 11.
en passant sur le dessus du
pied....................
(12) Largeur de l'ongle du pouce... 0, 243.   0, 02.

Socle de la statue. { Largeur.. 5ᵐ,5.
                    { Longueur. 11, 7.

On trouve que les nombres de la deuxième colonne sont la douzième partie de ceux de la première : cependant il faut observer que la mesure (6) doit évidemment être lue 3ᵐ,33, et non 5ᵐ,33 ; alors elle est juste dodécuple de la proportion naturelle. Quant aux mesures (4), (7) et (9), qui sont un peu fortes, elles font voir que le colosse avait plusieurs parties d'une proportion plus grande que dans la stature ordinaire. Enfin la mesure de la tête, 2ᵐ,707, paraît avoir été prise à la pointe du menton, et non au-dessous : cette dernière mesure aurait donné 2ᵐ,96, dont le 12ᵉ est 0ᵐ,247.

C'est une chose bien digne de remarque, que cette proportion multiple ou sous-multiple de 6 et de 12, que l'on trouve partout dans les figures égyptiennes, depuis les colosses les plus gigantesques jusqu'aux figures des plus petits bas-reliefs. On en va voir tout-à-l'heure un autre exemple ; mais il faut reconnaître auparavant la grandeur absolue de la statue d'Osymandyas. Nous avons vu qu'elle est de douze fois nature, c'est-à-dire douze fois 1ᵐ,847 : relevée debout, la figure aurait donc eu de hauteur 22ᵐ,17 (environ 68 pieds); ce nombre est précisément égal à 48 coudées antiques. La figure assise, ayant un sixième de moins, avait 40 coudées de haut, ou 60 pieds égyptiens, 18ᵐ,47. Le socle avait 24 coudées de long sur 12 de large.

D'après cette stature de 48 coudées, le pied devait avoir en effet plus de 7 coudées, ainsi que Diodore le rapporte; car le pied est compris six fois et demie dans la stature humaine[1]. Or, 7 coudées ne feraient que 45 coudées et demie pour la hauteur totale, et les 48 coudées supposent sept coudées et cinq treizièmes pour le pied, ou 3ᵐ,4 environ, mesure qui se déduit de la largeur de l'ongle, comme nous l'avons dit. (*Voy.* pag. 82.)

2. AUTRE COLOSSE RENVERSÉ.

		Proportion naturelle.
Longueur de l'œil............	0ᵐ,18.	0ᵐ,029.
— de l'oreille.........	0, 325.	0, 054.
— de la bouche.......	0, 298.	0, 049.
Largeur de la face...........	0, 975.	0, 161.

Ces divers nombres supposent une proportion de six fois nature, ou 24 coudées, c'est-à-dire 11ᵐ,10. En effet, tous les nombres de la première colonne sont sextuples de ceux de la seconde.

C'est encore la proportion des colosses de Louqsor, comme on le verra plus loin.

Une tête colossale en granit rose, trouvée dans les ruines et renversée, présente deux mesures où la coudée est conservée : c'est dans la mentonnière, dont la hauteur est de 0ᵐ,46, et la largeur 0ᵐ,231, c'est-à-dire

[1] *Voyez* ci-dessous, *chap.* v.

une coudée et une demi-coudée. La hauteur de la tête, égale à $1^m,001$, et celle de l'oreille, de $0^m,311$, annoncent une figure qui avait 16 coudées de proportion, ou quatre fois nature.

Ainsi les deux voies que nous venons de suivre pour reconnaître les anciennes mesures de l'Égypte par les dimensions du monument d'Osymandyas, fournissent des résultats identiques, et l'on peut conclure que la coudée égyptienne qui résulte de ces dimensions comparées, valait $0^m,462$ ou $0^m,463$; le plèthre, $30^m,8$; et le pied, $0^m,308$. Toutes les autres mesures découlent de celles-là.

Diodore, en décrivant ce monument, se servait des mesures mêmes du pays, et probablement des mesures qui lui étaient dictées sur les lieux par les naturels, ou fournies par les livres égyptiens. Nous sommes donc conduits à penser que ces mesures sont bien celles de l'Égypte ancienne.

Les auteurs qui ont décrit les merveilles de l'Égypte, ont été si sobres de détails sur les monumens des arts, qu'on trouve rarement dans leurs écrits les mesures des édifices, comme nous les trouvons dans Diodore au sujet du monument d'Osymandyas. Dans la multitude de mesures que nous allons rapporter, nous ne pourrons donc faire usage de la meilleure des deux méthodes qui existent pour reconnaître les mesures anciennes, celle qui consiste à comparer les dimensions actuelles aux nombres donnés par les anciens. Il n'y a, parmi les monumens que nous allons citer, que les obélisques dont les anciens aient rapporté dans leurs ouvrages la grandeur absolue. Nous y trouverons parfaitement confirmée la valeur de la coudée égyptienne.

La méthode que nous allons suivre dans la suite de ce chapitre, sera donc presque uniquement celle de la recherche des parties aliquotes : mais non-seulement nous y trouverons la coudée et le pied exprimés avec exactitude, nous reconnaîtrons encore qu'ils y sont répétés ou multipliés le plus souvent suivant les rapports de l'échelle senaire et duodécimale; condition qui tient essentiellement à la nature du système métrique égyptien, et sans laquelle, comme nous l'avons dit, les résultats provenant de ces parties aliquotes ne seraient point concluans.

§. III. *Temples et palais.*

1. TYPHONIUM DE DENDERAH.

Ce petit monument est un des plus réguliers que l'on ait observés en Égypte; il est remarquable par la précision des mesures et la parfaite distribution de ses parties. La seconde salle du temple a un côté qui est juste double de l'autre. Après vient le sanctuaire, dont la longueur est encore double de la largeur [1]. Enfin les deux côtés intérieurs de la galerie de piliers sont encore précisément sous-doubles l'un de l'autre.

L'un des côtés a cinq entre-colonnemens, l'autre en a dix.

[1] Ces deux pièces ont leurs axes perpendiculaires l'un à l'autre.

90 EXPOSITION DU SYSTÈME MÉTRIQUE

Il y a dans la galerie une frise répétée cinq fois sur le petit côté, et dix fois sur le grand.

Au-dehors, l'ornement de la frise et de la corniche est répété cinq fois sur le petit côté, et neuf fois sur le grand côté; il est plus long que la frise intérieure, à cause de l'épaisseur des piliers extrêmes qui font *antes*. Tout le reste de la disposition offre les mêmes remarques.

Tant de soins font voir un dessein bien marqué, et supposent l'emploi de mesures précises; il serait bien extraordinaire qu'on n'y retrouvât pas les mesures égyptiennes conservées en nombre rond. Voici le résultat que le premier examen nous a fourni:

Sanctuaire, longueur....	$9^m,23.$	C'est $20^{coudées}$	de $0^m,462.$
Idem, largeur, moitié...	4, 62............	10.....	de 0, 462.
Salle précéd.e, longueur..	10, 18............	22.....	de 0, 45.
Idem, largeur..........	4, 95............	11.....	de 0, 45.
Intérieur de la galerie, sur le petit côté.........	15, 60............	34.....	de 0, 462.
Idem, sur le grand côté..	31, 20............	68.....	de 0, 462.
Extérieur de la galerie, grand côté...........	33, 4	72.....	de 0, 463.
Ouverture de la porte qui communique de la première à la deuxième salle...............	2, 78............	6.....	de 0, 463.
Largeur de la galerie....	1, 9. { réduit, par la pente, à $1^m,85.$ }	4.....	de 0, 463.
Entrée du temple, à droite de la porte..........	4, 75. { réduit à $4^m,63.$ }	10.....	de 0, 463.

La première mesure équivaut encore à 2 grandes acænes[1], ou 30 pieds égyptiens; la deuxième et la dixième font 1 acæne, ou 15 pieds; la septième fait 18

---

[1] Cette mesure était, selon Héron d'Alexandrie, longue de 10 pieds; mais il y avait aussi une grande canne de 15 pieds. *Voyez* ci-dessous, *chap*. IX.

DES ANCIENS ÉGYPTIENS, CH. IV.   91

orgyies, ou 108 pieds; la huitième, 1 orgyie $\frac{1}{2}$, ou 9 pieds; la neuvième, 1 orgyie, ou 6 pieds.

Il est manifeste, d'après ces résultats, que les mesures de la coudée et du pied égyptien sont conservées dans ce monument avec la plus grande précision. La salle qui précède le sanctuaire, est la seule où la mesure qui résulte de la largeur, soit un peu trop courte : mais on peut attribuer cette différence, partie à l'erreur de la construction, partie à l'erreur du mesurage.

2. ÉLÉPHANTINE.

Dans la description que j'ai donnée des antiquités d'Éléphantine [1], j'ai fait remarquer les proportions régulières du temple du sud, ouvrage d'une petite dimension, comparé aux grands édifices de l'Égypte, mais dont le plan présente un modèle achevé des temples periptères des Grecs; c'est une raison pour l'étudier sous le rapport des anciennes mesures. On trouve que le double module ou le diamètre des colonnes égale $0^m,77$; cette mesure équivaut juste à 2 pieds égyptiens et demi : or, ce module se reproduit dans une foule de dimensions de l'édifice.

			pieds.	coudées.
L'entre-colonnement contient..	3 de ces modules;			
	ce qui fait...		$7\frac{1}{2}$ ou	5.
Le fût et la base de la colonne..	3	....	$7\frac{1}{2}$	5.
Le chapiteau..................	1	....	$2\frac{1}{2}$	$1\frac{2}{3}$.
Le dé et l'architrave..........	1	....	$2\frac{1}{2}$	$1\frac{2}{3}$.
La corniche (avec le cordon)..	1	....	$2\frac{1}{2}$	$1\frac{2}{3}$.
La colonne, jusqu'au dé......	4	....	10	$6\frac{2}{3}$.
L'ordre entier................	6	....	15	10.
La largeur du temple.........	12	....	30	20.

[1] Voyez *A. D.*, chap. *III.*

		pieds.	coudées.
Largeur du temple entre les galeries..................	»	16	ou 10 ½.
Sa longueur, à fort peu près...	16	40	»
Les piliers, les dés...........	»	2 ¼	1 ½.
Entre-colonnement des piliers..	»	4 ½	3.
Soubassement des piliers......	»	3	2.
Architrave.................	»	1 ½	1.
La hauteur des personnages dans le tableau principal.........	»	6	4.
Le siége et le socle de la figure d'Ammon.................	»	1 ½	1.
La largeur de l'autel.........	»	3	2.
La barque..................	»	9	6.
La hauteur du tableau........	»	7 ½	5.

3. APOLLINOPOLIS MAGNA.

Les rapports sont encore plus frappans dans le magnifique temple d'*Apollinopolis magna*, aujourd'hui Edfoû. En décrivant cet édifice encore intact, j'ai insisté sur la division régulière des membres qui le composent[1]. Aucun monument de l'Egypte ne possède à un plus haut degré cette proportion parfaite et pour ainsi dire harmonique de toutes les lignes, qui a fait dire ingénieusement à M. Quatremère de Quincy que l'architecture est une sorte de musique oculaire.

En effet, la longueur totale du temple est double de sa largeur, et celle-ci est le double de la hauteur.

La largeur du pylône, construction pyramidale qui précède les temples et les palais égyptiens, est double de celle de la porte; la hauteur de cette porte est quadruple, et la largeur du temple proprement dit, sextuple.

La longueur du pylône est double de sa hauteur.

La longueur du sanctuaire est double de sa largeur, etc., etc.

Il serait beaucoup trop long d'énumérer ces rapports,

[1] Voyez *A. D.*, *chap. V.*

DES ANCIENS ÉGYPTIENS, CH. IV. 93

que j'ai d'ailleurs exposés dans la Description d'Edfoû ; ajoutons seulement que le demi-diamètre ou module des colonnes de la cour divise la plupart de ces dimensions : la dernière colonne, ainsi que celle du portique, a douze modules ; le chapiteau, deux, l'entablement, trois.

Dans la description d'*Apollinopolis magna*, je m'étais borné à présenter les nombres qui indiquent les rapports des dimensions du temple. Ces nombres de 300, 150 et 75 ; 100, 50 et 25 ; 90 et 45 ; 48, 24 et 12 ; 30 et 10, étaient déjà fort remarquables : mais, ne voulant pas anticiper sur l'exposition du système des mesures égyptiennes, je n'avais pas énoncé l'espèce de mesure à laquelle ces nombres se rapportent. Or, tous ces nombres expriment autant de coudées de 462 ou 463 millimètres chacune, valeur que nous avons vue résulter des précédentes déterminations. C'est ce que démontre le tableau suivant[1] :

DIMENSIONS.	VALEUR en mètres.	NOMBRE des coudées.	NOMBRE des pieds.
Longueur totale..................	137,38.	300.	450.
Largeur totale (extérieure) du temple.	47,048.	100.	150.
Longueur du pylône..............	69,028.	150.	225.
Hauteur du pylône...............	34,974.	75.	112½.
Largeur du pylône...............	10,99.	24.	36.
Saillie du pylône sur l'enceinte carrée.	10,99.	24.	36.
Profondeur de la porte du pylône....	11,261.	25.	37½.
Largeur de la porte du pylône......	5,36.	12.	18.
Hauteur de la porte du pylône, jusqu'au listel....................	22,631.	50.	75.

[1] On observe que plusieurs mesures manquent un peu de précision ; ce qu'il faut attribuer à un vice de construction ou à celui du mesurage : mais les grands rapports n'en sont nullement affectés.

DIMENSIONS.	VALEUR en mètres.	NOMBRE des coudées.	NOMBRE des pieds.
Hauteur de la porte du pylône, sous le linteau...	15,432.	33 ½.	50.
Largeur de la cour entre les colonnes.	34,46.	75.	112 ½.
Diamètre des colonnes de la cour....	1,381.	3.	4 ½.
Hauteur de la galerie...	11,48.	25.	37 ½.
Largeur du temple proprement dit (extérieure)...	33,134.	72.	108.
Face du portique...	41,55.	90.	135.
Côté extérieur du portique (saillie).	18,705.	40.	60.
Premier portique (saillie hors du temple)...	3,71.	8.	12.
Longueur du premier portique...	34,87.	75.	112 ½.
Largeur du premier portique, jusqu'au mur d'entre-colonnement...	14,05.	30.	45.
Hauteur du premier portique...	15,674.	33 ½.	50.
Hauteur du même, au-dessus du sol général...	17,163.	37 ½.	56.
Longueur de la première salle, après le deuxième portique...	20,41.	45.	»
Longueur du deuxième portique...	20,41.	45.	»
Longueur de la salle qui précède le sanctuaire...	13,535.	30.	45.
Largeur de la même (depuis le cordon).	4,51.	10.	15.
Largeur du sanctuaire, correspondant aux deux lions...	11,3.	25.	37 ½.
Base de l'inclinaison du pylône...	3,086.	6 ½.	10.
Hauteur de la porte du pylône jusqu'au listel...	22,631.	48.	72.

Ici l'on commence à apercevoir comment l'ordonnance de l'architecture n'est pas troublée par l'emploi de ces mesures précises ; car c'est une objection qu'on pourrait me faire, d'après les considérations que j'ai présentées au sujet de la colonne de Dioclétien (ci-dessus §. I). En Égypte, les proportions architecturales et les rapports des mesures n'étaient qu'une seule et même chose. L'harmonie dans les unes procédait de l'emploi des autres. Accoutumé à ces relations simples du système métrique,

DES ANCIENS ÉGYPTIENS, CH. IV.   95

l'œil les cherchait partout, et surtout dans les monumens; de manière que, pour plaire aux yeux, l'architecte égyptien n'avait besoin, en quelque sorte, que de combiner habilement les mesures usuelles.

4. HERMONTHIS.

Comme il y a eu un nilomètre à Hermonthis, il est naturel de penser que ses dimensions étaient multiples des mesures nilométriques ou destinées à évaluer les accroissemens du fleuve[1]; il ne serait pas étonnant qu'on trouvât aussi dans le temple des dimensions multiples de la coudée. Cette conjecture est confirmée par le petit tableau suivant :

DIMENSIONS.	VALEUR en mètres.	NOMBRE des coudées.	NOMBRE des pieds.
Longueur générale du temple.........	46,7.	100.	150.
Largeur intérieure de la cour découverte................	15,4.	»	50.
Largeur antérieure du temple.......	18,41.	40.	60.
Largeur postérieure.............	13,70.	30.	45.
Largeur du temple proprement dit..	8,04.	18.	27.
Longueur, *idem*.................	17,916.	»	58.
Hauteur des colonnes extérieures....	11,045.	24.	36.
Hauteur des colonnes intermédiaires	9,61.	20.	30.
Hauteur du dé.................	1,381.	3.	4¼.
Hauteur des portes latérales....... 1ʳᵉ porte......	1,87.	4.	6.
2ᵉ porte.......	2,761.	6.	9.

[1] *Voyez*, plus bas, l'article du bassin d'Hermonthis.

5. TEMPLE D'ISIS A KARNAK.

Les mesures très-précises que j'ai rapportées de ce petit temple, qui est construit et exécuté dans toutes ses parties avec le plus grand soin, doivent sans doute fournir quelques exemples des mesures anciennes.

La largeur de l'édifice est la seule grande mesure qu'il soit possible d'examiner, parce qu'une partie de la longueur du bâtiment a disparu : je trouve pour cette largeur $22^m,21$; la 48e partie de cette mesure est $0^m,4629$, précisément la valeur de la coudée : le temple avait donc 48 coudées de large.

La largeur du portique en face des colonnes est de $6^m,4$: c'est 14 coudées de pareille grandeur.

La plus grande dimension du portique est de $10^m,78$: c'est, à $0^m,30$ près, 24 coudées, ou la moitié de la largeur du temple.

Les deux salles latérales qui sont à droite et à gauche de la pièce du milieu, ont $3^m,7$ sur $4^m,62$; c'est précisément 8 coudées sur 10.

La longueur de la salle du milieu est de $5^m,06$; c'est 11 coudées.

La profondeur de la niche du sanctuaire est de $0^m,94$; ce qui répond à 2 coudées.

La largeur de l'escalier a $0^m,925$; c'est deux coudées exactement.

La longueur du corridor latéral est de $5^m,54$; c'est 12 coudées.

Je passe sous silence plusieurs mesures qui répondent encore à un certain nombre de coudées, mais qui sont trop petites pour donner des résultats aussi certains que les précédens.

6. GRAND PALAIS DE KARNAK.

La largeur de la première cour du palais est de 102^m,51, c'est 220 coudées ou 330 pieds.

La profondeur a 78^m,65; c'est 170 coudées ou 255 pieds.

La longueur du péristyle du temple dépendant du palais a 24^m,84; c'est 54 coudées ou 81 pieds égyptiens.

Dé ou diamètre supérieur des grandes colonnes de la salle hypostyle, 3^m,085; c'est 10 pieds.

Diamètre des autres colonnes de la salle hypostyle, 2^m,81; c'est 6 coudées ou 9 pieds.

Largeur intérieure des appartemens de granit, 4^m,222; c'est 9 coudées.

Longueur de la cour des cariatides, 75^m,99; c'est 160 coudées ou 240 pieds.

Largeur, 18^m,92; c'est 40 coudées ou 60 pieds.

Largeur des piliers des cariatides, 1^m,40; c'est 3 coudées.

On trouverait dans ce seul monument de Thèbes une multitude immense d'applications de cette espèce; mais il est préférable d'examiner d'autres édifices des différentes parties de l'Égypte.

7. ANTÆOPOLIS.

Le module ou demi-diamètre inférieur des colonnes est égal à 1^m,16; ce qui est le triple du module d'Éléphantine : cette mesure est de 2 coudées et demie. Les dimensions principales du temple sont assujetties à ce module ou demi-diamètre, et sont, par conséquent, multiples de la coudée. La comparaison des mesures de ce temple avec le module, la coudée et le pied, donne le résultat suivant [1] :

La façade avait..........	40 modules	100 coudées ou	150 pieds
La hauteur totale.......	13 $\frac{1}{7}$	33 $\frac{1}{7}$	50.
La colonne (base et dé)..	10	25	37 $\frac{1}{2}$
L'entablement..........	3	7 $\frac{1}{2}$	»
L'architrave et le cordon.	1 $\frac{1}{7}$	3 $\frac{1}{2}$	»
La corniche............	1 $\frac{1}{7}$	3 $\frac{1}{2}$	»
La hauteur des assises...	0 $\frac{1}{2}$	1 $\frac{1}{4}$	»
La hauteur de la porte...	6	15	22 $\frac{1}{2}$
Le chapiteau............	2	5	7 $\frac{1}{2}$
Le demi-diamètre.......	1	2 $\frac{1}{2}$	»

8. HERMOPOLIS MAGNA.

Le portique d'Achmouneyn ou *Hermopolis magna* mérite ici une place, malgré l'état de destruction du temple dont il est le seul vestige [2]. Le diamètre inférieur de la colonne est de 2^m,8, d'après la mesure que j'ai prise de la circonférence, qui est de 8^m,8. Ce diamètre fait 6 coudées.

La hauteur de la colonne, compris le dé, est de 13^m,16 ; le socle avait 7 décimètres, en tout 13^m,86 ; ce qui fait 30 coudées.

L'entablement n'a pas été mesuré avec précision ; mais on peut, sans erreur, le comparer au cinquième de la colonne, ou 6 coudées.

Je cite ici le temple d'Achmouneyn, à cause de sa proportion colossale, et aussi de la régularité des distri-

[1] *Voyez* la Description d'Antæopolis, *A. D.*, chap. *XII*.

[2] *Voyez* la Description d'*Hermopolis magna*, A. D., *chap. XIV*.

DES ANCIENS ÉGYPTIENS, CH. IV.   99

butions dont la colonne est ornée; ses parties sont mesurées en assises de 56 centimètres chacune.

Le dé a........................	1 assise de hauteur.
Le chapiteau...................	6
Les cinq anneaux...............	2
La partie fuselée...............	4
Les cinq anneaux suivans........	2
Les grandes côtes...............	4
Les anneaux inférieurs..........	1 ½
Le bas du fût..................	3
Il faut ajouter pour le socle.....	1 ½
Le total est de............	25.

Le diamètre est égal à la hauteur de cinq assises; ces assises sont elles-mêmes en rapport avec la coudée égyptienne : il en faut 5 pour faire 6 coudées.

9. QASR QEROUN.

Temple égyptien dans le Fayoum.

Longueur du temple.....	28ᵐ,6 environ.	60 coudées...	90 pieds.
Largeur................	18, 8........	40.......	60.
Hauteur...............	9, 47........	20.......	30 [1].
Première salle, largeur..	5, 3........	12.......	18.
— longueur...	7, 4........	16.......	24.
Les six pièces latérales...	2, 76.......	6.......	9.

§. IV. *Hypogées.*

1. TOMBEAUX DES ROIS.

Le plus grand des tombeaux des rois, le cinquième à l'ouest de la vallée, a, de longueur totale, 125 mètres environ; c'est 400 pieds égyptiens, ou 4 plèthres [2].

Le couloir du fond a 9ᵐ,90 ou 32 pieds.

---

[1] *Voyez* pl. 70, *A.*, vol. IV, et la Descript. des antiquités du Fayoum, *A. D.*, chapitre *XVII*; la hauteur est, dans ce calcul, de 42 assises de 0ᵐ,225 chacune.
[2] *Voy.* pl. 78, fig. 3, *A.*, vol. II.

100 EXPOSITION DU SYSTÈME MÉTRIQUE

Le quatrième tombeau, à l'ouest, a 98^m,5 de longueur totale; c'est 320 pieds égyptiens[1].

Le grand tombeau, où sont les célèbres salles des harpes, des meubles et des armures, est construit sur deux axes, à cause d'un obstacle que les constructeurs ont rencontré dans le rocher. On ne peut donc faire usage de la longueur totale; mais beaucoup de salles sont mesurées en pieds égyptiens[2].

		coudées.
Salle du fond, longueur........	4^m,20	9
— largeur.........	2, 77	6.
Salle des quatre piliers.........	9, 25	20.
Salle des harpes, longueur......	1, 8	4[3].
— entrée.........	0, 95	2.
Intervalle entre deux salles.....	1, 40	3[4].

On remarque, dans un autre tombeau des rois, les rapports suivans:

		pieds.
1re pièce, la longueur est d'un peu plus de..................	10^m	33
2e pièce, largeur..............	4, 55	15.
3e pièce, longueur des côtés....	5, 6	18.
— largeur.............	1, 6	5.
4e pièce, longueur des côtés....	2, 5	8.
— largeur.............	7, 1	23.
Pièce du fond, largeur.........	2, 5	8.

2. GRANDE SYRINGE DES ENVIRONS DU MEMNONIUM.

Le plan de ce grand monument souterrain renferme dans ses dimensions beaucoup de multiples exacts du pied égyptien et de la coudée[5]. Voici les plus remarquables:

[1] Voyez la pl. 78, fig. 1, *A.*, vol. II.
[2] *Ibid.* fig. 5.
[3] Il y a huit petites pièces semblables.
[4] Cette mesure est très-fréquemment répétée dans le monument.
[5] Voyez pl. 39, *A.*, vol. II, et la description des hypogées, *A. D.*, chap. IX.

DES ANCIENS ÉGYPTIENS, CH. IV.

La largeur, à l'entrée, est de..	24^m,69; ce qui fait	80 pieds égyptiens.
Profondeur du premier puits, au fond du premier couloir à gauche............	6, 172.........	20.
Largeur de la porte du grand escalier................	1, 543.........	5.
Largeur du grand escalier.....	4, 629.........	15.
Largeur d'un autre grand escalier....................	4, 629.........	15.
Largeur de l'estrade (quatrième salle)..................	0, 920.........	3.
Hauteur de la deuxième porte après le passage voûté.....	3, 709.........	12.
Hauteur de la salle aux niches, la plus basse, la dernière et la plus mystérieuse........	3, 086.........	10.
	49, 378.	160.

Si l'on ajoute toutes ces dimensions, et qu'on divise la somme 49^m,378 par le nombre 160, le quotient donne 0^m,308, c'est-à-dire la valeur précise du pied égyptien.

Autres mesures.

Première salle à pilastres, côté.	16^m,594....	54 pieds ou 36 coudées.
Idem, profondeur du renfoncement au bout de la salle.....	2, 761....	9...... 6.
Idem, largeur du corridor du fond à droite.............	2, 761....	9...... 6.
Idem, longueur du coude.....	7, 417....	24...... 16.
Largeur des deuxième et troisième salles à pilastres......	9, 204....	30...... 20.
Longueur de la salle aux niches.	9, 339....	30...... 20.
	48, 076.	156.

En divisant également 48^m,076 par 156, on a encore 0^m,308, mesure qui est égale à la valeur du pied égyptien. On trouve aussi des mesures multiples du pied égyptien, c'est-à-dire de 14 pieds, de 10 pieds, de 12 pieds, de 25 pieds, de 15 pieds, de 4 pieds, de 7 pieds, etc., mais un peu moins précises; ce qu'on pourrait

bien attribuer à quelques légères erreurs dans le mesurage ou dans l'exécution.

Outre les nombres ronds de coudées qui résultent des mesures de pieds ci-dessus, on trouve encore d'autres dimensions multiples de la coudée. Exemple :

Côté de l'entrée extérieure de l'hypogée................	17ᵐ,541......	38 coudées.
Pièce oblongue, à droite de la première salle à pilastres, largeur.....................	4, 169......	9.
Deuxième pièce à droite après la quatrième salle, ou salle de l'estrade, longueur.....	8, 310......	18.
Cage du premier escalier, longueur horizontale..........	6, 442......	14.
Couloir au pied du troisième escalier à droite, longueur..	11, 694......	25.
Idem, porte...............	1, 868......	4.
Grand couloir tournant, côté parallèle à l'axe de l'hypogée.	19, 490......	42.
Hauteur des portes de la salle du fond ou de l'estrade.....	3, 248......	7.
Épaisseur de la deuxième porte, après le passage voûté......	2, 355......	5.
Pilier carré de la première salle.	1, 381......	3.
	76, 498.	165.

Si l'on fait la même opération que pour les mesures en pieds, c'est-à-dire, qu'on additionne ces dimensions et qu'on divise la somme 76ᵐ,498 par le nombre de 165 mesures, auquel elle correspond, on trouve pour valeur 0ᵐ,463, qui est, en effet, celle de la coudée.

Cette manière de retrouver la valeur précise de la mesure qui a servi à l'architecte (si en effet cette mesure a été employée), est, je crois, la seule un peu exacte, puisqu'elle remédie à-la-fois aux petites erreurs qui ont pu être commises dans la construction, et à celle du levé des plans.

Ce qui n'est pas indigne de remarque, c'est que la salle aux niches, qui est la plus basse de la catacombe, celle à laquelle on arrive après avoir franchi deux puits, après être descendu, puis remonté, enfin la dernière pièce de cette espèce de labyrinthe et la plus mystérieuse, a 30 pieds égyptiens de long sur 10 pieds de haut, c'est-à-dire que sa longueur est triple de sa hauteur.

3. BENY-HASAN.

L'hypogée principal de Beny-Hasan, l'ancienne *Speos Artemidos* dans l'Heptanomide, présente aussi plusieurs remarques de la même nature; ce qui fait voir que la même coudée et le même pied étaient en usage dans toutes les parties de l'Égypte également [1].

Largeur des piliers octogones..................	$1^m,1$	$2\frac{1}{7}$ coudées.
Hauteur..................	7, 7	$16\frac{6}{7}$ ..... 25 pieds.
Largeur de la grande salle.	11, 5	25.
Distance du mur à la colonne, et hauteur de la niche.....	3, 2	7.
Ouverture de la porte....	1, 86....	4.
Largeur du tableau......	1, 4	3.

§. V. *Hippodromes.*

1. MEDYNET-ABOU.

J'ai toujours considéré la grande enceinte de Medynet-abou comme un espace mesuré en stades, où l'on devait avoir l'espérance de retrouver le stade égyptien. J'ai même pensé que ce vaste champ de Mars était l'origine

---

[1] *Voyez* pl. 64, *A.*, vol. IV, et la Description de l'Heptanomide, *A. D.*, chap. *XVI.*

104 EXPOSITION DU SYSTÈME MÉTRIQUE

et le type des *stades* de la Grèce; c'est pour cela, selon moi, que les palæstres et la mesure itinéraire appelée *stade* ont porté un nom commun. Il est fâcheux que les limites de cette enceinte soient aujourd'hui peu marquées, et que les constructions qui l'entouraient soient presque en ruine. Néanmoins les vestiges qui subsistent, semblent confirmer ma conjecture, que ce cirque de Thèbes était un monument métrique.

		Ce nombre	
Sa longueur est d'environ..	2700^m.	répond à	15 stad. de 600 au degr.
Sa largeur est de..........	1100^m.......		6 stades.
La largeur de la grande avenue...................	150^m.......		$\frac{1}{4}$ de stad. (5 plèthr.).
La distance des buttes dans la même avenue........	37^m.......		$\frac{1}{5}$ de stade.
Le tour intérieur était de................			40 stades.

2. ANTINOÉ.

On sera surpris que je cite ici un monument romain, une ville toute romaine; mais on reconnaîtra bientôt l'usage que les architectes y ont fait des mesures des Égyptiens et de leurs monumens. En effet, l'hippodrome ou cirque d'Antinoé a un cirque de 230 mètres; ce qui, à 9 décimètres près, est précisément la longueur de la base de la grande pyramide, ou 7 plèthres et demi. Toutes les parties de ce cirque sont mesurées d'après la valeur du pied égyptien; aucune ne renferme le pied romain. On en va juger par le tableau suivant:

Longueur totale extérieure du cirque ou hippodrome......	306^m,5 [1]	1000 pieds égyptiens.

[1] *Voy.* la Description d'Antinoé, *A. D.*, *chap. XV*, §. VII: les différences entre ces nombres et les nombres exacts sont petites, eu égard aux dimensions.

Distance de l'entrée jusqu'à l'épine..................	30ᵐ,8	100 pieds égyptiens.
Longueur de l'épine..........	230, 0	750.
Largeur totale du cirque......	77, 0	250.
Épaisseur des murailles.......	9, 25.....	30.
Largeur intérieure du cirque...	58, 5	190.
Largeur de la *meta* antérieure de l'épine................	6, 2	20.
Largeur de la *meta* postérieure.	12, 3	40.
Distance de l'épine au fond du cirque...................	36, 6	120.

On doit être frappé des rapports qui existent entre ces différentes mesures, autant que de leur conformité avec les mesures égyptiennes, pour la valeur absolue. En effet, on voit que le décapode, par exemple, ou canne de 10 pieds, est contenu dans les dimensions précédentes 2, 5, 4, 10, 12, 25, 75 et 100 fois. Peut-être n'existe-t-il pas un seul monument égyptien, la grande pyramide exceptée, où l'on ait poussé aussi loin la recherche dans l'emploi des parties aliquotes. C'est aussi un fait singulier que l'emploi d'une mesure égale précisément à la base de la grande pyramide. Il est à présumer qu'Adrien avait employé des ouvriers égyptiens, et qu'ils s'étaient par conséquent servis des mesures nationales, préférablement aux mesures romaines.

5. ALEXANDRIE.

Le grand hippodrome, au sud de la colonne de Dioclétien, présente encore l'emploi des mesures égyptiennes. Le tableau suivant le prouvera clairement :

Largeur intérieure de l'hippodrome..............	51ᵐ,6...	168 pieds.

Longueur intérieure.......	559m,37 [1].	»......	3 stades [2].
Distance de la *meta* de l'épine au fond du cirque.......	29, 5 ..	96 pieds.	
Largeur du bas de l'amphithéâtre................	7, 3 ..	24.	
Largeur du cirque, compris le bas de l'amphithéâtre..	66, 2 ..	216.	
Distance entre l'épine et le pied de l'amphithéâtre...	23, 0 ..	75...50 coudées.	
Largeur de l'épine........	5, 5 ..	18...12.	
Longueur du cirque, compris l'amphithéâtre..........	614, 6 ..	2000... ».	.... 20 plèthr.
Largeur de l'amphithéâtre..	»	.. 100... ».	...... 1.
Esplanade au-dessus de l'amphithéâtre.............	24, 0 ..	72...48.	
Largeur du glacis qui la douine, égale à la demi-largeur de l'hippodrome.	»	.. 84...56.	
Hauteur du soubassement de l'amphithéâtre.........	2, 3 ..	7½... 5.	

Il résulte de ce qui précède, que le stade de six cents au degré, le plèthre de six au stade, et le pied de cent au plèthre, ont présidé à la construction de cet hippodrome. Le pied égyptien est le diviseur commun de toutes ces mesures. A Constantinople, l'hippodrome avait 4 stades olympiques *intra metas*, et 1 de largeur. Celui-ci n'a que 3 stades intérieurement.

La longueur de l'épine entre les deux *meta* (en supposant celle de l'est rétablie et symétriquement placée comme celle de l'ouest) est de 495m,2. Cette longueur fait à peu près 5 stades de la mesure d'Hérodote, de 400000 à la circonférence du globe, égaux chacun à 99m¼. Ce stade se retrouve encore dans le rayon le plus extérieur, c'est-à-dire dans la distance de la *meta*

---

[1] Ou 287 toises, d'après l'échelle du dessin original de M. Balzac. Mais l'échelle d'une ligne pour toise donne pour la longueur 284′⅓, ou 554m17, c'est-à-dire, très-exactement, 1800 pieds égyptiens, ou 3 stades de 184m,72 et de six cents au degré.

[2] De six cents au degré, à 1m,77 près par stade.

DES ANCIENS ÉGYPTIENS, CH. IV.   107

ou du centre au glacis. Sa moitié se trouve dans la largeur intérieure du cirque, et son quart dans la distance de l'extrémité de l'épine au bout du cirque; ce qui est le rayon intérieur de celui-ci. La longueur totale du monument répond ainsi à 7 stades de la mesure d'Hérodote.

§. VI. *Obélisques.*

OBÉLISQUES DE THÈBES.

1. *A Louqsor.*

Hauteur du grand obélisque de Louqsor...............	25ᵐ,031 ; c'est..	54 coudées.
Largeur de la base inférieure...	2, 55 [1].......	6.
Hauteur du pyramidion.......	2, 536.......	6.
Hauteur du petit obélisque....	23, 57	51 [2].

2. *A Karnak.*

Hauteur du grand obélisque avec le socle................	29ᵐ,821 [3].....	64 coudées	ou 96 pieds.
Hauteur du pyramidion, mesuré sur l'obélisque renversé.....	3, 095.......	6 ½....	10.
Le côté de la base du pyramidion.....................	1, 804.......	4 [4].	
La base du socle.............	3, 27	7.	
Hauteur du petit obélisque, avec le socle.................	22, 43	48.....	72.

OBÉLISQUE D'HÉLIOPOLIS.

Base sur le plus petit côté.....	1ᵐ,84........	4 coudées.
— sur l'autre..............	1, 85........	4 [5].

[1] Il faudrait exactement 2ᵐ,77 pour faire 6 coudées.
[2] Le sommet du pyramidion est aujourd'hui brisé; néanmoins, je crois cette hauteur trop grande. Le petit obélisque avait un socle plus élevé que l'autre, tandis que le calcul de 23ᵐ,57 suppose les deux socles de niveau. L'obélisque devait probablement avoir 50 coudées.
[3] *Voyez* la pl. 24, fig. 1, *A.*, vol. IV.
[4] Plus exactement, 3 coudées 11/17.
[5] On ne doit pas dissimuler que

Hauteur 20^m,27, et avec ce qui
a été brisé du sommet, environ.................... 20^m,83........ 45 $^{coudées.}$

AIGUILLE DE CLÉOPATRE A ALEXANDRIE.

Longueur du fût, depuis le socle
jusqu'au pyramidion........ 18^m,462........ 40 ^{coudées}... 60 $^{pieds.}$

OBÉLISQUE RENVERSÉ PRÈS L'AIGUILLE DE CLÉOPATRE.

Longueur du fût, depuis le socle
jusqu'au pyramidion........ 18^m,516........ 40 ^{coudées} ou 60 $^{pieds.}$
Hauteur du pyramidion....... 2, 0 environ... 4....... 6.
Base du pyramidion.......... 1, 542....... 3¼..... 5.
Base inférieure............. 2, 327....... 5....... 7½.

La longueur de cet obélisque est encore de 10 orgyies.

Pline dit qu'il y avait à Alexandrie, près du temple de César, deux obélisques de 42 coudées : on trouve ici 44 coudées avec le pyramidion. (*Voyez*, chap. VI, l'article relatif au pied dont Pline a fait usage.)

OBÉLISQUE D'ARSINOÉ.

La partie inférieure de cet obélisque est brisée ; ce qui empêche de connaître ses dimensions principales. Les deux faces sont d'inégale largeur. La plus grande a, au sommet, 1^m,40 ou 3 coudées[1]. Le fût a aujourd'hui 12^m,10 ; avec 12 décimètres, qui paraissent manquer, la hauteur serait de 50 coudées.

---

la différence d'un centimètre est un peu forte entre deux mesures semblables ; mais il faut peut-être l'attribuer au mesurage autant qu'à l'exécution.

[1] *Voyez* pl. 71, *A*., vol. IV.

DES ANCIENS ÉGYPTIENS, CH. IV.   109

OBÉLISQUES DE ROME [1].

Flaminius, à la porte du Peuple (qu'on croit venir d'Héliopolis)...............	24^m,57	53 [2] coudées.	
Le fût du même.............	22, 34	48......	72 pieds.
Le pyramidion.............	2, 234	5......	7½.
Ramessœus, à Saint-Jean de Latran (apporté de Thèbes)...	33, 3	72.....	108.
Vaticanus, à Saint-Pierre.....	27, 73 [3]	60.....	90.
Quirinalis, devant le palais pontifical.................	14, 74	32.....	48.
Exquilinus, à Sainte-Marie-Majeure...................	14, 74	32.....	48.
Pamphilius, au palais Pamphile.	16, 53	36.....	54.
Barberinus, au palais Barberini [4].	9, 16	20.....	30.

§. VII. *Colonnes.*

1. COLONNE D'ALEXANDRIE, EN L'HONNEUR DE DIOCLÉTIEN.

La seule partie antique et égyptienne est le fût. Sa hauteur est de 20^m,499 : c'est les $\frac{2}{7}$ du plèthre égyptien, ou le 9e du stade de six cents au degré.

[1] D'après Zoëga. Les mesures sont données dans cet auteur en palmes romains, que j'ai convertis en mètres sur le pied de 0^m,22338 pour chacun, d'après l'évaluation qui résulte des calculs de Boscovich (voyez le *Voyage astronomique et géographique des PP. Maire et Boscovich*, chap. IV, pag. 356).

[2] Il faut sans doute 54 coudées ou 81 pieds.

[3] Pline dit qu'il y avait au Vatican un obélisque de 100 *coudées* de haut : il faut lire 100 *pieds*; car 100 pieds de la mesure de Pline font 27^m,7 et 60 coudées. L'obélisque n'a plus aujourd'hui que 113½ palmes romains, qui font 25^m,36. Mais le pyramidion, à en juger d'après le *Ramessœus*, est réduit de 8 palmes, et le fût a perdu aussi 2 palmes ou environ; il faut donc ajouter à peu près 2^m,3. J'ignore sur quoi se fondait Zoëga pour penser que cette aiguille avait eu jadis 150 palmes.

[4] Je ne cite point ici le *Campensis*, aujourd'hui au Monte Citorio, qui avait 97¼ palmes ou 21^m,68 d'après la mesure de Stuart, parce qu'il a été tronqué. Sa hauteur était probablement d'un peu plus de 22 mètres ou 48 coudées. Il repose aujourd'hui sur un piédestal et un double socle qui ne peuvent point entrer dans la mesure. (*Voyez* ci-dessous, *chap.* VI, à la fin de la 1re section.)

110 EXPOSITION DU SYSTÈME MÉTRIQUE

La largeur du fût, prise au renflement, est de $2^m,684$; c'est, à 9 centimètres près, 9 pieds égyptiens ou 6 coudées. Il est fort concevable que les architectes romains qui ont travaillé et repoli cette colonne, ont dû ôter une petite partie de sa largeur.

2. GRANDE COLONNE DE KARNAK (*salle hypostyle du palais*).

Le diamètre du chapiteau est de.	$6^m,77$	22 pieds égyptiens.
La hauteur totale de la colonne, sans le dé	20, 00	65.
Hauteur du chapiteau [1]	3, 14	10.

3. AUTRE COLONNE (*même salle*).

Largeur du fût en haut, et aussi celle du dé.	$2^m,27$	5 coudées [2].
Hauteur du chapiteau entier, avec le dé	4, 2	9.
Hauteur de la colonne, sans le dé.	12, 02	26.
Diamètre du fût, en bas.	2, 71	6.

4. COLONNE DE DENDERAH A TÊTE D'ISIS (*portique du grand temple*).

Hauteur totale, non compris le petit dé supérieur [3]	$13^m,95$	30 coudées.
Hauteur du fût, la tête comprise.	11, 084	24.
Petit temple placé au-dessus de la tête.	2, 355	5.
Diamètre inférieur du fût.	2, 354	5.
Diamètre supérieur.	2, 084	$4\frac{1}{2}$.
Diamètre du socle.	3, 058	6.
Largeur du chapiteau.	2, 762	6.

La tête seule a $1^m,88$; ce qui, à raison de 7 têtes et $\frac{1}{4}$ pour la stature d'une femme, suppose $14^m,6$ en-

---

[1] *Voyez* ci-dessus, pag. 97, d'autres mesures de la colonne.

[2] Cette mesure exprime plus exactement 4 coudées $\frac{11}{14}$ ou 22 doigts.

[3] Ces mesures sont prises d'après les dessins de M. Le Père, architecte.

viron de hauteur totale, c'est-à-dire 32 coudées : la proportion est donc de huit fois nature [1]. Il ne paraît pas que les Égyptiens aient voulu que la colonne elle-même eût les proportions humaines, de telle manière que le fût représentât le corps d'une femme, et le chapiteau, la tête : en effet, les 7 têtes $\frac{1}{4}$ ou 32 coudées ne se trouvent que dans la hauteur totale de la colonne, compris la base et le petit temple qui sert de couronnement à la tête d'Isis ; le fût seul n'a que 18 coudées.

§. VIII. *Application des résultats précédens à d'autres monumens égyptiens.*

J'aurais pu faire entrer dans l'article qui précède, les rapprochemens que je vais offrir au lecteur ; plusieurs d'entre eux fournissent en effet des résultats aussi concluans : cependant je me borne à les donner ici comme des exemples de l'application qu'on peut faire de nos mesures aux monumens de l'ancienne Égypte. On y reconnaîtra l'emploi que les architectes ont fait presque partout de la coudée égyptienne et du pied. Les rapports moins précis qui s'y rencontrent, prouvent seulement que, dans plusieurs cas, les constructeurs ont mis de la négligence dans l'exécution : mais la plus grande partie me semble favorable à l'idée que j'ai avancée ; savoir, que les règles de l'art en Égypte demandaient une certaine harmonie dans la proportion des mesures des édifices, et par conséquent dans les nombres qui en expriment les dimensions. Pour produire cet effet, l'ar-

[1] *Voyez* l'article des échelles des figures égyptiennes, *chap.* v.

tiste devait donc employer, dans les lignes de ces édifices, les mesures usuelles répétées un certain nombre de fois ; et, comme c'était dans l'échelle senaire et duodécimale que résidait l'harmonie la plus parfaite de ces rapports, il devait aussi faire en sorte que les dimensions fussent, le plus souvent possible, multiples ou sous-multiples de 3, de 6 ou de 12. Mais on sent aussi qu'il devait y avoir des exceptions fréquentes à cette règle.

Portes.

1. GRANDE PORTE DE DENDERAH.

	Ce nombre		
La hauteur totale est de...	17^m,74 [1]. répond à	40 coudées ou	60 pieds.
Longueur de la porte.....	10, 98........	24.......	36.
Largeur de la façade......	10, 26........	22.......	33.
— du montant intérieur.........	2, 87........	6.......	9.
— du montant extérieur.........	2, 95........	6 ¼.	
Ouverture de la porte....	4, 36........	9 ½.	

2. GRANDE PORTE DE KARNAK [2].

Hauteur sous le plafond...	14^m,99........	32 coudées ou	48 pieds.
Hauteur totale au-dessus de la corniche...........	21, 94........	48.......	72.
Hauteur de l'entablement..	6, 95........	16.......	24 environ.
Profondeur, mesurée sur le sol...................	11, 62........	25.	
Largeur des montans, à l'intérieur..............	4, 16........	9.	
Ouverture de la porte....	4, 16........	14.	

[1] *Voyez* pl. 5, *A.*, vol. IV. La cote 17^{m}74, gravée sur cette planche, ne va que jusqu'au listel : il faut ajouter 0^m,71 pour celui-ci. Le total est de 18^m,45, faisant exactement 40 coudées égyptiennes, ou 60 pieds.
[2] *Voyez* pl. 50, *A.*, vol. III.

DES ANCIENS ÉGYPTIENS, CH. IV.

Colosses.

1. COLOSSE DE MEMPHIS (*poignet*).

		Dimensions pour une statue de 1m,847.
Largeur du poignet, à sa jonction avec l'avant-bras	0m,62.	0m,06.
Longueur, jusqu'à l'articulation du doigt majeur	0, 87.	0, 087.
Longueur de la main, non compris le pouce	0, 9.	0, 09.
Longueur de la première phalange du doigt majeur	0, 67.	0, 067.
Les quatre doigts, *idem*	0, 87.	0, 087.
Paume, mesurée sur le dos de la main	0, 975.	0, 097.
Depuis l'articulation du doigt majeur jusqu'à l'os du poignet	0, 975.	0, 097.

Toutes ces mesures sont parfaitement d'accord entre elles, et supposent une stature décuple de la stature égyptienne, c'est-à-dire de 18m,47.

Ce colosse avait donc 40 coudées de proportion ou 60 pieds égyptiens. Hérodote parle de statues de Memphis qui avaient 20, 25 et 30 coudées de haut. Diodore dit que Sésostris plaça dans le temple de Vulcain sa statue et celle de sa femme, ayant chacune 30 coudées, et celles de ses fils, de 20 coudées seulement. Le colosse dont nous avons le poignet, était donc plus grand que ceux dont parlent ces auteurs.

2. COLOSSE DE KARNAK (*à l'entrée du palais*).

Hauteur, avec le socle..... environ 7m,3. Cette mesure répond à 16 coudées [1].

---

[1] *Voyez* pl. 23, *A.*, vol. III.

A. M. VII.

3. BELIER COLOSSAL DE KARNAK.

Le piédestal de chaque belier avait un socle qui n'a pas été mesuré, mais qui, par analogie avec d'autres figures semblables, devait avoir $0^m,2$ de saillie; ce qui, doublé et joint à $1^m,44$, largeur du piédestal, fait, pour la largeur totale du socle, $1^m,84$, c'est-à-dire 4 coudées.

La longueur du piédestal, avec le socle, était d'environ..................	$4^m,6$	10 coudées.
La hauteur du piédestal, supposant le socle haut de $0^m.3$................	1, 85........	4.

La hauteur totale devait être de 9 coudées. Ces derniers résultats sont hypothétiques à cause du socle, dont on n'a pas la mesure.

4. COLOSSE DE LOUQSOR (*à gauche, en entrant*).

Hauteur totale avec le socle et la coiffure.............................	$11^m,08$.......	24 coudées.

		Dimensions pour une stature de $1^m,84$.
Largeur de la poitrine et longueur du bras.............................	$2^m,003$.	$0^m,38$.
Largeur du ventre...................	1, 678.	0, 28.
Largeur du genou...................	0, 784.	0, 13.
Demi-largeur de l'estomac...........	1, 488.	0, 24.
Du dessus de la tête au pli de l'avant-bras.............................	3, 972.	0, 66.
Longueur de l'avant-bras et de la main..	2, 594.	0, 4 [1].

D'après les rapports qui existent entre les nombres de ces deux colonnes, cette stature est de six fois la proportion égyptienne, ou 24 coudées.

[1] On a encore pris une mesure de $0^m.649$, que je crois être celle du demi-tour du bras, et la distance entre les épaules, de $3^m,356$, qui doit également être prise en suivant les contours du corps.

DES ANCIENS ÉGYPTIENS, CH. IV. 115

Comme une figure assise perd un sixième de sa stature, nous aurons ici un moyen de vérification. Si en effet la proportion de ce colosse était de six fois la stature égyptienne, elle devait être de $11^m,08$: sa hauteur mesurée est de $9^m,26$; or, en ôtant $\frac{1}{6}$ de $11^m,08$, on a précisément $9^m,26$. Quoique la face soit brisée, ce qui reste de la tête annonce une hauteur de $1^m,5$; ce qui est compris sept fois et demie dans la proportion de $11^m,1$: or, c'est une règle générale, que la tête est contenue sept fois et demie dans la hauteur de la figure.

La statue assise avait donc de hauteur 20 coudées, ou 30 pieds égyptiens.

Derrière du bonnet	$1^m,488$	$3\frac{1}{2}$ coudées
Hauteur du dessus du bonnet	$1,624$	$3\frac{2}{3}$
Largeur du bonnet	$1,624$	$3\frac{1}{7}$

5. COLOSSE DE MEMNON.

Hauteur du colosse, avec le piédestal.	$19^m,55$	42 coudées.

Le colosse tout seul a $15^m,59$ de hauteur. Ajoutant un cinquième pour la proportion de la figure debout, on a $18^m,7$; ce qui fait environ 40 coudées de proportion, ou dix fois nature.

6. CARIATIDES.

Cariatides du tombeau d'Osymandyas.	$7^m,4$	16 coudées.
Cariatides de Medynet-abou	$8,34$	18.

Bassins.

Ces bassins ont pu servir de nilomètre à l'usage des villes où on les avait construits. Il est à remarquer qu'ils

8.

116 EXPOSITION DU SYSTÈME MÉTRIQUE

sont tous dans l'intérieur de la vallée, et non sur les bords du Nil.

1. A HERMONTHIS.

		Ce qui répond à	
La longueur du bassin est de....	30^m.2 [1].	100 pieds égyptiens.
Largeur.....................	25, 817......	84.
Longueur des escaliers qui descendent au fond du bassin...	12, 66 envir..	40.
Largeur.....................	0, 97......	3.
Largeur de l'escalier extérieur...	4, 513......	15.
Sa distance au bassin.........	5, 521......	18.

2. A KARNAK.

| Longueur du bassin voisin du grand palais, environ........ | 133^m [2].... | 288 coudées. | 432 pieds. |
| Largeur..................... | 83...... | 180..... | 270. |

Monolithes.

Il est fâcheux qu'on n'ait pas retrouvé le fameux monolithe qui était à Saïs, et dont Hérodote donne les mesures précises : ses dimensions horizontales étaient de 14 coudées sur 21 ; la hauteur était de 8 coudées, et celle de la niche était de 5. L'intérieur de la niche avait 12 coudées dans un sens, et 18 et 1 *pygôn* ou 20 doigts dans l'autre ; l'épaisseur latérale était, par conséquent, d'une coudée juste. On voit par là que les Égyptiens ont fait usage, dans cette espèce de monument comme dans les autres, de mesures précises et assujetties au système général.

---

[1] *Voyez* pl. 97, *A*., vol. 1, fig. 9. Je crois avoir mesuré cette longueur, trop courte de 0^m,6, et celle de 12^m,66, trop longue de 0^m,3. C'est par erreur que, dans la gravure, on a représenté l'escalier comme arrivant jusqu'à l'axe du bassin.

[2] Mesures prises sur l'échelle. *Voyez* pl. 16, *A*., vol. III.

1. A MEHALLET EL-KEBYR.

Le socle a de largeur........ 0^m,92.... 2 coudées.
Hauteur................... 0, 22.... ½.

2. A MEYLAOUY.

Hauteur jusqu'au pyramidion. 1^m,38 ... 3 coudées.
Profondeur de la niche...... 0, 693... 1 ½.

3. A PHILÆ.

Longueur [1]............... 0^m,92 ... 2 coudées ou 3 pieds.
Hauteur de la partie supérieure
  du socle..... .... 1, 385.... 3 ...... 4 ½.
Hauteur du socle........... 0, 85 .... 1 ⅔.
Hauteur de l'ouverture de la
  niche................... 0, 93 .... 2. ...... 3.
Profondeur de la niche...... 0, 765.... 1 ⅔. 2 ⅐.

4. SARCOPHAGE EN FORME DE MOMIE, TROUVÉ A BOULAQ.

Largeur la plus grande...... 0^m,934... 2 coudées ou 3 pieds.
Longueur totale............ 2, 212... 4 ⅔...... 7 environ.
Hauteur extérieure.......... 0, 622... 1 ½...... 2.
Largeur aux pieds.......... 0, 690... 1 ½.

Je pourrais citer ici plusieurs rouleaux égyptiens en papyrus, dont la hauteur est de 0^m,231, c'est-à-dire d'une demi-coudée ou 12 doigts. Quoique les monumens d'écriture ne puissent être comparés aux grands ouvrages dont je viens de parler, ils ne seraient pas moins propres à fournir des lumières sur les mesures anciennes, si les Égyptiens ont en effet été soigneux d'en fixer les proportions d'après les mesures usuelles, comme il serait assez naturel de le croire.

[1] *Voyez* pl. 10, *A.*, vol. 1, fig. 5, 7, 7'.

CONCLUSION DE CE CHAPITRE.

Nous venons de passer en revue un grand nombre de monumens, de temples, de palais, d'hypogées, d'obélisques, de colonnes : partout la valeur de la coudée s'est trouvée, par l'emploi de la méthode des parties aliquotes, de $0^m,462$ ou $0^m,463$, et celle du pied, de $0^m,308$. L'orgyie composée de 6 pieds, la canne ou acæne de 10 pieds, et le plèthre de 100 pieds, ont été déterminés, par ce moyen, avec toute la précision que l'on pouvait désirer. Les valeurs attribuées à toutes ces mesures ont été confirmées par des auteurs graves, tels que Diodore de Sicile, dans sa description du tombeau d'Osymandyas, et Pline, dans ses passages sur les obélisques égyptiens. Enfin, autant que l'analogie et le raisonnement peuvent conduire dans cette recherche, et appuyés sur les faits et les monumens, nous avons reconnu partout les traces des mesures usuelles dont les architectes ont fait usage, par suite des règles que leur imposaient le système métrique égyptien et l'esprit particulier aux arts de ce peuple. Maintenant nous allons pousser plus loin nos recherches, consulter les autorités, multiplier les rapprochemens, pour établir la succession des mesures et l'ensemble du système métrique, dont nous n'avons aperçu encore que les points extrêmes ou bien des parties détachées.

CHAPITRE V.

De la stature des Égyptiens, et des échelles de leurs figures sculptées. Rapport du pied et de la coudée dans la stature humaine.

§. I. *De la stature égyptienne, et des échelles dont se servaient les sculpteurs égyptiens.*

C'était une idée reçue dans l'antiquité, chez les peuples qui ont eu des mesures régulières, que le pied était compris six fois dans la hauteur de la stature : aussi comparait-on cette stature à la mesure d'une orgyie ou 4 coudées. C'est là l'origine de l'*orgyie* : ce mot me paraît dériver d'ὀρέγω, *extendo*, parce qu'il se rapporte, non pas, comme le prétend Eustathe, aux bras étendus, mais, selon moi, à l'attitude d'un homme *élevé, debout*; c'est proprement *homo erectus*. Je crois qu'*erigo* (d'où *erectus*) dérive aussi d'ὀρέγω, et dans le même sens. Au reste, cette racine a peut-être elle-même été puisée dans les langues orientales. Je reviendrai ailleurs sur le nom de l'*orgyie*[1] ; ici je me borne à faire observer que c'est l'expression de la stature humaine métrique, et que celle-ci répond toujours, dans les mesures, à 4 coudées ou 6 pieds[2]. Il ne s'agit point ici du pied naturel, qui est compris six fois et demie dans la hauteur de l'homme, mais d'un pied métrique ou d'institution.

Nous avons, sur la taille des anciens Égyptiens, des

---

[1] *Voyez* ci-dessous, *chap.* XIII.
[2] *Voyez* la preuve de cette opinion dans Éd. Bernard, *de Ponderibus et Mensuris*, pag. 222 et alibi.

données plus approchées que sur celle d'aucun peuple de l'antiquité. Outre les momies encore aujourd'hui intactes qui nous l'ont conservée, nous la retrouvons dans les monumens, dont les murs sont couverts de figures humaines dessinées à différentes échelles régulières; il suffit d'en mesurer les proportions pour connaître la hauteur de cette stature, du moins de celle que les Égyptiens eux-mêmes ont voulu représenter dans les peintures et les bas-reliefs.

Je vais donner quelques exemples tirés des sculptures égyptiennes : ce n'est que pour éviter des répétitions inutiles que j'ai fait un choix dans le grand nombre de celles que j'aurais pu citer; car le résultat que j'ai reconnu, est constamment le même.

Parmi ces figures, il y en a deux dont nous avons rapporté les empreintes à Paris. L'une est une figure d'homme debout, qui a les bras et les mains étendus, et qui est sculptée sur le grand sarcophage d'Alexandrie, déposé actuellement à Londres.

Sa hauteur est de $0^m,46$ [1]. Supposons qu'elle soit au quart de la proportion; celle-ci serait de $1^m,84$.

Or, il faut remarquer que, si l'on prend sur cette figure la longueur de l'espace qui est entre le coude et l'extrémité des doigts, autrement la coudée, on trouve $0^m,115$; ce qui est justement le quart de $0^m,46$, hauteur de la figure [2].

Donc, 1°. la stature de cette figure est juste de 4

---

[1] Toutes les mesures que je cite ici, ont été recueillies avec soin et avec précision.

[2] J'aurai occasion de parler encore de cette figure.

coudées ; 2°. la stature qu'elle représente, est effectivement de $1^m,84$.

La seconde figure est debout, la jambe gauche en avant; elle est couronnée de lotus, et tient des nœuds formés de tiges de la même plante. Sa hauteur est de $0^m,315$: si l'on multiplie ce nombre par 6, on trouve $1^m,89$.

Sur la porte de l'est, à Denderah, les figures ont $0^m,92$; le double est.................... $1^m,84$.

Sur la grande porte de Denderah, elles ont $1^m,4$; en y ajoutant $\frac{1}{3}$, on a.................. 1, 86.

En avant d'une grotte de Syout, on trouve une figure qui a de haut $1^m,88$............. 1, 88.

Dans les bas-reliefs de Philæ (*voyez* pl. 13, fig. 2; pl. 22, fig. 1, 2, 6; pl. 23, fig. 3), les figures ont. $0^m,77$.

A Edfoû (pl. 57, fig. 6), même hauteur....................... 0, 77.

A Philæ (pl. 16, fig. 1), à Esné (pl. 82, fig. 1 et 12), elles ont...... 1, 4.

A Philæ (pl. 27, fig. 2)......... 1, 23.

A Elethyia (pl. 69, fig. 5)....... 0, 46.

A Esné (pl. 74)................. 1, 57.

Si l'on imagine une suite d'échelles de 10 doigts, de 18 doigts, de 16 doigts, de 6 doigts et de 20 doigts, pour coudée, et qu'on multiplie les cinq nombres précédens par les facteurs qui correspondent à ces échelles, c'est-à-dire $2\frac{2}{7}$, $1\frac{1}{7}$, $1\frac{1}{2}$, 4, $1\frac{1}{7}$, on trouve encore un même produit de $1^m,848$, excepté pour le dernier produit, qui est de $1^m,884$.

Ce résultat de 1^m,848 ou 1^m,847 peut donc être regardé comme général et comme exprimant l'ancienne stature égyptienne, je veux dire celle qui servait de type aux sculpteurs, et qu'ils employaient dans leurs échelles de réduction; car la stature de l'homme est nécessairement sujette à des variations plus ou moins considérables, et de plus, celle-ci surpasse la moyenne, même dans les tailles élevées [1]. Les Égyptiens s'étaient arrêtés à une proportion un peu excédante, et en harmonie avec leurs mesures; et cette proportion était celle de l'orgyie géométrique ou de 6 pieds métriques.

Je vais encore donner quelques exemples qui confirment ce même résultat.

A Éléphantine (*voyez* pl. 57, fig. 2), les figures ont 1^m,7; à l'échelle de 22 doigts pour coudée, la stature s'en déduit de.............. 1^m,85.

A Éléphantine (pl. 36, fig. 2), les figures ont 1^m,1;

A Esné (pl. 81), 1^m,08.

Ces deux nombres donnent, à l'échelle de 14 doigts pour coudée, une stature de........... 1^m,85.

A Edfoû (pl. 64), toutes les figures de la frise ont 0^m,55 ou 0^m,54; les figures d'Edfoû (pl. 57, fig. 9) et d'Esné (pl. 89, fig. 8) sont de la même échelle, c'est-à-dire de 7 doigts pour coudée, ce qui donne une stature de.......... 1, 84.

Enfin, à Erment (pl. 96, fig. 3), les figures ont 0^m,85; ce qui donne, à l'échelle de 11 doigts pour coudée, une stature de........... 1, 85.

[1] 5^{ds} 8° 2^l,9.

Une figure égyptienne, mesurée par M. Delile, a 1^m,25 de hauteur. Elle a été construite à l'échelle d'un pied pour coudée, ou 2 pour 3. En effet, si l'on ajoute moitié à 1^m,25, on a 1^m,875, stature métrique. La tête a 0^m,165; ce qui est le septième et demi de la hauteur : règle que nous avons reconnue pour avoir été suivie par les Égyptiens, et qui est la même que celle dont on fait usage à présent. Le pied a 0^m,20; ce qui est plus que ne demande la raison 1 : 6$\frac{1}{2}$, et se rapporte au pied métrique. L'intervalle d'un talon à l'autre, ou le pas, a 0^m,29, c'est-à-dire un pied et demi à fort peu près ou une mesure égale à la coudée; l'intervalle du talon d'un pied au bout de l'autre, égal à 0^m,49, est le pas de 2 pieds et demi.

Il serait facile d'ajouter encore d'autres mesures pareilles; mais ce qui précède suffit pour faire voir que les Égyptiens sculptaient leurs figures d'après une proportion réglée à 1^m,847 ou 1^m,85 environ, et prouve aussi, en même temps, qu'ils se servaient d'échelles régulières et divisées en doigts, pour construire et sculpter leurs figures[1]. Les échelles principales étaient de 4, de 6, de 8, de 10, de 12, de 16, de 18 et de 20 doigts pour coudée, c'est-à-dire de 1 palme, de 1 palme $\frac{1}{2}$, de 2 palmes, de 2 palmes $\frac{1}{2}$, de 3 palmes, de 4 palmes, de 4 palmes $\frac{1}{2}$ et de 5 palmes pour coudée; résultat curieux, et que j'avais toujours soupçonné devoir exister, d'après le système de règles auquel tout, en Égypte, était assujetti. Voici la preuve que cette pratique s'appliquait encore à d'autres figures que les figures humaines.

[1] *Voyez* la Description d'Ombos, *A. D.*, *chap. IV*, §. III.

Sur un obélisque en trapp, venant du Kaire, et dont on a rapporté à Paris des empreintes, il y a une figure d'ibis qui est digne d'être étudiée pour la finesse des galbes et pour la pureté des contours. J'en ai comparé les mesures avec celles des individus trouvés en Égypte, soit vivans, soit embaumés par les anciens Égyptiens, et j'ai trouvé que cette figure avait été sculptée d'après un modèle plus grand d'un sixième que l'ibis trouvé dans les grottes sépulcrales de Thèbes, par M. Geoffroy Saint-Hilaire, et déposé au Muséum d'histoire naturelle de Paris; l'échelle de réduction est de 1 pour 4, ou de 6 doigts pour coudée. Voici le tableau de ces mesures comparées :

	IBIS embaumé.	INDIVIDU plus fort d'un sixième.	LE MÊME réduit à l'échelle du quart.	IBIS sculpté.
Le bec..........	0^m,163.	0^m,19.	0^m,047.	0^m,045.
Le grand doigt...	0, 097.	0, 113.	0, 028.	0, 028.
Le tarse..........	0, 102.	0, 119.	0, 030.	0, 030.
Le fémur.........	0, 078.	0, 091.	0, 023.	0, 043.
La tête et le bec..	0, 210.	0, 245.	0, 0613.	0, 062.

Le tibia seul se trouve court d'un cinquième; mais toutes les autres dimensions se rapportent parfaitement bien, comme il résulte du tableau précédent [1].

---

[1] Une autre figure d'ibis, sculptée sur le sarcophage, en forme de momie, trouvé à Boulâq, présente le type même de l'individu auquel je viens de comparer l'ibis de l'obélisque, c'est-à-dire plus fort d'un sixième que l'ibis embaumé. La réduction de l'échelle est de 1 pour 10. En effet, on trouve, pour les deux premières et les deux dernières dimensions du tableau de la page précédente, 0^m,0185; 0^m,0113; 0^m,0092; 0^m,026. Dans cette dernière, je ne comprends pas la coiffure symbo-

DES ANCIENS ÉGYPTIENS, CH. V.

Le pas de l'ibis, selon Élien, était d'une coudée. Quelque peu de fondement qu'il y ait en apparence à cette assertion, l'on doit être curieux de rechercher si les monumens peuvent la confirmer : or, je trouve que, dans l'ibis sculpté dont j'ai parlé tout-à-l'heure, l'ouverture des jambes, ou le pas, est de 57 millimètres et demi. Si je quadruple cette mesure d'après le rapport de l'échelle 1 à 4, je trouve 2^m,30. Ainsi, dans cette figure, le pas de l'oiseau est d'une demi-coudée, et non d'une coudée. Je ne prétends pas dire que l'ibis avait réellement un pas égal à cette mesure: mais il paraît bien, par cet exemple, que les Égyptiens donnaient à ce pas, dans leurs bas-reliefs et leurs peintures, la grandeur d'une demi-coudée; et c'est peut-être le fondement du fait avancé par Élien.

Ces échelles de $\frac{1}{6}$, $\frac{1}{4}$, $\frac{1}{3}$, $\frac{1}{2}$, $\frac{2}{3}$, $\frac{1}{4}$, etc., pour 1, étaient, comme on le voit, très-simples : elles étaient divisées d'après la composition de la coudée, et non arbitrairement; c'est-à-dire que les architectes, les sculpteurs et les dessinateurs prenaient un certain nombre de palmes et de doigts pour représenter un nombre donné de pieds, de coudées, de cannes, etc.

Mais, de même que les Égyptiens avaient des échelles de réduction, ils avaient aussi, pour leurs figures colossales, des échelles d'augmentation, qui étaient également en rapport avec les divisions de leurs mesures. Voici neuf exemples tirés des colosses qui sont en Égypte[1] :

---

lique sculptée sur la tête de l'oiseau.

[1] *Voyez* l'article des colosses, ci-dessus, chap. IV, pag. 113.

	HAUTEUR des figures.	STATURE métrique.	RAPPORT des échelles pour un.
Hauteur des cariatides du tombeau d'Osymandyas.........	7^m,40.	1^m,85.	4.
Cariatides de Medynet-abou...	8, 33.	1, 85.	4½.
Autres cariatides du même monument..................	11, 0.	1, 85.	6.
Colosse renversé du monument d'Osymandyas (d'après la mesure de la tête)............	11, 0.	1, 85.	6.
Colosse de Louqsor (à gauche en entrant)..................	11, 08.	1, 85.	6.
Colosse de Memnon...........	18, 70.	1, 85.	10.
Colosse de Memphis (d'après la mesure du poignet).........	18, 47.	1, 85.	10.
Grand colosse d'Osymandyas...	22, 22.	1, 85.	12.
Colosse à l'entrée du palais de Karnak..................	7, 3.	1, 85.	4.

Ces résultats, outre qu'ils démontrent fort bien que les Égyptiens construisaient leurs colosses suivant des rapports exacts avec la nature humaine, font également voir que la stature métrique était fixée en Égypte à 1^m,85.

Ainsi les cariatides du tombeau d'Osymandyas ont été sculptées avec une échelle de 4 coudées pour une; le colosse de Louqsor, avec une échelle de 6 coudées pour une, ou d'une orgyie pour pied; le colosse de Memnon et celui de Memphis, avec une échelle de 10 coudées ou une grande acæne pour coudée, ou bien avec celle d'un décapode pour pied; enfin le grand colosse d'Osymandyas, le plus grand de toute l'Égypte, a été sculpté au moyen d'une échelle de 2 orgyies pour pied, ou de 12 coudées pour une.

Diodore nous a transmis un fait extrêmement curieux

sur le procédé qu'employaient les artistes égyptiens pour sculpter leurs statues, et ce fait ne saurait mieux trouver sa place qu'ici; car il prouve bien ce que j'ai avancé sur les règles précises que ces hommes suivaient exactement dans leur travail. Les proportions étaient si parfaitement réglées, que plusieurs sculpteurs à-la-fois pouvaient exécuter une statue colossale en différentes parties, qui ensuite se rapportaient parfaitement, comme si elle eût été l'ouvrage d'une seule main. Pour cet objet, ils divisaient en vingt-une parties et un quart la hauteur totale des figures. Chaque portion était travaillée séparément, suivant les dimensions résultant de cette division; et une fois terminés, ces divers fragmens étaient tous en harmonie, soit entre eux, soit avec le corps entier. Voici le passage de cet auteur, que je crois devoir citer en entier littéralement, à cause de son importance:

Τοῦτο δὲ τὸ γένος τῆς ἐργασίας παρὰ μὲν τοῖς Ἕλλησι μηδαμῶς ἐπιτηδεύεσθαι, παρὰ δὲ τοῖς Αἰγυπτίοις μάλιστα συντελεῖσθαι· παρ' ἐκείνοις γὰρ οὐκ ἀπὸ τῆς κατὰ τὴν ὅρασιν φαντασίας τὴν συμμετρίαν τῶν ἀγαλμάτων κρίνεσθαι, καθάπερ παρὰ τοῖς Ἕλλησιν, ἀλλὰ ἐπειδὰν τοὺς λίθους κατακλίνωσι καὶ μερίσαντες κατεργάσωνται, τὸ τηνικαῦτα τὸ ἀνάλογον ἀπὸ τῶν ἐλαχίστων ἐπὶ τὰ μέγιστα λαμβάνεσθαι. Τοῦ γὰρ παντὸς σώματος τὴν κατασκευὴν εἰς ἓν καὶ εἴκοσι μέρη καὶ περ σέτι τέταρτον διαιρουμένους, τὴν ὅλην ἀποδιδόναι συμμετρίαν. διόπερ ὅταν περὶ τὰ μεγέθους οἱ τεχνῖται πρὸς ἀλλήλους συνθῶνται, χωρισθέντες ἀπ' ἀλλήλων, σύμφωνα κατασκευάζουσι τὰ μεγέθη τῶν ἔργων, οὕτως ἀκριβῶς ὥςτε ἔκπληξιν παρέχειν τὴν ἰδιότητα τῆς πραγματείας αὐτῶν[1].

---

[1] Diod. Sic. *Biblioth. hist.* lib. 1, sub fin.

La traduction latine de ce passage difficile[1] ne me semblant pas suffisamment exacte, j'essaie d'en donner ici une nouvelle interprétation :

« Il y a un genre de sculpture qui ne se pratique point chez les Grecs, et qui, au contraire, est fort en usage parmi les Égyptiens. Ce n'est point à la vue, au simple coup d'œil, que ces derniers jugent de la proportion des statues, comme font les Grecs; mais ils coupent et divisent leurs pierres en plusieurs portions, et ils les travaillent, en fixant les rapports des figures, des plus petites dimensions aux plus grandes[2] : pour cela, ils divisent la stature du corps humain en vingt-une parties et un quart en sus, et ils expriment ainsi la proportion entière. Une fois que les artistes se sont accordés ensemble sur la grandeur de la statue, ils se séparent et exécutent les divers fragmens, chacun de son côté, avec une convenance et une harmonie si parfaites, que l'ouvrage terminé excite l'admiration[3]. »

Puisque la hauteur des figures humaines était com-

[1] *Quod genus artificii à Græcis nequaquam exerceri, sed frequentissimum apud Ægyptios usum habere contendunt. Apud hos nam non oculorum contuitu, quod Græcis in more est, aptam statuæ conformationem æstimari; sed, quando lapides excisos et in partes distributos elaborant, tunc proportionem simul à minimis ad maxima desumi : universi enim corporis structurá in unam et viginti partes ac quadrantem divisâ, totam symmetriam (quâ partes ad partes, eædemque ad universum corpus respondeant) ab illis reddi. Idcircò, ubi de magnitudine artifices inter se convenerunt, digressi suam quisque partem tam congruam alteri facit, ut operis horum insolentia admirationem cum stupore inducat.*

[2] Ce passage signifie, selon moi, que les sculpteurs avaient sous les yeux des modèles d'une petite échelle, et que, par le moyen des mesures proportionnelles, ils rapportaient en grand toutes les parties qu'ils avaient à imiter.

[3] Tout ce qui précède ne doit s'entendre que des statues colossales; c'est ce que Diodore a négligé de dire.

posée de 4 coudées ou 24 palmes, il est vraisemblable que la division qui servait aux sculpteurs pour exécuter les diverses parties de leurs figures, était une division en palmes et en doigts. Chez les modernes, cette hauteur se partage en 30 parties, dont la tête en prend 4. Le nombre rompu de 21 parties et $\frac{1}{4}$ présente de grandes difficultés; et cependant il semble renfermer quelque fait précieux pour l'histoire technique de l'art. Ne connaissant presque rien sur les procédés qu'on suivait en Égypte, il serait à souhaiter qu'on pût expliquer ce passage parfaitement. J'avoue que je n'ai pu y réussir, même en supposant différentes divisions à la coudée. Au reste, avant de faire cette recherche, il faudrait être sûr qu'il ne s'est pas glissé d'erreurs dans le texte. La stature ou l'orgyie avait 24 palmes. Ces 21 parties et $\frac{1}{4}$ ne sont donc pas des palmes, à moins de supposer des figures beaucoup plus petites que les figures ordinaires, c'est-à-dire hautes de $1^m,639$ ou 5^{ds} $0°$ 7^1; ce qui n'est pas admissible.

Je ne terminerai pas cet article des échelles égyptiennes, sans citer une observation que j'ai faite dans plusieurs monumens, et qui n'est pas sans importance dans la question présente. Sur les parties des temples non achevées, à Ombos, Medynet-abou, etc., et dans les carrières exploitées par les anciens Égyptiens à Gebel-Aboufedah, j'ai trouvé des carreaux tracés en rouge, ayant servi pour réduire et dessiner les figures, qu'on devait ensuite y sculpter. J'ai mesuré les côtés de ces carreaux : au plafond du grand temple d'Ombos, ils ont $0^m,02$ de côté; à Gebel-Aboufedah, ils ont $0^m,27$ [1].

[1] Les divisions verticales sont alternativement de $0^m,26$ et $0^m,28$; mais

La première de ces dimensions fait à fort peu près un vingt-quatrième ou un doigt de la coudée égyptienne. La seconde en fait quatorze, ou 3 palmes et demi, c'est-à-dire un sixième en sus de la demi-coudée; deux des derniers carreaux font 7 palmes[1].

Les divisions tracées dans les carrières de Gebel-Aboufedah offrent une remarque d'un autre intérêt; c'est qu'elles ont servi à tracer les épures de deux chapiteaux à tête de femme, tels que ceux qui figurent dans tous les temples d'Isis. Dans le premier[2], la hauteur de la tête proprement dite occupe trois carreaux et demi environ, ou $0^m,95$. En comptant 7 têtes et $\frac{1}{4}$ dans la hauteur d'une figure de femme, cette tête se rapporte à une stature de $7^m,36$, valeur qui est précisément de 16 coudées. L'échelle de cette sculpture était, par conséquent, de 4 coudées, ou une orgyie pour coudée.

L'épure du chapiteau à tête d'Isis de Gebel-Aboufedah mérite encore une attention particulière, parce que c'est celle-là même qui paraît avoir servi à la coupe du chapiteau du fameux temple de Denderah, quand on compare les dimensions de l'une et de l'autre. En effet, 1°. la largeur totale de ce chapiteau, mesurée à la corniche, et au-dessus de la tête, est de $2^m,762$. Dans l'épure, cette

---

toutes les divisions horizontales sont de $0^m,27$. *Voyez* la Description de l'Heptanomide, *A. D.*, ch. *XVI*, sect. 1re, §. 1.

[1] On sait que la coudée actuelle du meqyâs égale $0^m,540$; c'est précisément un palme ou un sixième en sus de l'ancienne coudée. Ce fait est précieux pour l'origine de la coudée du meqyâs, où l'on peut retrouver le type des anciennes mesures, aussi bien que dans le pyk belady. *Voyez* ci-dessous, *chap* IX, l'article de la coudée de Polybe.

[2] *Voy.* pl. 62, *A.*, vol. IV, fig. 4, et la Description de l'Heptanomide, *A. D.*, chapitre *XVI*, section 1re, §. 1.

largeur occupe quatre carreaux entiers de 0^m,27 chacun, et un peu plus de deux demi-carreaux, en tout 1^m,38 : or, 1^m,38 est juste la moitié de 2^m,76.

2°. La largeur supérieure du petit temple qui couronne le chapiteau, jusqu'à l'angle de la corniche, est de 2^m,16 : dans l'épure, elle occupe quatre carreaux ou 1^m,08, ce qui est la moitié.

3°. La hauteur du même petit temple passe 2^m,10 : dans l'épure, elle est de 1^m,08, c'est-à-dire un peu plus de la moitié.

4°. La saillie est de 0^m,352, et dans l'épure, de deux tiers de carreau ou de 0^m,175 environ; c'est-à-dire moitié de la saillie du chapiteau.

Ainsi il paraît certain que c'est dans cette carrière qu'on a tracé la coupe des chapiteaux du grand temple de Denderah. L'échelle de moitié est remarquable par sa proportion; le choix qu'en a fait l'artiste, tient sans doute à la pureté qu'on exigeait dans les courbes et les contours [1]. Quant à la mesure même qui paraît avoir servi de type à la construction des carreaux, et par conséquent aux dimensions du chapiteau, elle représente une grandeur équivalente à une demi-coudée actuelle du meqyâs, faisant 1 coudée $\frac{1}{6}$ ou 28 doigts de l'ancienne.

Dans le second chapiteau, qui est le plus grand [2], les carreaux sont plus larges; ils ont 0^m,35 ou 18 doigts, une spithame et demie. La partie où la tête est tracée,

---

[1] Cette épure est digne d'être examinée pour la projection des lignes et des courbures.
[2] *Voyez* pl. 62, *A.*, vol. IV, fig. 3.

a quatre carreaux de hauteur, faisant $1^m,4$ ou 3 coudées; celle du petit temple en a autant. L'une et l'autre font 6 coudées ou 9 pieds égyptiens. La largeur totale est de 4 coudées et demie. La proportion de la figure répond donc à environ 24 coudées.

Ainsi nous retrouvons encore dans les monumens, non-seulement les proportions des mesures des Égyptiens appliquées au dessin des figures humaines, mais encore les traces des procédés qu'employaient les sculpteurs, et les divisions mêmes de leurs échelles.

Je regrette de n'avoir pu observer exactement combien la hauteur des figures au plafond d'Ombos occupait de carreaux ; ce qui eût fourni une donnée de plus sur la hauteur de la stature égyptienne.

§. II. *Rapport du pied et de la coudée dans la stature humaine.*

On a trop légèrement admis certaines proportions de grandeur entre les diverses parties de la stature naturelle, et l'on s'est appuyé ensuite sur ces relations arbitraires pour fixer, soit les rapports, soit les valeurs absolues des mesures usuelles. Il importe donc d'établir ces proportions avec un peu plus de certitude, bien que d'ailleurs, comme la chose est évidente par elle-même, on ne puisse obtenir des résultats parfaitement exacts. Dans ses recherches sur la coudée sacrée des Juifs, Newton a adopté le rapport de 5 à 9 entre le pied et la coudée de l'homme. Ce rapport est un peu trop faible, et suppose le pied trop petit. D'un autre côté, le rapport de 2 à 3 qui existait entre le pied et la coudée des mesures usuelles, selon Hérodote et tous les auteurs, est beaucoup trop grand. Le rapport exact entre ces deux parties de la figure humaine est celui de 4 à 7. Il est donc certain que le rapport de 2 à 3 n'est pas puisé dans la nature, et qu'il est d'institution. C'est sa simplicité même qui rend la chose évidente; il a été choisi pour la commodité de la division. Si l'on divisait la coudée en 24 doigts, 16 donnaient juste la longueur du pied métrique, au lieu que les $\frac{2}{3}$ ou les $\frac{1}{3}$ de 24 n'auraient fourni que des nombres fractionnaires.

De même que le rapport du pied à la coudée diffère du rapport naturel, de même sa valeur absolue s'éloigne de celle du pied humain. Pour une stature de $1^m,73$ ($5^{ds}\ 4^o$) mesurée et observée chez plusieurs individus, la longueur du pied ne s'élève que de $0^m,263$ à $0^m,265$; pour une stature moyenne, la longueur serait bien moindre.

D'Anville évalue le pied naturel à $9^o\ 0^l,8$ ($0^m,245$) : or, nous voyons le pied métrique égyptien et grec égal à $0^m,3079$ ($11^o\ 4^l,46$). Le pied romain et le pied de Pline sont eux-mêmes bien au-dessus de la mesure humaine[1]. On est donc forcé de convenir que la valeur du pied de mesure est d'institution, et que son rapport avec la coudée a également été institué. Maintenant voudra-t-on expliquer un fait de ce genre par la grandeur du pied colossal d'Hercule, qui mesura, dit-on, la longueur du stade d'Olympie avec six cents de ses pieds, ou bien plutôt cherchera-t-on des motifs tirés des besoins de

[1] $0^m,2956$ et $0^m,2771$.

l'homme, conformes à la raison et à la nature des choses, étrangers enfin au merveilleux de la fable? Les esprits sensés n'hésiteront pas, je l'espère, dans cette alternative; on admettra que, le pied humain ayant servi long-temps au mesurage, il fallut remédier aux variations considérables de cette mesure par une détermination fixe, et qu'on dut pour cela choisir dans la nature un type invariable. Or, grandir ou diminuer le pied humain, n'était pas établir une base plus certaine; c'était laisser dans la mesure un élément variable : l'étendue du degré terrestre pouvait seule fournir ce type constant.

Le pied naturel est compris six fois et demie environ dans la stature entière. Cependant l'orgyie, qui parmi les mesures de l'Égypte exprime la stature métrique, est censée renfermer le pied *six fois*. Qui ne voit que ce rapport senaire a été institué pour la facilité des calculs? Vitruve confondait les deux espèces de pied et de stature, quand il disait que le pied était le sixième, et la coudée, le quart de la hauteur du corps : ces rapports étaient ceux du système égyptien, et non ceux de la nature. La coudée naturelle est trois fois et demie environ, et non pas quatre fois, dans la hauteur de l'homme. Pour une stature de $1^m,73$, la coudée est d'environ $0^m,464$. Le pied et l'orgyie sont donc des mesures systématiques. Ainsi, dans la nature, le pied, la coudée et la stature sont, à fort peu près, comme 4, 7 et 26; dans le système égyptien, ils sont comme 4, 6 et 24. Ces derniers nombres expriment des palmes ou mesures de 4 doigts métriques.

Le *pas*, mesure composée de pieds, présente encore

les mêmes remarques. On peut considérer trois espèces principales de pas : dans la première, les deux pieds sont séparés par un demi-pied d'intervalle; dans la seconde, cet intervalle est d'un pied; dans la troisième, il est d'un pied et demi. Il suit que ces trois pas valent un pied et demi, deux pieds, et deux pieds et demi. Celui-ci est le plus grand de tous. Or, l'orgyie, ou le grand pas égyptien, a 6 pieds. Ce pas n'est donc nullement puisé dans la nature, mais il est de convention. L'*ampelos*, mesure égyptienne ($βῆμα\ διπλῦν$, ou pas double), était de 5 pieds; le pas romain géométrique était aussi de 5 pieds. Voilà évidemment des mesures et des rapports d'institution. Le nom de *géométrique* suffirait d'ailleurs pour le prouver.

Quand on a soutenu que les mesures avaient été tirées du corps humain, on a dit une chose trop générale, et l'on a confondu les temps et les peuples. Sans doute il est naturel à l'homme de faire servir ses pieds, ses bras, sa taille, au mesurage des objets qui sont à sa portée; on l'a donc fait partout; on a même imposé aux mesures les noms des parties du corps : mais, par la suite des temps, ces mesures grossières ont été corrigées, et les noms sont demeurés, précisément comme de nos jours on voit les noms anciens appliqués aux mesures du système métrique français.

Il est donc impossible d'admettre que toutes les mesures proviennent de la stature naturelle. Mais ce n'est pas tout. Supposons que les raisons qui précèdent soient privées de fondement : comment, dans cette idée, expliquerait-on jamais d'une manière plausible pourquoi le

136 EXPOSITION DU SYSTÈME MÉTRIQUE

pied grec, le même que le pied égyptien, est une partie aliquote du degré terrestre, une division sexagésimale de la circonférence du globe? Comment rendrait-on compte de ce fait singulier et cependant incontestable, que, le pied étant pris pour unité, la circonférence de la terre est égale à la quatrième puissance de 6, multipliée par la cinquième puissance de 10[1], et qu'elle renferme la coudée un nombre de fois exprimé par le quadruple du cube de 6, multiplié aussi par la cinquième puissance de 10; autrement, que ces deux mesures sont égales, l'une à dix fois la quatrième puissance de 60, et l'autre à quatre cents fois le cube de 60? Soutiendrait-on que le globe terrestre et l'homme qui l'habite, ont reçu des dimensions dépendantes les unes des autres? S'il est absurde d'expliquer ce fait par de prétendues mesures tirées de la stature humaine, il ne le serait pas moins de supposer qu'il est dû à une coïncidence fortuite. Le hasard n'expliquera jamais un fait qui appartient à l'intelligence.

La même remarque peut se faire pour d'autres mesures que le pied et la coudée. Le mille romain, mesure de 5000 pieds, est compris vingt-sept mille fois dans la circonférence du globe; comment trouver dans les mesures naturelles l'élément de ce rapport si précis? La huitième partie de ce mille se trouve six cents fois au degré; c'est précisément le stade appelé *olympique*. La demi-lieue gauloise y est comprise cent fois.

[1] Le pied égyptien de 0^m,3079 est compris trois cent soixante mille fois dans le degré égyptien de 110833 mètres. *Voyez* le chap. III, §. VI, et aussi le chap. VI, §. II.

Le stade renferme six cents fois le pied : d'où viendrait cette dernière division, si ce n'est du rapport sexagésimal qui enchaînait les mesures entre elles, d'après un système convenu ? et ne voit-on pas que le pied avait été fixé à la 600ᵉ partie du stade, comme le stade était la 600ᵉ partie du degré ?

Le nom de *mille* vient visiblement de ce qu'en parcourant l'étendue de cet intervalle, on comptait mille fois une certaine mesure de pas. Le mille romain le prouve, ainsi que le mille hébraïque. Or, si l'on divise par 1000 la plus petite mesure de mille connue, on trouvera une quantité bien supérieure au pas humain, quelque grand qu'on le suppose. L'orgyie, qui était un grand pas géométrique égyptien, a probablement formé un mille de soixante au degré, qui a été l'origine des autres mesures itinéraires du même genre : or, aucun pas humain ne peut être comparé à la grandeur de l'orgyie, ni même à aucune partie sous-double ou sous-triple, enfin à aucune partie aliquote; ce qui mérite d'être remarqué.

Je suis donc fondé à conclure que les mesures des Égyptiens et celles qui en dérivent, n'ont pas été empruntées à la stature humaine. Les noms qu'elles portent, de *pied*, de *coudée*, de *palme*, de *doigt*, de *pas*, etc., ne prouvent qu'une chose : c'est que les premières mesures, chez tous les peuples, furent, dans l'origine, tirées des parties du corps, et que l'on conserva les noms de celles-ci, quand les premières furent assujetties à un système régulier.

CHAPITRE VI.

Recherche de la valeur de plusieurs mesures liées à celles de l'Égypte; de l'ordre, des rapports et de l'enchaînement des principales mesures égyptiennes.

SECTION PREMIÈRE.

MESURES ÉTRANGÈRES, LIÉES AUX MESURES ÉGYPTIENNES.

§. I. *Valeur du pied romain.*

Beaucoup d'évaluations ont été proposées pour le pied romain; elles reposent sur des étalons et sur divers monumens anciens. Si l'on écarte certaines estimations fort distantes de la véritable valeur, et qu'on s'attache aux moyennes, la plupart sont assez rapprochées pour qu'on puisse presque indifféremment choisir l'une ou l'autre; par conséquent, un terme moyen, pris entre les valeurs les plus concordantes, doit porter le cachet d'une exactitude parfaite. Je rapporterai un grand nombre de ces valeurs, ainsi que l'origine d'où elles proviennent et les noms des auteurs qui les ont fixées, pour que le lecteur puisse en apprécier lui-même la justesse. Parmi elles sont dix évaluations que Fréret avait déjà rassemblées, et que les savans ont continué de citer : on verra, par cette seule énumération, pourquoi il faut écarter les valeurs extrêmes, et à plus forte raison celles que je ne

SYSTÈME MÉTRIQUE, CH. VI.   139

cite pas ici. Par cela même qu'elles sont invraisemblables, elles affecteraient d'erreurs graves l'évaluation qu'on veut faire, si on les faisait entrer dans le calcul du terme moyen.

	VALEUR	
	EN LIGNES DU PIED DE PARIS.	EN MÈTRES.
	lignes.	m.
Stuart, d'après l'obélisque du champ de Mars à Rome....................	130,37.	0,2941.
M. Grignon, d'après une mesure trouvée en Champagne, dans les ruines d'une ancienne ville, entre Joinville et Saint-Dizier.............................	130,60.	0,2946.
M. Astolfi (mesure tirée du mille romain, qui a été mesurée de 1471^m,233, entre les deux pierres milliaires XLII et XLVI, sur la voie Appienne) [1]...........	130,44.	0,29425.
Romé de Lille, d'après divers rapprochemens et d'après l'amphore, mesure d'un pied cube.........................	130,60.	0,2946.
L'abbé Barthélemy et le *P. Jacquier*, d'après un pied de bronze antique très-bien conservé, et qu'on garde dans la bibliothèque du Vatican.............	130,66.	0,2948.
Lucas Pœtus et *Fabretti*..............	130,60.	0,2946.
Scoccia, mesure prise d'après un espace de 90 pieds romains tracés sur le rocher de Terracine appelé *Pisco montano*....	130,68.	0,2948.
Lucas Pœtus, selon une autre mesure....	130,70.	0,2948.
L'abbé Revillas, d'après le modèle du pied colutien, déposé au Capitole (*Dissertations de Cortone*, tom. III, diss. 4) [2]....	130,75.	0,2950.
Idem, d'après le pied capponien, déposé au Capitole............................	130,94.	0,2953.
Picard, d'après le *congius* romain......	131,00.	0,2956.
La Hire, d'après le temple d'Antonin...	131,00.	0,2956.
L'abbé Revillas, d'après le modèle du pied statilien, déposé au Capitole.........	131,08.	0,2958.
Auzout, d'après le pied sculpté sur le tombeau de Statilius...................	131,10.	0,2959.
Greaves, idem........................	131,20.	0,2961.

[1] M. de Prony estime la valeur du pied romain à 0^m,29461, d'après la distance entre les bornes milliaires antiques de la voie Appienne.

[2] *Voyage astronomique* des PP. Maire et Boscovich.

	VALEUR	
	EN LIGNES DU PIED DE PARIS.	EN MÈTRES.
	lignes.	m.
L'abbé Revillas, d'après le modèle du pied d'Æbutius, déposé au Capitole.......	131,41.	0,2965.
Auzout, d'après le pied du tombeau de Cossutius............................	131,50.	0,2968.
Picard, d'après le pied du tombeau d'Æbutius...............................	131,50.	0,2968.
La Hire, d'après le temple de Vesta à Tivoli...............................	131,60.	0,2970.
Fabretti, d'après le pied du tombeau d'Æbutius...............................	131,80.	0,2974.
La Hire, d'après le Panthéon..........	131,90.	0,2977.
Cassini, d'après la voie Æmilia.........	132,00.	0,2979.
La Hire, d'après le temple de Bacchus et de Faune............................	132,00.	0,2979.
Paucton, d'après différens rapprochemens.	136,80.	0,3086.

Je ne veux point déduire la valeur du pied romain des différens milliaires que l'on a mesurés, attendu qu'ils varient considérablement : la différence va depuis 752 toises jusqu'à 757 et même 760 toises ; ce qui ferait varier le pied de 3 millimètres entre un extrême et l'autre.

D'après ce que j'ai dit en commençant, il faut aussi omettre, dans la recherche de la valeur moyenne, les deux termes extrêmes qui supposent un écart invraisemblable. Le premier doit être omis avec d'autant plus de fondement, que Stuart l'a calculé d'après des données fort hypothétiques ; savoir, la comparaison d'un passage de Pline avec les dimensions d'un obélisque. Il faudrait que l'on connût positivement de quel obélisque il s'agit dans Pline, et l'on sait que ces monumens ont été confondus les uns avec les autres ; il faudrait, en second lieu, que l'on sût quelle espèce de pied Pline a mise en

DES ANCIENS ÉGYPTIENS, CH. VI.   141

usage, et si le monument a la même grandeur qu'autrefois : cette dernière remarque est justifiée par la forme actuelle du *pyramidion* dans les obélisques transportés à Rome, forme très-différente de celle qu'ils avaient primitivement en Égypte.

Le terme le plus fort est l'évaluation de Paucton : il faut encore moins s'en servir que de celle de Stuart; car cet auteur a évidemment fait une méprise et a confondu le pied romain avec le pied grec, plus fort d'une 24° partie.

Ainsi, des 24 évaluations qui précèdent, il n'en faut faire entrer en ligne de compte que 22. La somme est de 6^m,5098, ou plus exactement 6^m,5083, et de 2885^l,06 : le terme moyen est 0^m,2959 ou 131^l,14; ce qui répond au pied de Statilius.

Cette même mesure est encore le terme moyen exact des quatre modèles du pied romain déposés au Capitole, surnommés *lo colutien*, *le capponien*, *le statilien* et *l'æbutien*, et mesurés par l'abbé Revillas, modèles dont la somme est de 1^m,1835, et le quart, 0^m,2959 [1].

Si l'on essaie de déduire de là le mille romain, on s'exposera nécessairement à une chance d'erreur, puisque la plus petite variation sur les décimales du pied doit être répétée cinq mille fois. Cependant, comme toutes les erreurs sont déjà beaucoup divisées par l'opération qui précède, le résultat ne doit pas s'éloigner de la vérité. En multipliant 0^m,2959 par 5000, on a 1479^m,5. Cette quantité diffère d'un mètre et demi seulement, de la mesure du mille déduite du degré égyptien [2].

[1] *Voyez* le Voyage des PP. Maire et Boscovich.
[2] *Voyez* chap. II, pag. 28.

§. II. *Établissement du pied romain par son rapport avec le pied grec.*

Il est tellement reconnu des savans que le pied romain et le pied grec étaient dans le rapport de 24 à 25, que je regarde comme superflu d'en apporter les preuves. Je me bornerai donc à rechercher la valeur du pied grec, j'en retrancherai une 25ᵉ partie, et le reste devra par conséquent me représenter le pied romain avec exactitude.

On ne possède pas un étalon du pied grec, ainsi qu'on en possède quelques-uns de la mesure romaine ; mais il existe des monumens dont les anciens ont donné la mesure en pieds et qui subsistent encore aujourd'hui. En mesurant les dimensions de ces monumens, et les divisant par le nombre de pieds que rapportent les auteurs, on retrouvera dans cette autre espèce d'étalon la valeur du pied grec. Nous citerons d'abord le temple de Minerve, qui a déjà servi à M. Gossellin et à d'autres savans pour la même recherche. Le monument était appelé *Hecatompedon*. C'est de la largeur qu'il faut entendre cette mesure de 100 pieds. En effet, selon Stuart, elle a 101ᵈˢ 1°,7 du pied anglais, faisant 30ᵐ,817 à la mesure de 0ᵐ,30467 pour le pied anglais ; selon David Leroy, elle a 95ᵈˢ 1° 10ˡ du pied français ou 30ᵐ,909 ; enfin, selon l'ingénieur Focherot, elle a juste 95 pieds français, ou 30ᵐ,8597.

Le savant M. Gossellin a adopté cette dernière mesure : mais le soin extrême avec lequel Stuart a mesuré l'Hecatompedon à l'aide d'une règle en cuivre, divisée par le meilleur artiste du temps, me fait pencher pour le résultat qu'il présente; son dessein était d'ailleurs de connaître la valeur du pied grec, et il prit en conséquence toutes les précautions pour obtenir une mesure précise.

Stuart commença par voir si la largeur du degré inférieur du Parthenon était commensurable avec sa longueur, il ne trouva pas de rapport; il fit la même recherche pour le deuxième degré, et le résultat fut le même; enfin le troisième degré, celui sur lequel posent les colonnes, fut trouvé commensurable sur ses deux dimensions : la largeur est comme 100, et la longueur comme 225; autrement, ces deux dimensions sont entre elles comme 4 et 9[1].

En effet, la longueur du Parthenon, mesurée sur le troisième degré, est de 227^{ds} 7°,05 de la mesure du pied anglais; en mètres, 69^m,3587 : en prenant les 4 neuvièmes de cette quantité, on trouve 30^m,817, comme ci-dessus. La centième partie de cette mesure donnera une valeur très-exacte pour le pied grec. Ce centième fait 0^m,30817, c'est-à-dire à 3 dix-millièmes de mètre près, la même mesure que nous avons trouvée par les monumens et par le degré égyptien. On peut regarder comme nulle une différence aussi petite.

On peut partir de là pour déterminer le pied romain : il suffit de prendre les 96 centièmes de 0^m,30817 pour obtenir cette détermination. Ce calcul donne, pour le pied romain, 0^m,29584, c'est-à-dire à un demi-dix-

[1] *Antiquities of Athens*, tom. II, pag. 8.

millième de mètre près, la valeur de o^m,2959 trouvée ci-dessus par les étalons.

On pourrait chercher dans d'autres monumens d'Athènes la valeur du pied grec, pour en déduire ensuite le pied romain ; mais cette recherche, outre qu'elle nous menerait trop loin, ne présenterait point un résultat d'une aussi grande certitude que l'exemple de l'Hecatompedou.

Si je compare cette valeur du pied grec avec celle que nous avons trouvée pour le pied égyptien, savoir, o^m,3079, on ne peut se refuser d'en reconnaître l'identité ; 2 à 3 dix-millièmes de mètre ne sont d'aucune considération dans cette comparaison. Or, pour avoir les dernières décimales exactes, il vaut mieux déduire le pied d'après un étalon qui le renferme six cents fois, que de le conclure d'un monument où il n'est que cent fois.

Maintenant, si je prends les $\frac{24}{25}$ de o^m,3079, je trouve o^m,2956 pour le pied romain : cette valeur me semble devoir être choisie comme encore plus précise, parce que le pied romain est enchaîné avec les autres mesures égyptiennes, telles que l'orgyie, dont il est les $\frac{16}{100}$, et le degré égyptien, où il est compris trois cent soixante-quinze mille fois.

Concluons que la valeur du pied romain doit être fixée à o^m,2956, et celle du pied grec, à o^m,3079, comme elles résultent des monumens de l'Égypte. Ces déterminations s'éloignent peu de celles que le savant M. Gossellin avait déduites du degré moyen du globe, et qui certainement se rapprochent plus de la vérité que celles qu'on avait données jusqu'à lui. La différence est seulement de 7 dix-millièmes de mètre; mais cette différence influerait cependant d'une manière sensible sur la valeur du mille et sur celle du stade, si l'on voulait conclure celles-ci par voie de multiplication.

§. III. *Valeur du pied dont Pline a fait usage.*

Pline[1] donne à la seconde pyramide 757 pieds $\frac{1}{2}$ de côté, et à la troisième 363 pieds. Quelle que soit la valeur de ces pieds, sur laquelle on n'est point d'accord, le rapport de 757,5 à 363 doit exprimer celui des deux bases.

J'ai trouvé la mesure de l'une, avec le socle, égale à 207^m,9 sur la face du nord; l'autre a 102^m,2, aussi extérieurement. La proportion 757^m,5 : 363 : : 207^m,9 *est à*....donne pour quatrième terme 102^m,3. L'accord est donc parfait, et prouve qu'il ne s'est pas glissé d'erreurs dans les chiffres de Pline; on peut même en conclure immédiatement la valeur du pied dont il s'est servi : cette valeur est de 0^m,277[2].

Le nombre de 883 pieds, attribué par Pline à la grande pyramide, ne présente pas le même rapport que celui qui est établi par les deux autres mesures, et ne s'accorde point avec la mesure récente : il est donc impossible que le texte ne soit pas corrompu dans cet endroit. Pline ne

---

[1] Plin. *Hist. nat.* l. XXXVI, c. 12.
[2] La seconde pyramide a un socle saillant de 1$^m\frac{1}{2}$; ce qui diminue la base proprement dite de 3 mètres, c'est-à-dire la réduit à 204^m,9. Au pied de la troisième, il y a des sables amoncelés qui donnent lieu aussi de déduire environ 1$^m\frac{1}{2}$ sur la dimension mesurée, et la réduisent à 100^m,7. Ces deux mesures réduites de 204^m,9 et 100^m,7 sont encore dans le même rapport que les mesures extérieures.

peut être soupçonné d'avoir donné une mesure fausse et trop faible de 50 pieds, puisque ses mesures de pieds sont en nombres rompus, et non en nombres ronds comme celles d'Hérodote et de Diodore; ce qui est déjà un préjugé en faveur de leur exactitude. Ce préjugé se change en certitude par l'exemple tiré des deux nombres 737 $\frac{1}{2}$ et 363.

Quoi qu'il en soit, la détermination de la coudée, ou du stade, ou du pied égyptien, n'entrant pour rien dans cette discussion, il est clair que le résultat qu'elle présente est moins douteux que les conséquences qu'on pourrait tirer de ce passage, en corrigeant les leçons des manuscrits pour faire coïncider les auteurs et en déduire la valeur des mesures anciennes : car le rapport vrai des longueurs des deuxième et troisième pyramides, donné par Pline, est absolument indépendant du pied dont il s'est servi; et l'exactitude de ce rapport, présenté en nombres rompus, ne peut être une chose fortuite.

Le changement qui a été proposé par mon collègue M. Girard[1] des 883 pieds de Pline en autant de spithames ou demi-coudées de $0^m,2635$ chacune, est réprouvé par les nombres de 737 pieds $\frac{1}{2}$ et 363 pieds que donne l'historien, dans le même passage, pour les grandeurs des deuxième et troisième pyramides. Tous les critiques ont reconnu, d'ailleurs, que le pied dont a usé Pline est supérieur à $0^m,2635$ ($9^°\,8^l,8$). Cette mesure serait elle-même inférieure au pied naturel, qui a la plus petite mesure de toutes. Éd. Bernard regardait le pied de Pline comme étant d'une ligne $\frac{3}{10}$ seulement

[1] *Voyez* le Mémoire sur le nilomètre d'Éléphantine, t. vi, *A. M.*

au-dessous du pied romain, qu'il évalue à 130¹,9; évaluation qui elle-même est trop faible[1]. Le pied de Statilius, qui tient le milieu entre les extrêmes de vingt-deux nombres peu différens, lesquels représentent la valeur du pied romain, est de plus de 131 lignes. Nous évaluons celui-ci à 0^m,2956, ou 131¹,10, soit par le rapport connu de 24 à 25 entre le pied romain et le pied grec, soit par le moyen terme entre les mesures fournies par les monumens de Rome[2]. Il y a un peu plus de 8 lignes de différence entre le pied romain et le pied de Pline; mais il ne saurait y avoir 14 lignes $\frac{1}{2}$, comme le supposerait ici une mesure de 883 spithames de 0^m,2635 chacune. Ainsi, quel que soit, sous un autre rapport, le mérite du savant *Mémoire sur le nilomètre d'Éléphantine*, je ne pense pas que cette hypothèse soit admissible.

Le nombre de 883 pieds, attribué par Pline au côté de la grande pyramide, est défectueux, comme on l'a déjà observé, et il a besoin d'être corrigé: mais il faut être fort réservé sur les corrections de texte; et la première condition pour les admettre, c'est la parfaite vraisemblance et la simplicité. Ici, il suffit de supposer qu'une L se sera introduite dans le vrai nombre de pieds, qui était DCCCXXXIII. Le pied étant de 0^m,2771, si je multiplie ce nombre par 833, j'ai 230^m,74; ce qui est la mesure du côté même de la pyramide, à moins d'un sixième de mètre près. Ainsi, d'un côté, l'erreur n'a rien que de très-probable, et, de l'autre, la correc-

---

[1] *De Mensuris et Ponderibus*, p. 199.
[2] *Voyez* ci-dessus l'article du pied romain, pag. 138.

148 EXPOSITION DU SYSTÈME MÉTRIQUE

tion coïncide parfaitement avec les résultats les plus exacts [1].

En jetant les yeux sur le tableau général des mesures, on trouve cette correction en quelque sorte faite à l'avance. On y voit en effet qu'à la colonne du pied de Pline, la mesure égale au côté de la pyramide contient le nombre $833\frac{1}{3}$ [2].

Cette remarque éclaircit encore le reste du passage de Pline. La base de la pyramide a, dit-il, 8 jugères. *Amplissima octo jugera obtinet soli.* La surface de cette base occupe environ 22 jugères romains de superficie : il est donc impossible qu'il parle de la surface en cet endroit, ou du moins que le nombre *octo* ne soit pas altéré. Quel est le sens de ce passage ?

Les auteurs latins ont généralement traduit et l'on traduit encore par *jugère* le *plèthre* des auteurs grecs : les 8 jugères pourraient n'être ainsi que la traduction des 8 plèthres qu'Hérodote a donnés au côté de la pyramide. Mais, de plus, si l'on suppose un plèthre formé par 100 pieds de Pline, c'est-à-dire égal à $27^m,71$, le côté de la pyramide en renferme $8\frac{1}{3}$ ou $\frac{832}{100}$: or, ces 8 plèthres (ou jugères) et un tiers pouvaient fort bien se rendre

---

[1] Je dois rapporter ici l'extrait des manuscrits de la Bibliothèque du roi que j'ai consultés, au nombre de dix. Tous sont d'accord sur la longueur de la seconde pyramide et de la troisième ; savoir, 737 pieds ½ et 363 : mais il y a des variations sur la longueur de la première. Voici toutes les leçons : Mss. nos. 6797, 6798, 6804, DCCCLXXXII *pedes* ; nos. 6801, 6802, 6803, *septingentos* LXXXIII *pedes* ; nos. 6805 et 6806, *octingentos* LXXXIII *pedes*. Ainsi les manuscrits ne varient pas sur les 83 pieds, mais seulement sur les centaines. Toutefois, on peut admettre que l'addition d'une L une fois introduite dans un manuscrit, se sera ensuite répétée dans les autres.

[2] *Voyez* le Tableau général et comparé des mesures.

par 8 jugères en nombre rond. Au reste, il y a encore de ce passage une autre interprétation qui est également plausible et que je présenterai ailleurs¹.

Le passage de Pomponius Mela, selon lequel la pyramide a presque 4 jugères de base et autant de hauteur, concourt à faire voir que les Latins employaient le mot de *jugerum* pour exprimer une mesure de longueur, aussi bien qu'une étendue en surface; ce qui confirmerait notre explication de Pline. Quant à cette valeur de 4 jugères, elle me semble encore traduite d'un nombre de 4 plèthres, c'est-à-dire 400 pieds, écrit mal-à-propos pour 400 coudées; nombre qui exprime la hauteur oblique des faces, mais non leur base. Au reste, il est difficile de bien rendre raison des valeurs données par Pomponius Mela; remarquons seulement qu'elles sont la moitié de celles d'Hérodote.

En résumé, il y a, selon Pline, 737 pieds ½ au côté de la deuxième pyramide, et 363 à celui de la troisième : le rapport est le même que celui de 207^m,9 et 102^m,3, valeur des bases que j'ai mesurées extérieurement, et aussi des nombres 204^m,9 et 100^m,7, qui expriment les bases proprement dites. La valeur du pied de Pline s'en déduit de 0^m,2771.

Ce pied était trois cent soixante fois dans le petit stade égyptien de 99^m ¼ ou de 1111 ⅑ au degré, le pied romain a un quinzième en sus; la coudée égyptienne le contient une fois et deux tiers; 3 stades de six cents au degré le contiennent deux mille fois. Ainsi le pied de Pline et le pied égyptien sont entre eux comme 9 et 10.

¹ *Voyez* le chap. xi, *Des mesures agraires.*

Ce pied est donc une mesure déterminée à-la-fois par l'autorité de Pline, par les monumens et par les rapports constituans de l'ancien système égyptien : ailleurs je parlerai du stade et du mille en rapport avec cette mesure.

Le pied de Pline est encore la moitié de la coudée de $0^m,5543$, dont nous parlerons bientôt; cette coudée est la coudée hébraïque, comprise quatre cents fois dans le stade de cinq cents au degré : elle est de 246 lignes, comme celle qui a été admise par Greaves, Fréret, Bailly, Paucton et presque tous les critiques, et qu'ils ont crue mal-à-propos être celle du meqyàs; elle l'excède de 6 lignes.

Elle est égale à un quart en sus de la coudée romaine de $0^m,444$, formé d'un pied romain et demi. Or, ce rapport est celui que Joseph et les auteurs juifs ont donné entre la coudée hébraïque *légale* et la coudée romaine. Cette coudée était surnommée *coudée du sanctuaire*, parce qu'elle avait servi à la construction du tabernacle et du sanctuaire du temple bâti par Salomon, qui, l'un et l'autre, en contenaient 20 sur chaque côté. Le pied dont Pline a usé est donc égal à la spithame de la coudée hébraïque; mais celle-ci est bien antérieure sans doute à l'usage qu'on en a fait en transformant sa moitié en pied.

§. IV. *Autre démonstration de la valeur du pied de Pline.*

Le livre XXXVI de Pline, où sont données les dimensions de quatorze obélisques égyptiens, confirme abso-

DES ANCIENS ÉGYPTIENS, CH. VI.   151

lument l'évaluation que j'ai donnée au pied dont a usé cet auteur, et avec une précision que je n'aurais pas espéré trouver. Voici quelques-uns des passages :

Ejusdem (Nuncoreus, fils de Sésostris) *remanet et alius c. cubitorum in Vaticano*[1]. Il est manifeste qu'il faut *pedum* au lieu de *cubitorum*. Cent pieds de Pline font, selon moi, $27^m,71$; or, $27^m,71$ valent précisément 60 coudées égyptiennes. Aujourd'hui l'obélisque appelé *Vaticanus*, placé devant Saint-Pierre, a $27^m,7$: c'est donc bien là l'obélisque dont parle Pline; et le pied dont il use ici, est bien de $0,2771$.

Alexandriæ statuit unum octoginta cubitorum Ptolemæus Philadelphus, quem exciderat Nectabis rex[2]. Il faut encore ici *pedum* : 80 coudées, aussi bien que 100 coudées, sortent de toute grandeur connue dans ces monumens, déjà si prodigieux quand ils ont 100 pieds français, c'est-à-dire environ 70 coudées : or, 80 fois $0^m,2771$ font $22^m,168$; c'est-à-dire précisément 48 coudées. De pareilles rencontres ne sont pas fortuites. On ne peut, au reste, supposer que Pline se serve ici du pied romain, qui est encore plus grand d'un quinzième.

Voici deux autres exemples: *Is autem obeliscus, quem Divus Augustus in Circo magno statuit, excisus est à rege Senneserteo, centum viginti-quinque pedum et dodrantis..... is verò qui est in Campo Martio, novem pedibus minor, à Sesostride*[3].

Le second de ces obélisques était donc de 116 pieds $\frac{1}{4}$.

---

[1] Plin. *Histor. nat.* lib. xxxvi, cap. 11. Voyez ci-dessus, chap. iv, §. vi, pag. 109.
[2] *Ibid.* cap. 9.
[3] *Idem, ibid.* Cet obélisque était bien plus grand que le *Flaminius*, qui avait aussi été élevé dans le grand cirque par Auguste. Voyez p. 109.

100 pieds de Pline font 27^m,719,
16................ 4, 432.
¾................ 0, 207.
          32, 349.

Or, 70 coudées égyptiennes font 32^m,34.

Le premier obélisque cité dans ce passage, ayant 125 pieds ¼, valait, d'après le même calcul, 34^m,83; or, 75 coudées égyptiennes font 34^m,65 [1].

Voilà donc des nombres ronds de coudées égyptiennes, 60, 48, 70, 75, qui conviennent parfaitement au système égyptien, et qui prouvent déjà, par analogie, que notre évaluation du pied de Pline est exacte.

Que ces nombres de 36, 75, 60, 48, 72, etc., choisis par les Égyptiens pour la grandeur de leurs obélisques, ne soient pas des nombres arbitraires, c'est ce qu'il serait facile de prouver [2]: mais Pline lui-même en donne ici la preuve; car les obélisques dont il fournit la mesure en

---

[1] L'obélisque appelé *Campensis*, qui avait aussi été érigé par Auguste dans le Champ de Mars, et qu'on a découvert sous Benoît XIV et relevé sous Pie VI, n'est point celui de Sésostris, dont Pline fait ici mention. En effet, le fût n'a que 98 palmes romains (21^m,79), selon Vasi (*Itinerario istruttivo di Roma, etc.*), ou même 94 palmes ½ (21^m,01), selon Zoëga, pag. 638. Quand on comprendrait le piédestal et même le double socle en marbre blanc sur lequel il repose, on ne trouverait pour la somme que 130 palmes ¼ (29^m,15), selon le premier auteur; ou 127 palmes (28^m,37), suivant le second.

Cet ancien obélisque du Champ de Mars, attribué à Sésostris, a donc disparu, et Zoëga, pag. 602, paraît avoir fait une fausse application du passage de Pline. On ne retrouve plus d'obélisque ayant une hauteur de 34^m,83, ou 75 coudées; que serait-ce en supposant que Pline a fait usage du pied romain.

Zoëga rapporte aussi, pag. 73 et 150, d'après Stuart, que l'obélisque avait 97 palmes ½ de haut au lieu de 94¼, qui sont la mesure d'Antinoüs. Cette mesure équivaut à 21^m,68. Nous avons dit ci-dessus, p. 109, que cette mesure de 21^m,68, ou de 21^m,79, approche beaucoup de celle de 22^m,16, équivalente à 48 coudées. La troncature peut bien monter à 3 ou 4 décimètres.

[2] *Voyez* ci-dessus, pag. 109.

DES ANCIENS ÉGYPTIENS, CH. VI.   153

coudées, y sont tous assujettis. A Héliopolis il y a, dit-il[1], quatre obélisques de 48 coudées; deux à Thèbes, de 48 coudées; à Alexandrie, deux obélisques de 40 coudées, et un autre à Héliopolis, aussi de 40 coudées[2].

SECTION DEUXIÈME.

DE LA SUCCESSION, DE L'ORDRE ET DE L'ENCHAINEMENT DES MESURES.

Ce n'est pas assez d'avoir déterminé une des mesures d'un système métrique quelconque, pour ensuite en déduire la valeur des autres par le moyen des rapports qui les enchaînent ensemble; cette méthode serait vicieuse, en ce que la plus faible erreur qui entrerait dans l'évaluation de la mesure, influerait sur toutes les autres d'une manière plus ou moins considérable. D'un autre côté, quelques-uns de ces rapports pourraient laisser de l'incertitude. En effet, tous les auteurs ne s'accordent pas à ce sujet, du moins en apparence, et plusieurs rapports ont aussi été modifiés avec le temps. On pourrait échapper à une partie des inconvéniens de cette méthode, en prenant pour point de départ une mesure qui occupât le milieu de l'échelle métrique, et alors les erreurs seraient atténuées et partagées entre les divers élémens; mais ce procédé serait encore loin d'être exact. Il est donc nécessaire de recourir à un moyen plus sûr. Ce moyen se présente de lui-même; il consiste à déterminer le plus grand nombre possible des mesures par des voies indépendantes l'une de l'autre, à les classer ensuite, puis à comparer les rapports qui en résultent

[1] Plin. *Hist. nat.* l. xxxvi, c. 8.   [2] *Voyez* ci-dessus, pag. 108.

avec les rapports constituans que donnent les auteurs : s'il y a identité, ce sera une preuve de l'exactitude des déterminations.

Nous allons donc puiser dans ce qui précède, les valeurs assignées aux différentes espèces de mesures, et les rapprocher ensemble. Et d'abord nous commencerons par le grand stade égyptien. Des mesures prises actuellement sur le terrain, comparées avec les dimensions que Diodore, Strabon et d'autres auteurs ont rapportées dans leurs écrits [1], nous ont fourni, pour la valeur du stade égyptien proprement dit, une valeur très-approchée de 185 mètres........................ 185^m.

Nous avons trouvé, pour le petit stade égyptien d'Hérodote, d'Aristote, de Mégasthène, de Néarque, etc., 99 mètres $\frac{1}{4}$, ou, à fort peu près, 100 mètres............ 100.

Pour le stade d'Ératosthène, d'Hipparque et de Strabon, d'après les grandes mesures géographiques, et la distance d'Alexandrie à Syène............................ 158,7.

Pour le grand schœne égyptien d'Artémidore d'Éphèse, 11095 mètres, évaluation qui doit se réduire à.................... 11080.

Pour le schœne d'Hérodote, qui est formé de soixante petits stades, 6025 mètres, ou plutôt 6000 mètres en nombre rond....... 6000.

Pour le mille romain [1].................. 1480.

Il suit de cette première évaluation, quoique simplement ap-

[1] *Voyez* ci-dessus, Tableau des distances itinéraires en Égypte.

proximative, que, prenant pour l'unité le centième de l'une des mesures, du grand stade égyptien, par exemple, le petit stade renfermera 54 de ces parties.... 54.
Le grand schœne............ 5989.
Le schœne d'Hérodote, formé de soixante petits stades........ 5,243.
Le mille romain............. 800.
Le stade d'Ératosthène..,.... 85,7.

Or, les quatre premiers de ces rapports sont visiblement les mêmes que ceux que présente la table formée suivant l'exposition d'Hérodote, dans la colonne *orgyie*, et qui sont égaux à 54, 6000 et 5240 [1].

Le mille romain était l'octuple du stade olympique, le même que celui dont j'ai pris ici le centième (ou l'orgyie) pour unité; c'est le point le plus incontestable de toute l'ancienne métrologie [2]. Le rapport ci-dessus est encore celui de 8 à 1, précisément.

La mesure d'Ératosthène doit être au stade égyptien comme 6 est à 7, puisqu'il est censé compris 700 fois au degré, et l'autre 600 fois; or, 85,7 fait les $\frac{6}{7}$ de 100, à environ un six-centième près.

Ainsi voilà six mesures évaluées indépendamment l'une de l'autre, et dont les rapports coïncident avec ceux qui sont donnés par les auteurs.

Poursuivons cette recherche par le même procédé. La base de la grande pyramide renfermait 500 coudées, et

[1] *Voyez* le tableau n°. (I).
[2] *Voyez* le tableau n°. (VII) et le tableau général.

la hauteur, 312 ¼; c'est ce que nous attestent des passages précieux d'A'bd el-Latyf et d'Abou-l-Farage[1]. La cinq-centième partie de la base, qui a été mesurée avec toute la précision possible, et le quotient de la division de la hauteur par 312 ¼ donnent également l'une et l'autre.................................... 0ᵐ,4618.

La hauteur, suivant Strabon (et il s'agit de la hauteur de la face), était un stade; nous avons trouvé cette mesure de.................................... 184, 72.

Une mesure qui est comprise un nombre entier et exact de fois, comme partie aliquote, dans une foule de dimensions de la pyramide, est celle de 0ᵐ,3079 ou 0ᵐ,308; elle se trouve aussi dans une multitude de monumens[2]. Cette mesure correspond visiblement à celle d'un pied, et ne peut être que celle du pied métrique égyptien.................................... 0, 3079.

Cette même mesure résulte d'un passage d'Hérodote[3].

Le pied de la mesure de Pline, établi par une foule d'exemples, est de 0ᵐ,2771[4]........................ 0, 2771.

Des passages où Diodore énonce la nature et le nombre des mesures égyp-

---

[1] *Voyez* ci-dessus, pag. 60.
[2] *Voyez* chap. III, pag. 50, et tout le chap. IV.
[3] *Voyez* ci-dessus, pag. 56.
[4] *Voyez* pag. 57 et suiv., et, ci-dessus, l'article du pied de Pline.

DES ANCIENS ÉGYPTIENS, CH. VI.

tiennes comprises dans des monumens aujourd'hui conservés, nous ont fourni la valeur du plèthre, de..............	30^m,8.
Et pour celle de la coudée¹.........	0, 462.
Enfin des monumens égyptiens de tout genre, et aussi des échelles des figures égyptiennes, nous avons déduit la valeur de la coudée (qui n'est autre chose que la coudée de la stature humaine, fixée à une longueur invariable), et cette valeur s'est trouvée constamment de 0^m,463, ou 0^m,462.........	0, 462.
L'orgyie, hauteur de la stature naturelle métrique, a été trouvée dans la longueur précise de plusieurs figures égyptiennes sculptées², et cette longueur est de 1^m,847, ou............	1, 85.
Quoique le *dromos* d'Hérodote ne semble pas une mesure de longueur précise, toutefois je pense qu'elle tenait sa place dans le système métrique : nous trouvons sa longueur égale à mille stades du petit module; elle doit ainsi répondre à environ....................	100000.

En admettant que la pyramide a été construite d'après un type fourni par la mesure du degré terrestre, ce que l'ensemble des faits, le rapport des dimensions avec la valeur précise du

¹ *Voyez* ci-dessus, pag. 80. ² *Voyez* chap. v, pag. 122.

158 EXPOSITION DU SYSTÈME MÉTRIQUE

degré égyptien, enfin la proportion entre les deux principales lignes de l'édifice, rendent presque indubitable, on trouve que la base de ce monument est la 480ᵉ partie du degré, et l'apothème, la 600ᵉ ; d'où il résulte que la valeur que les Égyptiens avaient adoptée pour le degré, correspond à....... 110832ᵐ,96.

La parasange égyptienne, ou le petit schœne, sous-double du grand schœne d'Artémidore d'Éphèse, et composé de 50 stades égyptiens d'après ce qui précède, a seulement une valeur de... 5541 ⅔.

La valeur de la parasange persane, qui résulte des passages d'Hérodote[1], est d'une lieue de vingt-cinq au degré, ou 4433 ⅓.

Le stade hébraïque, persan, babylonien, en rapport avec cette même parasange et qui était compris dix fois au mille romain, stade très-répandu en Asie[2], est de....................... 147 ¼.

Une mesure de canne, qu'on a vue souvent répétée en nombre rond dans les monumens égyptiens, est celle de.. 3, 08.

Le pied romain, déduit de mesures effectives et des monumens antiques[3], est de............................. 0, 2956.

---

[1] *Voyez* l'article relatif au schœne et à la parasange, *chap.* ɪx, et le tableau n°. (I).

[2] Voyez *ibid.*

[3] *Voyez* ci-dessus, section 1ʳᵉ, pag. 144.

DES ANCIENS ÉGYPTIENS, CH. VI.

Le pied grec ou olympique, tiré aussi
des monumens, a pour valeur [1]........ 0^m,308.

Je citerai encore deux mesures modernes, actuellement usitées en Égypte, et auxquelles il est naturel de comparer les anciennes : l'une est le pyk belady, ou coudée *du pays*; l'autre, le qasab, ou la 20e partie du côté du feddân. Leurs valeurs exactes sont les suivantes :

Pyk belady................. 0, 5775.
Qasab...................... 3, 850.

Il faut y joindre le terme moyen des coudées du meqyâs ou nilomètre de Roudah [2]........................... 0, 5407.

Telles sont les principales mesures dont nous connaissons immédiatement la valeur par des voies indépendantes l'une de l'autre; le reste des mesures s'en déduira par les rapports nécessaires que fournissent les historiens.

Maintenant je dois mettre en ordre toutes celles qui ont été déterminées, et les comparer entre elles : en voici le tableau, par ordre de grandeur. Je mettrai les valeurs absolues dans une première colonne, et, dans une seconde colonne, les rapports de leurs valeurs respectives avec l'une d'entre elles, prise pour unité; le pied, par exemple.

---

[1] *Voyez* ci-dessus, section 1re, pag. 144.

[2] La mesure moyenne des coudées est de 19° 11^l,7, faisant 0^m,5405 du mètre provisoire, et 0^m,5407 du mètre définitif, et non 0^m,5412 du premier, comme on l'a imprimé dans l'Annuaire du Kaire.

160 EXPOSITION DU SYSTÈME MÉTRIQUE

		Valeurs en mètres.		Rapports.
1.	Degré terrestre............	110832^m,96.	*	360000.
2.	*Dromos* d'Hérodote........	100000.	*	324000.
3.	Grand schœne égyptien d'Artémidore d'Éphèse........	11080.	*	36000 [1].
4.	Schœne d'Hérodote, formé de soixante petits stades......	6000.	*	19440.
5.	Parasange égyptienne, ou petit schœne égyptien..........	5541 $\frac{1}{7}$.	*	18000.
6.	Parasange persane..........	4433 $\frac{1}{5}$.		14400.
7.	Mille romain...............	1480.		4800 [2].
8.	Grand stade égyptien.......	184, 72.	*	600.
9.	Stade d'Ératosthène........	158, $\frac{7}{9}$ 3.		514 $\frac{2}{7}$.
10.	Stade persan, hébraïque, etc..	147 $\frac{7}{9}$.		480.
11.	Petit stade égyptien d'Hérodote, Aristote, etc........	99 $\frac{1}{9}$.	*	324.
12.	Plèthre...................	30, 8.	*	100.
13.	*Qasab*...................	3, 85.		12 $\frac{1}{2}$.
14.	Canne ou décapode.........	3, 08.	*	10.
15.	Orgyie....................	1, 85.	*	6.
16.	*Pyk belady*................	0, 5775.		1 $\frac{7}{8}$.
17.	Coudée du *meqyâs* ou nilomètre de Roudah............	0, 5407.		1 $\frac{3}{4}$.
18.	Coudée égyptienne..........	0, 462.	*	1 $\frac{1}{2}$.
19.	Pied égyptien..............	0, 308.	*	1.
20.	Pied grec ou olympique.....	0, 308.	*	1.
21.	Pied romain...............	0, 2956.		$\frac{24}{25}$.
22.	Pied de la mesure de Pline...	0, 2771.		$\frac{9}{10}$.

Je dois, avant tout, faire remarquer l'identité du pied égyptien et du pied grec. C'est un point qui n'avait pas été reconnu jusqu'à présent, et que je crois incontestable.

Dans les rapports qui précèdent, il est aisé de découvrir, au premier coup d'œil, la loi suivant laquelle étaient enchaînées celles des mesures qui appartiennent à l'ancienne Égypte. Cette loi est évidemment la progression sénaire et duodécimale [5]. Tous les nombres des

---

[1] Ce rapport ne serait égal précisément à 36000 qu'en employant la valeur exacte de 11083$^m\frac{1}{3}$.

[2] Le mille romain résultant du pied romain ci-dessus et de plusieurs autres données, est de 1477^m,78 ; ce qui rend exact le rapport de 4800.

[3] La valeur exacte du stade d'Ératosthène est de 158 $\frac{1}{4}$.

[4] *Voyez* pag. 159, note [2].

[5] Les mesures égyptiennes sont marquées d'un astérisque.

DES ANCIENS ÉGYPTIENS, CH. VI.   161

rapports, à partir de l'orgyie, sont divisibles par 6, excepté les valeurs en pieds du plèthre et du décapode. Pour savoir maintenant si ces rapports sont conformes à ceux que les anciens nous ont transmis, il suffira d'examiner les tableaux textuellement tirés d'Hérodote, de Héron d'Alexandrie, de S. Épiphane et de Julien l'architecte. Or, les rapports n°^{s}. 2, 3, 4, 5, 6, 8, 10, 11, 12, 15, 18, 19, 20 ci-dessus, se trouvent tous dans la colonne *pied* du tableau tiré d'Hérodote, pour les mesures égyptiennes [1].

Les rapports n°^{s}. 5, 8, 12, 14, 15, 18, 19, 20, se trouvent dans le tableau des anciennes mesures de l'Égypte de Héron, *juxta antiquam expositionem*, colonne du *pied philétéréen* [2].

Les mêmes rapports n°^{s}. 5, 8, 12, 14, 15, 18, 19, 20, se trouvent dans le tableau des mesures d'Égypte par S. Épiphane, à la colonne *pied* [3].

Enfin les rapports n°^{s} 15, 18, 19, 20, se trouvent encore compris dans le tableau de Julien l'architecte et dans celui des mesures d'Égypte du *temps de Héron*, colonne *pied*. Ce dernier tableau sert de point de comparaison entre les anciennes et les nouvelles mesures [4].

Le rapport n°. 8, qui est celui du stade égyptien, est aussi compris dans le tableau de Julien l'architecte.

Il ne manque donc à retrouver, pour compléter ce parallèle, que les rapports n°^{s}. 7, 9, 21, 22 (les n°^{s}. 15, 16, 17, étant des mesures modernes). Or, le stade

[1] *Voyez* le tableau n°. (I).
[2] *Voyez* le tableau n°. (II).
[3] *Voyez* le tableau n°. (IV).
[4] *Voyez* le tableau n°. (V) et le tableau n°. (III).

d'Ératosthène, n°. 9, est, comme on l'a dit plus haut, les $\frac{6}{7}$ du grand stade égyptien, et c'est en effet le rapport de 600 à $514\frac{2}{7}$.

Les trois rapports 7, 21, 22, pour le mille et le pied romains, et le pied de la mesure de Pline, savoir, 4800, $\frac{24}{25}$ et $\frac{9}{10}$, sont exactement conformes aux nombres 80000, 16 et 15 du tableau des mesures romaines, exprimant les valeurs de ces trois mesures en doigts [1].

Ainsi toutes les valeurs déduites des mesures effectives et des monumens sont entre elles dans les mêmes rapports que ceux qui sont assignés par les historiens, et leurs grandeurs relatives se trouvent ainsi établies avec exactitude, ainsi que leurs grandeurs absolues.

Il ne faut pas chercher encore dans la série de ces mesures un ordre non interrompu depuis la première jusqu'à la dernière, tel que chacune y soit en proportion décuple ou sextuple avec ses deux voisines, ainsi qu'on trouve, dans le nouveau système français, des mesures allant de dix en dix sans discontinuité. L'inutilité d'une telle série l'a sans doute fait rejeter. Dans notre système, on fait usage du mètre et du myriamètre, mais peu du kilomètre et point du tout de l'hectomètre, qui sont entre les deux premiers. Cependant nous voyons déjà que le plèthre, ainsi que l'orgyie, la canne, le stade, le schœne, la parasange, etc., sont en rapport avec le degré, suivant les nombres 6 et 12 et les autres diviseurs de 60. La coudée avait quatre fois 6 doigts. Au-dessous de la coudée, les divisions suivent une progression dif-

[1] *Voyez* le tableau des mesures romaines, n°. (VII), colonne intitulée *Doigt*.

férente. Le pied et ses fractions se partageaient par 2, 4, 8, et 16.

Les mesures fondamentales de l'Égypte se trouvant fixées, il ne reste plus qu'à trouver les valeurs des mesures intermédiaires ou qui en dérivent; elles doivent résulter de la connaissance des rapports qui les enchaînent avec les mesures connues. Pour obtenir ceux-ci, j'examinerai avec soin les passages des auteurs, et, chemin faisant, je ferai des applications fréquentes des précédentes déterminations. Ainsi que je l'ai dit au commencement de cette section, les rapports que l'on cherche doivent être établis d'une manière qui ne laisse aucun nuage : ce motif justifiera, je l'espère, les longs détails où je suis obligé d'entrer, et les discussions où je vais m'engager.

En finissant ce chapitre, je dirai un mot des mesures de superficie, remettant à traiter ce sujet en détail au chapitre XI. L'aroure est une mesure que nous ne connaissons que par sa définition, c'est-à-dire par sa mesure en tout sens de 100 coudées. Aucun auteur, si ce n'est Étienne de Byzance[1], n'ayant rapporté la mesure en aroures d'un espace aujourd'hui connu, on ne peut évaluer cette étendue que par la méthode des parties aliquotes. Or, il se trouve que la base de la grande pyramide renferme 25 *fois* une mesure de superficie, dont le côté fait en même temps 100 coudées de la mesure fixée plus haut. Cette surface est au feddân actuel des Arabes comme 9 est à 25, ou comme le carré de 3 est au carré de 5; et cela, parce que le côté de l'aroure est

---

[1] *Voyez* ci-dessous, *chap.* XI.

les $\frac{3}{7}$ du côté du feddân. Je puis donc regarder cette 25ᵉ partie de la base d'un monument essentiellement métrique, comme une des anciennes mesures superficielles de l'Égypte et comme une de ses mesures agraires. Or, la définition de l'aroure fait voir que c'est la seule mesure qui convienne à la 25ᵉ partie de la base de la pyramide; le tableau tiré d'Hérodote le prouve sans équivoque, puisque le côté de l'aroure est de 150 pieds dans ce tableau, et que la base de la grande pyramide, qui le renfermait cinq fois, a 750 pieds de long. Il résulte de ces divers rapprochemens que la valeur de l'aroure, en mètres carrés, est de 2134 $\frac{4}{9}$.

CHAPITRE VII.

Des mesures actuellement employées en Égypte.

J'ai déjà eu occasion de citer quelques-unes des mesures dont se servent les Égyptiens modernes; le rapport évident qui existe entre elles et les anciennes, ne permettait pas de les passer sous silence: mais, pour donner une base solide aux rapprochemens que j'ai faits et à tous ceux qu'on peut faire encore, je dois présenter ici l'évaluation de toutes les mesures des Égyptiens d'après les opérations exactes qu'on a faites pendant l'expédition française; les mesures cubiques et pondérales n'y sont pas comprises.

Les principales mesures du Kaire et de l'Égypte sont le *derâ'* ou *pyk*, ou la coudée; le *fetr*, qui répond à l'ancien *orthodoron*; le *chebr*, qui est l'équivalent de la spithame; le *qyrât*, correspondant au *béma* simple; le *qasab* ou perche, et le *feddân*, mesure agraire qui se divise en *qyrât* ou vingt-quatrièmes.

Il y a trois espèces de coudées : le *pyk stanbouly*, le *pyk belady*, et le *pyk du meqyás*, ou coudée du nilomètre de Roudah : la coudée fictive du meqyâs peut encore se joindre aux précédentes. On compte aussi plusieurs espèces de cannes ou perches : le *qasab* ordinaire, dont la mesure est conservée à Gyzeh, de 6 coudées $\frac{2}{3}$; le *qasab* des Qobtes, qui est plus petit; enfin une mesure de *qasab* qui est intermédiaire et de 6 coudées $\frac{1}{2}$, mais dont l'existence n'est pas bien certaine. Le *qasab* des

Qobtes qui sont les percepteurs de l'impôt foncier, est lui-même variable. Je l'ai trouvé, dans la haute Égypte, encore plus court que la mesure qu'on lui attribue ici : il tend sans cesse à se raccourcir; et la chose est aisée à concevoir, quand on fait attention que ceux qui en font usage pour fixer les redevances des terres, sont intéressés à en diminuer de plus en plus la longueur.

On ne connaît plus en Égypte de mesure itinéraire. Les habitans comptent par heures de chemin, qu'on appelle *malaqât*. Or, rien n'est plus variable que cette mesure, suivant la saison, selon que l'on marche isolément ou en caravane, selon enfin que la caravane est composée de chevaux, ou d'ânes, ou de chameaux plus ou moins chargés.

MESURES AU-DESSOUS DE LA COUDÉE.

La plus petite des mesures que je viens d'énumérer, est le *fetr* فتر. Pour le mesurer, on a coutume de prendre, sur la main étendue, la distance du pouce au bout du *medius* ou grand doigt : ce moyen est assez exact pour un adulte. La mesure est contenue trois fois au pyk belady et vingt fois au qasab. Elle est égale à 192 millimètres $\frac{1}{2}$. Elle correspond à l'*orthodoron*, mesure de 10 doigts, suivant Héron, Pollux et les autres auteurs. Le fetr est donc un tiers de la coudée du pays, qui, effectivement, se partage en trois; il fait les $\frac{1}{12}$ de l'ancienne coudée.

La mesure appelée *chebr* شبر fait les deux cinquièmes de la même coudée. Sa longueur est de 231 millimètres

DES ANCIENS ÉGYPTIENS, CH. VII. 167

à fort peu près. Les Égyptiens l'expriment communément avec l'intervalle qui existe entre le pouce et l'extrémité de l'auriculaire, en étendant la main le plus possible. Elle équivaut à 12 doigts.

On la compare au tiers du *pyk stanbouly* ou coudée de Constantinople (quoiqu'elle excède un peu cette dimension), de même que le fetr est le tiers du *pyk belady*; mais c'est proprement la spithame ancienne, ou demi-coudée. Le qasab renferme seize fois et un tiers de fois la mesure du chebr. Je ferai remarquer que le chebr est le millième de la base de la grande pyramide. Quatre *chebr* font trois pieds égyptiens.

COUDÉE.

La plus grande des mesures de coudée en usage au Kaire est celle dite *de Constantinople (pyk stanbouly)*; sa longueur est de 25^{pouces},02 ou de 0^m,677. On croit qu'elle a été introduite par les Ottomans en 1517[1]; mais on n'a aucune certitude du fait, et l'origine de cette coudée est encore ignorée. Elle n'a pas un rapport précis avec la coudée du pays; mais peut-être la mesure a-t-elle été un peu altérée. Si l'on supposait qu'elle s'est allongée de 3 millimètres, elle vaudrait un sixième en sus du pyk belady. Elle est un peu plus grande que la coudée du meqyâs, augmentée d'un quart. Il ne serait donc pas impossible que cette grande mesure, supérieure même à la coudée hachémique et à la grande coudée de Héron, provînt des autres mesures de l'Égypte.

[1] Voyez l'*Annuaire du Kaire*, ans VIII et IX. Ces mesures ont été prises avec un grand soin par M. Costaz.

168 EXPOSITION DU SYSTÈME MÉTRIQUE

On s'en sert aujourd'hui, dans les bazars, pour le mesurage des étoffes, concurremment avec la coudée du pays.

Le *derâ'* ou le *pyk belady*, ou la coudée du pays, la plus en usage par toute l'Égypte, a de longueur 21 pouces 54 centièmes, ou $0^m,5775$. On fait usage de cette mesure pour les différentes espèces d'étoffes en toile et en coton, et pour toute sorte d'usages civils et domestiques. C'est la plus importante de toutes les mesures modernes, par les rapprochemens qu'elle présente avec les anciennes mesures. En effet, si l'on ajoute un quart à la coudée antique de $0^m,4618$, on reproduit $0^m,5773$, valeur du pyk belady, à 2 dix-millièmes de mètre près. Cette augmentation d'un quart était d'autant plus facile à introduire, qu'il faisait juste 6 doigts. J'ai dit, au chapitre III, que le pyk belady est exactement la 400ᵉ partie de la base de la grande pyramide.

La *coudée du meqyâs* ou du nilomètre de Roudah a été long-temps inconnue, quant à sa véritable longueur. Il est inutile de répéter ce que l'on sait aujourd'hui sur les motifs qui ont empêché les voyageurs de la mesurer fidèlement. Le Mémoire de M. Le Père aîné sur le meqyâs renferme cet historique, et le lecteur y trouvera tous les détails des opérations qu'on a faites pour prendre enfin une mesure précise et sur laquelle on pût compter; ce qui fera comprendre en même temps comment il avait été jusque-là de toute impossibilité aux voyageurs de faire en ce genre quelque chose d'exact[1]. Les ingénieurs français ont mesuré toutes les coudées gravées sur la

[1] *Voyez* aussi la *Décade égyptienne*, tom. II, pag. 278.

colonne nilométrique, et ils ont trouvé le terme moyen égal à 19 pouces 11 lignes; ce qui fait 0^m,5405 du mètre provisoire, et 0^m,5407 du mètre définitif[1]. Cette dimension est dans un rapport simple avec le pyk belady. En effet, prenant un sixième en sus de 0^m,462, on a 0^m,539; ce qui ne diffère que d'un millimètre et demi environ de la mesure ci-dessus. Or, comme j'aurai occasion de le dire ailleurs, les mesures s'allongent toujours par l'usage, et celle-ci a bien pu s'allonger d'une si petite quantité. Je pense donc que la coudée du meqyâs a été formée de la coudée antique par l'addition d'un sixième en sus, c'est-à-dire d'un palme ou 4 doigts. Aujourd'hui la division est en 24 doigts, comme celle de l'ancienne coudée, et par conséquent ces doigts excèdent les doigts antiques d'une sixième partie.

Il faut savoir que les crues du Nil qui se proclament au Kaire, sont mesurées en coudées d'une espèce différente de celle du meqyâs : cet artifice a pour but de faire juger la crue meilleure, quand elle est faible; ou extraordinaire, quand elle n'est que bonne ou suffisante. C'est surtout à la fin de l'accroissement, qu'on a recours à ce moyen qui soutient l'espérance du peuple et facilite la perception de l'impôt. La mesure de cette coudée, qui sert aux crieurs publics, est de 13° 4' ou 0^m,361 ; c'est les $\frac{2}{3}$ ou 16 doigts de la coudée du meqyâs. Cette échelle fictive a 24 coudées : 0 répond à 1 coudée $\frac{1}{4}$ environ de la colonne du meqyâs ; 20 répond à la 15e coudée de la colonne, et 24 à 17 coudées $\frac{1}{4}$ environ. Cette mesure fait 18 doigts et $\frac{2}{3}$ de la coudée antique.

[1] *Voyez* ci-dessus, pag. 159.

QYRAT, MESURE A L'USAGE DES TAILLEURS DE PIERRE.

J'ai trouvé en usage au Kaire une mesure dont personne que je sache n'a fait encore mention : elle est employée par les tailleurs de pierre et les carreleurs; on l'appelle *qyrât*. Il ne faut pas la confondre avec une mesure agraire de même nom qui est la 24ᵉ partie du feddân. Le qyrât, poids arabe, est la 24ᵉ partie du dynâr. Il paraît qu'en général *qyrât* veut dire une 24ᵉ partie. C'est de là que vient notre mot de *karat*.

Cette mesure se divise en trois parties appelées *toult* ou tiers, chacun en *nous-toult* ou demi-tiers, et chaque *nous-toult* en quatre parties; le total est de 24 parties : la longueur de trois de ces parties est de $0^m,096$; la longueur totale est de $0^m,77$. Elle est juste égale à la cinquième partie du qasab de Gyzeh, de $3^m,85$: ainsi elle est contenue cent fois au côté du feddân, lequel est de 20 de ces *qasab*, ou de 77 mètres de côté.

Il est remarquable que cette mesure est contenue trois cents fois exactement dans le côté de la grande pyramide. Il est aussi remarquable qu'elle est égale à une ancienne coudée plus un pied égyptien; et comme la coudée fait 1 pied $\frac{1}{2}$, il suit que cette mesure des tailleurs de pierre fait juste 2 pieds égyptiens et demi.

De là peut-être elle est appelée *qyrât*, comme étant la 24ᵉ partie d'une mesure de 60 pieds. Or, cette dernière mesure existait jadis; c'était l'*amma* ou le *schœnion* des terres labourées, ancienne mesure égyptienne, selon Héron [1].

---

[1] *Voy.* le tabl. génér. et comparé des mesures, et les tabl. (II) et (III).

DES ANCIENS ÉGYPTIENS, CH. VII.   171

Il suit de ce qui précède, que vingt-quatre fois cette mesure font 40 coudées.

Ajoutons encore que la coudée *lithique* de Héron avait 24 doigts; or, la coudée qui sert à former cette mesure, qu'on peut bien nommer elle-même *lithique*, puisqu'elle sert aux tailleurs de pierre, est aussi celle de 24 doigts. Tant de rapports et de coïncidences méritent l'attention. Il est manifeste que cette mesure a des rapports marqués avec celles de l'antiquité : à elle seule, elle les eût fait retrouver. Or, en consultant Héron d'Alexandrie, on trouve qu'elle exprime précisément le *béma haploun* ou le pas simple de cet auteur et de S. Épiphane.

Le qyrât est égal à un pyk belady, plus un tiers; c'est-à-dire que les trois quarts (ou 18 des parties) de ce qyrât sont égaux au pyk belady. Enfin il est deux cent quarante fois au stade égyptien, et quarante au plèthre. La mesure qui le renferme vingt-quatre fois, le *béma* simple, faisant 40 coudées égyptiennes, est aussi de 6 cannes, ou 10 orgyies. Le pyk belady s'y trouve trente-deux fois.

Le *toult* ou tiers du qyrât est le pied italique de Héron.

QASAB OU PERCHE, CANNE, etc.

La principale espèce de qasab, et la seule qui soit générale et authentique, est celle dont la mesure est conservée à Gyzeh, et dont la longueur est de $3^m,85$; sa proportion avec la *coudée du pays* est de 20 à 3. J'ai trouvé cette mesure en usage, dans la haute, la basse et la moyenne Égypte[1], entre les mains de tous les cultivateurs. C'est mal-à-propos que, dans l'*Annuaire du Kaire*, on a comparé le qasab à 6 *pyk belady* et une moitié, et qu'on l'a évalué en conséquence à 3^m,75. Sa vraie proportion est de 6 *pyk* $\frac{2}{3}$. Cette même proportion se retrouve, dans l'antiquité, entre la grande canne de Héron et la coudée hébraïque, entre le décapode grec ou égyptien et la coudée, entre le *decempeda romana* et la coudée romaine, etc. Ce nombre rompu, et en apparence compliqué, est au fond très-simple, puisqu'il se résout en celui de 10 à 1, dès qu'on vient à substituer à la coudée sa valeur en pieds.

Les Qobtes, comme je l'ai dit plus haut, ont réduit le qasab de longueur, afin d'augmenter la surface du terrain soumis à l'impôt. J'ai mesuré, dans la campagne, plusieurs *demi-qasab* entre les mains des *messâh* (mesureurs ou arpenteurs), et j'ai trouvé une longueur variable. La mesure entière est tantôt de 3^m,6, tantôt de 3,65. On croit que sa longueur fixe est de 6 *coudées* $\frac{1}{3}$ *du pays;* ce qui équivaudrait à 0^m,6575 : ce dernier nombre est à la vraie longueur du qasab comme 19 est à 20. Il s'ensuit que pour un nombre donné de *feddân*, pour trente-six, par exemple, le fisc en impose quarante, même en usant de la mesure la moins courte. Je ferai remarquer ici que le qasab des Qobtes, petite mesure, ou 3^m,6, équivaut à 10 des *coudées de criée* du meqyâs et à 6 $\frac{2}{3}$ de la vraie coudée du nilomètre. C'est peut-être

---

[1] M. Girard a reconnu aussi que la vraie longueur du qasab est 3^m,85 (*Déc. égypt.*, tom. III, pag. 42). La commission qu'on avait créée au Kaire pour la formation du cadastre, a établi le rapport du qasab avec la coudée du pays comme 6$\frac{1}{3}$ à 1.

DES ANCIENS ÉGYPTIENS, CH. VII.   173

là l'origine de cette mesure. La dernière évaluation reproduit le rapport $6\frac{2}{3}$, que nous avons trouvé consacré par un usage général. Ce serait peut-être une raison pour l'admettre de préférence à la première. Dans ce cas, les Qobtes auraient simplement substitué la coudée du meqyâs à la coudée *du pays*.

FEDDÂN.

Le *feddân* est la mesure agraire des Égyptiens modernes; comme il est composé d'un certain nombre de *qasab*, son étendue dépend aussi de celle de cette mesure linéaire. Le feddân est un carré de 20 *qasab* de côté; le côté du carré équivaut donc à 133 *pyk belady* $\frac{1}{3}$ ou 77 mètres, et la surface, à 5929 mètres carrés.

Il est remarquable que cette surface est comprise neuf fois juste dans la base de la grande pyramide. Le côté du feddân répond à 250 pieds égyptiens antiques, et par conséquent il a 100 pieds de plus que celui de l'aroure, qui avait 100 coudées ou 150 pieds. De là, on conclut le rapport très-simple du feddân à l'aroure, c'est-à-dire de 9 à 25.

En répétant trois fois en carré le côté du feddân, on a 400 coudées antiques : la surface correspondante à ce nouveau carré est de 3600 *qasab* carrés, 160000 coudées carrées et 9 *feddân*. C'est cette même surface qui est égale à la base de la pyramide.

Le feddân se divise en 24 parties appelées *qyrât*[1].

---

[1] قيراط pluriel قراريط *qirâryt*. Ce nom s'applique aussi à un poids et à une mesure itinéraire. On croit qu'il vient de قيراط ou قرّاط, si-

Cette division ne répond pas à un nombre rond de cannes carrées : chaque *qyrât* en fait 16 ⅖. Il n'y a pas non plus un nombre rond de coudées carrées. Le partage d'un feddân en *qyrât* ne peut se faire que d'une manière : c'est en portant sur les côtés vingt-quatre fois les cinq sixièmes du qasab ; ou bien, comme on se sert ordinairement d'un demi-qasab, en portant autant de fois le demi-qasab et deux tiers. A chaque portée, on a une bande rectangulaire égale à un qyrât.

M. Girard a rapporté[1] que le côté du feddân, aux environs de Damiette, est de 20 cannes ¼, au lieu de 20. J'ai cherché d'où venait cette proportion, qui excède de trois quarts de qasab la mesure ancienne et constitutive du feddân, laquelle est composée de 20 cannes. Lorsqu'on fait attention que le feddân a, selon divers auteurs, 18, 20, 20 ¼ et même 24 *qasab* de côté, la difficulté d'une pareille recherche paraît encore plus grande ; voici comment je crois que l'on peut la résoudre.

La canne hachémique, la même que la grande canne de Héron, avait $3^m,694$[2]. Si l'on divise 77 mètres, longueur du qasab ordinaire, par cette quantité, on trouve 20 ¼, à fort peu près ; il est donc probable que ce rapport vient de la conversion du qasab commun en qasab hachémique, et que, par conséquent, il s'agit d'une même superficie. D'un autre côté, la canne de Damiette a, selon M. Girard, $3^m,99$; ce qui produirait, à raison de 20 cannes ¼ au côté du feddân, une surface de beau-

---

liqua, bacca siliquæ, propriè ejus pondus ; ita dicitur, quòd est quatuor granorum (Golius).

[1] *Décade égypt.*, t. 1, pag. 230.
[2] *Voyez* ci-dessous, chap. IX, et les tableaux.

DES ANCIENS ÉGYPTIENS, CH. VII.   175

coup supérieure à celle du feddân ordinaire. Si le feddân de Damiette a 20 cannes ¼ de côté, il en renferme, en carré, 430 $\frac{9}{16}$ [1]. Un nombre aussi peu commode pour le calcul ferait douter encore plus de l'existence de cette espèce de feddân. Pour éclaircir entièrement la question, il faudrait plus de renseignemens qu'on n'en a pu recueillir.

Si l'on suppose un feddân formé de 20 *qasab* hachémiques de 3^m,694, il équivaudra à 24 cannes égyptiennes de 3^m,o8. Quant à la mesure de 18 *qasab* au côté, c'est peut-être celle de 20 cannes hébraïques, formant 18 cannes hachémiques ou acænes de Héron; mais il est difficile de s'arrêter à l'une ou à l'autre de ces conjectures. Je suis persuadé que la diversité de ces nombres 18, 20, 20 ¼ et 24, procède de la différence des espèces de cannes, plutôt que de celles des superficies; mais on ne saurait prononcer d'une manière décisive.

Quant à l'origine d'un nombre rompu, tel que 20 ¼, il est manifeste qu'elle n'est nullement dans une division effective en 20 parties et ¼ de partie. Elle indique visiblement un rapport évalué entre des *qasab* de diverses longueurs et la valeur du côté du feddân exprimée selon ces différentes espèces de *qasab* [2].

---

[1] Et non 432.

[2] Je sais qu'on a proposé une autre explication; savoir, que l'étendue du feddân augmente en raison de l'éloignement du territoire à l'égard du Nil : mais cette idée est sujette à de grandes difficultés. J'ai vu d'ailleurs compter 20 *qasab* au côté du feddân, à toute sorte de distances du fleuve.

CHAPITRE VIII.

Du stade en général; stades itinéraires et stades des jeux; cirques et hippodromes de l'Égypte et de quelques autres pays.

§. I. *De la nature et de l'origine du stade.*

L'ÉVALUATION des stades a donné lieu à une multitude de controverses entre les savans. Peut-être dans ces recherches, presque arbitraires et sans base avant les doctes travaux de M. Gossellin, a-t-on négligé l'unique voie qui devait conduire au but. Au lieu de disputer sur la valeur absolue de ces mesures, il eût été préférable de s'attacher à connaître leur nature, leur origine, le rapport de l'une à l'autre, suivant les pays et les temps; ensuite on aurait, à l'aide des monumens, tâché de déterminer avec précision l'étendue d'une ou de deux espèces de stades, et la comparaison des grandeurs absolues avec les grandeurs relatives aurait fait découvrir la vérité sur tous les autres. Il me serait impossible de rappeler dans ce mémoire les nombreux travaux des métrologues au sujet des stades des anciens; d'ailleurs, au *commencement* de cet écrit, j'ai averti que je suivrais une autre route, et que je ne citerais les opinions des auteurs modernes que dans le cas où il est indispensable d'en faire usage. La méthode que j'ai embrassée consiste à interroger les monumens, à en déduire les résultats immédiats, ou à tirer des autorités, au défaut des monumens, les conséquences les plus prochaines, à l'aide de l'analogie et des bases déjà posées.

Bien qu'il subsiste peu de monumens qui puissent nous révéler *à priori* la grandeur réelle des stades des anciens, il en est cependant quelques-uns qui méritent d'être étudiés sous ce rapport. Avant de les examiner, je présenterai ici quelques réflexions sur la nature même des stades. Personne que je sache n'a recherché d'où provient cette espèce de mesure, et si les stades itinéraires ont été employés avant les stades des jeux, ou si, au contraire, ces derniers doivent aux autres leur origine. L'histoire se tait sur cette question; mais ne peut-on, pour la résoudre, se passer de son secours? Aussitôt la civilisation introduite dans un pays, et dès qu'il commence à se peupler sur divers points du territoire, il faut, de toute nécessité, pratiquer des communications commodes entre un lieu et l'autre. L'espace qui sépare deux villes, deux positions voisines, a besoin d'être connu et apprécié exactement; or, il faut une mesure d'une longueur suffisante pour évaluer les intervalles. Telle fut, sans doute, l'origine du stade; mesure dont l'étendue est également applicable aux grandes distances et aux distances médiocres. Quand, dans la suite, on introduisit des jeux, des courses et des exercices réguliers pour développer les forces physiques de l'homme, on emprunta la mesure du stade géographique pour donner une étendue déterminée au terrain où ces jeux devaient se célébrer; alors on eut des termes fixes de comparaison, soit dans la course à pied, soit dans celle de cheval ou de char. On doubla, on quadrupla même la grandeur du stade de mesure ; de là le *diaule* et l'*hippicon*. Remarquez que les trois noms de *stade*, de *diaule*, d'*hippicon*, sont communs aux mesures et aux cirques ou hippodromes; or, il suffit de voir un même nom donné à la carrière des jeux et à l'intervalle itinéraire, pour penser que celui-ci est la première origine de celle-là. Il répugnerait à la raison de supposer que l'on eût puisé les mesures, objet si important pour l'économie civile, dans l'étendue variable et arbitraire de la course d'un athlète.

Avant qu'on ait établi un type constant pour le stade, on a eu probablement une mesure usuelle, formée d'un certain nombre de pas et de pieds humains. Nous ignorons entièrement quelle fut la longueur ou la proportion de cette mesure. Mais, à l'époque où l'on institua un système régulier, tel que celui de l'Égypte, par exemple, il n'est point probable que l'on ait conservé la valeur absolue ou relative du stade primitif; il est bien plus vraisemblable qu'on assujettit l'une et l'autre au plan de l'institution métrique. Ce qui est certain, c'est que nous voyons partout le stade renfermer un nombre sexagésimal de pieds. C'est une opinion reçue, que tous les stades se divisaient en 600 pieds [1]; ce nombre prouve que le stade est une mesure systématique. Rien, dans la nature, ne donne le modèle de cette division sexagésimale; mais ce qui est palpable, c'est qu'elle est commode pour le calcul. Il est donc raisonnable de croire qu'elle a été imaginée par ce motif. C'est Plutarque qui assure, d'après Pythagore, que

---

[1] On donnait cependant au stade pythique 1000 pieds d'étendue ; je parlerai plus loin de cette division en 1000 parties. *Voyez* ci-dessous, §. 11.

DES ANCIENS ÉGYPTIENS, CH. VIII. 179

tous les stades sont de 600 pieds : ce fait curieux, que rapporte Aulu-Gelle, demande une explication [1] ; ici je me bornerai à dire qu'il s'agit des stades itinéraires, et non des stades des jeux.

C'est donc une erreur que de vouloir déduire le stade et la mesure géographique, de la longueur d'une course d'homme ou de cheval : ce qui le prouve d'ailleurs, c'est la différence d'étendue entre les divers cirques et hippodromes existans. Selon Wheler [2], le stade d'Hérode Atticus à Athènes a 630 pieds anglais; celui de Laodicée en a 729. Suivant Fréret, ce stade de Laodicée prouve que les stades d'Asie sont plus longs que ceux de la Grèce : mais il faut toujours distinguer la mesure itinéraire, de la longueur du cirque; et c'est ce qu'on n'a pas fait. Celle-ci pouvait varier beaucoup sans influer sur la grandeur de la mesure. Il ne faut donc pas croire qu'on a établi les stades d'après l'espace des cirques ou des hippodromes, et qu'on puisse, de ceux-ci, déduire la valeur des premiers; mais, au contraire, on doit penser que les stades ont servi à mesurer la carrière des jeux.

Les stades des jeux et les stades itinéraires dérivent également de l'Égypte. Quand Strabon définit un temple égyptien pour en donner le type, il décrit le *dromos* placé devant le temple, orné, à droite et à gauche, d'une avenue de sphinx [3]. Que pouvait être ce *dromos*,

---

[1] *Voyez* ci-dessous, §. 11.
[2] Il paraît que Wheler a en vue le même monument que celui qui, dans les *Antiquités d'Athènes* par Stuart, est appelé *stadium Panathenaïcum*.
[3] *Geogr.* lib. XVII, p. 805. Il cite à ce propos un vers de Callimaque :

Ὁ δρόμος ἱερὸς οὗτος Ἀνούβιδος.

« Il existe un *dromos* consacré à Anubis. »

si ce n'est un lieu destiné aux courses? Il était divisé conformément aux mesures égyptiennes : sa largeur était d'un sixième de stade ou un plèthre; sa longueur, tantôt de trois, tantôt de quatre plèthres ou plus[1] : les sphinx étaient distans de 20 coudées ou 30 pieds, c'est-à-dire du dixième de la longueur totale, dans les *dromos* qui avaient 3 plèthres de long. On voit ici le rapport d'existence et d'origine qui lie les deux espèces de stades, et qui explique pourquoi un même nom a été appliqué à deux choses différentes en apparence. Le *dromos* des Égyptiens remplissait à-la-fois deux conditions : celle d'un établissement gymnastique, et celle de l'emploi et de la conservation des mesures.

Diodore nous apprend que les compagnons du jeune Sésostris parcouraient tous les matins, avant de prendre aucune nourriture, un espace de 180 stades; peut-être désigne-t-il l'hippodrome de Thèbes, qui a 15 stades de longueur. En effet, en répétant douze fois cette course, ou en faisant six fois le tour de l'hippodrome, ces jeunes gens fournissaient une carrière de 180 stades.

J'ai déjà cité cette fiction d'après laquelle on attribuait l'origine du stade d'Olympie à la proportion gigantesque du pied d'Hercule, qui mesura, dit-on, la carrière avec six cents de ses pieds. Il n'est pas question de discuter sérieusement une pareille fable; ce n'est point sur de tels fondemens qu'aucun esprit raisonnable cherchera sans doute à établir les mesures itinéraires. Mais quand la nature présenterait en effet ce type colossal, comment se trouverait-il justement compris

[1] Strabon aurait pu dire 6 et 12 plèthres.

360 × 600 × 600 fois dans le périmètre du globe? Ce rapport seul ne nous révèle-t-il pas là source et l'origine du pied et du stade d'Olympie? Long-temps avant qu'il y eût des cirques en Grèce, le pied et le stade métriques étaient établis en Égypte, et ils avaient servi à régler les dimensions des cirques et des hippodromes. Or, les jeux olympiques sont les plus anciens de tous ceux qui furent établis en Grèce; ils remontaient, dit-on, jusqu'à Hercule, et Iphitus les renouvela huit cents ans avant notre ère. Il n'est pas surprenant que les plus anciennes colonies de l'Égypte aient apporté avec elles et l'usage et la mesure des stades des jeux. Quand Strabon rapporte que Pheidon, le dixième descendant d'Hercule, inventa les mesures qui portent son nom[1], certes il ne parle pas d'une invention proprement dite, mais du renouvellement de quelque institution empruntée ailleurs.

Je pense donc, 1°. que le stade fut primitivement un espace mesuré en pieds, en palmes ou en coudées, un type métrique propre à conserver les mesures, avant d'être un lieu destiné aux jeux et aux courses; 2°. que l'une et l'autre espèces dérivent de l'Égypte. J'ajouterai que le mot de *palæstre*, qui sert à désigner le lieu où se célébraient les exercices, confirme ce que je viens de dire sur l'origine et la nature du stade[2].

---

[1] Καὶ μέτρα ἐξεῦρε τὰ Φειδώνεια καλούμενα. «Il inventa les mesures appelées *pheidoniennes* » (l. VIII, pag. 358).

[2] On fait venir le mot παλαίστρα de πάλλω, *vibro, agito*; ne viendrait-il pas plutôt de παλαιστής, *palme*, comme s'il signifiait *lieu mesuré en palmes?* L'étymologie du mot *stade* lui-même est tout-à-fait incertaine. *Voyez* ci-dessous, chapitre XIII, au mot *stade*, etc.

§. II. *Des stades itinéraires.*

A-t-il existé plusieurs espèces de stades itinéraires chez les anciens peuples, et quel est le nombre de ces mesures ? telle est la question qu'il importerait de bien éclaircir. Parmi les écrivains, soit anciens, soit modernes, les uns ont prétendu qu'il n'y avait eu qu'une seule espèce de stade; cette idée suppose des erreurs grossières et presque incroyables dans les mesures géographiques de l'antiquité. Tombant dans l'excès contraire, les autres ont imaginé un nombre indéfini de mesures différentes; et ils n'ont pas distingué les lieux, les peuples et les temps auxquels ces mesures ont appartenu. Ce n'est que depuis les recherches de M. Gosselin sur l'histoire de la géographie des Grecs, qu'on est enfin parvenu à reconnaître que si, d'une part, les stades n'étaient pas tous d'une grandeur unique, ils étaient, de l'autre, limités à un petit nombre. C'est alors seulement que cette espèce de chaos a été débrouillé. On ne peut plus révoquer en doute maintenant que les Grecs, ou voyageurs ou géographes, se sont servis de cinq à six espèces de stades employées dans les différentes régions de l'ancien monde; mais ils ne les ont point distinguées, et ils les ont regardées la plupart comme une mesure unique et toujours la même. En effet, dès qu'on a reconnu le module du stade, on trouve, dans chaque cas particulier, que les mesures itinéraires citées par les auteurs sont conformes à la vérité.

Mais s'il est certain qu'il a existé des stades de différeus modules, il ne l'est pas moins qu'ils dérivent tous d'une mesure unique, propre à l'Orient. Le stade n'est autre chose que le degré terrestre considéré comme unité et divisé de différentes manières. Suivant les divers auteurs, la circonférence du globe renfermait autant de stades que l'expriment les nombres suivans : 180000, 216000, 240000, 270000, 300000 et 400000. La différence des nombres extrêmes prouve qu'il ne s'agit pas ici d'un seul et même stade; en second lieu, ces nombres sont entre eux dans des rapports extrêmement simples et qui ne peuvent être le produit du hasard. Les quatre premiers sont entre eux comme 30, 36, 40 et 45; les deux derniers sont comme 3 et 4, ainsi que le premier et le troisième; le second et le quatrième sont comme 4 et 5, ainsi que le troisième et le cinquième, etc. On reconnaît là des divisions différentes d'une même grandeur, et rien autre chose. Le module diffère, et l'unité est la même. Ainsi, pour évaluer les différens stades, il suffirait de connaître exactement l'étendue d'un seul. Or, la grandeur du stade olympique ou de l'égyptien, qui était compris 216000 fois dans la circonférence, et 600 fois dans le degré, est connue par plusieurs moyens; il est égal au sextuple de la largeur du temple de Minerve à Athènes, et son étendue est identiquement la même que celle de l'apothème de la grande pyramide de Memphis. Sa mesure, comme on l'a vu, est de $184^m,722$; on peut, d'après cela, construire la table suivante :

184 EXPOSITION DU SYSTÈME MÉTRIQUE

NOMS DES AUTEURS ET DES PEUPLES qui ont fait usage des différens stades.	NOMBRE DE STADES		RAPPORT des stades entre eux.	LONGUEUR absolue en mètres.
	dans la circonférence.	dans le degré.		mètres.
Ptolémée[1], Marin de Tyr, Posidonius[2], les Arabes	180000.	500.	1.	221,67.
Les Égyptiens, les Grecs (stade olympique)	216000.	600.	5/6.	184,72.
Cléomède et aussi Posidonius[3]	240000.	666⅔.	3/4.	166,25.
Les Babyloniens, les Perses, les Hébreux	270000.	750.	2/3.	147,78.
Archimède[4]	300000.	833⅓.	3/5.	133,00.
Aristote[5], Hérodote, Mégasthène, Déimaque, etc.	400000.	1111⅓.	9/20.	99,75.

[1] Ptolem. *Geogr.* lib. 1, cap. 7 et 11.
[2] Strab. *Geogr.* lib. 11.
[3] Cleomed. *Meteor.* lib. 1, c. 10.
[4] Archim. *in Arenario.*
[5] Arist. *de Coelo*, lib. 11, cap. 14.

D'Anville n'avait évalué le stade olympique qu'à 94 toises et demie. Plusieurs géographes, et surtout M. Gossellin, ont reconnu que cette mesure était trop petite; M. Barbié du Bocage a lui-même ajouté un tiers de toise à l'estimation de d'Anville[1] : cette dernière valeur de 94ᵗ 5ᵈˢ (ou 184ᵐ,83) ne diffère que de 11 centimètres de mon évaluation. Il existe d'autres preuves de son exactitude, et je les ai fournies précédemment; mais il m'importait de montrer, par le sentiment des savans les plus habiles, que je ne l'ai pas supposée trop grande, puisque celle des six autres stades est liée nécessairement avec la première.

Il existe une construction géométrique très-simple, qui appartient à l'Égypte et qui renferme les six mesures du tableau précédent. Il est probable qu'elles en dérivent toutes et qu'elles procèdent par conséquent d'un calcul égyptien. Ce n'est pas ici le lieu d'exposer cette construction; j'en parlerai à l'article des connaissances géométriques des Égyptiens[2].

Il n'a pas encore été question du stade employé par Ératosthène, Hipparque et Strabon. Selon eux, la terre avait 252000 stades de tour, et le degré était de 700 stades[3]. Cette division s'éloigne du système des précédentes; elle paraît aussi plus récente que les autres[4].

Pline semble n'avoir connu qu'une seule espèce de stade et y avoir rapporté toutes les mesures. Dans son

[1] Analyse des cartes dressées pour le Voy. du jeune Anacharsis, an 7, in-4°.
[2] Voyez chap. xii.
[3] Strabon, liv. ii, Pline, Censorin, Vitruve et d'autres auteurs attestent l'existence de cette valeur du stade.
[4] J'exposerai plus bas une conjecture sur son origine.

186 EXPOSITION DU SYSTÈME MÉTRIQUE

passage relatif à l'évaluation de la circonférence du globe par Ératosthène, il traduit en milles romains les 252000 stades que celui-ci attribuait à cette étendue, à raison de 8 stades au mille. Cette proportion est celle du stade olympique, et n'appartient point au stade d'Ératosthène, qui était, sans nul doute, sept cents fois au degré[1]. Mais il tombe dans une autre erreur, lorsqu'il ajoute qu'Hipparque corrigea cette mesure de la terre en y ajoutant un peu moins de xxv mille stades.

Ou ces stades ne sont pas de la même espèce, et alors on ne peut les ajouter; ou bien il s'agit peut-être de *milles*, et le mot *stadiorum* est de trop; ou enfin le nombre xxv est défectueux[2]. Voici le passage de Pline : *Universum autem hunc circuitum Eratosthenes, in omnium quidem litterarum subtilitate, et in hac utique præter cæteros solers, quam cunctis probari video, ducentorum quinquaginta duorum millium stadium prodidit. Quæ mensura Romaná computatione efficit trecenties quindecies centena millia pass. Improbum ausum, verùm ita subtili computatione comprehensum, ut pudeat non credere. Hipparchus, et in coarguendo eo et in reliqua omni diligentia mirus, adjicit stadiorum paulò minus xxv millia.*

Pline a constamment traduit, soit les milles romains en stades, soit les stades en milles, d'après cette pro-

---

[1] *Voy.* ci-dessus, *chap.* II, p. 27.
[2] Il est possible, ainsi qu'on l'a déjà remarqué, qu'Hipparque ait entrevu l'excentricité du globe; si cela est, il aurait, pour cette raison, un peu augmenté la mesure d'Ératosthène, qui suppose le globe *sphérique*. La longueur absolue du stade dépend de celle du degré égyptien, qui est plus court que le degré moyen de $\frac{1}{405}$ comme je l'ai dit pag. 14.

portion de 8 stades pour le mille romain ; ce qui n'est vrai que pour le stade égyptien de six cents au degré, connu sous le nom d'*olympique*. C'est un fait que d'Anville a déjà prouvé depuis long-temps. Il paraît que Pline ignorait l'existence des autres mesures de même nom, et que, de son temps, le stade olympique avait prévalu.

Le stade d'Ératosthène, ainsi que je l'ai observé, n'a pas un rapport aussi simple que les autres avec le stade principal. Si son existence est constatée et son étendue bien connue, il n'en est pas de même de son origine. Ce stade suppose la division du degré par un multiple de 7, qui sort entièrement de l'échelle duodécimale et sexagésimale, à laquelle les mesures anciennes étaient assujetties; il y a lieu de penser que cette division n'a jamais été faite en réalité. D'un autre côté, on ne peut considérer ce nombre de 700 stades comme étant une évaluation fautive du degré terrestre, puisque j'ai fait voir que les distances d'Alexandrie, de Syène et du tropique à l'équateur, évaluées en stades par Ératosthène et Hipparque, sont très-exactes ; puisqu'en second lieu, tant de mesures itinéraires, ainsi que l'a prouvé M. Gossellin, ont été exprimées par ces auteurs avec la même espèce de stade, et qu'elles sont aussi exactes que les meilleures mesures modernes.

Admettant l'existence du stade de sept cents au degré, il faut en trouver une origine simple, une source naturelle : c'est ce que j'ai cru découvrir en considérant que, suivant les anciens, tout stade devait renfermer 600 pieds. J'ai pris le 600e de 158^m,3, valeur de celui-ci ; ce quotient est 0^m,2645 : or, 264 millimètres $\frac{1}{2}$ font la largeur du pied de la stature de l'homme dans une taille moyenne.

Le stade de sept cents au degré contient donc six cents fois le pied naturel, comme le stade dit *olympique* contenait six cents fois le pied métrique égyptien; on a donc pu former ce stade avec 600 pieds humains. Ce n'est peut-être qu'une remarque heureuse faite après l'institution du système, et dont a usé Ératosthène, ou peut-être quelque autre avant lui, pour former une mesure plus courte que les autres[1].

D'un autre côté, il est remarquable que 252000 est précisément un terme moyen entre plusieurs des nombres de stades qui étaient attribués au périmètre de la terre, suivant les divers calculs des géographes; 252000 est, en effet, le tiers de la somme des trois nombres 240000, 216000 et 300000. Il est possible qu'Ératosthène ait conclu de là son calcul de 252000 stades à la circonférence, aussi bien que de la remarque rapportée plus haut[2]. A la vérité, cette dernière explication présente quelques difficultés, parce qu'elle supposerait, ce que je regarde comme douteux, que ce géomètre considérait les trois nombres ci-dessus comme étant exprimés avec une seule espèce de stade.

---

[1] Le pied grec ou égyptien était compris six cents fois, et le pied naturel sept cents fois, dans le stade olympique : celui-ci était six cents fois au degré; il était facile d'en conclure qu'une mesure composée de 600 pieds naturels devait être comprise sept cents fois au degré.

[2] M. Gossellin a proposé, sur la formation du stade d'Ératosthène, une conjecture fort ingénieuse, qu'on trouvera dans le discours qui précède la traduction française de Strabon, et qui m'était inconnue lorsque j'ai composé ce mémoire. Néanmoins, j'ai cru pouvoir soumettre la mienne au jugement des savans.

Ce serait ici le cas d'examiner s'il est vrai que toute espèce de stade fût composée de 600 pieds, comme le suppose un passage fort curieux d'Aulu-Gelle, qui s'appuie sur Plutarque et Pythagore[1]. Cette proposition n'est pas généralement vraie, même pour les stades des jeux, puisque le stade pythique avait 1000 pieds, selon Censorin. De plus, il y a un stade qui est évidemment trop petit pour que la 600ᵉ partie fasse un pied. Ce stade est celui de 1111 $\frac{1}{9}$ au degré, ou de 400000 à la circonférence. Si on le divise en six cents parties, chacune ne fait que 0ᵐ,166; cette quantité ne peut absolument répondre à la mesure d'un *pied* quelconque, puisqu'elle est au-dessous des deux tiers du pied naturel.

Au contraire, pour ce qui regarde le stade pythique ou delphique, on peut dire que la plus grande mesure de stade connue ne contient pas mille fois la plus petite mesure de pied[2]. Ainsi voilà deux stades qui n'ont pas été composés de 600 pieds.

---

[1] *Plutarchus, in libro qui de Herculis quali inter homines fuerit animi corporisque ingenio et virtutibus conscripsit, scitè subtiliterque ratiocinatum Pythagoram philosophum dicit, in reperienda modulandaque statûs longitudinisque ejus præstantia. Nam, cùm ferè constaret curriculum stadii quod est Pisæ ad Jovis Olympii, Herculem pedibus suis metatum, idque fecisse longum pedes sexcentos; cætera quoque stadia in terra Græcia, ab aliis postea instituta, pedum quidem esse numero sexcentûm, sed tamen aliquantulùm breviora, facilè intellexerit, modum spatiumque plantæ Herculis, ratione proportionis habitâ, tantò fuisse quàm aliorum procerius, quantò Olympicum stadium longius esset quàm cætera. Comprehensâ autem mensurâ Herculani pedis, quanta longinquitas corporis ei mensuræ conveniret, secundùm naturalem membrorum omnium inter se competentium, modificatus est : atque ita id colligit, quod erat consequens, tantò fuisse Herculem corpore excelsiorem quàm alios, quantò Olympicum stadium cæteris pari numero factis anteiret.* (Aulu-Gell. Noct. Att. l. 1, cap. 1.)

[2] Le stade de cinq cents au degré et le pied naturel.

Mais il en est quatre qui renferment en effet *six cents fois* une mesure de pied particulière. Le stade de Ptolémée est composé de 600 pieds hébraïques ; le stade dit *olympique*, de 600 pieds grecs ou égyptiens ; le stade de Cléomède, de 600 pieds de la mesure de Pline ; le stade d'Ératosthène, de 600 pieds naturels [1]. Le stade persan et celui d'Archimède ne peuvent se diviser en 600 pieds ; la mesure qui en résulterait serait trop petite. Quant au stade pythique, il est à croire que c'est plutôt un double stade ou *diaulos* ; c'est d'ailleurs une mesure servant aux jeux, et non un intervalle itinéraire. Dans cette idée, il n'y aurait eu que 500 pieds au stade proprement dit ; ce stade serait celui de sept cent cinquante au degré, ou le stade persan et babylonien, et ce qu'on appelle *stade pythique* en serait le double [2].

§. III. *Stades des jeux.*

Après les réflexions générales que j'ai présentées au commencement de ce chapitre, j'ai peu de développemens à donner sur les stades des jeux. Mon dessein n'est pas de disserter sur les jeux des cirques et des hippodromes, ni même sur les divers monumens de cette espèce : je chercherai seulement dans quelques-uns d'entre eux des résultats qui confirment les mesures de quelques stades géographiques. Nous avons donné le nom d'*hippodromes* aux grandes enceintes rectangulaires que l'on voit à Thèbes : on ne peut, en effet, supposer

---

[1] *Voy.* le tableau général et comparé des mesures.

[2] *Voyez*, ci-dessous, l'article du stade pythique.

une autre destination à ces vastes champs de Mars. Les issues qui existaient sur les côtés, servaient au passage des chars qui couraient et se croisaient dans les diverses directions. Ces ouvrages, pour le dire en passant, prouvent combien peu les historiens grecs ont connu l'Égypte : à peine ont-ils parlé des jeux gymniques des Égyptiens; Hérodote même va jusqu'à dire que nulle part dans ce pays, excepté à Chemmis, on n'avait l'usage de ces sortes d'exercices[1]. Non-seulement ils ont ignoré l'existence des grands cirques de Thèbes, mais ils n'ont pas connu les bas-reliefs et les peintures qui représentent les assauts, la lutte et les divers jeux.

A Denderah, j'ai dessiné une grande sculpture, en partie symbolique, et qui annonce la pratique d'un exercice analogue à ce qu'on appelle chez nous *le jeu du mât de cocagne*. On y voit huit aspirans au prix s'élever rapidement sur des cordes tendues et attachées au haut d'un grand mât. Quoique le but placé au sommet soit emblématique, et que ces personnages représentent des initiés qui paraissent lutter d'efforts pour atteindre à la connaissance des mystères sacrés, il n'en est pas moins évident que cette scène est l'image d'un exercice habituel aux Égyptiens[2].

Parmi plusieurs sculptures qui expriment des jeux gymnastiques, tels que la danse, la course, les sauts de corde, etc., je citerai seulement l'un des sujets que j'ai trouvés dans les hypogées de Beny-Hasan, l'ancienne *Speos Artemidos*. Des groupes de lutteurs sont aux prises dans les attitudes les plus variées. Plus de cinquante

[1] Herod. *Hist.* lib. II, cap. 91.   [2] *Voyez* pl. 22, *A.*, vol. IV.

groupes semblables sont placés les uns à côté des autres. L'artiste semble avoir voulu représenter à-la-fois toutes les poses possibles de deux athlètes luttant ensemble.

Les courses de char qui sont fréquemment exprimées sur les murs des monumens, appartiennent à des scènes guerrières : nous n'en avons point vu d'une autre espèce; mais il n'est pas permis de douter que les Égyptiens n'aient sculpté aussi les courses des jeux, telles qu'elles ont dû se pratiquer dans le grand hippodrome de Thèbes. Celui-ci présente l'emploi des mesures itinéraires égyptiennes : sa longueur est de 15 stades, sa largeur est de 6, le tour intérieur est de 40 stades. La largeur de la grande avenue a 5 plèthres, ou cinq sixièmes de stade. La distance des buttes ou l'intervalle entre deux issues vaut un cinquième de stade ou 120 pieds égyptiens [1].

§. IV. *Des jeux appelés* circenses.

On trouve, dans un recueil d'opuscules grecs intitulé *Varia sacra*[2], des fragmens curieux qui roulent sur les mesures des anciens, et parmi lesquels se trouve le petit traité attribué à S. Épiphane, περὶ Πηλικότητος μέτρων, *de Quantitate mensurarum,* dont nous avons tiré un tableau qui est parfaitement d'accord avec le système égyptien. L'auteur y a fait usage du pied romain et du stade d'Ératosthène, en même temps que du stade et du pied égyptiens [3]. Dans le même recueil, sont le traité

---

[1] *Voyez* ci-dessus, pag. 104.
[2] *Varia sacra, seu Sylloge variorum opusculorum Græcorum ad rem ecclesiasticam spectantium,* à Stephano Lemoine, Lugduni Batavorum, 1685.
[3] *Voyez* le chapitre IX, et le tableau n°. (IV).

connu de S. Épiphane, *de Ponderibus et Mensuris*, où l'on ne trouve rien sur les mesures longues ; une ancienne version latine du même, qui présente quelque différence avec le texte grec ; un traité des poids chez les Hébreux ; un morceau tiré de S. Maxime, où l'auteur appelle le doigt l'origine du nombre, *et comme l'unité, καὶ οἶον μόνας*; un fragment *de Hippodromia, sive de Ludis circensibus* ; enfin un morceau d'Hypatus, *de Corporis partibus et mensuris*, où sont définies les dimensions des principales parties du corps humain. L'avant-dernier fragment mérite ici quelque attention : il traite d'un des stades qui ont été le plus anciennement établis chez les Grecs pour les jeux publics ; ce stade se rapproche par-là des stades égyptiens.

Suivant plusieurs auteurs, les traditions et le nom lui-même de *circenses* annoncent que c'est à Circé qu'on doit l'établissement en Grèce des jeux du cirque, bien que postérieurs à l'institution de la course du stade, établie ou renouvelée par Iphitus, et ensuite par Lycurgue[1]. L'objet des jeux qu'on appelle *ludi circenses*, ou *circenses* seulement, était la course à cheval. « Circé, fille du Soleil, dit l'auteur du fragment, fut la première qui institua, en Italie, la course à cheval, en l'honneur de son père ; elle fit construire la première un hippodrome. La longueur était de 4 stades, et la largeur, d'un stade. Au milieu, elle fit placer un ouvrage en charpente, qu'elle nomma *euripe* d'après le détroit qui porte ce nom, où les flots sont entraînés sept fois chaque jour par des courans contraires et alternatifs[2]. Les athlètes

---

[1] Voyez l'*Histoire des premiers temps de la Grèce*, par M. Clavier.

[2] Il s'agit du détroit fameux qui sépare l'Eubée et la Béotie, où le

194 EXPOSITION DU SYSTÈME MÉTRIQUE

parcouraient sept fois l'hippodrome autour de l'euripe, le *milliaire* étant de 7 stades, et aussi en mémoire des sept planètes. Quand Romulus eut fondé la ville de Rome, il construisit un hippodrome entièrement semblable à celui de Circé, et à son exemple[1]. »

La longueur du cirque est ici la mesure de l'*hippicon* ou quadruple stade. Il paraît cependant que l'*euripe* n'avait qu'un stade de long, puisqu'en le tournant sept fois, on parcourait 7 stades. Il paraît aussi que cette mesure de la course était celle d'une distance itinéraire, du nom de *mille*, que les coureurs avaient coutume de parcourir[2].

Ce passage est remarquable par l'ancienneté qui en résulterait pour l'usage du *mille géographique*. En reléguant parmi les fables l'invention attribuée à Circé, il resterait toujours que l'auteur du traité suppose l'existence d'un mille bien antérieur au mille romain. J'en parlerai au chapitre suivant, et je ferai seulement remarquer que la longueur de la carrière que devaient fournir les athlètes est évidemment fixée d'après les mesures géographiques, et c'est une nouvelle preuve de ce que j'ai avancé dans le §. I.

---

courant, selon Pomponius Mela, change de direction sept fois le jour et sept fois la nuit, et entraîne les navires malgré le vent. Selon Strabon, Pline, Sénèque, etc., le changement n'a lieu que sept fois en vingt-quatre heures. Tite-Live et d'autres n'admettent point ce fait, ou du moins le nombre de fois que le changement a lieu.

[1] Cette origine des jeux du cirque et de leur nom est aussi donnée par Isidore (*Orig.* lib. xxxvi, cap. 18); mais Vossius ne l'admet point, et il préfère tirer ce nom de κρίκος ou κίρκος, signifiant un cercle en général.

[2] Le cirque d'Alexandrie a 7 petits stades égyptiens de longueur totale. *Voyez* ci-dessus, pag. 106.

DES ANCIENS ÉGYPTIENS, CH. VIII. 195

§. V. *De divers stades et hippodromes.*

On voit, par l'exemple précédent, que l'hippodrome de Romulus et celui de Circé étaient mesurés sur une longueur de 4 stades. C'est cette mesure qu'on appelait *hippicon*. Il en est de même du *diaule* : c'était à-la-fois la mesure de 2 stades, et la course redoublée ou de deux stades. Enfin la course simple était longue d'un stade, et elle en portait le nom. Le cirque d'Alexandrie, qui remonte peut-être à la fondation de cette ville, a 3 stades de longueur intérieurement, et la mesure de ce stade est celle de six cents au degré[1]. Néanmoins il y a beaucoup de cirques dont la longueur n'était pas assujettie à cette division.

L'hippodrome d'Antinoé, dont toutes les mesures sont réglées d'après le pied égyptien, n'a pas en étendue un nombre entier de stades. La longueur totale a un stade et deux tiers, ou 1000 pieds; celle de l'épine, un stade et un quart, ou 750 pieds; la double course autour de l'épine était de deux stades et demi.

Le stade de Laodicée, suivant Fréret, a 729 pieds anglais de longueur: cette étendue équivaut à 222^m,104; ce qui, à moins d'un demi-mètre près, forme le stade de Ptolémée, de cinq cents au degré[2].

Wheler donne 630 pieds anglais, c'est-à-dire 191^m,942, au stade qu'il nomme *le stade d'Hérode Atticus à Athènes;* cette longueur excède de plus de 7 mètres la mesure de

[1] *Voyez* ci-dessus, pag. 106.
[2] Selon Chandler, qui d'ailleurs ne paraît pas l'avoir mesurée lui-même, l'arène a mille pieds *environ* d'étendue; à l'ouest il y a un passage voûté, long de 140 pieds (l. II, p. 104 de la traduction de MM. Barbié du Bocage et Servois).

13.

six cents au degré : mais, en remarquant, avec Fréret, que la longueur a été mesurée en dehors de la ligne des athlètes, on peut croire que le *stade* proprement dit avait la mesure du stade olympique. Au reste, c'est celle qu'on lui donne dans le plan des Antiquités d'Athènes par Stuart et Revett [1].

L'hippodrome d'Olympie, l'un des plus célèbres et des plus anciens de tous ceux de l'antiquité, le même que celui dont parle Aulu-Gelle dans le passage que je viens de citer, et que l'on croit l'origine du *stade olympique*, avait, selon M. de Choiseul-Gouffier, deux stades de longueur, mesurés sur l'épine. Comme il a retrouvé le monument lui-même, je suivrai son mémoire, préférablement à ceux des autres savans qui ont écrit sur ce sujet [2]. Il a expliqué Pausanias par l'état actuel des lieux, méthode que d'Anville a établie pour la géographie ancienne, et qu'on devrait transporter dans l'étude de tous les points d'antiquité. M. de Choiseul a trouvé que l'hippodrome avait environ 230 toises ($448^m,6$). En supposant, avec lui, 20 toises et demie entre les bouts de l'épine et les extrémités de l'arène, il resterait pour l'épine 189 toises ($368^m,4$); c'est-à-dire à un mètre près, la longueur de 2 stades égyptiens ou olympiques. La différence s'évanouira, si l'on suppose $\frac{1}{4}$ de toise de moins à l'espace où les chars devaient circuler. Or, la course était de deux fois le diaule ou 4 stades. La course

---

[1] *Antiquities of Athens*, t. III, Le stade qui porte dans ce plan le nom de *stadium panathenaïcum*, est le même sans doute que celui qui est désigné ci-dessus par Wheler.

[2] Gédoyn, Banier, Barthélemy, M. Visconti et M. de Laborde. Le mémoire de M. de Choiseul est inséré dans le tom. XLIX des Mémoires de l'Acad. des inscriptions, p. 222.

DES ANCIENS ÉGYPTIENS, CH. VIII.   197
des chevaux, dit Plutarque, était de 4 stades. Il est donc
prouvé que l'épine de l'hippodrome d'Olympie avait 2
stades ou 1200 pieds de long. Entre elle et les bouts de
l'arène, il y avait environ 130 pieds grecs, de part et
d'autre.

Quant à sa largeur, Pausanias (ainsi que l'entend
M. de Choiseul) lui donne 400 pieds. C'est encore ce
que le monument confirme. On trouve 400 pieds grecs,
et non 800, comme les érudits l'avaient supposé par
une fausse interprétation. Je remarquerai ici que la largeur du cirque de Caracalla est à sa longueur intérieure
à peu près comme 1 à 6; que celle du stade d'Antinoé
n'est guère que les $\frac{1}{16}$ de la longueur, et que, dans celui
d'Alexandrie, ces deux mesures sont comme 3 et 51 [1].
La largeur de 800 pieds, ou de plus de moitié de la
longueur, serait donc entièrement disproportionnée :
ainsi M. de Choiseul a interprété avec justesse le passage
de Pausanias. Dans son plan composé pour le *Voyage du
jeune Anacharsis*, M. Barbié du Bocage avait également
donné 400 pieds de largeur à l'hippodrome d'Olympie.

Dans ce même plan, la longueur est de deux stades
entre le fond de l'*hippodrome* et la borne de l'entrée (il
y a 9 ou 10 mètres de moins entre les deux bornes).
L'auteur, qui s'est entièrement guidé sur les anciens, y
a fait entrer un *stadium* qui a un stade olympique de
long, de l'entrée à la borne extrême. Je ne parle pas ici
des autres monumens qui complètent cette topographie,
parce qu'ils sont étrangers à mon sujet [2].

[1] *Voyez* ci-dessus, pag. 104 et suiv.

[2] Il est fâcheux que l'on ne possède point le plan et les mesures que

§. VI. *De l'espèce des stades employés dans les mesures géographiques de l'Égypte.*

Le tableau que j'ai présenté dans le chapitre II, des distances itinéraires mesurées en Égypte, me dispense d'entrer ici dans de grands détails. La géographie m'a fourni les démonstrations de la valeur des mesures qu'ont citées les auteurs grecs en décrivant cette contrée. Il suffit, en effet, pour la découvrir, de comparer l'étendue réelle des intervalles avec le nombre des stades rapportés par les écrivains. Le module dont ils ont fait usage, est aisé à distinguer dans chaque cas particulier. Je veux faire voir seulement, dans cet article, que chaque auteur employait les mesures telles qu'on les lui rapportait pendant le cours de son voyage, et sans en reconnaître l'espèce.

Strabon, comptant 100 stades de Syène à Philæ, emploie certainement le petit stade égyptien de $99^m\frac{1}{4}$. Dans toutes les autres distances, il se sert du grand stade de $184^m,72$, qui en est presque le double. Exemple : de Canope à Alexandrie, 120 stades; du Phare à la bouche Canopique, 150 stades, etc.[1]

M. Fauvel a pris sur les lieux, et qui ont été adressés à un des ambassadeurs français à Constantinople, ainsi que nous l'apprend M. Barbié du Bocage (*Analyse des cartes dressées pour le Voyage du jeune Anacharsis*, an VII, in-fol., pag. 39). Ce qui est étonnant, c'est que le voyageur anglais Hawkins, qui a été plusieurs fois à Olympie, prétende n'avoir trouvé aucune trace du stade ni de l'hippodrome (*Magasin encyclopédique*, t. VI, 4° année, p. 538). M. le comte de Choiseul-Gouffier a été plus heureux : il a vu et mesuré l'hippodrome; mais il n'a point donné de plan.

[1] *Voyez* le tableau des distances itinéraires, *chap.* II.

DES ANCIENS ÉGYPTIENS, CH. VIII.   199

Strabon rapporte que le Nil parcourt un espace de 4000 stades, depuis Syène jusqu'au Delta. On trouve sur la carte, en ligne droite, 780000 mètres depuis Asouân jusqu'à la tête du canal Abou-Meneggeh; cette mesure répond à 3780 stades de six cents au degré. Je dois donc regarder 4000 comme un nombre rond. Au reste, il n'est pas question du cours du Nil, qui est infiniment plus long[1]. On ne peut donc pas dire qu'il se servait d'un seul et même stade, ni que ce stade fût une mesure particulière aux Grecs : mais il est extrêmement vraisemblable qu'il inscrivait sur ses tablettes les distances comme on les lui fournissait dans le pays même et sur les lieux ; c'est-à-dire en stades qui différaient suivant la contrée.

Il en est de même absolument de Diodore : tantôt il use du petit stade égyptien, tantôt de l'autre[2]; il donne quelque part la largeur du Nil au-dessous de Méroé, et rapporte qu'elle est de 22 stades. Il est évident que le Nil ne peut avoir une largeur de 4064 mètres, comme le supposerait l'emploi du stade olympique. Cette mesure n'est vraisemblable que par rapport au petit stade, qui paraît avoir été plus en usage dans l'Égypte supérieure; peut-être s'en servait-on aussi en Éthiopie par cette raison. D'après cette donnée, la largeur du Nil au-dessous de Méroé aurait été de 2194 mètres. Je renvoie au tableau des distances itinéraires, pour montrer que Diodore de Sicile a cité autant de mesures exprimées en

---

[1] En stades de sept cents au degré ou d'Ératosthène, la distance vraie serait de 4926 au lieu de 4000; c'est pourquoi je rapporte plutôt le passage de Strabon au stade égyptien de six cents au degré.

[2] Voyez le tableau des distances itinéraires, chap. II.

grands stades égyptiens que de mesures composées en petits stades.

Hérodote, qui cite plus particulièrement les distances de la Thébaïde, ne cite aussi que des mesures exprimées en petits stades.

On est donc fondé à croire que les mesures rapportées par Strabon, Diodore, Hérodote et les autres, sont des mesures à eux données dans le pays, *en stades du pays;* ce qui confirme qu'il y avait effectivement, en Égypte, deux stades en usage : l'un, de $99^m\frac{1}{4}$; l'autre, de $184^m,72$.

Le stade est une mesure trop longue pour qu'on la retrouve dans les monumens d'architecture autres que les hippodromes; il y en a cependant un exemple dans le monument d'Osymandyas. Sa longueur, suivant Diodore, était d'un stade. Or, la partie qui subsiste, et les débris qu'on voit encore à l'ouest, annoncent que le bâtiment avait en étendue environ 185 mètres, ou un stade égyptien de six cents au degré[1]. On faisait donc usage, à Thèbes, de l'une et de l'autre espèce de stades. Ce qui le prouve encore, c'est la mesure de la longueur de cette capitale, exprimée par 80 stades, suivant Strabon. Or, 80 stades de six cents au degré donnent une mesure absolument conforme à celle des ruines existantes[2].

§. VII. *Du stade chez les Hébreux.*

On appelait *rous*, chez les Hébreux, une mesure qui est égale à celle d'un stade itinéraire très-répandu en

[1] *Voyez* le tableau des distances itinéraires, *chap.* II.
[2] *Ibid.*

DES ANCIENS ÉGYPTIENS, CH. VIII.

Asie : ce nom de *rous* est le même que celui qui, dans l'Écriture, est donné au cirque en général[1]. On voit, dans Édouard Bernard, qu'il avait, selon les auteurs juifs, 625 pas (ou plutôt 625 pieds); mais les commentateurs paraissent avoir confondu ce stade avec le stade olympique, composé effectivement de 625 pieds romains. Il n'existe aucun autre pied qui soit la 625ᵉ partie d'un stade connu.

Ce stade avait 266 pas simples hébraïques, *gressus*, selon Édouard Bernard[2] : la coudée hébraïque, la même que le pas simple, étant de 0^m,554, il avait donc 147^m,78; ce qui est la grandeur du stade de dix au mille romain. D'ailleurs celui-ci le seul qui, divisé par 266, réponde à une coudée existante[3]. Ce *rous* est donc le stade de sept cent cinquante au degré, et la dixième partie du mille; mesure qui a été fréquemment employée en Asie, comme l'a prouvé d'Anville. C'est le même que le stade persan et babylonien.

Dans la définition que j'ai citée plus haut du mot *rous*, il y a *gressus* au lieu de *cubiti*; mais ces deux dernières mesures n'en faisaient qu'une. La coudée hé-

---

[1] Dans le *Lexicon pentaglotton*, on lit, à la racine רסס, *contrivit... locus ubi equi decurrunt, stadium..... eratque ibi via æquata ad cursum equorum, et via ista habebat mensuram רים, quod est.... septima pars milliaris Italici cum dimidio.* D'après ce passage, le *rous* était à-la-fois un stade pour les courses et un stade itinéraire. Le sens de la racine est également conforme à ces deux usages : *rous* signifie proprement *lieu foulé aux pieds*; ce qui est vrai d'un chemin comme d'un cirque. Au lieu d'*Italici*, il faudrait plutôt *Hebraïci*. Dans le *Lexicon heptaglotton*, ce mot est traduit par *stadium talmudicorum*; et il y a simplement *continebat septem et dimidiam partem*. Voyez ci-dessous, ch. XIII.

[2] Lisez 266 ½. Édouard Bernard, pag. 229.

[3] *Voy.* le tableau général et comparé des mesures.

braïque était effectivement un pas ordinaire d'un *seraïm* ou pied hébraïque et demi, et de 2 *zaretha* ou spithames. Le petit pas, ou *gressus mediocris*, s'appelait, chez les Hébreux, *fesaa'*: c'était le propre du pas ordinaire d'avoir un pied et demi, ainsi que la coudée.

La valeur assignée au stade hébreu est encore pleinement démontrée par le rapport avec le mille de 1 à $7\frac{1}{2}$, rapport que cite Édouard Bernard d'après les rabbins et les divers commentateurs. Ce stade était, dit-il, un septième et demi de son mille propre : or, le mille hébreu, de $1108^{m}\frac{1}{3}$, contient effectivement sept fois et demie $147^{m},78$ [1].

On trouve dans le *Lexicon heptaglotton*, que ce stade est égal, selon les rabbins, à 70 *calami*, de 6 coudées et 1 palme chaque, et aussi à 30 *calami* seulement. Ces soixante-dix *calami* feraient 431 coudées $\frac{2}{7}$; et les trente, 185 coudées : aucun stade n'a jamais été composé de pareil nombre de coudées. Il résulte du tableau des mesures hébraïques, que ce stade prenait 44 cannes (ou *calami*) et $\frac{4}{9}$, et non 30 ou 70; s'il n'y a pas quelque erreur dans ces deux nombres, il est à croire qu'ils se rapportent à des stades différens que les rabbins ont confondus avec le leur [2]. Il peut y avoir aussi confusion entre plusieurs mesures de cannes.

§. VIII. *Stade pythique de Censorin.*

Nous allons essayer d'éclaircir une question intéressante et non moins épineuse au sujet de la différence des

[1] *Voyez* le tableau général et comparé des mesures.
[2] *Voyez* le tableau n°. (VI).

stades, question à laquelle a donné lieu un fragment de Censorin, très-célèbre parmi les savans. Fréret a pensé qu'on n'en pouvait tirer aucun sens raisonnable. D'Anville n'a exposé qu'une opinion incertaine, et a été conduit à admettre un stade de 125 toises, mesure excessive et dont il n'y a nulle trace dans l'antiquité.

Voici comment s'exprime Censorin, dans ce passage, à l'occasion de la mesure des distances planétaires données par Pythagore : *Stadium autem in hac mundi mensura, id potissimùm intelligendum est quod Italicum vocant, pedum sexcentorum et vigintiquinque : nam sunt præterea et alia longitudine discrepantia, ut olympicum, quod est pedum sexcentûm; item pythicum, quod pedum mille* [1].

On peut se demander s'il s'agit, dans ce passage, ou d'un seul et même stade composé en pieds différens; ou bien de plusieurs stades qui seraient formés, soit de différens pieds, soit d'un même pied. La première supposition ne paraît pas dans le sens de l'auteur, puisqu'il avertit qu'il y a des stades de longueur différente, *longitudine discrepantia*. On ne peut croire qu'il s'agisse de plusieurs stades contenant un même pied pris 600 fois, 625 fois et 1000 fois, puisqu'il n'y a aucun pied qui, multiplié par 600, 625 et 1000, réponde effectivement à trois stades connus et existans [2]. Reste le cas que Censorin ait parlé de plusieurs stades et de pieds différens; c'est celui que je vais examiner.

---

[1] *De Die natali*, cap. 13.
[2] On trouve que la mesure du *diaulos* olympique, ou double stade, le côté de la grande pyramide, et le stade de Ptolémée, renferment 1000, 625 et 600 pieds hébraïques; mais on ne peut faire usage de ce rapport singulier, les deux premières mesures excédant toutes les mesures de stades.

Le pied grec ou égyptien a souvent été pris pour le pied romain, et Censorin paraît les avoir confondus ensemble, en parlant du stade *italique* et du stade *olympique*; il a supposé deux stades différens, là où il n'y avait qu'un seul et même stade. Comme je le dis ailleurs, Pythagore a usé du stade égyptien de six cents au degré, dit *stade olympique*, dans l'évaluation des espaces célestes[1]. Or, Censorin parle ici précisément des mesures attribuées à ce philosophe. D'un autre côté, en disant que ce stade de Pythagore contenait 625 pieds, il appuie la même opinion; car le stade olympique de 600 pieds grecs faisait 625 pieds romains. Je crois donc d'abord que les deux premiers stades qu'il cite n'en font qu'un seul, exprimé en pieds romains et en pieds grecs.

Quant à la troisième espèce de stade que Censorin appelle *pythique*, il faut se rappeler qu'on établit à Delphes la course du double stade ou diaule[2]. Ce fait fournit une explication naturelle du prétendu stade pythique de 1000 pieds; car il est presque superflu de dire que la plus grande espèce de stade ne contient pas mille fois la plus petite mesure de pied connue. L'auteur a confondu la *course* des jeux pythiques et la mesure itinéraire. Cette course était de 1000 pieds, c'est-à-dire deux stades de 500 pieds chacun : mais le pied dont il s'agit est encore le même que le pied romain; 500 pieds romains font en effet juste le stade babylonien de sept cent cinquante au degré.

---

[1] *Voyez* ci-dessous, *chap.* xii.
[2] L'an 3º de la xlviiiº olympiade, les amphictyons instituèrent de nouveaux jeux à Delphes (Pausan. lib. x, cap. 7, pag. 813, Lips. 1696).

Voici donc comment on peut entendre ce passage de Censorin : « Le stade dont s'est servi Pythagore pour exprimer les distances des corps célestes, répond à 625 pieds (*romains*); car toutes les espèces de stades ne sont pas de même longueur, telles que le stade olympique, valant 600 pieds (*égyptiens* ou *grecs*), et le stade pythique (*double stade*), valant 1000 pieds (*romains*). »

Quelque simple et plausible que semble cette explication, l'on ne doit pourtant pas se flatter d'avoir découvert la vérité dans le passage si concis et si obscur de Censorin : mais on y trouvera, je crois, plus de convenance et de solidité que dans les hypothèses des métrologues qui ont voulu déterminer le stade pythique par une donnée très-vague du Voyage de Spon et de Wheler. Ces voyageurs ont trouvé à Delphes les restes d'un *stade*, *beaucoup moins grand*, disent-ils, que celui d'Athènes, dont ils avaient trouvé la mesure égale à 650 pieds anglais. Que peut-on en conclure de tant soit peu exact pour la valeur du stade delphique, et comment surtout expliquer par-là le passage de Censorin [1]?

Il ne faut pas dissimuler les difficultés que présente cette explication. 1°. Censorin semble vouloir opposer le stade italique à l'olympique. 2°. Il n'existe point de preuve que le pied romain remonte à une antiquité telle que

---

[1] Il serait précieux d'avoir, sur le *stade* trouvé à Delphes, des renseignemens plus précis que ceux de Spon et Wheler, surtout pour connaître quelle analogie régnait entre le *stade* des jeux pythiens et les stades *géographiques*. Cette distinction des stades itinéraires et des stades destinés aux courses chez les Grecs est importante, comme je l'ai dit plus haut, et propre à éclaircir bien des difficultés. M. Fauvel, qui a été à Delphes, procurera sans doute des lumières sur le *stade* de cette ville.

celle de l'institution des jeux pythiques à Delphes. Mais, s'il y a nécessairement une équivoque dans le passage, il est naturel de faire la supposition qui l'explique d'une manière simple et sans être obligé de l'altérer. En second lieu, nous n'avons absolument aucune donnée sur l'origine du pied romain : le stade dont il s'agit ici, et avec lequel il est en rapport, est d'ailleurs fort ancien en Asie ; ce qui suffit pour admettre notre explication du stade pythique.

Un seul et même stade, le stade olympique, pourrait répondre aux trois stades énoncés dans le passage de Censorin : nous l'avons vu pour les deux premiers ; or, ce même stade *redoublé* fait 1000 pieds hébraïques[1]. Mais, comme nous l'avons observé au commencement, cette interprétation serait contraire au sens naturel de l'auteur.

Il ne faut pas terminer cet article sans dire un mot du nom d'*italicum* dont a usé Censorin. Cet auteur est le seul qui ait appelé ainsi le stade dit *olympique*, dont il paraît certain qu'il est ici question. En nous apprenant que c'est celui dont a usé Pythagore, il fait naître une idée qui n'est pas sans vraisemblance. C'est en Italie que Pythagore enseigna les connaissances égyptiennes et fonda son école. L'usage du stade égyptien de six cents au degré une fois introduit dans ce pays, n'est-il pas possible qu'il ait pris dès-lors le nom d'*italique*, nom qu'a porté l'école pythagoricienne? Il est facile de prouver que l'usage de ce stade est fort ancien chez les Romains. Au reste, le nom d'*italique* a été donné par

[1] *Voyez* le tableau général et comparé des mesures.

quelques auteurs à un autre stade, qui est de 666 ⅔ au degré.

L'explication du passage de Censorin que nous avons proposée la première, et que nous regardons comme la plus naturelle, donne au stade pythique simple une valeur de 100 pas romains, faisant la 750ᵉ partie du degré. Paucton a aussi évalué ce stade comme étant de sept cent cinquante au degré, quoiqu'il n'ait point fait usage des mêmes données. Romé de Lille a aussi adopté cette détermination. Il est singulier que ces deux écrivains soient arrivés au même résultat que nous, quand le texte de Censorin paraît si formel pour le compte de 1000 pieds au stade pythique. Au reste, d'Anville avait déjà mis cette idée en avant, que le stade pythique est la 10ᵉ partie du mille romain [1].

Il résulte de l'examen que nous venons de faire (et c'est un résultat constant de toutes ces recherches), que le stade égyptien de six cents au degré, appelé *olympique*, a été employé de temps immémorial, et même qu'il est un de ceux qui l'ont été le plus souvent. En cela, je m'écarte à regret de l'opinion du savant M. Gossellin, qui, à la vérité, n'avait point rencontré de mesures exprimées avec ce stade. Il paraît qu'au siècle de Censorin on représentait ce stade par des valeurs diverses : il croyait, comme presque tous les auteurs, énoncer plusieurs mesures différentes, quand il s'agis-

---

[1] M. Barbié du Bocage pense également que le stade *pythique* de Censorin, ou de 1000 pieds, est le double du stade de sept cent cinquante au degré ; il évalue celui-ci à 75ᵗ 5ᵈˢ 2° 4½ ; ou 148ᵐ,08. (Analyse des *cartes dressées pour le Voy. du jeune Anacharsis*, Paris, an VII, in-fol.)

sait d'une mesure unique, traduite en modules différens.

§. IX. *De la mesure en stades de la distance comprise entre Héliopolis et la mer, comparée à celle qui existe entre Pise et Athènes.*

Hérodote, au chapitre 7 de son *Euterpe*, rapporte que la distance qui sépare la mer d'Héliopolis, est juste de 1500 stades, et qu'elle diffère de 15 stades de celle qu'on parcourt en allant d'Athènes (à partir de l'autel des douze Dieux) jusqu'au temple de Jupiter Olympien à Pise. Voici la traduction littérale de Larcher : « Si l'on vient à mesurer ces deux chemins, on trouvera une petite différence qui les empêche d'être égaux par la longueur, et qui n'excède pas 15 stades. » D'Anville a déjà remarqué que l'historien a confondu ici deux mesures de stades différentes. La distance de la mer à Héliopolis est assez exactement de 1500 petits stades, comme on le lui avait rapporté; car la carte fournit aujourd'hui 151000 mètres, en ligne droite, entre ces deux points [1]. Mais la mesure entre Athènes et Pise ou Olympie[2] excède de beaucoup 1485 ou même, si l'on veut, 1515 stades de la même étendue. D'Anville, dans ses *Mémoires sur l'Égypte*, ne détermine pas l'espèce de la mesure qui exprime l'intervalle d'Athènes à Olympie[3]; mais, dans son *Traité des mesures itinéraires*, il

---

[1] *Voy.* ci-dessus, ch. 11, le tabl. des mesures itinéraires en Égypte.
[2] Pise était située sur les bords de l'Alphée, sur la rive opposée à celle d'Olympie.
[3] Page 13.

avance qu'il s'agit du stade de dix au mille romain, et que 1515 stades de cette espèce conviennent à l'intervalle de ces villes [1].

Si l'on pouvait découvrir le module exact de la mesure qu'avait ici en vue Hérodote, cette découverte serait précieuse pour l'évaluation des stades grec et égyptien ; mais on ne possède pas une description géométrique de la route d'Athènes à Olympie, et l'on n'a point la position astronomique des ruines de cette dernière ville, comme on a celle de la première. Personne, parmi les savans modernes, n'ayant étudié ce pays célèbre sous autant de rapports que M. Barbié du Bocage, qui en a publié des cartes et des plans topographiques, où il a employé tout ce qu'il est possible de réunir de documens exacts, je ne puis que faire usage de ses résultats. Si je consulte ses cartes particulières de la Corinthie, de l'Achaïe, de l'Attique et de l'Arcadie, je trouve entre Olympie et Athènes, en passant par Corinthe et par Éleusis, 21 myriamètres $\frac{3}{10}$. Sa carte générale de la Grèce, publiée en 1811, et fruit de treize ans de savantes recherches, ne présente dans ce même intervalle qu'une distance d'un peu plus de 18 myriamètres ou 183000 mètres. En ligne droite et à vol d'oiseau, la mesure est de 181000 mètres [2].

Comparons ce dernier résultat à la distance entre Péluse et Héliopolis. J'ai dit que celle-ci est de 151000 mètres ; ces deux intervalles sont donc, dans cette hypothèse, comme 6 et 5. La différence de $\frac{1}{5}$ est incom-

[1] Page 77.
[2] Analyse des *cartes dressées pour* le *Voyage du jeune Anacharsis.* Voyez les pl. 1, 11, 27 et 33.

parablement trop grande pour répondre à celle de 15 stades seulement sur 1500 (c'est-à-dire de $\frac{1}{100}$), que rapporte Hérodote; comment expliquer cette contradiction? Quant à la distance de 21 myriamètres $\frac{3}{10}$, si on l'employait ici, elle ferait accuser l'historien d'une erreur encore bien plus considérable.

Voici comment on peut discuter ce passage, à moins qu'on ne veuille regarder les mesures d'Hérodote comme fausses et indignes d'examen. Je pense d'abord qu'il a confondu deux stades différens, ainsi que l'avait jugé d'Anville. D'après ce que j'ai dit plus haut, ces stades devaient être entre eux comme 5 et 6. En consultant notre tableau général des mesures, nous voyons qu'il y a deux stades qui sont entre eux dans ce même rapport de 5 à 6; savoir, le stade égyptien ou olympique, et le stade de Posidonius et de Ptolémée. Mais l'un des deux qui sont employés ici par Hérodote, est certainement le petit stade égyptien de 400000 à la circonférence; or, tous les autres l'excèdent de bien plus qu'une 5ᵉ partie.

Maintenant, divisons successivement 21 myriamètres $\frac{3}{10}$ par la valeur des stades de

au deg.	au deg.	au deg.	au deg.	au deg.	au deg.	au deg.
500.	600.	666⅔.	700.	750.	833⅓.	1111⅑.

On trouvera, pour le nombre des stades correspondans,

| 950⅔. | 1150. | 1278. | 1342. | 1438. | 1597½. | 2130. |

Si l'on opère sur la distance de 18 myriamètres $\frac{1}{10}$, on aura

| 814½. | 977⅓. | 1086. | 1140. | 1222. | 1357⅓. | 1810. |

Aucun de ces nombres ne répond à 1485 ou à 1515 stades. Celui qui s'en rapproche le plus est celui qui est exprimé en stades de sept cent cinquante au degré, et d'après les cartes particulières, puisque de 1438 à 1485 la différence n'est que de 47 stades.

On voit par cette recherche, 1°. qu'Hérodote comparait une distance en ligne droite, celle d'Héliopolis à la mer, à un intervalle mesuré suivant les routes qui menaient d'Athènes à Olympie; 2°. que les 15 stades de différence entre les deux intervalles doivent être comptés plutôt en moins qu'en plus, dans la distance d'Athènes à Olympie, c'est-à-dire qu'elle était de 1485 stades; 5°. que c'est en stades pythiques, probablement, qu'étaient exprimés ces 1485 stades, ainsi que l'a conjecturé d'Anville. En effet, comme je l'ai dit dans le §. VI, la grandeur du stade pythique était celle du stade de sept cent cinquante au degré ou de dix au mille romain.

Je finirai ces observations sur les stades géographiques et les stades des jeux, par une remarque relative à celui de 400000 à la circonférence. Vainement son existence a été révoquée en doute par plusieurs écrivains. Aucun, peut-être, si ce n'est le stade égyptien ou olympique, n'est mieux établi dans la métrologie ancienne. Non-seulement Hérodote s'en est servi dans toute sa description de l'Égypte, mais nous voyons que cette mesure de stade explique merveilleusement les récits des historiens d'Alexandre. Il paraît que Néarque, Déimaque et Mégasthène en ont fait un usage exclusif. C'est ce que

M. Gossellin a mis hors de doute. Or, nous devons à Aristote la connaissance de sa valeur astronomique. Peut-on raisonnablement douter que cette connaissance lui soit venue par les renseignemens que les Macédoniens recueillirent dans l'Égypte et dans l'Inde, et par les relations qu'Alexandre entretint avec lui? C'est ainsi que l'expédition française en Égypte a procuré aux savans français des lumières qu'ils n'eussent point reçues d'ailleurs : on attribuera dans tous les temps à cette expédition les nouvelles découvertes relatives à ce pays, et dont ils auront introduit les résultats dans leurs ouvrages. Concluons que le stade d'Hérodote est un stade astronomique, et que la division décimale qu'il suppose dans la circonférence du globe, est due aux mathématiciens de l'Orient [1].

[1] Le quart du méridien, dans cette division, est partagé en 100 000 parties, comme il l'est, dans le nouveau système français, en 10 000 000 de mètres.

CHAPITRE IX.

Mesures des anciens peuples de l'Orient en rapport avec les mesures égyptiennes.

Témoignages des anciens auteurs et remarques sur les diverses mesures égyptiennes et étrangères, accompagnés de tableaux métriques. Recherches particulières sur le schœne et la parasange.

SECTION PREMIÈRE.

TÉMOIGNAGES DES AUTEURS ANCIENS ET ARABES, ET TABLEAUX MÉTRIQUES FORMÉS D'APRÈS LEURS DONNÉES.

1°. HÉRODOTE. (*Mesures égyptiennes et grecques.*)

Nous devons à Hérodote des faits précieux sur les mesures égyptiennes; mais ces témoignages n'ont été jusqu'à présent considérés que d'une manière isolée, ou bien l'on a cru qu'il n'avait en vue que les mesures des Grecs. Si l'on prend la peine de comparer ce qu'il dit sur ce sujet dans les chapitres 6, 149 et 168 du livre II, et de réduire en un seul tableau tous les rapports qu'il donne, on y verra un accord parfait; il suffira de connaître la valeur d'une des mesures pour déterminer toutes les autres. Hérodote compare le *dromos* à 9 schœnes et 540 stades; le schœne, à 60 stades; la parasange égyptienne, à 30; le stade, à 6 plèthres et à 100 orgyies; le côté de l'aroure, à 100 coudées; le plèthre, à 100 pieds; l'orgyie, à 4 coudées ou 6 pieds; la coudée, à 6 palmes, et le pied, à 4 : l'auteur n'est pas descendu jusqu'à la division du palme en doigts. Il faut ajouter ici le petit stade qui a servi à l'historien à mesurer le périmètre des côtes d'Égypte, et le schœne qui en renfermait 60. Ce stade est celui de 400000 à la circonférence du globe; l'autre stade est celui de six cents au degré. En complétant le tableau, et ajoutant le stade et la parasange des Persans, dont il est question dans la description de la route de Sardes à Suse, on trouve quatre-vingt-dix rapports qui non-seulement sont bien en harmonie entre eux, mais coïncident encore avec ceux qui sont fournis par Héron, S. Épiphane, Julien, etc. On y voit que le grand schœne valait 2 parasanges, le grand stade, 400 coudées; le petit, 216; le plèthre, $66\frac{2}{3}$; la coudée elle-même, 1 pied $\frac{1}{2}$. La coudée égyptienne était égale, dit Hérodote, à celle de Samos; l'ensemble du tableau prouve qu'elle avait la même grandeur que celle que nous avons trouvée égale à $0^m,4618$. De là on conclut toutes les autres valeurs [1].

2°. HÉRON D'ALEXANDRIE. (*Mesures égyptiennes.*)

J'ai réduit en deux tableaux toutes les mesures linéaires rapportées par Héron d'Alexandrie : les divers rapports

[1] *Voyez* le tableau n°. (I). Les valeurs absolues se trouvent dans le tableau général des mesures.

DES ANCIENS ÉGYPTIENS, CH. IX.   215

que je présente sont extraits des fragmens que l'on possède sous son nom, et qui sont des morceaux précieux pour l'histoire métrologique; ils offrent même la seule exposition un peu complète des mesures égyptiennes. Le premier de ces fragmens est composé de vingt ou vingt-une mesures antiques, κατὰ τὴν παλαιὰν ἔκθεσιν; le second, de treize mesures en usage de son temps, κατὰ τὴν νῦν κρατοῦσαν δύναμιν[1]. Afin de faire juger plus facilement des rapports, j'ai traduit en mesures d'une seule espèce, et écrit dans chaque case du tableau, les nombres que l'auteur a composés en mesures d'espèces différentes[2].

Il n'est pas difficile de reconnaître une mesure commune, qui sert de lien à ces deux tableaux; c'est la coudée de 24 doigts : je l'ai regardée comme étant la coudée égyptienne, dont la valeur est de $0^m,4618$ ou $0^m,462$. On va voir les conséquences qui découlent de cette supposition, et l'on jugera par-là si elle est fondée.

Premier tableau.

Je ne parlerai ici que des mesures principales de ce tableau.

La *coudée xylopristique*, à l'usage des ouvriers en bois, est de 24 doigts; sa grandeur étant de $0^m,462$, le *pied philétérien* se trouve égal à $0^m,308$, c'est-à-dire au pied grec et égyptien. L'*orgyie* est de $1^m,85$, comme

---

[1] *Voyez* les fragmens de Héron recueillis dans les *Analecta græca* de D. Bernard de Montfaucon (Paris, 1688), tom. 1, p. 308, sous ce titre : Ἥρωνος Γεωμετρούμενα, etc. *Excerpta ex Herone geometra de mensuris.*

[2] *Voy.* les tabl. n⁰ˢ. (II) et (III).

l'orgyie égyptienne; l'*acæne*, de $3^m,08$, comme le décapode égyptien; l'*amma*, de $18^m,47$, ou de 10 orgyies; le *plèthre*, de $30^m,8$, ou de 100 pieds égyptiens; le double plèthre ou *jugère*, de $61^m,6$; le *stade*, de $184^m,72$, ou de 600 pieds égyptiens; le *mille*, de $1385^m,4$, ou de 4500 pieds égyptiens : c'est le mille composé de 5000 pieds de Pline, et de 3000 coudées communes. Le *schœne* ou la *parasange* est de $5541\frac{2}{3}$ mètres, c'est-à-dire de 30 stades égyptiens ou olympiques.

Or, toutes ces valeurs sont déjà établies par les calculs précédens, comme étant celles de l'Égypte ancienne [1]. Il faut remarquer que le mille de ce tableau est celui du Bas-Empire, ou du temps de Héron [2].

Deuxième tableau.

La *coudée lithique* est ici de 24 doigts, comme la coudée xylopristique de l'autre tableau; il faut donc lui donner la même valeur de $0^m,462$. Or, on sait aussi que c'est une même espèce de coudée qui portait les noms de *lithique* et de *xylopristique*, et qui servait également aux tailleurs de pierre et aux charpentiers. Il ne s'agit donc, dans l'une et l'autre de ces expositions, que d'une seule et même mesure.

Le *pied* est encore ici le pied égyptien de $0^m,308$; la *coudée* de 32 doigts est de $0^m,616$, la même que la coudée hachémique des Arabes [3]; le *pas simple*, de $0^m,77$,

---

[1] *Voyez* ci-dessus, pag. 160.

[2] Cette mesure n'aurait peut-être pas dû figurer dans les mesures antiques.

[3] *Voyez* ci-dessous, n°. 5.

ou de 2 pieds égyptiens $\frac{1}{2}$; le *pas double*, de 1^{m},54, ou de 5 pieds égyptiens. Il faut remarquer que l'*orgyie* est de 9 spithames $\frac{1}{4}$, au lieu de 8; mais cette apparente différence est facile à faire évanouir. La valeur était écrite ainsi, 6 *pieds* 1 *spithame* $\frac{1}{4}$, comme on le voit dans Héron même; on a mis 9 spithames $\frac{1}{4}$ pour la transformer en mesure d'une seule espèce, et l'on a changé les 6 pieds en 8 spithames, à raison de 1 $\frac{1}{3}$ par pied, comme si c'étaient des pieds égyptiens : mais il s'agissait du pied italique compris dans le premier tableau. En effet, ces 6 pieds italiques font 6 spithames $\frac{2}{3}$; à quoi ajoutant 1 spithame $\frac{1}{3}$ [1], on retrouve les 8 spithames, c'est-à-dire l'orgyie égyptienne de 6 pieds égyptiens ou 4 coudées. Cette difficulté levée tourne elle-même à l'appui de toutes nos déterminations. Au reste, ce passage est malaisé à expliquer entièrement, puisque Héron traduit encore la valeur de l'orgyie par 27 palmes et 1 pouce, ou 26, la main fermée; ce dont il n'est guère possible de rendre une raison parfaitement exacte.

Le *socarium des terres labourées*, τῆς σποείμε γῆς, est ici de 18^{m},47 ; il a 6 cannes, 10 orgyies ou 60 pieds, et il est compris dix fois au stade égyptien. Le *socarium des prés et des enceintes*, τῦ λιβαδίε καὶ τῶν περιορισμῶν, est de 22^{m},17, ou de 12 orgyies : il est dix fois au stade de Ptolémée de cinq cents au degré. Il faut remarquer que ce stade était fort en usage du temps de Héron. Le *socarium* des terres, mesuré en carré, faisait 100 orgyies, et c'était la moitié de l'espace qui exigeait pour

[1] Il faut peut-être lire $\frac{1}{3}$ au lieu de $\frac{1}{4}$.

la semence quarante livres ou un *modius* de blé, selon Héron.

Ainsi la construction des deux tableaux et la connaissance d'une seule des mesures nous ont fourni la valeur des trente-trois mesures de Héron avec une extrême facilité. La coudée de 32 doigts, appelée simplement πῆχυς par Héron, est composée de 2 pieds égyptiens; c'est le tiers de l'orgyie : telle est peut-être l'origine de cette mesure, qui est la plus grande de toutes les coudées anciennes.

Il est encore à remarquer que la mesure pour les terres labourées, appelée σωκάϱιον, a aussi le nom de σχοινίον. Il y a un rapport de dérivation entre ce mot et le nom de σχοῖνος ou de *schœne*, et cette analogie suppose peut-être un rapport de mesure entre l'un et l'autre : cette idée est confirmée par notre tableau. Σχοινίον est un diminutif, c'est comme si l'on disait *un petit schœne*. Or, le schœne étant de 5541 mètres $\frac{2}{3}$, et le *schœnion* des terres, de $18^m,47$, on trouve que l'un contient l'autre trois cents fois juste; autrement, l'un est de 3000 orgyies, et l'autre de 10. Le côté de l'aroure contenait deux fois et demie le *schœnion*, comme il était compris lui-même cent vingt fois dans le schœne dont il s'agit.

Cette mesure est la même que l'*amma* du premier tableau; elle est donc par conséquent ancienne. Mais l'autre *socarium*, formé peut-être d'un stade plus récent, celui de Ptolémée, se trouve rapporté par Héron comme une mesure de son temps, et n'est point parmi les anciennes mesures. On peut ajouter qu'à une époque où toutes les terres étaient cultivées en grains, il n'était

DES ANCIENS ÉGYPTIENS, CH. IX.   219

peut-être pas nécessaire d'avoir une mesure destinée spécialement à l'arpentage des prés.

Les deux tableaux ainsi composés avec les passages de Héron, tant pour les antiques mesures que pour celles de son temps, coïncident tout-à-fait ensemble, soit pour les rapports, soit pour les valeurs absolues.

Le pied italique résultant du premier tableau ne vaut que $0^m,2567$; il est beaucoup au-dessous du pied romain. Ce pied est même inférieur, mais d'une petite quantité, au pied naturel, et il se peut qu'on ait pris l'un pour l'autre. Mais il est à remarquer qu'une même valeur de ce pied italique est fournie par notre auteur lui-même : le *béma diploun* ou *ampelos* de Héron le contient six fois juste. Le *béma haploun*, de $0^m,77$, mesure encore usitée au Kaire, comme on l'a vu au chapitre VII, le comprend trois fois. Ce pied fait les cinq sixièmes du pied égyptien. Si l'on formait une orgyie de six de ces pieds (et l'*ampelos* est cette orgyie même), elle serait comprise mille fois dans la mesure d'un mille particulier, qui paraît répondre au mille de Strabon et de Polybe (*voyez* le n°. 4)[1]. Ce même pied est la moitié d'une mesure de coudée dont je parlerai à l'article de la coudée babylonienne (IIe section). Enfin il est neuf cents fois au côté de la grande pyramide.

Héron rapporte aussi (selon Éd. Bernard, pag. 242) une mesure du *dolichos*, et sa valeur en stades, en orgyies et en coudées. Elle se lie avec toutes les mesures antiques; c'est pour cela que je l'ai introduite dans le premier tableau de Héron[2]. *Voy.* ci-dessous la section II,

[1] *Voy.* le tabl. général des mesur.   [2] Héron parle encore d'une me-

où j'ai fait usage d'autres données fournies par le même auteur.

3°. S. ÉPIPHANE. (*Mesures des Égyptiens et des Hébreux.*)

On trouve, dans la collection d'opuscules grecs publiée par Lemoine sous le nom de *Varia sacra*[1], et dont j'ai parlé dans le précédent chapitre, un fragment curieux, attribué à S. Épiphane, qui a pour titre Περὶ πηλικότητος μέτρων, *De quantitate mensurarum*. Ce fragment donne les rapports de seize mesures différentes. S. Épiphane était instruit sur les mesures égyptiennes[2]; il a écrit un traité spécial *de ponderibus et mensuris*, où les mesures de capacité des Égyptiens prennent une grande part. Le fragment qui nous occupe est d'un haut intérêt, en ce qu'il donne précisément les mêmes rapports qu'Hérodote, Héron et tous les anciens auteurs. Deux mesures seulement paraissent s'écarter de l'accord général; savoir, le plèthre, qui s'y trouve de 96 pieds, au lieu de 100 pieds, et le *milion* de 7 stades, au lieu de 7 stades $\frac{1}{2}$: mais cette déviation n'est qu'apparente.

J'ai formé le tableau des diverses mesures qui sont en chiffres dans le texte grec; en le complétant, j'ai trouvé dans tous les nombres le plus grand accord, excepté

---

sure égale au quart de la spithame et longue de trois doigts; mais il ne donne pas assez de détails pour que j'aie pu en faire usage : c'est dans le passage si obscur relatif à l'orgyie, et dont j'ai fait mention plus haut. Quant au mille de Héron, μίλιον, il renferme 5ooo pieds de la mesure de Pline : Héron nous apprend qu'il vaut 45oo pieds égyptiens et 54oo pieds italiques.

[1] Pag. 199 (*Lugd. Batav.* 1685).
[2] S. Épiphane florissait vers l'an 386 de J.-C. Dans ce qui suit, je le supposerai le véritable auteur du fragment.

DES ANCIENS ÉGYPTIENS, CH. IX.

pour les valeurs du mille[1]. Il résulte de ce travail, et en prenant pour base la valeur du mille hébraïque, de 1108^m$\frac{1}{3}$, qui sera démontrée plus bas, une valeur de 5541^m$\frac{2}{3}$ pour la parasange, telle que nous la connaissons[2]; pour le mille de 7 stades $\frac{1}{2}$, 1385^m,4; pour le stade, 184^m,72; l'acæne, 3^m,08; l'orgyie, 1^m,85; le *béma*, 0^m,77; la coudée, 0^m,462; le pied, 0^m,308; c'est-à-dire que toutes ces mesures sont celles de l'Égypte ancienne, hors le mille. Quant au plèthre, qui ne prend ici que 96 pieds, c'est une difficulté aisée à lever; car 96 pieds égyptiens font justement 100 *pieds romains*. L'auteur du fragment a confondu les deux pieds; mais il a été conséquent dans les valeurs données à ce même plèthre en orgyies, *béma*, coudées, pieds, spithames, etc., qui sont très-exactes en tant que relatives à une mesure de 100 pieds romains : il ne faut que les augmenter dans le rapport de 96 à 100 ou de $\frac{1}{24}$, pour voir reparaître tous les rapports connus entre le plèthre et ces diverses mesures[3].

Cette simple analyse explique parfaitement la valeur du plèthre exprimée par 38 *béma* $\frac{2}{7}$, nombre rompu qui pourrait passer pour altéré. Le plèthre ordinaire vaut 40 *béma*; et l'on a en effet 40, en ajoutant $\frac{1}{24}$ à ce nombre fractionnaire ($38 \frac{2}{7} (1+\frac{1}{24}) = 40$). Il est facile de voir que les 10 acænes au plèthre doivent se transformer en 9$\frac{1}{7}$ pour ce plèthre supposé en pieds romains; mais le nombre de 10 acænes se rapporte bien au plèthre ordinaire.

---

[1] *Voyez* le tableau n°. (IV).
[2] Il y a dans le fragment, ὁ παρασάγγης μέτρον Περσικὸν : ce qui peut signifier seulement que les Perses avaient une mesure de parasange.
[3] *Voyez* le tableau n°. (IV).

Venons au mille de 7 stades. S. Épiphane est presque le seul qui parle d'un mille pareil : mais il est bien remarquable que le mille hébraïque, mille fort ancien et dont S. Épiphane parle très-souvent, soit en effet composé de 7 stades de sept cents au degré ou d'Ératosthène[1]. Quand le stade de sept cents au degré se répandit dans l'usage, il fut aisé de remarquer que le mille hébraïque en renfermait 7, et ce rapport septenaire fut saisi principalement par les auteurs juifs. On peut consulter, à ce sujet, l'article du mille ; observons seulement ici que ce mille était de cent au degré, et que le stade dont il s'agit contenait 600 pieds de la stature humaine.

S. Épiphane a entendu ici le mille hébraïque ; mais il a négligé d'avertir que sa valeur en stades se rapportait à celui de sept cents au degré, et non au stade ordinaire de six cents : de manière que les valeurs du mille en stades, plèthres, acænes, orgyies, *béma*, coudées, pieds, spithames, palmes et doigts, sont toutes trop fortes d'un septième pour le stade égyptien et les mesures qui en dérivent; mais, comme on peut s'en assurer en faisant le calcul, elles seraient parfaitement exactes pour un stade de sept cents au degré ou de $158^m,33$, un plèthre de $26^m,39$, etc., enfin pour un pied de $0^m,2639$ ou le pied naturel.

Ainsi le mille de S. Épiphane est le même que le mille hébraïque, et les mesures composantes sont plus petites d'un septième ; le plèthre est plus petit que le

---

[1] Le mille hébreu renferme 6 stades olympiques, et S. Épiphane le rapporte lui-même dans un autre endroit.

plèthre égyptien, mais ses valeurs sont en mesures égyptiennes.

On voit comment nos tableaux servent à résoudre les difficultés et les questions qui se présentent dans l'examen des auteurs; difficultés qu'on est habitué à lever en supposant arbitrairement les textes corrompus, et en les corrigeant d'une façon non moins arbitraire.

La mansion, qui est à la tête des mesures de S. Épiphane, est bien éloignée de la mansion hébraïque ordinaire de 200 stades : elle ne fait qu'une parasange et demie, 45 stades ou 6 *milion*. C'était l'espace entre deux relais de chevaux.

Le mille de 7 stades $\frac{1}{2}$, ou *milion*, n'a pas été oublié par l'auteur du fragment, qui nous apprend que la parasange en renferme 4, et le *stathmos*, 6 : plusieurs, dit-il, assurent que le mille a 7 stades $\frac{1}{2}$. Le *milion* a, en effet, 7 stades égyptiens ou olympiques $\frac{1}{2}$, comme nous l'avons vu à l'article de Héron. Au reste, le mille hébraïque a aussi 7 *rous* $\frac{1}{2}$.

4°. JULIANUS ASCALONITA (*Julien l'architecte*). (*Mesures égyptiennes, mesures de Pline, etc.*)

Julien donne au plèthre 10 acænes, 15 orgyies, 30 *béma*, 60 coudées, 90 pieds : Τὸ πλέθρον ἔχει ἄκαινας ι΄, ὀργυιὰς ιέ, βήματα λ΄, πήχεις ξ΄, πόδας ζ΄ [1]. Ailleurs il dit que 100 orgyies *géométriques* font 112 orgyies *simples*,

---

[1] J'ai tiré ces passages d'Édouard Bernard, *de Ponderibus et Mensuris*, pag. 225 et 236. Voyez aussi le mot Μίλιον dans Hésychius, qui cite ce fragment de Julien (*apud Const. Harmenopulum*, l. II, Προχ. tit. 4.)

et aussi que le mille de son temps fait 7 stades $\frac{1}{2}$, 750 orgyies géométriques, 840 orgyies simples, 1500 pas, 6000 coudées[1]; mais que, selon les géographes Ératosthène et Strabon, il vaut 8 stades $\frac{1}{3}$ ou 833 orgyies : Τὸ νῦν μίλιον, ἤτοι τῶν ζϛ ϛαδίων, ἔχει ὀργυιὰς μὲν γεωμητρικὰς ψ́, ἁπλᾶς δε ωμ́, βήματα αφ, πήχεις ϛ; κατὰ δε τὸν Ἐρατοσθένην καὶ Στράβωνα γεωγράφους, τὸ μίλιον ἔχει ϛαδίας ηγ́, ἤτοι ὀργυιὰς ωλγ́. Enfin, ailleurs encore, il fait le *béma* ou pas de 2 coudées, 3 pieds, 12 palmes.

Tous ces rapports, malgré leur discordance apparente, se rangent très-bien dans un seul tableau, où le mille prend 4500 pieds, le stade 600, le plèthre 90, l'acæne 9, l'orgyie géométrique 6, l'orgyie simple $5\frac{1}{14}$, le *béma* 3, la coudée $1\frac{1}{2}$, et la spithame $\frac{3}{4}$[2]. On voit, à l'inspection de nos tableaux, que cette unité est un seul et même pied, le pied égyptien de $0^m,308$. Ce sont presque toutes les mesures d'Hérodote ou les mesures égyptiennes.

Mais qu'est-ce qu'un plèthre de 90 pieds, quand on sait que le plèthre a toujours 100 pieds; de même l'acæne de 9 pieds, au lieu de 10; enfin un mille de 4500 pieds? Voici la solution de cette difficulté :

Un plèthre formé avec 100 pieds de la mesure de Pline ($0^m,2771$) fait justement 90 pieds égyptiens.

Une acæne de 10 pieds pareils fait 9 pieds égyptiens.

Un mille de 5000 pieds pareils fait 4500 pieds égyptiens. C'est le même que le μίλιον de Héron.

Ainsi Julien parlait d'un mille, d'une canne et d'un

---

[1] Πήχεις ϛ : il faut σπιθαμας ϛ.
[2] *Voyez* le tableau des mesures de Julien n°. (V).

plèthre formés de pieds de la mesure de Pline, suivant les rapports propres à ces mesures, et il en donnait la valeur en pieds métriques ou égyptiens.

C'est pour cette raison qu'il distingue une orgyie *géométrique* et une orgyie *simple* : la première est l'orgyie égyptienne, formée de 6 pieds métriques; l'autre est formée de 6 pieds de Pline, lesquels font $5\frac{5}{14}$ du pied égyptien à fort peu près, ce que veut le rapport marqué par Julien l'architecte.

Il est à remarquer, quant aux deux espèces d'orgyies, que le rapport de 100 à 112 pour la valeur du stade en orgyies est exactement le même que celui de 750 à 840 pour le plèthre. Ce rapport fait l'orgyie géométrique égale à une fois et $\frac{3}{25}$ l'orgyie simple. Nous trouvons que le pied égyptien est égal à une fois et $\frac{3}{27}$ le pied de Pline : il y a donc une petite différence; mais elle est à peine d'un cent douzième [1], et par conséquent trop légère pour infirmer les résultats que nous venons d'exposer, et qui sont enchaînés étroitement.

Il se trouve que le pied romain est juste égal à un pied naturel ($0^m,2639$) et $\frac{3}{25}$; par conséquent, si l'on supposait deux orgyies formées de 6 de ces pieds respectivement, 100 de la première feraient juste 112 de la seconde : mais il est manifeste, par tout le tableau de Julien, qu'il ne parle pas du pied romain. En supposant qu'il faisait usage de celui-ci, le mille et le stade resteraient sans explication, et les rapports frappans que nous avons retrouvés ci-dessus n'auraient plus d'existence.

---

[1] Au lieu de 112 dans le passage de Julien, il faudrait $111\frac{1}{2}$ pour la parfaite exactitude.

Nous corrigeons πήχεις ς,´par σπιθαμὰς ς, : cette correction est trop évidente pour avoir besoin d'être justifiée.

La proportion du *béma* ou pas avec les autres mesures n'est pas la même que celle donnée par Héron, savoir, de 2 pieds $\frac{1}{2}$: j'entends le *béma haploun* ou pas simple; selon Julien, il avait 3 pieds, ou 2 coudées. Il n'y a que le *dipéchus* ou double coudée hébraïque qui avait 3 pieds. Mais, si l'on voulait considérer ce *dipéchus* comme un pas, comment prouverait-on que Julien entend ici parler de la double coudée des Égyptiens, puisque son plèthre est réellement formé de 60 coudées égyptiennes? Je remarquerai que, dans Héron, il est question des mesures appelées τρίποδες ἤτοι διπήχεις, c'est-à-dire de 3 pieds, 2 coudées, $\frac{1}{2}$ orgyie[1].

Le même Julien rapporte que le mille de Strabon ou d'Ératosthène (par opposition avec le mille de son temps) valait 8 stades $\frac{1}{3}$ ou 833 *orgyies* (il faut 833.$\frac{1}{3}$)[2]. Il est certain qu'il parle là d'un même stade, sans quoi il n'y aurait pas de sens dans le passage; le stade était de 184^m,72. Ce mille de Strabon, qui est aussi donné par Polybe, était donc de 1539 mètres; c'est celui-là même que je regarde comme ayant été le mille égyptien inférieur. Il comprenait mille fois la mesure de 5 pieds égyptiens, comme le mille romain contenait mille fois le pas romain : or, cette mesure de 5 pieds, Héron nous l'a transmise sous le nom de *béma diploun* ou pas double,

---

[1] *Voyez* Éd. Bernard, qui cite un manuscrit du Vatican. Au reste, le *béma* simple, qui vaut 2 pieds $\frac{1}{2}$ égyptiens, fait 3 pieds italiques.

[2] *Voyez* les tableaux de Héron (II) et (III).

[2] *Voyez* ci-dessous, à l'article du mille.

DES ANCIENS ÉGYPTIENS, CH. IX.

ou aussi d'*ampelos*, et elle vaut 1^m,539. Le pas géométrique romain lui est inférieur de $\frac{1}{25}$, ou d'autant que le pied romain est au-dessous du pied géométrique des Grecs ou des Égyptiens[1]. Ce mille valait 50″.

5°. AUTEURS ARABES.

Abou-l-fedâ, el-Edrysy, Abou-l-farage, Masoudy, etc., selon Éd. Bernard[2], disent que la parasange vaut 3 milles hachémiques, 25 *ghalouah* ou stades, 9000 coudées hachémiques ou anciennes de 32 doigts, et 12000 coudées communes ou médiocres de 24 doigts.

Le mille est donné, dans les mêmes auteurs, de $8\frac{1}{3}$ *ghalouah*, 3000 coudées hachémiques, 4000 coudées communes; ce qui confirme les rapports précédens. Il s'ensuit que le ghalouah, le stade des Arabes, vaut 360 coudées hachémiques et 480 coudées communes, et que ces deux coudées sont entre elles comme 4 et 3. La valeur de l'une de ces mesures doit déterminer toutes les autres. Or, la coudée commune nous est parfaitement connue, par tout ce qui précède, pour être égale à 0^m,462. Le résultat pour la parasange est de valoir 5541$^m\frac{2}{3}$; or, c'est la valeur que nous avons trouvée pour la parasange égyptienne ou le petit schœne. Les auteurs arabes l'appellent *parasange vraie* ou *juste* : c'était, en

---

[1] *Voyez* ci-dessus, à la fin de l'article de Héron.

[2] Cet auteur, justement estimé pour son profond savoir, a fait sur les mesures des anciens un ouvrage rempli d'érudition, où toutes les données des auteurs sont réunies. J'ai dû puiser dans ce précieux recueil, ainsi qu'ont coutume de le faire les savans et les métrologues depuis plus d'un siècle. (Ed. Bernardi *de Mensuris et Ponderibus antiquis libri tres*. Oxoniæ, 1688, 2ᵉ édition.)

effet, une ancienne mesure fixe et établie par le système métrique d'Égypte. La parasange persane en était probablement dérivée [1]. Le mille se trouve être ainsi de 1847 mètres; c'est la mesure même de l'ancien mille égyptien de soixante au degré. Enfin la valeur du stade arabe se trouve être de $221^m,70$: c'est celle du stade de Ptolémée de cinq cents au degré; or, Ptolémée est aussi l'auteur que les Arabes ont suivi.

Kalkasendi fournit une liste de sept coudées qu'Éd. Bernard [2] nomme ainsi en latin : *homaræus, hacemæus, belalæus, niger, josippæus, asaba* et *maharanius*. Les rapports qu'il donne sont incomplets; et tout ce qu'on peut en tirer, en ayant égard à ce qui a été dit ci-dessus, c'est que la première vaudrait 29 doigts $\frac{1}{3}$, la seconde 32, la troisième 29 $\frac{2}{3}$, la quatrième 27, la cinquième 26, la sixième 24 $\frac{1}{3}$, etc. : mais il est également difficile de démêler la nature de ces coudées, et de découvrir de quelle mesure de doigt il s'agit.

Une autre énumération plus exacte des différentes coudées est donnée par Éd. Bernard [3] d'après plusieurs géographes arabes, qui les divisent en quatre espèces : l'*ancienne*, la *nouvelle*, la *juste* et la *noire*. La première, de 32 doigts, est surnommée *hachémique* et *royale*; elle avait 8 palmes, $\frac{4}{3}$ de la coudée juste, etc. : la seconde, 24 doigts : la troisième, 6 palmes ou 24 doigts; on l'appelait aussi *coudée vulgaire, petite, médiocre, commune*; c'était, selon Éd. Bernard lui-même, la coudée juste ou *de mesure*, δίκαιος, μέτριος d'Héro-

---

[1] *Voyez* ci-après, sect. III.
[2] Page 217.
[3] Page 218.

dote, et *virilis* de la Bible : la quatrième avait 27 doigts, 6 palmes justes et ¼. Le khalife Almâmoun avait, dit-on, établi cette dernière pour l'arpentage.

Ces trois mesures (car il est évident que la seconde et la troisième espèces de coudées n'en font qu'une) sont comme 32, 24 et 27. S'il s'agit d'un même doigt, la 24º partie de la coudée commune, comme tout le démontre, la première mesure sera la même que la coudée royale de Héron, de 32 doigts; la seconde serait la coudée commune des Égyptiens, la coudée d'Hérodote, etc., et ici Éd. Bernard confirme entièrement mon opinion; la dernière paraîtrait être la même que la coudée babylonienne, qui avait 3 doigts de plus que la coudée *de mesure*[1] : il se peut que le khalife Almâmoun ait puisé cette coudée en Perse. Dans la même explication, la coudée noire tient le milieu juste entre la coudée commune et le pyk belady.

Ainsi la coudée hachémique, valant un tiers en sus de la coudée commune de 0^m,462, était de 0^m,616.

La coudée noire, ou de 27 doigts, valait 1 ⅛ de la coudée commune, 0^m,5196.

Les rapports des trois coudées hachémique, noire et commune, comme 32, 27 et 24, sont confirmés par la valeur de la canne hachémique, qui est égale en même temps, suivant tous les auteurs, à 6 coudées hachémiques ou royales, 7 ⅑ coudées noires et 8 coudées communes ou *justes*, *médiocres*; car ces trois nombres 6, 7 ⅑ et 8 répondent exactement aux nombres 32, 27 et 24.

---

[1] Édouard Bernard regarde aussi comme une seule et-même mesure les coudées noire et babylonienne *Voyez* ci-dessous, §. vi.

La coudée noire valait donc $\frac{2}{8}$ de la commune, et $\frac{27}{34}$ de l'hachémique.

Remarquez que la coudée du meqyâs tient juste le milieu entre l'ancienne coudée arabe hachémique et la coudée commune, puisque celle-ci est de 24 doigts, et la première de 32 doigts, selon tous les auteurs arabes. La valeur intermédiaire, faisant 28 doigts, a dû être formée de la plus petite par l'addition d'un palme.

Il résulte de ce qui précède, que l'évaluation de la parasange égyptienne, la même que celle des auteurs arabes, à 5541^m,7, est parfaitement confirmée, et aussi que la coudée commune a été, dans tous les temps, estimée à 0^m,462.

Les déterminations précédentes donnent pour le qasab hachémique une même valeur de 3^m,694. Ce qasab de 3^m,694 se trouve équivaloir précisément à 10 *seraïm* ou pieds juifs. Bochart dit que la canne équivaut à 5 coudées, rapport qu'on ne trouve point ailleurs : or, 5 coudées hachémiques font 3^m,08, ce qui est la valeur de l'ancien qasab ou canne métrique.

La mesure actuelle du qasab, 3^m,85, est plus grande que la canne hachémique de $\frac{1}{24}$ ou d'un tiers de coudée commune, c'est-à-dire de 8 doigts en sus. D'après ce qu'on vient de dire, la canne hachémique vaut un cinquième en sus de l'ancien qasab.

Suivant les auteurs cités par Éd. Bernard, l'*asla* des Arabes et des Persans, étendue qui, dans l'échelle des mesures, correspond au plèthre, a 60 coudées hachémiques. Sa valeur, d'après ce qui précède, était de 36^m,944. Le pas ordinaire ou petit pas, suivant les mêmes, est égal à la coudée commune; c'est un pied et demi, à la mesure de 0^m,508.

La prétendue coudée hachémique d'Édouard Bernard[1], de 28,9 pouces anglais (0^m,733), est une valeur excessive qui n'a aucun fondement. Il dit : *Potest tamen ex modulo Marufidæ in Ms. Arabico bibliothecæ nostræ cubitus hacemæus uncias anglicas* 28,9[2]. La coudée commune, étant les $\frac{1}{4}$ de l'hachémique, aurait valu, dans ce cas, 0^m,550; ce qui surpasse la vraie mesure de cette coudée commune de plus de 88 millimètres. D'un autre côté, le mille arabe était de 4000 coudées communes : 4000 fois 0,55 font 2200 mètres; ce qui serait un mille de cinquante au degré : mais aucun auteur ne parle d'un mille arabe d'une aussi grande étendue[3]. La coudée hachémique était trois mille fois dans le mille arabe; or, 3000 fois 0^m,733 feraient 2200 mètres. Enfin cette valeur entraînerait, pour la coudée noire, une mesure de 0^m,619, qui excède de plus de 4 centimètres celle de la plus grande coudée actuelle, le pyk belady. Il y a encore d'autres raisons aussi fortes pour empêcher de croire que cette coudée d'Édouard Bernard ait jamais existé; le qasab de 6 coudées deviendrait égal à 4^m,40, mesure excessive. La plus grande mesure connue aujourd'hui est de 3^m,85.

Au contraire, l'évaluation de la coudée hachémique à 0^m,616, ainsi que je l'ai donnée plus haut, est con-

---

[1] Page 219.
[2] D'Anville semble avoir admis cette mesure, qu'Édouard Bernard avait tirée d'un manuscrit arabe de la bibliothèque d'Oxford.
[3] D'Anville fait mention d'un mille de cinquante au degré; mais il ne l'attribue point aux Arabes. *Voyez*, sur le schœne et la parasange, ci-dessous, IIIe section.

firmée de plusieurs façons. Elle se compose de parties entières et exactes des autres coudées, suivant des rapports simples. Ainsi, par exemple, elle équivaut à une fois $1\frac{1}{17}$ le pyk belady, $1\frac{1}{7}$ la coudée du meqyâs, $1\frac{1}{3}$ la coudée commune, et $1\frac{1}{9}$ la coudée hébraïque.

De ces divers rapports, il serait possible de conjecturer l'origine de la coudée hachémique ou royale. Puisqu'elle est appelée *ancienne*, elle ne s'est pas formée du pyk belady : ce qu'il y a de plus vraisemblable, c'est qu'elle vient de la coudée commune de 24 doigts par l'addition de deux palmes ou d'un tiers ; cette dernière coudée est fort ancienne, bien que les auteurs arabes la qualifient de nouvelle. On est ainsi conduit à penser que le pyk belady a été établi pour prendre un milieu entre l'ancienne coudée hachémique de 32 doigts et celle du meqyâs de 28, car il a 30 doigts ; c'était ajouter un quart, un palme et demi, ou 6 doigts, à la coudée commune.

Il faut encore observer que la coudée hachémique se trouve juste égale à 2 pieds égyptiens, et les cinquante, à un plèthre ; et comme les auteurs arabes disent que le mille de 3000 coudées hachémiques était de 6000 pieds, il suit que le pied arabe n'est autre que le pied égyptien ou pied grec. Enfin la coudée royale hachémique n'est autre chose que la grande coudée royale de Héron, valant 2 pieds, 1 coudée lithique $\frac{1}{3}$, 4 *dichas*, 8 palmes, etc.

Ainsi les Arabes paraissent avoir adopté les mesures de l'Égypte en abordant cette terre savante : les modifications qu'ils y ont faites, suivant des rapports simples,

DES ANCIENS ÉGYPTIENS, CH. IX.   233

n'empêchent pas de reconnaître la valeur du type originel ; c'est ce qui est arrivé dans les noms des anciens lieux de l'Égypte[1]. Le mille égyptien de 1000 orgyies et de 6000 pieds, égal à une minute de degré, compris trois fois au petit schœne et six fois au grand schœne, et renfermant 10 stades égyptiens ou olympiques, se trouve avoir été conservé depuis l'antiquité jusqu'aux temps modernes, et employé par les Arabes sans altération ; nous retrouverions par-là les valeurs du pied, du plèthre, de la coudée et de toutes les autres mesures des Égyptiens, quand nous n'en aurions pas connaissance par d'autres voies.

Éd. Bernard dit[2] que le stade arabe, *el-ghalouah*, vaut 65 acænes ou grands *qasab* (*major*), et 85 petits *qasab* (*minor*), 400 coudées, etc. Il faut qu'il y ait quelque erreur dans ces deux nombres[3] : en effet, en divisant par 65 et 85 le ghalouah, qui est certainement, comme le stade de Ptolémée, de cinq cents au degré, c'est-à-dire de $221^m,7$, on a $3^m,41$ et $2^m,61$, qui n'appartiennent à aucune mesure de qasab. Comme la dernière surtout est beaucoup trop petite, on ne peut supposer que ce qasab de 85 au stade vient d'un stade plus grand, puisque celui de cinq cents au degré est le plus grand de tous. Le qasab de 65 au stade est dans le même cas : je pense qu'il faut lire 60. En effet, le stade de $221^m,7$ contenait soixante fois le qasab de $3^m,694$, valant 2 orgyies ou 12 pieds : or, telle est la mesure du qasab arabe haché-

---

[1] *Voyez* les Mémoires sur la géographie comparée.
[2] Page 229.
[3] Les deux *qasab*, à supposer les nombres 65 et 85 exacts, seraient entre eux comme $1\frac{4}{17}$ à 1 ; rapport qui n'existe point entre les mesures de ce nom.

mique, qui résulte des divers rapports entre le qasab et la coudée, ainsi que nous l'avons vu ci-dessus, pag. 250.

Le *marhalah* المرحلة, ou station arabe, vaut 24 milles ou 8 parasanges, selon Abou-l-fedâ et el-Edrysy; il s'agit, d'après les rapports que nous avons trouvés, du mille hachémique et de la parasange égyptienne. Mohalli et le même Edrysy (suivant Éd. Bernard, pag. 248) lui donnent 30 milles et 10 parasanges : c'est précisément la même mesure valant 44333 mètres; mais ici elle est donnée en milles romains et en parasanges persanes [1].

Je terminerai cet article des auteurs arabes, en citant deux passages de Kalkasendi qui démontrent avec certitude quelle était la véritable valeur de la coudée antique de l'Égypte. Il nous apprend, d'après el-Khodây, ancien auteur arabe [2], que, *dans les anciens nilomètres du Sa'yd, la coudée était de 24 doigts, tandis que la coudée actuelle est de 28 doigts*. L'ancienne coudée et celle de son temps étaient donc dans le rapport de 24 à 28. Comme le meqyâs de Roudah existait du temps d'el-Khodây, *la coudée actuelle*, suivant lui, était nécessairement celle de $0^m,539$. Or, les $\frac{24}{28}$ de cette quantité font $0^m,4618$, précisément la mesure que nous avons déduite de la grande pyramide et des autres monumens. Ainsi, 1°. la *coudée antique des Égyptiens* était de $0^m,462$; 2°. cette coudée servait à mesurer les accrois-

---

[1] *Voyez* le tableau général des mesures, et là III° section de ce chapitre.

[2] *Voyez* le tom. II du Voyage de Shaw, pag. 154 (Extraits de Kalkasendi et autres autours arabes).

DES ANCIENS ÉGYPTIENS, CH. IX.   235

semens du Nil; 3°. la mesure s'est accrue de 4 doigts ou $\frac{1}{6}$. Ce doigt est toujours resté le même, à cause de son identité avec le doigt humain; « le doigt est le principe de toutes les mesures, » dit Héron. La coudée nilométrique du temps d'el-Khodây et de Kalkasendi était longue de 28 de ces doigts; mais on la partageait et on la divise encore aujourd'hui en 24 parties, appelées également doigts.

On trouve encore dans Kalkasendi que *les accroissemens du fleuve sont mesurés avec une coudée de 28 doigts*, tant qu'il n'a pas atteint 12 coudées, et qu'au-dessus on mesure l'exhaussement avec une coudée de 24 doigts. De nos jours, on a aussi, pour les derniers momens de la crue, une coudée plus petite, et qui sert aux crieurs publics pour en proclamer les résultats; mais elle est moindre que celle qui servait au même usage du temps de cet auteur : au reste, cette coudée des criées se divise aussi en 24 parties[1]. Ainsi, jusqu'à un certain degré, on annonçait les crues, du temps de cet écrivain, avec la coudée du meqyâs ou nouvelle; et au-delà, avec l'ancienne coudée, plus petite d'un septième.

Rapprochemens entre les mesures arabes et les mesures antiques.

La recherche que nous venons de faire de la valeur des mesures arabes, nous fournit plusieurs remarques. Le stade, en général, était regardé comme valant toujours 400 coudées : or, nous voyons que le stade arabe

[1] *Voyez* chap. VII.

ou ghalouah est de *trois cent soixante* coudées hachémiques; ce qui suppose l'emploi de la division sexagésimale des mesures [1].

Hérodote donne au plèthre 66 coudées $\frac{2}{3}$. Or, les Persans et les Arabes ont une mesure de *soixante* coudées hachémiques, qui est l'*asla*. Même remarque.

Nous avons dit que la coudée commune répond au pas ordinaire. Dans la mesure arabe, le pas ordinaire ou petit pas est d'un pied et demi, rapport qui est celui du pied à la coudée dans le système métrique égyptien, et qui diffère du rapport naturel.

Il paraît que la canne ou qasab a eu, dans l'antiquité, une division exacte et sans fraction, et qu'elle contenait 6 coudées, au lieu des nombres rompus de 6 $\frac{1}{3}$, 6 $\frac{2}{3}$, 7 $\frac{1}{3}$, etc.; on voit ici que la canne hachémique contient de même 6 coudées.

Enfin la valeur absolue que nous avons assignée au pied métrique égyptien d'après les données les plus exactes, se retrouve encore dans la coudée hachémique dont il fait la moitié précise, dans le mille arabe dont il fait la 6000ᵉ partie, et dans la canne hachémique où il est compris douze fois. Ainsi nous reconnaissons dans les mesures arabes le rapport que nous avions soupçonné (et que les anciens n'ont pas fait connaître) entre le stade et le mille égyptiens, et nous y trouvons aussi entre les diverses mesures les relations que fournit le système de la division senaire.

[1] *Voyez* ci-dessous, sect. II, §. VI, à l'article de la *coudée babylonienne*.

SECTION DEUXIÈME.

RECHERCHES RELATIVES AUX PRINCIPALES MESURES ÉGYPTIENNES
ET ÉTRANGÈRES.

§. I. *Du* dromos, *ou journée de navigation.*

L'évaluation de cette distance itinéraire semble fort difficile à établir; mais il en est d'elle comme de plusieurs autres mesures qui avaient leur grandeur fixée dans l'échelle métrique, et qui cependant, à l'estime journalière, et en tant que mesures d'usage, devaient varier plus ou moins. Il s'agit donc ici de déterminer, non la quantité exacte de chemin qu'on faisait à la voile ou à la rame en vingt-quatre heures, mais la grandeur que le DROMOS, *course* (c'est le nom que, suivant Éd. Bernard[1], on donnait à cette mesure), avait dans le système général.

D'Anville me paraît avoir confondu les différentes espèces de stades, en évaluant la journée de navigation. A propos des dimensions de l'Égypte, Hérodote[2] rapporte qu'on navigue neuf jours d'Héliopolis à Thèbes, et que cette distance est de 4860 stades et 9 schœnes; d'où il suit que la journée de navigation est égale à 540 stades ou 9 schœnes. Ces derniers sont les grands schœnes de la basse Égypte, et les stades, des stades égyptiens ou olympiques; par conséquent, cette mesure répond à 99750 mètres ou 22 lieues ½ de vingt-cinq au degré égyptien. Ptolémée[3] donne 1000 stades pour la valeur

---

[1] Δρόμος, *course*. Page 249.
[2] Herodot. *Hist.* lib. 11, cap. 9.
[3] Ptolem. *Geogr.* lib. 1, cap. 9, d'après Théophile.

de cette mesure. Or, 1000 petits stades égyptiens sont la même chose que 540 grands stades[1], et font également 99750 mètres[2]. Ce rapprochement est digne d'attention par la correspondance des nombres de 540 et 1000 stades, correspondance qui ne peut absolument avoir de vérité que dans le système égyptien tel que nous l'avons exposé.

Je remarquerai ici que la *course* journalière des compagnons de Sésostris était de 180 stades; c'est le tiers du *dromos* précisément[3]. L'hippodrome de Thèbes ayant 15 stades de long, en le parcourant trente-six fois on avait aussi la mesure du *dromos*. Cette répétition, assujettie à l'échelle du système égyptien, est digne aussi d'attention, et elle vient à l'appui de notre évaluation.

Nous avons dit que d'Héliopolis à Thèbes Hérodote compte neuf jours de navigation, ou 4860 stades. Or, en suivant tous les moindres détours du Nil, on trouve environ 780000 mètres; ce qui, à ce compte, ne ferait qu'environ 87000 mètres pour chaque journée[4]. Mais tout le monde a reconnu qu'il y avait erreur dans le passage. Il résulte des rapprochemens que j'ai faits, qu'il y a bien 4860 petits stades ou 60 schœnes (comme il le dit, liv. 11, ch. 9) entre Héliopolis et Thèbes; mais

---

[1] *Voy.* le tabl. général des mesur.
[2] Cette valeur du *dromus* est égale à celle du degré centésimal.
On voit, par cet exemple, que Ptolémée ne prenait pas toujours le soin de réduire les distances itinéraires en stades de cinq cents au degré. Le *dromos* ne fait que 150 de ceux-ci.

[3] *Voyez* le chapitre VIII, §. 1, p. 180.
[4] Suivant une note qui m'a été remise par M. Jacotin, il n'y aurait que 744150 mètres de Beysous à Louqsor, en suivant les grandes sinuosités du fleuve; ce qui réduirait encore beaucoup plus le résultat.

DES ANCIENS ÉGYPTIENS, CH. IX.   239

il faut les mesurer entre les parallèles[1]. Cette distance, prise d'une carte exacte, lui a sans doute été donnée par les prêtres, et il a cru que c'était la distance mesurée sur le fleuve; ayant navigué lui-même pendant neuf jours d'un lieu à l'autre, il a conclu mal-à-propos qu'une journée de navigation était de 9 schœnes de cette espèce. D'ailleurs, comme il y avait deux différens schœnes, tous deux de 60 stades aussi différens, et que le *dromos* avait 9 de ces grands schœnes, il a pris apparemment l'un pour l'autre.

Le même auteur comptait 7 *journées* de navigation de la mer au lac de Mœris (liv. 11, ch. 4) : cette distance itinéraire ne peut se rencontrer sur la carte, en même valeur que la précédente; et il est manifeste, ou bien qu'il s'agit d'une autre espèce de *journée*, ou qu'il y a une faute de nombre : car les deux distances, de la mer au lac de Mœris, et d'Héliopolis à Thèbes, sont bien autrement différentes entre elles que les nombres 7 et 9; l'une n'est pas la moitié de l'autre. La journée étant toujours de 9 schœnes, si l'on suppose l'emploi du schœne d'Hérodote, on en trouvera 63, de la mer à l'entrée du lac de Mœris; ce qui fait effectivement 7 journées de navigation, à 9 schœnes par journée. Ici, les deux schœnes sont encore confondus ensemble[2]. *Voyez* mon Mémoire sur le lac de Mœris, tom. vi, *A. M.*

---

[1] *Voyez* ci-dessus, chapitre ii, Tabl. des mesur. itinér. en Égypte.

[2] Hérodote, liv. ii, chap. 175, comptait 20 journées de navigation de Saïs à Éléphantine : on ne peut pas les supposer non plus de même valeur que les 9 journées qu'il compte entre Héliopolis et Thèbes; car cette distance n'est guère à la dernière que comme 14 ½ à 9; savoir, 2 journées de Saïs à Héliopolis; 9 d'Héliopolis à Thèbes, et 3 ½ de Thèbes

Quant à la journée de navigation proprement dite, νυχτημέεuος πλῦς, elle reçoit des valeurs très-différentes, suivant le pays et les circonstances. Parlant de la mer Noire (liv. IV, ch. 85 et 86), Hérodote évalue le chemin d'un vaisseau en vingt-quatre heures à 130000 orgyies ou 1300 stades, et il donne neuf jours et huit nuits de chemin (environ huit journées et demie) à la longueur de la mer Noire; ce qu'il traduit par 1110000 orgyies et 11100 stades. Voyons de quelle espèce de stade il s'agit. La longueur vraie de la mer Noire est de 15° 30′ au parallèle de 43° (d'après les cartes les plus récentes); ce qui représente environ 9° 54′ d'un grand cercle, et répond à 11000 petits stades à peu près. Donc la journée de navigation dont il s'agit, est de 1300 petits stades; ce qui fait 29 lieues $\frac{1}{4}$ communes. Ainsi le compte d'Hérodote est exact en stades de cette espèce : mais il ne serait pas en orgyies, dont 100 font le grand stade. En transformant le nombre des stades en orgyies sur le pied de 1 pour 100, il a confondu deux mesures différentes.

Selon Éd. Bernard, pag. 249, el-Edrysy et Abou-l-fedâ font le *mogra* المجرى, ou journée de navigation, de 100 milles; à supposer le mille hachémique, ce serait un degré $\frac{2}{3}$, ou 41 lieues $\frac{2}{3}$.

à Éléphantine. Il y a loin de 14 ½ à 20. Mais remarquons que si les 5 jours et demi de Saïs à Héliopolis et de Thèbes à Éléphantine étaient formés de 9 grands schœnes, équivalens chacun à 11 journées de 9 petits schœnes, le tout reproduirait les 20 journées de Saïs à Éléphantine.

§. II. *Du mille.*

1°. DU MILLE DE DIX STADES.

Il y a de fortes raisons de croire que les Égyptiens ont possédé une mesure de mille, c'est-à-dire composée de 1000 pas géométriques. Elle résulte de la division successive des mesures en six et en dix parties; et la quantité qui fait 1000 orgyies (grand pas géométrique), est la sixième partie du schœne, d'après le tableau général. Le schœne était une longueur trop grande, et le stade, une longueur trop courte, pour le mesurage des intervalles itinéraires : il fallait une mesure intermédiaire, et celle-ci fait 10 stades, comme le degré fait 10 schœnes, comme le stade fait 10 *schœnion*, et celui-ci, 10 orgyies. Le sexagésime, grande mesure géographique [1], renfermait ce mille trois cent soixante fois; par conséquent, il était soixante fois au degré : c'est donc la minute terrestre. Le mille arabe hachémique n'est autre chose que cette mesure; c'est encore celle dont on use à la mer, ou le tiers de la lieue marine.

La même mesure est le double du périmètre de la grande pyramide. Dans un passage cité par Éd. Bernard [2], Héron fait le mille égal à 1000 orgyies; c'est précisément la valeur du mille égyptien. L'orgyie était le pas égyptien par excellence. On retrouve encore ailleurs un pas de 6 pieds; c'est le *pun* chinois, où le *ché* est compris six fois : or, le *ché* représente plutôt le pied que la coudée. Le *çun* ou la canne prend 10 *ché*, comme,

---

[1] *Voyez* le chap. 1, pag. 22.   [2] Page 235.

dans le système égyptien, l'acæne fait 10 pieds : 360 de ces pas font un *li*[1].

Le mot de *mille*, aussi bien que la mesure itinéraire qu'il exprime, me paraissent d'une haute antiquité, et c'est une erreur que de supposer à celle-ci une origine romaine. Les étymologistes font venir *mille*, tantôt de μυρίοι, tantôt de χίλιοι : mais il me semble dériver de plus haut que les Grecs. Les Hébreux et les Orientaux ont le mot de *mîl*, מיל[2] ; les écrivains arabes ont celui de ميل, *myl*. Nous voyons que des auteurs grecs emploient le mot de μίλιον[3], qu'on ne peut regarder comme une corruption du *mille* des Latins : ne serait-ce pas plutôt un ancien mot oriental avec une terminaison grecque? Χίλιον n'a qu'une *l*, ainsi que μίλιον : c'est donc *mille* qui paraîtrait une corruption du mot ancien *mîl*, d'autant que l'on trouve *mile* avec une seule *l* dans les anciens manuscrits, ainsi que dans les monumens palæographiques. Quelques-uns même, suivant G. Vossius[4], font de *mile* le substantif et de *mille* l'adjectif; ce qui rentre fort bien dans notre opinion[5]. Quant à l'ancienneté de la mesure même, elle est prouvée par le passage de Julien, qui dit que, selon Ératosthène et Strabon, le mille a 8 stades et $\frac{1}{3}$, tandis que de son temps le mille était de 7 stades $\frac{1}{2}$.

---

[1] D'Anville, *Mesures itinéraires*, pag. 155.
[2] *Voyez* le chap. XIII, à l'article *millo*.
[3] Polybe, Strabon, Plutarque, Julien, Héron et une multitude d'écrivains plus récens cités par du Cange.

[4] *Etymol. ling. lat.*
[5] La réduplication de l'*l* dans beaucoup de mots latins est plutôt favorable que contraire à cette idée ; c'est dans le primitif que cette lettre est simple, et c'est dans les dérivés ou dans les mots poétiques qu'elle est double.

DES ANCIENS ÉGYPTIENS, CH. IX.   243

Quand on aura plus de connaissances sur l'ancienne langue des Égyptiens, on saura comment ils appelaient leur mesure itinéraire de 1000 pas. Quoi qu'il en soit, cette mesure par milliaires n'en est pas moins ancienne. Le stade, comme je l'ai dit, était une longueur trop petite pour compter par stades d'un bout à l'autre du pays. Le mille en prenait 10; 8 de ces stades firent une mesure plus courte, qui est le mille romain : de là ce mille, et probablement le pied romain lui-même.

Les bornes milliaires, ou placées de mille en mille, n'étaient pas les seules qui garnissent les chemins publics[1]. L'espace, même chez les Romains, était subdivisé en plusieurs intervalles, à chacun desquels répondait une pierre. Cet usage, que les Romains ont eu dans le temps de la république, a sans doute été puisé en Orient. Plutarque, dans la Vie des Gracques, raconte que C. Gracchus fit poser entre les pierres milliaires d'autres bornes situées à de moindres distances, pour aider à monter à cheval. Plutarque n'en dit pas davantage; il ignorait peut-être que ces bornes étaient placées à des distances régulières, et que ces distances étaient des subdivisions réglées du mille et autant de stades. Voici ce qui appuie cette conjecture; on trouve cités dans du Cange, au mot Μίλιον, les mots suivans extraits du Glossaire latin-grec: *decimus lapis*, δ'έκατον μίλιον[2]. Il y avait donc, à une certaine époque, des bornes iti-

---

[1] Polybe appelle du nom de σημεῖα les pierres placées de mille en mille pas : σημεῖα, *notæ milliariorum*. Eusèbe et d'autres auteurs se servent du même nom. Le mot de σημεῖον désignait sans doute, à cause de ce motif, une fraction de l'heure.

[2] A la vérité, du Cangé ne cite que des auteurs d'une époque récente.

néraires tout le long du mille, et la pierre dite *milliaire* était la dixième. Or, si la borne milliaire était le *decimus lapis*, le nombre des pierres ou stations était de 10 dans le mille. C'est cette division qui me semble empruntée de l'ancien mille égyptien, qui contenait 10 stades, dont le mille romain en prenait 8 [1].

Il y avait dans l'Inde des officiers chargés de veiller aux chemins publics, et qui, de dix stades en dix stades, avaient fait élever des bornes en pierre, indiquant les distances. C'était un usage suivi de temps immémorial [2]. Voilà un mille divisé en 10 stades, et qui remonte sans doute à une haute antiquité.

2°. DU MILLE DE POLYBE DE 8 STADES $\frac{1}{3}$, DU MILLE ROMAIN DE 8 STADES, ET DU *milion* DE 7 STADES $\frac{1}{2}$, EXPRIMÉS TOUS TROIS EN STADES ÉGYPTIENS. — DU MILLE HÉBRAÏQUE DE 7 STADES.

Éd. Bernard et tous les savans ont traité du mille romain avec plus d'étendue et de complaisance que d'aucun autre mille connu. Il mérite cette distinction par le compte de 8 stades en nombre rond que renferme cette mesure, suivant le témoignage de maints auteurs différens. Il n'y a rien de plus incontestable dans toute l'ancienne métrographie; et c'est faute de distinguer les temps, les lieux et les auteurs, que plusieurs savans ont cherché à infirmer ce calcul par des passages qui don-

---

[1] Ce même mille romain contenait aussi 10 stades de sept cent cinquante au degré.

[2] Ὁδοποιοῦσι δὲ, καὶ κατὰ δέκα στάδια στήλην τιθέασι, τὰς ἐκτροπὰς καὶ τὰ διαστήματα δηλούσαι. (Str. Geogr. lib. xv, pag. 487, edit. Casaub.)

DES ANCIENS ÉGYPTIENS, CH. IX.

nent 7 stades, 7 ½ et même 8 ⅓ au mille. Mais il faut faire une distinction, et reconnaître d'abord s'il s'agit d'un même mille composé par des stades différens, ou de divers milles prenant plus ou moins d'unités d'un même stade.

On peut lire, dans deux mémoires de Fréret, une longue et savante discussion où l'auteur s'efforce d'expliquer et de concilier un grand nombre de passages, en apparence contradictoires, sur la valeur du mille itinéraire. D'un côté, Plutarque, Héron, Julien, Hésychius, Dion Cassius, S. Chrysostome, le Syncelle, Suidas, S. Épiphane, etc., donnent 7 stades ½ au mille; de l'autre, Strabon[1], Polybe, Ératosthène, donnent 8 stades ⅓. Le même Strabon[2], Columelle, Pline, Frontin, Hygin, Vitruve, le même Héron, Agathémère, Suidas, etc., donnent 8 stades, ainsi que tous les auteurs qui ont traité de l'arpentage. Enfin S. Épiphane, Hésychius et d'autres, donnent 7 stades seulement. (*Voyez* Éd. Bernard.)

Fréret, malgré son habileté, n'a pu lever le doute qui résulte de toutes ces données : mais il nous suffit, pour le dissiper, de jeter les yeux sur nos tables. Les trois premiers nombres expriment trois milles différens

---

[1] Μιλίων..... πεντακοσίων τριάκοντα πέντε λογιζομένων δὲ ὡς μὲν οἱ πολλοὶ τὸ μίλιον ὀκτασταδίον, τετρακισχίλιοι ἂν εἶεν στάδιοι, καὶ ἐπ' αὐτοῖς διακόσιοι ὀγδοήκοντα· ὡς δὲ Πολύβιος προστιθεὶς τῷ ὀκτασταδίῳ δίπλεθρον, ὅ ἐστι τρίτον σταδίου, προσθετέον ἄλλους σταδίους ἑκατὸν ἑβδομήκοντα ὀκτώ, τὸ τρίτον τοῦ τῶν μιλίων ἀριθμοῦ.

M. P. IƆ XXXV...... quòd si pro mille passibus octo (ut receptum est) stadia supputes, stadia habebis IV CIƆ CCXXC. Sin Polybium sequore; qui octo stadiis δίπλεθρον addit, id est, trientem stadii; addenda sunt adhuc CLXXIIX stadia, triens numeri milliarium. (Strab. Geograph. pag. 223, lib. VII, ed. Casauh.)

[2] *Ibid.*

formés d'un même stade : savoir, le grand stade égyptien. En effet, des milles de 8 stades $\frac{1}{3}$, 8 stades, et 7 stades $\frac{1}{2}$, les stades étant supposés d'une même espèce, sont entre eux comme 50, 48 et 45, et par conséquent comme le pied grec ou égyptien, le pied romain et le pied dont a usé Pline[1]. Ce sont donc trois mesures, composées toutes de 5000 pieds ou 1000 pas. Mais le pied du premier mille est le pied égyptien, celui du second est le pied romain, et celui du troisième est le pied de Pline. Ces trois pieds sont comme $8\frac{1}{3}$, 8 et $7\cdot\frac{1}{2}$. Les 5000 pieds égyptiens faisaient 1539 mètres; 5000 pieds romains, 1477^m,78; 5000 pieds de Pline, 1585^m,41 : nombres qui contiennent exactement $8\frac{1}{3}$, 8 et $7\frac{1}{2}$ du stade égyptien, dit *olympique*. Or, c'est la condition pour le mille romain, qui est bien celui auquel tous les auteurs donnent 8 stades, d'être composé de stades de cette espèce. Cette analyse est confirmée par le résultat suivant.

Le mille est nécessairement une mesure de 1000 pas : or, on voit que 8 stades égyptiens $\frac{1}{3}$ font 1000 *ampelos* ou doubles pas égyptiens; 8 stades, 1000 pas romains; et 7 stades $\frac{1}{2}$, 1000 *xylon*, mesure antique (suivant Héron), qui valait 3 coudées égyptiennes, en même temps 5 pieds de Pline, et égale, suivant nos tableaux, à 1^m,585. Ainsi les pas de ces trois milliaires existaient réellement comme leurs pieds respectifs.

Fréret a donc eu grand tort de rejeter le passage de Polybe qui donne 8 stades $\frac{1}{3}$ au mille, donnée que fournissent également Strabon et Ératosthène; comme si des

[1] *Voyez* le tableau général et comparé des mesures.

DES ANCIENS ÉGYPTIENS, CH. IX.

autorités aussi considérables en matière de géographie pouvaient se rejeter[1]. Julien surnommé *l'Architecte* s'exprime ainsi à ce sujet, dans un morceau que j'ai déjà cité en original : « Le mille actuel a 7 stades $\frac{1}{2}$, 750 orgyies géométriques, 840 orgyies simples, 1500 pas, 6000 *coudées*; mais, selon Ératosthène et Strabon, le mille a 8 stades $\frac{1}{3}$, ou 833 orgyies [2]. »

Le mille de 8 $\frac{1}{3}$ stades ou 5000 pieds égyptiens est encore indiqué par l'existence et l'usage de la canne égyptienne, formée de 10 de ces pieds, puisqu'il fait 1000 demi-cannes.

Quant au mille de 7 stades donné par S. Épiphane, à propos des mesures usitées dans l'Égypte, il entendait une mesure qui se trouve égale à 7 fois le stade d'Ératosthène, employé de son temps; c'est le mille hébraïque, qui renferme 3600 pieds égyptiens [3].

En résumé, le mille romain a toujours été composé de 8 stades anciens dits *olympiques*; le mille de Polybe en avait 8 $\frac{1}{3}$; le μίλιον ou mille de Plutarque, Héron, Julien, etc., en prenait 7 $\frac{1}{2}$; enfin le mille hébraïque prenait 7 stades de la mesure plus moderne qui entre sept cents fois au degré, ce qui faisait en même temps 6 de l'ancien stade égyptien.

Je ferai observer que le mille des Hébreux renferme 7

---

[1] Ce rapport de 8 $\frac{1}{3}$ à 1 existe aussi entre le grand mille égyptien de soixante au degré et le stade de cinq cents, entre le *milion* et le stade de Cléomède (*voy.* le tabl. génér.); mais Ératosthène et Polybe n'ont pu avoir en vue ces espèces de stades.

[2] Le nombre de 833 orgyies (pour 833 $\frac{1}{3}$), par lequel Julien définit le même mille, prouve clairement qu'il n'y a pas d'erreur dans le nombre de 8 stades $\frac{1}{3}$ rapporté par Strabon et les autres géographes, puisqu'il faut toujours compter 100 orgyies au stade.

[3] *Voyez* ci-dessus, pag. 222.

rous $\frac{1}{2}$, ce qui est le nom du stade hébraïque. Il serait possible que S. Épiphane et S. Chrysostome, que j'ai cités plus haut parmi les auteurs qui établissent ce rapport entre le stade et le mille, eussent eu en vue ces deux mesures; mais Plutarque, Dion Cassius et les autres n'ont jamais fait usage des mesures hébraïques.

Ainsi les comptes de 7, 7 $\frac{1}{2}$, 8 et 8 stades $\frac{1}{3}$ au mille, procédaient de la différence des milles, et ce ne sont pas des rapports inexacts provenant de l'erreur des écrivains ou de l'incorrection des manuscrits. Si les auteurs ont négligé d'établir les distinctions suffisantes, nous pouvons y suppléer cependant par la combinaison des données qu'ils fournissent eux-mêmes, et au moyen des résultats précédemment établis.

3°. DU *milion* DE HÉRON (OU DE 7 STADES $\frac{1}{2}$) EN PARTICULIER.

Héron donne un rapport du μίλιον ou mille itinéraire de son temps avec les mesures de pied philétérienne et italique, en disant que 4500 pieds philétériens sont égaux à 5000 pieds du *mille* et à 5400 pieds italiques [1]. Si l'on supposait, contre le passage même, que ce mille itinéraire est le mille romain, il en résulterait une mesure de pied trop petite et une autre trop grande.

Le pied romain étant, comme on sait, de 0^m,2956, le pied philétérien serait de 0^m,3284, et le pied italique de 0^m,2737. Cette dernière évaluation serait plus faible

---

[1] Le même rapport du pied philétérien ou royal au pied italique est énoncé dans le passage où il dit que le stade philétérien ou alexandrin, composé de 600 pieds d'Alexandrie, est égal à 720 pieds italiques.

DES ANCIENS ÉGYPTIENS, CH. IX. 249

de 3 millimètres ½ que la 5000ᵉ partie du mille de 7 stades ½[1]. Quant au pied philétérien, sa grandeur surpasserait de près de deux lignes notre pied français, ce qui est en contradiction avec le reste des mesures; et si l'on voulait que le pied italique fût le pied romain, le philétérien prendrait une valeur de 0ᵐ,3547, encore plus considérable et tout-à-fait inadmissible.

La seule manière d'entendre ce passage, c'est de reconnaître dans le mille de Héron le μίλιον de 1585ᵐ,4, égal à 5000 pieds de Pline et à 7 stades égyptiens ½, selon une foule d'auteurs : on voit alors que le pied philétérien est le même que le pied égyptien ou grec de 0ᵐ,308; c'était le pied alexandrin ou royal. Enfin il en résulte pour le pied italique une valeur de 0ᵐ,2567, la même qui a été rapportée à l'article de Héron, et qui sera encore confirmée plus bas. Cet auteur ne parle donc pas du mille romain. Nous reconnaîtrons encore ici que le pied italique de Héron n'est pas le même que le pied romain; en effet, le mille de l'auteur est de 5400 de ces pieds, au lieu de 5000. Au reste, nous verrons que ce point résulte de plusieurs autres inductions [2]. Concluons que l'auteur exprime ici une seule mesure, le *milion*, avec trois pieds différens; ce qui est le contraire du cas que j'ai examiné plus haut, où trois milles différens sont exprimés par un seul stade.

Héron définit le μίλιον par 45 plèthres, 450 cannes ou acænes, 1800 pas (βήματα), 3000 coudées, 4500

---

[1] J'entends ici le pied de la mesure de Pline, qui est cinq mille fois dans le mille de Héron.

[2] *Voyez* ci-dessous, §. VII, l'article *pied*.

250 EXPOSITION DU SYSTEME MÉTRIQUE

pieds. Or, si l'on prend en ces différentes mesures les valeurs du mille composé de 1000 *xylon*, et qui fait les $\frac{15}{16}$ du mille romain, on le trouve en effet égal à 7 stades olympiques $\frac{1}{2}$, 45 plèthres, 450 acænes, 750 orgyies, 900 pas égyptiens ou βήματα doubles, 5000 coudées égyptiennes et 4500 pieds égyptiens[1].

Julien l'architecte, comme nous l'avons dit, fait le mille, celui de son temps, égal à 750 orgyies *géométriques* et à 840 orgyies *simples*. C'est la même mesure que la précédente; et il lui donne en effet le nom de μίλιον. Suivant lui[2], 100 orgyies géométriques font 112 orgyies simples. Ces deux calculs se correspondent très-bien, et confirment le rapport de l'orgyie *géométrique* à l'orgyie *simple*; savoir, de 28 à 25, ou $1\frac{3}{25}$ à 1 : or, tel est, à une très-petite quantité près, le rapport que nous savons exister entre le pied égyptien et le pied de Pline, par conséquent entre l'orgyie égyptienne et celle qui serait formée de 6 pieds de cet auteur. Cette considération nous donne la valeur du mille dont fait mention Julien l'architecte, et celle du stade qu'il a en vue, c'est-à-dire qu'il s'agit du μίλιον de Héron égal à 1585^m,41, et du stade de 600 pieds égyptiens.

Pour ne rien omettre de ce qui regarde ce mille, examinons d'où viennent la valeur de 2250 coudées (βήματα ἢ πήχεις) et celle de 57,5 plèthres[3] ou 575 cannes que Héron lui donne dans un passage[4], valeurs qui

---

[1] *Voyez* le tableau général des mesures.
[2] Ci-dessus, pag. 223.
[3] Il y a, dans Édouard Bernard, pag. 233, $3\frac{1}{4}$ πλέθρα, erreur considérable. On avait sans doute écrit d'abord 37,5; puis, par transposition de la virgule, 3,75 ou $3\frac{1}{4}$.
[4] *Hero recens* è 3 *Mss.* (citation d'Édouard Bernard, pag. 237.)

toutes semblent beaucoup trop petites, même pour un mille qui ne serait pas de 7 stades $\frac{1}{2}$, comme celui qui est indiqué ici.

L'explication m'en paraît simple à donner, et c'est le texte lui-même qui la fournit. Puisque Héron dit βή-ματα ἢ πήχεις, il s'agit ici de la grande coudée, presque égale au βῆμα simple[1]. C'est la mesure que le même Héron fait de 2 pieds, 8 palmes, etc., βήματα ἁπλᾶ ἤτοι πηχυαῖα, *pas simples ou approchant de la coudée*, autrement *grossus medioeres*[2]. Les 2250 βήματα font donc 4500 pieds; or, telle est la valeur du μίλιον de 7 stades $\frac{1}{2}$, celui dont il est question. Il est remarquable que le mot πήχεις soit joint au mot βήματα: car c'est de la coudée de 32 doigts et qui valait 0^m,6157, que parle Héron; or, 2250 de ces coudées forment en effet le mille de 7 stades olympiques et demi, ou 1385^m,41: une d'elles fait 2 pieds égyptiens; c'est une coudée commune et $\frac{1}{3}$.

Quant à la valeur du mille de 575 cannes, elle est exacte à la mesure de la grande canne de Héron, de 2 orgyies. Enfin le compte de 37 $\frac{1}{2}$ plèthres seulement, au lieu de 45, vient de ce qu'on a supposé le plèthre de 10 grandes cannes, ce qui est le rapport ordinaire, tandis qu'il n'en contient que 8 $\frac{1}{3}$: or, 575 divisé par 8 $\frac{1}{3}$ reproduirait 45. Ainsi tous les rapports donnés par cet auteur sont expliqués, et la valeur du *milion*, ou mille de Héron, Plutarque et Julien, est confirmée.

---

[1] Éd. Bernard, pag. 225. [2] *Ibid.* pag. 240.

4°. MILLE DE 7 STADES, MILLE HÉBRAÏQUE.

Le dernier passage de Héron que j'ai cité[1], présente encore une remarque importante; c'est qu'il donne le nombre de 1000 orgyies comme la valeur du μίλιον. Les 1000 orgyies semblent indiquer le grand mille égyptien de soixante au degré[2], puisque l'orgyie a toujours été une longueur de 6 pieds égyptiens, suivant Héron. A la vérité, comme il ajoute la valeur de 750 πάσσα, on pourrait, par hypothèse, transposer le mot de πάσσα et le mot d'ὀργυιαὶ : ce serait alors 1000 pas et 750 orgyies, valeurs qui conviennent toutes deux au μίλιον, si par le mot πάσσα on entend le pas dont ce μίλιον se compose, mesure de 5 pieds de Pline et qui est le ξύλον de Héron.

Édouard Bernard[3] rapporte pour le mille les valeurs suivantes : 7 stades, 42 plèthres, 420 acœnes, 700 orgyies, 1680 pas, 2800 coudées, 4200 pieds, etc. Tous ces nombres dépendent d'une seule valeur, celle de 7 stades, et sont déduits d'après le rapport ordinaire du stade avec le plèthre, la canne, l'orgyie, la coudée, le pied, etc. Cette valeur est aussi celle qu'on trouve dans Hésychius, S. Épiphane, Samenoudi, etc. Voici le passage d'Hésychius : Μίλιον........ μέτρον ὁδοῦ ςαδίων ἑπτά· οἱ δὲ ζ´ ὑποδῶν δἱ´. Les commentateurs ont cherché à corriger ce passage, en le ramenant aux données de Polybe, Strabon, Plutarque, Julien, etc. : mais il est inutile de l'altérer pour le comprendre, puisque le mille

---

[1] *Hero recens è 3 Mss.* (citation d'Édouard Bernard, pag. 235.)
[2] *Voyez* ci-dessus, pag. 228.
[3] Page 237.

DES ANCIENS ÉGYPTIENS, CH. IX.   253

de 7 stades a une existence bien reconnue; quant à la fin du passage, qui est évidemment corrompue, elle a été rétablie de plusieurs façons, toutes également inadmissibles[1]. Ce mille de 7 stades est le mille hébraïque, renfermant 7 stades de sept cents au degré; mais il faut réduire les autres nombres de mesures d'un septième, pour avoir la valeur du même mille en mesures égyptiennes.

Le mille hébraïque est donné comme égal à 6 stades par S. Épiphane, à 7 stades par Syrus[2], et à 5 stades seulement par Joseph, qui, dans un autre endroit, semble aussi donner 6 stades[3]. Ce mille est pourtant une mesure qui n'a point varié[4]; l'on sait qu'elle était constante et de 2000 coudées légales, et que son institution était très-ancienne. On la nommait *berath* et même aussi *mil*. Elle est appelée σαββάτȣ ὁδὸς dans les Actes des Apôtres, ou *limes sabbatinus*.

S. Épiphane évalue le chemin du sabbat à 2400 coudées: ainsi, quelle que soit la coudée dont il s'agit, elle devait être à la coudée hébraïque légale comme 5 à 6, puisque 2000 font les $\frac{5}{6}$ de 2400. Or, la coudée hébraïque, ainsi que nous le verrons, est déterminée, par plusieurs voies différentes, à 0^m,5542; et les $\frac{5}{6}$ de cette mesure font 0^m,462, c'est-à-dire précisément la coudée égyptienne: telle est donc la coudée dont parle ici S. Épiphane. Il en résulte que le mille est de 1108$^m\frac{1}{3}$.

---

[1] *Voyez* Hesych. *Lexic.* tom. II, pag. 602. (*Lugd. Bat.* 1766), et les notes des commentateurs.
[2] Éd. Bernard, pag. 240.
[3] Il donne 6 stades à la distance de Jérusalem au mont des Oliviers, distance égale à l'*iter sabbaticum*. (Éd. Bernard.)
[4] *Voyez* Ed. Bernard, pag. 239 et 241.

Le même donne 6 stades au mille hébraïque. Si nous avons raisonné juste, ces 6 stades doivent être de la même espèce que les coudées dont nous trouvons que S. Épiphane a fait usage ; or, 6 stades égyptiens, formés de 400 coudées égyptiennes, font $1108^m\frac{1}{3}$, aussi bien que 2000 coudées hébraïques, c'est-à-dire 2000 fois $0^m,5542$.

Rien n'est donc plus assuré que l'évaluation du mille des Hébreux à $1108^m\frac{1}{3}$. Ce mille a 36 secondes terrestres ; il est de 10 au grand schœne égyptien, et de 100 au degré. Sa longueur est de 600 orgyies d'Égypte ou de 3600 pieds [1], etc. On voit que le mille hébraïque n'est pas une mesure arbitraire et qui diffère seulement des autres milles comme nos milles européens diffèrent l'un de l'autre ; mais que c'était une mesure puisée dans un système métrique établi [2].

On a dit, au commencement de cet article, que le mille des Juifs vaut 7 stades, selon Syrus [3]. Or, le tableau général des mesures nous montre en effet qu'il équivaut à 7 stades de sept cents au degré ; cette espèce de stade est celle dont Ératosthène, Hipparque et Strabon, etc., ont fait usage, et elle était usitée du temps des auteurs juifs.

---

[1] *Voyez* le tableau général des mesures.

[2] Après avoir déterminé ainsi la valeur du mille hébraïque, j'ai trouvé que d'Anville lui avait supposé une égale valeur : mais cet habile homme n'en a donné aucune preuve ; il n'a rapporté qu'un seul passage, dont il a même dissimulé les difficultés. C'est ainsi qu'il a souvent saisi et comme deviné la vérité, sans prendre soin de l'aller découvrir : c'est celle-ci qui allait, pour ainsi dire, à sa rencontre ; marque infaillible d'un jugement droit et d'un esprit plein de sagacité.

[3] Éd. Bernard, pag. 240. Voyez *Act. Apost.* cap. 1, vers. 12.

Joseph appelle du nom de πεντας άδιον l'espace qu'il y a entre Jérusalem et le mont des Oliviers, distance qui, dans les Actes des Apôtres, est donnée pour égale à l'*iter sabbaticum* : il y avait donc, selon lui, 5 stades dans le mille juif. Notre tableau fait voir aussi qu'il y a dans ce mille 5 stades de cinq cents au degré ou de Ptolémée. Le même Joseph donne ailleurs 6 stades à cette même distance, ainsi que S. Épiphane; ce sont des stades égyptiens, comme on l'a vu plus haut.

Enfin, par plusieurs passages que cite Éd. Bernard, pag. 238, on sait que les Juifs comptaient aussi 7 stades $\frac{1}{2}$ à leur mille; nous voyons dans le tableau que le mille hébraïque se compose de 7 stades $\frac{1}{2}$ de sept cent cinquante au degré. C'est justement le stade juif appelé *rous*. Toutes les contradictions apparentes sont donc pleinement levées par notre détermination du mille hébraïque; ce qui, d'un autre côté, confirme la valeur assignée à la coudée légale des Hébreux.

Éd. Bernard, pag. 238, semble distinguer le *milliare talmudicum* et le mille hébraïque, faisant le premier égal au mille romain : mais le mille talmudique, dont il est parlé dans S. Mathieu (ch. 5, vers. 41, etc.), n'est autre que le mille hébraïque, et Éd. Bernard lui-même le prouve en lui donnant pour valeur 7 *risa* $\frac{1}{2}$; car le mille romain ne contient 7 fois $\frac{1}{2}$ aucun stade connu : mais le mille hébreu renferme en effet 7 stades $\frac{1}{2}$, et ce stade est précisément le *reis* ou *stadium talmudicum*.

Le *mille* hébreu, ainsi que les autres, devait son nom à ce qu'il contenait mille fois une certaine mesure de pas : or, cette mesure était de 2 coudées ou un pas de 3 pieds, valant 1^m,108. Il y avait un nom exprès pour elle, savoir, διπήχυς ou *double coudée*. C'était une mesure analogue à la verge anglaise de trois pieds.

§. III. *Du plèthre* [1].

Πλέθρον n'a pas d'étymologie connue en grec; sans doute ce mot doit avoir une source étrangère et peut-être égyptienne. Le sens qui lui est propre est de signifier une mesure de 100 pieds. Les passages d'Hérodote, d'Hésychius, de Suidas, Eustathe, Didyme, etc., lui assignent, comme dans notre tableau, une valeur de 10 cannes, 16 orgyies $\frac{2}{3}$, 66 coudées $\frac{2}{3}$, 100 pieds grecs, le 6e du stade, etc. Tous les auteurs sont unanimes sur ce point : mais un passage de *Julianus Ascalonita* donne une autre définition du plèthre, que j'ai déjà citée pag. 223; c'est-à-dire 15 orgyies, 60 coudées, 90 pieds.

Ce passage semblerait corrompu, si notre tableau ne l'expliquait fort naturellement. Remarquons que ces valeurs sont toutes d'un dixième de moins que les premières : or, il existe un pied qui est les $\frac{9}{10}$ du pied grec ou égyptien; c'est le pied de 0^m,2771, que fournissent les mesures données par Pline. 90 pieds égyptiens font juste 100 pieds comme ceux-là, et tel est le plèthre de Julien. En effet, cette mesure équivaut à 10 cannes, chacune de 10 pieds de même espèce, à 15 orgyies *justes* (δικαίαι) de 6 pieds égyptiens, enfin à 60 coudées.

---

[1] Pour le STADE, voyez le chapitre VIII, où je suis entré dans d'assez longs détails pour éviter ici des répétitions superflues. *Voyez* aussi le chapitre XIII.

Le plèthre n'en est pas moins une mesure essentiellement égyptienne, composée de 100 pieds et 10 acænes, comprise 6 fois au stade des Égyptiens, et 360 fois au schœne : aussi ne donne-t-elle point lieu, comme les autres mesures, à des rapprochemens entre des espaces de même nom et de longueur différente.

Le tour de la pyramide fait 30 plèthres ; la longueur de cette mesure est celle d'une seconde terrestre, d'après la valeur du degré, déduite de ce grand monument.

§. IV. *De la canne (decempeda ou décapode).*

Il paraît que la canne appelée aussi *acæne, perche,* etc., était de deux espèces en Égypte ; l'une valait 10 pieds, et l'autre 10 coudées ou 15 pieds. Le qasab ou canne actuelle est intermédiaire ; il fait les $\frac{7}{6}$ de l'une, et vaut $\frac{7}{4}$ de l'autre : c'est celle-ci qui était la plus usitée et que les Grecs ont adoptée pour leur décapode. Cette mesure était essentiellement propre à l'arpentage ; par conséquent, j'en parlerai sous ce rapport, à l'article des *mesures agraires*, chapitre xi : ici je veux seulement rapprocher les principaux passages des auteurs.

La plupart de nos mesures ont été déterminées par voie de raisonnement, indépendamment de la totalité des passages des auteurs, et d'après des autorités plus certaines, c'est-à-dire par les monumens. Néanmoins le tableau général qui les renferme, explique ces mêmes passages, et quelquefois des difficultés restées jusqu'ici insolubles. Dans Éd. Bernard, à l'article *canne,* on trouve ces mots, ἄκαινα, μέτρον δεκάπουν, et ce vers de Callimaque :

'Αμφότερον, κέντρον τε βοῶν, καὶ μέτρον ἀρούρης¹.

Avant d'avoir lu ce passage curieux, j'avais reconnu qu'il a dû exister une mesure de 10 pieds égyptiens, représentant l'ancien *qasab*, contenant une orgyie et $\frac{2}{3}$, comprise dix fois dans le plèthre, etc.; enfin une mesure qu'on formait avec un *roseau*, et qu'on appliquait sur le terrain quinze fois pour mesurer le côté de l'*aroure*. Or, voici l'extrait des citations rassemblées par Édouard Bernard au sujet de cette mesure:

Decempeda, ἄκαινα, μέτρον δεκάπουν, 10 *pedes græci,* 40 *palmi,* 160 *digiti,* 6 $\frac{2}{3}$ *cubiti,* et 1 $\frac{1}{2}$ *orgyiæ*... *Itcm* $\frac{1}{15}$ *plethri,* 1 $\frac{2}{3}$ *orgyiæ*...."Ακαινα, *canna ægyptia, sive de-cempeda ægyptia (Etym. ms. et Epiphanius ms.)* ².

Ces divers passages semblent n'être autre chose que les extraits de notre tableau. La dernière citation est précieuse, en ce qu'elle est tirée de S. Épiphane, qui

---

¹ Éd. Bernard, pag. 214. *Voyez* les *Hymnes de Callimaque* (Ultrajecti, 1697, pag. 390, ccxiv. *Rich. Bentleii Fragmenta*). Rich. Bentley a traduit ce vers : *Utrumque, et boum stimulus, et terræ mensura*. Je crois qu'il faut traduire, *et aruræ mensura;* c'est-à-dire canne qui sert à-la-fois d'aiguillon pour les bœufs et de mesure pour l'*aroure*. Le scholiaste d'Apollonius (*ad* lib. iii, vers. 1322) s'exprime ainsi : 'Ακαίτη ἀντὶ τῷ κέντρῳ. "Ακαινα δ᾽ ἐστι μέτρον δεκάπουν, Θεσσαλῶν εὕρημα· ἢ ῥάβδος ποιμενικὴ παρὰ Πελασγοῖς εὑρήμενη, περὶ ἧς Καλλίμαχος φησίν, 'Αμφότερον (etc. *vide suprà*); c'est-à-dire 'Ακαίνη pro κέντρον. "Ακαινα *verò est mensura decempedalis, Thessalorum inventum: virga pastoralis apud Pelasgos inventa, de qua Callimachus,* etc. Pour Callimaque et les Grecs, le nom de *Pélasges* embrassait sans doute les premiers habitants de la Grèce et les colons égyptiens qui l'avaient civilisée.

² Le savant anglais cite à l'appui différens manuscrits de S. Épiphane et de plusieurs auteurs.

paraît avoir très-bien connu les mesures d'Égypte, et de qui l'on a un Traité spécial sur les poids de ce pays. Elle fait voir que l'ancienne canne ou qasab de 10 pieds est originaire d'Égypte; les Grecs l'ont conservée; les Romains l'ont aussi adoptée pour le pied qui leur est propre. Éd. Bernard dit, d'après Hygin : *Decempeda, seu pertica romana, 10 pedes romani, 40 palmi, 6 ⅔ cubiti.* C'est très-probablement la source du pas géométrique romain, qui en faisait la moitié[1].

Enfin ce *decempeda* est l'origine du qasab des Arabes. (*Voyez* Éd. Bernard, *ibid.*) *Huc accedat casaba sive canna hacemœa, dicta ab arabum principe Hacemo Bimralla, conficiens 6 cubita hacemœa secundùm Zegagium, 8 cubita brachii justi, etc.* (*Kalkasendi.*) L'auteur ajoute: *Quin verò agrimensor Golianus, casaba, inquit, sive calamus habet 7*[2] *cubita hacemœa, 8 cubita hominis staturâ justâ, et cubita nigra 7 ⅐.* Cette valeur de 8 coudées, commune aux deux passages, est précisément la mesure de 2 orgyies et 12 pieds égyptiens, qui fait la grande acæne de Héron.

Le passage de S. Épiphane est surtout précieux, en ce qu'il détruit l'erreur où sont tombés plusieurs savans qui ont répété, sur la foi de Fréret, que les Grecs et les Romains faisaient usage du pied, et non les Égyptiens; et que ceux-ci comptaient toutes les mesures en

---

[1] Le qasab ou perche, qui sert aujourd'hui en Égypte à la mesure des terres, se divise en 2 *demi-qasab*. La perche romaine devait se diviser, sans doute, en demi-perches de 5 pieds ou un pas géométrique chacune.

Cette origine du pas romain n'est pas contraire à celle que nous avons donnée plus haut, du mille et du pied romains.

[2] Il faut, selon moi, lire 6, au lieu de 7.

coudées, tandis que les Romains comptaient tout en pieds.

Ces mots de Callimaque, μέτρον ἀρούρης, prouvent ma conjecture; savoir, qu'on mesurait l'aroure au moyen d'une perche ou canne de 10 pieds égyptiens. Le poëte nous apprend que cette canne devait servir en même temps d'aiguillon pour exciter les bœufs au labour : ce qui le confirme, c'est le nom d'ἄκαινα donné à cette mesure; car ἄκαινα signifie aussi *stimulus*. Le mot même de *canne* me paraît avoir la même racine qu'ἄκαινα; J. Pollux écrit κάνα avec un seul ν, au lieu de κάννα qu'on croit venir lui-même de l'hébreu et signifier *calamus*[1]. Mais cela me paraît surtout démontré par le vers du poëte que j'ai cité : *L'*ἄκαινα*, qui est à-la-fois l'aiguillon des bœufs et la mesure de l'aroure*[2].

Il n'y a rien dans ce double usage de la canne que de fort naturel : le même homme mesurait la terre qu'il devait labourer, et sa perche, armée d'une pointe[3], lui servait pour aiguillonner les bœufs.

Voici, dans le même passage d'Édouard Bernard[4]

---

[1] Les Hébreux appelaient קָנֶה, κανή, ce qui veut dire *calamus*, leur mesure de 6 coudées, nommée *novempeda Hebraica* (voyez S. Jér.). On voit encore bien l'origine commune des mots ἄκαινα et canna dans celui de קָנִיד, κανία, qu'on trouve chez les commentateurs. (*Voyez* Jonath. et Syr. *in* Éd. Bern.)

[2] Je traduis ici ἄρουρα par *aroure*, et non par *terre* en général, comme a fait Rich. Bentley. Les traducteurs ont toujours interprété ce mot de la même manière; personne n'a songé à la mesure égyptienne qu'Hérodote nous a fait connaître sous le nom d'*aroure*. Homère a lui-même employé le mot d'ἄρουρα. Je reviendrai sur ce sujet au chapitre XIII.

[3] Ἄκαινα, *virga pastoralis, aculeo præfixa..... Ab hujus similitudine dicta est etiam virga illa decempedalis quæ mensores in agris dimetiendis utuntur, etc.* (Scap. *Lexic.* voc. Ἄκαινα.) Eustathe explique le mot d'ἄκαινα par celui de κάμαξ, qui veut dire *pieu, perche*.

[4] Page 225.

sur l'ἄκαινα, un autre résultat de la même nature, et qui dérive naturellement de la seule construction de notre tableau :

Ἄκαινα, 12 *pedes*, 48 *palmi*, 195 *digiti*, 16 *spithamæ*, 6 *cubiti sive gressus* (βήματα ἤτοι πήχεις), 2 ½ *orgyiæ*, πάσσα aut *passus* 2, *ampelos* 2 ⅖ : *extendit enim ampelus digitos* 80, *spithamas* 6 ⅔, *palmos* 20, *pedes* 5, *gressus sive cubitos* 2 ½, *orgyiam* 1 ⅓. (Extrait de Héron.)

Au premier abord, on serait bien embarrassé de trouver une mesure qui remplisse toutes ces indications ; comment une quantité de 5 pieds (quel que soit l'*ampelos*) peut-elle être plus grande que l'orgyie, et de même des autres? Aussi Éd. Bernard s'est-il imaginé qu'elles venaient d'un manuscrit défectueux et supposé. (*Hæc talia Hero subditivus.*) Mais, en comparant ces valeurs avec le tableau général des mesures, on trouve aussitôt que Héron parle de la canne de 3^m,694, qui a depuis été la canne hachémique ; car elle satisfait à tous ces rapports. Ensuite on voit que le *passus* répond à l'orgyie égyptienne ; que l'*ampelos* est le pas de 5 pieds égyptiens ; que le βῆμα est, comme ci-dessus [1], la grande coudée de 32 doigts, du même Héron ; que le pied est le pied égyptien même, et qu'enfin les spithames, palmes et doigts, appartiennent à la coudée égyptienne. Quant à la valeur de 2 orgyies ⅖ pour l'acæne, elle convient à la grande canne égyptienne de 10 coudées dont j'ai parlé en commençant.

D'après ce qui précède, on est autorisé à conclure que le décapode grec est une ancienne mesure des Égyp-

[1] Page 251.

tiens, double de leur *ampelos* ou pas géométrique. On l'appliquait quinze fois sur le terrain (ou l'*ampelos* trente fois) pour mesurer la longueur de l'aroure.

CANNE HÉBRAÏQUE.

La canne hébraïque est surnommée *hexapéchus*, c'est-à-dire de six coudées; sa valeur est donc parfaitement déterminée à $3^m,525$. On l'appelait aussi *ennéapode*, parce qu'elle contenait 9 pieds hébraïques. Enfin on lui donnait le nom de *dodécapode;* et c'est ce qu'il s'agit d'éclaircir. Si l'on prend le 12e de $3^m,325$, on trouve $0^m,2771$: or, c'est précisément le pied dont a usé Pline, comme nous le savons, et aussi le *zaretha* ou spithame hébraïque. Ainsi l'existence de ce pied de Pline, égal à la demi-coudée hébraïque, est démontrée par une preuve de plus. C'est ainsi que tous les résultats viennent à l'appui l'un de l'autre et se confirment réciproquement.

Je remarquerai que la grande acæne de Héron était aussi dodécapode : elle contient douze fois le pied égyptien. Enfin l'acæne égyptienne et grecque renfermait douze fois le pied italique du même auteur.

La canne hébraïque est essentiellement de 6 coudées[1] : cependant, selon la mesure d'Ézéchiel, la canne avait 6

---

[1] Il est question dans S. Augustin, d'une coudée géométrique de 6 coudées, qui répond évidemment à la mesure d'une canne : son surnom annonce qu'elle servait à l'arpentage. S'il s'agit de la coudée légale hébraïque, elle serait de $3^m,325$: peut-être aussi est-ce l'ancienne canne décapode de $3^m,08$, appartenant à l'Égypte.
Voici le passage où S. Augustin, voulant montrer que l'arche a pu renfermer toutes les espèces d'animaux, mâle et femelle, allègue en preuve l'existence de cette coudée géométrique, équivalente à 6 cou-

DES ANCIENS EGYPTIENS, CH. IX.   263

coudées et un palme, ou 37 palmes (*voyez* ci-après); la valeur de la coudée hébraïque étant de 0^m,5542, et celle de la canne ordinaire, de 3^m,325, on a, en ajoutant à celle-ci une 36e partie, 3^m,4174 pour la longueur de la canne d'Ézéchiel. Or, cette grandeur fait juste 6 fois $\frac{2}{7}$ une certaine mesure qui est 360 fois au grand stade égyptien et 60 fois au plèthre, et dont je parlerai à l'article de la coudée babylonienne; cette mesure est précisément la même qu'un pied usité en Piémont[1]. D'après ce que j'ai dit ailleurs, le rapport 6 $\frac{2}{7}$ a existé de tout temps et existe encore entre les différentes mesures de cannes et de coudées; ce qui confirme l'évaluation que je donne ici à la canne d'Ézéchiel. Celle-ci répondait encore à 10 pieds, chacun des $\frac{2}{7}$ de la mesure ci-dessus ou de 0^m,3417, et peut-être en usage à Babylone, d'où l'on aura emprunté cette canne plus forte.

§. V. *De l'orgyie.*

L'orgyie servait, du temps de Héron, comme dans l'antiquité, pour la mesure des champs à ensemencer : Ἡ ὀργυιὰ μεθ' ἧς μετρεῖται ἡ σπόριμος γῆ. Cette mesure était dix fois au schœnion *serendæ terræ* ou des terres labourées; rapport très-commode pour le calcul de la quantité des semences, c'est-à-dire du nombre et du

---

dées: *Si autem cogitemus, quod Origenes* (a) *non ineleganter adstruxit, Moysen, scilicet hominem* (b) *Dei, eruditum, sicut scriptum est, omni sapientiâ Ægyptiorum, qui geometricam dilexerunt, geometrica cubita significare potuisse, ubi unam quantùm sex nostræ valere asseverant, quis non videat quantùm rerum capere potuit illa magnitudo?* (S. Augustin. *de Civit. Dei*, l. XVI, pag. 414, tom. VII.)

(a) *Homil.* 2 *in Genes.*
(b) *Act. Apost.* cap. 7, vers. 22.

[1] *Voyez* ci-dessous, §. VI.

poids des mesures de grain, comparés à la surface à ensemencer. La mesure des prés, *schœnion* ou *socarium pratorum*, contenait douze fois cette même orgyie.

La vraie origine du mot ὀργυιὰ n'est pas connue : on suppose que cette mesure est originairement la distance qu'il y a d'une main à l'autre, quand on a les bras étendus. Pollux et d'autres étymologistes la définissent ainsi. Eustathe fait venir *orgyie* d'ὀρέγω, *extendo* ; Hésychius, de ἀπὸ τῦ τὰ γυῖα μέλρεῖν : ces deux étymologies ont toutes deux leur vraisemblance. J'ai dit plus haut, chapitre v, que ce mot exprime la hauteur d'un homme debout, *erectus* (d'ὀρέγω). Mais, si dans cette incertitude il est permis de faire une conjecture, la racine de ce mot semble étrangère à la langue grecque, et le vrai sens pourrait bien être celui de *pas* : en effet, c'est le *pas égyptien* par excellence, le pas de 6 pieds, comme le pas chinois est composé de 6 *ché*. Ce qui est nommé πάσσα dans Héron, paraît être l'orgyie égyptienne. C'était une mesure naturelle et commode, composée de 4 pas simples, c'est-à-dire d'un pied métrique $\frac{1}{2}$ chacun, et égale à sept fois la longueur du pied humain; elle entrait mille fois dans le grand mille égyptien, d'où sont dérivées toutes les espèces de milles, comme de cette orgyie dérivent nos toises d'Europe et toutes les mesures hexapodes [1].

Quatre coudées, ou la stature humaine, expriment une orgyie, dans la proportion fixée par le système égyptien : le grand pas métrique peut bien avoir été

[1] *Voyez*, au sujet de l'orgyie, le chapitre v, pag. 129-134, et le chapitre xIII.

fixé à la même grandeur, comme égal à la longueur d'un homme étendu à terre. Il est vraisemblable que l'on mesurait la taille des hommes sur l'orgyie, comme on le fait chez nous sur la toise, d'où l'on a fait le mot de *toiser*. Il est à remarquer que si la mesure de 6 pieds n'eût pas excédé la hauteur moyenne, elle n'aurait pu servir à mesurer les tailles excédantes[1]. C'est une nouvelle raison qui explique la fixation du pied égyptien aux $\frac{2}{3}$ de la coudée, tandis que, dans la nature, il n'en est réellement que les $\frac{4}{7}$[2]. La proportion de 1 à 6 avec l'orgyie, conforme au système de l'échelle senaire, se trouvait ainsi d'accord avec une condition civile, dont l'application devait être fréquente.

Ctésias dans Diodore de Sicile[3], Hérodote[4], Pline, Strabon[5], etc., évaluent la hauteur des murs de Babylone de plusieurs manières. Ctésias et Hérodote comptent 50 orgyies et 200 coudées; Strabon, 50 coudées; Quinte-Curce, 100 coudées et 200 pieds : ce qui fait voir que les écrivains abusaient de la multiplicité des mesures et de leurs noms différens pour exagérer les merveilles étrangères, en conservant toutefois les nombres vrais et les rapports reçus. L'orgyie était une mesure propre à l'Égypte, puisque le stade égyptien en est le centuple; répandue dans l'Orient, elle servait à exprimer les dimensions des monumens et même les distances itinéraires[6]. Elle est comprise cinq cents fois dans le pourtour de la grande pyramide; le socle de ce grand monument

---

[1] L'orgyie vaut 1^m,8472=5^{ds} 8º 2^l,86.
[2] *Voyez* chap. v, §. 11, pag. 133.
[3] *Biblioth. hist.* lib. 11, pag. 169.
[4] *Hist.* lib. 1, cap. 178.
[5] *Geogr.* lib. xvi, pag. 508, ed. Casaub.
[6] *Voyez* ci-dessus, pag. 240.

est élevé juste d'une orgyie[1]. Cette mesure est celle de la hauteur des figures sculptées sur les monumens égyptiens, soit de grandeur naturelle, soit d'une proportion multiple ou sous-multiple.[2]

Julianus Ascalonita a en vue une orgyie composée de 6 pieds de Pline, quand il dit que 100 *orgyies géométriques* font 112 *orgyies simples;* car le stade de 184^m,72 ou de 100 orgyies égyptiennes est égal à 112 fois la mesure de 6 pieds de 0^m,2771 chacun, à moins d'un 112e près, comme on l'a vu pag. 225.

§. VI. Coudée.

COUDÉES HÉBRAÏQUE, BABYLONIENNE, ÉGYPTIENNE, GRECQUE ET ROMAINE.

La coudée hébraïque légale est déterminée sans équivoque par le rapport de 5 à 4 que les auteurs juifs ont donné entre elle et la coudée romaine[3] : or, celle-ci, formée d'un pied romain $\frac{1}{2}$ de 0^m,2956, était égale à 0^m,4434; à quoi ajoutant $\frac{1}{4}$, on a 0^m,5542 pour la coudée légale des Juifs. Cette longueur se trouve comprise exactement 400 fois dans le stade dont on compte 180000 dans la circonférence du globe ou 500 au degré, c'est-à-dire le stade de Ptolémée, de Marin de Tyr, etc.: nouvelle preuve de l'exactitude de cette détermination.

---

[1] *Voyez* ci-dessus, ch. III, p. 51.
[2] *Voyez* ci-dessus, ch. V, p. 122.
[3] Fréret nie la justesse du rapprochement fait par l'empereur Constantin sur la valeur des coudées romaine et hébraïque, dans des notes sur le traité d'un rabbin relatif aux dimensions du temple; mais il semble que l'empereur romain est un guide plus sûr à suivre que l'académicien français, pour l'appréciation des mesures de son temps.

DES ANCIENS ÉGYPTIENS, CH. IX.

Selon Ézéchiel, comme nous le verrons bientôt, la coudée légale ou du sanctuaire était plus grande d'un palme que la coudée commune. S'il faut entendre par cette dernière (comme l'ont fait Fréret et d'autres critiques) la coudée que les Juifs trouvèrent en usage dans la Chaldée, il s'ensuivra que la coudée babylonienne commune, suivant Ézéchiel, était égale à la coudée grecque ou égyptienne de $0^m,4618$.

Mais, dans cette explication, comment faut-il entendre le passage d'Hérodote, qui, après avoir donné la mesure des murailles de Babylone en coudées (*voy.* ci-dessous, chap. x, §. IV), ajoute, ὁ δὲ βασιλήϊος πῆχυς τᾶ μετρίᾱ ἐςὶ πήχεως μέζων τρισὶ δακτύλοισι, c'est-à-dire « la coudée royale (de Babylone) excède de 3 doigts la coudée de mesure [1] ? » Or, nous savons que le πῆχυς μέτριος d'Hérodote est la coudée commune, grecque et égyptienne, de $0^m,4618$. Mais il y a ici plusieurs questions à examiner : 1°. l'excès de 3 doigts doit-il se compter en doigts de la coudée babylonienne, ou en doigts de la coudée appelée πῆχυς μέτριος? 2°. que valent ces 3 doigts en proportion de l'une ou de l'autre coudée, ou, ce qui revient au même, en combien de doigts étaient-elles divisées?

Supposons d'abord la division ordinaire de la coudée en 24 parties. Si c'est en doigts de la coudée commune qu'est compté l'excédant de la coudée royale babylonienne, le doigt étant égal à $0^m,01925$, il faudra ajouter 3 doigts ou $0^m,05775$; on aura en somme $0^m,5196$. Telle serait la valeur de la coudée de Babylone; c'est

[1] *Hist.* lib. 1, cap. 178.

celle que nous avons déjà attribuée à la coudée noire des Arabes.

Par une seconde hypothèse, les 3 doigts d'excès seraient comptés en doigts de la coudée royale, divisée aussi en 24; dans ce cas, 0^m,4618 représenterait les $\frac{7}{8}$ de cette coudée : ainsi la valeur de la coudée royale serait de 0^m,5276. Mais, dans ce calcul, la coudée commune n'aurait pas eu la division en 24 doigts, qui lui est propre et essentielle[1].

Il reste une dernière supposition à faire, qui résout pleinement la difficulté; c'est que la coudée royale babylonienne fût divisée en 30 doigts et chacun en deux parties[2], dans un système de division sexagésimale. Si

---

[1] On peut encore faire d'autres suppositions, mais qui ne sont pas plus satisfaisantes. La grande coudée de Héron, ou la coudée royale hachémique, a 32 doigts; et la coudée hébraïque, 28 doigts $\frac{2}{7}$, c'est-à-dire bien près de 29 doigts. L'excès de la première sur l'autre serait donc d'un peu plus de 3 doigts; mais Hérodote ne pouvait entendre la coudée hébraïque par πῆχυς μέτριος.

Enfin, la coudée du meqyàs, égale à 0^m,539, est de 4 doigts au-dessus de la coudée commune. Si on l'adoptait pour la coudée babylonienne, Hérodote aurait compté un doigt de moins qu'il ne fallait.

Au reste, la mesure rapportée pour cette coudée du meqyàs, dans la *Déc. égyptienne* (t. II, p. 278), est de 0^m,5412, tandis qu'elle n'a réellement que 0^m,5407 (*voyez* plus haut, pag. 159). Ici elle est réduite d'un millimètre $\frac{2}{15}$, à cause du rapport de 7 à 6 entre elle et l'ancienne coudée égyptienne. L'excédant actuel a pu provenir de quelque altération dans la mesure usuelle, d'autant plus que les mesures vont toujours en s'allongeant un peu, comme le prouvent l'exemple de la toise du Châtelet et celui du pied romain, aujourd'hui plus grand qu'autrefois de plus de 2 millimètres. La raison est que les ouvriers, quand ils étalonnent leur mesure, la font un tant soit peu plus longue, pour enlever ensuite l'excédant à la lime. S'ils la faisaient plus courte, il n'y aurait plus de remède. Les mesures s'allongent encore par la rouille. Au reste, la mesure de 540 millimètres $\frac{7}{15}$ n'est qu'une mesure moyenne.

[2] Héron nous apprend que le doigt ou l'unité (μονὰς) se divisait en deux parties et en trois parties : Διαιρεῖται δὲ ἔσθ᾽ ὅτε μὲν γὰρ καὶ εἰς ἥμισυ καὶ τρίτον καὶ λοιπὰ μόρια. (*Analecta græca*, etc. tom. I, p. 308. Paris, 1688.)

elle dépassait de 3 doigts ou trentièmes la coudée commune, il faudra, pour la retrouver, ajouter à la commune $\frac{1}{9}$ d'elle-même. Ajoutons donc à o^m,4618 un neuvième; la somme est o^m,5131 : or, il se trouve que cette quantité est exactement la soixantième partie du plèthre ou de la seconde terrestre dans la mesure égyptienne, comme le plèthre était la soixantième partie du mille égyptien, comme le mille est la soixantième partie du degré, comme enfin (par la supposition même) le demi-doigt était la soixantième partie de la coudée. La canne renfermait 6 de ces coudées. La grandeur dont il s'agit est *la tierce du degré terrestre*; elle rentre tout-à-fait dans l'échelle sexagésimale; elle explique des rapports complexes, comme celui de 6 $\frac{2}{7}$ qui existe entre la canne et la coudée commune égyptiennes; enfin elle remplit une lacune de l'échelle métrique. Je reviendrai, à la fin de ce paragraphe, sur cette coïncidence singulière; ici je me bornerai à dire que la valeur qui en résulterait pour la coudée babylonienne, n'excède que de 3 millimètres et $\frac{1}{2}$ celle d'un ancien pied appelé *Aliprand* ou *de Luitprand*, égal, selon d'Anville[1], à o^m,5094, et en usage dans le Piémont. Le *trabuc* de Turin est égal

---

[1] D'Anville (*Mesures itinéraires*, pag. 51) rapporte que 551 trabucs font 864 toises de France, d'après les cartes très-exactes qu'on a levées en Sardaigne. C'est, pour le trabuc, 3^m,0562; et pour le pied aliprand, o^m,5094. Il cite un autre pied, employé sur un plan de Casal, de 1^d 6° 8^l (o^m,5052); c'est encore une mesure excessive pour un pied : mais d'Anville adopte pour le pied luitprand une grandeur plus petite, de 1^d o^{2o} 2^l $\frac{2}{7}$, comme le 6e du trabuc de Milan, estimé par Riccioli à 6^{d1} 1^{po} 4^l, mesure qui aurait besoin d'être vérifiée de nouveau. Peut-être découvrira-t-on pour l'ancien pied aliprand une longueur plus grande que o^m,5094.

En débitant que Luitprand, roi lombard du VIIIe siècle, voulut que son pied servît d'étalon, les Milanais

à 6 de ces prétendus pieds; c'est précisément la longueur de la canne ou décapode égyptien.

Ézéchiel, enseignant aux Hébreux quelles sont les proportions du temple et du sanctuaire, s'exprime ainsi, selon la version latine : *Istæ autem sunt mensuræ altaris in cubitis (sanctis) : cubitus hic est cubitus communis et quatuor digiti* [1]; c'est-à-dire que cette coudée hébraïque surpasse la coudée commune et profane d'un sixième d'elle-même ou de 4 de ses doigts, autrement d'un 5ᵉ de la coudée commune. A 0^m,4618 ajoutant un cinquième ou 0^m,0924, on a pour la somme 0^m,5542. Voilà la coudée hébraïque sacrée, telle que nous l'avons déterminée ci-dessus. Il ne reste donc pas d'incertitude sur le sens de ce passage, ni sur la valeur, soit de la coudée sacrée, soit de la coudée commune, chez les Hébreux. A la vérité, Ézéchiel ne dit pas expressément que cette coudée commune fût usitée à Babylone: mais, si tel est en effet le sens de ce passage, comme on peut l'admettre, puisqu'il écrivait en Chaldée, il n'en résulterait aucune difficulté nouvelle; car il pouvait y avoir à Babylone deux mesures admises : la coudée populaire et commune, et une autre coudée d'institution.

La plupart des savans modernes ont admis jusqu'ici, mais sans fondement, l'identité absolue entre la coudée égyptienne et la coudée hébraïque; la cause de l'erreur est qu'ils n'ont pas distingué la coudée commune de

ont renouvelé la fable que les Grecs avaient imaginée pour l'origine du pied olympique, attribué par eux à celui d'Hercule (*voyez* pag. 133). Ici le prétendu étalon est encore plus extraordinaire que le pied d'Hercule, puisqu'il est presque double du pied naturel.

[1] Cap. 40, vers. 13. *Voyez* la Polyglotte.

l'autre. Les Juifs faisaient sans doute usage de la première, qu'ils avaient puisée en Égypte, la même que les Grecs ont adoptée. Quand l'Écriture et les commentateurs parlent d'une coudée hébraïque et d'une coudée égyptienne égales, il est question de la coudée commune, mais non de la coudée sacrée ou du sanctuaire, qui est celle de Moïse, de Salomon et d'Ézéchiel, et plus grande d'un palme.

Cette analyse nous dispense de faire l'examen des opinions très-diverses qu'on a avancées sur les coudées hébraïque, égyptienne et babylonienne; et nous croyons qu'aucun passage, à moins d'altération, ne peut manquer de s'expliquer clairement par l'application des valeurs ci-dessus. Il resterait à découvrir l'origine de la coudée hébraïque. On ne peut, à cet égard, que proposer des conjectures plus ou moins vraisemblables : l'essentiel était d'en bien connaître la valeur absolue et relative[1]. Contentons-nous de remarquer que le stade de cinq cents au degré comprend quatre cents fois juste cette coudée, et qu'elle vaut un cinquième en sus de la coudée commune. Cette mesure est-elle particulière aux Hébreux, ou l'ont-ils reçue de quelque part? C'est ce qu'il ne paraît pas possible de découvrir; mais il est certain que le stade avec lequel elle est dans un rapport si exact, est lui-même enchaîné avec le système égyptien.

Le pyk belady actuel surpasse cette même coudée hébraïque de $\frac{1}{24}$, d'autant que le pied grec surpassait le

---

[1] La mesure de 246 lignes, attribuée généralement par les métrologues à la coudée hébraïque, est parfaitement d'accord avec la longueur que je lui ai assignée.

pied romain, et que la coudée commune des Égyptiens, des Babyloniens et des Grecs, surpassait la coudée romaine.

Il faut dire un mot sur les coudées juives appelées πενταδώρος et ἑπταδώρος, qui ont embarrassé les savans [1]. Je regarde comme la coudée πενταδώρος des Hébreux, ou de 5 palmes, la coudée commune égyptienne de $0^m,4618$; car, puisque la coudée légale valait $1\frac{1}{5}$ de la coudée commune, il suit que celle-ci valait $\frac{5}{6}$ de l'autre ou 5 de ses palmes. Cette explication me paraît frappante: elle prouve bien l'usage de la coudée commune ou égyptienne chez les Juifs, quoiqu'elle passât pour profane.

La coudée ἑπταδώρος ne doit et ne peut pas s'entendre de 7 palmes de la coudée légale, qui feraient une longueur extraordinaire; il s'agit de 7 palmes communs, c'est-à-dire que cette mesure vaut $\frac{1}{6}$ en sus de la coudée commune, ou $0^m,539$. Cette coudée est celle-là même qui s'est conservée au meqyâs du Kaire, et qui paraît n'avoir pas été inconnue à l'antiquité, ainsi que nous l'avons fait voir. D'après cet exemple et d'autres encore, on peut dire, en général, que le palme s'est entendu le plus souvent de 4 doigts de la coudée commune.

Les rapports des coudées hébraïque, égyptienne, babylonienne, grecque et romaine, peuvent encore se confirmer par de nouveaux rapprochemens. Polybe dit que la coudée romaine est plus courte de $\frac{1}{25}$ que la coudée grecque: de $0^m,4618$ retranchons $\frac{1}{25}$ ou $0^m,0185$; il reste $0^m,4454$, valeur assignée plus haut à la coudée romaine.

[1] Éd. Bernard, *De ponderibus et mensuris*, pag. 215-217.

La coudée commune d'Ézéchiel, ce qui est aussi la coudée commune babylonienne, vaut, comme on l'a vu, 0^m,4618, c'est-à-dire autant que la coudée commune grecque et le πῆχυς μέτριος d'Hérodote. Ce n'est donc pas la coudée royale du même auteur, comme l'a cru Fréret sans le moindre fondement. Il n'y a aucune raison de comparer la coudée royale avec la coudée commune dont il est question dans Ézéchiel, ni pour les expressions, ni pour le sens; car celui-ci entend parler d'une petite mesure, et Hérodote, d'une mesure plus grande relativement[1].

Puisque la coudée romaine était d'un 25e moindre que la coudée grecque commune, et que celle-ci faisait les $\frac{5}{6}$ de la coudée hébraïque sacrée, il suit de là que 5 coudées romaines devaient faire autant que 4 coudées hébraïques $\frac{24}{25} \times \frac{5}{6} = \frac{4}{5}$; c'est effectivement ce que mar-

[1] Quand Hérodote avertit que la coudée babylonienne surpassait la coudée commune de 3 doigts, il ne dit pas clairement qu'elle en fût les $\frac{1}{7}$, comme l'avance Fréret; et lorsque Polybe apprend que la coudée grecque de son temps était plus grande de $\frac{1}{7}$ que l'ancienne, il n'en résulte pas non plus que cette grande coudée fût la coudée commune d'Hérodote, et encore moins, que la coudée du temps de Polybe fût égale à la coudée babylonienne. Enfin Polybe, apprenant que la coudée grecque était les $\frac{25}{24}$ de la coudée romaine, ne dit point que ce fût la valeur de la *nouvelle* coudée grecque. Malgré ces assertions, Fréret arrive à une conséquence moitié juste et moitié fausse; savoir, que la coudée romaine est les $\frac{5}{7}$ de la coudée hébraïque : et cette singularité vient de ce qu'il identifiait la coudée hébraïque avec la coudée égyptienne; ce qui n'est vrai, comme on l'a dit, que de la coudée commune des Hébreux. Au reste, il se contredit en disant dans un endroit que la coudée grecque de Polybe est plus grande de $\frac{1}{7}$ que l'ancienne, et dans un autre, de $\frac{1}{6}$ seulement.

Fréret a déterminé la coudée babylonienne à 2050 dixièmes de ligne, ou 17 p^o 1^l; ce résultat est fort approchant de la vérité, quant à la coudée commune, et il est dû à une sorte de compensation. Voyez *Mémoires de l'Acad. des inscriptions*, tom. XXIV.

274 EXPOSITION DU SYSTÈME MÉTRIQUE

quent les auteurs juifs. Cette conséquence nous ramène au point d'où nous sommes partis [1].

En résumé, la coudée hébraïque et la coudée babylonienne excédaient la coudée commune, égyptienne et grecque. Mais les Babyloniens et les Hébreux ont fait aussi usage de cette coudée commune : c'est avec celle-ci qu'Hérodote comparait la coudée royale des Assyriens; et Ézéchiel, la coudée légale ou sacrée des Hébreux.

COUDÉE DE POLYBE.

Je ferai mention ici d'une mesure dont il est parlé dans Polybe. La nouvelle coudée grecque valait, selon lui, un septième de plus que l'ancienne. On peut demander si cet excédant est un 7e de celle-ci ou bien un 7e de celle-là.

En admettant, ce qui est le plus naturel, qu'il s'agit d'un 7e de la nouvelle coudée, celle-ci valait 1 fois et un 6e de l'ancienne. L'ancienne coudée grecque, celle d'Hérodote, étant de $0^m,4618$, en y ajoutant $\frac{1}{6}$ on a $0^m,539$, c'est-à-dire la coudée de 7 palmes naturels; or, c'est la même qui est conservée au meqyâs du Kaire, et que, d'après divers indices, nous croyons avoir été en usage autrefois, au moins sous les Romains. Ainsi la nouvelle coudée grecque serait la même que la coudée ἐπλαδώρης des Hébreux. Cette explication suppose que la coudée s'était augmentée d'un palme juste ou 4 doigts : ce qui est bien plus vraisemblable que d'imaginer qu'elle avait crû de 3 doigts $\frac{3}{7}$; addition qui sem-

[1] *Voyez* ci-dessus, pag. 266.

DES ANCIENS ÉGYPTIENS, CH. IX.   275

blerait tout-à-fait arbitraire. Enfin, elle éclaire sur la division en 28 doigts, que je regarde comme postérieure à la division en 24.

Mesure particulière de coudée, résultant de l'ensemble du système métrique.

J'ai dit, à l'article de la coudée royale babylonienne[1], que son excès de 3 doigts sur la coudée commune d'Hérodote s'expliquait parfaitement par une mesure égale à $\frac{1}{9}$ en sus de cette coudée commune, ou longue de $0^m,5131$, et que cette mesure de coudée se retrouvait dans le pied du Piémont, surnommé *Aliprand*, avec assez d'exactitude. Il est inutile de rechercher ici comment il se fait qu'elle existe en Italie, et si elle y a été imaginée ou bien transportée de l'Orient; considérons plutôt ses rapports avec le système égyptien. Ces rapports sont frappans. Tandis que la coudée commune est 6 fois $\frac{2}{3}$ dans le décapode, et 66 fois $\frac{2}{3}$ au plèthre, celle-ci est comprise 6 fois juste dans le décapode, et 60, dans le plèthre égyptien. Le stade égyptien avait 360 de ces mesures, et le mille, 3600. Ainsi le degré égyptien fait 60 milles; celui-ci, 60 plèthres; et le plèthre, 60 de ces mesures, égales par conséquent à la tierce terrestre. Beaucoup de monumens d'Égypte la renferment en nombre rond; ce qui n'est pas surprenant, d'après le rapport de 10 à 9 entre elle et la coudée commune. Tous les nombres de coudées de cette dernière espèce qui sont divisibles par 10, produisent d'autres

[1] *Voyez* ci-dessus, pag. 268.

nombres entiers en coudées de la première. Ainsi la base de la pyramide qui a 500 coudées communes, fait 450 des autres; l'apothème en a 360. Je pourrais citer ici dans le monument d'Osymandyas et d'autres édifices, des dimensions de 90, 18, 27, 36 de ces coudées. A Karnak, la largeur de la première cour et celle de la grande salle en renferment 100; la longueur de celle-ci, 200, à fort peu près. Ajoutons qu'elle fait juste le double du pied italique de Héron, qui est fixé à $0^m,2567$ [1].

C'est ici le lieu de remarquer que le rapport de 9 à 10 entre les deux mesures est le même que celui du degré centésimal au degré sexagésimal. Or, il paraît bien que la division centésimale n'a pas été inconnue à l'antiquité, puisque le stade d'Hérodote de $99^m \frac{2}{4}$, qui est $1111\frac{1}{9}$ fois au degré ordinaire, se trouve 1000 fois dans la 100e partie du quart du méridien, supputé d'après la mesure égyptienne du degré; ce qui ne peut guère être attribué au hasard. Il est encore remarquable que la coudée commune est 216 fois (6^3) au stade centésimal ou d'Hérodote, et 216000 fois (60^3) au degré centésimal. La mesure de coudée dont il s'agit ici n'est point en rapport simple avec ce même stade d'Hérodote; elle y entre 194 fois et $\frac{2}{7}$, tandis qu'elle est 60^3 fois au degré sexagésimal.

Malgré ces rapprochemens singuliers, il n'est pas permis de considérer cette mesure comme étant une coudée usuelle en Égypte. Hérodote ne parle que d'une seule coudée, qui était 400 fois au stade, et qui avait un pied et demi; mais la mesure dont il est question

[1] *Voyez* section 1re, §. 11.

faisait un pied et deux tiers. Au reste, la symétrie du système égyptien explique d'elle-même tous ces rapports; beaucoup d'autres encore pouvaient en dériver. Concluons que si cette mesure a réellement été employée à Babylone, elle a été empruntée du système général suivi en Égypte, plutôt que de l'usage ordinaire. Il faut aussi se rappeler que, selon Diodore, les Chaldéens étaient une colonie égyptienne [1].

§. VII. *Pied.*

Tout ce qui a été dit précédemment sur la mesure appelée *pied*, dispense d'entrer ici dans beaucoup de développemens; mais je dois citer un passage décisif et qui est propre à lever bien des difficultés. C'est celui où Hygin [2] définit le pied ptolémaïque par ces mots *monetalem* et *semunciam*, ou 12 pouces $\frac{1}{2}$, c'est-à-dire $\frac{25}{24}$ du pied romain : or, telle est la grandeur bien connue du pied grec. Héron vivant à Alexandrie, et parlant d'un pied royal et alexandrin, pouvait-il avoir en vue une autre mesure que le pied ptolémaïque? Non sans doute. Ce pied avait été mis en usage à Cyrène par les rois Ptolémées; il avait pris ce nom de Ptolémée Apion, roi de la Cyrénaïque. L'identité du pied grec et du pied ptolémaïque semble donc incontestable, et d'Anville l'a reconnue lui-même [3]. La conséquence nécessaire est que le pied philétérien ou royal de Héron, comme nous le savions d'ailleurs par une autre voie, est le même que

---

[1] *Bibl. hist.* lib. 1, pag. 69.
[2] *De limit. constituendis,* collect. pag. 19.
Goesian. pag. 210.
[3] *Traité des mesures itinéraires,*

le pied égyptien ou grec. Le pied italique du même auteur était au pied grec comme 5 est à 6, et au pied romain comme 125 est à 144.

Le pied hébraïque, appelé *seraïm*, était égal aux deux tiers d'une coudée hébraïque, selon les auteurs. Il n'y a pas d'obscurité sur ce point.

Quant au pied de Pline, nous l'avons évalué avec certitude, d'après les mesures des pyramides et des obélisques; il faut remarquer qu'il est la moitié de la coudée hébraïque.

§. VIII. *Dichas*.

Cette mesure est appelée λιχὰς, *lichas*, par quelques auteurs; dans Héron, elle porte aussi le nom de κοινοςόμον. Éd. Bernard lui attribue 10 doigts, d'après Pollux et Héron; mais les deux tableaux tirés de ce dernier fournissent, pour cette mesure, une valeur égale de 8 doigts. Éd. Bernard cite à cette occasion une mesure qui porte le nom de *fetr*, فذر, et vaut, suivant les Arabes, 2 doigts de moins que la spithame, c'est-à-dire 10 doigts : mais le *fetr* est une mesure différente qui correspond à l'*orthodoron*, comme je l'ai dit au chap. VII[1]. Il faut donc s'en tenir ici à la valeur de 8 doigts; ce qui est la proportion naturelle de l'intervalle du pouce à l'index, la main étendue.

Le tableau (II) tiré de Héron nous fait découvrir la valeur absolue du *dichas* : il le place parmi les mesures anciennes, et le fait égal à 2 palmes; et de ces mêmes

[1] Page 166.

DES ANCIENS ÉGYPTIENS, CH. IX.   279

palmes, la coudée *xylopristique* en prend 6. Or, cette coudée est la coudée égyptienne de 0^m,4618; le *dichas* vaut donc 0^m,1539. C'est encore la même valeur relative que Héron lui donne dans les mesures *de son temps*, où l'on voit qu'il fait la spithame égale à un *dichas* $\frac{1}{2}$; et celui-ci à 2 palmes, 4 condyles, 8 doigts. La spithame dont il s'agit est la moitié de la coudée lithique, laquelle est la même que la coudée xylopristique, et par conséquent égale à 0^m,4618 : il en résulte pour le *dichas* la même valeur de 0^m,1539.

SECTION TROISIÈME.

RECHERCHE PARTICULIÈRE DE LA VALEUR DES MESURES APPELLÉES SCHŒNE ET PARASANGE.

Les noms de *schœne* et de *parasange* ont été confondus ensemble par les écrivains; ce qui a fait confondre les mesures elles-mêmes[1]. On appelait la parasange *schœne persique*; le schœne s'appelait aussi *parasange égyptienne* : Marin de Tyr, Ptolémée, Héron d'Alexandrie, parlent de ces deux mesures itinéraires comme d'une seule et même mesure. La confusion vient encore de ce que les Égyptiens faisaient usage de l'une et de l'autre, comme le témoigne Hérodote[2]. Pline dit que *les Perses ont diverses mesures de schœnes et de parasanges*[3].

---

[1] Παρασάγγαι τὰ τριάκοντα στάδια παρὰ Πέρσαις· παρ' Αἰγυπτίοις δ' ἑξήκοντα. (*Etymol. magn.*)
[2] Herodot. *Histor.* lib. II, cap. 6.
[3] *Inconstantiam mensuræ diversitas auctorum facit, cùm Persæ quoque schœnos et parasangas aliâ aliâ mensurâ determinent.* (Plin. *Histor. natur.* lib. VI, cap. 26.)

Le mémoire de d'Anville sur le schœne, et ses discussions sur la parasange[1], ont donné quelques lumières sur la valeur du schœne égyptien; d'autres écrivains encore se sont occupés de cette recherche : mais leurs ouvrages sont loin d'avoir éclairci tout ce qui regarde ces deux mesures, et les passages les plus difficiles sont encore sans explication. Il n'y a qu'un principe général par lequel on puisse parvenir à lever ces difficultés ; autrement toutes les solutions ne sont que particulières.

Ce que j'ai dit, chap. II et chap. VI, sur la mesure des différens schœnes, recevra ici une entière confirmation. Il est superflu de rapporter les dénominations que les divers peuples et les auteurs ont données à la parasange et au schœne; on peut consulter l'ouvrage d'Édouard Bernard[2], et aussi le petit traité de d'Anville. J'expose d'abord ici la valeur absolue de ces deux espèces de mesures, que je démontrerai ensuite.

1°. Le schœne d'Hérodote est de 60 stades, chacun de $1111\frac{1}{9}$ au degré ou de quatre cent mille à la circonférence. D'après la mesure du degré égyptien égale à $110852^m,96$, sa valeur doit être fixée à $5070^t \frac{1}{4}$ ou.................................... $5985^m,00$.

2°. Le grand schœne (*schœnus major*) est composé de 60 stades de six cents au degré; valeur, $5686^t \frac{1}{2}$............... 11085, 30.

3°. le petit schœne (*schœnus minor*), moitié du précédent, est composé de 30

---

[1] *Traité des mesures itinéraires*, pag. 93 et suiv.

[2] Éd. Bernard, *De ponderibus et mensuris*, pag. 244 *et seq.* Voyez aussi Eustathe, Suidas, Ptolémée, Marin de Tyr, Marcien d'Héraclée.

DES ANCIENS ÉGYPTIENS, CH. IX. 281
stades de six cents au degré; sa valeur est
de 2843^t $\frac{1}{4}$ ou............................ 5541^m,65^c.

Le premier schœne, égal à 1 lieue $\frac{7}{20}$ de vingt-cinq au degré et à 1 lieue $\frac{8}{100}$ de 20 au degré, est celui qu'Hérodote emploie toujours dans la description de l'Égypte supérieure et inférieure[1]. Mais cette mesure, selon Artémidore, paraît avoir été propre à la haute Thébaïde[3]; c'est aussi à Thèbes que je rapporte l'institution du petit stade, dont ce schœne est composé[4].

La deuxième espèce répond au plus grand schœne, qui, selon Artémidore d'Éphèse, était usité depuis Memphis jusqu'à la Thébaïde, c'est-à-dire dans l'Égypte moyenne; c'est pour cette raison qu'il est composé de stades de six cents au degré. Diodore en a fait usage : Strabon[5] s'en est servi pour marquer la distance de Memphis au Delta. Il vaut 2 lieues de vingt au degré, ou 2 $\frac{1}{2}$ de vingt-cinq au degré. C'est aussi à Memphis et au pays de l'Égypte moyenne que je rapporte la forma-

---

[1] On emploie ici ces fractions de mètre sans prétendre donner les mesures avec cette précision, mais seulement parce qu'elles dérivent ainsi du tableau général.

[2] Artémidore d'Éphèse en a usé aussi, en donnant les dimensions du Delta. *Voyez* chapitre 11, Tableau des mesures itinéraires de l'Égypte. (Strabon, *Geogr.* lib. xvii, p. 553, ed. Casaub.)

Ce schœne vaut 3 minutes $\frac{14}{100}$ du degré ordinaire, ou 6 minutes de la division centésimale; ce qui est digne d'attention.

[3] Ἀπὸ μὲν γὰρ Μίμφεως μέχρι Θηβαΐδος τὴν σχοῖνον ἑκάστην φασὶν εἶναι σταδίων ἑκατὸν εἴκοσιν ἀπὸ δὲ τῆς Θηβαΐδος μέχρι Συήνης, ἑξήκοντα... Ἐντεῦθεν ἀρχὴ τῶν ἑξήκοντα σταδίων σχοίνων, ἕως Συήνης, καὶ Ἐλεφαντίνης. (Strabon, *Geogr.* l. xvii, pag. 553 et 559.)

[4] Le schœne d'Hérodote est composé de stades de 99$^m\frac{1}{4}$, qui eux-mêmes sont égaux à 10 secondes centésimales. J'ai dit que l'on retrouve dans l'antiquité les indices d'une division centésimale de la circonférence terrestre.

[5] Strab. *Geogr.* lib. xvii, p. 555. C'est le même que le schœne de 120 stades, selon Artémidore. (*Voyez* ci-dessous.)

tion et l'institution du stade de six cents au degré, dont le type est exactement conservé dans les dimensions de la grande pyramide de Memphis [1].

Le troisième schœne, composé de 30 stades de six cents au degré, paraît appartenir au pays situé au-dessous de la tête du Delta et à la basse Égypte; il vaut ½ de lieue de vingt-cinq au degré, ou une lieue de vingt au degré. C'est sans doute l'origine de la lieue marine. Pline l'emploie en décrivant le lac Mareotis. Ce schœne de 30 stades était le plus ordinaire dans la géographie. Strabon en a usé dans le cours de son livre et pour d'autres pays que l'Égypte [2]. Marcien d'Héraclée en a aussi fait usage. Héron l'appelle *schœne* ou *parasange*. Cette mesure est la parasange égyptienne.

Il n'y a proprement qu'une seule sorte de *parasange*; on verra ci-dessous pourquoi la seconde espèce de schœne a reçu le même nom chez divers auteurs. La parasange ou schœne persique, suivant Hérodote, Xénophon, Hésychius, Suidas, les auteurs juifs, S. Épiphane, etc., était composée de 30 stades; ces stades sont de sept cent cinquante au degré, ou de dix au mille romain. Sa valeur était conséquemment de $2274^t\frac{2}{7}$, ou $4433^m\frac{1}{7}$. La *parasange* d'Égypte, c'est-à-dire le schœne, suivant Héron, était aussi de 30 stades, mais de six cents au degré, à la mesure du degré égyptien.

La parasange proprement dite vaut 2 minutes $\frac{4}{10}$ terrestres; elle est justement de vingt-cinq au degré, et c'est peut-être là l'origine de notre lieue commune.

---

[1] *Voyez* chap. III, pag. 43.
[2] Strab. *Geogr.* lib. XVII, p. 553 *et alibi.*

Comme son nom est persan, et n'est même autre chose que le mot qui veut dire mesure persane (*pharsang, pharsakh, pharsa*)¹, il y a tout lieu de croire que cette mesure a été instituée en Perse; mais il ne faudrait pas en conclure que, pour la former, on a exécuté dans ce pays ou ailleurs une mesure de la terre. Comme elle fait juste 24 stades égyptiens de six cents au degré, on a pu la composer simplement par la répétition de ce stade. C'était raccourcir d'un cinquième le schœne de la basse Égypte. Quant au stade de sept cent cinquante au degré, que renferme trente fois cette parasange, on sait qu'il était usité en Perse et à Babylone.

On peut remarquer que le grand schœne, et celui qui a été employé par Hérodote, sont en même rapport entre eux que le grand et le petit stades égyptiens; c'est-à-dire comme 50 est à 27.

Dans ce qui suit, je serai forcé de rappeler plusieurs des résultats du tableau des distances itinéraires citées par les anciens, résultats que j'ai donnés, chapitre II, comme une des bases de mon travail; j'espère que le lecteur ne les considérera pas comme une répétition superflue.

---

¹ Ce mot passe pour être composé de فرس, *Fers*, la Perse, et de سنك, *senk*, mesure; c'est-à-dire mesure persane. Les Arabes écrivent فرسخ, *farsakh*. Le mot *senk* signifie proprement *pierre*; de là *pierre milliaire*, ou servant à la mesure du chemin.

284 EXPOSITION DU SYSTÈME MÉTRIQUE

PREUVES DE LA VALEUR DU SCHŒNE.

1°. *Par les distances géographiques.*

Schœne d'Hérodote. Le circuit des côtes d'Égypte était, selon cet auteur[1], de 60 schœnes; on trouve environ 360000 mètres, en faisant passer la ligne par Tamiatis et Bolbitine[2]. Résultat pour la valeur du schœne, en nombre rond..................;..... 6000^m.

De *Specula Persei* à Péluse, d'après le même auteur, il y a 40 schœnes; or, on trouve 240000 mètres depuis les ruines de Péluse jusqu'à la bouche Canopique. Même résultat..........,... 6000.

Artémidore d'Éphèse rapporte, dans Strabon[3], qu'il y a 28 schœnes de la tête du Delta à Alexandrie, et 25 du même point à Péluse. Quoique Strabon compte 30 stades seulement dans chacun de ces schœnes, j'ai fait voir[4] qu'il s'agit du schœne d'Hérodote, de 60 petits stades. Les nombres de schœnes de cette espèce que l'on trouve sur la carte actuelle, sont en effet de 25,8 et de 28,8. Le schœne de la basse Égypte étant de 30 stades, comme on l'a vu, Strabon devait compter sur ce pied des mesures prises dans le Delta.

Grand schœne. Strabon[5] compte 3 schœnes *seulement* de Memphis à la tête du Delta : cette distance, prise entre Myt-Rahyneh et la tête du canal d'Abou-Me-

---

[1] Herodot. *Histor.* lib. II, cap. 6.
[2] *Voyez* les Mémoires sur la géographie comparée.
[3] *Geogr.* lib. XVII, pag. 553.
[4] Chap. II, Tableau des mesures itinéraires en Égypte.
[5] *Geogr.* lib. XVII, pag. 555.

neggeh, est d'environ 55300 mètres. Résultat pour le grand schœne.................................. 11100ᵐ.

Petit schœne ou *parasange égyptienne.* Diodore compte 10 schœnes de Memphis au lac de Mœris¹. On trouve, entre les ruines de Memphis et Tâmyeh, 55200 mètres. Résultat pour le petit schœne, environ............... 5540.

D'Alexandrie à Schedia, selon Strabon, il y a 4 schœnes : distance actuelle, 22200 mètres². Valeur du schœne, environ............ 5550.

De Péluse au temple de Jupiter Casius, il y avait, selon l'itinéraire d'Antonin (à cause du *Pentaschœnon*), 10 schœnes : distance de Tyneh aux ruines de Casius, environ 55400 mètres³. Résultat......................... 5540.

2°. *Par les rapports tirés des anciens écrivains.*

Schœne d'Hérodote. Strabon dit que l'on comptait, suivant les lieux, κατὰ τόπους, 40 stades au schœne; il entend ici le stade de sept cent cinquante au degré. En effet, 40 pareils stades et demi font le schœne d'Hérodote de 6000 mètres en nombre rond⁴. On verra, cha-

---

¹ *Biblioth. histor.* lib. 1. Il faut 9 schœnes $\frac{4}{13}$. *Voyez* ci-dessus, chapitre 11, Tableau des mesures itinéraires en Égypte.

² *Voyez* les Mémoires sur la géographie comparée.

³ *Ibidem.*

4 Voici le texte du passage de Strabon : Ἀπὸ μὲν δὴ Ἀλεξανδρείας ἐπὶ τὴν τοῦ Δέλτα κορυφὴν αὐτή ἡ περιήγησις. Φησὶ δ' ὁ Ἀρτεμίδωρος σχοίνων ὀκτὼ καὶ εἴκοσι τὸν ἀνάπλουν, τοῦτο δ' εἶναι σταδίων ὀκτακοσίων τετταράκοντα· λογιζόμενος τριάκοντα σταδίων τὴν σχοῖνον ἡμῖν μὲν τοῖς πλέουσιν ἄλλοτ' ἄλλῳ μέτρῳ χρώμενος τῶν σχοίνων, ἀπεδίδοσαν τὰ διαστήματα, ὥστε καὶ τετταράκοντα σταδίους, καὶ ἔτι μείζους κατὰ τόπους ὁμολογεῖσθαι παρ' αὐτῶν. Καὶ διότι παρὰ τοῖς Αἰγυπτίοις ἄστατόν ἐστι τὸ τῆς σχοίνου μέτρον, αὐτὸς Ἀρτεμί-

pitre x, §. III, que Strabon s'est servi ailleurs de ce stade asiatique.

Selon Pline[1], Ératosthène comptait 40 stades au schœne : c'est le même rapport.

Pline dit encore[2] que quelques-uns comptaient au schœne 32 stades. Il s'agit de stades de six cents au degré; en effet, ce même schœne en contient 32,4.

Grand schœne. Artémidore, dans Strabon[3], rapporte qu'au-dessus de Memphis jusqu'à Thèbes, le schœne avait 120 stades, nombre qui semble excessif, mais qui s'explique en admettant ici l'usage du petit stade. En effet, le grand schœne fait $111\frac{1}{9}$ du petit stade égyptien : 120 est peut-être un nombre rond. D'un autre côté, comme il y avait 2 schœnes sous-doubles; que celui d'Hérodote, usité de Thèbes jusqu'à Syène, était de 60 stades, et que celui qui était employé depuis

---

δῶρος ἐν τοῖς ἑξῆς δηλοῖ. Ἀπὸ μὲν γὰρ Μέμφεως μέχρι Θηβαΐδος τὴν σχοῖνον ἑκάστην φησὶν εἶναι σταδίων ἑκατὸν εἴκοσιν· ἀπὸ δὲ τῆς Θηβαΐδος μέχρι Συήνης, ἑξήκοντα· ἀπὸ δὲ Πηλουσίου πρὸς τὴν αὐτὴν ἀναπλέουσι κορυφὴν· σχοίνους μὲν πέντε καὶ εἴκοσι φησὶ· σταδίους δὲ ἑπτακοσίους πεντήκοντα, τῷ αὐτῷ μέτρῳ χρησάμενος.

Atque ab Alexandria quidem ad ipsius Delta verticem tantùm est circuitionis. Artemidorus dicit octo ac viginti schœnorum adverso amne eam navigationem esse, id est octingenta et quadraginta stadiorum : nam xxx stadiorum schœnum facit. Nobis quidem navigantibus alia atque alia schœnorum mensura distantius indicaverunt, ut quibusdam in locis quadraginta stadiorum schœnum ac plurium etiam faterentur.

Esse autem apud Ægyptios variam schœnorum quantitatem ipse Artemidorus in sequentibus declarat. A Memphi enimusque in Thebaidem schœnos singulos pronunciat esse centum ac viginti stadiorum, à Thebaide usque ad Syenem sexaginta : à Pelusio ad eumdem verticem sursum navigantibus schœnos quinque ac viginti dicit, stadia septingenta et quinquaginta, superiùs dictam usurpans mensuram. (Strab. Geogr. lib. xvii, pag. 553.)

[1] Sylvarum (*Arabiæ*) longitudo est schœnorum xxx........ Schœnus patet Eratosthenis ratione stadia xl, hoc est pass. quinque m. : aliqui xxxii stadia singulis schœnis dedere. (Pl. *Hist. nat.* l. xii, c. 14.)

[2] Ibidem.

[3] Strab. Geogr. liv. xvii, p. 553.

DES ANCIENS ÉGYPTIENS, CH. IX. 287

Memphis jusqu'à Thèbes, c'est-à-dire dans l'Heptanomide, était le plus grand et presque double du dernier, c'est peut-être là l'origine du nombre 120. Ainsi les 120 stades répondent au schœne de 11083 mètres.

Petit schœne. Pline[1], en parlant du lac Maréotis, compte 30 stades au schœne, chaque stade étant de huit au mille ; c'est donc le stade de six cents au degré : la valeur qui en résulte pour ce schœne, d'après celle que nous avons fixée pour le stade, est de........ 5541$^m\frac{2}{3}$.

Héron dit que le schœne ou parasange vaut 30 stades ; on a vu qu'il parle du stade égyptien ou olympique, le même que celui de Pline : même valeur...................... 5541 $\frac{2}{3}$.

En même temps Héron l'égale à 4 milles. Le mille de Héron est le *milion* qui vaut 1585^m,4[2] ; multiplié par 4, ce nombre fait encore............................. 5541 $\frac{2}{3}$.

Pline transforme en 5 milles romains les 40 stades compris au schœne, suivant Ératosthène : c'est qu'il réduit, comme on sait, toute espèce de stade sur le pied de huit au mille, en supposant partout le stade olympique. Au reste, il est à remarquer que le schœne de 5541$^m\frac{2}{3}$ fait juste 5 milles hébraïques, dont la valeur est, comme je l'ai dit, de 1108$^m\frac{1}{3}$[3].

---

[1] *Alii schœnos in longitudinem patere* xx *faciunt, schœnumque stadia triginta, ita fieri longitudinis* CL *mil. pass.* C'est, pour un schœne, 3 milles ¾. (Plin. *Hist. nat.* lib. v, cap. 10.)

[2] *Voyez* l'exposition des mesures de Héron, et le tableau général et comparé des mesures.

[3] *Voyez* ci-dessus, pag. 253, et le tableau général et comparé des mesures.

D'après le passage de Pline cité ci-dessus, 150 milles s'évaluent à 40 schœnes. Le schœne répond donc à 3 milles romains et $\frac{1}{4}$: or, $3\frac{1}{4} \times 1477^m,78$ font encore............ $5541^m\frac{2}{3}$.

Le tableau des distances géographiques, chapitre II, présente d'autres preuves de la valeur des différentes espèces de schœnes. Je les ai ici passées sous silence, pour éviter les répétitions.

PREUVES DE LA VALEUR DE LA PARASANGE PROPREMENT DITE.

Quand Hérodote nous apprend [1] que le schœne valait 60 stades, et la parasange 30, il désigne, comme je l'ai dit plus haut, des stades de six cents au degré, et, par conséquent, le grand schœne et la parasange égyptienne qui en est la moitié. Mais quand il décrit la route royale de Sardes à Suse [2], dans les États du grand roi, à travers la Lydie, la Phrygie, la Cappadoce, l'Arménie, etc., il parle nécessairement de la parasange persane. Il la compare encore à 30 stades. Or, on trouve sur les cartes environ 450 lieues de vingt-cinq au degré, de Sardes jusqu'à Suse [3]. Dans cet espace, Hérodote compte 450 parasanges ou 13500 stades; donc ce stade

---

[1] Herodot. *Histor.* lib. II, cap. 6.
[2] *Ibid.* lib. v, cap. 53.
[3] Il y a, de Sardes à Arbèles, 6° d'un grand cercle, d'après les cartes anciennes de d'Anville; de là jusqu'à Suse, un peu plus de 12°; en tout, environ 18° d'un grand cercle ou 450 lieues. Si je compte les distances en ligne droite, c'est que, d'un côté, on n'a point assez de lumières sur le détail des positions géographiques intermédiaires, et, de l'autre, que c'est le moyen de compenser les erreurs, en plus ou en moins, des itinéraires anciens. Je pourrais ajouter que beaucoup de distances ont été employées par les historiens comme itinéraires, tandis qu'elles provenaient des observations astronomiques, traduites en stades, en schœnes ou parasanges.

DES ANCIENS ÉGYPTIENS, CH. IX.   289

est de sept cent cinquante au degré : on en conclut pour la parasange, d'après la valeur du degré égyptien, une étendue de 4433 mètres environ ou une lieue commune.

Xénophon[1] compte 25 parasanges de Tarsus à Tyana. La distance de Tarsous à Dana ou Tyané est d'environ 25 lieues communes, suivant la carte de d'Anville. Cette même distance est marquée dans l'*Itinerarium Hierosolymitanum*, ou Itinéraire de Bordeaux à Jérusalem, de 75 milles; d'où il résulte que la parasange est comparée à 3 milles romains. D'Anville, et le major Rennell dans son *Système géographique d'Hérodote*, en ont déjà conclu ce rapport entre le mille et la parasange. Or, trois fois $1477^m,78$ font 4433 mètres, ou une lieue de vingt-cinq au degré.

Les auteurs juifs, les rabbins, Benjamin de Tudèle dans sa relation, etc.[2], font la parasange de 4 milles; or, le mille hébraïque est de $1108^m\frac{1}{3}$, et quatre fois cette mesure équivalent à 4433 mètres. Ils font aussi la parasange de 30 stades : or, comme on l'a vu ci-dessus, le *rous*, ou stade hébraïque (*stadium talmudicum*), est de sept cent cinquante au degré, ou de $147^m,78$; trente fois $147^m,78$ font encore 4433 mètres.

Les mêmes auteurs font la parasange de 8000 coudées. La coudée hébraïque est de $0^m,5542$: or, 8000 fois $0^m,5542$ font 4433 mètres. S. Épiphane fait également la parasange de 4 milles; c'est le mille juif de $1108^m\frac{1}{3}$: en le multipliant par 4, on a aussi 4433 mè-

---

C'est un point qu'a mis hors de doute le savant M. Gossellin, pour ce qui regarde la première de ces mesures.

[1] Κύρου Ἀνάβασ. lib. I, p. 19-21. Oxon. 1735.

[2] Éd. Bernard, *De ponderibus et mensuris*, pag. 246, 247.

tres. Voilà peut-être des preuves en nombre suffisant pour la valeur de la parasange. Il serait fastidieux d'insister davantage au sujet de cette mesure; je vais ajouter quelques détails sur les autres.

La parasange a toujours été essentiellement comparée à 3 milles, ainsi que l'observe avec raison d'Anville. Mais la différence des milles romain et égyptien a fait confusion. C'est de là, je pense, que le petit schœne égyptien a porté le nom de *parasange;* car $5541^m\frac{2}{3}$ font 3 milles de soixante au degré, ou grands milles égyptiens. On voit ici, pour le dire en passant, un indice de plus de l'existence de cet ancien mille, égal à la minute terrestre. C'est de cette même espèce de parasange qu'il est question, quand on compte, dans la *Géographie turque* de Kialeb-Tchelebt [1], 69 parasanges de Shiras, capitale de la province appelée *Fars*, à Shiraf, ancien port commerçant du golfe Persique: je trouve sur la carte d'Asie d'Arrowsmith un espace de $3°\frac{1}{2}$ d'un grand cercle, en suivant la route tracée par Lar et Jaroun [2]; c'est donc la parasange de trois minutes, à $\frac{1}{76}$ près. Les auteurs arabes font la parasange de 3 milles hachémiques [3]; ce mille, comme on l'a vu ailleurs, est de soixante au degré: valeur pour la parasange arabe, un vingtième de degré ou $5541^m\frac{2}{3}$, la même que celle de la parasange égyptienne.

Mais il est très-remarquable qu'on a usé souvent de parasanges comprises 22 fois $\frac{1}{2}$ au degré [4]; cette valeur,

---

[1] D'Anville, *Traité des mesures itinéraires*, pag. 98.

[2] $\frac{3°\frac{1}{2}}{69} = 3',04$.

[3] *Voyez* Édouard Bernard, et ci-dessus, pag. 227.

[4] *Voyez* d'Anville, *Traité des mesures itinéraires*, pag. 98, et les

DES ANCIENS ÉGYPTIENS, CH. IX.   291

d'environ 5000 mètres, est juste un terme moyen entre la parasange persane de vingt-cinq au degré et la parasange égyptienne de vingt au degré.

Cette dernière remarque, ainsi que tout ce qui précède, explique bien comment l'on a confondu le schœne et la parasange; c'est que tous deux répondaient à-la-fois à 30 *stades*, à 3 *milles* et à 4 *milles*, mais à des stades et des milles différens, qui, pour la parasange, étaient inférieurs d'un cinquième à ceux dont se formait le schœne. En voici de nouvelles preuves.

Sous les empereurs de Constantinople, la parasange passait pour être de 4 milles [1]; c'est la parasange égyptienne, composée en effet de 4 milles du Bas-Empire.

Héron dit aussi que la parasange est de 4 milles, comme je l'ai rapporté à l'article du schœne; ce qui ne laisse aucun doute sur sa valeur, c'est qu'il ajoute que ces milles sont de 7 stades $\frac{1}{2}$: c'est évidemment, ainsi que je l'ai dit plus haut, le μίλιον. Remarquons que Héron est du même temps : c'est d'ailleurs un fait reconnu, que, dans le Bas-Empire, le mille romain fut raccourci.

Isidore de Charax fait encore le schœne de 4 milles [2]. Il s'agit probablement, comme tout-à-l'heure, du *schœnus minor* et du *milion*.

Édouard Bernard s'est trompé en égalant, d'une part, la mesure de ce nom à 30 stades attiques, ou 3 milles romains et $\frac{1}{4}$ [3], et en l'appelant en même temps *parasanga communior breviorque Persarum*. Cette définition

---

divers auteurs cités par Édouard Bernard, pag. 244 *et seq.*

[1] Éd. Bernard, *De ponderibus et mensuris*, pag. 247.

[2] *Voyez* le *Système géographique d'Hérodote*, par le major Rennell. Londres, 1800, in-4°.

[3] *Voyez* Éd. Bernard, pag. 244.

convient à la parasange persane de 4433 mètres, et non à la parasange égyptienne. Son erreur vient de ce qu'il a confondu ici les deux espèces de stades.

REMARQUES GÉNÉRALES.

D'Anville a cru mal-à-propos que la différence des valeurs attribuées au schœne ne venait que de celle des stades, car il serait impossible d'arriver à une valeur unique, en composant une mesure de 30, de 32, de 40, de 60 et de 120 stades, à prendre toutes les espèces de stades qu'on voudra. En effet, 120 stades du plus petit module (environ 100 mètres) font près de 12000 mètres; 30 du plus grand ($221^m\frac{2}{3}$) ne font que 6650 mètres. Il ne s'agit pas non plus d'un même stade, formant diverses espèces de schœnes, suivant le nombre de stades que l'on prend; car, en usant de la plus petite mesure, il en résulterait une longueur de schœne de 12000 mètres, qui serait trop forte, ou une de 3000 mètres, qui serait beaucoup trop faible.

Deux espèces de stades seulement servent à former le schœne.

1°. Le stade de $1111\frac{1}{9}$ au degré, ou de quatre cent mille à la circonférence, pris *soixante* fois, fait le schœne d'Hérodote ou de la Thébaïde.

2°. Le stade de six cents au degré, pris *soixante* fois, fait le *schœnus major* ou de l'Heptanomide, et pris *trente* fois, il fait le *schœnus minor* ou de la basse Égypte. Le même stade, pris 32 fois $\frac{4}{10}$, fait encore le schœne d'Hérodote. Ces deux stades sont tous deux propres à l'Égypte, ainsi que l'est elle-même la mesure

DES ANCIENS ÉGYPTIENS, CH. IX.   293

appelée *schœne*. Hérodote s'est toujours servi du premier; l'autre est conservé dans les distances itinéraires des Égyptiens, aussi bien que dans les auteurs. Enfin la composition sexagésimale de *trente* et *soixante stades* au schœne appartient au système métrique des Égyptiens. Quant au schœne de 40 stades, j'ai dit que c'était la mesure d'Hérodote; et je regarde celui de 120 comme le schœne de l'Heptanomide.

Les rapprochemens qui précèdent suffisent pour faire concevoir comment les auteurs ont attribué 30, 32, 40, 60 et même 120 stades au schœne; ce qui, au premier abord, paraît presque impossible : on comprend aussi comment il se trouve que le schœne répondait en même temps à 4 milles, à 3 milles, à 3 milles $\frac{1}{4}$ et à 5 milles[1]. Maintenant il est facile de comparer à des résultats aussi simples la confusion apparente des évaluations du schœne en stades et en milles, données par les auteurs, ainsi que la complication et l'incertitude des calculs qu'ont faits à cet égard les métrologues. Le plus habile des géographes, d'Anville, s'est trompé sur le rapport du schœne au mille; et il a interprété arbitrairement une seule autorité, négligeant ou ne pouvant accorder les autres. C'est par ce motif que la valeur qu'il donne au schœne varie depuis 3024 toises jusqu'à 3078 toises, c'est-à-dire de 54 toises, ou environ 108

---

[1] On pourrait supposer une mesure qui serait exactement de 32 stades de six cents au degré, de 4 milles romains, et de 40 stades de sept cent cinquante au degré; elle serait égale à 5911 mètres. Mais les valeurs de 40 et 32 stades se retrouvent d'une manière assez exacte dans le schœne d'Hérodote, pour qu'on se dispense de créer une mesure nouvelle. (*Voyez* pag. 284.)

mètres. Il établit la valeur précise et invariable du schœne à 4 milles romains, parce qu'il y a, dit-il, un lieu appelé *Pentaschœnon* entre Péluse et Casius, et que l'Itinéraire marque vingt milles de Casius à *Pentaschœnon*, et autant de *Pentaschœnon* à Péluse; mais ce n'est là qu'un simple rapprochement de mesures différentes d'espèce, qui ne signifie pas qu'il y eût *précisément* 5 schœnes comme 20 milles, depuis le lieu intermédiaire jusqu'à chacun des points extrêmes [1] : une pareille dénomination n'exigeait, pour être admise, qu'un accord approximatif. Le schœne d'Hérodote valait plus de 4 milles romains; le petit schœne ne valait que 3 milles $\frac{3}{4}$. Au reste, d'Anville n'a pas cité le passage de Pline qui porte le schœne à 5 milles[2], ni celui qui le fixe à 30 stades de huit au mille.

D'un autre côté, d'Anville établit le mille romain à 756 toises, et par conséquent le schœne à 3024 toises, et il regarde le schœne comme toujours composé de 60 petits stades égyptiens, de quatre cent mille à la circonférence terrestre; mais la soixantième partie de 3024^t n'est que 50^t,4, et le stade de quatre cent mille vaut 51^t,18. D'Anville lui-même a fixé ce stade à 51^t,3. Soixante mesures pareilles donnent pour le schœne 3078 toises, et il use aussi quelque part de cette évaluation. D'autres fois il s'arrête à 3060 toises, apparemment comme à un terme moyen, et sans avertir des motifs qui le déterminent. On voit dans quel vague était restée l'évaluation de cette mesure égyptienne.

[1] D'Anville, *Traité des mesures itinéraires*.
[2] *Voyez* ci-dessus, pag. 287, note 4.

DES ANCIENS ÉGYPTIENS, CH. IX.   295

Il en était de même de la parasange proprement dite : on a attribué à cette mesure une multitude de valeurs en stades; mais elles se réduisent toutes en effet à celle de 5o stades de l'espèce qui est sept cent cinquante fois au degré, ou de dix au mille romain. Ce stade est fort ancien dans l'Orient, et d'Anville en a fait voir l'existence incontestable; il faut ajouter que c'est le *rous* ou stade des Hébreux.

La parasange est essentiellement de 5o stades et de 3 milles : c'est pour cela que le petit schœne, qui a aussi 5o stades, fut appelé *parasange*, comme on l'a déjà observé [1]. Ce double rapport prouve que le stade qui compose la parasange persane, est de dix au mille. Reste donc à montrer qu'il s'agit du mille romain : mais cela est prouvé par l'étude de la marche des Grecs dans Xénophon, et aussi par la comparaison de la parasange à 4 milles hébraïques; car 4 de ces milles font juste 3 milles romains [2].

APPLICATIONS ET ÉCLAIRCISSEMENS.

Il serait presque impossible de concevoir la distance donnée par el-Edrysy [3], de Memphis au Delta, si l'on ne considérait ce qui a été dit plus haut sur l'analogie du schœne et de la parasange. En effet, el-Edrysy dit que cette distance est de 5 parasanges : or, il y en a 10 de la mesure commune, des ruines de Memphis au Ventre de la Vache, point qui est à la tête du Delta d'aujourd'hui; et il y en a 7 ½ jusqu'à l'ancien sommet

[1] *Voyez* ci-dessus, pag. 290.
[2] *Voyez* pag. 287 et ci-après.
[3] El-Edrysy, *Geograph. Nub. ex arab. in latin. vers.* Parisiis, 1619.

du Delta : mais cette erreur n'est qu'apparente. Les 7 parasanges et $\frac{1}{2}$ font justement 3 grands schœnes de 11083 mètres. El-Edrysy a donc confondu la parasange avec le schœne. Il est utile de rappeler ici que Strabon avait marqué lui-même 3 schœnes entre Memphis et le Delta[1].

La parasange paraît avoir augmenté de valeur depuis les temps anciens. D'Anville[2] dit qu'il se trouve des mesures de parasanges composées de 3 milles, chacun de cinquante au degré. Voici, ce me semble, la raison pour laquelle une pareille mesure porte le nom de *parasange ;* raison qu'il ne donne pas : c'est qu'elle équivaut à 30 stades, mais d'un stade employé plus tard, celui de cinq cents au degré, dont Ptolémée et Marin de Tyr ont fait continuellement usage. En effet, 3 degrés divisés par 50 font 6650 mètres, c'est-à-dire justement 30 stades de 221^m,67 ou de cinq cents au degré ; il était de l'essence de la parasange d'avoir toujours 30 stades de mesure. On voit, dans la relation d'Oléarius, que la parasange représente 5 wersts, mesure de Russie d'environ quatre-vingt-six au degré, égale, selon d'Anville, au mille grec moderne : c'est la même mesure que ci-dessus ; car le rapport de 5 à 86 est le même que celui de 3 à 50. Il ne s'en faut que de $\frac{1}{758}$. Enfin d'Anville cite Cherf el-Dyn qui marque 76 parasanges de Samarkand à Otrar : cette distance répond à un arc de grand cercle de 4° $\frac{1}{2}$ sur les tables persanes, et c'est aussi la distance que je trouve sur les cartes. C'est, pour la pa-

---

[1] *Voyez* pag. 284.
[2] *Traité des mesures itinéraires*, pag. 93.

DES ANCIENS ÉGYPTIENS, CH. IX.   297

rasange, $\frac{4°\frac{1}{2}}{76}$ ou $\frac{3°}{10,66}$, c'est-à-dire à fort peu près $\frac{3°}{10}$; cette valeur serait même parfaitement exacte, en ajoutant quelque chose à la mesure de 4° ½, vu que Samarkand et Otrar ne sont pas tout-à-fait sous le même méridien [1].

Nous pouvons donner encore quelques exemples de la facilité que présentent nos résultats pour expliquer les passages des auteurs; citons d'abord Julien l'architecte, qui attribue 40 stades à la parasange, dans un fragment curieux que Casaubon a rapporté au commentaire sur le xie livre de Strabon. Le plus grand nombre, dit-il, attribuait 40 stades à la *parasange*; d'autres, 60 et même beaucoup plus [2]. Comme nous l'avons dit, la parasange est composée essentiellement de 30 stades; mais l'étude du passage de Julien et l'inspection de nos tableaux font voir que l'auteur parlait du schœne: les deux dénominations ont donc été confondues; or, nous avons expliqué plus haut quelle est l'espèce du schœne de 40 stades. La chose est confirmée par le passage même, qui donne au schœne 60 stades, puisqu'il entrait 60 petits stades dans le schœne d'Hérodote [3].

On voit, dans les auteurs arabes, que la parasange équivaut à 25 *ghalouah* ou stades arabes, et à 12000 coudées de 24 doigts [4]. La parasange égyptienne fournit,

---

[1] Samarkand est par les 39° de latitude environ; Otrar, par les 43° ½.

[2] Ὁ δὲ παρασάγγης Περσικόν μέτρον οὐ παρ' ἅπασι δὲ τὸ αὐτὸ ἀλλὰ παρὰ μὲν τοῖς πλείστοις μ' σταδίων ἐστι· παρ' ἄλλοις δὲ ξ' σταδίων καὶ ἔτι πολὺ πλέον ἐν ἄλλοις κατὰ φησὶ Στράβων προσφέρων μάρτυρα τοῦ λόγου τὸν πολυμαθέστατον Ποσειδώνιον. (*Julian. architect. apud Harmenopul.* Comment. de Casaubon, pag. 173.)

[3] *Voyez* ci-dessus, pag. 288, et l'article de Julien, pag. 223.

[4] Éd. Bernard, *De ponderibus et mensuris*, pag. 246.

sur ce pied, pour le ghalouah, une valeur de 221^m,67 : telle est en effet la valeur du stade arabe[1], le même que celui de Ptolémée, et qui est compris cinq cents fois au degré.

La parasange de 5541$^m\frac{2}{3}$ fournit aussi pour la coudée, si on l'y suppose comprise douze mille fois, une valeur de 0^m,4618 : or, on sait que telle est la valeur de la coudée commune des Arabes, de 24 doigts.

Un passage du livre XI de Strabon[2], que nous n'avons pas encore cité, se trouve aussi expliqué fort aisément par ce qui précède, bien qu'il offre d'abord une grande difficulté. «Les uns, dit-il, comptent 60 stades à la parasange de Perse; d'autres 30, et d'autres 40.» Strabon attribue ici à une seule mesure ce qui appartenait à deux. La parasange persane valait effectivement 30 stades; mais c'est le schœne d'Hérodote, appelé par confusion *parasange*, qui répondait à-la-fois à 40 stades et à 60[3].

« En remontant le Nil, continue Strabon, nous avons trouvé qu'on usait, suivant les lieux, de différentes espèces de schœnes, de façon qu'un même nombre de schœnes convenait également à un espace tantôt plus grand, tantôt moindre. *Cet usage était une tradition des temps antiques*[4]. » Ce curieux passage prouve bien que

---

[1] *Voyez* le tableau général des mesures.
[2] Strab. *Geogr.* lib. XI, pag. 357, ed. Casaub.
[3] *Voyez* pag. 285.
[4] Voici le passage en entier :
Αἱ δ' ἐκβολαὶ διέχουσιν ἀλλήλων ὥς φησι Πατροκλῆς, παρασάγγας ὡς ὀγδοήκοντα· τὸν δὲ παρασάγγην τὸν Περσικὸν, οἱ μὲν ἑξήκοντα σταδίων φασίν, οἱ δὲ, τριάκοντα ἢ τετταράκοντα. Ἀναπλεόντων δ' ἡμῶν τὸν Νεῖλον, ἄλλοτ' ἄλλοις μέτροις χρώμενοι τὰς σχοίνους ὠνόμαζον ἀπὸ πόλεως εἰς πόλιν· ὥς τε τὸν αὐτὸν τῶν σχοίνων ἀριθμὸν, ἀλλαχοῦ μὲν μείζω παρέχειν

les différentes espèces de schœnes dont j'ai parlé, savoir, le grand schœne de la basse Égypte, celui qui en était la moitié, et le schœne de 50 petits stades ou schœne d'Hérodote, ont existé réellement, et qu'ils ne sont point fictifs. Comme ils prévalaient chacun suivant les lieux, les voyageurs grecs et romains ont recueilli les distances exprimées en schœnes, sans soupçonner le module dont se servaient les naturels dans chaque cas particulier.

Ce même passage est celui où Strabon nous apprend que, suivant Patrocle, les embouchures de l'*Oxus* et du *Iaxartes* sont éloignées de 80 parasanges. L'*Oxus* est le même que le Gihoun, et le *Iaxartes* des anciens est le Sihoun d'aujourd'hui: leurs embouchures actuelles sont dans la mer d'Aral; mais, selon l'antiquité, ils tombaient dans la mer Caspienne [1], et l'on croit généralement que l'*Oxus* se jetait jadis dans cette mer, à un point situé vers le 42ᵉ degré de latitude, et le *Iaxartes*, au-delà du 45ᵉ degré. Ces deux points sont distans, en ligne droite, d'environ 80 lieues de vingt-cinq au degré. Les 80 parasanges dont parle Strabon sont donc de la valeur que nous avons attribuée à la parasange persane, savoir, une lieue de vingt-cinq au degré [2].

πλοῦν, ἀλλαχοῦ δ'ἐ βραχύτερον· οὕτως ἐξαρχῆς παραδεδομένον, καὶ φυλαττόμενον μέχρι τοῦ νῦν.

Horum ostia ad xxc parasangas distare Patrocles dicit: parasangam Persicum alii lx stadiorum esse aiunt, alii xxx, alii xl. Nos cùm adverso Nilo subveheremur, aliàs aliis usi mensuris schœnos numerabant ab urbe ad urbem; ita ut idem schœnorum numerus alibi longioris, alibi brevioris navigationis spatio conveniret: re ita inde ab initio traditâ, et in hunc usque diem observatâ. (Strab. Geogr. lib. xi, pag. 357, ed. Casaub.)

[1] *Voyez* d'Anville, Géographie ancienne, in-fol., pag. 169.

[2] Dans la carte tracée par M. Gosselin pour le système géographique

Le même auteur[1] dit que, selon Théophane, la longueur de l'Arménie est de 100 schœnes, et sa largeur double, le schœne étant de 40 stades; Strabon ajoute que cette mesure est excessive. Cette remarque serait juste pour l'Arménie mineure; mais on trouve à l'Arménie proprement dite une longueur d'environ dix degrés d'un grand cercle : la mesure est prise depuis un point situé sur les bords de l'Euphrate, jusqu'au cap Setara, au nord de l'embouchure commune du *Cyrus* et de l'*Araxes* dans la mer Caspienne[2] ; c'est, pour le schœne, une valeur de 2 lieues $\frac{1}{2}$ de vingt-cinq au degré : or, le grand schœne est en effet de 2 $\frac{1}{2}$ parasanges persanes. Le schœne employé ici est de 40 stades, selon Strabon : il confondait apparemment le grand schœne avec celui d'Hérodote. Ainsi la mesure de Théophane était juste, et il paraît que Strabon l'a repris mal-à-propos[3].

Il me reste à parler d'un passage de Xénophon, que les géographes et les lecteurs instruits sont sans doute étonnés de n'avoir pas encore vu paraître dans cette discussion. Dans son histoire des marches de Cyrus, il compte 535 parasanges, ou 16050 stades, d'Éphèse au

---

de Strabon, on trouve environ trois degrés un quart de latitude entre les embouchures de l'*Oxus* et du *Iaxartes* ; ce qui revient au compte ci-dessus.

[1] Strab. Geogr. lib. xi, pag. 357, ed. Casaub.

[2] *Voyez* d'Anville, *Géographie ancienne*, pag. 115, et sa carte de l'*Orbis veteribus notus*.

[3] Je ne doute point que le compte de Théophane ne provînt d'une grande mesure astronomique transformée en schœnes, sur le pied de 10 schœnes pour un degré de grand cercle. (*Voyez* la note [3], pag. 288, et le tableau génér. des mesures.) Les cartes récentes d'Arrowsmith fournissent un intervalle de 10° pour la longueur de l'Arménie, depuis la mer Caspienne jusqu'au point de l'Euphrate que j'ai désigné plus haut.

lieu où la bataille fut livrée¹, à 12 parasanges de Babylone². Il en résulte d'abord que la parasange a 30 stades. D'Anville a voulu déduire la valeur du stade dont a usé ici Xénophon, de ce que le même auteur compte 25 parasanges entre *Tarsus* et *Tyana,* ainsi que nous l'avons dit, et que cette distance est connue pour être de 75 milles romains, d'après l'Itinéraire de Bordeaux à Jérusalem; mais il n'a fait aucune attention à ce qui en serait résulté pour la longueur de la route d'Éphèse à Babylone : Xénophon se serait trompé en plus, d'environ un tiers.

Fréret a reconnu la véritable espèce du stade dont il s'agit dans ce passage; mais son calcul n'est qu'une approximation très-imparfaite, puisqu'il suppose Babylone sous le même parallèle qu'Éphèse, bien que ces deux villes diffèrent en latitude de cinq degrés et demi environ. Il a de plus, comme d'Anville, gardé le silence sur la valeur que ce stade entraînerait pour la parasange, valeur de 2992$^m\frac{1}{2}$ ou environ 1535 toises, qui est beaucoup trop petite, et dont il n'y a aucun indice dans toute l'ancienne géographie.

Enfin ni l'un ni l'autre n'ont fait attention qu'Hérodote³, en décrivant à peu près la même route, celle de Sardes à Suse, ville qui est plus à l'orient que Babylone d'environ 100 lieues, ne compte en tout que 450 parasanges. Il faut donc réduire à beaucoup moins l'intervalle entre Éphèse et Babylone, en ayant égard aussi

---

¹ Le nom de ce lieu est donné par Plutarque dans la Vie d'Artaxerxès; ce nom est Κούναξα.
² Κύρου Ἀνάβασ. lib. ii, p. 126, Oxon. 1735.
³ Herodot. *Hist.* lib. v, cap. 53. *Voyez* ci-dessus, pag. 288.

à l'écartement d'Éphèse au sud-ouest par rapport à Sardes.

Il y a une explication de ce passage qui semble lever toutes les difficultés; c'est, 1°. que les 16050 stades sont de 400000 à la circonférence, ou de l'espèce du petit stade égyptien, et 2°. que Xénophon les a confondus avec des stades babyloniens. En effet, on trouve sur les cartes[1] que cette distance est d'environ 14° ¼ d'un grand cercle, ou 369 lieues de vingt-cinq au degré : or, chaque lieue fait 44 stades ⁴⁄₉ de la mesure du petit stade égyptien[2]; ce qui produit en tout 16400 stades, et ne diffère que de 350 du nombre de Xénophon. Mais, comme la parasange était généralement réputée de 30 stades, notre auteur a fait, à chaque fois, la réduction des 16050 petits stades sur ce pied, et, par conséquent, il en a conclu 535 parasanges, au lieu de 369 seulement que renferme cet intervalle[3]. C'est ainsi que Pline a toujours réduit les stades en milles, sur le pied d'un mille pour huit stades, sans considérer l'espèce de la

---

[1] *Voy.* la carte ancienne de l'Asie mineure par d'Anville, et les cartes d'Arrowsmith : je trouve dans celles-ci environ 45 minutes d'un grand cercle, d'Éphèse à Sart; 7° 40′, de Sart à Scanderoun, en passant par tous les détours de la route; et 6° 50′, de là jusqu'aux ruines de Babylone : il faut en retrancher environ 30′ pour les 12 parasanges que Xénophon comptait de Cunaxa à Babylone; le résultat, pour la route d'Éphèse à Cunaxa, est de 14° ¼, c'est-à-dire 369 lieues.

[2] *Voy.* le tableau général et comparé des mesures.

[3] D'après le calcul de l'un des commentateurs de Xénophon, il y aurait 2006 milles anglais, distance considérablement trop grande. Son erreur vient de ce qu'il regarde les 535 stades, ainsi que tous ceux de la route, comme étant des stades olympiques. *Voyez*, dans l'édition citée plus haut, la dissertation en tête de l'*Expédition de Cyrus, etc.*, par Hutchinson. Il compte 4331 milles anglais pour les 34650 stades du chemin total que les Grecs ont fait, selon lui, en allant et en venant.

mesure employée par les auteurs. Xénophon compte seulement 93 stations, ϛαθμὸι, dans cet intervalle; ce qui confirme le calcul : en supposant 4 lieues, terme moyen, pour chacune, le total serait de 372 lieues ou parasanges persanes[1]. Au reste, quelque stade qu'on mette à la place de celui que j'ai supposé, on ne trouvera point le compte de 16050.

El-Edrysy donne deux évaluations du *stathmos* arabe ou station appelée *marhalah*[2], ainsi que je l'ai déjà dit, l'une de 24 milles et 8 parasanges, l'autre de 30 milles et 10 parasanges. Ce n'est là qu'une seule et même mesure de 44355 mètres. Dans le premier passage, il s'agit clairement du mille hachémique ou l'ancien mille égyptien, et de la parasange égyptienne; dans l'autre, du mille romain et de la parasange persane[3]. Abou-l-fedâ fournit aussi la première valeur, et Mohalli la seconde. Ces passages sont frappans, et nous aurions pu les donner à l'article des preuves, au lieu de les présenter seulement ici comme une application. La mansion Persique, ϛαθμὸς Περσικὸς, composée de 5 parasanges et de 150 stades, s'accorde encore avec ce résultat : c'est la moitié de la mesure précédente. Elle est le double du grand schœne, et renferme en effet 5 parasanges persanes et 150 stades persans.

J'essaierai d'expliquer un passage de d'Herbelot sur

---

[1] C'est la proportion qui résulte du passage d'Hérodote, puisqu'il comptait 111 stations pour 450 parasanges; or, celles-ci sont bien certainement des lieues de vingt-cinq au degré.

[2] Ce mot veut dire proprement *chemin fait*, et représente bien la valeur du mot σταθμὸς.

[3] Les Arabes ont, comme les Grecs, cité beaucoup de distances, sans avoir connaissance ou sans prévenir du module des mesures dont ils se servaient.

304 EXPOSITION DU SYSTÈME MÉTRIQUE

l'institution, en Perse, des parasanges de 4000 pas, par Caïcabad, premier roi de l'ancienne dynastie des Caïaniens : il dit que ce pas avait 3 pieds, dont la parasange en prenait 12000, en même temps qu'elle avait 9000 coudées. Selon moi, la *coudée* est celle de Héron ou l'hachémique. Le *pied* répond à la coudée commune de 24 doigts; le pas est le *xylon*, mesure antique de Héron; et la parasange est la parasange égyptienne[1]. Quant à l'application du nom de *pied* à une coudée, quelqu'extraordinaire qu'elle paraisse, elle explique et lève parfaitement la difficulté de ce passage. D'ailleurs elle n'est pas sans exemple dans l'antiquité ni dans les temps modernes. Le pied aliprand du Piémont n'est autre chose qu'une coudée.

Il faut terminer cette série d'applications et d'éclaircissemens, par un passage bien connu, mais que l'on peut regarder comme capital; c'est celui d'Hérodote où il est question de l'étendue maritime de l'Égypte, et de l'emploi qui s'y faisait, *de son temps*, de l'orgyie, du stade, de la parasange et du schœne[2] : il évalue à 60 schœnes la longueur de l'Égypte le long de la mer. Pour faire apprécier cet intervalle et la mesure même, l'auteur ajoute que la parasange vaut 30 stades, et le schœne 60, et *qu'ainsi l'Égypte pourrait avoir d'étendue, le long de la mer, 3600 stades.*

Le stade dont il s'agit dans tout ce passage, est évidemment le petit stade de $99^m \frac{3}{4}$ ou de $1111\frac{1}{9}$ au degré, ainsi qu'on l'a fait voir, et ainsi que nous le démontrent

---

[1] *Voyez* le tableau général des mesures.
[2] Herod. *Hist.* lib. II, cap. 6.

l'état des lieux et la parfaite connaissance de l'Égypte; le développement du littoral est en effet d'environ 360000 mètres, ou de 3600 petits stades. Mais faut-il en conclure que la parasange était composée de 30 stades de cette espèce? La parasange égyptienne avait bien 30 stades, mais de six cents au degré. Hérodote a négligé d'avertir ou peut-être il ignorait que le stade de la parasange était autre que celui dont il a constamment fait usage en décrivant l'Égypte. Il est possible aussi qu'il ait confondu ensemble deux espèces de schœnes, comme il faisait des deux espèces de stades. Au reste, Hérodote parle encore du stade de six cents au degré, sans en prévenir, quand il dit que les 100 orgyies font juste un stade de 6 plèthres, l'orgyie 6 pieds ou 4 coudées, etc.[1]

Chacun des exemples que je viens de citer pour appliquer les évaluations des différentes espèces de schœnes et de parasanges, aurait sans doute, dans un traité spécial, demandé de plus longs développemens; plusieurs même pourraient être l'objet d'une dissertation particulière : mais, cet écrit ne comportant point des discussions aussi étendues, j'ai dû me borner à montrer rapidement que des passages difficiles étaient clairement expliqués par le tableau général des mesures, et que, pour comprendre les auteurs, il suffisait de distinguer dans chaque cas le module dont ils se sont servis. Au reste, il se peut que les cartes récentes de l'Asie fournissent des distances un peu différentes de celles qui ont servi de base aux rapprochemens qui précèdent; mais je ne pense pas que les différences soient telles,

[1] Herod. *Hist.* lib. II, cap. 149.

306 EXPOSITION DU SYSTÈME MÉTRIQUE

que les mesures des auteurs cessent de coïncider avec les vraies positions géographiques.

RÉSUMÉ DU CHAPITRE IX.

Avant de passer à de nouvelles applications de la valeur des mesures longues et à l'examen des mesures de superficie, il convient de rapprocher ici en peu de mots les résultats principaux que renferme ce chapitre, peut-être un peu trop étendu pour cet écrit, mais encore trop circonscrit pour les questions qui y sont discutées. Dans la première section, nous voyons qu'Hérodote, Héron d'Alexandrie, S. Épiphane et Julien l'architecte, présentent des rapports absolument concordans, soit pour les mesures égyptiennes, soit pour celles qui en dérivent, telles que les mesures des Hébreux et des Grecs. Les auteurs arabes sont aussi d'accord avec les écrivains de l'antiquité, quant à celles des parties du système métrique qui ont été adoptées par leurs compatriotes, et même ils nous ont conservé des rapports curieux, que les anciens auteurs n'avaient pas fait entrer dans leurs écrits [1].

Il nous a donc été facile de construire des tableaux métriques, puisés dans chacun des anciens écrivains, pour les mesures égyptiennes et grecques [2], et d'autres pour les mesures des Hébreux, des Romains et des Arabes [3]. Ces rapports étant en parfaite harmonie, il est aisé de déduire les valeurs absolues des unes et des

---

[1] *Voyez* pag. 236.
[2] *Voyez* les tabl. (VI), (VII), (III), (IV), (V).
[3] *Voyez* les tableaux (I), (II), (VIII).

autres; il suffit en effet de connaître un ou plusieurs termes de ces différentes séries. C'est ce que nous avons fait, en appliquant ici les déterminations des mesures, fondées sur la géographie du pays ou sur les monumens de tout genre, et qui sont établies dans les sept premiers chapitres.

Dans la seconde section, nous avons exposé et discuté les passages des auteurs pour chacune des mesures appelées *dromos, mille, plèthre, canne, orgyie, coudée, pied, etc.*; et nous avons reconnu leurs différentes grandeurs dans le système égyptien et les systèmes dérivés. Ces évaluations confirment entièrement les résultats obtenus dans la première section. Par-là, on explique les valeurs, en apparence contradictoires, que rapportent les écrivains, et qui proviennent le plus souvent de ce qu'ils ont confondu entre elles des mesures de même nom, mais de grandeur différente. Dans ces rapprochemens, nous avons cherché à suivre les traces du savant M. Gossellin, qui a débrouillé avec tant de succès le chaos des mesures itinéraires exprimées en stades par les anciens géographes.

Dans la troisième section, nous nous sommes attachés particulièrement à chercher et à établir solidement la valeur des schœnes et parasanges, et nous avons expliqué, 1°. comment ces deux noms ont été donnés à une même mesure, ou bien l'un et l'autre à des mesures de longueur inégale; 2°. comment le schœne a été égalé à des nombres fort différens de milles et de stades. Par cette méthode, nous croyons être parvenus à éclaircir les difficultés et les contradictions apparentes de plusieurs anciennes mesures géographiques, exprimées en schœnes ou en parasanges.

L'exposition que nous venons de faire en détail, d'après les auteurs, tant des mesures égyptiennes que de celles qui en dérivent, nous a donné lieu de faire des rapprochemens multipliés, et nous a entraînés dans des discussions étendues. Nous avons passé en revue près de quatre-vingts mesures, différentes de grandeur ou de nom : leurs rapports ont été établis sur les témoignages des écrivains, et leurs valeurs absolues, la plupart déterminées précédemment, ont été confirmées; nous en rappellerons ci-dessous les dénominations. Mais, de même que l'examen spécial des auteurs nous a fourni des tableaux particuliers, l'ensemble de toutes ces recherches et le résultat commun des neuf chapitres précédens nous ont fourni un tableau général qui embrasse tous les rapports et toutes les valeurs. Il aurait été très-difficile de le donner dans son entier : nous en avons extrait un tableau comparé, qui renferme cinquante mesures, et par conséquent douze cent vingt-cinq rapports ($\frac{10 \times 49}{2}$, *voyez* ci-après, fin du chap. xi). Ayant sous les yeux ce tableau, dont l'on a déjà pu faire un fréquent usage, on suivra plus aisément la lecture de ce qu'il nous reste à dire dans les chapitres suivans.

Voici, par ordre de grandeur, la liste générale des mesures déterminées dans les recherches qui précèdent; le sexagésime, et les autres grandes divisions géographiques de la circonférence du globe, évaluées d'après le degré terrestre égyptien, n'y sont pas compris [1].

[1] *Voyez* le tableau général des mesures.

DES ANCIENS ÉGYPTIENS, CH. IX. 309

Mohgrá.
Dromos.
Mansion hébraïque.
Marhalah.
Stathmos.
Grand schœne.
Schœne d'Hérodote.
Petit schœne, le même que la parasange égyptienne.
Parasange persane.
Dolichos.
Grand mille égyptien, le même que le mille hachémique.
Mille d'Ératosthène, de Polybe et de Strabon.
Mille romain.
Milion.
Mille hébraïque.
Hippicon.
Diaulos, double stade égyptien.
Stade de Ptolémée, le même que le ghalouah arabe.
Grand stade égyptien.
Stade de Cléomède.
Stade d'Ératosthène.
Stade hébraïque, le même que le babylonien.
Stade d'Archimède.
Petit stade égyptien.
Côté de l'aroure.
Asta.
Plèthre.
Schœnion des prés.
Schœnion des terres.
Grande canne égyptienne.
Qasab du Kaire.

Canne arabe hachémique, la même que la grande acœne de Héron.
Canne d'Ézéchiel.
Canne hébraïque.
Acœne, décapode.
Orgyie.
Ampelos.
Xylon.
Béma simple, le même que le gyrát.
Coudée hachémique, grande coudée de Héron.
Pyk belody du Kaire.
Coudée hébraïque.
Coudée de Polybe, la même que celle du meqyás du Kaire.
Coudée noire.
Mesure de coudée, comparable au pied aliprand.
Coudée égypt.e, grecque, arabe ; coudée commune, juste, etc.
Pygon.
Pied hébraïque.
Pied égyptien, le même que le pied grec.
Pygmé.
Pied romain.
Pied de Pline.
Pied italique, d'après Héron.
Pied naturel.
Spithame, la même que le chebr du Kaire.
Orthodoron, le même que le fotr du Kaire.
Dichas.
Palme égyptien.
Condyle.
Doigt égyptien.

CHAPITRE X.

Applications servant à confirmer les déterminations précédentes.

Mesure de la terre; application de la valeur des stades égyptiens à plusieurs anciennes mesures astronomiques; enceintes d'Alexandrie et de Babylone.

§. I. *Mesure de la terre.*

1°. ÉRATOSTHÈNE. (Arc terrestre entre Alexandrie et Syène ou le tropique.)

Selon l'opinion vulgaire, Ératosthène mesura l'arc terrestre compris entre Alexandrie et Syène, et il le trouva égal à un cinquantième de la circonférence, ou 7° 12′ [1]. Il conclut, dit-on, de cet arc et de la distance itinéraire, que la circonférence du globe avait 252000 stades. J'ai déjà fait observer que cette mesure de l'arc doit être prise entre les parallèles et non entre les zéniths de ces deux villes. En effet, l'arc nouvellement observé entre *les parallèles* d'Alexandrie et de Syène est, à 4′ 18″ près, égal à celui qu'on vient de rapporter. Les latitudes vraies d'Alexandrie et de Syène

---

[1] Voyez *Académie des inscriptions*, t. XLIII, Mémoires de La Nauze, d'Anville, etc.

SYSTÈME MÉTRIQUE, CH. X.

étant, d'après les dernières observations, de 31° 13′ 5″ et 24° 5′ 25″, leur différence est égale à 7° 7′ 42″; l'erreur n'est donc que de $\frac{1}{99.3}$ ou environ un centième en sus de la vraie observation. Au reste, cette différence de 4′ 18″ pourrait s'attribuer, du moins en partie, à ce qu'Ératosthène, en mesurant l'ombre du gnomon, ne distinguait pas le centre du soleil, de son limbe.

Le même observateur, suivant Strabon, plaçait Alexandrie à 21700 stades de l'équateur. Cette distance, réduite en arc terrestre sur le pied de 700 au degré, proportion dont il s'est toujours servi, donne 31°. L'observation nouvelle donne, comme je l'ai dit, 31° 13′ 5″; différence en moins, 13′ 5″. Ainsi l'erreur en excès de la mesure d'Ératosthène sur l'arc terrestre ne vient pas de la position qu'il attribuait à Alexandrie; il faut donc croire qu'il s'était trompé en moins d'environ 17′ sur celle de Syène, et qu'il supposait Syène par les 23° 48′. Le calcul qui suit explique aisément son erreur.

Syène passait pour être sous le tropique, d'après une tradition immémoriale; et cette ville y était effectivement, 2700 ans environ avant l'ère vulgaire. On a donc toujours conclu la position de Syène de celle du tropique, tant qu'on a ignoré la diminution de l'obliquité de l'écliptique[1]. Or, 600 ans avant J.-C., le tropique devait être, d'après le calcul, à 23° 48′ ². Cette observation de l'obliquité est peut-être la dernière qui se soit

---

[1] Voyez *Académie des inscriptions*, tom. XLIII, Mémoires de La Nauze, d'Anville, etc.

² Ératosthène, cité par Strabon, dit : Τὸν γὰρ τροπικὸν κατὰ Συήνην κεῖσθαι συμβαίνει· διότι ἐνταῦθα κατὰ τὰς θερινὰς τροπὰς, ἄσκιός ἐστιν ὁ γνώμων μέσης ἡμέρας. « Le tropique passe nécessairement à Syène, puisque, le jour du solstice à midi, le

faite par les anciens astronomes d'Égypte, et elle a pu être connue de l'école d'Alexandrie; Ératosthène ayant observé Alexandrie par les 31°, en retrancha sans doute 23° 48′, pour avoir la hauteur de Syène, ainsi que je viens de l'exposer. La différence est de 7° 12′ ou $\frac{1}{50}$ de la circonférence; il en conclut que telle était la longueur de l'arc entre Alexandrie et Syène[1].

Du temps d'Ératosthène (250 ans avant l'ère vulgaire), l'obliquité de l'écliptique était de 23° 45′ environ. S'il a attribué à Syène cette latitude du tropique, comme il supposait Alexandrie par 31° 0′ 0″, en retranchant 23° 45′ 0″ il aurait conclu 7° 15′ 0″ pour valeur de l'arc terrestre, c'est-à-dire $\frac{1}{49,6}$ de la circonférence; ce qui approche de $\frac{1}{50}$. Mais, comme *aucun auteur ne rapporte qu'il ait observé à Syène ni au tropique*, il est beaucoup plus vraisemblable qu'il aura usé d'une plus ancienne observation de l'obliquité de l'écliptique; par exemple, de celle qui daterait de 600 ans avant J.-C., ainsi qu'on l'a dit, et qui donne pour le tropique (ou Syène, selon l'idée commune), 23° 48′.

Telle est l'opinion qu'on peut se faire de la prétendue mesure du globe, attribuée communément, mais sans preuve, à Ératosthène; entreprise audacieuse et digne d'admiration (*improbum ausum*), dit Pline, mais qui avait été exécutée bien long-temps avant cet astronome.

---

style n'y donne pas d'ombre. » (Strabon, *Geogr.* lib. 11, pag. 78, edit. Casaub.) *Voyez* ma Description de Syène et des cataractes, *A. D.*, chap. II, tom. 1.

[1] M. de la Place (*Mécanique céleste*, t. 11) la fixe à 155″,3, décimales, qui font 49″,993, sexagésim. J'emploie cette valeur comme moyenne, quoique la diminution fût plus lente autrefois qu'elle ne l'est aujourd'hui.

Hipparque approchait encore plus de la vraie position d'Alexandrie, en plaçant cette ville à 21800 stades de l'équateur. Ce nombre revient à 31° 8′ 34″, sur le pied de sept cents stades au degré; la différence avec l'observation moderne de la latitude d'Alexandrie n'est que de 4′ 31″. Il se peut que cette observation soit très-ancienne, et qu'elle n'ait pas été inconnue au bibliothécaire d'Alexandrie. Si Ératosthène retrancha la latitude de Syène de cette quantité, et en conclut un arc de $\frac{1}{50}$, il supposait Syène, et par suite le tropique, à 23° 56′ 34″ : or, telle était la position vraie du tropique 1600 ans avant J.-C., époque qui est à peu près celle d'Héliopolis; une observation faite à cette époque avait pu se conserver jusqu'à Ératosthène et Hipparque.

Dans l'un et l'autre cas, la longueur de l'arc terrestre *entre les parallèles* d'Alexandrie et de Syène, égale à 7° 12′, était déterminée avec assez de précision pour l'astronomie de ces temps reculés; 4′ 18″, sur une grandeur de 7° 8′ environ, font, comme je l'ai dit, une différence d'à peu près $\frac{1}{100}$, et par conséquent l'erreur n'est que d'un 715ᵉ par degré.

Quant à la longueur absolue de cet arc terrestre, elle est, en stades égyptiens de six cents au degré, égale à 4277, et de 4990 stades de sept cents au degré[1]. Ératosthène a pu prendre cette longueur sur une carte du temps, et en conclure 5000 stades de sa mesure en nombre rond. D'ailleurs la différence de position des

---

[1] Cette espèce de stade était composée de six cents fois la longueur du pied naturel. *Voyez* pag. 188.

observatoires ancien et moderne satisfait aisément aux 10 stades qui manquent.

Ce résultat n'oblige donc point de supposer qu'Ératosthène soit l'auteur d'une mesure du globe. Le passage de Pline, seul, l'a fait croire : mais il ne le dit point expressément; l'expression de *prodidit* annonce même qu'Ératosthène s'est borné à *publier* une mesure de la circonférence terrestre[1]. Il y a, au reste, plusieurs raisons de croire qu'il ne l'a pas exécutée lui-même.

1°. Si de l'arc entre Alexandrie et Syène, égal à $\frac{1}{50}$, et de leur distance égale à 5000 stades, il eût déduit la mesure de la circonférence terrestre, il l'aurait conclue de 250000 stades, et non de 252000 ; dans ce dernier cas, l'arc aurait été de 5040 stades, et non de 5000[2].

2°. Aucun auteur ne rapporte qu'il ait fait ou dirigé une mesure immédiate sur le terrain, égale à 5000 stades de longueur, ni qu'il se soit transporté à Syène.

3°. Il est tout simple qu'ayant fait ou répété l'observation de la latitude d'Alexandrie, il en ait retranché celle de Syène, autrement l'obliquité de l'écliptique (car c'était la même chose pour les Grecs de son temps), ce qui lui aura donné la valeur de cet arc presque égale

---

[1] Plin. *Hist. nat.* l. II, cap. 108. *Voy.* le texte que j'ai cité ci-dessus, pag. 186. Dans les deux passages suivans, Strabon se sert d'expressions qui confirment cette idée : Ὑποθεμένοις, ὥσπερ ἐκεῖνος εἶναι τὸ μέγεθος τῆς γῆς σταδίων εἴκοσι πέντε μυριάδων καὶ διχιλίων ὡς δὲ Ἐρατοσθένης ἀποδίδωσιν (lib. II, pag. 90, edit. Casaub.) : ce que le traducteur rend ainsi : *Sumpto, de ipsius quidem sententia, quantitatem terræ continere stadiorum* CCLII *millia, ut et Eratosthenes tradit*; et plus haut, Δείκνυται κατὰ τὴν ὑπ' Ἐρατοσθένους γενομένην ἀναμέτρησιν τῆς γῆς (l. II, pag. 65)....... *Id ex dimensione terræ ab Eratosthene tradita cognoscitur.*

[2] *Voyez* pag. 188, sur l'origine du stade de 252000 à la circonférence.

à $\frac{1}{50}$ de la circonférence terrestre; qu'ensuite il ait fait usage d'une ancienne carte[1], et qu'il ait trouvé 5000 des stades de son temps entre les parallèles de Syène et d'Alexandrie. A 10 stades près, ils y sont juste ; 7° 7′ 42″, réduits en stades sur le pied de sept cents au degré, donnent 4990, ou exactement 4989,83[2].

Ératosthène, comme on l'a dit, plaçait *Alexandrie* à 21700 stades de l'équateur; ce qui suppose une latitude de 31° : or, on lit dans Strabon[3] que ce même astronome comptait 16700 stades de l'équateur au *tropique*; il en résulte une différence de 5000 stades entre la latitude du tropique et celle d'Alexandrie. Telle est évidemment, selon moi, l'origine de la distance d'Alexandrie à Syène, calculée à 5000 stades, et non pas une mesure effectuée sur le terrain par cet observateur. C'était donc bien à tort que les critiques supposaient que la mesure d'Ératosthène se rapportait à la distance effective d'un lieu à l'autre; il ne s'agit que de la distance des parallèles. Il faut encore remarquer qu'il s'agit ici de la distance du *tropique*, et non de *Syène*, à l'équateur; preuve qu'Ératosthène confondait Syène avec le tropique. C'est même un indice de plus de l'existence d'une ancienne carte où Ératosthène trouva ces positions toutes déterminées.

Déimaque[4] rapporte une position du tropique à 26500 stades de l'équateur. Il est bien digne d'attention que

---

[1] *Voyez* pag. 188.
[2] *Voyez* ma Description de Syène et des cataractes, *A. D.*, tom. I, *chap. II*, §. 1.
[3] Strab. *Geogr.* lib. II.
[4] Strab. *ibid.*

316 EXPOSITION DU SYSTÈME MÉTRIQUE

c'est exactement la même valeur que les 16700 stades d'Ératosthène, en comptant ces stades sur le pied de 400000 au degré; et l'étude de Strabon prouve que Déimaque et Megasthène ont usé de ce petit stade. Cette détermination répond à une latitude de 25° 51′: telle était l'obliquité de l'écliptique vers l'an 960 avant J.-C., en calculant la variation à 50″ par siècle; c'est la même qu'on croit, d'après Ptolémée[1], avoir été adoptée par Ératosthène. Cet astronome admettait ainsi une position du tropique fort antérieure à son temps; et cela prouve encore qu'il n'a point fait lui-même d'observation au tropique.

Dans la figure qui suit, j'ai rapporté les calculs d'Hipparque et d'Ératosthène (comparés aux observations modernes), ainsi que la situation du tropique en 2700, 1600 et 600 ans avant J.-C., et à l'époque de l'expédition d'Égypte. J'ai aussi donné les distances des lieux, calculées par rapport à la méridienne et à la perpendiculaire de la grande pyramide.

---

[1] Ptolem. *Almag.* lib. 1, cap. 10. On y lit que la distance entre les deux tropiques est de $\frac{11}{83}$ de la circonférence; ce qui donne, pour l'obliquité de l'écliptique, $\frac{11}{166}$, ou 23° 51′ à très-peu près.

DES ANCIENS ÉGYPTIENS, CH. X.

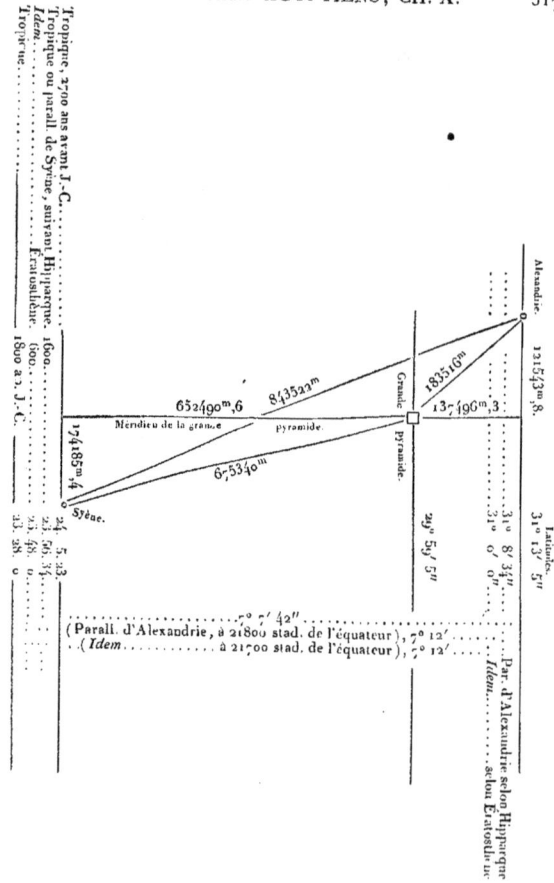

Je n'ai point examiné la supposition vulgaire, savoir, que la distance qu'avait en vue Ératosthène était celle de Syène à Alexandrie, parce que cette hypothèse est dénuée de preuves : cependant j'en dirai un mot qui fera juger de son invraisemblance. Calculée, soit par les distances à la perpendiculaire et à la méridienne de la grande pyramide, soit dans le triangle sphérique dont elle est l'hypoténuse, cette longueur directe est, en nombre rond, de 843000 mètres, comme on l'a vu au chapitre I[1]. Mesurée sur la carte, en suivant les grands contours de la vallée, elle est de 970000 mètres. Cet espace étant supposé de 5000 stades, il en résulterait pour la valeur du stade, dans le premier cas, 168^m,6, et dans le second, 194 mètres; valeurs toutes deux fort au-dessus du stade d'Ératosthène, et la seconde excédant beaucoup même le stade olympique. En employant la véritable valeur du stade d'Ératosthène, on en trouverait dans la distance directe 5324, et dans l'intervalle itinéraire, 6128; ce qui est très-loin de la prétendue base de 5000 stades.

Selon Pline, il y avait, à 16 milles au-dessus de Syène, un lieu habité, où finissait la navigation de l'Égypte, et distant d'Alexandrie de 586 milles[2]. Ainsi la distance d'Alexandrie à Syène était réputée de 570 milles romains. Le passage de Pline n'explique point la source véritable de cette mesure; elle peut avoir été extraite d'une ancienne carte, et traduite d'un certain nombre de stades égyptiens. En effet, il est bien remarquable que cette grandeur est précisément la distance

---

[1] *Voyez* ci-dessus, pag. 17. [2] Plin. *Hist. nat.* lib. v, cap. 10.

DES ANCIENS ÉGYPTIENS, CH. X.   319

directe : car 842800 mètres font 570 milles de $1478^{m}\frac{1}{2}$ chacun. Il existe une autre distance de 655 milles, rapportée par Pline; c'est une véritable mesure itinéraire : car les 970000 mètres renferment 655 fois $1480^{m},9$; ce qui suppose le mille de $2^{m},9$ seulement au-dessus de sa valeur.

Martianus Capella fait mention d'une mesure que le roi Ptolémée fit exécuter par des arpenteurs, qui donnèrent la distance exacte en stades, depuis Syène jusqu'à Méroé; mais rien n'annonce qu'une pareille mesure ait été prise entre Syène et Alexandrie, et c'est à tort que Fréret a rapproché ce passage de celui où Cléomède rapporte qu'Ératosthène observa la hauteur du soleil à Alexandrie [1]. Au reste, l'auteur latin ne rapporte point quel était le nombre de stades trouvé par les arpenteurs [2].

2°. POSIDONIUS. (Arc terrestre entre Alexandrie et Rhodes.)

Posidonius observa l'élévation de l'étoile Canopus sur l'horizon d'Alexandrie, et trouva qu'elle était égale à une 48ᵉ partie de la circonférence ($7°\ 30'$). Il observa aussi qu'à Rhodes elle ne faisait que raser l'horizon. Il en conclut, dit-on, que l'arc terrestre qui sépare ces deux villes, est la 48ᵉ partie de la circonférence du

---

[1] Par le moyen du gnomon, ou, selon Cléomède et Martianus Capella, avec l'hémisphère creux appelé *scaphè*.

[2] *Eratosthenes verò, à Syene ad Meroen per mensores regios Ptolemæi certus de stadiorum numero redditus, quotaque portio telluris esset advertens, multiplicansque pro partium ratione circulum mensuramque terræ incunctanter, quot millibus stadiorum ambiretur absolvit.* (Martian. Capell. *Satyric.* l. VI.) Il faudrait croire, d'après ce passage, qu'Ératosthène fit un second calcul de la circonférence terrestre par la connaissance de l'arc compris entre les villes de Méroé et de Syène.

320 EXPOSITION DU SYSTÈME MÉTRIQUE

globe ; on rapporte aussi qu'au moyen de la distance itinéraire de ces deux points, il détermina l'étendue de la circonférence entière. Cléomède, à qui nous devons cette tradition [1], dit que Posidonius comptait 5000 stades entre Alexandrie et Rhodes : il en résultait donc, suivant le premier, 240000 stades pour le périmètre du globe.

Les bases de ce calcul sont défectueuses, et les conséquences qu'on en a tirées sont fausses. En effet, selon Strabon [2], Posidonius adoptait (ἐγκρίνει) la mesure de 180000 stades à la circonférence terrestre [3]. Quant à la distance d'Alexandrie à Rhodes, nous savons, par Ératosthène, que les uns, comme les marins, la faisaient de 4000, et les autres de 5000 stades ; mais que lui l'avait déterminée à 3750 stades, *en observant avec le gnomon* [4]. Strabon dit encore vaguement qu'à Cnide,

---

[1] Κυκλικὴ Θεωρία τῶν μετεωριῶν, lib. 1, cap. 10.

[2] Strabon s'exprime ainsi : Κἂν τῶν νεωτέρων δὲ ἀναμετρήσεων εἰσάγηται ἡ ἐλαχίστην ποιοῦσα τὴν γῆν οἵαν ὁ Ποσειδώνιος ἐγκρίνει περὶ ὀκτωκαίδεκα μυριάδας οὖσαν. *Quòd si recentiorum dimensionum ea introducatur quæ minimam facit terram, qualem Posidonius refert*, cxxc *millium stadiorum*. (Strab. *Geogr.* l. 11, pag. 65, ed. Casaub.) *Refert* n'est pas le sens littéral.

[3] Il faut remarquer que le stade de cinq cents au degré est prouvé ici être antérieur, non-seulement à Ptolémée, mais à Strabon et même à Posidonius.

[4] Ἔστι δ' ἀπὸ Ῥόδου δίαρμα εἰς Ἀλεξάνδρειαν βόρεια τετρακισχιλίων

που σταδίων, ὁ δὲ περίπλους διπλάσιος. Ὁ δὲ Ἐρατοσθένης ταύτην μὲν τῶν ναυτικῶν εἶναί φησι τὴν ὑπόληψιν, περὶ τοῦ διάρματος τοῦ πελάγους, τῶν μὲν οὕτω λεγόντων, τῶν δὲ καὶ πεντακισχιλίους οὐκ ὀκνούντων εἰπεῖν· αὐτὸς δὲ, διὰ τῶν σκιοθηρικῶν γνωμόνων, ἀνευρεῖν τρισχιλίους ἑπτακοσίους πεντήκοντα.

A Rhodo Alexandream usque trajectus est IV CIↃ *stadiorum, circumnavigatio dupla. Eratosthenes ait nautarum esse hanc opinionem, et quosdam alti maris istius trajectui dictam assignare quantitatem, alios non vereri* IↃↃ *tribuere ; se, sciothericis gnomonibus usum, observasse* III CIↃ DCCL. (Strab. *Geogr.* l. 11, pag. 86, ed. Casaub.)

DES ANCIENS ÉGYPTIENS, CH. X.   321

qui est sous le même climat que Rhodes, on aperçoit l'étoile Canopus[1].

Voilà tout ce que l'on sait sur la prétendue mesure de la terre attribuée à Posidonius; elle a été discutée par les hommes les plus habiles[2]: mais il semble qu'on ait conspiré de tous les temps pour la rendre inintelligible; essayons de l'éclaircir.

Je commence par ce qui regarde l'élévation de Canopus. La hauteur du pôle à Alexandrie est de 31° 13′ 5″, et celle de l'équateur, par conséquent, 58° 46′ 55″. La déclinaison de Canopus, au temps de Posidonius, était de 51° 17′ environ; différence, ou élévation de l'étoile sur l'horizon d'Alexandrie, 7° 29′ 55″. Or, c'est, à 5″ près, la même valeur que l'observation de Posidonius. Comment avait-on cru trouver dans cette observation une erreur grossière? A la vérité, il faut ajouter la réfraction à la différence de 5″.

La hauteur de Rhodes est de 36° 28′ 30″, d'après les observations actuelles: ainsi l'arc terrestre ou la différence de latitude entre Alexandrie et Rhodes est de 5° 15′ 25″; ce qui est fort loin de 7° 30′ qui résulteraient de l'observation de Canopus à Rhodes, selon Posidonius.

La hauteur de l'équateur à Rhodes étant de 53° 31′ 30″, il faut retrancher 51° 17′, déclinaison de Canopus pour cette époque, et ajouter 20′ pour la réfraction à la hauteur de Rhodes; il reste 2° 34′ 30″. Canopus devait

---

[1] Strab. *Geogr.* lib. II, pag. 82, ed. Casaub.
[2] *Voyez* Bailly (*Histoire de l'astronomie mod.*), l'historien des mathématiques, d'Auville, Fréret, etc.

A. M.   VII.

donc s'élever, au-dessus de l'horizon de Rhodes, de 2° 54′ environ, en tenant compte de la réfraction.

Il résulte que l'élévation de Canopus à Alexandrie était fort exactement déterminée dans l'antiquité, mais non celle de la même étoile à Rhodes. Ce résultat n'est point surprenant; l'étoile Canopus jouait un rôle dans l'astronomie égyptienne, et sa position ne pouvait manquer d'être parfaitement connue des plus anciens observateurs de l'école d'Alexandrie.

La vraie mesure de l'arc céleste qui répond aux zéniths d'Alexandrie et de Rhodes, n'a donc pas été connue de Posidonius, et cela suffit pour détruire le fondement de sa prétendue mesure de la terre. Examinons maintenant la distance itinéraire qui séparait ces deux villes.

La différence de latitude est, comme on l'a dit, de 5° 15′ 25″ : celle de longitude est d'environ 2° 22′ 40″, selon les meilleures observations. A la hauteur de Rhodes, le degré de longitude ne vaut que 48′ 32″ d'un grand cercle : d'où il suit que l'arc mené d'Alexandrie à Rhodes vaut 5° 55′ 54″, c'est-à-dire presque *un quinzième en sus* de la distance des parallèles.

Ératosthène dit qu'il n'avait trouvé que 3750 stades, et que les marins en comptaient 4000. Or, ce dernier nombre est précisément un quinzième en sus de l'autre. Le moindre représente, à 6′ ou 70 stades près [1], la distance des parallèles, et Ératosthène n'en pouvait connaître d'autre par son observation. Le plus grand est la distance effective des lieux, et les marins ne pouvaient

---

[1] La distance des points dans lesquels ont observé les anciens et les modernes, pourrait encore réduire cette différence.

DES ANCIENS ÉGYPTIENS, CH. X.   323

non plus connaître que celle-là. Ajoutons enfin que c'est en stades de sept cents au degré que ces distances sont exactes; or, il est prouvé que c'est l'espèce de stade dont s'est servi Ératosthène. Je pense qu'on trouvera ici une convenance parfaite.

Quelques-uns, dit encore Strabon, comptaient 5000 stades dans cette distance[1]. On pourrait regarder ce nombre comme une transformation de celui de 4000 stades de six cents au degré en stades de sept cent cinquante: mais peut-être est-ce un nombre attribué par erreur à la distance d'Alexandrie à Rhodes, tandis qu'il était propre à celle d'Alexandrie à Syène; c'était une suite de la méprise qui a fait confondre ces deux distances entre elles. On sait que les trois villes de Méroé, d'Alexandrie et de Rhodes, étaient communément regardées comme placées sous un même méridien, et à 5000 stades l'une de l'autre. Aussi nous n'hésitons pas à croire que Cléomède a fait cette erreur, et qu'il a introduit ainsi dans la mesure attribuée à Posidonius une fausse base de 5000 stades.

Si ce géomètre s'est servi d'une base quelconque, elle était de 3750 stades; car, d'après le témoignage formel de Strabon, il comptait 180000 stades à la circonférence. Or, comme Posidonius supposait, à ce qu'il paraît, 7° 30′ de distance, il en résulte précisément, au compte de 3750 stades, 500 stades au degré et 180000 au périmètre du globe, ainsi que l'exige Strabon; c'est ce que personne que je sache n'avait remarqué jusqu'à présent.

[1] Strab. *Geogr.* l. II, p. 86, ed. Casaub. *Voy.* ci-dessus, p. 320, note 4.

21.

Pline dit au livre v[1] que, suivant Ératosthène, la distance d'Alexandrie à Rhodes était de 469 milles; c'est précisément, à 8 stades par mille (ainsi que Pline réduisait toujours), le compte de 3750 stades, que Strabon attribue au même astronome; rapprochement bien remarquable et qui confirme l'usage ancien et constant de cette distance *géographique*. Suivant Mutien, il y avait 500 milles de distance : c'est encore exactement la réduction de la route *marine* de 4000 stades sur le même pied. Ainsi les deux distances de 500 et de 469 milles sont dans le rapport de 16 à 15, comme les nombres de 4000 et de 3750 stades, comme l'arc d'Alexandrie à Rhodes et la distance des parallèles.

Il résulte de ce qui précède, que Posidonius a commis une erreur grave en supposant nulle l'élévation de Canopus à Rhodes; mais Cléomède lui en attribue une autre non moins forte et qu'il n'a pas commise, en supposant qu'il se servait d'une base de 5000 stades. Au reste, ce dernier n'affirme point d'une manière positive qu'il y eût 5000 stades entre Rhodes et Alexandrie.

Strabon a fait la même erreur, quant à l'élévation de Canopus à l'horizon de Rhodes : mais Ptolémée était mieux instruit que ces deux géographes sur la position de Rhodes par rapport à Alexandrie; plaçant ces villes par 36° et par 31°, il ne compte pas 7° 50′ pour la différence en latitude, mais seulement 5°, ce qui diffère cependant encore de la véritable de plus de $\frac{1}{11}$.

---

[1] *Distat ab Alexandria Ægypti 578 mill. ut Isidorus tradit ; ut Eratosthenes*, 469. (Plin. *Histor. natur.* lib. v, cap. 31.) La distance de 578 milles, selon Isidore, est à peu près le 7⁰ de 4000 stades : or, telle est la proportion du stade d'Ératosthène au mille hébraïque.

DES ANCIENS ÉGYPTIENS, CH. X.   325

J'ai tâché de dire en peu de mots tout ce qu'il importe de connaître pour savoir à quoi s'en tenir sur la mesure de la terre attribuée à Posidonius, et, chemin faisant, de résoudre plusieurs questions intéressantes sur les observations anciennes. On a vu aussi plus haut une application des stades et des milles itinéraires de nos tableaux métriques. Il serait superflu maintenant d'examiner tout ce qu'ont dit les modernes à ce sujet. On a supposé de grandes erreurs dans cette mesure, et on les a attribuées à l'ignorance où étaient les anciens de la réfraction, comme si elle pouvait expliquer une erreur de deux degrés et demi[1]. La plupart ont prétendu que Posidonius estimait à 240000 stades le tour de la terre, sans aucun égard au passage de Strabon, et cela par une suite de l'erreur qui a fait compter 5000 stades dans la distance d'Alexandrie à Rhodes, tandis qu'Ératosthène, Strabon, Pline, etc., ne comptent que 3750 stades, ce qui est l'éloignement des parallèles; ou 4000 stades, qui répondent à la distance effective des lieux. De plus, l'on n'avait pas reconnu de quelle espèce de stades il s'agit; et j'ai fait voir qu'il est question de stades de sept cents au degré. Enfin j'ai montré que ces distances étaient exactement connues de l'antiquité, aussi bien que la déclinaison de Canopus.

Mais quant à la mesure de la terre attribuée à Posidonius, elle n'a en elle-même aucun fondement réel, puisqu'il paraît avoir supposé Rhodes trop au nord de plus de deux degrés. Ce géomètre, qui d'ailleurs a si

---

[1] En Europe, la réfraction horizontale, la plus grande de toutes, est de 32′ 53″; elle diminue dans les contrées méridionales.

bien mérité des sciences [1], n'a donc pas l'honneur d'avoir fait en propre une mesure de la terre : il n'a mérité, à ce titre, ni l'éloge des anciens, ni le blâme des modernes. On n'avait pas attendu Posidonius pour savoir qu'un arc terrestre répond à la différence des hauteurs du soleil ou d'un astre quelconque, aperçu aux deux extrémités de cet arc. Au reste, les savans qui lui ont fait le reproche d'avoir confondu les méridiens de Rhodes et d'Alexandrie, n'ont pas pris la peine d'examiner s'il y avait eu effectivement une mesure, et si les élémens en existaient réellement.

Je ferai remarquer que toute cette analyse, qui me paraît expliquer clairement les prétendues mesures de la terre par Ératosthène et Posidonius, est fondée sur une distinction fort simple qui n'avait pas été faite jusqu'ici; savoir, celle de la distance directe et de la distance des parallèles. Comme les positions de Rhodes, d'Alexandrie, de Syène et du tropique, par rapport à l'équateur, résultant de ce qui précède, sont fort exactes, on peut conclure qu'elles remontent à une époque très-ancienne, bien antérieure aux Grecs, qui supposèrent toutes ces villes et aussi Méroé sous un seul méridien, ou même confondirent les arcs terrestres avec les différences en latitude. On ne peut douter, d'après ces exemples, surtout en pesant les résultats des savans travaux de M. Gossellin, qu'il n'ait existé chez les anciens une géographie très-avancée, dont les Grecs ont recueilli les restes, sans en comprendre toujours la signification.

[1] Cicer. *de Natura Deorum.*

DES ANCIENS ÉGYPTIENS, CH. X.   327

Nous pouvons conclure encore que, si l'unique fondement du stade de 240000 à la circonférence était la prétendue mesure rapportée par Cléomède, son existence pourrait paraître douteuse; mais on possède des indications géographiques assez concluantes pour la rendre au moins vraisemblable[1].

3°. LES CHALDÉENS.

Parmi les fragmens de l'antiquité dans lesquels on fait mention de la mesure de la terre, il en est un qu'on peut regarder comme l'indication d'une mesure ou au moins d'une opinion appartenant aux Chaldéens. Bailly en parle dans son Histoire de l'astronomie. Nous allons essayer de l'éclaircir, en appliquant encore ici la détermination des stades employés chez les peuples anciens.

Les Chaldéens, dit Bailly d'après Achille Tatius, qui florissait vers l'an 300 de J.-C., pensaient qu'un homme pourrait accomplir le tour du globe dans une année, en marchant continuellement[2]. Ils estimaient à 30 stades[3] le chemin qu'un homme allant d'un bon pas peut faire dans une heure : c'est donc 720 stades par

---

[1] Ce stade répond à 600 pieds de la mesure de Pline, égaux à $0^m,2771$. En effet, les 600 pieds produisent $166^m \frac{1}{4}$, formant la 240000° partie de la circonférence. De plus, il explique bien certaines distances géographiques, telles que les dimensions de l'Inde, rapportées par Patrocle dans Strabon, livre II (Observat. préliminair. de M. Gossellin, en tête de la traduction française de Strabon).

[2] *Astronom. anc.*, pag. 146. J'ai vainement cherché ces paroles ou quelque chose d'équivalent dans le commentaire d'Achille Tatius; je n'y ai trouvé d'autre passage ayant rapport à la question, que celui que j'ai cité dans la note suivante. Néanmoins, j'ai cru pouvoir examiner cette opinion singulière, afin d'apprécier sur ce point les travaux scientifiques des Chaldéens, et de les comparer à ceux de l'Égypte.

[3] Λέγουσι δὲ πάλιν ἀνδρὸς ποϱείαν, μήτε τρέχοντος, μήτε ἠϱέμα

328 EXPOSITION DU SYSTÈME MÉTRIQUE

jour. S'il s'agit de l'année primitive de 360 jours, la terre aurait eu, selon les Chaldéens, 259200 stades; de l'année de 365 jours, 262800 stades; enfin de l'année égyptienne et chaldéenne de 365 jours $\frac{1}{4}$, 262980 stades. Tous ces nombres sont erronés plus ou moins; celui qui se rapproche le plus de la mesure de la terre en stades babyloniens, suppose encore la circonférence trop petite, puisqu'il faut 270000 de ces stades. Quant aux deux autres calculs, il est évident qu'il faut les rejeter.

Imaginons qu'un homme fasse une lieue commune et $\frac{1}{24}$ par heure, il aurait achevé le tour du globe en 360

βαδίζοντος, μήτε γέροντος, μήτε παιδὸς, τὴν πορείαν εἶναι τοῦ ἡλίου, καὶ λ' σταδίων καθαρῶν εἶναι.

« Les Chaldéens disent que la marche du soleil est la même que celle d'un homme qui ne va point d'un pas précipité ni retardé, qui n'est ni dans l'âge de la vieillesse ni dans celui de l'enfance, et que cette marche est de 30 stades purs. » (Ach. Tat. *Isagoge ad Arati Phænomena*, c. 18, in *Uranol.* p. 137.)

La marche du soleil serait donc la même que celle d'un homme allant d'un bon pas. Le texte ne dit pas en quel temps se parcouraient les 30 stades, λ' στάδια καθαρά : mais il s'agit sans doute de 30 stades à l'heure, d'après ce qui précède. Manilius nous apprend aussi que 30 stades répondent à une heure, quand il compare la durée de la révolution diurne (ou 24 heures) au double de 3 fois 120 stades, ou 720 stades :

Hæc erit horarum ratio ducenda per orbem,
Sidera ut in stadiis oriantur quæque, cadantque,
Quæ bis tercentum numeris, vicenaque constant.
Manil. *Astronomic.* lib. III, vers. 444.

Voyez aussi vers. 279, 282, etc.
L'expression de στάδια καθαρά paraît répondre à celle de δικαία, employée par Hérodote, Diodore et d'autres auteurs, et qui s'applique au grand stade égyptien de six cents au degré : mais il n'est pas probable que les Chaldéens eussent donné à la circonférence du globe 262980

stades de cette espèce, compte qui résulterait de 30 stades pareils à l'heure, ou 1 lieue $\frac{1}{4}$. Apparemment les Chaldéens regardaient leur stade comme *pur*; ainsi qu'en Égypte, il paraît qu'on appelait *juste* le stade qui résultait de la mesure du degré dans ce pays.

jours; ce serait environ 5 jours $\frac{1}{4}$ avant la fin de l'année vraie. S'il ne faisait qu'une lieue par heure, il lui faudrait 375 jours, c'est-à-dire neuf jours $\frac{1}{4}$ de plus que l'année. C'est ce dernier cas que suppose l'opinion des Chaldéens; en effet, ils donnaient 30 stades par heure au mouvement du soleil, ainsi qu'à la marche d'un homme fait[1] : or, les 30 stades sont très-vraisemblablement de sept cent cinquante au degré; ils font une parasange persane, égale à notre lieue commune[2]. Admettre qu'un homme parcourût par heure, continuellement, une lieue $\frac{1}{4}$, comme il résulterait de l'emploi du stade de six cents au degré, ce serait aller contre le texte du passage. Le compte d'une lieue à l'heure correspond bien plus naturellement à la définition d'Achille Tatius.

Ce calcul est le même que celui de Cassini, qui estimait qu'un homme ferait le tour de la terre en marchant un an de suite[3]. D'après les Chaldéens, en 365 jours $\frac{1}{4}$, il ferait 262980 stades; ce qui porte le degré à 19 stades $\frac{1}{2}$ de moins que sa vraie valeur, et la circonférence à 7020 stades de moins. L'erreur est d'environ 3242 mètres par degré (plus de 1500 toises), mais fort différente de celle que suppose Bailly, qui imagine au contraire que la mesure dont il s'agit excédait la vraie de 5 à 6000 toises.

Cette mesure des Chaldéens, si elle a réellement été faite, est donc défectueuse en comparaison de celle qui

---

[1] *Voyez* le passage d'Achille Tatius, pag. 327, note [3].

[2] Ce stade était en usage à Babylone et dans toute l'Asie : c'est probablement là que les Hébreux ont puisé leur *rous* ou stade hébraïque.

[3] *Mémoires de l'Académie des sciences pour 1702*, pag. 26.

fut exécutée par les Égyptiens. A la vérité, notre explication repose sur l'évaluation du stade dont le passage fait mention, à 270000 dans la circonférence : mais, puisqu'il s'agit des opinions et des mesures des Chaldéens, il n'est guère permis de faire usage d'une autre espèce de stade que celle qui appartenait à cette nation ; et l'on sait, à n'en pas douter, que le stade babylonien ou chaldéen était compris sept cent cinquante fois au degré, et que le mille romain en était le décuple [1].

4°. MESURE D'UN DEGRÉ TERRESTRE EXÉCUTÉE PAR LES ARABES.

Je ne me propose pas de discuter, dans toutes ses parties, la mesure de la terre faite par les Arabes, mais seulement d'en reconnaître l'étendue pour pouvoir la comparer à celle des Égyptiens. Les Arabes ont exécuté cette opération à deux époques différentes. L'an 830 de J.-C., on mesura, dans la plaine de Singiar en Mésopotamie, un degré du méridien, par l'ordre du calife Al-Mâmoun : le degré fut trouvé de 56 milles $\frac{2}{3}$ [2]. On n'a pu apprécier parfaitement le degré d'exactitude de cette mesure, parce qu'il est resté du doute sur la valeur du mille dont il est question. A la vérité, l'on sait que ce mille était composé d'un certain nombre de coudées : mais les Arabes avaient, comme je l'ai exposé plus haut, trois espèces principales de coudées ; la royale ou *hachémique*, ou ancienne ; la *noire* ; et la *commune*

---

[1] *Voyez* le chapitre VIII, et ci-dessous, le §. III.

[2] *Voyez* les différens auteurs qui rendent compte de cette opération : Abou-l-fedà, *Prolegom. geograph.* ; Alfragan, *Elementa astron.* cap. 8.

DES ANCIENS ÉGYPTIENS, CH. X.   331

ou médiocre : il s'agit de reconnaître celle qui a servi à l'opération.

On a une autre mesure de la terre qui a été prise à Médine par les Arabes, et qui donne au degré 66 milles et $\frac{2}{3}$ [1]. S'il est vrai, comme le dit Éd. Bernard, que cette dernière espèce de mille valait 5000 pieds arabes, et le mille de la première mesure, 6000 pieds, ce serait justement le même rapport que celui de 56 $\frac{2}{3}$ à 66 $\frac{2}{3}$, à fort peu près. Il semble donc que les deux mesures sont exprimées ici en différens milles. En effet, une différence de 10 milles, ou de près de $\frac{1}{6}$ sur le tout, est trop considérable pour qu'elle ne provienne pas de l'emploi d'un mille différent.

MESURE DE LA PLAINE DE SINGIAR.

On sait que les personnes chargées de la mesure du pré par Al-Mâmoun se divisèrent en deux troupes; la première se dirigea au nord, et la seconde au midi. Les uns trouvèrent au degré 55 milles, les autres 56 milles $\frac{2}{3}$; mais on se détermina pour cette dernière mesure. Quoiqu'Abou-l-fedâ nous ait appris que le mille dont on fit usage était de 4000 coudées noires de 27 doigts, on dispute encore sur la véritable valeur de ce mille. Essayons d'appliquer ici ce que j'ai dit sur les mesures arabes.

Le mille arabique proprement dit, appelé *hachémique* ou *koufique*, était composé de 3000 coudées anciennes, ou 4000 coudées communes ou médiocres. Ces deux

---

[1] *Voyez* dans Édouard Bernard, pag. 242, Abou-l-farage, etc.

coudées étaient en effet dans le rapport de 4 à 3, comme nous l'avons vu plus haut[1] : la coudée noire était à la coudée ancienne comme 27 à 32, et à la commune comme 9 à 8. De ces trois coudées, quelle est celle qui est comprise 4000 fois dans un mille existant?

La coudée commune des Arabes, ou petite coudée, n'est autre que la coudée commune des Égyptiens et des Grecs; nous savons que la valeur de celle-ci est de $0^m,4618$. Or, 4000 coudées de $0^m,4618$ font $1847^m,22$; ce qui est précisément la valeur d'une minute du degré terrestre, selon la mesure égyptienne, et du mille arabique. Voici des rapprochemens qui confirment encore cette valeur. La parasange contenait 3 milles arabiques, selon tous les auteurs arabes : or, la parasange de ces mêmes auteurs vaut, comme je l'ai dit, $5541^m,65$; le tiers de cette mesure est encore $1847^m,2$, ou une minute. La coudée ancienne ou royale hachémique valait $0^m,616$, ou un tiers en sus de la commune, et était comprise 3000 fois au mille arabe : or, $3000 \times 1\frac{1}{3} (0^m,4618)$ font $1847^m,22$. Enfin le mille contenait $8\frac{1}{3}$ *ghalouah* ou stades arabes[2] : les Arabes avaient adopté le système céleste et géographique de Ptolémée, ainsi que le stade dont cet astronome a toujours fait usage; ce stade est de cinq cents au degré, et il vaut $221^m \frac{2}{3}$: or, $8\frac{1}{3} \times 221^m \frac{2}{3}$ font $1847^m,2$. Ces coïncidences ne peuvent être fortuites, et elles ne permettent pas de douter que le mille arabique ne fût en effet de soixante au degré. Je pense donc que la coudée dont le mille de la mesure d'Al-Mâmoun en com-

[1] *Voyez* ci-dessus, pag. 227.   [2] *Voyez* ci-dessus, pag. 227.

prenait 4000, est la coudée commune, et non la coudée noire. Ce qui le confirme, c'est que le mille avait 6000 pieds, selon Éd. Bernard. Le pied arabe était le même que le pied égyptien; or, celui-ci est égal aux $\frac{2}{7}$ de la coudée commune.

Ce mille n'est pas d'institution arabe; du moins on n'en a aucune preuve : mais quand les Arabes se sont emparés de l'Égypte, et qu'ils se sont peu à peu livrés à l'étude des sciences, ils se sont approprié quelques-unes des institutions égyptiennes, et les mesures sont de ce nombre. La mesure d'un degré terrestre en Mésopotamie et à Médine était donc une opération bien superflue : cette mesure était toute faite en prenant soixante fois le mille qu'ils appelaient *arabique*. En la recommençant sur les bords de l'Euphrate, ils se sont trompés, en moins, de 5 milles $\frac{1}{7}$ sur la longueur totale, c'est-à-dire de plus d'un 20e.

MESURE DE MÉDINE.

Comme je l'ai dit plus haut, la mesure faite à Médine a été prise avec un mille différent de celui qui a servi pour la mesure d'Al-Mâmoun, et ce mille était nécessairement d'une longueur plus petite. Je trouve une indication de sa valeur dans le passage d'Éd. Bernard qui lui donne 5000 pieds. J'ai dit que le pied arabe était le même que le pied égyptien ou grec : or, 5000 de ces pieds font 1539 mètres, c'est-à-dire la longueur du mille d'Ératosthène, Polybe et Strabon; mesure composée de mille pas effectifs, comme le mille romain, et qui est de soixante-douze au degré. Les Arabes qui mesurèrent à Médine, trouvèrent 66 milles $\frac{2}{3}$ dans le degré; c'est donc 5 milles $\frac{1}{2}$ ou $\frac{5}{27}$ de moins que la vraie mesure.

La vraisemblance de cette explication est fondée sur l'existence et sur la valeur du mille. Le premier point est prouvé par ce que j'ai dit plus haut du mille de Polybe : quant à l'évaluation que j'applique ici à une mesure arabe, elle est confirmée par la tradition qui nous apprend que le mille qui a servi était composé en coudées noires; car 3000 coudées de $0^m,5196$ (selon la valeur attribuée plus haut à la coudée noire, pag. 229) font $1558^m,8$, ce qui ne diffère pas de 20 mètres du mille de Polybe[1].

Je sais qu'on attribue, d'après Masoudy et Alfragan, 4000 coudées noires au mille de la mesure d'Al-Mâmoun[2]; mais c'est une confusion d'un mille avec l'autre. Celui d'Al-Mâmoun avait 4000 coudées communes, et celui de Médine, 3000 coudées noires; et comme le premier avait également 3000 coudées communes, c'était un motif de plus pour confondre ces différentes évalua-

[1] Pour avoir exactement la valeur du mille de Polybe, représentée par 3000 coudées, il faudrait que celles-ci fussent de $0^m,5131$. Il est remarquable que c'est précisément la mesure dont j'ai parlé à l'article de la coudée babylonienne, et qui est liée avec le système égyptien. Elle diffère de 6 millimètres $\frac{1}{2}$ de la valeur que j'ai assignée à la coudée noire. Peut-être ces deux mesures n'en font-elles qu'une seule. En effet, premièrement, $0^m,5131$ forment 26 doigts $\frac{2}{3}$, ce qui approche beaucoup de 27; secondement, il est possible que les Arabes aient trouvé cette coudée noire tout établie sur les bords de l'Euphrate; enfin on regarde généralement les coudées noire et babylonienne comme identiques.

[2] Éd. Bernard, pag. 341.

DES ANCIENS ÉGYPTIENS, CH. X.   335

tions¹. Supposons un moment que la mesure d'Al-Mâmoun fût de 4000 coudées noires, sa longueur serait de 2078^m,4; ce qui diffère de toutes les mesures connues : on n'a aucune idée d'un mille de cinquante-quatre au degré, qui résulterait de cette supposition². A bien plus forte raison faudrait-il se garder de composer le mille d'Al-Mâmoun en coudées du meqyâs; 4000 coudées pareilles feraient 2156 mètres, et il s'ensuivrait que les auteurs de la mesure du degré en Mésopotamie auraient trouvé près de 122200 mètres au degré, c'est-à-dire environ 11400 mètres de trop; ce qu'on peut regarder comme presque impossible, attendu les circonstances qui favorisaient les observateurs.

Dans un article séparé de son livre³, Éd. Bernard assure que le degré comprend 66 ⅔ milles *communs* arabes, composés de 4000 coudées nouvelles; 59 milles *mamouniens*, composés de coudées noires; 50 milles *hachémiques*; enfin 61 ⅙ milles *justes*, composés chacun de 4000 coudées *justes*; et il omet la valeur de 56 milles ⅔, la même que celle de la mesure qui contient 4000 coudées *justes*. Ailleurs cependant il avance d'après tous les auteurs, et avec raison, que le mille arabe n'avait point varié⁴ : *Milliare arabicum* 5000

---

¹ D'Anville croit aussi qu'il s'agit d'un mille composé de 4000 coudées communes; et il conclut que la mesure de 56 milles ⅔ est très-exacte: mais il s'ensuivrait, pour la coudée commune, une valeur de 0^m,49, qui est beaucoup trop forte.

² D'Anville supposait le mille hachémique de cinquante au degré, sans doute d'après la mesure d'une coudée de 28,9 pouces anglais (0^m,733), annoncée par Éd. Bernard; mais cette mesure de coudée est excessive (*voy.* pag. 231). D'ailleurs, aucun auteur arabe ne parle d'un mille plus grand que celui de 56⅔ au degré.

³ Ed. Bern. *Restituenda*.
⁴ Page 241.

cubitos priscos...... novos verò cubitos 4000, *partitione quidem cubiti variante, non spatio milliari olim aut nuper.* Je regarde aussi le mille arabe hachémique comme constant et comme composé de 4000 coudées : mais cette coudée est celle des anciens Égyptiens fixée à $0^m,4618$, appelée par les Arabes *commune*, nommée μέτριος ou *de mesure* par Hérodote, et *virile* dans la Bible[1]. Ce mille est lui-même d'origine égyptienne; selon les Arabes, il avait 6000 pieds. Or, le grand mille d'Égypte avait 1000 orgyies ou 6000 pieds égyptiens[2].

En résumé, ces deux mesures de la terre sont loin d'être exactes. Il s'en faut, pour la première, de plus de 3 milles au degré; et l'autre pèche aussi en moins d'environ 5 milles, selon la proportion particulière à chacun de ces milles : c'est-à-dire qu'elles sont trop faibles, l'une de plus d'un 20°, l'autre de plus d'un 14°.

§. II. *Application de la valeur des stades à plusieurs déterminations astronomiques.*

Il reste dans les écrits des anciens plusieurs débris curieux de l'astronomie égyptienne, mais que le temps et l'ignorance ont défigurés. Nous y trouvons des traces de l'emploi des mesures égyptiennes; ce qui doit faire soupçonner que les observations célestes ainsi exprimées appartiennent à ce peuple. De ce nombre sont les me-

---

[1] אַמְתְאִישׁ ammath ich, *cubitus virilis.*
[2] Selon Albategnius, le degré fait 85 milles. Cette mesure de mille est tellement loin des autres, qu'il est presque impossible de l'expliquer. A la vérité, le mille hébraïque est encore inférieur, puisqu'il entre

DES ANCIENS ÉGYPTIENS, CH. X.   337

sures de l'orbite lunaire, de l'orbite solaire, et de l'orbite de Saturne, attribuées à Petosiris et Necepsos, astronomes égyptiens, à la vérité d'une époque récente par rapport à la haute antiquité. Voici à ce sujet le passage de Pline, où cet écrivain, parlant de l'audace des hommes qui ont entrepris de mesurer les espaces célestes, et la distance de la terre au soleil, ajoute[1] :

« Le diamètre ayant sept parties, et la circonférence vingt-deux, ils se servent de ce principe pour calculer l'étendue de l'univers, comme si par le *perpendicule* on pouvait connaître exactement la mesure du ciel[2]. Nous savons, par le calcul égyptien que Necepsos et Petosiris nous ont transmis, que, dans l'orbite lunaire (la moindre de toutes, comme on l'a dit), chaque *partie* occupe un peu plus de 33 stades; dans celle de Saturne, qui est la plus grande, le double; dans celle du Soleil, que nous avons dit tenir le milieu, la moitié de ces deux mesures; calcul qui est borné, et où il semble qu'ils ont eu une espèce de honte d'exprimer la distance en-

cent fois au degré; mais les Arabes n'en ont point fait usage. Au reste, si l'on formait un pas de 5 pieds naturels, c'est-à-dire de 1^m,327, et qu'on prît 1000 de ces pas, on les trouverait compris quatre-vingt-quatre fois environ dans le degré.

[1] ......*Quantas enim dimetiens habeat septimus, tantas habere circulum duo et vicesimas; tanquam planè à perpendiculo mensura cœli constet. Ægyptia ratio, quam Petosiris et Necepsos ostendere*, singulas partes, *in lunari circulo* (ut dictum est) *minimo, triginta tribus stadiis paulò amplius patere colligit; in Saturni amplissimo, duplum: in Solis, quam medium esse diximus, utriusque mensuræ dimidium. Quæ computatio plurimùm habet pudoris, quoniam ad Saturni circulum, addito signiferi ipsius intervallo, innumerabilis multiplicatio efficitur.* (Pl. *Hist. nat.* l. 11, c. 23.)

[2] Le traducteur français de Pline s'exprime ainsi : « Comme si cette vaste opération n'exigeait qu'un plomb à niveler. »

tière, puisqu'en ajoutant à la distance de Saturne celle qui le sépare du zodiaque, on arrive à une quantité innombrable. »

L'historien de l'astronomie[1] a supposé que *singulas partes* signifiait *un degré* de 360 à la circonférence; supposition tout-à-fait arbitraire : il n'est donc pas surprenant que ces déterminations lui paraissent absurdes. Ce que nous avons dit de la division du cercle chez les anciens, selon nous suivie en Égypte, fournit une explication simple de ce passage, du moins quant à l'orbite lunaire; nous ne dirons rien de ce qui regarde les orbites attribuées au Soleil et à Saturne.

Bailly paraît croire que chaque degré, ou 360ᵉ de l'orbite lunaire, était estimé effectivement de 33 stades par les astronomes égyptiens. Mais à qui persuadera-t-on que les mêmes hommes qui connaissaient le vrai système du monde, qui avaient découvert le mouvement réel de Mercure et de Vénus, inconnu au reste de l'antiquité, déterminé avec assez d'exactitude le diamètre du soleil, et mesuré enfin avec précision la circonférence terrestre; que ces mêmes hommes, dis-je, ne comptaient que 1890 stades de la terre à la lune[2], c'est-à-dire moins qu'ils n'en comptaient de Syène à Tentyris, ou d'Abydus à Philæ? C'est dans une pareille supposition qu'est l'absurdité, et non dans le calcul égyptien (*Ægyptia ratio*), dont Pline nous a transmis le résultat d'une manière si incomplète.

La circonférence du cercle se divisait, dans l'anti-

[1] Bailly, *Histoire de l'astronomie ancienne*, pag. 169.
[2] Quatre-vingt-deux lieues, suivant Bailly.

quité, en 60 scrupules ou sexagésimes (ἑξηκοςὸν)[1]. La minute, ou πρῶτον, était 60 fois au degré; la seconde, ou δεύτερον, 60 fois à la minute; la tierce, ou τρίτον, 60 fois à la seconde. Le scrupule valait 6 parties ou degrés (μοῖρα); et la coudée astronomique, 2: ainsi le scrupule valait 3 coudées. Il y avait aussi des divisions du degré, de la minute, de la seconde, analogues à celles de la circonférence; c'est-à-dire qu'il y avait des divisions valant 3 minutes et 3 tierces. En effet, 3 minutes répondent au petit schœne égyptien, et trois tierces à l'ampelos[2]. Il est possible qu'il y eût également une division de 3 secondes, correspondante à 3 plèthres ou 60 ampelos. Je regarde ici les mots de *singulas partes* comme devant s'entendre de divisions de cette dernière espèce, égales à 3 secondes, et par conséquent à la 1200ᵉ partie du degré: chacune de ces fractions étant, selon Pline, de 33 stades, il s'ensuivrait que le cercle entier de l'orbite lunaire valait 14256000 stades; par conséquent, le rayon, 2268000. Comme il entre 24 stades *égyptiens* de six cents au degré dans la lieue commune, il en résulte une valeur de 94500 lieues.

Cette valeur excède d'environ $\frac{1}{11}$ la distance moyenne de la terre à la lune, laquelle est de 86324 lieues dans les tables les plus récentes. Malgré cette différence, la détermination qu'avaient faite les observateurs d'Égypte est encore digne d'attention pour l'astronomie de ces temps reculés. On ignore d'ailleurs absolument par quelle méthode ils y étaient parvenus. Il n'est pas permis de croire qu'ils aient fait usage de celle qui suppose

[1] *Voyez* chap. 1, pag. 22.　　[2] *Voy.* le tabl. génér. des mesur.

des observateurs très-éloignés; mais, s'il a été fait une observation aux deux extrémités de l'Égypte, un arc de 7 degrés environ était trop petit pour ne pas introduire dans le calcul de la parallaxe une erreur de $\frac{1}{77}$. Si l'on s'est servi des éclipses de lune pour calculer la parallaxe (laquelle est sensiblement égale au demi-diamètre de l'ombre augmenté du diamètre du soleil), il y avait également dans cette méthode une assez grande incertitude [1].

La solution que nous proposons a l'avantage de n'employer que des données propres à l'Égypte; savoir, la division du cercle chez ce peuple; le stade *égyptien* de six cents au degré; enfin l'étendue même de son territoire, condition nécessaire, puisqu'il est question d'observations égyptiennes. Elle ne passe pas les bornes de la vraisemblance, comme serait un rapport d'une exactitude trop marquée entre des observations imparfaites et les résultats les plus certains de la science moderne. Au reste, si l'on supposait ici le stade de Ptolémée, ou celui d'Ératosthène, ou enfin celui d'Aristote, l'erreur de l'observation serait considérable : or, les règles de la critique, ainsi que l'a judicieusement remarqué M. Gossellin dans des cas analogues, ne permettent pas de s'arrêter de préférence à un résultat très-erroné.

Posidonius estimait la distance de la terre à la lune

---

[1] Le demi-diamètre de l'ombre se déduit facilement de l'observation de la durée de l'éclipse. On sait, au reste, par Diogène-Laërce et Aristote, que les Égyptiens avaient des tables d'éclipses de lune et de soleil. Quant au diamètre du soleil, Cléomède nous a transmis l'observation égyptienne, qui est assez exacte. (*Voyez* ci-dessous, et aussi le chapitre XII, §. III.)

de 2 millions de stades, *vicies centum millia stadiorum*, dit Pline[1]. Cette détermination approche beaucoup de la vérité; elle équivaut à 83333 lieues, en employant le même stade *égyptien* de six cents. Remarquons ici que cette mesure attribuée à Posidonius fait voir combien il serait absurde d'interpréter le passage de Pline cité ci-dessus, en supposant 33 stades pour chaque *degré* ou 360ᵉ de l'orbite lunaire.

Censorin et le même Pline, d'après Pythagore et d'autres auteurs, comptent 126000 stades seulement pour cette même distance. Cette mesure est précisément la 18ᵉ partie de celle de 2268000 stades rapportée plus haut, d'après les astronomes égyptiens. Nous ne hasarderons pas de conjectures à cet égard; contentons-nous d'observer qu'on a pu confondre ici plusieurs espèces de mesures : le nombre 18 est compris vingt fois dans celui des degrés de la circonférence, et ses facteurs 6 et 3 font partie de l'échelle métrique; on peut donc supposer que le nombre de 126000 provient de quelque transformation, d'après un rapport, puisé dans le système égyptien.

La fameuse école de Pythagore, qui avait puisé des notions fort saines sur le système du monde à la source commune des connaissances astronomiques, c'est-à-dire en Égypte, nous a laissé d'autres résultats également dignes d'être étudiés, et qui doivent être rapportés à leurs véritables auteurs. L'espèce de ces résultats énoncés en mesures égyptiennes confirme cette idée, déjà si probable d'elle-même. Les savans ne regarderont peut-

---

[1] Plin. *Hist. nat.* lib. II, cap. 1.

être pas ces débris des anciennes connaissances comme indignes de leur attention ; car ils savent que le grand Copernic puisa lui-même chez les pythagoriciens ses premières idées sur le mouvement du globe et sur l'immobilité du soleil au centre du système planétaire. *Reperi apud Ciceronem, primum Nicetam scripsisse terram moveri......inde igitur occasionem nactus, cœpi et ego de terræ mobilitate agitare.* (Copernic. *de Revol.* præf. ad Paul. III.) On sait que Nicétas était un philosophe pythagoricien du ve siècle avant J.-C.

Comme les lecteurs un peu familiarisés avec l'antiquité connaissent les travaux et les opinions de ces anciens philosophes, et que j'y reviendrai au chapitre xii, je me bornerai ici à quelques faits qui regardent mon sujet, c'est-à-dire l'application de la valeur des stades égyptiens. Pline nous rapporte, dans le même passage que je viens de citer, que, suivant Posidonius, la région des vents et des nuages s'étendait jusqu'à 400 stades de la terre[1]. En stades *égyptiens* de six cents au degré, cette

---

[1] Voici le passage en entier de Pline : *Stadium centum viginti quinque nostros efficit passus, hoc est, pedes sexcentos viginti-quinque. Posidonius non minus quadringenta stadiorum à terra altitudinem esse, in qua nubila ac venti nubesque proveniant; inde purum liquidumque, et imperturbatæ lucis aërem : sed à turbido ad lunam vicies centum millia stadiorum; inde ad solem quinquies millies. Plures autem nubes nongentis stadiis in altitudinem subire prodiderunt* (*Hist. nat.* l. ii, cap. 23). La plupart des éditions portent *quadraginta* ou 40, au lieu de *quadringenta*. Mais cette dernière leçon est la vraie ; l'autre est sans doute l'ouvrage des copistes, malgré ce que pense Hardouin à ce sujet. Il est vrai que les premiers nuages ne sont pas plus éloignés que d'environ 40 stades ; mais l'étendue de l'atmosphère est dix fois plus considérable. Plusieurs auteurs, et Tycho dans le nombre, avaient lu *quadringenta* dans des manuscrits anciens, et ils pensaient aussi que ce mot avait été changé en *quadraginta*. D'ailleurs Pline ajoute que, selon l'opinion de plusieurs, les nuées s'élèvent à 900 stades. Ce nombre, à la vérité

évaluation fait 16 lieues et $\frac{2}{3}$; c'est, à peu près, la hauteur totale de l'atmosphère terrestre, telle que nous la connaissons.

Posidonius comptait de la lune au soleil 5000 stades, selon quelques interprètes de Pline : ceux qui ont fait la critique de cette observation, n'ont pas fait attention à la conséquence qui en résulte; c'est que le soleil aurait été jugé plus près de la lune que n'est la terre. Pline s'exprime ainsi : *Sed à turbido ad lunam vicies centum millia stadiorum; inde ad solem quinquies millies.* Il me paraît évident que Pline ne veut pas dire là 5000 stades. *Quinquies millies* répond au *vicies* de l'autre phrase; et, par conséquent, il faut entendre 5000 fois 100 milles ou 500 millions de stades[1]. Si l'on augmente ce nombre de 2 millions de stades, distance de la terre à la lune, et qu'on le réduise en lieues, sur le pied de 24 stades *égyptiens* pour une (ici je suppose que l'observation appartient à l'Égypte), on trouve environ 21 millions de lieues pour l'espace qui sépare la terre du soleil. Cette estimation est moins que les deux tiers de la vraie distance; mais elle ne renferme rien d'absurde. Les Égyptiens n'avaient sans doute pas de moyens exacts de déterminer la parallaxe du soleil; les modernes eux-mêmes ne la connaissent avec exactitude que depuis le passage de Vénus observé en 1769. Je reviendrai sur ce sujet au chap. XII, §. III.

Il faut dire un mot de la mesure du diamètre du soleil;

---

excessif, est du moins en rapport avec celui de 400, mais nullement avec le nombre 40.

[1] C'est ainsi que l'a entendu le traducteur français.

Cléomède, d'après les Égyptiens, disait que cette mesure était entre la 700e et la 750e partie de l'orbite[1]. Un terme moyen entre ces deux calculs est de 29′ 47″,4, et revient à peu près à 30′[2] ; on peut le fixer à 30′ juste, d'après d'autres considérations[3]. Or, suivant le même Cléomède, l'espace où l'ombre est nulle quand le soleil est au zénith, est de 300 stades; le diamètre du soleil étant supposé de 30′, l'arc terrestre correspondant est aussi de 30′ : donc le stade dont cet espace comprend 300, équivaut à 6 secondes terrestres; cette mesure est précisément celle du stade *égyptien* de six cents au degré, tel que nous l'avons déterminé[4]. L'accord que l'on voit ici entre les observations astronomiques des Égyptiens et les mesures itinéraires du même peuple, me semble frappant. Je ferai remarquer encore qu'il me semble résulter de ce passage, que les anciens distinguaient le centre et les bords du soleil dans le phénomène de l'absorption de l'ombre, bien que plusieurs modernes aient avancé le contraire[5].

[1] Κυκλικὴ Θεωρία τῶν μετεώρων, lib. II, cap. 1 *et alibi*.

[2] Aujourd'hui le diamètre du soleil est estimé de 31′ 57″.

[3] Aristarque, au rapport d'Archimède, faisait le diamètre du soleil égal à $\frac{1}{720}$ juste de la circonférence, ou 30′ : Archimède, dont l'observation nous a été conservée, l'évaluait à une quantité moindre que $\frac{1}{164}$ du quart de cercle, et plus grande que $\frac{1}{200}$; terme moyen, $\frac{112}{16448}$, ou 29′ 57″,8, ce qui approche beaucoup du même résultat.

[4] Les autres espèces de stades supposeraient au soleil un diamètre fort éloigné de la vérité.

[5] Le rayon où ce phénomène avait lieu, était ainsi estimé à 6 lieues $\frac{2}{3}$ de vingt-cinq au degré.

§. III. *Application de la valeur des stades aux dimensions d'Alexandrie et à celles de Babylone.*

1°. DIMENSIONS D'ALEXANDRIE.

Strabon[1] et Joseph donnent tous les deux 30 stades de longueur à l'ancienne Alexandrie. On trouve, en effet, et avec précision, 30 stades babyloniens et hébraïques de sept cent cinquante au degré, depuis l'extrémité des tombeaux juifs, où sont des ruines, sur la côte à l'est du Pharillon, jusqu'au-delà de l'hippodrome près le canal[2]. On sait que Joseph se sert, dans ses ouvrages, du stade hébraïque, qui est de sept cent cinquante au degré; quant à Strabon, il paraît qu'il a employé cette mesure, sans se douter de la différence qui existe entre elle et le stade dont il fait usage ordinairement.

« En allant d'une porte à l'autre, dit Diodore, la grande rue a en longueur 40 stades, et de largeur, 1 plèthre[3]. » On n'a pu, malheureusement, mesurer avec exactitude la largeur de cette rue, dont cependant il reste des vestiges presque d'un bout à l'autre des ruines; on aurait pu y vérifier la grandeur du plèthre et du pied. Quant à la longueur de 40 stades, elle est visiblement exprimée en petits stades de $1111\frac{1}{9}$ au degré, dont Diodore a souvent fait usage; car telle est à peu

---

[1] *Geogr.* l. xvii, p. 546, ed. Cas.
[2] La distance est d'une lieue commune précisément. Cette ligne est la diagonale la plus grande du parallélogramme occupé par les ruines. *Voyez* la pl. 84, *É. M.; voyez* aussi la Description d'Alexandrie, par M. Saint-Genis.
[3] Diod. Sic. *Bibl. hist.* lib. xvii, pag. 590.

près la longueur de la rue de Canope, depuis son extrémité ouest, à la tour placée près de la mosquée dite *des Septante*, jusqu'à l'enceinte présumée du côté de l'est.

Strabon[1], ainsi que Pline et d'autres auteurs, disent qu'Alexandrie était jointe à l'île du Phare par une chaussée de 7 stades, d'où vient le nom de *Heptastadium*. Strabon s'est ici servi du stade égyptien de six cents au degré. On en trouve, en effet, sept, depuis la dernière tour à l'ouest de l'enceinte arabe, au fond du port vieux, jusqu'au fort du port neuf, perpendiculairement à la direction de la presqu'île du Phare, qui jadis, comme on le sait, était une île. Cette ligne est aujourd'hui comprise toute entière dans la ville moderne, bâtie sur l'atterrissement formé autour de l'ancienne chaussée[2].

Strabon donne 7 à 8 stades à la largeur de la ville, et Joseph en donne 10; ces deux mesures, prises sur le pied de sept cent cinquante au degré, sont excédées par le plan des restes d'Alexandrie. Cependant il faut observer que Strabon ne donne pas 7 à 8 stades aux côtés de la ville, mais à l'isthme qui la resserre. Or, on trouve 7 stades $\frac{1}{2}$ de largeur (de sept cent cinquante au degré) à l'espace qui sépare la mer du lac de Maréotis, à l'ouest de la ville. On peut remarquer que 8 stades égyptiens de six cents au degré font juste autant que 10 stades hébraïques de la mesure de Joseph, d'où l'on pourrait inférer que celui-ci a transformé une mesure ancienne. Quant à la largeur proprement dite, elle est de 10 stades de six cents au degré, ou même un peu plus, à prendre

---

[1] *Geogr.* lib. XVII, pag. 544.
[2] La longueur est de moins de 1300 mètres.

DES ANCIENS ÉGYPTIENS, CH. X. 347

de la tour des Romains près les obélisques, jusqu'aux limites des ruines, sur une ligne perpendiculaire à la grande rue de Canope; c'est encore la même mesure, de la tour occidentale jusqu'à l'hippodrome.

Quinte-Curce donne le circuit de 80 stades. On trouve en effet 80 stades de sept cent cinquante au degré, en prenant le circuit de l'ancienne ville, à partir des ruines qui sont à l'est du Pharillon, et s'avançant le long de la mer, puis à la porte de l'ouest, de là jusqu'à l'hippodrome, et le long des limites des ruines, enfin en revenant jusqu'au point de la côte qui est à l'est du Pharillon. C'est à peu près un pentagone dont les côtés sont de 22, $4\frac{1}{2}$, $11\frac{1}{2}$, 27 et 15 stades, en tout 80.

On trouve aussi environ 119 stades de $1111\frac{1}{9}$ au degré dans ce même circuit. Il est très-vraisemblable que c'est d'un pareil nombre de stades que Pline a tiré son périmètre d'Alexandrie de xv milles, en réduisant les stades sur le pied de 8 au mille, selon sa coutume. D'Anville a déjà fait cette remarque[1]; il n'y a réellement que 8 milles romains au circuit de l'ancienne Alexandrie.

Dans le livre de *la Guerre civile* par César, on lit que la chaussée de l'*Heptastadium* avait 900 pas de largeur[2]. Ce nombre fait $\frac{9}{10}$ du mille; ces 900 pas s'accordent assez bien avec 7 stades égyptiens de six cents au degré, ou de huit au mille[3] : or, on trouve exactement 7 stades de cette espèce, depuis la dernière tour à l'ouest de l'enceinte arabe, soit jusqu'au fort du port neuf

---

[1] *Mémoires sur l'Égypte*, p. 37.
[2] Cæsar. *Comm. de bello civili.*
[3] Il n'y a que la différence de $\frac{2}{7}$ à $\frac{9}{10}$, c'est-à-dire $\frac{1}{17}$.

(comme je l'ai dit plus haut), soit jusqu'au fort de l'île des Figuiers, appelé *le Fort vieux*. Il n'est pas impossible que la chaussée d'Alexandre se dirigeât sur ce dernier point, quoique cette ligne traverse la mer ; il y a, en effet, quelque incertitude sur la direction de l'*Heptastadium*, dont il ne reste aucun vestige, et cela résulte des attérissemens qui ont confondu l'île du Phare avec le terrain de la chaussée, terrain qui s'est tellement élargi depuis Jules-César, qu'il est devenu le siége de la ville moderne. Le point de départ ne paraît bien marqué que du côté de l'enceinte arabe ; mais, de l'autre côté, on pourrait choisir entre les deux forts.

Strabon compte encore 30 stades de Nicopolis à Alexandrie ; or, on trouve 30 stades de sept cent cinquante au degré, de Qasr Qyâserah jusqu'à la porte de Rosette ; ce Qasr est un camp romain bâti, qui est évidemment sur les ruines de l'ancienne Nicopolis, et son nom de *château des Césars* lève tous les doutes : mais la porte de Canope était jadis plus à l'est que la porte actuelle ; ce qui est prouvé doublement par la longueur de 40 petits stades qu'avait la rue de Canope, et par le circuit de la ville, de 80 stades, comme je l'ai dit plus haut. Toutefois les 30 stades de Strabon se trouveront aisément entre l'ancienne porte de Canope ou son emplacement, et un point situé un peu plus à l'est que Qasr Qyâserah, parmi les ruines qui environnent le camp romain.

On peut conclure de l'examen des vestiges d'Alexandrie, que les historiens se sont servis de trois espèces de stades, dans la description de cette ancienne capitale ;

DES ANCIENS ÉGYPTIENS, CH. X.   349

savoir, les deux stades égyptiens de 600 et 1111 $\frac{1}{9}$ au degré, et le stade babylonien de 750. L'Heptastade, l'un des ouvrages d'Alexandre qui ont dû le moins se ressentir des changemens que la ville a essuyés, puisqu'il joignait deux points fixes, l'île du Phare et le continent, présente une mesure exprimée en grands stades égyptiens. On n'en doit pas être étonné, si l'on se souvient que le grand hippodrome, qui est au sud de la colonne, a été mesuré en stades pareils[1]. Les plus anciens ouvrages construits dans cette ville devaient porter l'empreinte des mesures en usage à Rhacotis. Ce n'est pas que je pense qu'elle ne renfermait aucun autre monument assujetti aux mêmes mesures : mais les historiens grecs et latins ont transformé quelquefois celles-ci en d'autres; ce qui ne change rien à la grandeur absolue des dimensions. Cette discussion nous montre encore que Strabon a usé du stade babylonien de sept cent cinquante au degré, en même temps que du grand stade égyptien; et il paraît qu'il a recueilli ces diverses mesures sans distinguer la différence des modules.

2°. ENCEINTE DE BABYLONE.

Hérodote donne 120 stades à chacun des quatre côtés de l'enceinte de Babylone, et 480 stades pour le périmètre entier[2]. Pline[3], Solin, Philostrate, ainsi que

---

[1] *Voyez* chap. IV, pag. 105.

[2] Κἐιται ἐν πεδίῳ μεγάλῳ, μέγαθος ἰοῦσα μέτωπον ἕκαστον, εἴκοσι καὶ ἑκατὸν σταδίων, ἰούσης τετραγώνου· οὗτοι στάδιοι τῆς περιόδου τῆς πόλιος γίνονται συνάπαντες ὀγδώκοντα καὶ τετρακόσιοι.

Μετὰ δὲ, τεῖχος πεντήκοντα μὲν πηχέων βασιληίων ἐὸν τὸ εὖρος, ὕψος δὲ, διηκοσίων πηχέων· ὁ δὲ βασιλήιος πῆχυς τοῦ μετρίου ἐστὶ πήχεος μέζων τρισὶ δακτύλοισι. (Herodot. *Histor.* lib. I, cap. 178.)

[3] *Hist. nat.* lib. VI, cap. 26. Pline

350 EXPOSITION DU SYSTÈME MÉTRIQUE

S. Jérôme, fournissent le même nombre de 480 stades. Ctésias, qui avait voyagé à Babylone, et Diodore de Sicile¹, Hygin, Tzetzès, Philon, ne donnent que 360 stades. Dion Cassius en compte 400.

Des relations aussi simples que celles qui existent entre les nombres 480, 400 et 360, c'est-à-dire les rapports $\frac{1}{6}$, $\frac{1}{4}$ et $\frac{9}{10}$, ne paraissent pas être fortuites, ni

---

donne 60 milles de tour ; ce qui, à 8 stades par mille, produit 480 stades. On voit Pline réduire ici des stades en milles romains, selon sa coutume, sans considérer la différence des mesures. *Babylon.... sexaginta millia passuum amplexa muris ducenos pedes latis, quinquagenos latis, in singulos pedes ternis digitis mensurâ ampliore quàm nostrâ, interfluo Euphrate, etc.*

¹ Ἀπολαβοῦσα (Σεμίραμις) δὲ τὸν Εὐφράτην ποταμὸν εἰς μέσον, περιεβάλετο τεῖχος τῇ πόλει (Βαβυλῶνι) σταδίων τριακοσίων ἑξήκοντα, διειλημμένον πυργοῖς πυκνοῖς καὶ μεγάλοις· τηλικοῦτον δ' ἦν τὸ βάρος τῶν ἔργων, ὥστε τὸ μὲν πλάτος εἶναι τῶν τειχῶν ἓξ ἅρμασιν ἱππάσιμον· τὸ δ' ὕψος ἄπιστον τοῖς ἀκούουσιν, ὥς φησι Κτησίας ὁ Κνίδιος· ὡς δὲ Κλείταρχος καὶ τῶν ὕστερον μετ' Ἀλεξάνδρου διαβάντων εἰς τὴν Ἀσίαν τινὲς ἀνέγραψαν, τριακοσίων ἑξήκοντα καὶ πέντε σταδίων, καὶ προστιθέασιν ὅτι τῶν ἴσων ἡμερῶν εἰς τὸν ἐνιαυτὸν οὐσῶν, ἐφιλοτιμήθη τὸν ἴσον ἀριθμὸν τῶν σταδίων ὑποστήσασθαι· τὰς δ' ὀπλίνθους εἰς ἄσφαλτον ἐνδησαμένη, τεῖχος κατεσκεύασε, τὸ μὲν ὕψος, ὡς μὲν Κτησίας φησί, πεντήκοντα ὀργυιῶν, ὡς δ' ἔνιοι τῶν νεωτέρων ἔγραψαν, πηχῶν πεντήκοντα· τὸ δὲ πλάτος, πλεῖον ἢ δυσὶν ἅρμασιν ἱππάσιμον.

Tum cccLx *stadiorum muro, crebris intercepto turribus, urbem* (Babylonem) *ita circumdedit* (Semiramis), *ut mediam amnis interflueret; eratque tanta operis magnificentia, ut moenium latitudo sex juxtà curribus vehendis sufficeret; altitudo verò omnium qui audirent fidem* (ut Ctesias scribit) *excederet : ut verò Clitarchus, et qui cum Alexandro in Asiam posteà trajicerunt, litteris prodiderunt, ambitus* ccclxv *stadiorum, quòd anni dies stadiorum numero æquare studuisset. Murum lateribus bitumine conglutinatis coagmentavit* L *orgyias, teste Ctesiâ, altum, vel, ut alii referunt,* L *cubitos tantùm, ut latitudo aliquantò plus quàm duobus curribus satis esset spatii obtineret.* (Diodor. Sic. *Bibl. hist.* lib. ii, pag. 68.)

· Οὗτος δ' ὁ περίβολος ἦν τὸ μὲν μῆκος, σταδίων τεσσαράκοντα· τὸ δὲ πλάτος, ἐπὶ τριακοσίους πλίνθους· τὸ δ' ὕψος, ὡς Κτησίας φησὶν, ὀργυιῶν πεντήκοντα· τῶν δὲ πύργων ὑπῆρχε τὸ ὕψος ὀργυιῶν ἑβδομήκοντα.

Is (alter intrinsecus in orbem ductus ambitus Babylonis), *auctore Ctesiâ,* XL *stadia longus, lateres trecentos latus, et* L *orgyiarum altus erat; turres ad* LXX *orgyias surgebant.* (Ibid. lib. ii, pag. 69.)

provenir de méprises dans le compte des stades : on est bien plutôt porté à croire que c'est une seule et même étendue dont il s'agit, mais exprimée en mesures différentes; nos tableaux le démontrent à la seule inspection.

En effet, 360 stades de sept cent cinquante au degré, ou de deux cent soixante-dix mille à la circonférence, font autant que 400 stades de trois cent mille; cette dernière espèce est celle dont Archimède a fait usage[1]. Que Ctésias ait recueilli à Babylone même, la notion de cette étendue exprimée en stades babyloniens, c'est ce qui est très-croyable : or, c'est bien le stade de sept cent cinquante au degré qui est celui des bords de l'Euphrate, le même que le *rous* des Hébreux, qui l'ont puisé à cette source. Remarquez que Philon, auteur juif, donne 360 stades, comme Ctésias.

Les 480 stades d'Hérodote, Pline et autres auteurs, proviennent du compte de 360 stades, mais qu'on a pris sans doute pour des stades de trois cent mille à la circonférence du globe, et transformés en conséquence; car 360 stades de cette dernière grandeur font précisément 480 petits stades d'Égypte, espèce de mesure qu'Hérodote a constamment employée : Hérodote et Ctésias ont donc chacun fait usage, comme ils devaient le faire nécessairement, d'une espèce particulière de stade.

Deux questions se présentent ici : 1°. quelle est la grandeur qui résulte de cette explication pour l'enceinte de Babylone? 2°. le nombre de 360 stades donné à cette enceinte est-il un nombre arbitraire? Tant d'écrivains

---

[1] *Voyez* Arch. *in Arenario*, et plus haut, *chap.* VIII.

ont exagéré la grandeur de cette capitale, faute de connaître les mesures de l'antiquité, que de bons esprits ont rejeté tout-à-fait le récit des anciens, comme entièrement fabuleux. Notre évaluation réduit à 3 lieues de vingt-cinq au degré le diamètre de Babylone, au lieu de 5 et 6 lieues que plusieurs modernes lui avaient attribuées[1]. Cette étendue, quoique bien grande encore, n'a cependant rien qui choque la vraisemblance, quand on se rappelle qu'une partie de l'immense ville de Babylone était cultivée, ainsi que nous le savons par Hérodote et par Aristote; car il serait absurde de croire qu'une ville de 3 lieues de côté fût entièrement bâtie et habitée. Mais la magnificence que tous les auteurs attribuent à Babylone, ses jardins, ses rues, ses palais si vastes, n'exigent guère moins d'étendue que celle qui résulte de la recherche précédente, et qui répond à un périmètre de 12 lieues ou 12 parasanges persanes.

Maintenant considérons que le côté de l'enceinte était égal à $\frac{1}{25}$ de degré, ou à la 3000ᵉ partie de la circonférence terrestre, et le contour à la 750ᵉ partie. Peut-on penser qu'un tel rapport entre le périmètre terrestre et celui de Babylone soit purement fortuit? Je n'hésite pas à croire que cette enceinte a été élevée comme un monument métrique, ainsi que la grande pyramide elle-même. On sait qu'elle était formée de murailles d'une épaisseur et d'une hauteur prodigieuses[2]. Cette

---

[1] *Voyez* le tableau général des mesures.
[2] Hérodote (*Hist.* lib. 1, c. 178) et Ctésias leur donnent 200 coudées et 50 orgyies de haut; Strabon, 50 coudées; Quinte-Curce, 100. Selon Ctésias, leur épaisseur était égale à la largeur de six chariots de front (*voyez* Diod. Sic. *Bibl. hist.* l. 11, p. 68). *Voyez* la note 1 de la p. 350.

même enceinte conservait le type d'une ancienne mesure de la terre, exécutée en Égypte; en effet, chacun de ses côtés renfermait 72 stades égyptiens de six cents au degré.

Qui n'est frappé de ce nombre de 360, formant celui des stades qui composaient l'enceinte de Babylone? est-ce fortuitement que ce nombre se trouve égal à celui des divisions du cercle, ou bien des jours de l'année suivant la supputation primitive, qui remonte à l'enfance de l'astronomie? Cette division de l'année et de l'enceinte en pareil nombre de jours et de stades présente un rapprochement qui n'est pas sans réalité, puisque Strabon, Eustathe, Quinte-Curce et d'autres historiens d'Alexandre attribuent 365 stades à cette même enceinte de Babylone. Les nombres 360 et 365, associés ensemble, ne peuvent évidemment procéder que de celui qui était attribué aux jours; les auteurs qui ont donné 365 stades à cette enceinte, l'ont fait, sans doute, parce qu'il était reçu qu'elle comprenait autant de stades qu'il y a de jours contenus dans l'année[1] : c'est ainsi qu'en Égypte il y avait un cercle astronomique qui comprenait, dit-on, 365 coudées[2]. Au reste, Diodore de Sicile s'exprime à cet égard de la manière la plus positive : « Au rapport de Clitarque, dit-il, et de quelques autres qui passèrent en Asie à la suite d'Alexandre,

---

[1] Dans la graduation usitée chez les Chinois, la circonférence est divisée en 365 parties un quart. (*Voy.* l'article du monument d'Osymandyas, ci-dessus, pag. 78.

[2] *Voyez* ci-dessus, chapitre IV,

§. 11. Je donnerais ici des raisons de croire que l'enceinte de Babylone fut élevée en imitation et pour renchérir sur les monumens égyptiens, si cette recherche était de mon sujet.

on avait affecté de donner au circuit des remparts autant de stades qu'il y avait de jours dans l'année[1]. » Il n'y a donc nul doute sur l'intention qu'avaient les fondateurs de Babylone en donnant 360 stades à l'enceinte, et il est manifeste que les nombres de 400 et de 480 sont des traductions de la même mesure en stades de différentes espèces[2].

On n'a pas ici, comme en Égypte, la ressource de comparer les monumens avec l'histoire : il ne reste de Babylone que des briques imprimées, des débris méconnaissables, rien enfin qui fasse juger de la splendeur de cette ancienne capitale; tandis que les grands édifices de Thèbes sont encore debout pour la plus grande partie.

---

[1] *Bibl. hist.* lib. II, pag. 68.
[2] Le stade de la mesure de Dion Cassius, compris 400 fois au périmètre de Babylone, se trouve 750 fois au degré centésimal, comme le stade babylonien est 750 fois au degré ordinaire, autant de fois que le périmètre de la ville est compris lui-même dans la circonférence du globe. Ce que j'ai dit sur la division du cercle en 400 parties, à propos du stade d'Hérodote et d'Aristote, étant rapproché avec ce qui précède, confirme donc encore que le nombre rapporté par Dion Cassius est le même que celui de Ctésias, transformé sur le pied de 10 pour 9.

CHAPITRE XI.

Mesures de superficie, ou mesures agraires.

§. I. *Aroure, jugère égyptien, plèthre carré.*

Les écrivains de l'antiquité nous ont transmis peu de détails sur la division des mesures superficielles en Égypte : le stade, l'aroure, le double plèthre et le quart d'aroure sont presque les seules dont ils parlent positivement. Nous trouvons cependant dans leurs écrits qu'il est fait mention de mesures inférieures, telles que le *schœnion*, l'orgyie, la coudée et le pied carrés, qui étaient les plus petites subdivisions. De ces mesures certaines, nous remonterons à la connaissance des autres, suivant les règles de l'analogie, et en nous appuyant sur ce qui existe actuellement en Égypte, sans vouloir d'ailleurs donner comme démontrés, des résultats qui ne sont que vraisemblables.

Selon l'opinion commune, l'aroure était l'espace de terre qu'une paire de bœufs laboure dans un jour. Hérodote nous apprend que cette mesure égyptienne était un carré de 100 coudées de côté (ou de 10000 coudées carrées). C'est ainsi que, dans le système français, l'hectare est un carré de 100 mètres de côté, et de 10000 mètres superficiels. La coudée dont parle cet auteur étant de $0^m,4618$, ou, pour simplifier le calcul, $0^m,462$, l'aroure sera de 2134 mètres carrés $\frac{4}{9}$. Pour mesurer l'aroure, on n'appliquait certainement pas cent fois la coudée sur le terrain : mais on la mesurait, selon toute vraisemblance, au moyen d'une grande perche de 10 coudées, comptée dix fois; perche qui se subdivisait en trois parties[1]. En effet, chacune de ces parties répond à la demi-acæne ou *ampelos*, c'est-à-dire le pas géométrique égyptien de 5 pieds, suivant Héron. Ce pas correspond à un demi-qasab d'aujourd'hui; c'est encore avec un demi-qasab que les Égyptiens mesurent le terrain[2]. Ainsi l'acæne de 10 pieds (le décapode) portée quinze fois, ou bien la demi-acæne prise trente fois, mesuraient le côté de l'aroure. On portait trente fois la mesure égale au pas géométrique, ainsi que nous portons trente fois la toise pour mesurer le côté de l'arpent; ou bien l'on comptait dix fois la grande perche de 5 pas, égalant 10 coudées, comme nous comptons dix fois la perche de 3 toises ou 18 pieds. On voit par-là que l'aroure, ainsi que l'arpent de France, contenait cent perches carrées et neuf cents *pas* carrés.

Il résulte de la comparaison des 100 coudées du côté de l'aroure à 30 pas géométriques ou *demi-qasab* anciens (en adoptant cette dénomination pour l'*ampelos*); autrement de 10 coudées, à 3 de ces mesures, que celles-ci répondaient à 6 coudées $\frac{2}{3}$. Il est bien remarquable que c'est effectivement le rapport du qasab de Gyzeh avec la coudée actuelle du pays, puisque le pyk belady,

---

[1] C'était une division naturelle de l'aroure en 100 parties ou 100 perches carrées. Chaque partie était un carré de 10 coudées de côté, comme l'are (la 100ᵉ partie de l'hectare) est un carré de 10 mètres de côté.

[2] On le porte quarante fois pour mesurer le côté du feddân, et non trente fois; mais le côté du diplèthre ou double jugère, comme nous le verrons, se mesurait aussi avec l'*ampelos* ou pas géométrique, porté quarante fois.

DES ANCIENS ÉGYPTIENS, CH. XI.   357

comme nous l'avons dit plus haut, vaut 0^m,5775, et le qasab, 3^m,85. Ainsi, quoique les mesures soient plus grandes qu'autrefois, le rapport entre elles est demeuré le même. Le stade renfermait 60 cannes décapodes; la canne, 6 coudées $\frac{2}{7}$. Aujourd'hui le pyk belady est 6 fois $\frac{2}{7}$ au qasab.

J'ai déjà remarqué que l'application de la coudée sur le terrain était impraticable. Comment, en effet, la mesure de l'avant-bras eût-elle pu servir à mesurer le sol? N'était-il pas naturel d'employer le pied à cet usage, ou bien une perche en rapport avec ce même pied, tellement qu'on pût vérifier commodément les mesures en marchant sur le terrain? Mais, pour les calculs de l'arpentage, il était avantageux que la superficie de l'aroure fût divisée aussi en 10000 parties ou coudées carrées.

L'aroure n'était pas la seule mesure divisée en 10000 parties; ayant un plèthre $\frac{1}{2}$ ou 150 pieds de côté, elle avait pour aire 22500 pieds carrés: or, le plèthre carré avait 10000 de ces pieds. Le stade carré était lui-même une mesure de 10000 orgyies; et l'orgyie, selon Hérodote et Héron, était une des mesures agraires les plus habituelles [1].

Le plèthre carré est précisément la moitié du jugère égyptien, que nous fait connaître le même Héron; en effet, ce jugère avait 2 plèthres de long sur un de large. On peut donc considérer le plèthre comme une mesure qui servait effectivement à l'évaluation des superficies: il était à l'aroure comme 4 est à 9. Remarquons ici que

[1] *Voyez* pag. 263, et ci-dessous, §. IV.

le jugère, τὸ ἰύγερον, est placé par Héron dans la série des mesures antiques de l'Égypte, κατὰ τὴν παλαιὰν ἔκθεσιν, et évalué en plèthres et pieds anciens; il a soin d'observer que cette mesure, qui a 100 pieds philétériens (ou égyptiens) sur 200, est de 120 pieds italiques sur 240, et qu'elle renferme 28800 pieds carrés de cette dernière espèce[1].

§. II. Stade; tétraroure; diplèthre ou ancien feddân; schœnion; orgyie. Rapprochemens tirés des mesures romaines et des mesures actuelles de l'Égypte.

La nature des subdivisions dont on se servait en Égypte pour les mesures de superficie étant peu connue, je ferai quelques rapprochemens avec les mesures des Romains, et avec les mesures actuelles du pays; nous y trouverons peut-être des résultats propres à faire découvrir le système égyptien. Chez les Romains, l'*actus minimus* avait 120 pieds sur 4 pieds; le *clima* était un carré de 60 pieds de côté; l'*actus quadratus* avait 120 pieds en carré[2]; le *jugerum* avait 240 pieds sur 120. Ainsi l'*actus minimus* valait $\frac{1}{4}$ de l'*actus quadratus* et $\frac{1}{8}$ du jugère; enfin l'*actus quadratus* valait un demi-jugère. La figure ci-dessous fait voir la relation des mesures romaines entre elles.

---

[1] *Voyez* ci-dessus, pag. 216, et le tableau (II.).

[2] Columell. *De re rust.* l. v, c. 1.

Sic dictum à junctis duobus actubus quadratis. (Voyez Voss. *Etym.*)

DES ANCIENS ÉGYPTIENS, CH. XI. 359

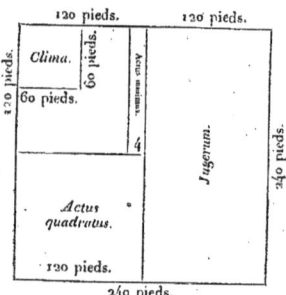

Cette division duodécimale dérive peut-être de celle du système égyptien, la même pour les mesures superficielles que pour les mesures longues. Considérons d'après cette idée les mesures égyptiennes, en commençant par le stade.

Le stade carré faisant 360000 pieds de superficie, si l'on divisait le côté en 10 parties, on avait un carré de 3600 pieds de surface, dont le côté faisoit 60 pieds, 10 orgyies, 12 pas géométriques ou *ampelos* : cette superficie répond au *clima* romain ; on va voir la preuve qu'elle a été en usage dans l'ancienne Égypte. Ainsi la supposition du stade carré n'est pas arbitraire ; d'ailleurs l'existence du stade comme mesure superficielle est prouvée par un passage d'Hérodote que je rapporterai plus loin. Le stade carré contenait 100 de ces mesures correspondantes au *clima*, et une d'elles, 100 orgyies carrées. Je donnerai à celles-ci le nom de *clima égyptien*. Le double de la longueur de cette mesure (ou 120 pieds) formant une aire quadruple, et répondant à l'*actus quadratus*, ne rentrerait pas moins dans le système des divisions égyptiennes, puisque 120 pieds faisaient 20 orgyies, ou 24 pas géométriques; mais je n'ose affirmer que cette subdivision fût d'usage en Égypte : il en est de même de celle qui correspond à l'*actus minimus*. Quant au *jugerum* de 120 pieds sur 240, on a vu plus haut que Héron cite une mesure de même nom parmi les mesures égyptiennes, mais valant 100 pieds égyptiens sur 200, ou le double du plèthre carré qui est la mesure primitive.

Examinons les mesures actuelles en Égypte; nous y trouverons aussi l'indice d'une division analogue du *stade carré*. Cette division est en neuf parties, ayant chacune un tiers de stade de côté. En effet, ce tiers de stade faisait 133 coudées $\frac{1}{3}$ et 20 décapodes ou anciens *qasab*. Or, aujourd'hui le feddân des Égyptiens a 20 *qasab* de côté, qui font également 133 coudées $\frac{1}{3}$ du pays. Cette longueur est un diplèthre ou double plèthre.

Si l'on suppose le stade carré divisé en 4 parties, chacune d'une longueur égale au demi-stade, l'on reconnaîtra combien cette division rendait commodes les calculs de l'arpentage. La figure suivante fera mieux saisir les résultats.

STADE CARRÉ.

		1 plèthre.	Diplèthre.	
		100 pieds.	40 ampelos.	
TÉTRAROURE, ¼ de stade carré, 9 plèthres carrés, 25 clima, 2500 orgyies carrées.		Jugère.	Diplèthre carré, double jugère, ancien feddân, ½ de stade carré, 400 décapodes carrés.	20 décapodes.
		10 décapodes.		20 ampelos.
		10000 pieds, 100 décap. car.	PLÈTHRE CAR., demi-jugère.	¼ de plèthre carré. / 25 décap. carr.	100 ampel. carr. / 2500 pieds carrés.
36 décapod. carr.	100 orgyies carr.	144 pas carr.	1600 coudées carr.	3600 pieds. carrés.	30 ampelos.			
	d 400 orgyies carrées.				AROURE.	10 grandes cannes.	225 décapodes, 900 ampelos ou pas carrés.	15 décapodes.
64 urnes.	e 400 orgyies carrées.		f 900 orgyies carrées.		22500 pieds carr., 10000 coudées carrées.		2500 coudées carrées.	25 grandes cann. carrées.	75 pieds.
Schœn. carré.	b	a 25 org.	1/100 du stade carré.	Clima égypt.			225 pas carrés.	Quart d'aroure.	50 coudées.
6 décap.	10 org.	12 pas.	40 coud.	60 pieds.	100 coudées.		30 ampelos.		

a   Espace ensemencé avec ⅛ de *modius*, ou 5 livres de blé, suivant Héron d'Alexandrie.
b   .... ½ .... 20.
c   .... 1 .... 40.
d   ....,......... 1½ .... 60.
e   ...., 2 ....,.. 80.

On voit ici que le quart du stade carré, ou le carré d'une longueur égale au demi-stade, renferme 9 plèthres, ou 4 aroures; de là vient le nom que je lui donne de *tétraroure*. On y compte aussi 400 grandes cannes, 900 décapodes, 40000 coudées, 3600 pas, 25 *clima* égyptiens et 2500 orgyies carrés. Il est aisé de voir quelle facilité il y avait dans le calcul des superficies, au moyen de ces subdivisions symétriques.

D'après ce que j'ai dit plus haut, le carré du stade se divise en 9 *diplèthres* ou 9 carrés, chacun de 4 plèthres superficiels. Le côté a 20 décapodes, comme le feddân arabe a 20 *qasab*; aussi j'appellerai *ancien feddân* cette mesure de 4 plèthres carrés. Elle avait 200 pieds ou $133 \frac{1}{3}$ coudées de côté, comme le feddân actuel a $133 \frac{1}{3}$ *pyk belady*. Le feddân ancien avait $3794^{\text{mètres carr.}},56$; le nouveau en a 5929 : ils sont entre eux comme 16 et 25.

Le jugère égyptien, qui, suivant Héron, avait 1 plèthre de largeur sur 2 de longueur, ou 20000 pieds carrés, me paraît donc la moitié d'une mesure plus ancienne, de 2 plèthres en tout sens, c'est-à-dire le diplèthre dont je viens de parler, et qui renfermait en surface 400 décapodes, comme le feddân d'aujourd'hui renferme 400 *qasab* carrés; peut-être était-il divisé en 24 parties, comme le feddân est divisé en 24 *qyrât*. Cette division eût été d'autant plus commode, que le plèthre carré en renfermait six.

La mesure du diplèthre pouvait se prendre avec 40 *ampelos* ou pas géométriques; aujourd'hui, pour mesurer le feddân, on porte aussi sur le côté 40 fois le

DES ANCIENS ÉGYPTIENS, CH. XI. 363

demi-qasab, mesure usuelle et commode. C'est un motif de plus pour appeler le diplèthre, *ancien feddân*.

§. III. *Autres rapports avec le feddân moderne.*

On a dit que les *feddân* différaient de grandeur suivant la distance au Nil, parce que l'impôt, pour être égal, doit porter, non sur des terrains d'égale étendue, mais sur des terrains d'un même produit, et que, pour cette raison, le feddân n'a que 18 *qasab* de côté près du Nil, et 20 ou même 24 plus loin du fleuve. Ce devrait être tout le contraire, en admettant le fait; car les terres voisines du Nil sont les plus pauvres de l'Égypte, et le plus souvent elles ne produisent absolument rien : je ne parle pas ici des îles et des rives plates que l'on cultive en légumes, mais de la plaine qui est contiguë aux berges du fleuve. Si cette différence est réelle, on devrait donc en chercher une autre raison que celle qui a été alléguée.

A la fin du chapitre VII [1], j'ai cherché à expliquer les différens nombres de *qasab* carrés attribués au feddân par les voyageurs et aussi par les gens du pays. J'ajouterai ici quelques observations. La définition du feddân à 20 *qasab* en tout sens, ou 400 *qasab* carrés, peut être regardée comme fondamentale. Suivant Ben-Ayâs, le feddân est long de 400 *qasab* sur un de large, surface équivalente à celle de 20 *qasab* sur 20. Par un firman de Selym I, le feddân fut *maintenu* à 400 *qasab*. Plusieurs Mamlouks propriétaires l'ont depuis réduit à $333\frac{1}{3}$ ou

[1] Page 175.

d'un sixième, et quelques-uns même à 250; les Qobtes ne sont donc pas les seuls qui aient diminué l'étendue du feddân. Mais toutes ces variations ne changent rien au compte primitif de 400 *qasab*[1]. La grande mesure agraire de 20 perches de côté et de 400 perches carrées est entièrement propre à l'Égypte : il est donc permis de croire qu'elle dérive de l'antiquité; et, par conséquent, de la division moderne on peut remonter à l'ancienne.

Le côté du feddân actuel, ayant 77 mètres, est juste un quart en sus du côté du feddân ancien ou diplèthre carré, et c'est le même rapport qu'il y a entre le pyk belady ou la coudée actuellement en usage, et la coudée ancienne d'Égypte. Le feddân d'aujourd'hui a précisément une aroure en sus de l'ancien.

Il est impossible de douter du rapport du feddân actuel avec les mesures de l'antiquité; car le côté de la grande pyramide est juste triple du côté de la mesure moderne. En effet, 3 fois 77 mètres font 231 mètres, longueur de la base du monument, à moins d'un décimètre près : d'où il suit que *la surface de cette base contient 9 feddân exactement*. Ce même feddân a 2 plèthres $\frac{1}{2}$ de côté. L'ancien mille égyptien en renferme 24 fois la longueur. Le qasab actuel de 3^m,85, vingtième partie du côté du feddân, est 60 fois, comme je l'ai dit, dans le côté de la pyramide.

Le côté de l'aroure était égal aux trois cinquièmes de celui du feddân actuel.

---

[1] Selon un renseignement qui m'a été fourni dans le pays, le *qasab dyoudny* قصب ديواني serait de 6 $\frac{1}{7}$ pyk *belady*; et le *qasab el-rezaq* قصب الرزق, de 6 *pyk* $\frac{1}{4}$: mais à l'article *qasab*, chap. VII, j'ai établi la valeur précise du qasab légal.

§. IV. *Remarques sur les rapports des diverses mesures superficielles, et tableau comparé.*

Stade carré. On peut confirmer par un passage d'Hérodote l'existence de cette mesure agraire. « Ceux qui possèdent peu de terre, dit-il, mesurent par orgyies; ceux qui en ont davantage, mesurent par stades[1]. » Il n'est point question ici de la longueur seulement; mais il s'agit réellement de la superficie, puisque nous savons par Héron que l'orgyie était une mesure superficielle très-fréquemment employée. Hérodote ajoute qu'on mesure les grands territoires par schœnes et parasanges; mais je n'ai point à m'occuper de ces mesures, qui regardent la géographie proprement dite.

Tétraroure. J'appelle ainsi une mesure qui me paraît avoir existé, et qui valait un quart de stade, 4 aroures ou 9 plèthres. Elle avait 5 plèthres de longueur : divisant chaque plèthre en deux parties, on trouve que trois de ces parties forment le côté de l'aroure; quatre, le côté de l'ancien feddân ou diplèthre; cinq, le côté du feddân actuel; et six, le côté du tétraroure. Ces quatre superficies sont donc entre elles comme 9, 16, 25 et 36. Ce qui appuie l'existence du tétraroure, c'est qu'il avait 60 *ampelos* ou pas géométriques de côté, comme le *clima* avait 60 pieds, et le stade 60 décapodes. La mesure appelée *quart d'aroure* contribuera encore à le confirmer.

---

[1] Ὅσοι μὲν γὰρ γεωπεῖναί εἰσι ἀνθρώπων, ὀργυίῃσι μεμετρήκασι τὴν χώρην· ὅσοι δὲ ἧσσον γεωπεῖναι, σταδίοισι. (*Hist.* lib. II, cap. 6.)

Diplèthre carré ou *double jugère*. Le diplèthre carré, comparé au feddân actuel, est, comme je l'ai dit, dans le rapport de 16 à 25, leurs côtés étant comme 4 et 5. Il est remarquable que l'augmentation d'un quart qu'a éprouvée la coudée, quand on l'a portée de 24 doigts à 30, a eu lieu aussi sur la canne ou qasab; et comme le côté de la grande mesure agraire a toujours eu 20 de ces cannes, la superficie a dû s'augmenter dans le rapport de 25 à 16. Le diplèthre est à l'aroure comme 16 est à 9.

Quart d'aroure. Ainsi que le stade carré se divisait en quatre parties, et ce quart en quatre autres appelées *aroures*, l'aroure se partageait elle-même en quatre carrés. Ici, la division n'a plus rien d'hypothétique; un précieux passage d'Horapollon nous apprend que, pour signifier l'année à son origine [1], on se servait, en Égypte, d'une figure représentant le *quart de l'aroure*. Cet hiéroglyphe peut donner lieu à beaucoup de discussions, quant à sa signification symbolique; mais il ne laisse aucune incertitude sur le partage réel de l'aroure en quatre parties égales. J'entrerai ailleurs dans plus de détails sur la mesure agraire elle-même [2] : ici je me bornerai à dire que le quart d'aroure était cent fois dans la base de la pyramide, et soixante-quatre fois au stade carré; long de 50 coudées (75 pieds), il renfermait 225 pas et 2500 coudées de superficie [3].

---

[1] Ἔτος τὸ ἐνιστάμενον γράφοντες, τέταρτον ἀρούρας γράφουσιν· ἔστι δὲ μέτρον γῆς ἡ ἄρουρα πηχῶν ἑκατόν, etc. (Horapoll. *Hierogl.* lib. I, c. 5, édition de Corneille de Pauw, pag. 6.)

[2] *Voyez* ci-dessous, chap. XIII, article de l'*aroure*.

[3] 36 qasab carrés de la mesure actuelle égalent exactement sa superficie.

Clima ou *schœnion carré*. On a vu précédemment les motifs que nous avions de croire qu'il y avait une division agraire correspondante au *clima* des Romains, c'est-à-dire ayant 3600 pieds égyptiens carrés ou 60 pieds de long. Le côté de ce *clima* égyptien avait 40 coudées, comme le diplèthre avait 40 pas ou *ampelos*, comme le stade avait 40 grandes cannes, comme aujourd'hui le feddân a 40 *demi-qasab*. Toutes ces divisions se répondent avec justesse; elles devaient faciliter le calcul de l'arpentage : mais il y a une preuve plus directe de l'existence de cette mesure. Héron la fait connaître sous le nom de *schœnion des terres labourables*, c'est-à-dire la mesure de cent orgyies carrées, exigeant pour être ensemencée 20 livres de blé, ou un *demi-modius*, comme je l'ai expliqué à l'article des mesures de Héron[1] et à celui de l'orgyie[2]. Le *schœnion* était quadruple d'une mesure de 5 orgyies en carré, dont parle cet auteur. L'orgyie était d'un usage journalier : aussi la seule considération de l'orgyie carrée, contenue cent fois dans le *schœnion*, comme celui-ci était compris cent fois dans le stade, suffirait pour le faire admettre comme une ancienne mesure égyptienne, loin qu'il fût nécessaire de tirer aucune analogie du *clima* romain.

Orgyie carrée. Ce que j'ai dit plus haut de cette mesure, suffit pour faire voir qu'elle était une des fractions les plus employées pour l'arpentage. « On a coutume, dit Héron, de mesurer avec l'orgyie les champs à ense-

[1] Page 217. [2] Page 263.

mencer. » Héron est encore positif à ce sujet, quand il dit qu'il faut une livre de blé pour ensemencer un espace long et large de 5 orgyies [1], deux livres pour un carré de 10 orgyies, trois pour un carré de 15 orgyies, quatre pour un de 20 orgyies, etc. [2]

Ampelos ou *pas carré*. Si, comme je l'ai dit, on portait trente fois sur le côté de l'aroure l'*ampelos* ou pas géométrique, ainsi que chez nous on porte trente fois la toise pour mesurer le côté de l'arpent, on devait compter naturellement par *ampelos* ou pas carrés. Il y en avait 900 dans l'aroure; le diplèthre en contenait 1600, et le plèthre 400. On peut remarquer que le côté du plèthre carré renfermait 20 *ampelos* linéaires; celui de l'aroure, 30; celui du diplèthre, 40; celui du tétraroure, 60; et, comme s'il ne devait y avoir nulle lacune dans cette échelle symétrique, le côté du feddân actuel en contient 50. Le côté du stade carré en avait 120.

A l'égard de la grande canne et du décapode carrés, je

---

[1]. Πλάτος γὰρ καὶ μῆκος ὀργυιῶν πέντε ποιοῦσι λίτραν μίαν. Malgré ce texte, qui semble positif, Héron veut parler de 5 orgyies carrées, et non d'un carré de 5 orgyies sur 5; il y a contradiction dans le passage, comme on va le voir.

[2] Il est assez extraordinaire que Héron le géomètre ait confondu la superficie avec la longueur de la mesure; dans ce calcul, il aurait suffi de 1, 4, 9, 16 livres de blé, etc., pour les espaces correspondans à 25, 100, 225, 400 orgyies, etc. Or, il est certain qu'il parle de la surface, et non de la longueur, puisque plus haut il dit qu'il faut un *modius* (du poids de 40 livres) pour ensemencer un terrain de 200 orgyies, mesuré avec le *schœnion* de 10 orgyies de long, ou bien un terrain de 288 orgyies mesuré avec le *schœnion* de 12 orgyies. En effet, 10^2 et 12^2 sont dans le rapport de 200 à 288. Les 40 livres ou le *modius* suffisaient donc pour 200 orgyies *superficielles*; et 1 livre, pour 5 orgyies superficielles, et non pour 25.

me bornerai à dire que l'une, comprise cent fois dans l'aroure, contenait 100 coudées de superficie; et que l'autre, contenue cent fois dans le plèthre, avait 100 pieds carrés.

Tels sont les élémens des mesures de superficie qui me paraissent avoir été usitées en Égypte, et qui me semblent convenir aux subdivisions territoriales dont parle Strabon, quand il rapporte que l'Égypte était divisée en préfectures, les préfectures en toparchies, et celles-ci en portions *de plus en plus petites*, jusqu'à l'aroure, qui, dit-il, était la moindre de toutes[1]. Entre la toparchie et l'aroure, je place, d'après Hérodote, le schœne, la parasange, le stade; d'après Héron, le diplèthre ou double jugère; enfin, d'après l'analogie, le quart du stade ou tétraroure. Il ne faudrait pas conclure du passage de Strabon, que l'aroure était la plus petite des mesures superficielles, puisqu'il ne parle pas expressément des mesures agraires: l'aroure était évidemment une mesure trop grande pour suffire à tous les besoins de l'arpentage. En outre, Hérodote prouve qu'on mesurait en orgyies et en coudées. Horapollon cite le quart d'aroure, et le géomètre égyptien Héron mentionne le jugère d'Égypte, mesure inférieure à l'aroure d'un neuvième; puis une autre mesure bien plus petite, ayant 5 orgyies de surface; enfin l'orgyie elle-même et le pied carrés. « On se sert, dit-il, tantôt de ce qu'on appelle

---

[1] Πάλιν δ' οἱ νομοὶ τομὰς ἄλλας ἴσχον· εἰς γὰρ τοπαρχίας οἱ πλεῖστοι διῄρηντο, καὶ αὗται δ' εἰς ἄλλας το- μάς· ἐλάχισται δ' αἱ ἄρουραι μερίδες. (Strab. Geogr. lib. XVII, pag. 541, ed. Casaub.)

le *schœne*, tantôt de la canne, tantôt de la coudée, tantôt aussi d'*autres mesures*¹. »

La mesure de 5 orgyies de côté, dont il fait aussi mention, devait avoir 6 *ampelos* de long; et sa superficie, 36 *ampelos* ou pas carrés, 400 coudées, 900 pieds : par conséquent, elle était quatre fois au *clima*, vingt-cinq fois à l'aroure, cent fois au tétraroure, et quatre cents fois au stade carré. On remarquera ici la même division par quart dont j'ai parlé plus haut, et la subdivision par 400, conservée aujourd'hui dans le feddân arabe.

Une division qui n'est point donnée par les auteurs, mais qui paraîtrait résulter de l'ensemble des mesures et de leur symétrie, est celle du plèthre carré en quatre parties : chacune de celles-ci, en effet, était cent quarante-quatre fois au stade carré, trente-six au tétraroure, seize au diplèthre, neuf à l'aroure et huit au jugère; elle renfermait 25 décapodes, 100 *ampelos* et 2500 pieds carrés. Ce quart de plèthre est contenu justement vingt-cinq fois dans le feddân arabe, et il contient lui-même 16 *qasab* carrés.

J'ai rassemblé, dans le tableau suivant, les principaux résultats qui découlent de l'analyse précédente. Je citerai d'abord ici les rapports approximatifs de plusieurs de ces mesures avec les nôtres, afin de donner une idée de leur valeur absolue.

---

¹· Χρῶνται δὲ τῇ μετρήσει πρὸς ἑκάστην πλευρὰν τοῦ χωρίου· ὁτὲ μὲν τῷ καλουμένῳ σχοινίῳ, ὁτὲ δὲ καλάμῳ· ὁτὲ δὲ πήχει, ὁτὲ δὲ καὶ ἑτέροις μέτροις. (Heron. *Geometr.*)

Quand Héron ajoute que le jugère avait 20000 pieds carrés égyptiens, ou 28800 pieds italiques, il prouve qu'on évaluait aussi les superficies en pieds carrés.

DES ANCIENS ÉGYPTIENS, CH. XI.

Le stade carré fait environ 3 hectares $\frac{2}{7}$; le feddân, $\frac{3}{7}$; l'aroure, $\frac{1}{7}$; le plèthre, $\frac{1}{11}$; le *clima*, $\frac{1}{30}$.

L'arpent de 18 pieds à la perche étant de 3419 mètres carrés, le stade carré vaut à fort peu près 10 de ces arpens; le feddân arabe, 1 $\frac{2}{4}$; l'aroure, $\frac{1}{8}$; le plèthre, $\frac{1}{18}$; le *clima*, $\frac{1}{10}$; l'orgyie carrée, $\frac{1}{1000}$.

Celui de 22 pieds à la perche valant 5107 mètres carrés, le stade carré en vaut environ 6 $\frac{2}{3}$; le feddân, 1 $\frac{1}{6}$; l'aroure, $\frac{1}{12}$; le plèthre, $\frac{1}{27}$; le *clima*, $\frac{1}{15}$; l'orgyie $\frac{1}{1500}$.

EXPOSITION DU SYSTÈME MÉTRIQUE

MESURES SUPERFICIELLES DE

		STADE carré.	TÉTRA-ROURE.	FEDDAN.	DIPLÈTH. carré.	AROURE.	JUGÈRE égyptien.	PLÉTHRE carré.	QUART d'aroure.	SCHOE-NION car.
BASE de la gr. pyram.		$1\frac{9}{16}$	$6\frac{1}{4}$	9.	$14\frac{1}{16}$	25.	$2\frac{1}{8}$	$56\frac{1}{4}$	100.	$156\frac{1}{4}$
Hérod.	STADE carré.		4.	$5\frac{19}{25}$	9.	16.	18.	36.	64.	100.
	TÉTRA-ROURE.			$1\frac{11}{25}$	$2\frac{1}{4}$	4.	$4\frac{1}{2}$	9.	16.	25.
Mesure actuellement usitée en Égypte..	FEDDAN.				$1\frac{9}{16}$	$2\frac{7}{9}$	$3\frac{1}{8}$	$6\frac{1}{4}$	$11\frac{1}{9}$	$17\frac{11}{16}$
D'après Héron; ancien feddân..........	DIPLÈTH. carré.					$1\frac{7}{9}$	2.	4.	$7\frac{1}{9}$	$11\frac{1}{9}$
Hérodote, Diodore, Strabon, Horapollon, etc.	AROURE.						$1\frac{1}{8}$	$2\frac{1}{4}$	4.	$6\frac{1}{4}$
Héron, mesure de 100 pieds égyptiens sur 200..............	JUGÈRE égyptien.							2.	$3\frac{7}{9}$	$5\frac{5}{9}$
D'après Héron...............	PLÉTHRE carré.								$1\frac{7}{9}$	$2\frac{7}{9}$
Horapollon................	QUART d'aroure.									$1\frac{9}{16}$
Héron, schœnion carré............	CLIMA égyptien.									
Héron.......................										

Mesure actuellement usitée en

Ancien qasab

Nota. Les mesures marquées d'une étoile sont mentionnées par les auteurs, ou résultent des mesures existantes.

EXPOSITION DU SYSTÈME MÉTRIQUE DES ANCIENS ÉGYPTIENS, CH. XI.

MESURES SUPERFICIELLES DE L'ÉGYPTE (ANCIENNES ET MODERNES).

Nota. Les mesures marquées d'une étoile sont mentionnées par les auteurs, ou résultent des mesures existantes.

L'ÉGYPTE (ANCIENNES ET MODERNES).

CARRÉ de 25 org.	GRANDE canne car.	QASAB carré.	DÉCAPODE carré.	OROYIE carrée.	AMPELOS ou pas carré.	COUDÉE ÉG. carrée.	PIED ÉGYPT. carré.	VALEURS en mètres carrés.
625.	2500.	3600.	5625.	15625.	22500.	250000.	562500.	53361,0.
400.	1600.	2304.	3600.	10000.	14400.	160000.	360000.	34151,04.
100.	400.	576.	900.	2500.	3600.	40000.	90000.	8537,76.
69 $\frac{4}{9}$.	277 $\frac{7}{9}$.	400.	625.	1736 $\frac{1}{9}$.	2500.	27777 $\frac{7}{9}$.	62500.	5929,00.
44 $\frac{4}{9}$.	177 $\frac{7}{9}$.	256.	400.	1111 $\frac{1}{9}$.	1600.	17777 $\frac{7}{9}$.	40000.	3794,56.
25.	100.	144.	225.	625.	900.	10000.	22500.	2134,44.
22 $\frac{2}{9}$.	88 $\frac{8}{9}$.	128.	200.	555 $\frac{5}{9}$.	800.	8888 $\frac{8}{9}$.	20000.	1897,28.
11 $\frac{1}{9}$.	44 $\frac{4}{9}$.	64.	100.	277 $\frac{7}{9}$.	400.	4444 $\frac{4}{9}$.	10000.	948,64.
6 $\frac{1}{4}$.	25.	36.	56 $\frac{1}{4}$.	156 $\frac{1}{4}$.	225.	2500.	5625.	533,61.
4.	16.	23 $\frac{1}{25}$.	36.	100.	144.	1600.	3600.	341,510.
CARRÉ de 25 org.	4.	5 $\frac{19}{25}$.	9.	25.	36.	400.	900.	85,377.
	GRANDE canne car.	1 $\frac{11}{25}$.	2 $\frac{1}{4}$.	6 $\frac{1}{4}$.	9.	100.	225.	21,344.
Égypte........		QASAB carré.	1 $\frac{9}{16}$.	4 $\frac{43}{144}$.	6 $\frac{1}{4}$.	69 $\frac{4}{9}$.	156 $\frac{1}{4}$.	14,823.
			DÉCAPODE carré.	2 $\frac{7}{9}$.	4.	44 $\frac{4}{9}$.	100.	9,486.
Hérodote, Héron...........				OROYIE carrée.	1 $\frac{11}{25}$.	16.	36.	3,4151.
					AMPELOS ou pas carré.	11 $\frac{1}{9}$.	25.	2,3715.
Hérodote...............						COUDÉE ÉG. carrée.	2 $\frac{1}{4}$.	0,2134.
Héron...............							PIED ÉGYPT. carré.	0,09486.

374 EXPOSITION DU SYSTÈME MÉTRIQUE

Il suit de ce tableau que les mesures superficielles étaient assujetties à la division sexagésimale, c'est-à-dire par 6 et par 10 ou 10², comme on le voit dans les rapprochemens qui suivent :

La base de la pyramide avait .... 100 quarts d'aroure;
Le stade carré avait........ 6 × 6 plèthres.. 100 *schœnion* carrés;
Le tétraroure................................ 400 cannes.... 10000 org.;
Le diplèthre carré........................... 400 décapodes.
L'aroure.................... 100 cannes... 10000 coud.;
Le plèthre carré............ 100 décapodes.. 400 *ampelos*.. 10000 pieds;
Le *schœnion*............., 6 × 6 décapodes. 100 orgyies;
Le carré de 25 orgyies..... 6 × 6 *ampelos*............. 400 coudées;
La canne carrée............................. 100 coudées;
Le décapode carré.......................... 100 pieds;
L'orgyie carrée............. 6 × 6 pieds.
etc.   etc.

Je néglige de pousser plus loin ces rapprochemens, qui suffisent pour faire voir quelle facilité l'on avait

DES ANCIENS ÉGYPTIENS, CH. XI. 375

pour comparer ces mesures entre elles, et les transformer l'une en l'autre.

Valeurs des mesures romaines de superficie, d'après l'évaluation du pied romain à $0^m,2956$ [1].

	JUGÈRE.	ACTUS QUADR.	CLIMA.	ACTUS MINIMUS.	PIED ROMAIN CARRÉ.	VALEUR en mètres carrés.
CENTURIE.	200.	400.	1600.	12000.	576000o.	503308,8.
JUGÈRE.		2.	8.	60.	28800.	2516,544.
		ACTUS QUADR.	4.	30.	1440o.	1258,272.
			CLIMA.	7 ½.	3600.	314,568.
				ACTUS MINIMUS.	480.	41,942.
					PIED ROMAIN CARRÉ.	0,08738.

Le plèthre carré, d'après le tableau précédent, vaut $948^m \frac{64}{100}$; le *clima* romain équivaut donc, à un mètre et demi près, au tiers du plèthre égyptien. Le jugère romain valait plus d'un sixième au-delà de l'aroure; l'*actus quadratus*, presque un plèthre carré et un tiers [2].

---

[1] *Voyez* ci-dessus, chapitre VI, pag. 139.

[2] Je ne fais point mention ici de quinze autres mesures superficielles ou subdivisions de l'*as* ou jugère, usitées chez les Romains et citées par Columelle, telles, par exemple, que le scrupule de 100 pieds carrés, qui répond au décapode égyptien.

§. V. *Application de la valeur des mesures superficielles.*

1°. DE LA SURFACE DE LA BASE DE LA GRANDE PYRAMIDE, D'APRÈS PLINE.

Pline s'exprime ainsi au sujet de la grande pyramide : *Amplissima octo jugera obtinet soli.* Il est impossible de trouver aucune mesure de jugère assez grande pour que la base de la grande pyramide la renferme huit fois seulement. Soit qu'on prenne le jugère romain de 240 pieds sur 120 pieds, soit que l'on fasse un rectangle pareil avec le pied de Pline, soit que l'on suppose le jugère de Héron, qui est formé de 100 pieds égyptiens sur 200, le nombre de mesures contenu dans cette base sera toujours triple ou quadruple du nombre 8 : j'épargne ici au lecteur l'inutile énumération de toutes les valeurs que je pourrais ici rassembler, la chose étant évidente par elle-même. Il me paraît donc démontré qu'il s'est glissé une faute dans le texte, et cette faute me paraît facile à corriger. Ce n'est pas le mot *octo* que je crois qu'il faut rectifier; mais c'est une omission qu'il faut rétablir: devant le mot *octo*, il y avait peut-être *viginti*, qui a disparu sous la main des copistes. En effet, d'après le tableau des mesures superficielles, 28 jugères égyptiens sont presque exactement la mesure de la base de la grande pyramide [1]. Ces jugères sont le double du plèthre carré. Or, la pyramide a 7 plèthres et demi de côté; la sur-

---

[1] La base de la pyramide a 53361 mètres, c'est-à-dire environ 15 arpens et demi de 18 pieds à la perche.

face de la base est donc de 56 plèthres carrés et un quart, dont la moitié est 28 $\frac{1}{8}$. Le jugère dont Pline paraît ici avoir fait usage n'est pas une mesure fictive ; c'est celle-là même que Héron rapporte expressément dans le tableau des mesures *anciennes*, κατὰ τὴν παλαιὰν ἔκθεσιν, ainsi que je l'ai dit ci-dessus [1]. Pline a pu aisément, dans une aussi grande surface, négliger le 8ᵉ de jugère, qui ne fait que la 225ᵉ partie de la mesure totale ; ce 8ᵉ restitué rendrait l'exactitude parfaite. Il faut conclure que Pline se servait de la mesure égyptienne en donnant la surface de la pyramide [2].

2°. DE LA SURFACE CULTIVÉE EN ÉGYPTE, COMPARÉE A LA POPULATION.

Notre détermination de l'aroure et du feddân peut servir à entendre divers passages des anciens et des auteurs arabes qui ont traité de l'étendue de l'Égypte, et entre autres, parmi les derniers, le passage curieux où Ben-Ayâs parle de la surface cultivable de l'Égypte du temps d'el-Masoudy [3] : « Cette surface, dit-il d'après el-Masoudy, renferme 180 millions de *feddân* : le tribut

[1] Page 358.

[2] J'avais long-temps cherché la solution de la difficulté que présente le passage de Pline ; c'est en jetant les yeux sur le tableau des valeurs superficielles de la base de la grande pyramide, que l'idée m'est venue de supposer que *viginti* avoit été omis dans les manuscrits. Tel est l'avantage de nos tableaux, qu'ils rendent sensibles des résultats souvent enveloppés dans l'obscurité, et qu'on ne pourrait découvrir qu'à force de tâtonnemens ou de calculs ; ici le nombre 28 se présente de lui-même. *Voyez* le tableau ci-dessus, p. 372. J'ai donné, *chapitre* VI, §. III, une autre explication de cette difficulté, mais qui me paraît moins satisfaisante.

[3] *Voyez*, dans les Notices des manuscrits de la Bibliothèque du roi, la *Cosmographie de Ben-Ayâs*, extraite et traduite par M. Langlès.

378 EXPOSITION DU SYSTÈME MÉTRIQUE

n'est perçu en entier que lorsqu'il y a 480000 cultivateurs continuellement occupés. Mais, d'après les derniers recensemens (au commencement du xe siècle de l'ère vulgaire), on n'a trouvé que 120000 cultivateurs. »

Le feddân actuel étant de 5929 mètres carrés, cette surface de 180 millions de *feddân* équivaut donc à 54253 lieues carrées $\frac{1}{2}$ de vingt-cinq au degré [1]. L'on ne compte guère que 2200 lieues carrées qui aient pu être cultivables, c'est-à-dire la 24e partie seulement, environ [2]. Quand on reculerait dans les déserts et jusqu'aux Oasis les bornes de l'Égypte, jamais la superficie ne pourrait approcher même de 50000 lieues carrées. Il faut donc croire que le feddân dont parle Ben-Ayâs était bien différent de la mesure actuelle, ou qu'il y a une mesure prise pour l'autre.

Je pense que ce n'est pas du feddân qu'il s'agit, mais du qyrât, qui en est la 24e partie. En effet, ce nombre de *feddân* est juste vingt-quatre fois trop fort.

Le nombre de 480000 cultivateurs dont parle Ben-Ayâs, appuie cette opinion ; car il faudrait qu'un homme eût pu cultiver 375 *feddân*, ce qui est absurde : mais on conçoit qu'il est possible, surtout en Égypte, d'en

---

[1] Le feddân actuel est égal à 6¼ plèthres carrés; les 180 millions de *feddân* en font 1125 millions. La lieue carrée de vingt-cinq au degré, égale à 1975111 mètres, fait 20736 plèthres ; ce qui produit pour les 180 millions de *feddân* 54253 lieues carrées et demie.

[2] D'Anville estimait cette étendue à 2100 lieues seulement, ce qui est trop faible, quoique les limites apparentes d'aujourd'hui semblent réduire à beaucoup moins la surface cultivable de l'Égypte. Il faut bien se garder d'en retrancher les espaces devenus incultes par suite de la misère des habitans, de l'encombrement des canaux, ou de l'irruption des sables. La plupart de ces lieux sont inférieurs au niveau des hautes eaux, et susceptibles de culture sous une administration meilleure.

cultiver un peu plus de 15 ½, environ 18 arpens de vingt-deux pieds à la perche [1]. Les 120000 cultivateurs, à ce dernier compte, devaient cultiver 1800000 *feddân*; ce qui paraît répondre aux 60 *journées* [2] de terrain *cultivable* qu'on trouva en Égypte du temps d'el-Masoudy; à cette époque, le pays était dans un état déplorable, et peut-être réduit à 15 *journées* de terrain livré réellement à la culture. Ceci nous conduirait naturellement à parler de la population du sol, soit ancienne, soit actuelle, et à rechercher quelle a été la surface cultivée de l'Égypte dans les diverses périodes de son existence politique : mais nous devons traiter ce sujet dans un mémoire particulier, qui fait partie de notre travail sur la géographie de l'Égypte; nous nous contenterons ici de la remarque suivante.

Ainsi qu'on vient de le voir, il faut compter dans la surface de l'Égypte, donnée par Ben-Ayâs et el-Masoudy, 7500000 *feddân* de la mesure actuelle; ce nombre fait 20833333 ⅓ aroures [3] : or, tel est, à peu près, le compte qui résulte du passage d'Hérodote sur la distribution des terres de l'Égypte. Hérodote [4] rapporte que la basse Égypte fournissait 160000 hommes de guerre, qu'on appelait *hermotybies* et *calasiries*, et la

---

[1] Paucton ne suppose que 20 arpens pour trois individus : son calcul n'est bon que pour certains pays de l'Europe, mais il est inadmissible pour l'Égypte. *Voy.* sa *Métrologie*, pag. 557.

[2] On ignore ce que Masoudy et Ben-Ayâs entendaient précisément par *journée* : si l'on regardait cette mesure comme un carré dont le côté est égal à la distance qu'on parcourt dans la marche d'un jour, celle-ci étant de 6 lieues, la journée ferait 36 lieues superficielles, et les 60 journées, 2160 lieues; ce qui revient à notre compte de 2200.

[3] *Voy.* le tabl. ci-dessus, p. 372.

[4] *Hist.* lib. II, cap. 167 et 169.

haute, 250000; l'auteur parle sans doute d'un temps de grande population. Ces 410000 hommes jouissaient chacun de 12 aroures exemptes d'impôt; ce qui faisait pour eux seuls 4920000 aroures. En comptant un homme de guerre sur neuf personnes, il y avait en tout 4100000 habitans. Comptant aussi par tête 6 aroures pour les 3280000 individus non militaires, le produit est 19680000 aroures, et en tout, pour la surface cultivée de l'Égypte, 24600000 aroures : si ce nombre excède le calcul ci-dessus d'un sixième environ, c'est qu'en effet cette surface avait bien diminué d'une sixième partie depuis les temps anciens, tant par l'invasion des sables que par l'abandon volontaire d'une partie du sol cultivable. Au reste, sous les empereurs romains, si l'on en croit Philon [1], les soldats possédaient encore chacun 12 aroures de terre, ainsi qu'en jouissaient avant eux les hermotybies et les calasiries.

Selon un géographe cité par Paucton sous le nom d'*Hancelida*, l'Égypte inférieure (ou plutôt l'Égypte entière), contenait 28 millions d'aroures. Cette évaluation est assez bien d'accord avec le résultat précédent de 24 millions 600 mille aroures; mais elle est surtout précieuse, en ce qu'elle s'oppose à ce qu'on augmente tant soit peu la mesure de la coudée égyptienne, que j'ai fixée à $0^m,4618$.

En rapprochant le passage de Ben-Ayâs et celui d'Hérodote, on trouve un résultat remarquable sur la proportion du nombre d'hommes (soit cultivateurs, soit hommes de guerre) que fournissaient de leur temps

[1] Phil. Jud. *De plant. Noæ.*

la basse Égypte et le pays supérieur. Suivant l'auteur grec, ce rapport était comme 160000 est à 250000; et suivant Ben-Ayâs, on trouva dans le dénombrement 50000 cultivateurs dans le bas pays, et 70000 dans le Sa'yd.

Ces deux rapports très-approchés nous apprennent que telle a été, à des époques bien différentes, la population relative de ces deux contrées. Aujourd'hui le terrain cultivable n'est plus dans cette proportion; le rapport est devenu inverse : il en est de même de la population actuelle, ou du moins du nombre des lieux habités, lequel est d'un tiers à peu près plus fort au-dessous du Kaire qu'au-dessus; on voit même que, sous Ben-Ayâs, le Sa'yd était déjà moins habité relativement.

Ainsi, quand même le nombre de 410000 hommes de guerre dont parle Hérodote, serait exagéré, le rapport de la population, de l'étendue, et sans doute aussi de la fertilité des deux contrées dont il s'agit, aurait été réellement tel qu'il le donne; et il en résulte une conséquence intéressante, savoir, qu'à l'époque reculée où Thèbes était la capitale et où l'Égypte florissait de toute sa splendeur, le haut pays jouissait de grandes ressources, telles que jamais le pays inférieur n'en a possédé de pareilles.

Étienne de Byzance, d'après Caton, rapporte que la superficie de Thèbes occupait 3700 aroures : c'est aussi ce qu'apprend un passage de Didyme. Quelque grandeur que l'on donne à cette mesure, on trouvera dans les ruines actuelles de Thèbes bien plus que 3700 aroures; sans une correction quelconque faite à ce nombre, il est impossible d'en faire aucun usage. D'après ce qui a été dit au chapitre II[1], le périmètre de l'ancienne Thèbes est de 26000 mètres, et sa longueur, de 11000; sa largeur est bien moindre, et elle excède peu 5000 mètres. En mesurant sur le plan la surface de cet espace, allongé de l'est à l'ouest, on trouve plus de 34000000 mètres carrés; ce qui fait plus de 15000 aroures de notre mesure. Ce nombre est plus que quadruple de la quantité donnée par Étienne de Byzance; et il serait difficile d'expliquer une différence aussi considérable, à moins d'admettre que c'est une autre mesure dont parlait cet auteur. Si je consulte le tableau, je trouve que 3700 tétraroures font 14800 aroures; n'est-ce pas une approximation suffisante pour expliquer le passage dont il s'agit?

Dans un passage que j'ai cité plus haut, Strabon parle de la division de l'Égypte en nomes, en toparchies, et en subdivisions plus petites, telles que l'aroure. C'était le lieu d'ajouter quelques détails sur le nombre d'aroures cultivées ou cultivables de l'Égypte. Il est à regretter que le géographe ait négligé d'en parler. Les autres auteurs se taisent également sur cet objet, si important pour la comparaison de l'état ancien et de l'état présent de cette contrée; Hérodote et Diodore de Sicile, à qui nous devons des renseignemens si précieux sur l'Égypte, gardent à cet égard un silence absolu. Cependant il est certain que la superficie de cette contrée avait été mesurée d'un bout à l'autre avec le soin et l'exactitude

---

[1] *Voyez* ci-dessus, chapitre II, le tableau des mesures itinéraires en Égypte.

qu'exigeait cette opération et que les Égyptiens mettaient à tous leurs travaux.

3°. RAPPORT REMARQUABLE ENTRE LA SURFACE DU TEMPLE DE MINERVE A ATHÈNES ET LES MESURES SUPERFICIELLES DE L'ÉGYPTE.

Dans le chapitre vi, j'ai, d'après les données de Stuart, cité les dimensions très-précises du temple de Minerve à Athènes. Sa façade, qui est un *hecatompedon*, a, sur le sol où posent les colonnes, $30^m,817$; sa longueur est de $69^m,3387$. Ces deux dimensions sont exactement commensurables entre elles; l'une étant représentée par 4, l'autre peut s'exprimer par 9. J'ai montré que la première fait juste un pléthre, ou 100 pieds égyptiens; la seconde, 225. La superficie est donc de 22500 pieds carrés. Or, la coudée carrée étant au pied comme 9 est à 4, les 22500 pieds font 10000 *coudées d'Égypte*.

La base de la grande pyramide avait 750 pieds; et la hauteur de la face, 600 : ainsi la superficie de cette dernière avait 225000 pieds carrés. La base du Parthénon est donc exactement *la 10ᵉ partie* de la face de la pyramide[1].

La base de cette dernière est de 750 × 750 pieds carrés, ou 562500 : la base du Parthénon en est donc *la 25ᵉ partie*.

---

[1] Si l'on multiplie $30^m,817$ par $69^m,3387$, on trouve 2136 mètres carrés $\frac{7}{10}$. Mais le pied égyptien, tel qu'il a été fixé plus haut, est un peu plus court que $0^m,30818$: en employant sa valeur exacte de $0^m,3079$, on trouve, pour la superficie, 2134 mètres carrés $\frac{2}{3}$, ou exactement la 10ᵉ partie de 21344 $\frac{2}{3}$ mètres carrés, contenus dans la face de la pyramide.

Mais cette 10ᵉ partie de la face, ou 25ᵉ partie de la base, fait précisément une *aroure*, la principale mesure agraire en Égypte. Personne ne pensera que de pareilles rencontres puissent être fortuites; et l'on peut conclure légitimement que les mesures du Parthénon sont empruntées de l'Égypte, ainsi que leurs rapports eux-mêmes. Je pourrais comparer cette surface du temple de Minerve avec divers monumens égyptiens, et je trouverais d'autres rapports également remarquables : mais ces rapprochemens seraient superflus; le lecteur y suppléera aisément, puisque cette superficie est identique avec l'aroure, ou deux plèthres carrés et un quart.

4°. EXPLICATION D'UN PASSAGE D'HYGIN.

On trouve dans le traité d'Hygin que j'ai déjà cité, au sujet du pied ptolémaïque employé à Cyrène, que dans ce pays les terres du domaine royal étaient partagées en grandes portions de 1250 *jugères*. Ces portions faisaient 25 millions de pieds *ptolémaïques*. Chacun de ces jugères avait donc 100 pieds sur 200, comme le jugère égyptien de Héron, double du plèthre carré. *Ita jugeribus* 1250 *quæ eorum mensura invenitur, et accedere debet.... et ad effectum iterùm pars* XXIIII *et* P.R. *universo effectu monetali pede jugera* 1556 [1].

---

[1] Hygin. *de limitibus constituendis*, collect. Goesian. p. 210. Fréret a admis cette leçon, que Rigault a suivie dans ses notes : *iterum pars* XXIIII *et pro universo effectu*, etc. Le manuscrit n°. 7229, que j'ai consulté à la Bibliothèque du roi, porte MDCCCLXVIII, au lieu de MCCCLVI; mais tout le passage y est défectueux.
Le voici littéralement copié : *Ita juge* gecl. q. *eor. mensura inveniuit et accedere debet ps.* XXXIIIJ *et ad effectū iterum pars* XXIIIJ *et*

Le pied appelé *monetalis* étant le pied romain, il faut nécessairement entendre que les 1356 jugères auxquels Hygin compare les 1250 jugères cyrénaïques, sont des jugères romains. Or, le rapport inverse de 1356 à 1250 est précisément égal à celui du pied égyptien carré au pied romain carré, c'est-à-dire à $(\frac{25}{24})^2$: donc le jugère ptolémaïque ou de Cyrène était formé du même pied que le pied égyptien. On voit ici une parfaite confirmation de ce que j'ai avancé au sujet du pied ptolémaïque. Au reste, il n'est pas surprenant que, dans un état comme la Cyrénaïque, dépendant et voisin de l'empire égyptien, on ait adopté les mesures de ce pays.

On voudra connaître quelle était l'étendue de ces grandes divisions superficielles qui servaient à diviser le territoire. La valeur en est aisée à découvrir : le tableau comparé la donne à l'instant. Le jugère étant le double du plèthre carré, cette surface faisait 2500 plèthres. La racine carrée de ce nombre est 50. Le côté de la mesure était donc de 50 plèthres. Or, telle est justement la grandeur du mille itinéraire composé de 1000 *ampelos* ou pas géométriques d'Égypte, compris soixante-douze fois au degré. C'est ce que j'ai appelé *le petit mille égyptien*, ou *le mille d'Ératosthène*, *Polybe* et *Strabon*. Ainsi le domaine du roi était divisé par *milles carrés*; ce qui est très-simple, au lieu de la complication appa-

P.R. *univero effecto monetali ped. jug.* gucccxxvii *hunc igitur modum quatuor militibus mensura. ss. inclusum vocamus medimna quo appareat medimno eor mensura jugera haber is monet alii aut mensura* iic *item* dr *in Germania in Tungris pes Drusianus qui habet, etc.* Mss. 7229, pag. 152.

rente du nombre 1250. Cette étendue est encore beaucoup inférieure à celle des schœnes ou des parasanges qui, selon Hérodote, servaient à mesurer, en Égypte, les grandes possessions territoriales [1].

NOTE SUR LA CONSTRUCTION DES TABLEAUX MÉTRIQUES.

Tout ce que j'avais à dire sur la valeur des mesures linéaires et superficielles et sur leurs rapports étant terminé, c'est ici que je dois placer quelques remarques sur la formation des tableaux qui en renferment les résultats. La construction de ces tableaux triangulaires résulte, comme je l'ai dit, de plusieurs données fournies par les historiens, au moyen desquelles on conclut tous les autres nombres, pourvu qu'on en ait un dans chacune des colonnes verticales ou des colonnes horizontales. On obtient par-là un nombre de rapports égal à la moitié du nombre des mesures, multiplié par ce même nombre moins un [2]. Ainsi 31 mesures, par exemple, fournissent 465 rapports. La propriété des tableaux triangulaires est que quatre nombres quelconques formant rectangle sont en proportion géométrique. Un nombre quelconque de l'hypoténuse est égal à un nombre quelconque de la verticale divisé par le plus voisin à gauche, etc. A la place des noms des mesures, on peut toujours supposer l'unité. Ces règles servent à former ou à compléter les tableaux.

Des quatre dispositions dont ces tableaux sont susceptibles, j'ai adopté celle qui m'a paru la plus naturelle, 1°. parce que les nombres vont en augmentant de gauche à droite; 2°. parce que les nombres les plus forts occupent le dessus; 3°. parce que, la plus grande mesure renfermant toutes les autres, il convient qu'elle soit placée de manière à renfermer et embrasser en quelque sorte toutes les valeurs du tableau. La moins avantageuse me paraît être celle dont a usé Paucton, où les nombres vont en augmentant de droite à gauche, et où les plus faibles occupent le dessus du tableau.

Ainsi que je l'ai observé pag. 308, le *tableau comparé des mesures* n'est qu'un extrait du tableau général que j'ai construit, et qui est trop étendu pour pouvoir être imprimé.

---

[1] Herodot. *Hist.* lib. II, cap. 6.

[2] Le nombre des mesures étant n, celui des rapports est $\dfrac{n \cdot n - 1}{2}$.

CHAPITRE XII.

Des connaissances des Égyptiens en géométrie, en astronomie et en géographie.

§. I. *Notions de géométrie.*

L'état des connaissances exactes chez les anciens est encore aujourd'hui un problème. Il semble que les détracteurs et les partisans de l'antiquité se soient également plu à rendre ce problème insoluble : tant les uns ont fait d'efforts pour déguiser la vérité, et tant les autres ont pris peu de soin d'établir les titres réels qui déposent en faveur des anciens. On a d'ailleurs cherché à faire des parallèles d'une trop grande généralité. Si l'on voulait arriver à quelque résultat certain, on devrait essayer cette étude pour chacune des connaissances exactes en particulier : il faudrait, à l'aide d'une critique solide, reconnaître, dans les ouvrages de tout genre que l'antiquité a laissés, c'est-à-dire dans les monumens des arts et dans les monumens écrits, ce qu'on peut citer de solide, de précis et d'incontestable; mettre ensuite ces faits en ordre, et en former un ensemble indépendant de toute combinaison et de toute explication arbitraire. Dans cette recherche difficile, la géométrie, plus qu'aucune autre branche de connaissances, offre le moyen de parvenir à la vérité; en effet, les théorèmes de géométrie ne laissent point de prise à de vagues interprétations. C'est pour cette raison, et en suivant une marche analogue à celle que j'ai tracée, que je vais examiner ce qu'il y a de positif sur les notions de ce genre appartenant aux Égyptiens, qui, de l'aveu de tous les peuples, sont les inventeurs de la géométrie. Cet examen est indispensable pour expliquer les résultats que renferme ce mémoire, principalement l'existence d'une mesure de la terre, faite sur les bords du Nil ; mais on sentira que je suis forcé de me renfermer dans des bornes très-étroites.

Les Égyptiens, au rapport d'Hérodote, jouissaient, sous Sésostris, d'une portion de terre égale. Quand le fleuve avait enlevé, par suite du débordement annuel, quelque partie d'un terrain, les arpenteurs mesuraient la diminution que ce territoire avait essuyée, et le terrain ne payait plus au roi qu'une redevance proportionnelle à la portion subsistante. De là, dit-il, l'origine de la géométrie, qui a passé de ce pays en Grèce[1].

Il n'est peut-être pas un seul auteur ancien qui ait une autre opinion sur le berceau de la géométrie. A la vérité, les uns en attribuent l'invention au roi Mœris[2]; les autres, comme Platon, en font honneur à Thoth, le Mercure égyptien[3]; d'autres, comme Servius et Clément d'Alexandrie, ne fixent point l'époque de cette découverte[4] : mais aucun n'en fait honneur à un autre peuple. Servius s'explique d'une manière qui mérite

---

[1] Herodot. *Hist.* lib. II, cap. 109.
[2] Anticl. *in Diog. Laërt.* l. VIII, segm. XI.
[3] *In Phædr.* tom. III, pag. 274.
[4] *Radio, id est, virgâ philosophorum, quâ geometræ lineas indicant. Inventa autem hæc est ars tempore quo Nilus, plus æquo crescens, confudit terminos possessionum ; ad quos innovandos adhibiti sunt philosophi, qui lineis diviserunt agros : inde geometrica dicitur ; cùm non tantùm terræ, sed et maris et cœli et aëris, spatia metiri consueverit*

d'être rapportée : « Cet art, dit-il, fut inventé à une époque où le Nil, ayant eu un accroissement extraordinaire, confondit les limites des héritages. On employa des philosophes pour retrouver ces limites : ils divisèrent par des lignes toutes les campagnes; et c'est de là que vient le nom de la géométrie, qui mesure non-seulement la terre, mais l'étendue des mers et les espaces célestes. »
Héron le géomètre rapporte aussi que l'art de mesurer, origine de la géométrie, a été inventé en Égypte à cause des crues du Nil. « Des terrains, dit-il, visibles avant la crue, étaient cachés par l'inondation; ils reparaissaient ensuite quand le fleuve était rentré dans son lit : mais les habitants ne pouvaient plus discerner leurs propriétés; ce qui fit imaginer aux Égyptiens des procédés pour la mesure exacte des terres[1]. »

Diodore de Sicile s'exprime ainsi au sujet des emprunts faits par les Grecs en Égypte : « Pythagore apprit des Égyptiens la langue sacrée, les *théorèmes de géométrie*, l'art de calculer, et la doctrine de la métempsycose[2]. » Ailleurs : « C'est chez les Égyptiens qu'ont été découverts les théorèmes de géométrie et la plupart des arts et des sciences[3]. Les prêtres exercent long-temps leurs enfans dans la géométrie et dans l'arithmétique. Chaque année, le Nil change la face de la campagne par le débordement, et il en résulte, entre

(Servius, ad Eclog. Virgil. III, vers. 41). Voyez aussi Clem. Alex. Stromat. lib. I, pag. 36.

[1] Ἥρωνος Γεωμετρούμενα, in Analect. Græc. Paris. 1638.

[2] Πυθαγόραν τε τὰ κατὰ τὸν ἱερὸν λόγον, καὶ τὰ κατὰ γεωμετρίαν θεωρήματα, καὶ τὰ περὶ τοὺς ἀριθμοὺς, ἔτι δὲ τὴν εἰς πᾶν ζῶον τῆς ψυχῆς μεταβολὴν μαθεῖν παρ' Αἰγυπτίων. (Diod. Sic. Bibl. hist. l. II, p. 62.)

[3] Πρὸς δὲ τούτοις, τά τε περὶ τὴν γεωμετρίαν θεωρήματα καὶ τῶν τεχνῶν τὰς πλείστας εὑρεθῆναι. (Ib. p. 41.)

les propriétaires limitrophes, des contestations de toute espèce, auxquelles on ne pourrait mettre fin aisément, si l'habileté des géomètres ne faisait découvrir la vérité. L'arithmétique leur sert pour les besoins de la vie, autant que pour les questions de géométrie[1]. »

Ainsi non-seulement les Égyptiens étaient habiles dans l'arpentage ou la mesure des terres, mais ils étaient versés dans la géométrie proprement dite; les spéculations de géométrie et d'arithmétique leur étaient familières, et faisaient partie essentielle de l'éducation des enfans; ils avaient découvert les principes des sciences; et Pythagore, élevé à leur école, y avait puisé ces théorèmes qui lui sont généralement attribués. Diodore de Sicile était allé en Égypte, ainsi qu'Hérodote et Platon; en sa qualité de Grec, il n'avait pas d'intérêt à diminuer la gloire de sa nation. Diogène-Laërce, qui a écrit la vie de Pythagore, et qui nous a donné une si haute idée de ce grand philosophe, n'était pas non plus intéressé à lui ôter l'honneur des découvertes dont il avait fait présent à ses compatriotes. On doit conclure du langage de ces écrivains, que Pythagore s'est borné à transporter les sciences en Grèce et en Italie, et c'est encore une assez belle part de gloire pour l'époque où il vivait, époque à laquelle ces contrées étaient totalement étrangères aux connaissances exactes.

[1] Γεωμετρίαν δὲ καὶ τὴν ἀριθμητικὴν ἐπὶ πλεῖον ἐκπονοῦσιν· ὁ μὲν γὰρ ποταμὸς, κατ' ἐνιαυτὸν ποικίλως μετασχηματίζων τὴν χώραν, πολλὰς καὶ παντοίας ἀμφισβητήσεις ποιεῖ περὶ τῶν ὅρων τοῖς γειττίωσι· ταύτας δὲ οὐ ῥᾴδιον ἀκριβῶς ἐξελέγξαι, μὴ γεωμέτρου τὴν ἀλήθειαν ἐκ τῆς ἐμπειρίας μεθοδεύσαντος· ὁ δὲ ἀριθμητικὴ πρὸς τε τὰς κατὰ τὸν βίον οἰκονομίας αὐτοῖς χρησιμεύει, καὶ πρὸς τὰ γεωμετρίας θεωρήματα. (*Ibid.* pag. 51.)

Nous devons donc rendre aux Égyptiens la découverte des premiers théorèmes de la géométrie. S'il pouvait rester quelques doutes sur ce point, il suffirait, pour les dissiper, de lire d'autres auteurs qui ont bien connu l'Égypte. Écoutons d'abord Porphyre. Je citerai en entier le morceau où il parle des mœurs et des habitudes des membres du corps sacerdotal; ce fragment fera mieux connaître l'esprit de recherche et d'invention dont ce singulier peuple était animé, et le goût qui le portait vers les études et les méditations philosophiques.
« La nuit était partagée entre l'observation du ciel et les fonctions religieuses [1]. Trois ou quatre fois le jour, matin et soir, ils adressaient des hymnes au soleil, à l'heure où il approchait du méridien et à celle de son coucher; le reste du temps, ils s'appliquaient à des questions d'arithmétique et de géométrie, toujours livrés à quelque travail, ou imaginant quelque nouveau sujet d'étude : ils étaient sans cesse occupés à l'examen approfondi de la nature des choses. Ils consumaient ainsi les nuits d'hiver à des études littéraires, dégagés des soins de la vie, et libres du joug que le luxe impose. En effet, l'habitude d'un travail assidu et opiniâtre amène la patience, la tempérance et la modération dans les désirs. Fuyant les mœurs et le luxe des étrangers, ils regardaient comme une impiété de quitter l'Égypte : cette faculté n'était accordée qu'à ceux qui étaient chargés par le roi de quelque mission; encore, s'ils étaient convaincus de s'écarter tant soit peu des usages de leur patrie, ils étaient rejetés de son sein. Les prophètes,

---

[1] Le mot grec ἁγιστείαν pourrait se traduire par *purification*.

les hiérostolistes, les hiérogrammates, les *horologi*[1], se livraient à une philosophie fondée sur la vérité; le reste des prêtres, des pastophores et des néocores[2], menait aussi une vie pure et réglée, mais moins laborieuse. Telles sont les choses qu'un homme exact et ami du vrai, et qui a étudié et pratiqué avec ardeur la philosophie stoïcienne, a attestées au sujet des Égyptiens[3]. »

---

[1] Noms de différentes classes établies parmi les prêtres égyptiens.

[2] Autres degrés de l'ordre sacerdotal.

[3] ΚΕΦ. ή. Μαρτυρία δ' αὐτῶν τῆς ἐγκρατείας, ὅτι μήτε περιπάτοις ἢ ἐώραις χρώμενοι, διῆγον ἄνοσοι, καὶ πρὸς μετρίαν ἰσχὺν εὔτονοι· πολλὰ γοῦν κατὰ τὰς ἱερουργίας ἀνεδέχοντο βάρη, καὶ ὑπηρετήματα τῆς κοινῆς ἰσχύος μείζω. Διῄρουν δὲ, νύκτα μὲν εἰς ἐπιτήρησιν οὐρανίων, ἐνίοτε δὲ καὶ ἁγιστείαν, ἡμέραν δὲ εἰς θεραπείαν τῶν θεῶν, καθ' ἣν ἢ τρὶς ἢ τετράκις, κατὰ τὴν ἕω, καὶ τὴν ἑσπέραν, μεσουρανοῦντά τε τὸν ἥλιον, καὶ πρὸς δύσιν καταφερόμενον, τούτους ὑμνοῦντες· τὸν δὲ ἄλλον χρόνον πρὸς θεωρήμασιν ἦσαν ἀριθμητικοῖς τε καὶ γεωμετρικοῖς, ἐκπονοῦντες ἀεί τι, καὶ προσεξευρίσκοντες, συνόλως τε περὶ τὴν ἐμπειρίαν καταγιγνόμενοι. Τὸ δ' αὐτὸ καὶ ἐν ταῖς χειμερίοις ἐπιτηδεύουν νυξί, φιλολογίᾳ προσαγρυπνοῦντες, ἅτε μήτε πορισμοῦ ποιούμενοι φροντίδα, δεσπότου τε κακοῦ τῆς πολυτελείας ἐλευθεριάζοντες· Ὁ μὲν δὴ πόνος ὁ ἄτρυτός τε καὶ διηνεκὴς καρτερίαν ἀπομαρτυρεῖ τοῖς ἀνδράσι· τὸ δὲ ἀνεπιθύμητον, ἐγκρατείαν· οἵγε ἐν τοῖς ἀσεβεστάτοις ἐτίθεντο πλεῖν ἀπ' Αἰγύπτου, διευλαβούμενοι ξενικὰς τρυφὰς καὶ ἐπιτηδεύματα· μόνοις γὰρ ὅσιον ἐδόκει τοῖς κατὰ τὰς βασιλικὰς χρείας ἀπηναγκασμένοις· πολὺς δὲ καὶ τούτοις ἐν λόγος ἐμμεῖναι τοῖς πατρίοις· μικρὰ δ' εἰ καταγνωσθεῖεν παραβαίνοντες, ἀπηλαύοντο. Καὶ τὸ μὲν κατ' ἀλήθειαν φιλοσοφοῦν ἔντε τοῖς προφήταις ἦν, καὶ ἱεροστολισταῖς, καὶ ἱερογραμματεῦσιν, ἔτι δὲ ὡρολόγοις· τὸ δὲ λοιπὸν τῶν ἱερέων τε, καὶ παστοφόρων καὶ νεωκόρων πλῆθος καὶ ὑπουργῶν θεοῖς, καθαρεύει μὲν ὁμοίως, οὔτι γε μὴν μετ' ἀκριβείας, καὶ ἐγκρατείας τοσῆςδε. Τοιαῦτα μὲν τὰ κατ' Αἰγυπτίους ὑπ' ἀνδρὸς φιλαλήθους τε καὶ ἀκριβοῦς, ἔντε τοῖς στωικοῖς πραγματικώτατα φιλοσοφήσαντος μεμαρτυρημένα.

§. VIII. *Continentiæ siquidem eorum illud est, quòd, licèt nullis neque deambulationibus neque gestationibus uterentur, non solùm absque morbis vitam traducerent, verùm etiam ita validè, ut moderatæ etiam ad labores vires suppeterent : quippe cùm multa onera in sacrorum operationibus sustinerent, multaque obirent ministeria, quæ majora esse viderentur, quàm ut communibus viribus convenirent. Noctem in cœlestium observationem, et quandoque in sanctificationem, dividebant;*

Après une description aussi détaillée des mœurs de ceux des Égyptiens qui étaient attachés à l'ordre sacerdotal, il serait difficile de douter de l'habitude laborieuse de leur vie. Ils étaient en quelque sorte contraints à chercher sans cesse de nouveaux sujets de spéculation : la philosophie naturelle et les études de géométrie et d'arithmétique leur offraient un vaste champ d'exercices ; et il serait bien extraordinaire qu'ils ne fussent pas parvenus à ces propositions élémentaires que Thalès et Pythagore transportèrent dans la suite en Grèce, après avoir voyagé en Égypte. Il serait bien plus difficile d'expliquer comment ces vérités simples leur auraient échappé. En effet, que l'on réfléchisse à l'avantage qu'un corps savant, occupé de l'étude de la nature pendant une longue suite de siècles, a sur des individus

---

diem in deorum cultum distribuebant, in quo ter vel quater, manè et vesperi, solem, et cùm medium cœlum percurreret, et cùm ad occasum ferretur, hymnis prosequebantur. Reliquo tempore, contemplationibus arithmeticis et geometricis vacantes, semper aliquid elaborabant atque excogitabant ; in universumque in experientia versabantur. Eâdem exercitatione uti in hyemalibus etiam noctibus consueverant, studio literarum invigilantes, utpote qui neque proventûs alicujus curam ullam haberent, et à servitute molestæ dominæ luxuriæ liberi essent. Labor sanè indefatigabilis et assiduus tolerantiam, cupiditatum omnium vacuitas continentiam hominum manifestat. Quippe qui, cùm peregrinos mores et luxus evitarent, discedere ab Ægypto impium maximè esse censerent : solis enim iis id licere videbatur, qui negotia regia tractare essent coacti ; quibus tamen etiam ipsis patriorum institutorum tanta erat cura, ut, si violare ea vel paululùm fuissent deprehensi, ejicerentur. Ac vera quidem philosophandi ratio apud prophetas, et sacrificos, et scribas, necnon etiam horologos, servabatur. Cætera verò sacerdotum et ædituorum et ministrorum multitudo purè etiam ipsa et abstinenter vivit, non ita exactâ tamen diligentiâ ut illi. Atque hæc sunt quæ de Ægyptiis à viro veritatis studioso et accurato, qui inter stoicos non inaniter, sed solidè admodùm, philosophatus est, prodita memoriæ fuerunt. (Porphyr. philos. De abstinentia ab esu animalium, lib. IV, §. 8, pag. 318 et seq. ; Trajecti ad Rhenum, 1767.)

qui cultivent isolément les sciences; qu'on examine seulement les ouvrages remarquables que l'on doit, chez les modernes, à la patience des corporations religieuses, et l'on aura une idée de ce qu'ont pu faire, avec moins de ressources à la vérité, mais dans un temps bien plus long, les colléges des prêtres égyptiens.

Jamblique, auteur qui n'était pas moins versé que Porphyre dans la connaissance des Égyptiens, raconte ainsi l'arrivée et le séjour de Pythagore en Égypte : « Pythagore partit de Milet pour Sidon, afin de passer ensuite en Égypte. Il se fit initier d'abord aux mystères sacrés des Phéniciens, mystères originaires de l'Égypte : mais, se promettant de recueillir dans ce dernier pays des connaissances plus belles et plus neuves, et suivant les avis de Thalès son maître, il se hâta d'y passer avec le secours de quelques bateliers égyptiens qui étaient arrivés à propos au rivage du Carmel; il aborda sain et sauf sur la côte d'Égypte, à une petite habitation. Pythagore visita avec beaucoup de soin les temples, les prêtres et les prophètes; il ne négligea rien de ce qui avait alors quelque réputation en Égypte, soit parmi les hommes distingués, soit sous le rapport des initiations pratiquées de son temps; il avait coutume de se transporter partout où il espérait apprendre quelque chose, et il s'instruisait auprès de chacun des sages. C'est ainsi qu'il passa vingt-deux ans en Égypte, apprenant, dans l'intérieur même des sanctuaires des temples, et non légèrement ou au hasard, *la géométrie*, *l'astronomie*, et le culte des dieux, jusqu'à ce que des soldats de Cambyse l'emmenèrent en captivité à

DES ANCIENS ÉGYPTIENS, CH. XII. 395

Babylone; douze ans après, il revint à Samos, âgé de soixante années [1]. »

Plus loin, Jamblique s'exprime d'une manière encore plus précise sur les occupations de Pythagore en Égypte: « On rapporte qu'il s'adonna particulièrement à la géo-

---

[1] Cette traduction est succincte. Voici le texte entier, avec la version latine.

ΚΕΦ. γ´.... Ἐξέπλευσεν εἰς τὴν Σιδῶνα· φύσει τε αὐτοῦ πατρίδα πεπεισμένος εἶναι, καὶ καλῶς οἰόμενος ἐκεῖθεν αὐτῷ ῥᾷονα τὴν εἰς Αἴγυπτον ἔσεσθαι διάβασιν· ἐνταῦθα δὲ συμβαλὼν τοῖς τε Μώχου τοῦ φυσιολόγου προφήταις ἀπογόνοις, καὶ τοῖς ἄλλοις, καὶ Φοινικοῖς ἱεροφάνταις, καὶ πάσας τελεσθεὶς τελετὰς, ἔν τε Βύβλῳ καὶ Τύρῳ, καὶ κατὰ πολλὰ τῆς Συρίας μέρη ἐξ αἱρέσεως ἱερουργούμενα, καὶ οὐχὶ δεισιδαιμονίας ἕνεκα τὸ τοιοῦτον ὑπομείνας, ὡς ἄν τις ἁπλῶς ὑπολάβοι· πολὺ δὲ μᾶλλον ἔρωτι καὶ ὀρέξει θεωρίας καὶ εὐλαβείας, ἵνα μήτι αὐτὸν τῶν ἀξιομαθήτων διαλάθῃ, ἐν θεῶν ἀποῤῥήτοις ἢ τελεταῖς φυλαττόμενα, προμαθών τε, ὅτι ἄποικα τρόπον τινὰ καὶ ἀπόγονα τῶν ἐν Αἰγύπτῳ ἱερῶν τὰ αὐτόθι ὑπάρχει, ἐκ τούτου τε ἐλπίσας καλλιόνων καὶ θειοτέρων καὶ ἀκραιφνῶν μεθέξειν μνημάτων ἐν τῇ Αἰγύπτῳ, ἀγασθεὶς, κατὰ τὰς Θάλεω τοῦ διδασκάλου ὑποθήκας, διεπορθμεύθη ἀμολλητὶ ὑπὸ τινῶν Αἰγυπτίων πορθμέων, καιριώτατα προσορμισάντων τοῖς ὑπὸ Κάρμηλον τὸ Φοινικὸν ὄρος αἰγιαλοῖς...... εἰς τὴν Αἰγυπτίαν ῥόα τοῦ σκάφους προσοχῇ· ἔνθα δὴ ἐκβαίνοντα.... εἰς τὰς ἰχθῦς διέσωσε συνοικίας.

ΚΕΦ. δ´. Ἐκεῖθίν τε εἰς πάντα ἐφοίτησεν ἱερὰ μετὰ πλείστης σπουδῆς καὶ ἀκριβοῦς ἐξετάσεως, θαυμαζόμενός τε καὶ στεργόμενος ὑπὸ τῶν συγγινομένων ἱερέων καὶ προφητῶν, καὶ ἐκδιδασκόμενος ἐπιμελέστατα περὶ ἑκάστου, οὐ παραλείπων οὔτε ἀκούσασθαι τῶν καθ´ ἑαυτὸν ἐπαινουμένων, οὔτε ἄνδρα τῶν ἐπὶ συνέσει γνωριζομένων, οὔτε τελετὴν τῶν ὁπωσδήποτε τιμωμένων, οὔτε τόπον ἀθεώρητον, εἰς ὃν ἀφικόμενος ἄν τι περιττότερον εὑρήσειν. Ὅθεν πρὸς ἅπαντας οὗτος ἱερέας ἀπεδήμησεν, ἀφιλούμενος παρ´ ἑκάστῳ, ὅσα ἦν σοφὸς ἕκαστος. Δύο δὲ καὶ εἴκοσιν ἔτη κατὰ τὴν Αἰγυπτίων ἐν τοῖς ἀδύτοις διετέλεσεν ἀστρονομῶν, καὶ γεωμετρῶν, καὶ μυούμενος, οὐκ´ ἐξ ἐπιδρομῆς, οὐδ´ ὡς ἔτυχε, πάσας θεῶν τελετὰς, ἕως ὑπὸ τῶν τοῦ Καμβύσου αἰχμαλωτισθεὶς εἰς Βαβυλῶνα ἀνήχθη, κἀκεῖ τοῖς Μάγοις ἀσμένοις συνδιατρίψας, καὶ ἐκπαιδευθεὶς τὰ παρ´ αὐτοῖς σεμνὰ, καὶ θεῶν θρησκείαν ἐντελεστάτην ἐκμαθών, ἀριθμοῖς τε καὶ μουσικῆς καὶ τῶν ἄλλων μαθημάτων ἐπ´ ἄκρον ἐλθὼν παρ´ αὐτοῖς, ἄλλα τε δώδεκα συνδιατρίψας ἔτη, εἰς Σάμον ὑπέστρεψε, περὶ ἕκτον που καὶ πεντηκοστὸν ἔτος ἤδη γεγονώς.

Cap. III....... Atque ita Mileto Sidonem solvit : illam sibi majorem patriam esse persuasus, et inde facilè in Ægyptum transiturus. Ibi versatus cum prophetis qui Mochi, naturæ interpretis, posteri erant, et cum cæteris Phoeniciæ hierophantis ; cunctisque initiis Bybli et Tyri, ac iis quæ in multis Syriæ partibus

métrie chez les Égyptiens. En effet, les Égyptiens sont habitués à résoudre beaucoup de problèmes de géométrie, parce que, de temps immémorial, il est nécessaire (à cause des débordemens du Nil) que toute la terre d'Égypte soit mesurée exactement; d'où vient le nom de *géométrie*. Ils ne se sont point livrés superficiellement, mais à fond, à l'observation des phénomènes célestes, science où Pythagore se rendit habile. C'est de là que paraissent venir les théorèmes des lignes [1]; car on dit que c'est en Phénicie que les calculs et les nombres

singulari modo celebrantur, sacrorum cæremoniis initiatus est : id quod non fecit superstitione inductus, ut quis simplicior suspicari posset; sed potiùs ex amore contemplationis, veritusque ne quid ipsum præteriret, quod in deorum arcanis sacris mysteriisque sciri dignum observaretur. Cùm autem jam antea Phœnicum sacra ab Ægyptiis, coloniæ sobolisque instar, propagata nosset, adeòque pulchriora magisque divina et illibata in Ægypto sibi initia promitteret, Thaletis insuper præceptoris sui monita suspiciens, confestim è Phœnicia eò trajecit, portitorum quorumdam Ægyptiorum ope, qui ad littus Carmelo Phœnicum monti subjectum opportunè appulerant........ ad littora Ægypti navem applicuerunt,...... inde ad vicina habitacula incolumis pervenit.

Cap. IV. Intereà, dum obeundis templis omnibus maximum studium examenque accuratum impendit, prophetas et sacerdotes quibus usus est in sui amorem admirationemque excitavit, et, singulis exactè perceptis, non prætermisit nosse etiam *quidquid suâ ætate celebre foret, sive viri essent sapientiâ nobiles, sive initia quomodocumque culta; nec loca invisere abnuebat, in quibus se inventurum aliquid ampliùs putaverat : qua de causa ad omnes profectus est sacerdotes; apud quemque horum cum fructu eruditus in ea, quam quisque tradebat, disciplina. Ita viginti duo anni in Ægypto absumpti; dum in adytis templorum astronomiam, geometriam, et omnium deorum initia, non per transennam aut perfunctoriè addidicit : donec à Cambysis milite inter captivos Babylonem abduceretur; ubi cum Magis lubentibus ipse lubens versatus, illorum studia religionemque perfectè imbibit, et numerorum musicæque artis et aliarum disciplinarum fastigium assecutus, post annos duodecim Samum rediit, jam circiter sexaginta annos natus.* (Jamblich. Chalcidensis, ex Cœlesyria, *de vita Pythagorica liber*, græcè et latinè. Amstelodami, 1707.)

[1] Τὰ περὶ τὰς γραμμὰς θεωρήματα. Il paraît qu'il s'agit ici des lignes ou de la géométrie, et non des chiffres.

DES ANCIENS ÉGYPTIENS, CH. XII. 397

ont été découverts : quelques-uns attribuent en commun la science du ciel aux Égyptiens et aux Chaldéens. Pythagore ayant reçu toutes ces connaissances, les poussa, dit-on, plus loin, et les enseigna d'une manière claire à ses disciples[1]. »

J'ai cité avec une sorte de complaisance plusieurs passages remarquables au sujet des connaissances géométriques cultivées chez les Égyptiens, et j'ai insisté sur les études que Pythagore fit en Égypte. En donnant à ces citations des développemens un peu étendus, j'ai voulu convaincre le lecteur de la réalité d'un fait que, d'ailleurs, toute l'antiquité avoue d'une voix unanime.

« Il est reconnu que les anciens Égyptiens, dit Aulu-Gelle, furent à-la-fois des hommes habiles dans la dé-

---

[1] .... Λέγουσι δὲ γεωμετρίας αὐτὸν ἐπὶ πλεῖον ἐπιμεληθῆναι· παρ' Αἰγυπτίοις γὰρ πολλὰ προβλήματα γεωμετρίας ἐστὶν ὑπότυπερ ἐκ παλαιῶν ὅτι καὶ ἀπὸ θεῶν τὰς Νείλου προσθέσεις τε καὶ ἀφαιρέσεις ἀνάγκην ἀνίγουσι πᾶσαν ἐπιμετρεῖν, ἣν ἐνέμοντο, γῆν Αἰγυπτίαν οἱ λόγιοι· διὸ καὶ γεωμετρία ὠνόμασται. Ἀλλ' οὐδ' ἡ τῶν οὐρανίων θεωρία πάρεργος αὐτοῖς κατεζήτηται, ἧς καὶ αὐτῆς ἐμπείρως ὁ Πυθαγόρας ἔλεγε πάντα δὲ τὰ περὶ τὰς γραμμὰς θεωρήματα ἐκεῖθεν ἐξηρτῆσθαι δοκεῖ· τὰ γὰρ περὶ λογισμοὺς καὶ ἀριθμοὺς ὑπὸ τῶν περὶ τὴν Φοινίκην φασὶν εὑρεθῆναι· τὰ γὰρ οὐράνια θεωρήματα κατὰ κοινόν τινες Αἰγυπτίοις καὶ Χαλδαίοις ἀναφέρουσι. Ταῦτα δὴ πάντα φασὶ τὸν Πυθαγόραν παραλαβόντα καὶ συναυξήσαντα, τὰς ἐπιστήμας προσάγειν τε, καὶ ὁμοῦ σαφῶς καὶ ἐμμελῶς τοῖς αὐτοῦ ἀκροωμένοις δεῖξαι.
.... Geometriæ verò potissimùm opud Ægyptios operam cum dedisse ferunt. Ægyptii enim multa habent problemata geometrica; quoniam ab antiquo, et inde ab ipsorum deorum œtate, necesse est, propter Nili alluviones, ut periti totam Ægyptiorum terram dimetiantur. Nec in cœlestium rerum contemplationem obiter inquisiverunt; fuitque hujus etiam scientiæ peritus Pythagoras. Cœterùm figurarum perceptiones sive theoremata indidem profecta esse videntur : nam computationem quod attinet, et numeros, in Phœnicia repertos ferunt; cœlestium autem doctrinam communiter Ægyptiis atque Chaldæis adscribunt. Hæc verò omnia cùm accepisset Pythagoras, aiunt et ipsum scientiarum tum protulisse terminos, tum perspicuas accuratasque demonstrationes auditoribus suis tradidisse. (Ibid. cap. xxix.)

couverte des arts, et pleins de sagacité pour étudier et pour approfondir la nature[1]. » J'aurais pu citer encore un plus grand nombre d'auteurs; mais j'aurai atteint mon but, si j'ai fait voir que l'Égypte est certainement la source où a puisé Pythagore. Il ne nous restera donc plus qu'à examiner quelles sont les notions que ce philosophe a transportées en Grèce, et nous aurons une idée, à la vérité imparfaite, de ce que les Égyptiens avaient découvert en géométrie.

Pythagore et ses disciples firent connaître aux Grecs les propriétés des figures triangulaires : il leur apprit que l'angle extérieur d'un triangle est égal à la somme de deux angles intérieurs opposés; que les trois angles d'un triangle sont égaux à deux droits; que la surface d'un triangle se trouve en multipliant sa base par la moitié de la hauteur; que le côté du carré est incommensurable à la diagonale; enfin, que, dans un triangle rectangle, le carré fait sur l'hypoténuse est égal à la somme des carrés construits sur les autres côtés, théorème fécond et qui est l'un des fondemens de la science. Il leur apprit encore que de toutes les figures qui ont la même périphérie, le cercle est la plus grande, et que la sphère est le plus grand solide de ceux qui ont la même surface[2]. Je ne parle pas ici des notions de musique et d'astronomie que Pythagore transporta en Grèce, mais seulement des propositions de géométrie.

Avant lui, Thalès de Milet, son maître, avait égale-

---

[1] .....*Apud veteres Ægyptios, quod genus hominum constat et in artibus reperiendis solertes, et in cognitione rerum indaganda saga-* ces. (Aul. Gell. *Noct. Attic.* l. XI, cap. 18.)

[2] Procl. *Comm. in Eucl.* et Diog. Laërt. *in Pythag.*

ment communiqué à ses compatriotes des vérités géométriques qu'il tenait des Égyptiens; il était allé en Égypte dans le dessein de s'instruire, et Diogène-Laërce rapporte, d'après un certain Pamphila, qu'il y apprit en effet la géométrie. Il faisait partie de l'armée que Crésus conduisit contre Cyrus, et il eut occasion d'y employer les connaissances qu'il avait acquises. Les propositions élémentaires qu'il fit connaître, ne sont pas moins fondamentales que celles de Pythagore; savoir, que les angles opposés au sommet sont égaux; que les triangles qui ont leurs angles égaux ont leurs côtés proportionnels, théorème essentiel en géométrie; que les triangles inscrits au cercle et appuyés sur le diamètre sont rectangles [1] : enfin il enseigna à trouver la mesure des distances inaccessibles.

Si l'on en croit Diogène-Laërce, Thalès mesura la hauteur d'une pyramide au moyen de son ombre [2]; et selon Plutarque, le roi Amasis admira la méthode que le géomètre avait employée [3]. Ce moyen imparfait ne ferait pas beaucoup d'honneur à Thalès, si l'on pouvait admettre que celui qui mesurait, par une méthode exacte, des espaces inaccessibles, ne se servait pas de celle-ci pour déterminer la hauteur d'une pyramide. Ce qui est le plus extraordinaire dans ce passage, mais en même temps incroyable, c'est qu'un roi égyptien fût assez ignorant pour admirer la mesure des hauteurs par le moyen des ombres. Au reste, ce procédé est fondé sur ce que les triangles semblables ont leurs côtés pro-

---

[1] Diog. Laërt. *in Vita Thal.* l. 1.
[2] Ibid.
[3] *Voyez* Plutarque, *Banquet des sept Sages.*

portionnels; et comme Thalès avait trouvé ce théorème bien connu en Égypte, il est certain qu'on ne l'avait pas attendu pour en faire l'application dont il s'agit.

Un fait qui prouve la connaissance et l'usage des lignes proportionnelles chez les Égyptiens, et que je rapporterai à présent, pour interrompre toutes ces citations, est l'existence des carreaux de réduction que j'ai observés et dessinés à Ombos sur le plafond d'un temple, et à Gebel-Aboufedah sur les murs d'une carrière égyptienne, d'où paraissent être sortis les gigantesques chapiteaux de Denderah. Pour dessiner et sculpter les figures selon différentes échelles, les Égyptiens se servaient des carreaux précisément comme on fait de nos jours [1]. Les rapports des lignes dans les figures semblables étaient donc connus en Égypte bien long-temps avant Thalès. Cette méthode s'appliquait d'elle-même à la topographie pratique, et l'on ne peut point faire de doute qu'elle ne fût au nombre de celles que devait posséder l'hiérogrammate, versé dans la chorographie de l'Égypte et dans la cosmographie en général [2].

Avant de passer en revue les autres philosophes grecs qui puisèrent en Égypte les principes de la géométrie, je dirai un mot des Hébreux, qui avaient puisé à la même source. Quand il fut question de partager les terres entre les tribus d'Israël, il fallut le secours d'hommes versés dans la géométrie; c'est ce que dit expressément Joseph [3] : « Josué envoya des hommes pour mesurer le

---

[1] *Voyez* plus haut, chapitre v, pag. 129.
[2] Clem. Alex. *Stromat.* lib. vi, *Voyez* ci-dessous, §. 11.
[3] Joseph. *Antiq. Jud.* lib. v.

terrain, et leur adjoignit des personnes habiles dans la géométrie. » L'Égypte avait été l'école des Juifs dans cette science, comme elle le fut plus tard pour les Grecs.

Anaximandre, Anaximène et Anaxagore, empruntèrent à l'Égypte les élémens des sciences, ainsi qu'avaient fait Thalès et Pythagore. Après eux on cite quelques autres philosophes qui suivirent leur exemple. Eudoxe, vers 370 avant J.-C., se rendit à Héliopolis, y vécut long-temps, et puisa à cette source tout ce qu'il apprit de géométrie et d'astronomie. C'est Cicéron et Strabon qui nous l'attestent. Platon alla exprès sur les bords du Nil pour étudier la géométrie. On connaît la passion que Platon avait pour cette science, et l'on sait qu'il interdisait l'entrée de son école à quiconque n'était pas géomètre. S'il mit la géométrie autant en honneur, il faut l'attribuer au long séjour qu'il fit en Égypte, où il passa treize ans.

On prétend qu'Hippocrate, qui donna la duplication du cube, avait aussi voyagé dans ce pays. Le théorème qu'on lui attribue généralement et qui lui fit le plus d'honneur, est celui par lequel on trouve la quadrature des lunules ou portions de cercle appuyées sur les côtés d'un triangle rectangle, proposition qui dérive de celle du carré de l'hypoténuse.

Démocrite, à qui, si l'on en croit les historiens, l'on fut redevable d'importantes découvertes en géométrie, voyagea cinq ans en Égypte : on a à regretter, avec la perte de ses traités de géométrie, des ouvrages qu'il avait composés sur les hiéroglyphes; il avait écrit sur les lignes incommensurables, sur la surface et sur le volume des solides. On sait qu'Euclide alla aussi en Égypte, et qu'il y trouva un prince curieux d'approfondir les notions géométriques, mais qui, en trouvant l'étude trop pénible et ayant demandé au géomètre une méthode plus facile, reçut cette réponse si connue : que dans l'étude des mathématiques il n'y a pas de chemin particulier pour les rois. Archimède lui-même, le plus grand homme de l'antiquité dans les sciences, crut devoir visiter l'Égypte, toute déchue qu'elle était de son ancienne splendeur. Sans doute on doit à son génie la plupart des belles découvertes qu'il nous a laissées; mais on ne peut douter qu'il n'ait tiré quelque fruit de son voyage. Tant d'habiles hommes seraient-ils allés en Égypte pendant cinq siècles de suite, s'ils n'eussent eu l'espérance d'y trouver des mémoires sur les sciences exactes, ou des hommes instruits des anciennes traditions scientifiques ? et si les découvertes qu'on attribue aux premiers philosophes grecs leur appartenaient réellement, si les notions des Égyptiens n'eussent été que des élémens grossiers perfectionnés par les Grecs, pense-t-on que, deux à trois siècles après Pythagore et Thalès, on eût vu leurs successeurs et des hommes tels que Démocrite, Eudoxe, Platon, Euclide, Archimède, aller tour à tour étudier l'Égypte? L'école de Milet ne leur aurait-elle pas fourni plus de lumières, sans qu'il fût besoin d'entreprendre de longs et de pénibles voyages ? On ne pourra donc plus désormais regarder les Grecs comme les fondateurs de la géométrie; il faudra aussi rejeter des traditions obscures, telles que celle qui attribuait la découverte des propriétés du triangle au Phrygien Euphorbe[1], antérieur à la construction du temple d'Éphèse.

Il est temps de terminer cet aperçu succinct de l'origine de la géométrie, et de chercher dans les monumens des faits qui viennent à l'appui de l'histoire. Que de travail et de fatigue l'on s'épargnerait sans doute, si l'on pouvait lire les manuscrits égyptiens, les inscriptions hiéroglyphiques? On y trouverait probablement l'exposé des connaissances géométriques de leurs auteurs, et l'on n'aurait pas à errer dans un champ de conjectures. Toutefois, le voile que les prêtres de l'Égypte ont étendu comme à dessein sur leurs sciences, peut en partie être soulevé, si l'on médite profondément les ouvrages qu'ils ont laissés à la surface du pays. Des proportions qui brillent dans ces monumens, on peut conclure les règles suivant lesquelles on les a élevés; et, puisqu'ils sont le fruit de la science égyptienne, ils doivent en renfermer les élémens, et il ne doit pas être impossible d'y découvrir ces derniers.

Dans divers mémoires sur les somptueux édifices de la haute Égypte, j'ai fait remarquer, parmi les proportions et les mesures, la symétrie exacte et la régularité qui ont présidé à la construction de ces ouvrages, et le chapitre IV de ce mémoire, surtout, a offert un grand nombre d'exemples de ces proportions parfaitement régulières. C'était peut-être dans ce balancement harmonieux de toutes les parties, et non dans leur grandeur absolue, que résidait le principal mérite de cette archi-

[1] Diogen. Laërt. *in Vit. Thal.* lib. 1.

tecture, qui n'était pas dépourvue, autant qu'on le croit, de grâce ou d'élégance; et l'on ne peut refuser ce mérite aux Égyptiens, quoiqu'on ait dit avec plus d'esprit que de justesse, qu'ils avaient sacrifié à tous les dieux, excepté aux Grâces. Comment croire que les immenses lignes de ces bâtimens gigantesques eussent pu être établies dans les projets des architectes, et tracées sur les plans et sur le terrain, sans les élémens de géométrie ou sans l'usage du compas, comme on l'a soutenu, enfin sans les moyens de l'art dont nous-mêmes faisons usage? Il leur fallait d'ailleurs des moyens particuliers, appropriés à la dimension extraordinaire des matériaux.

Les pylônes, ces vastes portails qui précédaient les temples et les palais, avaient leurs façades inclinées. Ces deux massifs, d'une hauteur prodigieuse, comprennent entre eux une porte qui a ses montans verticaux. Si les lignes inclinées qui les terminent eussent tombé tant soit peu en dedans de la porte, il en serait résulté un porte-à-faux dont l'œil eût été choqué, et qui aurait nui à la solidité apparente de l'édifice. Les constructeurs ont évité avec soin cette faute : ils n'avaient garde de blesser, même en apparence, les règles de la solidité. En effet, les grandes lignes des pylônes étant prolongées, viennent toujours aboutir exactement à la naissance des montans de la porte, et, après tant de siècles, rien n'a changé dans cette direction précise, là où les portes et les pylônes sont restés intacts. Il est évident que l'exécution de ces ouvrages demandait au moins des connaissances élémentaires en géométrie et d'excellentes

DES ANCIENS ÉGYPTIENS, CH. XII. 405
méthodes pratiques, sans parler de la perfection de
leurs moyens mécaniques[1].

C'est un fait constaté par l'accord des auteurs, que le
projet de faire communiquer les deux mers qui baignent
l'Égypte, fut différé, chez les anciens Égyptiens, dans
la crainte qu'on avait d'inonder le pays, les eaux de la
mer Rouge étant plus élevées que le sol. Cette connaissance du niveau supérieur de la mer Rouge fait honneur
aux anciens, si on ne leur suppose pas d'instrumens
comme les nôtres; et si on leur en suppose d'analogues,
c'est admettre encore quelque avancement dans les
moyens d'observation : mais, outre qu'ils savaient l'existence de la différence de niveau, ils en connaissaient
encore la quantité. En effet, ce n'était pas seulement
une conjecture, une opinion probable; Pline s'explique
de manière à faire voir qu'il fut fait une opération, une
mesure précise : *Ultrà deterruit inundationis metus,
excelsiore* tribus cubitis *Rubro mari* comperto *quàm
terrâ Ægypti*[2]. On peut être curieux d'apprécier l'exactitude de ce résultat.

Les trois coudées d'élévation de la mer Rouge au-dessus de la vallée d'Égypte sont une mesure exacte; en
effet, elles répondent, d'après notre évaluation de la
coudée égyptienne, à $1^m,385$ ou 4 pieds $\frac{1}{4}$ environ : or,
dans les dernières opérations entreprises par les Français pour connaître les niveaux respectifs des deux mers,
on a trouvé 4 pieds 3 pouces de différence entre la mer
Rouge et la plaine des Pyramides. Aujourd'hui, c'est

[1] *Voyez* la Description d'Edfoû, *A. D.*, *chap. V.*
[2] Plin. *Hist. nat.* l. VI, cap. 29.

406 EXPOSITION DU SYSTÈME MÉTRIQUE

celle-ci qui est supérieure[1]. Comme l'exhaussement, depuis le temps de Sésostris, peut être évalué à $2^{m}\frac{1}{4}$ (8 pieds 6 pouces)[2], le sol du pays entre Memphis et le Delta était donc autrefois inférieur aux hautes eaux de la mer Rouge, de 4 pieds 3 pouces ou 4 coudées. Ainsi l'on est fondé à croire que les Égyptiens avaient trouvé des moyens de niveler le sol avec exactitude. C'était d'ailleurs une des opérations qu'il était le plus nécessaire de savoir exécuter, pour régler l'ouverture des canaux et la distribution des eaux : or, on sait combien ces travaux ont occupé les anciens habitans du pays, et combien, sous ce rapport, ils ont acquis de célébrité.

Je me hâte de passer au grand monument qui a fait, au commencement de ce mémoire, l'objet d'un chapitre

---

[1] La première assise de la grande pyramide, taillée dans le roc, est de $134^{ds}\;5^{po}\;1^{l}$ au-dessus du chapiteau de la colonne du meqyâs, et de $138^{ds}\;10^{po}\;2^{l}$ au-dessus de la plaine de Gyzeh, au niveau moyen[*]. Or, la mer Rouge est inférieure de $8^{ds}\;8^{po}\;1^{l}$ au même chapiteau : donc la plaine actuelle des Pyramides est plus haute que les hautes eaux de la mer Rouge, de $4^{ds}\;3^{po}$. (Voyez le Mémoire sur le canal des deux mers, par M. Le Père, et la pl. 14, É. M.)

[2] A Héliopolis, le sol actuel de la plaine est à $1^{m},88$ au-dessus de la base de l'obélisque, dont le socle avait au moins sept décimètres ; et il n'est pas probable que le socle ne fût pas élevé, au-dessus du terrain, d'un ou deux décimètres, en tout $2^{m}\frac{1}{4}$ à peu près, ce qui équivaut à $8^{ds}\frac{1}{2}$ environ. Je regarde comme sensiblement de niveau le sol d'Héliopolis et celui de la plaine des Pyramides. Donc le sol ancien de la plaine était à $4^{ds}\;3^{po}$ au-dessous de la mer Rouge, ou 4 coudées.

[*] Le plan auquel les ingénieurs français ont rapporté le nivellement, est au-dessus de Talbyeh (village qui est au point le plus bas), de............ $150^{ds}\;9^{po},5^{l}$.
au-dessus du point où commencent les sables............... 140 7. 8.
Hauteur moyenne $145^{ds}\;8^{po}\;7^{l}$, ou, en négligeant les lignes, 145 9. 0.
Il faut en retrancher $6^{ds}\;10^{po}\;10^{l}$ dont le rocher de la pyramide est inférieur au plan de nivellement ; reste, pour l'abaissement de la plaine au-dessous de ce rocher, 138 pieds $10^{po}\;2^{l}$.

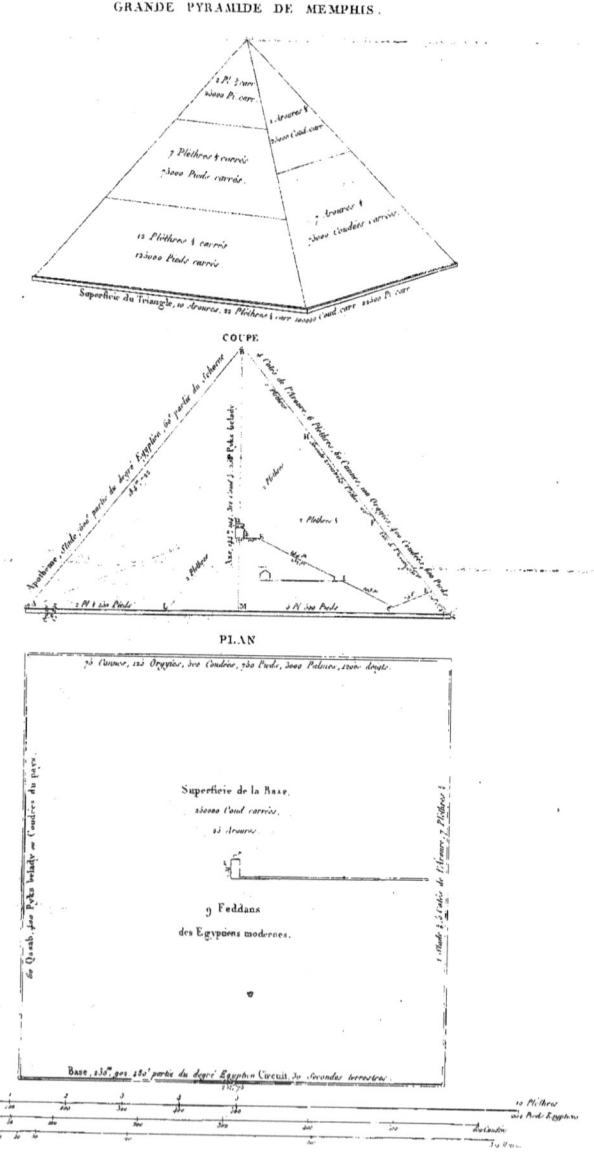

DES ANCIENS ÉGYPTIENS, CH. XII. 407

entier. La grande pyramide de Memphis présente à elle seule, dans sa construction et dans son exécution, une foule de données géométriques, dont je vais faire la recherche. Et d'abord, pour connaître si le choix des proportions de la pyramide a été arbitraire, ou bien fondé sur des motifs évidens, j'examinerai quelles sont les propriétés géométriques d'une pyramide droite, à base carrée, dont la base est comme 5, et l'apothème comme 4, proportion que les constructeurs ont adoptée. On eût pu choisir une pyramide équilatérale, ou toute autre dans laquelle il y aurait eu un rapport exact, soit entre la base et l'arête ou la hauteur, soit entre l'arête et l'apothème ou la hauteur, soit enfin entre la hauteur et l'apothème : mais les Égyptiens ont préféré, sans doute pour quelque raison, celle dont l'apothème et la base avaient le rapport que je viens d'exprimer.

En effet, si l'on suppose successivement, 1°. une pyramide équilatérale ayant une base comme 8; 2°. une autre pyramide ayant la même base et sa hauteur comme 5, ce qui se rapproche du monument égyptien; 3°. une troisième ayant la même base et son arête comme 7, rapport qui est aussi approchant de celui du monument égyptien ; on aura toujours un même résultat pour la superficie des faces de la pyramide, c'est-à-dire que cette superficie n'aura aucun rapport assignable avec celle de la base, et cela parce que l'apothème sera toujours incommensurable avec le côté[1]. Au contraire,

---

[1] Dans le premier cas supposé, l'apothème est $4\sqrt{3}$; dans le deuxième, $\sqrt{41}$; dans le troisième, $\frac{1}{2}\sqrt{97}$, etc.: les surfaces sont donc $16\sqrt{3}$, $4\sqrt{41}$, $2\sqrt{97}$, etc.

dans celle-ci, la face et la base ont, l'une 25 aroures de superficie, et l'autre 10, et elles sont comme 2 et 5 [1]. Je ne doute point que le désir d'avoir des lignes et des surfaces commensurables entre elles n'ait en partie déterminé les géomètres égyptiens dans le choix des élémens de la pyramide. Les rapports de 4 à 5 entre l'apothème et le côté, de 4 à 10 entre les superficies de la face et de la base, étaient frappans par leur simplicité, et d'un usage commode pour les calculs.

La pyramide équilatérale ne présentait qu'un seul avantage, celui de l'égalité des angles et des côtés; mais, en comparant une quelconque des dimensions à toutes les autres, ou le rapport en était irrationnel, ou elles étaient identiques. Dans notre pyramide, au contraire, la comparaison de la base à l'apothème donnait, pour excès de l'une sur l'autre, précisément le côté de l'aroure, mesure de cent coudées, quart du stade égyptien, élément de toutes les mesures agraires, et d'un usage journalier dans le pays.

C'était là un moyen de retrouver en tout temps le côté de l'aroure, la coudée, et par conséquent toutes les mesures. Le monument en offrait encore un autre; il consistait à comparer la surface de la base à celle d'une des faces, et d'en prendre la différence : la quinzième partie de cette différence équivalait à une aroure, et la racine carrée de cette dernière quantité était la mesure de cent coudées.

Continuons de rechercher les propriétés de la grande pyramide de Memphis, envisagée comme figure de géométrie : car je pense que ce monument était considéré

---

[1] Consultez la figure de la pyramide, chap. III.

comme tel, et qu'il servait aux spéculations géométriques, parce qu'il renfermait les exemples de la plupart des propositions fondamentales. J'ai déjà dit, dans le chapitre III, que, l'apothème de la pyramide étant 4, et la base 5, il en résultait pour la valeur de la hauteur, $\frac{1}{2}\sqrt{39}$; et pour celle de l'arête, $\frac{1}{2}\sqrt{89}$ (c'est-à-dire moins de $3\frac{1}{8}$ et de $4\frac{1}{4}$). Quand les géomètres voulaient avoir des exemples des lignes irrationnelles, ils les trouvaient donc dans les dimensions de la pyramide; circonstance qui, au surplus, est commune à tout solide semblable, où deux dimensions seulement sur cinq peuvent être commensurables entre elles. Ainsi l'on attribue à tort à Démocrite (qui, au reste, vécut cinq ans en Égypte) d'avoir le premier fait connaître les lignes irrationnelles; on ne peut douter que les Égyptiens ne les connussent bien long-temps avant lui.

La base avait en surface 25 aroures; chaque face triangulaire, 10 aroures; le carré construit sur la diagonale, 50 aroures; celui de la demi-diagonale, 12 aroures et demie, etc., et ces espaces faisaient, en coudées carrées, 250000, 100000, 500000, 125000, etc. Sachant, d'une part, que la base avait 25 aroures de surface, et, de l'autre, qu'il y avait 5 mesures sur un côté de la base, 5 mesures sur l'autre, dont la multiplication donnait 25 mesures carrées ou *aroures,* on comprenait aussitôt que la superficie d'un carré se mesure en multipliant par lui-même le nombre des unités du côté.

La mesure de la surface d'un triangle était également visible. On savait que la face de la pyramide avait 10 aroures, et que la base renfermait 5 mesures, et la hauteur 4 : on voyait qu'il fallait multiplier 5 par la moitié de 4, pour obtenir la superficie de ce triangle, et, en général, la base par la moitié de la hauteur, pour un triangle quelconque. De la connaissance de la mesure des triangles, on pouvait déduire aisément celle des autres figures rectilignes.

Le rapport égal qu'il y avait entre l'apothème et le côté de la base, d'une part, et, de l'autre, entre la double face et la base, c'est-à-dire 20 : 25, ou 4 : 5, servait à rappeler la mesure des superficies; ce même rapport existait encore entre la somme des quatre faces et le carré de la diagonale.

La somme des 4 faces est égale à une fois et $\frac{3}{5}$ la superficie de la base : ce rapport de 8 à 5 est aussi celui de l'apothème au demi-côté de la base.

Les lignes homologues menées dans les triangles semblables sont entre elles en proportion géométrique. C'est ce qu'on pouvait démontrer à la simple inspection de la pyramide, en partageant l'apothème en deux parties : or, cette division n'est point arbitraire; elle est indiquée par la disposition de la pyramide [1]. Divisant donc l'apothème en deux également par une horizontale, on avait au sommet un triangle visiblement égal au quart de la face entière; car le trapèze inférieur en fait trois semblables. Les deux triangles sont donc comme 2 $\frac{1}{2}$ et 10. Le grand a sa base = 5, et sa hauteur = 4 : donc le petit a sa base = 2 $\frac{1}{2}$, et sa hauteur = 2. Or, on peut faire cette proportion, 5 : 4 : : 2 $\frac{1}{2}$: 2. Les deux bases étaient donc en même proportion que les hauteurs. De là, la

[1] *Voyez* ci-dessous, et plus haut la figure de la pyramide, chap. III.

considération des triangles semblables, et, par suite, des figures semblables, c'est-à-dire des figures qui ont leurs angles égaux et leurs côtés proportionnels.

La division de la hauteur de la face en deux parties égales n'était pas purement spéculative; elle partageait la superficie en deux portions hautes chacune de 2 côtés d'aroure ou $\frac{1}{2}$ stade, et qui étaient entre elles comme 1 et 3; ce qui faisait connaître immédiatement la mesure des trapèzes. Triple en surface du triangle supérieur, le trapèze formé par cette division valait 7 aroures $\frac{1}{2}$: comme sa hauteur est 2 (le côté de l'aroure étant l'unité), il s'ensuit que la surface est égale à un rectangle qui aurait 2 sur 3 $\frac{1}{4}$. Les deux bases du trapèze étant 2 $\frac{1}{2}$ et 5, et leur somme, 7 $\frac{1}{2}$, la demi-somme fait 3 $\frac{1}{4}$; d'où l'on concluait évidemment que la superficie d'un trapèze se trouve en multipliant la hauteur par la demi-somme des bases. Autrement, la surface de la base de la pyramide étant de 25 aroures, et celle de chaque face, de 10, la base est donc égale au double et demi de la face. En construisant une figure égale à deux faces $\frac{1}{2}$, on produit un trapèze ayant deux angles droits, dont la hauteur est 4, la grande base 7 $\frac{1}{2}$, et l'autre 5; il est visiblement égal au carré de la pyramide, ou 25. Il faut donc, pour avoir la surface du trapèze, multiplier 4 par le quart de 25 ou 6 $\frac{1}{4}$: or, 6 $\frac{1}{4}$ est la demi-somme de 5+7,5; donc la surface du trapèze est égale au produit de sa hauteur par la moitié de la somme de ses bases.

Voici un autre théorème que la pyramide présente avec non moins d'évidence; savoir, que les figures semblables sont entre elles comme les carrés des lignes ho-

412 EXPOSITION DU SYSTÈME MÉTRIQUE

mologues. Si l'on divise la face par deux horizontales passant au 1er et au 2e tiers de l'apothème, c'est-à-dire de 2 plèthres en 2 plèthres, division donnée par la position de la chambre du Roi, on a un triangle égal à deux plèthres carrés $\frac{1}{2}$; un second, à 10 plèthres; enfin un troisième ou la face elle-même, faisant 22 plèthres $\frac{1}{2}$. Le rapport de ces mesures en plèthres avec les mesures en aroures était facile à saisir, comme on le voit par les superficies correspondantes [1] :

	APOTHÈME DIVISÉ	
	EN DEUX PARTIES.	EN TROIS PARTIES.
	aroures.	plèthres carrés.
1er tiers... triangle.....	»	2 $\frac{1}{2}$.
1re moitié, triangle.....	2 $\frac{1}{2}$.	»
2e tiers... trapèze.....	»	7 $\frac{1}{2}$.
2e moitié, trapèze.....	7 $\frac{1}{2}$.	»
3e tiers... trapèze.....	»	12 $\frac{1}{2}$.
Triangle total...	10.	22 $\frac{1}{2}$.

Il est inutile d'expliquer la raison de cette correspondance, qui est assez palpable. D'après le théorème ci-dessus des lignes proportionnelles, les bases des triangles, dans la face divisée en trois parties, sont de 2 plèthres $\frac{1}{2}$, 5 plèthres, et 7 plèthres $\frac{1}{2}$; les hauteurs, 2, 4 et 6 plèthres. Comparons les surfaces des triangles entre

---

[1] *Voyez* la figure de la pyramide au chap. III.

DES ANCIENS ÉGYPTIENS, CH. XII.   413

elles, nous les trouverons égales à 1, 4 et 9 plèthres carrés : or, ces trois nombres sont entre eux comme les carrés des dimensions homologues que je viens de rapporter; savoir, les carrés des bases des triangles, $2,5^2$; 5^2; $7,5^2$, ou bien les carrés des hauteurs, 4, 16 et 36. La démonstration était encore plus simple pour la face divisée en deux parties.

Cet autre théorème, que les trois angles d'un triangle isocèle, et par suite de tout triangle, sont égaux à deux droits, n'était pas moins apparent dans la base de la pyramide : à la vérité, toute figure carrée l'eût offert également. Le carré de la base ayant évidemment quatre angles droits, quand on le coupait en deux par une diagonale, on formait deux triangles, dont chacun avait un angle droit et deux moitiés d'angle droit.

On trouvait, en divisant l'apothème de plèthre en plèthre, une progression en raison arithmétique, dans la suite des cinq trapèzes et du triangle supérieur. Le triangle au sommet est le premier terme de la série; la raison est $\frac{1}{4}$ de plèthre carré, double en valeur du premier terme. De même, en divisant la face en 4 tranches, ou par côtés d'aroure, le premier terme était $\frac{1}{8}$ d'aroure, le second $\frac{11}{8}$, le troisième $\frac{25}{8}$, et le dernier $\frac{35}{8}$: en ajoutant les quatre termes ensemble, on avait $\frac{80}{8}$, c'est-à-dire 10 aroures. On remarque que cette progression, multipliée par $\frac{8}{1}$, l'inverse du premier terme, devient celle des quatre premiers nombres impairs 1, 3, 5, 7. Dans la face divisée en plèthres, on avait 1, 3, 5, 7, 9, 11. Le moyen de sommer une série arithmétique n'était pas difficile à déduire de cette définition.

J'insiste sur ce qu'il ne faut pas croire que la division que je viens de faire de l'apothème en trois parties, soit de pure hypothèse; elle est parfaitement indiquée par la construction elle-même de la pyramide. Au chap. III, j'ai dit que le faux plafond servant de décharge au poids immense de la pyramide, et qui couronne la chambre du Roi, était au tiers juste de la hauteur de l'axe. Or, si, de ce point, on suppose une ligne horizontale allant à l'apothème, elle le rencontrera au point qui correspond à la fin du deuxième plèthre, à partir du bas. C'est à ce dernier point que se termine le triangle ayant 10 plèthres carrés, précisément autant que le triangle entier a d'aroures.

Mais le choix de ce point avait peut-être un autre but plus important, celui de faire connaître comment l'on mesure le volume des pyramides. En effet, d'après ce que je viens de dire, le dessus de la chambre du Roi était à 104 coudées $\frac{1}{12}$ de hauteur; ce qui répondait à 2 plèthres ou 200 pieds mesurés sur l'apothème; 104 $\frac{1}{12}$ est le tiers de 312 $\frac{1}{4}$, hauteur totale. Il est donc possible que le choix de ce point ait eu pour but de montrer qu'il faut multiplier la surface de la base d'une pyramide par le tiers de la hauteur, pour en avoir la solidité. Le calcul donne pour le volume de celle-ci environ 26 millions de coudées cubes [1].

On sait que le centre de gravité d'un triangle isocèle est au tiers de sa hauteur, et, en général, à l'intersec-

---

[1] En mètres cubes, la pyramide fait 2562674, et en pieds cubes, 7476345i. Le socle n'est pas compris dans ces mesures; il vaut 2662621 mètres cubes, ou 78669305 pieds cubes.

tion des lignes menées des sommets des angles au milieu des côtés. La démonstration en est donnée par Archimède[1]. Aristarque de Samos avait démontré cette proposition avant lui, et peut-être la tenait-il d'ailleurs; la construction de la pyramide en est du moins un indice.

Tels sont les divers motifs qui ont engagé les Égyptiens à placer le faux plafond de la chambre du Roi au tiers de la hauteur de l'axe, plutôt qu'à aucun autre point. Le dessein des constructeurs était d'arriver à ce point par des lignes inclinées et d'un grand développement. Quel motif les a guidés dans le tracé des profils de ces canaux? J'ai cherché à connaître si les inclinaisons avaient été fixées arbitrairement, ou si au contraire, et selon toute présomption, on les avait assujetties à la destination du monument, qui paraît toute géométrique; j'ai trouvé un résultat assez conforme à cette dernière idée. Que l'on mène du milieu d'un des côtés de la base une ligne dirigée au milieu de l'apothème opposé, et passant par conséquent au tiers de la hauteur de l'axe, et qu'on calcule ensuite l'angle de cette ligne avec l'horizontale, on trouve 22° 36′ 13″ : or, l'inclinaison du premier canal a été mesurée; elle se trouve égale à 26° 30′ environ. Les constructeurs dirigèrent ce canal presque parallèlement à la ligne qui passe par le milieu de l'apothème. Cette ligne et celles qui lui correspondent déterminaient, sur l'axe, le centre de gravité du triangle de la coupe.

La pyramide renfermait en elle-même la démonstration sensible de la valeur du carré de l'hypoténuse

[1] *De l'équilibre des plans*, liv. 1, propos. 13.

dans un triangle rectangle isocèle, et la simplicité des nombres rendait le résultat plus frappant. En effet, le carré construit sur la diagonale de la base était, comme on l'a vu page 409, de 50 aroures, et le carré du côté de la base, de 25, c'est-à-dire la moitié. Or, cette diagonale est l'hypoténuse d'un triangle rectangle, dont les deux autres côtés sont égaux chacun à la base de la pyramide.

La somme des carrés de la hauteur et de la demi-diagonale étant égale à la somme des carrés de l'apothème et du demi-côté, ou bien encore au carré de l'arête, les démonstrateurs puisaient sans doute des exemples de la proposition du carré de l'hypoténuse dans ces propriétés et dans plusieurs autres semblables qui appartiennent aux pyramides. Mais nous avons une autre preuve que les Égyptiens connaissaient ce théorème, et je voulais seulement montrer ici l'usage qu'on faisait de la pyramide comme figure de géométrie. En effet, Plutarque nous apprend que les Égyptiens avaient l'habitude de considérer, dans leurs spéculations, le triangle qui a 3 parties de hauteur, 4 de base et 5 de sous-tendante, et où celle-ci, multipliée par elle-même, produit un carré égal à la somme des carrés formés par les deux autres lignes : le nombre 25, qui résulte de part et d'autre, était celui des lettres égyptiennes, et celui des années qu'on attribuait à la durée de la vie d'Apis. A la fin de ce paragraphe, je citerai le passage de Plutarque, et je ferai quelques recherches sur les nombres qui composaient ce *triangle égyptien* et sur les conséquences curieuses qu'on peut en tirer relativement aux mesures.

DES ANCIENS ÉGYPTIENS, CH. XII.

L'aroure avait 10000 coudées carrées : un cube dont le côté aurait été celui de l'aroure, valait donc un million de coudées cubes. Il est remarquable que ce volume est le même que celui d'un parallélipipède ayant même base que la pyramide et même hauteur que le socle.

Nous n'avons pas de renseignemens sur la nature des moyens trigonométriques en usage parmi les Égyptiens, moyens qui suffisaient toutefois pour mesurer les distances inaccessibles; mais il est bien difficile de croire qu'ils eussent pu faire aucune observation sans le secours de la trigonométrie. La notion des distances entre les corps planétaires, qui est certainement très-ancienne chez eux, suppose la mesure des angles sous lesquels ces distances sont aperçues; et, à moins du calcul ou de la construction des triangles, on n'en pourrait faire l'estime même la plus grossière. On ne saurait donc faire honneur à Hipparque de l'invention de la trigonométrie. Bien que je pense que les Égyptiens aient eu certains procédés de calcul, et des tables où les angles étaient exprimés en parties du rayon, il y a lieu de croire qu'ils résolvaient aussi les triangles par construction géométrique; l'incertitude ne sera peut-être jamais fixée sur ce point, tant que leurs anciens livres de science ne seront pas découverts.

Les anciens ignoraient l'usage des sinus; ils se servaient des cordes des arcs; ils divisaient aussi le rayon en soixantièmes, en soixantièmes de soixantième, et ainsi de suite jusqu'au quatrième degré[1]. Nous avons vu,

---

[1] Ptolémée, qui évalue les cordes des arcs en soixantièmes du rayon, puis en soixantièmes ou minutes, et en secondes (lib. 1, cap. 9 et alibi),

chap. 1, qu'ils faisaient certainement usage de la division du cercle en 6 fois 60 parties, divisées aussi en soixantièmes, et ces derniers en 60 autres. Tout ce mémoire a prouvé, au reste, que la division successive des mesures par 6 et 10, depuis la circonférence terrestre jusqu'aux dernières parties, avait servi de base au système égyptien. Si le périmètre du globe était ainsi divisé, comment imaginer que le cercle en général eût été soumis à une division différente? Il faut bien plutôt croire que l'échelle sexagésimale avait passé de la géométrie et de l'astronomie au système métrique.

On sait combien le problème de la duplication du cube a eu de célébrité chez les anciens; il a occupé Platon, Ératosthène, Héron d'Alexandrie, Philon de Byzance, qui en ont donné une solution mécanique et par tâtonnement. Hippocrate de Chio, Archytas, Menechme, Eudoxe, Apollonius, Nicomède, Pappus et Dioclès, ont donné des solutions géométriques, et qui se rapprochent plus ou moins de celles des modernes, lesquelles consistent à employer l'intersection du cercle et d'une section conique. On trouve que les lignes de la grande pyramide de Memphis fournissent aussi une solution matérielle du problème : *Pour doubler le cube*

---

avait certainement trouvé cette méthode établie en Égypte. L'opinion vulgaire est que le premier traité de trigonométrie fut composé par un certain Ménélaüs; cette opinion demanderait à être soumise aux recherches d'une critique éclairée. Théon rapporte que Ménélaüs avait écrit, ainsi qu'Hipparque, sur le calcul des cordes; mais son ouvrage n'est pas parvenu jusqu'à nous, non plus que celui d'Hipparque. Je ne doute pas que Ptolémée n'y ait puisé les élémens de sa table sexagésimale. Il ne nous reste de Ménélaüs que son *Traité des sphériques*, ou *sur les triangles sphériques*.

DES ANCIENS ÉGYPTIENS, CH. XII. 419

de l'apothème, il suffit de faire le cube du socle. En effet, 232^m,747, longueur du socle, étant divisés par 184^m,722, longueur de l'apothème, donnent 1,26; or, 1,26 est justement, à une très-petite quantité près, la racine cubique de 2, racine par laquelle il faut multiplier le côté d'un cube, pour avoir celui d'un cube double. Plus simplement, si vous multipliez 400 coudées, longueur de l'apothème, par 1,26, rapport des côtés de deux cubes sous-doubles, vous aurez 504 coudées, longueur du socle[1].

Ce problème revient à la division d'une pyramide en deux parties égales en volume. Dans un cas, il faut multiplier, et dans l'autre, il faut diviser par la racine cubique de 2. Ainsi les géomètres égyptiens pouvaient, par l'exemple de la duplication du cube, apprendre à partager une pyramide en deux parties d'un volume égal.

DE L'ÉTOILE A CINQ BRANCHES, FIGURÉE DANS LES MONUMENS ÉGYPTIENS.

La figure donnée aux étoiles dans les monumens égyptiens suppose une construction géométrique fort curieuse, et qui paraît avoir été inconnue aux géomètres grecs. De cette construction résulte une propriété remarquable[2]; savoir, qu'il y a une infinité d'autres

---

[1] Le cube de 400 coudées est de 64000000 coudées cubes, et celui de 504 fait 128024064, dont la moitié est de 64012032, égale, à $\frac{1}{5128}$ près, au cube de l'apothème. La différence est sans doute encore trop grande, puisqu'elle devrait être absolument nulle; mais elle était tout-à-fait insensible dans les figures de géométrie, soit planes, soit stéréométriques, à quelque échelle qu'on les suppose construites. Or, j'ai dit que la figure de la pyramide était employée aux démonstrations géométriques.

[2] C'est M. Poinsot qui a découvert

figures que le triangle dont la somme des angles est égale à deux angles droits. En général, dans tous les *polygones étoilés* et d'un nombre impair de côtés, la somme des angles saillans est constante et de 180°.

Pour construire un polygone étoilé de cinq côtés, par exemple, il faut diviser la circonférence en cinq parties égales, et, aux points que j'appellerai 1, 2, 3, 4, 5, mener successivement des cordes de 1 à 3, de 3 à 5, de 5 à 2, de 2 à 4, enfin de 4 à 1; alors le polygone est fermé. La figure est une étoile à 5 pointes; chaque angle saillant est de 36°, et la somme, de 180°. Tout polygone construit par ce procédé, c'est-à-dire en menant des cordes d'un point à l'autre, en sautant par-dessus 1, 2, 3, 4, etc., points intermédiaires, suivant que la circonférence est divisée en 5, 7, 9, 11, etc., sera une étoile, dont les angles saillans jouiront de la même propriété [1].

Il suit de cette définition que le polygone étoilé à 15 côtés se construit en menant des cordes du 1er au 8e point, du 8e au 15e, du 15e au 7e, et ainsi de suite, et que l'angle saillant est de 12°, la somme de 180°. Cela posé, l'étoile égyptienne, représentée dans les bas-

---

cette propriété et fait connaître, le premier, cette espèce de polygone. *Voyez* le *Journ. de l'Éc. polytechn.*, tom. IV, 10ᵉ cahier, ann. 1810.

[1] En général, n étant le nombre des divisions de la circonférence, il faut sauter par-dessus un nombre de points intermédiaires $=\frac{n-3}{2}$; l'angle saillant $=\frac{180°}{n}$. Dans le triangle, qui est un cas particulier de ces polygones, $\frac{n-3}{2}$ se réduit à 0; les cordes doivent donc se mener consécutivement par les points de division. Quel que soit le nombre des côtés du polygone, la somme des angles rentrans est toujours de 6 angles droits; chacun d'eux est triple de l'angle saillant : ainsi l'angle rentrant dans le polygone à 15 côtés est de 36°. Les branches de l'étoile égyptienne font un angle de 84°.

DES ANCIENS ÉGYPTIENS, CH. XII.

reliefs, les peintures et les monumens de tout genre, est une figure à cinq angles très-aigus, qui est renfermée trois fois dans le pentédécagone étoilé[1]; c'est donc de cette figure que l'étoile paraît empruntée.

Il ne faudrait point comparer l'étoile des Égyptiens au pentagone étoilé; les branches de celui-ci sont beaucoup trop larges et trop courtes relativement. Celles de l'étoile, au contraire, sont étroites et très-allongées; de plus, elles s'appuient toujours au centre sur un cercle : or, celui-ci est très-sensiblement formé par les intersections des 15 cordes dans la figure de géométrie; ce dont on peut s'assurer en construisant la figure, même à une grande échelle. Comme la pointe eût été trop aiguë pour être exécutée, les Égyptiens avaient coutume de la tronquer un peu. Souvent l'exécution de ces étoiles est négligée; ce qui vient de l'immense quantité de celles qu'on avait à représenter (car aucune figure hiéroglyphique n'est plus commune sur les monumens) : mais l'angle aigu résultant des côtés prolongés se retrouve constamment[2]; il en est de même du cercle qui est au centre.

Le polygone étoilé à 15 côtés a une autre propriété; c'est que chaque côté ou corde est rencontré par les 14 autres sous des angles tous multiples de l'angle saillant, lequel est égal à 12°, c'est-à-dire qu'ils sont égaux à 12°, 24°, 36°, 48°, 60°, et ainsi de suite jusqu'à 180°. Il est possible que la progression duodécimale des mesures ait été puisée dans cette série, la division du cercle en 360

---

[1] *Voyez* la planche placée à la fin de ce chapitre.
[2] Les côtés sont, ordinairement, presque parallèles, dans les ouvrages peints ou faits à la hâte, ou dans les étoiles faites à la plume. Cela même fait voir l'intention d'exprimer un angle très aigu.

422 EXPOSITION DU SYSTÈME MÉTRIQUE

parties étant d'ailleurs admise en principe. Le nombre 60, autre diviseur du système métrique, se trouve également dans l'étoile égyptienne, en ajoutant les 5 angles.

Sans prétendre avancer ou nier que les Égyptiens aient connu cette propriété de tous les polygones étoilés à nombre impair de côtés, que la somme de leurs angles fait constamment deux angles droits, je crois être autorisé à regarder comme une conjecture probable, 1°. que la figure de l'étoile gravée sur les monumens égyptiens a été puisée dans le polygone à 15 côtés qui renferme trois de ces étoiles; 2°. que ce n'est autre chose qu'une figure de géométrie; 3°. que la progression duodécimale et sexagésimale des mesures a pu dériver en partie de la division de la circonférence par les cordes ou côtés qui forment ce polygone[1].

Le plan du chapiteau du grand temple d'Antæopolis est un ennéagone; c'est une singularité dont il n'y a pas d'exemple dans l'architecture égyptienne, et même, je crois, dans aucune autre. Cette figure n'aurait-elle point quelque rapport avec la question présente? Je trouve que, dans l'ennéagone étoilé, l'angle rentrant a 60 degrés, comme l'angle du triangle équilatéral. Je ne doute point que les Égyptiens n'aient étudié les propriétés des polygones, les valeurs des angles et des côtés, enfin les rapports des cordes et de toutes les lignes inscrites dans le cercle, toutes choses d'ailleurs fort élémentaires. Ce qu'on lit dans Platon, et ce que

[1] A une époque antérieure à l'astronomie grecque, l'obliquité de l'écliptique avait été mesurée, et cette mesure était égale à l'arc dont le côté du pentédécagone est la corde, ou 24°. Ce fait n'est peut-être pas sans rapport avec la figure du pentédécagone étoilé.

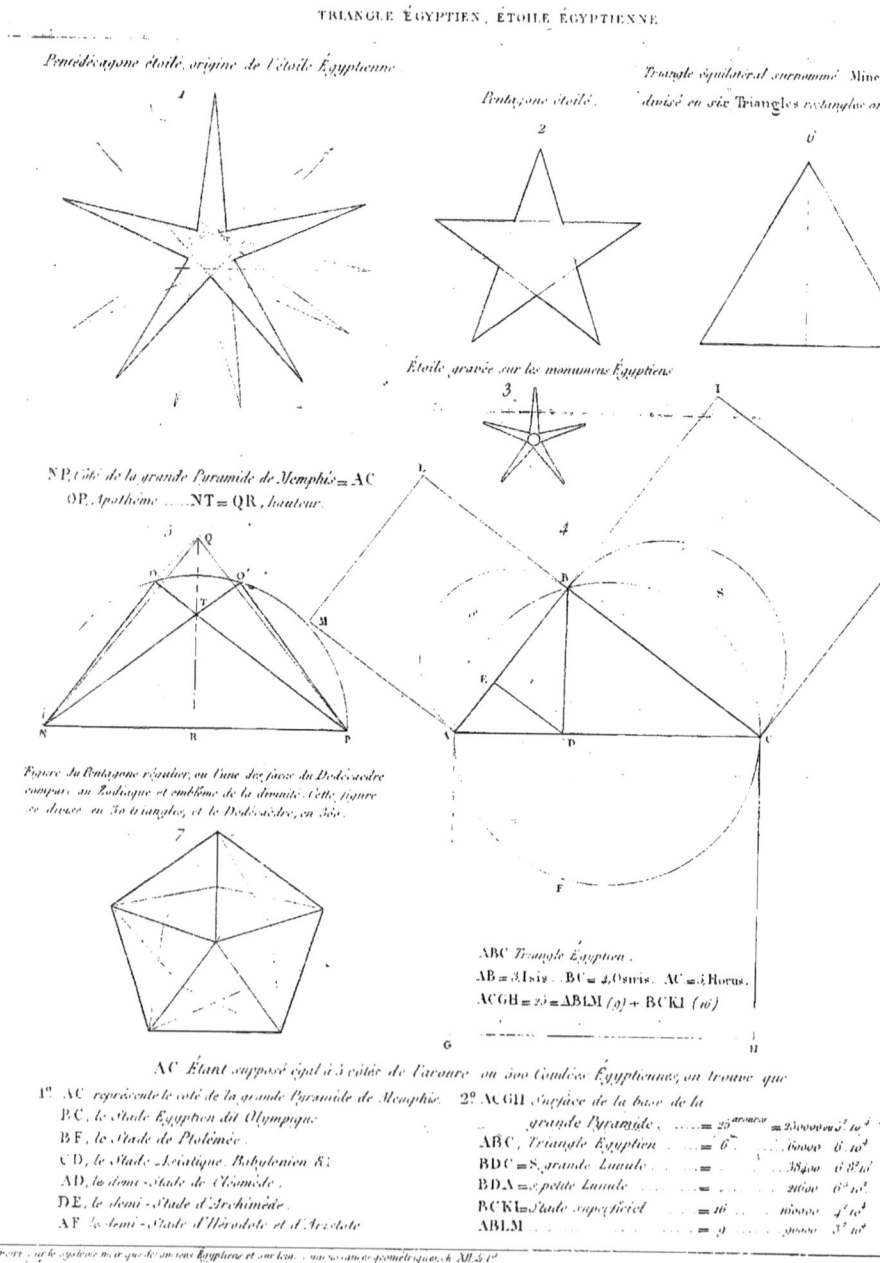

DES ANCIENS ÉGYPTIENS, CH. XII.   423

Plutarque attribue aux pythagoriciens ou aux Égyptiens eux-mêmes, rendent la chose au moins extrêmement vraisemblable.

Horapollon nous apprend que les Égyptiens exprimaient le nombre 5 par la figure d'un astre[1] : la raison qu'il en apporte est qu'il y a 5 étoiles errantes. J'en vois une autre plus solide, si les Égyptiens représentaient un astre sous la forme étoilée; ce qui est fort probable : en effet, l'étoile gravée sur les monumens a constamment 5 branches; nous la voyons toujours avec ce nombre de côtés, et jamais avec un nombre moindre ou plus fort.

DU TRIANGLE ÉGYPTIEN CITÉ PAR PLUTARQUE, ET DE SES RAPPORTS AVEC LE SYSTÈME MÉTRIQUE.

Selon le rapport de Plutarque, les Égyptiens comparaient la nature universelle au triangle rectangle qui a 4 parties de base, 3 de hauteur et 5 d'hypoténuse; et ils disaient que la base représente *Osiris* ou le principe mâle; la ligne qui forme l'autre côté de l'angle droit (c'est-à-dire la hauteur), *Isis*, la femelle ou le réceptacle; et l'hypoténuse, *Horus*, l'effet ou le fruit de l'un et de l'autre. Ils ajoutaient que 3 est le premier nombre impair parfait; que 4 est le carré de 2, premier nombre pair, et que 5, qui résulte de l'un et de l'autre[2], se forme aussi de 3 ajouté à 2; enfin, que le carré de ce nombre 5 produit un nombre égal à celui des lettres

---

[1] *Hieroglyph.* lib. 1, cap. 13. Au liv. 11, ch. 1, une étoile désigne le crépuscule, la nuit, le temps, etc.

[2] Comme le fils procède du père et de la mère.

égyptiennes et à celui des années de la vie d'*Apis*. J'ai rapporté dans les notes le texte littéral, que je viens seulement d'extraire [1]. Plutarque cite à l'appui le témoignage de Platon, qui, dans sa *République*, exprimait par cette figure l'emblème nuptial [2]; nouvelle raison de penser que Platon avait emprunté à l'Égypte beaucoup de considérations de géométrie.

Il résulte de ce curieux passage que le triangle rectangle formé par 3 lignes égales à 3, 4, 5, était une

---

[1] Αἰγυπλίους δὲ ἄν τις εἰκάσειε τῶν τριγώνων τὸ κάλλιστον, μάλιστα τούτῳ τὴν τοῦ παντὸς φύσιν ὁμοιοῦντας, ᾧ καὶ Πλάτων ἐν τῇ Πολιτείᾳ δοκεῖ τούτῳ προσκεχρῆσθαι, τὸ γαμήλιον διάγραμμα συντάτlων· ἔχει δὲ ἐκεῖνο τὸ τρίγωνον, τριῶν τὴν πρὸς ὀρθίαν, καὶ τεσσάρων τὴν βάσιν, καὶ πέντε τὴν ὑποτείνουσαν ἴσον ταῖς περιεχούσαις δυναμένην· εἰκαστέον οὖν τὴν μὲν πρὸς ὀρθὰς, ἄῤῥενι, τὴν δὲ βάσιν, θηλείᾳ, τὴν δὲ ὑποτείνουσαν, ἀμφοῖν ἐγγόνῳ· καὶ τὸν μὲν Ὄσιριν ὡς ἀρχὴν, τὴν δὲ Ἴσιν ὡς ὑποδοχὴν, τὸν δὲ Ὧρον ὡς ἀποτέλεσμα· τὰ γὰρ τρία, πρῶτος περισσός ἐστι καὶ τέλειος· τὰ δὲ τέτlαρα, τετράγωνος ἀπὸ πλευρᾶς ἀρτίου τῆς δυάδος τὰ δὲ πέντε, πῆ μὲν τῷ πατρὶ, πῆ δὲ τῇ μητρὶ, προσέοικεν, ἐκ τριάδος συγκείμενα καὶ δυάδος καὶ τὰ πάντα ὧν πέντε γέγονεν παρώνυμα, καὶ τὸ ἀριθμεῖσθαι πεμπάσασθαι λέγουσιν ποιεῖ δὲ τετράγωνον ἡ πεντὰς ἐφ' ἑαυτῆς, ὅσον τῶν γραμμάτων παρ' Αἰγυπλίοις τὸ πλῆθός ἐστι, καὶ ὅσων ἐνιαυτῶν ἔζη χρόνον.

Ægyptios autem probabile est triangulorum pulcherrimo in primis comparasse universi naturam : *qua* comparatione etiam Plato in Rep. videtur usus, ubi figuram nuptialem componit. Constat id triangulum tribus lateribus, quorum basis est quatuor, angulum rectum ad eam conficiens trium, et huic subductum angulo latus quinque scrupulorum, tantùm potest quantùm latera eum conficientia. Intelligendum est autem lineâ ad rectum angulum alteri insistente marem, basi feminam, subtendente prolem utriusque repræsentari; et Osirin esse principium, Isidem receptaculum, Horum effectum. Ternarius quippe primus est impar ac perfectus numerus: quaternio est quadratum lateris paris binarii: quinarius quâ patri, quâ matri congruit, conflatus è binario et ternione. Is Græcis est pente, à quâ voce manasse videtur panta, quo universum, et pempasasthæ, quo numerare intelligitur vocabulo. Quadratum porrò quinarius producit à se, quantus est numerus litterarum apud Ægyptios, et quot annos vixit *Apis*. (Plutarch. *De Iside et Osiride*, p. 373 F, tom. II, Lutet. Paris. 1624.)

[2] Je n'ai point trouvé dans le livre de la *République* le passage auquel Plutarque fait allusion;

DES ANCIENS ÉGYPTIENS, CH. XII.   425
image fréquemment employée par les prêtres égyptiens, et qu'elle jouait un grand rôle parmi les symboles de la religion. C'est pour cette raison que je l'ai surnommé *le triangle égyptien*. Il est surprenant que, dans le *Timée*, Platon, qui passe en revue les triangles et les polygones réguliers, ainsi que les différens polyèdres, ne parle point de cette figure si remarquable, tandis qu'il s'étend beaucoup sur le triangle équilatéral, et sur le triangle rectangle dont il est composé, ayant une partie de hauteur et 2 d'hypoténuse, et qu'il nomme *élément* : 6 de ces élémens forment l'équilatéral ; 2, un triangle isocèle ; 4, un parallélogramme rectangle ou losange, etc. [1]

Les pythagoriciens, dit ailleurs Plutarque, donnaient aux nombres et aux figures les noms mêmes des dieux. Le *triangle équilatéral* était surnommé *Minerve coryphagène* [2] et *tritogénie*, parce qu'on le divise par les trois perpendiculaires menées des *sommets* des trois angles [3]. Cette figure est la même que celle que j'ai

---

[1] Plat. *in Timœo*, pag. 53 *et seq.* et pag. 98, tom. III, ed. 1578.

[2] Ἀθηνᾶν κορυφαγενῆ, ou *Minerve née de la tête*.

[3] Οἱ δὲ Πυθαγόρειοι καὶ ἀριθμοὺς καὶ σχήματα θεῶν ἐκόσμησαν προσηγορίαις· τὸ μὲν γὰρ ἰσόπλευρον τρίγωνον, ἐκάλουν Ἀθηνᾶν κορυφαγενῆ καὶ Τριτογένειαν, ὅτι τρισὶ καθέτοις ἀπὸ τῶν τριῶν γωνιῶν ἀγομέναις διαιρεῖται· τὸ δὲ ἕν, Ἀπόλλωνα, πείθουσα προφάσει καὶ διπλοτάτοις μονάδος· Ἔριν δὲ, τὴν δυάδα, καὶ Τόλμαν· Δίκην δὲ, τὴν τριάδα· τοῦ γὰρ ἀδικεῖν καὶ ἀδικεῖσθαι κατ' ἔλλειψιν καὶ ὑπερβολὴν ὄντος, ἰσότητι δίκαιον ἐν μέσῳ γέγονεν· ἡ δὲ καλουμένη Τετρακτὺς τὰ ἓξ καὶ τριάκοντα, μέγιστος ὢν

ὅρκος, ὡς τεθρύλληται· καὶ Κόσμος ὠνόμασται, τεσσάρων μὲν ἀρτίων τῶν πρώτων, τεσσάρων δὲ τῶν περισσῶν εἰς τὸ αὐτὸ συντιθεμένων, ἀποτελούμενος.

Pythagorei autem numeros quoque et figuras deorum ornaverunt appellationibus : nam triangulum æqualium omnium laterum nominaverunt Minervam è vertice natam et Tritogeneiam, quia tribus perpendiculis eductis è tribus angulis suis dividitur : unitatem Apollinis vocabulo affecerunt, duplum ejus Dianæ, videlicet binarium : eumdem binarium Contentionem et Audaciam vocaverunt : ternarium dignati sunt Justitiæ titulo ; æqualitas

citée tout-à-l'heure d'après le *Timée;* elle renferme trois triangles isocèles, doubles chacun de l'*élément*. Ce n'est pas ici le lieu de faire les rapprochemens que le lecteur entrevoit sans peine, entre les figures de géométrie et les symboles des divinités égyptiennes; car tout le monde sait qu'*Athéna* dérive de *Neith*, la Minerve des Égyptiens, et aussi que l'école pythagoricienne est née en Égypte : je dois passer à un examen plus approfondi du triangle rectangle égyptien, triangle qu'on rencontre aussi chez les Chinois [1].

On trouve très-fréquemment le triangle dans les hiéroglyphes, mais il y est je pense, purement symbolique, et non comme figure de géométrie. Il n'entrait nullement dans le plan des prêtres égyptiens de représenter ces figures à notre manière, dans des tableaux destinés à être sous les yeux de tout le monde; et il paraît que la connaissance en était réservée aux seuls initiés dont parle Clément d'Alexandrie. C'est sans doute pour ce motif que je n'ai point trouvé dans les monumens la figure même du triangle rectangle dont il s'agit; peut-être aussi le découvrirait-on par une recherche plus exacte. Quoi qu'il en soit, il est visiblement l'origine de la proposition du carré de l'hypoténuse. La propriété des triangles rectangles s'y manifeste dans

---

enim in medio posita est eorum qua injusté aguntur et contra jus tolerantur, ab excessu et defectu proficiscentia : Tetractys, quæ celebratur (id est, quaternio mysticus). xxxvi unitatibus constans, locojurejurandi maximi fuit, sicuti omnium sermonibus est tritum, et appellabatur Mundus; *Conficitur autem primis quatuor paribus et primis imparibus in unam summam collectis.* (Plut. De Iside et Osir. pag. 381, E, t. ii.)

[1] Si l'on calcule les angles aigus du triangle égyptien, on trouve 53° 7′ 48″,36 pour l'un, et 36° 52′ 11″,64 pour l'autre.

toute son évidence et sa simplicité; il n'a pas été difficile de conclure de celui-là, qu'elle était commune à tous.

Supposons le triangle égyptien, formé par des lignes égales à 300, 400 et 500 [1], inscrit à un cercle. L'hypoténuse sera le diamètre; si de l'angle droit on abaisse une perpendiculaire sur l'hypoténuse et qu'on la prolonge jusqu'à la rencontre de la circonférence, cette corde sera représentée par le nombre 480, et les deux segmens de l'hypoténuse par 180 et 320. Du pied de cette perpendiculaire, qu'on en mène une autre sur le petit côté; sa longueur sera égale à 144, et le petit segment, formé sur ce même côté, sera égal à 108. Toutes ces valeurs sont entières et sans aucune fraction, comme on peut s'en assurer en faisant le calcul; mais ce n'est pas ce qu'il y a de plus remarquable.

Le grand côté du triangle étant de 500 parties, on peut supposer que ces parties sont des coudées. Il représentera alors la base de la grande pyramide, et le grand côté de l'angle droit, son apothème ou 400 coudées, c'est-à-dire le *stade égyptien*. Maintenant, si l'on cherche, dans mon tableau des mesures, le nombre de coudées égyptiennes compris dans le stade babylonien et hébraïque, on trouvera 320, précisément comme au grand segment de l'hypoténuse. Le stade de Ptolémée a 480 coudées; c'est le nombre que nous avons trouvé pour la corde ou double perpendiculaire abaissée de l'angle droit. Doublez le nombre qui exprime le petit segment du diamètre, vous avez 360 coudées, valeur du stade de Cléomède, de 240000 à la circonférence.

[1] Au lieu de 3, 4 et 5.

La perpendiculaire abaissée sur le petit côté (ou 144) étant doublée, l'on a 283 coudées, longueur du stade d'Archimède. Enfin, et pour qu'il ne manque aucune espèce de stade à cette énumération, doublez le petit segment formé sur ce même côté, et vous aurez 216, valeur précise du petit stade égyptien, celui d'Hérodote et d'Aristote, mesure qui a été employée dans l'Inde aussi bien qu'en Égypte[1].

Quand on considère tous ces rapprochemens si frappans, peut-on se défendre de l'idée que le triangle égyptien et *ses dérivés* sont la source commune de toutes les espèces de stades connues[2]? Les Égyptiens paraissent n'en avoir adopté que deux pour le calcul usuel des distances géographiques ou itinéraires : mais ils avaient connaissance de toutes les autres, qui résultaient immédiatement du triangle rectangle *générateur ;* car il faut ajouter ici que par la construction dont j'ai parlé, c'est-à-dire en abaissant successivement des perpendiculaires de l'angle droit sur le côté opposé, on forme indéfiniment des triangles qui ont tous la même propriété que le premier, et dont les côtés sont comme 3, 4 et 5.

En regardant le côté de l'aroure égyptienne comme l'unité, le carré construit sur le moyen côté du triangle fait le *stade superficiel* de 16 aroures, dont j'ai parlé à l'article des mesures agraires, et celui de l'hypoténuse

---

[1] *Voyez* le tableau général des mesures.

[2] Le stade d'Ératosthène ne se trouve pas compris dans cette série ce qui ne doit pas surprendre, puisqu'il est d'origine plus récente. Il paraît d'ailleurs formé de la mesure du pied humain, si l'on admet la conjecture que j'ai donnée plus haut sur son origine; sa longueur en coudées égyptiennes est de 342 ⅔. *Voyez* le chap. VIII, §. II.

DES ANCIENS ÉGYPTIENS, CH. XII. 429

est une surface de 25 aroures, celle-là même que renferme *la base de la grande pyramide*. Le triangle égyptien lui-même fait 6 aroures.

On trouve dans le triangle égyptien, non-seulement la base et l'apothème de cette pyramide, mais encore la hauteur, par une construction très-simple. Après l'avoir inscrit au cercle, il faut en inscrire un pareil dans le sens opposé au premier, et dans la même demi-circonférence. Les deux moyens côtés se couperont en un point qui est la limite de cette hauteur[1]. La longueur de l'arête se trouve par une construction analogue, et qui fournit le triangle de la face, égal à 10 aroures.

Le triangle étant toujours inscrit au cercle, que l'on décrive des demi-circonférences sur les deux côtés de l'angle droit considérés comme diamètres, leurs intersections avec la grande formeront 2 lunules[2]. L'hypoténuse étant de 500 coudées, le calcul donne pour la plus petite lunule, 21600 coudées carrées, et pour la plus grande, 38400 : ces deux superficies sont les mêmes que celles des deux triangles formés dans le triangle générateur par la perpendiculaire abaissée de l'angle droit; leur somme fait 60000 coudées ou 6 aroures, comme le triangle égyptien. Ainsi la grande lunule représente un nombre de coudées carrées égal à $6 \times 8^2 \times 10^2$; la petite, $6^3 \times 10^2$; et la somme, ou le triangle générateur, 6×10^4 ou 60×10^3. C'est parce que ces résultats sont

---

[1] Le calcul donne 3,125, au lieu de $\frac{1}{2}\sqrt{39}$; différence, $\frac{1}{1+x}$ à très-peu près.

[2] Hippocrate de Chio, selon l'opinion généralement reçue, trouva la quadrature de lunules formées sur les côtés d'un triangle rectangle quelconque.

en harmonie avec la division égyptienne et avec les rapports des mesures de superficie, que je conjecture qu'ils n'étaient pas inconnus aux géomètres de Memphis. Peut-être, après ce rapprochement, doutera-t-on un peu de la découverte d'Hippocrate. Au reste, il n'était pas difficile de conclure de cet exemple la quadrature des lunules dans tous les triangles rectangles.

Les résultats que présentent les nombres du triangle égyptien, sont multipliés et tellement féconds, que l'on doit, dans cette matière, se borner au lieu de s'étendre. Je n'ignore pas l'abus qu'on a fait de la recherche des propriétés des nombres, aussi futiles dans leur but que stériles dans leurs conséquences : mais je ne puis passer sous silence les rapports qu'ont les faits précédens avec l'échelle du système métrique; peut-être ils contribueront à fortifier l'origine de la division duodécimale et sexagésimale que j'ai attribuée à l'Égypte.

1°. Les nombres 3, 4 et 5 du triangle, étant multipliés l'un par l'autre, font 60, et leur somme fait 12; c'est ainsi que, dans l'étoile égyptienne, chaque angle est de 12°, et la somme de 60°.

2°. L'unité étant supposée le palme, les côtés du triangle seront de 3, 4 et 5 palmes, et ils représenteront la spithame, le pied et le pygon égyptiens.

3°. Le passage de Plutarque nous apprend que le nombre 4 du triangle était formé du premier nombre pair, ou 2, multiplié par lui-même; en le joignant, ainsi que l'unité, aux trois autres, nous aurons la série des cinq premiers nombres. Maintenant, si on les multiplie 2 à 2, 3 à 3 et 4 à 4, les produits expriment un

DES ANCIENS ÉGYPTIENS, CH. XII.   431
grand nombre de rapports compris dans le tableau des mesures égyptiennes[1].

Ainsi la progression des mesures et leurs rapports paraissent dériver, du moins en partie, de la considération de trois figures de géométrie : les polygones étoilés à 5 et à 15 côtés, et le triangle rectangle égyptien. En second lieu, toutes les mesures de stades se trouvent dans ce triangle et ses dérivés. En troisième lieu, les élémens de la grande pyramide sont tous renfermés dans ce même triangle; ce qui contribue à expliquer le choix que l'on a fait de cette espèce de pyramide plutôt que d'aucune autre.

Je rappellerai ici un passage de Plutarque dont je n'ai encore cité que le commencement. Il est question des pythagoriciens. « Le nombre de 36, dit-il, appelé *tetractys*, était sacré : le serment que l'on faisait par ce nombre, était des plus révérés; ce qui est, dit Plutarque, une *chose rebattue*. Le même se forme aussi par l'addition des quatre premiers nombres pairs et des quatre premiers impairs. » C'est là le fameux *quaternaire* si connu par les rêveries anciennes et modernes dont il a été l'objet, et qui n'est, au fond, qu'une figure très-simple de géométrie ou d'arithmétique. Le mot de *tetractys* annonce que la figure était un carré; ce carré avait 6 unités de chaque côté. Or, le nombre 6 est un diviseur commun des rapports du système égyptien. Les nombres, dans ce système, sont divisibles par 6 ou 10 (dont le produit est 60), ou bien ils en sont des puissances.

[1] *Voyez* le tableau général et comparé des mesures.

Cette remarque me conduit à une autre propriété du triangle égyptien. Si, après avoir mené une perpendiculaire sur l'hypoténuse, on en mène une autre du pied de celle-ci sur le moyen côté, puis une autre sur l'hypoténuse, et ainsi de suite indéfiniment, on a une série de lignes en zigzag et décroissantes, parallèles ou à la hauteur ou au moyen côté, et qui ne ressemblent pas mal à ces figures de serpens dessinées dans les tombeaux des rois de Thèbes, sur les faces des rampes ou plans inclinés, avec un nombre considérable de circonvolutions. Or, si l'on calcule les valeurs de ces lignes, on trouve qu'elles forment une série infinie, dont les termes sont égaux, suivant une certaine loi, aux puissances de 4 divisées par les puissances de 10 et multipliées par 6 [1].

Si l'on fait la même chose du côté opposé, c'est-à-dire en abaissant des perpendiculaires successivement sur l'hypoténuse et le petit côté, on a une série analogue, dont chaque terme est égal au quadruple de la fraction $\frac{6}{10}$, élevée à ses différentes puissances [2]. Calculant aussi les longueurs du moyen côté et du grand segment de l'hypoténuse, réduites par les perpendiculaires successives, on a une série formée des puissances de 4 et de 10 [3]. Enfin, si l'on considère de la même manière le

---

[1] Chaque terme est égal à $\dfrac{6.4^{\frac{3n-1}{2}}}{1.\ ^{n}}$ ou $\dfrac{6.2^{3n-1}}{10^{n}}$, n étant le rang de la perpendiculaire, et les côtés du triangle étant toujours représentés par 3, 4, 5.

[2] La valeur du terme est $4\left(\dfrac{6}{10}\right)^{n+1}$.

[3] La formule est $\dfrac{4^{\frac{3n-1}{2}}}{10^{n-1}}$ ou $\dfrac{2^{3n-1}}{1.^{n-1}}$. Quand n est un nombre pair, les

petit côté et le petit segment, on trouve encore une série formée des puissances de 6 et de 10 [1].

Ainsi le triangle qui se compose de côtés égaux à 3, 4, 5, renferme une multitude de propriétés, et, entre autres, la progression numérique par 6 et 10 ; ce qui a contribué sans doute à faire adopter par les Égyptiens l'échelle sexagénaire, employée dans la division du cercle et dans la série du système métrique. Il est permis de conjecturer que la recherche de toutes ces propriétés différentes occupait les prêtres, puisque Diodore, Porphyre et Jamblique, nous les représentent comme livrés sans cesse à des combinaisons d'arithmétique et de géométrie [2]. Ces études, au reste, n'ont pas toujours été vaines et stériles pour la science.

Il n'est pas étonnant, après ces rapprochemens singuliers, que les Égyptiens aient eu constamment une sorte d'affection pour les quantités multiples de 6. Le nombre des colonnes dans les portiques des grands temples est de 6 ou 2 × 6, ou 3 × 6, ou 4 × 6. Dans les salles hypostyles, on compte 12 ou 24 ou 36 colonnes ; au *Memnonium*, ce nombre est de 60. On fait la même remarque dans les cours et les péristyles, dans les temples périptères, et enfin dans les répétitions des ornemens symétriques. La longueur de l'espace que les jeunes gens élevés avec Sésostris devaient parcourir tous les jours,

---

valeurs se rapportent au moyen côté ; et quand il est impair, à l'hypoténuse.

[1] La valeur de chaque terme est $3\left(\dfrac{6}{10}\right)^{n+1}$. Il serait facile d'étendre ces recherches, mais ce n'est pas ici le lieu.

[2] *Voyez* ci-dessus, page 389 et suiv.

434 EXPOSITION DU SYSTÈME MÉTRIQUE

avant de prendre aucune nourriture, était de 30×6 stades ou 5×6², etc. Le nombre 60, dit Plutarque, est la première des mesures pour les astronomes[1].

Je trouve encore une source de la division sexagésimale dans la composition des polyèdres réguliers, dont les Égyptiens ont certainement eu une parfaite connaissance; car les platoniciens avaient puisé chez eux tout ce qu'ils enseignaient dans leur école sur ces élémens de la géométrie. 4 triangles équilatéraux forment le premier polyèdre régulier, qui est la pyramide; 8, l'octaèdre; 20, l'icosaèdre; enfin 60 font le dodécaèdre, si l'on considère le pentagone qui forme chaque face, comme composé de 5 triangles isocèles; et c'est ainsi que ces philosophes l'envisageaient[2]. Ils décomposaient en outre chaque triangle en 6 élémens, ainsi que je l'ai exposé plus haut d'après le *Timée* de Platon (pag. 425), c'est-à-dire en 6 triangles scalènes. Ainsi la *pyramide* était composée de 4×6 élémens; l'*octaèdre*, de 8×6; l'*icosaèdre*, de 20×6; enfin le *dodécaèdre*, de 60×6 ou 360. C'est pour cela qu'ils comparaient le dodécaèdre à la divinité. De même, disaient-ils, que le zodiaque est formé par 12 figures ou divisé en 12 parties, et chacune de celles-ci en 30; de même, dans le dodécaèdre, il y a 12 pen-

---

[1] .... Ὁ τῶν μέτρων πρῶτόν ἐστι τοῖς περὶ τὰ οὐράνια πραγματευομένοις. (Plut. *De Iside et Osiride*, pag. 381, tom. II.) Tout concourt à faire penser que ces peuples faisaient usage de l'arithmétique sexagésimale. Cette arithmétique a aussi occupé les modernes, et ils ont fait des tables sexagésimales. Voyez la *Métrique astronomique* de Maurice Bressius, Paris, 1514, et aussi la table sexagésimale de Taylor, la *Logistique astronomique* de Barlaam, etc.

[2] Alcinoüs, *De doctrina Platon.* (Voyez un recueil de fragmens des philosophes pythagoriciens et platoniciens, publié à Venise en 1516, chez les Aldes.)

tagones composés chacun de 5 triangles isocèles ou de 5×6 scalènes, en tout 360, autant qu'il y a de parties dans le zodiaque : ainsi chaque face du *dodécaèdre* correspond à un signe, et les 12 faces représentent le cercle entier de l'écliptique. Maintenant, que l'on considère la théogonie des Égyptiens, où le *Soleil*, représenté par Osiris, était la première divinité; on trouvera l'application de cette doctrine avec justesse : mais elle n'aurait aucun sens dans un autre culte. C'est encore ici une preuve, pour le dire en passant, que la division du cercle en 360 parties remonte à une époque fort ancienne.

Plusieurs des rapprochemens qui précèdent, ne sont donnés que comme des conjectures plus ou moins solides; cependant ils coïncident tellement avec les monumens et les autorités, qu'on ne peut se défendre de les considérer comme ayant quelque fondement. L'antiquité atteste que Thalès, Pythagore, Platon et tant d'autres avaient appris en Égypte les théorèmes de géométrie; or, les théorèmes précédens sont en partie ceux que ces philosophes avaient enseignés aux Grecs. Je ne dissimulerai pas un passage où Diogène-Laërce prétend, d'après Anticlides, que Pythagore avait perfectionné la géométrie; le fait n'est guère croyable : mais, d'après ce passage même, Mœris, le premier, avait trouvé les principes[1]. Ainsi Diogène-Laërce, tout en attribuant à

---

[1] Τοῦτον καὶ γεωμετρίαν ἐπὶ πέρας φησὶν Ἀντικλείδης ἐν δευτέρῳ περὶ Ἀλεξάνδρου, Μοιρίδος πρῶτον εὑρόντος τὰς ἀρχὰς τῶν στοιχείων αὐτῆς, ὡς (Diog. Laërt. *in Vita Pythag.*)

son héros l'honneur d'avoir reculé les bornes de la science, avoue que la découverte en appartenait aux Égyptiens.

Si ces rapprochemens, comme je n'en doute point, sont un jour confirmés par de nouvelles découvertes, on comprendra sur quelle base reposent les éloges que l'antiquité a unanimement décernés à l'Égypte savante. Au reste, il existe encore d'autres points, non moins importans que des théorèmes de pure géométrie, et sur lesquels j'ai lieu de penser que les monumens égyptiens fourniront des résultats d'un grand intérêt.

§. II. *Des connaissances géographiques et des cartes chez les Égyptiens.*

Il n'est guère de sujet plus curieux, mais jusqu'à présent moins éclairci dans l'histoire des connaissances exactes, que l'origine des cartes géographiques. J'ai énoncé cette proposition, que les cartes avaient été en usage parmi les Égyptiens : des témoignages positifs déposent en effet en leur faveur. Dans son commentaire sur Denys le géographe, Eustathe dit que Sésostris fit dresser des cartes de ses voyages, et fit présent de ces itinéraires aux Égyptiens et aux Scythes. Apollonius de Rhodes s'exprime ainsi dans ses Argonautiques :

« Les Égyptiens de la Colchide (colonie de Sésostris) conservent de leurs ancêtres des *tables gravées,* où sont tracés les bornes de la terre et de la mer, les routes et les chemins, de manière à servir de guide à tous les voyageurs. »

DES ANCIENS ÉGYPTIENS, CH. XII. 437

J'adopte ici l'interprétation de Zoëga, qui, d'après Plutarque, Suidas, etc., fait voir que κύρβεις a toujours signifié des *tables en bois*, que γραπτύς doit s'entendre d'une gravure ou de traces incisées dans cette matière, et qu'il ne s'agit pas d'une description écrite sur des stèles, comme l'ont imaginé plusieurs interprètes.

Voici le passage, qui mérite d'être cité en entier, à cause de son importance:

Ἔνθεν δή τινα¹ φασὶ πέριξ διὰ πᾶσαν ἰδοῦσαι
Εὐρώπην Ἀσίηντε, βίῃ καὶ κάρτει λαῶν
Σφωιτέρων, θάρσει τε πεποιθότα· μυρία δ' ἄττη
Νάσσατ' ἐποιχόμενος, τὰ μὲν ἤ ποθι ναιετάουσιν.
Ἠὲ καὶ οὔ· πουλὺς γὰρ ἄδην ἐπενήνοθεν αἰών·
Αἶά γε μὲν ἔτι νῦν μένει ἔμπεδον, υἱωνοί τε
Τῶν δ' ἀνδρῶν, οὕς ὅς γε καθίσσατο ναιέμεν Αἶαν·
Οἱ δή τοι γραπτῦς πατέρων ὅθεν εἰρύονται,
Κύρβιας, οἷς ἔνι πᾶσαι ὁδοὶ καὶ πείρατ' ἴασιν
Ὑγρῆς τε, τραφερῆς τε, πέριξ ἐπινισσομένοισιν.

Apollon. *Argonautic.* lib. IV, vers. 272.

« On raconte qu'un homme parti de l'Égypte (Sésostris) parcourut l'Europe et l'Asie entière, à la tête d'une armée forte et courageuse. Il conquit une multitude de villes, les unes encore aujourd'hui habitées, les autres dépeuplées; car il s'est écoulé depuis ce temps un grand nombre d'années. Les descendans des hommes qu'il établit dans la Colchide pour l'habiter, y existent encore, et la colonie est florissante. Ils conservent de leurs ancêtres des *tables* gravées, etc. »

Je sais qu'on attribue aussi à Anaximandre, l'un des disciples de Thalès, l'idée des cartes de géographie.

---

¹ Τινα est expliqué, dans le scholiaste d'Apollonius, par *Sésonchosis* ou *Sésostris*.

Selon Diogène Laërce[1], Pline[2] et Strabon[3], ce philosophe fut l'auteur de la première description du globe, et, le premier, il construisit une sphère. Mais Anaximandre avait, comme son maître, étudié les sciences de l'Égypte. Il est plus sûr de s'en tenir aux témoignages d'Apollonius et d'Eustathe, qui n'avaient pas d'intérêt à déguiser la vérité. Sésostris avait parcouru un grand nombre de régions ; sans le secours des itinéraires et des projections géographiques, même bien antérieures à lui, il lui eût été difficile d'exécuter tant de voyages. Des tables de bois, d'écorce de pierre ou de métal, pouvaient servir au tracé des routes et des chemins qu'il avait à visiter. Ce qui prouve que les notions de topographie ne lui étaient pas étrangères, c'est que lui-même, au rapport d'Hérodote, avait divisé l'Égypte en un certain nombre de portions carrées, c'est-à-dire d'aroures et de fractions d'aroure, et que ce partage ne pouvait se faire sans une carte topographique. Son but était de distribuer les terres aux habitans, afin d'en fixer la redevance annuelle. Il y eut donc une sorte de cadastre exécuté à cette époque, et ce cadastre suppose absolument des projections quelconques ; sans quoi l'on n'aurait pu en tirer part, ni retrouver facilement, ou même sans erreur, les résultats de l'arpentage. De là, la topographie et la géographie.

Selon Apollonius, c'était en bois qu'étaient les mappes de Sésostris, et les traits étaient gravés, incisés sur le

---

[1] Diog. Laërt. *in Vita Anaxi n.* lib. 11, pag. 79.
[2] Plin. *Hist. nat.* lib. 11, cap. 8; et lib. vii, cap. 16.
[3] Strab. *Geogr.* lib. 1, pag. 2, *et alibi*.

bois. Eustathe ne parle point de la matière dont elles étaient formées : le mot de πίναξ dont il se sert, ne veut dire que *table*. Voici comment il s'exprime :

Καὶ Σέσωςρεις δὲ φασὶν ὁ Αἰγύπτιος πολλὴν περιεληλύθως γῆν, πίναξί τε δέδωκε τὴν περίοδον, καὶ τῆς τῶν πινάκων ἀναγραφῆς οὐκ Αἰγυπτίοις μόνον, ἀλλὰ καὶ Σκύθαις, εἰς θαῦμα μεταδοῦναι ἠξίωσεν.

« On rapporte que Sésostris l'Égyptien, ayant parcouru une grande partie du globe, inscrivit son voyage sur des *tables*, ouvrage digne d'admiration, et dont il fit présent non-seulement aux Égyptiens, mais encore aux Scythes[1]. »

Sans doute de pareils essais étaient d'une grande imperfection, et je suis loin de chercher à les comparer à ce qu'on fait de nos jours ; mais je veux dire que les premières cartes dont les Grecs ont eu connaissance, avaient leur source dans les travaux des Égyptiens. C'est de Pythagore, son maître, qu'Hécatée tenait la connaissance des diverses régions du globe : or, nous savons par Agatharchide qu'Hécatée avait fait une description de l'Orient[2]. Les autres disciples de Pythagore répandirent aussi les connaissances géographiques dont il leur avait fait part au retour de ses voyages ; et, après ce qu'on a vu au commencement de ce chapitre, il n'est pas permis de croire qu'il ait fait de telles découvertes avant d'aller en Égypte. Ératosthène, à qui l'on doit tant de travaux remarquables en géographie, avait eu

---

[1] Eustath. *in Dion. Perieg.* ep. ded. On prétend que Sésostris fit exposer les cartes de ses voyages sous les portiques des temples de Memphis.

[2] *Geogr. vet. script. Græc. min.* tom. 1, pag. 67, Oxon. 1698.

440 EXPOSITION DU SYSTÈME MÉTRIQUE

lui-même, comme bibliothécaire d'Alexandrie, beaucoup d'anciens itinéraires à sa disposition [1]. On ne peut douter que les descriptions des contrées et des chemins ne remontassent à une haute antiquité. Ne savons-nous pas par Hérodote que les routes de Lydie, de Phrygie, de Cappadoce, de Cilicie et d'Arménie, étaient mesurées et divisées par mansions, dont l'intervalle était de 4 parasanges [2]? Strabon nous apprend que, dans l'Inde, les chemins publics étaient régulièrement divisés de dix stades en dix stades [3]. N'était-ce pas un moyen de construire des itinéraires exacts? ou plutôt n'avait-on pas divisé et même tracé ces chemins à l'aide de cartes et d'itinéraires antérieurs? La tradition confirme cette idée, en attribuant aux Perses et aux Lydiens l'usage des cartes géographiques: mais d'où ces peuples l'avaient-ils emprunté?

On ne peut trop s'étonner de voir qu'un fait aussi important que l'invention des cartes, aussi honorable pour le peuple inventeur, soit demeuré jusqu'à présent dans l'obscurité. Mais pourquoi un témoignage authentique et désintéressé ne dissiperait-il point aujourd'hui toutes ces ténèbres? D'ailleurs, n'est-ce pas l'honneur même qu'en devaient recueillir ceux qui s'attribuaient la découverte, qui est la cause du silence des Grecs sur sa véritable origine? Que l'on considère ceux-ci, à l'époque de Thalès et de Pythagore, encore plongés dans une ignorance presque grossière, et enorgueillis

---

[1] Strab. *Geogr.* lib. II, pag. 20.
[2] Herodot. *Hist.* lib. v, cap. 53. pag. 244.
Voyez ci-dessus, chap. IX, p. 87.
[3] *Voyez* ci-dessus, chapitre IX,

tout-à-coup de posséder des sciences auxquelles, jusque là, ils étaient restés étrangers; les Égyptiens, au contraire, peuple isolé, vieilli, usé par sa longue prospérité, communiquant à des voyageurs studieux et avec réserve une petite partie de ses connaissances, devenu indifférent à l'usage que ceux-ci pouvaient faire de leurs emprunts, et se reposant d'ailleurs sur ses antiques monumens. Les larcins des Grecs ne pouvaient être découverts dans leur propre pays; en Égypte, on ne songeait ni à les supposer ni à les prévenir. Quelle merveille donc que les historiens grecs aient dissimulé presque tous la source où ils avaient puisé?

Ce qui est bien digne de remarque, c'est que les témoignages qui nous ont fait entrevoir la vérité, qu'aujourd'hui les monumens nous révèlent enfin dans tout son jour, sont presque tous d'une époque bien postérieure à l'introduction des connaissances mathématiques dans la Grèce. Les écrivains grecs des premiers temps, et les Latins qui les ont copiés, racontant l'histoire des sciences exactes, passent ordinairement sous silence l'Égypte, qui en était la mère : pour retrouver les titres des Égyptiens, il faut arriver à une époque bien plus récente, à un moment où la vanité des Grecs avait cessé avec leur existence politique. C'est aux pères de l'Église que nous avons l'obligation des faits les plus instructifs.

La raison de ce contraste est facile à concevoir. Les premiers chrétiens mettaient peu de prix aux sciences profanes; ils n'avaient point d'intérêt à dissimuler les origines des arts et des lettres. Nés en Égypte, ils connaissaient les traditions du pays; s'ils étaient sévères

442 EXPOSITION DU SYSTÈME MÉTRIQUE

pour la religion et les mœurs de leurs ancêtres, ils rendaient justice à leur savoir. Les Grecs, au contraire, estimaient à un haut degré ces belles connaissances, et rien ne leur coûtait pour se les approprier : il est vrai qu'ils ont tout perfectionné, et que si l'on peut reprocher aux disciples d'avoir été ingrats, on ne les accusera point de n'avoir commis que des larcins infructueux.

Je me bornerai ici, comme j'ai fait précédemment, à un très-petit nombre de citations, parce qu'il s'agit moins d'accumuler les passages que d'en alléguer quelques-uns qui soient décisifs. En plusieurs endroits de ses œuvres, S. Ambroise parle de l'habileté des Égyptiens dans les sciences mathématiques; dans l'épître LXXII, il dit que les Égyptiens qui s'adonnent à la géométrie et s'appliquent à mesurer le cours des astres, réprouvent ceux des prêtres qui négligeraient la circoncision, sans laquelle on ne peut acquérir *la science de la poésie sacrée, de la géométrie et de l'astronomie* [1]. Les Égyptiens, dit S. Augustin, étaient passionnés pour la géométrie [2]. On n'accusera pas S. Clément d'Alexandrie d'être trop favorable aux Égyptiens, et son témoignage ne sera pas suspect. Voici comment il s'explique au sixième livre des *Stromates*, dans un passage bien souvent cité, où il décrit les fonctions des prêtres des colléges d'Égypte :

« L'*hierogrammateus* est obligé de connaître les hié-

---

[1] *Denique Ægyptii, qui et geometriæ et colligendis siderum cursibus operam intendunt suam, impium judicant sacerdotem qui nequaquam habent circumcisionis insigne. Iam neque magici carminis sapientiam, nec geometriam, nec astronomiam, judicant vim suam obtinere sine circumcisionis signaculo.* (S. Ambros. Opera, Paris. 1690, t. II, p. 1072.)

[2] S. Augustin. *De Civit. Dei*, lib. XVI, et ci-dessus, pag. 262.

DES ANCIENS ÉGYPTIENS, CH. XII. 443

roglyphes, la *cosmographie*, la *géographie*, les mouvemens du soleil, de la lune et des cinq planètes; la *chorographie* de l'Égypte, le cours du Nil, la description des temples et des lieux consacrés, des *mesures* et de toutes les choses qui servent à l'usage des temples[1]. »

Je rapprocherai de ce morceau bien connu, des passages de la Bible, où l'on voit les traces des méthodes égyptiennes. Moïse et Josué, en effet, avaient emprunté de l'Égypte ce qu'ils possédaient de connaissances exactes.

« Choisissez dans chaque tribu trois hommes pour parcourir le pays, en faire la description, ainsi que le dénombrement du peuple par contrée, et m'apporter ensuite ce qu'ils auront décrit[2]. »

« Ils parcoururent le pays et le divisèrent en sept parties, inscrivant à mesure la description sur des *rouleaux*[3]. »

Joseph raconte aussi, mais plus en détail, le même fait : « Josué voulut qu'on choisît dans chaque tribu des hommes d'une probité éprouvée, pour parcourir tout le pays et en faire connaître l'étendue, sans aucune infidélité..... Il envoya ces hommes pour mesurer la terre, en leur adjoignant des personnes versées dans la géométrie, qui, à cause de leurs connaissances, ne pouvaient ni se tromper ni être induites en erreur; et il leur

---

[1] Τούτου τά τε ἱερογλυφικὰ καλούμενα, περί τε τῆς κοσμογραφίας, καὶ γεωγραφίας, τῆς τάξεως τοῦ ἡλίου καὶ τῆς σελήνης, καὶ περὶ τῶν ἐ πλανωμένων, χωρογραφίαν τε τῆς Αἰγύπτου, καὶ τῆς τοῦ Νείλου διαγραφῆς· περί τε τῆς καταγραφῆς σκευῆς τῶν ἱερῶν, καὶ τῶν ἀφιερωμένων αὐτοῖς χωρίων· περί τε μέτρων καὶ τῶν ἐν τοῖς ἱεροῖς χρησίμων, εἰδέναι χρή. (Clem. Alex. Strom. lib. vi, cap. 4.)

[2] Josué, cap. 18, vers. 4.
[3] *Ibid.* cap. 18, vers 9.

ordonna de faire l'estimation des campagnes, en raison de la bonté de la terre[1]. »

Cette mesure du pays d'Israël, ordonnée par Josué à l'instar de ce que les Hébreux avaient vu en Égypte, pourrait passer pour un véritable cadastre. C'est ce même travail qui avait été fait chez les Égyptiens à une époque très-reculée, et qui est, selon moi, l'origine première de la topographie et de la géographie. Quel usage exact ou commode pouvait-on faire des mesures de chaque territoire, de la description des nomes, de la connaissance de leurs limites et de ces subdivisions que Strabon décrit, si ce n'est en figurant toutes ces proportions sur des tables planes préparées à ce dessein, telles que celles dont parle Apollonius de Rhodes? Comment faudrait-il entendre la chorographie et la description du cours du Nil, que les hiérogrammates devaient posséder, si ce n'est en supposant des cartes topographiques, des projections plates où étaient tracés les canaux, les chemins, le Nil, les villes et les villages, et où l'on pouvait trouver tout ce qui était relatif à l'arpentage du pays, aux limites des provinces, aux variations du fleuve, objet de l'étude constante des colléges de Thèbes, de Memphis et d'Héliopolis? Comment aurait-on pu projeter tous ces canaux qui faisaient la richesse du pays, en bien connaître la direction, en rectifier et en étendre le cours?

Ce ne sont pas ces simples projections qu'il faut regarder comme étant celles qui ont été imaginées du temps de Sésostris; elles remontaient sans doute aux

[1] Joseph. *Antiq. Jud.* l. v, p. 14.

premiers temps de la monarchie : mais les cartes géographiques et la cosmographie y ont pris naissance, et il se peut que, par la suite, Sésostris, ayant visité un très-grand nombre de pays, et s'étant fait accompagner de géomètres et d'ingénieurs égyptiens, ait formé des cartes plus étendues que celles qu'on avait eues jusqu'à lui.

On peut se demander par quel procédé les Égyptiens traçaient et dessinaient leurs cartes topographiques. S'il n'existait aucun monument ancien qui pût mettre sur la voie, une pareille question serait oiseuse pour le moins : mais nous possédons heureusement un monument de la main même des Égyptiens ; je veux parler des carrés de réduction déjà cités plus haut, qui servaient à dessiner les figures de tout genre et à toute sorte d'échelles, et à les transporter sur la place qui leur était destinée. On en augmentait ou diminuait la grandeur par le moyen même qui, chez les modernes, est d'un usage général. Ce procédé repose sur la considération des rapports des lignes, fondement de la géométrie. Les artistes égyptiens traçaient de ces carreaux sur toutes les surfaces qu'ils avaient à peindre ou à sculpter ; et les côtés avaient la proportion convenable avec ceux du plan qui servait de modèle. On traçait les lignes en rouge ; et à l'exécution, ces lignes disparaissaient. Mais, par bonheur, des parties de sculpture qui restent non achevées au plafond d'Ombos et en d'autres endroits, ont conservé la trace de cette méthode égyptienne ; ni les linéamens des figures, ni les lignes des carreaux, n'ont été effacés.

Dans les carrières que les Égyptiens ont exploitées,

446 EXPOSITION DU SYSTÈME MÉTRIQUE

j'ai trouvé également des carrés de réduction qui ont servi aux épures des constructeurs. Les plus remarquables sont celles de Gebel-Aboufedah. Là, j'ai vu sur de grandes surfaces planes, taillées à dessein, des carreaux tracés en rouge ; au milieu sont des traits de chapiteaux de diverses formes, plus ou moins compliquées. Des lignes construites sous divers angles, et des courbes habilement tracées, composent ces sortes d'épures. Il n'est pas douteux que ces carreaux et ces traits n'aient été transportés d'un plan plus en petit sur ces parois dressées à l'avance et à la grandeur demandée, pour enlever ensuite les blocs, et les achever au dehors de la carrière [1].

Il reste encore d'autres monumens de l'ancienne topographie d'Égypte : ces monumens, quoique d'un genre très-différent, n'en sont pas moins convaincans et authentiques. Ce sont les distances itinéraires, si conformes aux dernières observations, et ces nombres de stades si exacts, que les Égyptiens ont rapportés à Hérodote, à Diodore de Sicile et à Strabon, quand ces voyageurs les interrogeaient sur la distance des lieux [2] : c'est la précision de plusieurs mesures de Pline puisées en Égypte; enfin celle des anciens itinéraires que les Romains adoptèrent et traduisirent sans doute, et où le nombre des milles correspond si bien avec les intervalles que nous connaissons aujourd'hui avec certitude [3]. Je demanderai comment ces mesures, qu'on trouve

---

[1] *Voyez* ci-dessus, chapitre v, p. 129, et la Description de l'Hptanomide, *A. D.*, chapitre X. 'I, 1re section.

[2] *Voyez*, chap. II, le tableau des distances itinéraires.

[3] *Voyez* les observations géographiques dans les Mémoires sur les

DES ANCIENS ÉGYPTIENS, CH. XII. 447

marquées dans Diodore de Sicile et dans Hérodote, se trouveraient aussi justes, si les Égyptiens n'eussent pas possédé, comme le rapporte S. Clément d'Alexandrie, une chorographie détaillée, et si l'on n'eût eu des mappes où toutes les distances étaient figurées avec exactitude. Les distances qu'on trouve dans les auteurs, ne sont point itinéraires; mais elles sont en ligne droite : on les a donc nécessairement mesurées à vol d'oiseau [1]. Comment les Égyptiens les auraient-ils connues sans le secours soit des cartes, soit des observations trigonométriques? Au reste, l'opinion que j'avance, de l'existence des cartes géographiques chez les Égyptiens, a été admise par plusieurs savans, et le célèbre auteur de l'*Exposition du système du monde* l'a également adoptée : peut-être les faits précédens ajouteront-ils à cette opinion un haut degré de vraisemblance [2].

Voici l'idée qu'on peut se faire de l'origine des cartes égyptiennes : j'imagine qu'après avoir fréquemment arpenté le pays dans tous les sens, on voulut recueillir sur une seule mappe les configurations des contours du Nil, des canaux, des routes, des côtes de la mer et des

anciennes villes d'Égypte, *Antiquités-Descriptions*.

[1] *Voyez* ci-dessus, chap. II, le tableau des mesures itinéraires en Égypte.

[2] « Thalès, né à Milet, l'an 640 avant l'ère chrétienne, alla s'instruire en Égypte : revenu dans la Grèce, il fonda l'école ionienne, et il y enseigna la sphéricité de la terre, l'obliquité de l'écliptique, et la vraie cause des éclipses de soleil et de lune; il parvint même à les prédire, en employant sans doute les méthodes ou les périodes que les prêtres égyptiens lui avaient communiquées. Thalès eut pour successeurs Anaximandre, Anaximène et Anaxagore. On attribue au premier l'invention du gnomon et des cartes géographiques, dont il paraît que les Égyptiens avaient depuis long-temps fait usage. » (*Exposition du système du monde*, pag. 295, in-4°, 2ᵉ édition.)

montagnes; qu'on y traça une méridienne et des perpendiculaires, et qu'on rapporta ensuite les lieux sur ce réseau, au moyen de leurs distances connues. Je me fonde sur l'usage que les Égyptiens ont fait en architecture, de la méthode des carreaux, méthode qu'ils ont pu employer à tracer une projection plate. L'exactitude de cette opération dépendait de celle avec laquelle on avait mesuré les intervalles des lieux : or, on vient de voir que ces intervalles étaient déterminés avec justesse. Quand on étudie la géographie de l'Égypte donnée par Ptolémée, on ne peut douter un instant, malgré les erreurs dont elle fourmille, qu'elle ne provienne du calcul des distances, puisées dans une carte ancienne, et qu'il transforma et réduisit en latitudes et en longitudes. Malheureusement les erreurs qu'il a commises dans ses calculs, et celles qui résultent de la corruption des manuscrits, ne permettent pas d'asseoir un jugement sur la valeur des observations primitives [1].

Nous pouvons donc reconnaître jusqu'à un certain point quelles ont été les mesures du pays, effectuées en Égypte dès les premiers temps. Ces anciens travaux ont servi de point de départ à ceux que l'on y a exécutés par la suite. Quand les Égyptiens ont eu à mesurer le degré terrestre, ce premier canevas métrique et le cadastre des terres leur ont sans doute été utiles; mais ils ont poussé bien plus loin leurs recherches, et ils ont appelé l'astronomie à leur secours.

---

[1] Dans un travail spécial consacré à la carte d'Égypte de Ptolémée, j'ai examiné les conséquences qu'on peut en déduire, par rapport à celle des anciens Égyptiens.

§. III. *Notions astronomiques.*

Je me suis un peu étendu sur ce qui regarde la géographie des Égyptiens, parce que je n'avais vu nulle part qu'on eût un peu éclairci cette curieuse matière. Il n'en est pas de même de ce qui touche à l'astronomie; outre que, dans le chapitre x, j'ai donné de la valeur des stades plusieurs applications qui prouvent les connaissances de ces peuples, on a cité souvent les passages relatifs à l'astronomie égyptienne, et il n'y a, quant aux autorités, presque rien qui ait échappé aux auteurs modernes. Ce n'est pas que la critique en ait tiré tout le parti possible; mais ici mon seul objet est de rechercher si la mesure d'un dégré terrestre, que j'ai dit avoir été exécutée chez les Égyptiens, excède les limites des connaissances qu'ils ont eues en astronomie. C'est dans un autre ouvrage qu'il faudrait présenter le tableau complet du système égyptien, tronqué par Bailly et par presque tous les historiens des mathématiques, et présenté sous différens jours, suivant les opinions ou même les préventions que ces auteurs ont adoptées. Au reste, leurs propres écrits en renferment les traits essentiels, et il suffit presque de les rapprocher pour connaître ce qui fait le plus d'honneur à l'astronomie égyptienne.

C'est en valeurs du rayon de la terre que se calculent et qu'ont toujours été calculés les diamètres des planètes et leurs distances : la mesure de la terre est donc le fondement de la détermination de toutes les grandeurs célestes. Ainsi, pour établir les rapports qui existent entre les distances des planètes, les observateurs avaient besoin, avant tout, de fixer l'élément nécessaire à cette évaluation : or, il paraît que les anciens astronomes avaient essayé d'estimer ces distances dès la plus haute antiquité. Par conséquent, c'est à une époque extrêmement reculée que remonte la première mesure de la terre. Si l'on découvrait chez un ancien peuple le type d'une mesure précise, on pourrait donc en conclure que les astronomes du pays avaient une base exacte pour les déterminations célestes; et réciproquement, s'ils ont possédé une mesure de quelque grandeur céleste, il s'ensuivrait qu'ils ont connu l'étendue du globe.

Les Égyptiens, adonnés à l'astronomie de temps immémorial, de l'aveu de tous les peuples, avaient plus d'un motif pour évaluer la vraie longueur du degré terrestre : non-seulement ils avaient à établir des mesures fondées sur cette base invariable; mais la science du ciel la réclamait, de son côté, pour corriger les supputations grossières des premiers âges. Ce n'est pas de l'enfance de l'astronomie que peut dater une mesure exacte du degré : on fit sans doute bien des tâtonnemens avant de perfectionner les méthodes qui devaient y conduire; ce travail suppose d'ailleurs des observations célestes et la connaissance de la position géographique des lieux rapportés à l'équateur. Comment voudrait-on attribuer à Ératosthène, à un seul homme, ou même, si l'on veut, à l'école d'Alexandrie, tous ces travaux successifs, fruits du temps et d'une application assidue?

La mesure des angles est aussi ancienne que la géométrie elle-même. Nous voyons que le cercle fut divisé, dès l'origine, en 360 parties : quel usage pouvait avoir cette division, si ce n'est la mesure des distances angulaires? Dès qu'on a pu connaître le degré terrestre, et mesurer l'angle sous lequel le diamètre du globe serait aperçu de la lune (ce qu'on appelle *la parallaxe de la lune*), il a été facile de calculer sa distance à la terre. J'ai dit, dans un des chapitres précédens, que les Égyptiens avaient trouvé pour cette distance 94500 lieues; ce qui excède la vraie distance moyenne de $\frac{32}{400}$ environ[1]. Ils se sont donc trompés, soit sur la parallaxe lunaire, soit sur le diamètre du globe, soit enfin sur l'une et l'autre à-la-fois. Quant au diamètre, il est certain qu'ils l'ont jugé un peu trop petit. En effet, la mesure du degré qui comprend 600 fois l'apothème de la grande pyramide, est inférieure d'environ 278 mètres au degré moyen, ou bien de $\frac{1}{400}$: et ils jugeaient sans doute la terre sphérique; du moins on n'a aucune preuve qu'ils connussent l'aplatissement du globe. La distance calculée eût donc été trop faible dans le même rapport, puisque les arcs sont en proportion du rayon. Ainsi leur parallaxe était trop forte de tout l'excès de la mesure que j'ai rapportée, moins $\frac{1}{400}$, dont le rayon de la terre était jugé trop petit.

Il resterait à chercher par quelle méthode les Égyptiens avaient mesuré la parallaxe de la lune. On sait que

---

[1] *Voyez* pag. 339. Si l'explication simple et assez naturelle donnée par Zoëga (*De origine et usu obeliscorum*, pag. 517) est admise préférablement à la mienne, le résultat sera du même genre d'exactitude : chaque degré de l'orbite lunaire était, selon lui, de 33 mille stades, et non de 33 stades. Il s'ensuivrait que le rayon $= \frac{7}{44} \times 360 \times 33000$ stades valait 1890000 stades, ou 78750 lieues; ce qui diffère, en moins, de la vraie distance, à peu près autant que l'autre calcul en diffère en plus.

cette parallaxe peut se déduire immédiatement de l'observation. La méthode qu'on voit décrite au livre v de Ptolémée[1], est peut-être celle dont ils se servaient; le procédé qui demande des observateurs très-éloignés, ne pouvant absolument appartenir à l'astronomie égyptienne. Il en est de même de celui qui exige des tables donnant la quantité réelle du mouvement de l'astre dans l'intervalle des observations nécessaires pour la recherche de la parallaxe. Ptolémée dit qu'il a fait construire un instrument exprès, composé de deux règles de 4 coudées[2] chacune, garnies de pinnules et divisées en un très-grand nombre de parties; mais il faudrait se garder d'en conclure qu'il n'y eût pas eu, avant lui, des instrumens analogues. Hipparque avait cherché à calculer la distance de la lune et celle du soleil; il supposait à la parallaxe du soleil deux valeurs très-petites, et, par le moyen d'une éclipse solaire, il concluait la valeur de la distance de la lune : mais Ptolémée rejette ses calculs, parce qu'on ignore, dit-il, *si le soleil a une parallaxe*. Au reste, il ne donne pas le calcul d'Hipparque, et s'étend beaucoup sur le sien propre[3]. L'erreur où est

---

[1] *Almageste*, l. v, ch. 12 et 13

[2] Il serait intéressant de connaître ici la valeur précise de la coudée, pour apprécier le degré de précision des quantités angulaires observées par l'astronome. Il est possible que Ptolémée ait eu en vue la grande coudée d'Alexandrie, que Héron a fait connaître par la suite, et que les Arabes ont adoptée peut-être d'après Ptolémée lui-même, comme ils ont fait pour tout le reste de ses travaux géographiques et astronomiques. C'est la coudée alexandrine, et depuis la coudée hachémique de $0^m,616$. Dans cette idée, le rayon du cercle avait $2^m,464$; et le quart de cercle, $3^m,872$. Le degré avait donc 43 millimètres, et la demi-minute, $\frac{7}{10}$ de millimètre; longueur très-facile à saisir, et même à diviser à l'œil nu. L'instrument pouvait donc être divisé au moins de demi-minute en demi-minute.

[3] Il paraît qu'Hipparque évaluait à $3''$ la parallaxe solaire. Les mo-

DES ANCIENS ÉGYPTIENS, CH. XII. 453

ici Ptolémée, et le silence qu'il garde sur les observations qui ont précédé les siennes, sont donc un indice en faveur de celles-ci, et l'on ne voit rien qui prouve qu'Hipparque n'avait pas puisé lui-même à une source antérieure. Il est encore remarquable que Ptolémée fixe le rapport du rayon de la terre, avec sa distance moyenne à la lune dans les syzygies, à $\frac{1}{59}$, distance fort exacte [1], la même que celle qu'avait trouvée Hipparque; mais il ne rapporte pas l'évaluation de ce dernier. Il est donc très-vraisemblable qu'il dissimulait à dessein et la méthode et les résultats d'Hipparque. De ce fait on pourrait induire aisément que Ptolémée en a agi de même à l'égard des observations propres aux anciens Égyptiens. Les colléges d'Égypte n'existaient plus, et il était facile de s'approprier tous leurs travaux et leurs découvertes. Si Ptolémée cite les Chaldéens avec une sorte d'affectation, c'est une raison de plus pour faire voir qu'il agissait dans ce dessein.

D'un autre côté, les ouvrages d'Hipparque ne sont point arrivés jusqu'à nous. C'est principalement par Ptolémée que nous connaissons ses travaux; c'est-à-dire par un homme qui paraît avoir cherché à usurper la gloire de tous ses prédécesseurs, comme le titre seul de son livre semble le démontrer, Μαθηματικὴ Σύνταξις, *Composition mathématique*. Qui nous dit que, dans les

---

dernes l'ont trouvée beaucoup plus forte. D'après la fameuse observation du passage de Vénus en 1769, et aussi par l'application de la théorie de la lune, la parallaxe moyenne du soleil est fixée à 26″,42 en secondes décimales, ou 8″,56 sexagésimales. (*Mécanique céleste*, t. III, pag. 281. *Voyez* aussi le *Traité élémentaire d'astronomie physique* de M. Biot, pag. 539.)

[1] Elle répond à 84500 lieues environ.

ouvrages d'Hipparque, qui ont malheureusement péri, ce grand astronome n'ait pas fait mention des observations des Égyptiens? On a tiré du silence de Ptolémée sur ceux-ci, des conséquences qui ne peuvent avoir qu'une force négative; mais peut-on raisonnablement alléguer le silence d'Hipparque, puisque celui-ci ne nous est connu que par ces lambeaux, et puisque Ptolémée, en le citant, était intéressé à jeter dans l'oubli tous les autres astronomes? Et qu'on n'objecte point que Ptolémée était Égyptien. Cet auteur était bien né en Égypte, mais il était d'origine grecque; le système, la langue, les sciences de l'Égypte avaient péri bien longtemps avant qu'il parût. Son plan paraît manifeste, quand on réfléchit qu'il n'a point fait mention des découvertes attribuées à Thalès, à Pythagore, à Anaximandre, à Aristarque de Samos et à tant d'autres. C'est donc avec raison que d'habiles hommes ont considéré comme un malheur plutôt que comme un avantage pour l'histoire de l'astronomie, que Ptolémée ait ainsi réuni dans un corps d'ouvrage tout ce qui avait été fait avant lui, ou plutôt ce qu'on savait de son temps; car l'existence de ce recueil a contribué à la destruction des originaux. Quelque mérite qu'il y ait dans le traité de Ptolémée, quelqu'habile qu'il se soit montré dans ses ouvrages, la conservation de son Almageste ne consolera jamais de la perte des écrits d'Hipparque et des astronomes antérieurs.

Ces réflexions s'appliquent naturellement à la connaissance de la précession des équinoxes. Hipparque compara ses observations avec celles d'Aristylle et de Timo-

DES ANCIENS EGYPTIENS, CH. XII.   455

charis, pour s'assurer du mouvement des étoiles en longitude : c'est Ptolémée qui rapporte ce fait. Peut-on en conclure avec certitude qu'avant ces deux astronomes il n'y avait pas eu d'observations, et qu'Hipparque ne les avait pas consultées? Sans doute il y avait de l'avantage à employer les plus anciennes; mais il faudrait avoir les traités d'Hipparque pour être assuré qu'il ne l'a pas fait, et le silence de Ptolémée ne prouve rien. Ce dernier lui-même observa à son tour, et trouva que, depuis Hipparque, en 265 ans, les étoiles avaient avancé de 2° 40'. Il en conclut que la précession est d'un degré par siècle, quantité beaucoup trop faible. Il corrigea mal-à-propos Hipparque, bien plus exact que lui : car ce dernier avait trouvé 1° 20' par siècle, ou 48" par an; ce qui approche bien de 50",1, valeur admise aujourd'hui.

J'en pourrais dire autant de la mesure de la longueur de l'année, si je ne devais me restreindre, ainsi que je l'ai annoncé au commencement, dans un cercle plus circonscrit. La connaissance de la vraie longueur des années solaire et lunaire n'est-elle pas conservée dans le fameux cycle de Méton, qui, au rapport d'un auteur arabe, avait voyagé en Égypte pour les progrès de l'astronomie? N'a-t-on pas, d'ailleurs, la preuve que les Égyptiens ont connu la durée de l'année avec une précision beaucoup plus grande que celle que suppose la période de Méton? Concluons que le silence de Ptolémée est un argument sans force. Mais Hérodote, Aristote, Diogène-Laërce, Diodore de Sicile, Strabon, Sénèque, Macrobe, sont unanimes en faveur de l'astronomie égyptienne.

Tant d'habiles écrivains et de grands géomètres ont écrit sur l'histoire de l'astronomie, qu'il serait déplacé d'examiner ici toutes ces questions, qui, d'ailleurs, recevront bientôt un nouveau jour des monumens astronomiques des Égyptiens et des savans mémoires de M. Fourier [1]. Mon but unique est de montrer que rien n'est plus admissible que la mesure du degré terrestre attribuée par moi aux Égyptiens ; mais, si les connaissances que cette opération suppose ont appartenu à ce peuple, il est nécessairement de mon sujet d'en faire l'énumération succincte. Hérodote et Diodore de Sicile ont recueilli, dans leurs voyages, des faits précieux qui déposent pour les Égyptiens. « Aucun peuple, dit celui-ci, ne s'est plus appliqué à observer le mouvement et le cours des astres. Les prêtres avaient des *tables* astronomiques dressées depuis un temps immémorial, et l'amour de cette science était chez eux comme héréditaire. Ils marquaient au juste les révolutions des planètes, et leurs mouvemens directs, stationnaires et rétrogrades ; en un mot, un long usage leur avait appris les choses éloignées des connaissances ordinaires : on prétend même que les Chaldéens n'ont rendu les divinations astronomiques si célèbres à Babylone, que parce qu'*ils étaient originaires de l'Égypte* [2]. » Ailleurs, après avoir dit que les Thébains se regardaient comme les auteurs de l'astronomie (*l'astrologie exacte*), et qu'ils avaient une année solaire de 365 jours $\frac{1}{4}$, il ajoute «qu'ils

---

[1] *Voyez* les Mémoires de M. Fourier sur les antiquités astronomiques.

[2] Diodore de Sicile, *Bibl. histor.* liv. I, §. II, traduction de l'abbé Terrasson.

DES ANCIENS ÉGYPTIENS, CH. XII.   457
avaient calculé fort exactement les éclipses du soleil et
de la lune, dont ils donnaient par avance un détail très-
juste et très-conforme à l'observation actuelle[1]. » Diodore, en commençant le tableau de l'Égypte, avait averti
qu'il puiserait dans les ouvrages originaux ; nous ne
pouvons donc trop regretter la destruction de ces écrits :
« Nous nous en tiendrons, dit-il, à ce que nous avons
trouvé dans les livres qui ont été écrits par les prêtres
égyptiens, et nous le rapporterons avec une exacte
fidélité. »

Les Égyptiens connaissaient la cause des éclipses, et
ils en avaient observé un grand nombre : on rapporte,
entre autres choses, qu'ils avaient fait 373 observations
d'éclipses solaires, et 832 d'éclipses lunaires. Il est remarquable que le rapport qui existe entre ces deux
quantités, est conforme à la proportion qui règne entre
ces deux espèces d'éclipses. Ainsi que d'autres l'ont remarqué, cette conformité prouve l'exactitude du fait.
Le récit de Diodore est donc parfaitement confirmé ; et
ce qui vient à l'appui, est la réputation qu'on a faite à
leur disciple Thalès d'avoir su calculer les éclipses. Bailly
a déjà observé très-judicieusement que la vie de ce philosophe n'aurait pas suffi pour observer les mouvemens
du soleil et de la lune avec la précision qu'exige le calcul
des éclipses : aussi pensait-il que la fameuse prédiction
de Thalès était appuyée sur un cycle lunaire appartenant
aux Égyptiens. Cette opinion avait déjà été émise par
Weidler, l'historien de l'astronomie[2]. Selon Aristote,

---

[1] Diodore de Sicile, *Bibl. hist.* liv. 1, §. 11, trad. de l'abbé Terrasson.
[2] Weidler, *Hist. astron.* p. 71.

les Égyptiens savaient observer les éclipses des étoiles par les planètes.

Les premiers, ils ont conçu et réalisé l'idée de la mesure exacte du temps et de ses parties. Personne ne conteste aux Égyptiens l'invention de la semaine [1], ni celle des clepsydres [2]. Ils avaient aussi des cadrans, selon toute apparence, puisqu'Eudoxe, qui séjourna si long-temps dans ce pays fit connaître un cadran fameux, appelé *l'araignée*, sans doute, comme le dit l'historien des mathématiques, à cause des lignes horaires et des courbes qui y formaient une sorte de réseau [3]. On leur doit une évaluation du diamètre du soleil, que j'ai rapportée plus haut, et qui n'est point éloignée de la vérité [4]. Ils avaient mesuré exactement l'obliquité de l'écliptique.

Les Égyptiens connaissaient l'existence des antipodes; ils faisaient mouvoir la terre autour du soleil immobile, comme l'enseigna Nicétas, philosophe pythagoricien, dont la doctrine entraîna l'opinion de Copernic [5]. Ils

---

[1] *Voyez* Pherecyd. *Fragm.* L'ordre des planètes, selon les Égyptiens, est conservé dans celui des jours de la semaine.

[2] *Voyez* Macrobe, *Somn. Scip.* lib. 1, cap. 21, et beaucoup d'autres auteurs. Sans doute les Égyptiens savaient l'art de corriger les imperfections de cet instrument, en ayant soin de tenir le niveau constant. Macrobe ne dit pas quel moyen ils avaient imaginé pour mesurer une partie aliquote de l'eau écoulée; mais cette opération seule suppose l'emploi de mesures et de poids très-précis.

[3] Vitruv. *Arch.* lib. 1x, cap. 9. Macrobe, qui paraît avoir emprunté de l'Égypte tout ce qu'il dit de l'astronomie, parle d'une sorte de cadran consistant dans un hémisphère creux où étaient tracées les lignes horaires. *Æquinoxiali die, ante solis ortum, æqualiter locatum est saxeum vas in hemisphærii speciem, cavatâ ambitione curvatum, infrà per lineas designato duodecim diei horarum numero, quas styli prominentis umbra cum transitu solis prætereundo distinguit*, etc. (Macrobe, *Somn. Scip.* lib. 1, cap. 20.)

[4] *Voyez* ci-dessus, pag. 344.

[5] Je répète ici le passage de Copernic : *Reperi apud Ciceronem, primum Nicetam scripsisse terram moveri; inde occasionem nactus,*

DES ANCIENS ÉGYPTIENS, CH. XII. 459

avaient même conçu l'idée de la pluralité des mondes; Thalès et Pythagore la puisèrent en Égypte.

Cette opinion égyptienne du mouvement de la terre était celle de Philolaüs, d'Hérodote de Pont, d'Ecphantus, d'Anaximandre et autres pythagoriciens; tandis que Platon, Eudoxe, Calippe, Aristote, Archimède, Hipparque, Sosigène, Pline, Sénèque, Diogène-Laërce et Ptolémée, ont cru la terre immobile au centre du monde.

Ptolémée rejeta le vrai système du monde, qui était connu des Égyptiens, et que Pythagore, leur disciple, avait enseigné aux Grecs. Par une suite de cette erreur, il méconnnut le mouvement réel de Mercure et de Vénus, que les Égyptiens avaient découvert [1]; ou plutôt, s'il eût admis ce mouvement, il aurait reconnu le véritable système cosmique. Comme les opinions étaient partagées, il semble qu'il dédaigna celle qui appartenait à l'Égypte; savoir, que Mercure et Vénus tournaient autour du soleil: car, ainsi que le remarque le célèbre auteur de la *Mécanique céleste*, il ne fit pas même mention de cette hypothèse. Ainsi, je le répète, on ne peut rien conclure du silence affecté de Ptolémée sur les

---

cœpi et ego de terræ mobilitate agitare. (*De Revol.* præf. ad Paul. III.)

[1] *Voyez* Cicéron, Vitruve, Macrobe.

« La direction exacte des faces de leurs pyramides, vers les quatre points cardinaux, donne une idée avantageuse de leur manière d'observer; il est probable qu'ils avaient des méthodes pour calculer les éclipses. Mais ce qui fait le plus d'honneur à leur astronomie, est la remarque fine et importante des mouvemens de Mercure et de Vénus autour du soleil. La réputation de leurs prêtres attira les premiers philosophes de la Grèce; et, selon toute apparence, l'école de Pythagore leur est redevable des idées saines qu'elle a professées sur la constitution de l'univers. » (*Exposition du système du monde*, p. 292, in-4°, 2ᵉ édit.)

observations de l'astronomie égyptienne, sinon qu'il les a ignorées, ou bien qu'il en a dissimulé l'usage.

Le cercle d'or ou plutôt doré, qui était à Thèbes sur le monument d'Osymandyas, et qui avait de tour 365 coudées, dont chacune répondait à un des jours de l'année, et où l'on avait marqué le lever et le coucher des astres pour chaque jour, n'est-il pas encore une preuve à ajouter en faveur de la réalité des observations astronomiques en Égypte? Ce cercle pouvait servir aux observations azimutales et à une multitude d'usages. A la vérité, il ne nous a pas été conservé[1]; mais, en revanche, nous possédons cinq zodiaques, précieux monumens dont le témoignage est irrécusable.

Je ne veux pas citer ici le puits de Syène, qui servait sans doute à l'observation du solstice; mais je ferai remarquer avec quelle exactitude la grande pyramide de Memphis et toutes les autres étaient orientées. Les Égyptiens savaient donc bien tracer une méridienne: on sait que cette opération est délicate; mais quelle difficulté, quelle précision n'exige-t-elle pas pour une méridienne longue de $232^m \frac{3}{4}$, ou plus de 716 pieds? Aujourd'hui même, avec tous les secours de la science perfectionnée, il serait malaisé de tracer avec précision une ligne d'une aussi grande longueur, qui serait parfaitement orientée.

On a cru que le dessein des Égyptiens, en construisant la grande pyramide, avait été de faire, par son moyen, l'observation annuelle de l'équinoxe, parce que, disait-on, l'inclinaison des côtés est telle, que, le jour

[1] *Voyez* plus haut, chap. 11, §. 11.

de l'équinoxe à midi, le centre du soleil est exactement dans le plan de la face du nord; mais il n'y a nul fondement à cette idée. L'angle de la face avec l'horizon est de 51° 19′ 4″ : la latitude du lieu étant 29° 59′ 49″, la hauteur de l'équateur est de 60° 0′ 11″ : il y a donc une différence de 8° 41′ 7″ ; ainsi le soleil arrivait dans le plan de la pyramide environ trente-trois jours avant l'équinoxe. Peut-être s'agit-il d'une pyramide différente, dont l'inclinaison était plus considérable.

Il existe une tradition rapportée par Solin, Cassiodore et Ammien-Marcellin; savoir, que les pyramides absorbaient leur ombre. Ce que je viens de dire de la grande pyramide, prouve que le phénomène de la consomption de l'ombre n'y avait point lieu dans toutes les saisons de l'année. Environ trente-trois jours avant l'équinoxe du printemps, la face du nord commence à être illuminée à midi, et ce phénomène a lieu tous les jours pendant les huit mois qui suivent et un tiers de mois en sus. La diminution de l'obliquité de l'écliptique n'a point apporté un grand changement à ce qui se passait autrefois. La différence n'est pas de $\frac{9}{10}$ de jour, en moins, pour l'époque d'où paraît dater le puits de Syène, époque à laquelle cette obliquité était de 24° 5′ 23″ [1].

Il paraît que les Égyptiens avaient au moins ébauché la théorie des planètes. C'est de l'Égypte qu'Eudoxe rapporta des notions précises sur les mouvemens de ces astres. Sénèque nous a transmis ce fait d'autant plus curieux pour l'histoire de l'astronomie, qu'il remonte à

[1] *Voyez* la Description de Syène, *A. D.*, *chap. II*, vol. 1, pag. 124.

près de quatre siècles avant J.-C.[1] Quant aux *sphères* matérielles dans lesquelles Eudoxe faisait mouvoir les planètes, selon Aristote et Simplicius, il est difficile d'asseoir un jugement sur cette opinion, d'ailleurs si contraire à la vraie physique céleste. Peut-être Eudoxe n'est-il pas plus digne de reproche à cet égard que Ptolémée ou Hipparque. Au reste, il ne paraît pas avoir toujours bien compris les leçons des Égyptiens, puisqu'il donna, comme étant de son temps, une position des colures solsticiaux et équinoxiaux, qui remontait à dix siècles avant lui; position qui est à peu près celle des monumens astronomiques de Tentyris.

On ignore les noms des astronomes de l'Égypte. Cette singularité, si contraire à ce qui existe chez les modernes, et même à l'usage des Grecs, a nui beaucoup à la réputation de savoir des anciens Égyptiens. Mais connaît-on les noms de leurs architectes et de leurs mécaniciens? Celui qui a le premier conçu ou élevé un obélisque, a-t-il laissé son nom à la postérité? Que d'ouvrages qui portent le cachet du génie, et dont les auteurs nous sont pour jamais inconnus!

Ceux qui ont approfondi la nature des institutions égyptiennes, ne seront point surpris de cette ignorance où l'Égypte nous a laissés des noms de ses artistes, de ses savans les plus illustres : la renommée ne paraît pas avoir été le but de leurs travaux, mais l'utilité publique et la gloire de l'État. En se consacrant à la culture des sciences et des arts, les collèges de l'Égypte étaient animés par des vues bien différentes de celles qui font agir

[1] Senec. *Quæst. nat.* lib. vii.

les individus; et peut-être faut-il attribuer l'existence et la conservation de tant de magnifiques monumens à l'absence totale de l'amour propre individuel. Le goût dominant de ces hommes était celui du beau et du vrai : avec cette passion, l'on consent volontiers à continuer un grand ouvrage, et à l'achever sur le même plan que son maître ou ses prédécesseurs. L'honneur du travail est à tous; mais il n'appartient à aucun. L'histoire ne nous a donc point transmis les noms des astronomes égyptiens qui ont fait les découvertes les plus importantes pour les progrès de la science; car je ne parle pas ici de Necepsos, que Pline et Manéthon [1] nous présentent comme assez récent [2]. Petosiris est un autre astronome dont Pline nous a conservé le nom, et qui est de la même époque [3].

C'est peut-être ici le lieu de citer une opinion pythagoricienne au sujet des distances des planètes, opinion qui fut sans doute puisée en Égypte, à la source commune des connaissances des pythagoriciens. Le rapprochement qu'en a fait avec les observations des modernes un professeur habile et connu dans les sciences, m'a paru curieux et digne d'être mis sous les yeux du lecteur [4].

---

[1] Plin. *Hist. nat.* lib. II, cap. 23. Manéthon le fait antérieur à Psamétique, c'est-à-dire au VIIe siècle avant l'ère chrétienne. (Sync. *Chr.* pag. 75 et 76.)

[2] Il remonterait à Sésostris, si l'on en croyait un vers d'Ausone, epist. XIX.

[3] Il est question de ces deux écrivains astronomes dans Servius (*ad* lib. x *Æneid.* vers. 272) : Suidas fait aussi mention des écrits de Petosiris; et Eusèbe (*in Chronico*), de ceux de Necepsos.

[4] J'ai extrait ce qui suit d'une note insérée par M. le professeur P. Prévost, de Genève, dans la *Bibliothèque britannique* (n°. 292, pag. 646, février 1808), en y faisant quelques légères modifications.

464 EXPOSITION DU SYSTÈME MÉTRIQUE

On voit, dit-il, dans le dialogue qui porte le nom de *Timée*, que ce philosophe pythagoricien compare les distances des planètes aux nombres qui expriment les intervalles de l'échelle diatonique, composée de deux tétracordes disjoints[1]. On sait que ce n'était point par le nombre des vibrations ou la longueur des cordes, mais par les poids tendans, que les pythagoriciens estimaient la valeur des tons; c'était donc par les rapports doublés ou bien des carrés des nombres des oscillations[2]: or, les nombres de cette dernière espèce qui expriment l'accord parfait, sont 4, 5, 6, 8; les carrés sont 16, 25, 36, 64; et en divisant par 4, la suite devient 4; 6,25; 9; 16 : or, ces quatre nombres sont à peu près dans le rapport des distances réelles du Soleil à Mercure, Vénus, la Terre et Mars.

En continuant cette suite dans la proportion harmonique, on a 4, 5, 6, 8, 10, 15, 20, et en nombres de la forme pythagoricienne, carrés et réduits : 4; 6,25; 9; 16; 25; 56,25; 100. Tels sont les nombres qui résultent du calcul de Pythagore; ils répondent, les quatre premiers, aux distances de Mercure, Vénus, la Terre et Mars, et les deux derniers, à celles de Jupiter et Saturne[3]. Mais le nombre 25, qui est le cinquième, ne

[1] Pline, d'après Pythagore, donne les distances de la terre aux planètes, en tons et en parties de ton; mais le texte paraît fort inexact. Voyez *Hist. natur.* lib. II, cap. 22; voy. aussi Macrobe, *in Somn. Scip.* lib. II, cap. 1.

[2] Ici le géomètre moderne rejette avec raison l'hypothèse par laquelle on prétendait évaluer les distances pythagoriciennes, en les calculant par les rapports *simples*. L'historien des mathématiques avait déjà remarqué l'erreur commise à ce sujet sur la foi de Nicomaque (*Histoire des math.*, tom. 1er, p. 126); Macrobe n'est point tombé dans cette faute.

[3] L'ordre des planètes n'est point tel dans Platon; mais on voit, par le passage de Pline cité ci-dessus,

correspondait alors à aucune planète connue. Ce philosophe soupçonnait peut-être, comme l'ont fait depuis MM. Lambert et Bode, qu'il devait y avoir en effet quelque planète entre Mars et Jupiter.

Or, les quatre astéroïdes qu'on a découverts récemment, viennent remplir cette lacune. La distance de la Terre au Soleil étant 1000, leur distance moyenne est de 2722. On trouve effectivement que la distance de Cérès est de 2765 ; Pallas, 2791 ; Junon, 2657 ; Vesta, 2673 [1] : c'est-à-dire qu'elles sont à peu près toutes à la même distance. La série pythagoricienne donne 2777, au lieu de 2722.

Ainsi, dans le même endroit du ciel où Pythagore supposait une planète, on a trouvé, vingt-quatre siècles après lui, qu'il existait réellement plusieurs corps planétaires. Je n'entreprendrai point d'expliquer une coïncidence si extraordinaire, et je me hâte même d'ajouter que la planète d'Uranus sort de la loi générale. En

que les pythagoriciens les plaçaient comme il suit : la *Lune* (ou la Terre), *Mercure, Vénus,* le *Soleil, Mars, Jupiter* et *Saturne.* Achille Tatius (*Uranol.* pag. 136) dit que les Égyptiens mettaient au quatrième rang le Soleil, que les Grecs mettaient au sixième. Ptolémée suivait en cela les Égyptiens. Enfin, l'ordre qui résulte des noms des jours de la semaine, suppose nécessairement, comme on sait, la série que j'ai rapportée. Il ne faut plus que transposer le Soleil au centre du système, et mettre la Terre en sa place ; opinion que les pythagoriciens ont enseignée, et qu'ils avaient puisée en Égypte. Cet ordre, dans les distances du Soleil aux planètes, est le même que celui des durées de leurs révolutions.

[1] On trouve dans le *Traité élémentaire d'astronomie physique* de M. Biot (tableau de la page 460) 2767,2 et 2769,3 pour les distances de Cérès et de Pallas, au lieu de 2765 et 2791. D'après le tableau de la page 545, les distances du Soleil à Mercure, Vénus, la Terre, Mars, les astéroïdes, Jupiter et Saturne, exprimées en millions de lieues, à moins d'un demi-million près, sont respectivement de 13, 25, 34¼, 52½, 95½, 179¼ et 239. Ces nombres diffèrent de ceux que M. Prévost a employés.

effet, continuant l'échelle harmonique, on trouvera pour 8ᵉ terme, 40; ce nombre étant carré et réduit, fait 400; ou bien la distance de la Terre au Soleil étant 1000, ce nombre ait 44444. Or, la distance du soleil à Uranus est, dans cette proportion, de 19874, selon M. Prévost; ce qui est moins que la moitié de 44444[1]. Il faut sans doute conclure, avec lui, que rien, dans le système du monde, ne conduit à supposer de pareilles lois dans les distances des planètes; mais cette théorie singulière n'en exprime pas moins avec une certaine approximation les mêmes distances, jusqu'à Saturne inclusivement.

Cette doctrine des pythagoriciens, instruits à l'école de l'Égypte, est propre à nous donner une idée favorable des spéculations de l'astronomie égyptienne, et c'est aussi une sorte de monument précieux des temps antiques; mais, ignorant les mouvemens elliptiques auxquels sont assujettis les corps célestes, privés de la connaissance des lois de Kepler, les Égyptiens ne pouvaient trouver que des relations approchées. Une propriété remarquable de l'acoustique, découverte sans doute bien avant Pythagore, leur fournit des rapports qui convenaient à peu près à ceux des distances des planètes, et l'on conçoit bien comment ils se servirent des uns pour représenter les autres; ces peuples ont toujours été extrêmement sensibles à une certaine harmonie dans les rapports et les proportions de toute espèce[2].

[1] Cette distance absolue est de 662117300 lieues.
[2] *Voyez* ce que j'ai dit sur les proportions adoptées par les Égyptiens en architecture, dans les Mémoires descriptifs, *A. D.*, vol. 1.

Je sais combien la critique moderne a blâmé le ridicule de la prétendue musique céleste de Pythagore et de Platon : mais, en traitant ces visions avec sévérité, ne devait-elle pas approfondir davantage les faits scientifiques auxquels ces idées servaient d'emblème et d'ornement? N'était-il pas plus philosophique de chercher à reconnaître les *nombres* que les anciens avaient découverts, comme exprimant avec une certaine justesse les intervalles des corps célestes? Qu'est-ce d'ailleurs que l'harmonie musicale, si ce n'est une progression fondée sur des lois naturelles et constantes, et représentées par des *nombres* que fournit l'expérience? Ce premier essai, fait par les observateurs pour ramener les phénomènes à une loi générale, n'est pas si digne de mépris [1]; et peut-être cette tentative, d'ailleurs si imparfaite, a-t-elle été le germe de celles qui ont conduit les modernes par degrés à saisir les véritables lois du système du monde.

J'ajouterai une remarque assez singulière, c'est que les nombres harmoniques, représentant à-la-fois l'échelle diatonique et les distances planétaires pythagoriciennes, sont les mêmes que ceux qui expriment les rapports des mesures de superficie chez les Égyptiens. Qu'on jette les yeux sur la table des mesures agraires [2], et qu'on examine les valeurs de la base de la grande pyramide et celles du stade carré, exprimées en différentes mesures; on sera surpris de voir les nombres harmoniques pytha-

---

[1] Le grand Kepler a cherché lui-même à expliquer par l'harmonie musicale l'arrangement du système céleste.
[2] *Voyez* ci-dessus, pag. 372.

goriciens dans les cases du tableau, comme si on les avait remplies d'avance avec ces mêmes nombres.

Base de la pyram.	»	6¼.	».	»	25.	56¼.	100.
Stade carré......	4.	»	).	16.	»	»	100.

Le tétraroure, l'aroure, et les autres mesures de superficie, présentent aussi les mêmes rapports harmoniques, et conduisent même au 8ᵉ et au 9ᵉ terme, comme on voit par cette petite table :

Tétraroure.......	4.	»	).	16.	25.	»	»	400.	900.
Diplèthre carré..	4.	»	·	»	»	»	»	400.	»
Aroure..........	4.	6¼.	·	»	»	»	100.	»	900.
Plèthre carré....	»	»	·	»	»	»	100.	400.	»
Quart d'aroure...	»	»	·	»	25.	56¼.	»	»	»
Schœnion.......	»	»	·	·	16.	»	»	100.	»	»
Canne carrée....	»	6¼.	).	»	»	»	100.	»	»
Décapode carré..	4.	»	·	»	»	»	100.	»	»
Orgyie carrée....	»	»	·	·	16.	»	»	»	»	»
Ampelos carré...	»	»	·	»	25.	»	»	»	»

Ainsi les nombres harmoniques des Égyptiens avaient la propriété d'exprimer tout-à-la-fois les intervalles diatoniques, les distances des planètes et les rapports des mesures agraires. Je laisse au lecteur studieux et ami de l'antiquité à approfondir ces curieux résultats; si j'ai réussi à appeler l'attention des savans sur un nouveau champ de découvertes, je m'estimerai heureux, et je ne regretterai point d'avoir cherché à éclaircir un sujet hérissé de difficultés, et en apparence aussi ingrat qu'épineux.

Je terminerai ce chapitre par la citation d'un passage d'un ancien écrivain d'astronomie. Ce passage est positif; il confirme absolument le résultat de toutes ces recherches, et prouve, comme je l'ai avancé d'après l'étude des monumens, que le degré terrestre a été réellement mesuré en Égypte.

« On rapporte, dit Achille Tatius, que *les Égyptiens, les premiers, mesurèrent* le ciel et *la terre*, et inscrivirent leurs découvertes sur des stèles pour en transmettre la mémoire à leurs descendans[1]. » Ainsi, non-seulement on avait fait en Égypte une mesure du globe terrestre, mais c'est sur les bords du Nil qu'on avait exécuté pour la première fois cette opération.

L'auteur ajoute que les Chaldéens revendiquent la gloire de ces découvertes; mais ce qui prouve qu'il n'était pas favorable à leur prétention, c'est qu'aussitôt il ajoute que les Grecs (peuple si moderne, comparé aux deux premiers) attribuaient chez eux cet honneur aux dieux, aux héros et aux philosophes, et qu'il cite en preuve le témoignage des poëtes Eschyle, Sophocle, Euripide. Selon ces poëtes, ce serait à Prométhée, à Palamède, à Astrée, qu'appartiendrait l'invention de l'astronomie, des nombres, de l'écriture et des mesures. Il cite encore Homère, et aussi Aratus, qui dit qu'Astrée inventa et même *créa* les astres[2]. Mais Achille Tatius ne paraît point faire cas de ces traditions absurdes; et il est assez évident qu'il donne la préférence aux Égyptiens, puisqu'il les met à la tête des inventeurs, et qu'il les nomme dès la première ligne de son traité. D'ailleurs, c'est pour l'astronomie, et non pour la découverte de la mesure de la terre, qu'Achille Tatius rapporte

---

[1] Αἰγυπτίους λόγος ἔχει πρώτους τὸν οὐρανὸν ὥς καὶ τὴν γῆν καταμετρῆσαι, καὶ τὴν ἐμπειρίαν τοῖς ἑξῆς ἐν στήλαις ἀναγράψαι (Achill. Tatius, *Uranol.* Petav. pag. 121.)

[2] Τὴν δὲ γένεσιν, καὶ ἔννοιαν, εἰς Ἀστραῖον.

plusieurs origines. Il était donc constant pour lui, que les Égyptiens avaient entrepris et effectué cette mesure; devons-nous en être surpris, puisqu'ils avaient calculé les distances célestes, et que le seul élément qu'il y ait pour exprimer ces intervalles, c'est la grandeur du globe?

CHAPITRE XIII.

Éclaircissemens et recherches étymologiques.

Les idées que nous allons proposer sur l'origine des noms de plusieurs mesures égyptiennes, sont fondées sur des analogies et des rapprochemens dont plusieurs nous ont paru neufs et assez vraisemblables pour être soumis au jugement des lecteurs : mais nous sommes loin de les présenter comme des étymologies certaines ; on est trop peu éclairé sur l'ancienne langue des Égyptiens, pour affirmer quels étaient chez eux les véritables noms des mesures. Nous sentons d'ailleurs combien ces recherches sont incomplètes et ont besoin de l'indulgence des savans : notre but est seulement d'établir que les noms de plusieurs mesures grecques paraissent appartenir à l'Orient aussi bien que les mesures elles-mêmes, et d'appeler l'attention des lecteurs instruits sur une matière qui n'a pas été encore envisagée sous un point de vue général.

§. I. *Digitus, palmus* (δάκτυλος, παλαιϛή).

La mesure du *doigt*, commune à presque toutes les nations, semble appartenir plus particulièrement à l'Égypte, puisque le *doigt métrique* est un de ses hiéroglyphes ; c'est ce que nous apprend un fragment d'Horapollon : Ἀνθρώπυ δάκτυλος ἀναμετρήσιν σημαίνει. *Hominis digitus dimensionem notat*[1].

[1] *Hierogl.* liv. II, chap. 13, édit. de Pauw. Mais, au chap. VI du même

Il est à regretter que l'auteur de cet ouvrage, quel qu'il soit, ne soit pas entré dans quelques détails au sujet de ce signe hiéroglyphique. Corneille de Pauw ne donne pas de développemens; il rappelle seulement cette explication de *Phasianinus*, rapportée par David Hœschelius dans ses notes sur Horapollon : *Illis enim numerum comprehendere faciliùs homines consueverant.* Jean Mercier, dans ses notes, ne parle pas non plus de cet hiéroglyphe. Selon Héron, géomètre égyptien, le *doigt* est une mesure élémentaire et l'unité de toutes les autres, ὅςις καὶ μονὰς καλεῖται : c'est la même idée que celle qui est exprimée par le passage d'Horapollon. Dans les *Origines* d'Isidore, on voit que le doigt est la plus petite des mesures vulgaires[1].

Digitus vient de δάκτυλος, manifestement; car δάκτυλος (ou δείκτυλος), exprimant une mesure, s'écrivait fréquemment en abrégé δεικτ, d'où *dict* et *digt* : avec l'addition de la terminaison latine et d'une voyelle pour l'euphonie, on a fait *digitu*. Mais il est bien remarquable que le mot même de δάκτυλος exprimait à-la-fois et le fruit du dattier et la mesure appelée *doigt*. Il y a encore un même rapport, en latin, entre *digitus* et *dactylus*; enfin on le retrouve en français entre le mot *doigt* et le mot *datte*. Or, ainsi que nous avons tiré ces mots du latin et que les Latins les ont empruntés des Grecs, ceux-ci n'auraient-ils pas également emprunté d'ailleurs le double sens du mot δάκτυλος, peut-être le mot lui-même? Et si quelque pays convient à cette origine,

---

livre, le doigt désigne l'estomac... *tium mensurarum.* (Isid. Hisp. *Op.*
[1] *Digitus est minima pars agres-* pag. 226.)

n'est-ce pas l'Égypte ou la Phénicie, le pays des dattes (φοινίκων)? Mais ce rapport devient bien plus digne d'attention en songeant qu'une autre mesure encore, *le palme*, porte aussi le même nom que la tige et la feuille du palmier, et aussi que la paume ou largeur de la main : en latin il n'y a qu'un mot pour les deux, *palma* ou *palmus*; en grec, παλιϛή désigne la mesure, et παλάμη la paume de la main.

Le palme et le doigt sont donc deux mesures dont les noms sont communs aux parties du palmier.

Le mot de *spithame*, σπιθαμή, mesure de 3 palmes, qu'on fait dériver de σπίζω, *extendo*, ne viendrait-il pas du *spathe*, σπάθη, nom que porte l'enveloppe du régime du palmier?

Il n'est pas moins frappant que le nom d'un *fruit* en général est καρπός[1], et que ce même mot veut dire aussi le poignet ou la paume de la main, *vola manûs* : c'est ce que les anatomistes appellent *le carpe*. ϨΟΡΠϹ veut dire *poing* (*pugillus*) en qobte[2].

D'après ces rapprochemens, qu'on pourrait pousser bien plus loin, mais qui suffisent pour notre objet, il nous paraît clair que le palme et le doigt de mesure ont des noms presque identiques avec les parties du palmier-dattier. Un tel rapport ne peut être fortuit pour plusieurs mesures à-la-fois; et l'on peut en tirer cette conséquence naturelle, que diverses mesures des Égyptiens semblent avoir tiré leurs noms de l'arbre et des fruits les plus communs chez eux.

---

[1] Καρπὸς ἀρούρης. (Homer. *Iliad*. lib. 11.)

[2] Isaïe, ch. 40, vers. 12. *Voyez* La Croze, pag. 149.

474 EXPOSITION DU SYSTÈME MÉTRIQUE

Les étymologistes modernes ou anciens, depuis Varron jusqu'à Vossius, qui ont donné les origines de tant de mots, n'en ont présenté aucune pour les mots πῆχυς, πλέθρον, ἀρτάβη, etc., mesures qui également appartiennent à l'Égypte ; c'est que les racines de ces mots n'ont point passé dans la langue grecque avec les noms de mesure correspondans, et que les mesures seules nous ont été transmises.

Le rapport des noms des mesures avec ceux des parties du palmier ne peut manquer de piquer la curiosité, surtout à l'égard d'un pays comme l'Égypte, où les choses, comme les noms, n'avaient rien d'arbitraire et de pur caprice : la mesure agraire, par exemple, avait probablement son nom tiré de l'action de labourer; en effet, le nom de l'aroure, ἄρουρα, que les Grecs ont adopté ou traduit, vient, selon les étymologistes, de ἀροειν, ἀροῦν[1], mot qui lui-même se rapporte à *hharach*, en hébreu *arare*[2]. Le schœne, mesure essentiellement égyptienne[3], avait le même nom que le σχοῖνος, ou la *cordelle*, qui servait à remonter les barques sur le Nil ; σχοῖνος signifie aussi *jonc* : or, c'est avec le jonc qu'on faisait les *cordes*[4]. Recherchons donc à quoi l'on peut attribuer ces dénominations, communes aux mesures et aux parties du palmier d'Égypte.

1°. Le choix du palmier n'a rien qui doive surprendre,

---

[1] En latin *arare*, d'où *arvum*, *rura*, etc.

[2] Voyez, plus bas, le §. x.

[3] Bien qu'Athénée et Callimaque (apud Plutarch.) disent que le mot appartient aussi aux Perses. Voyez plus haut, chap. IX, §. III.

[4] Aujourd'hui c'est avec les feuilles de dattier que l'on fait les cordes en Égypte. Peut-être les faisait-on jadis avec l'espèce de *cyperus* appelée *papyrus*, plante propre à l'Égypte. Voyez l'article *schœne*, ci-dessous, §. x.

puisque c'est en Égypte l'arbre le plus commun et par excellence : tout le monde sait le parti qu'on en tire sans cesse pour les divers besoins de la vie; on se nourrit, on s'abreuve, on se loge, on se meuble, on se chauffe avec les fruits, ou le tronc, ou les tiges, ou les feuilles, diversement préparés par les arts. Des cordes pour la marine, des voiles pour les navires, des liqueurs de plusieurs espèces, des nattes pour les appartemens, des paniers de tout genre et jusqu'à des lits, tout se fait en quelque sorte à l'aide du palmier-dattier. Dans aucun pays, il n'est d'arbre qui rende d'aussi immenses services à la population.

2°. Puisque deux choses aussi différentes que le doigt et une datte n'ont qu'un seul et même nom, et que ce nom est aussi celui d'une mesure, la cause en est probablement dans l'analogie des dimensions du doigt avec celles du fruit : or, c'est ce qui arrive en effet; le travers du doigt et celui de la datte sont à peu près de même mesure. De même que les Arabes composent un doigt de 6 grains d'orge placés en travers, et le grain d'orge, de 6 soies de cheval ou de chameau, ainsi les Égyptiens ont pu, à l'origine, et dans des temps grossiers, mesurer le palme avec 6 dattes, la spithame avec 12, la coudée avec 24; ce qui était aussi exact que d'appliquer plusieurs fois de suite les doigts de la main, puisque ces doigts diffèrent beaucoup du moindre au plus fort.

On pourrait ajouter, à la rigueur, que la largeur du rameau de palmier, à sa base, est d'un palme dans les arbres de grandeur ordinaire, et que les spathes ou régimes de dattes ont, en général, la longueur d'une spithame.

Faut-il conclure que la paume ou les doigts de la main tirent leur nom du palmier? Non sans doute; mais le contraire est beaucoup moins vraisemblable. Que nous ayons reconnu l'identité de noms entre les parties de la main et celles du palmier, et la cause de cette analogie dans la conformité de grandeur, c'est ce qu'il nous suffisait de remarquer, notre but étant de faire voir que les mesures dont il s'agit sont empruntées de l'Égypte. Ces considérations paraîtront peut-être moins stériles que les étymologies des auteurs qui assurent qu'on appelait *lactyli* les dattes, parce qu'elles ont de la ressemblance avec les doigts de la main [1]; cela n'est vrai ni du rameau ni de la grappe. Il s'en faut également que la paume, ou, si l'on veut même, la main entière, soit disposée comme la branche et la feuille du palmier, quoi qu'en pense Isidore dans ses Origines, *palma ab expansis palmæ ramis* (pag. 149), et ailleurs, *palma dicta quòd oppansis est ramis, in modum palmæ hominis* [2]. Les botanistes ont employé avec raison le nom de *palmé* et *digité* pour désigner les feuilles des plantes telles que le ricin, le platane d'Orient, plusieurs renoncules et autres plantes analogues, parce que ces feuilles ont en effet la disposition de la main ou celle des doigts, et ils ont réservé le nom d'*ailé* pour celles du dattier et les autres feuilles semblables.

Il est remarquable qu'en syriaque un même mot, *qoutabt*, ܩܘܛܒܐ, signifie *dactylus*, et *mensura instar*

---

[1] *Fructus autem ejus* (palmæ) *dactyli à digitorum similitudine nuncupati sunt.* (Isidor. Hispal. Over. pag. 231.)

[2] Une autre origine plus absurde est celle que donne le même Isidore, *quia manûs victricis ornatus est.* (*Ibid.* pag. 231.)

DES ANCIENS ÉGYPTIENS, CH. XIII. 477

olivæ[1]. Remarquez l'analogie de forme qu'il y a entre l'olive et la datte. Le doigt de la main s'exprime en hébreu par אצבע *etsba'*; en qobte, par ⲦⲎⲎⲂ *thèb*; en syriaque, par ܨܒܥ *tseba'*; en éthiopien, par ጸባ *tsaba'*; et en arabe, par اصبع *esba'*. On ne peut méconnaître une communauté d'origine entre tous ces mots : mais appartiennent-ils tous à-la-fois au doigt de la main et à la mesure?

Quant aux noms mêmes de δάκτυλος, παλάμη ou παλαιςή, il est peu nécessaire de rechercher s'ils sont d'origine égyptienne. Que les Grecs aient reçu ces noms ou qu'ils les aient traduits dans leur langue, c'est, comme on l'a dit, un point indifférent à la question, laquelle est seulement de savoir d'où ils ont tiré les mesures qu'ils nous ont transmises. Nous nous contenterons d'observer qu'en chaldéen la datte ou fruit du palmier s'appelle *daqloun*, et l'arbre, *daql*[2]; or, il serait plus raisonnable de tirer δάκτυλος de là que de δεικνύω, *monstro*, ou de δέχομαι, *accipio*, comme on le voit dans les étymologistes. On ne donne point de racine à παλάμη. Je trouve qu'en hébreu פלם palm, *roboravit*, semble exprimer la force de la main fermée : בלם *balm*, en chaldéen et en syriaque, signifie *ligavit*; comme si l'on disait *les doigts liés*, ce qui est précisément une des définitions du palme[3].

[1] Sous la racine hébraïque, chaldaïque, syriaque et arabe כתב *katab*, *scripsit*.
[2] *Voyez* ci-dessous, *Remarques sur le palme et ses différens noms.*
[3] *Ibid.* On peut juger de la valeur des étymologies présentées jusqu'à présent pour le mot *doigt*, en lisant dans les *Origines* d'Isidore : *Digiti nuncupati, vel quòd decem sunt, vel quia decenter juncti existunt; nam habent in se et numerum perfectum et ordinem decentissimum*, etc.

DES DIVERS SENS DU MOT *dactyle*.

Le mot *dactyle* a encore d'autres acceptions. On sait que c'était le nom d'un mètre ou pied de vers, composé d'une longue et de deux brèves; pour désigner un *mètre*, il était naturel d'employer le nom d'une mesure usitée[1]. Comme le chant et la danse accompagnaient la poésie chez les anciens, le dactyle et les différentes mesures étaient marqués par la cadence des pieds; ce qui explique pourquoi le mot πῦς chez les Grecs et celui de *pes* chez les Latins, comme le mot *pied* et ses analogues chez tous les peuples modernes, ont été consacrés à marquer les *mesures* poétiques.

On voit encore par-là d'où vient le nom des Dactyles, prêtres du mont Ida (*Dactyli Idæi*), les mêmes que les Curètes et les Corybantes, qui, chargés par Rhéa d'élever et de garder Jupiter sur le mont Ida, étouffaient les cris de l'enfant au bruit des armes, en pratiquant la danse militaire ou la pyrrhique, au rapport de Strabon[2]. Cette danse s'exécutait sur un rhythme égal, appelé par les Grecs *dactylique*, lequel était divisé en deux temps égaux.

Notre explication se fortifie encore par le nom de *tripudium* que portait la danse chez les Latins : ce nom vient certainement de τρίποδος, génitif de τρίπος; d'où *tripes*, mot qui indique une danse qu'on pratiquait sur

---

[1] Il ne faut pas comparer le mètre dactylique, d'une longue et deux brèves, à la longueur du doigt, qui a une grande phalange et deux plus petites; en effet, les deux dernières ne sont point égales.

[2] *Geogr.* lib. x, pag. 322, etc.

DES ANCIENS ÉGYPTIENS, CH. XIII. 479

une mesure de trois pieds ou plutôt trois temps, comme celle du dactyle. C'est sur une mesure pareille que dansaient et chantaient à Rome les Saliens armés de boucliers. *In.... morem Salium ter quatient humum*[1]. *Tripudiare* ne veut donc pas dire *trépigner irrégulièrement*.

L'origine que nous donnons au nom des Dactyles paraîtra plus naturelle que les puériles étymologies dans lesquelles on le fait dériver de ce que le nombre de ces prêtres égalait celui des doigts de la main[2], ou bien de ce que Rhéa les employait pour l'exécution de ses ordres, comme les doigts exécutent les volontés de l'homme[3]. Plusieurs, selon Strabon, l'attribuaient à ce que, les premiers, les Dactyles occupèrent les extrémités *du pied* du mont Ida. Tout cela est bien puéril et inadmissible. D'autres, comme Vossius, font dériver le mot *dactyle* employé en poésie, du nom des prêtres Dactyles, sans expliquer d'où ceux-ci le tenaient.

Le passage de Strabon, au sujet des Dactyles, mériterait d'être commenté et développé dans toutes ses parties. Je vais en rapporter ici un fragment qui, parmi ceux que les savans ont déjà examinés[4], me semble digne de fixer l'attention du lecteur.

« On conjecture que les Curètes et les Corybantes sont issus des *Dactyles Idæens*; que cent hommes, les premiers nés en Crète, s'appelèrent *Dactyles Idæens*;

---

[1] Horat. *Od.* lib. IV, od. 1.

[2] Τούτους δ' οἱ μὲν ἑκατὸν τὸν ἀριθμὸν γεγονέναι παραδεδώκασιν, οἱ δ'ἐκ δίκα φασὶν ὑπάρχοντας, τυχεῖν ταύτης τῆς προσηγορίας τοῖς ἐν ταῖς χερσὶ δακτύλοις ὄντας ἰσαρίθμους.

Quos alii centum numerant, alii tantùm decem, pari scilicet digitorum numero sic appellatos. (Diod. Sic. *Bibl. hist.* lib. V, pag. 230.) *Voyez* aussi Sophocle, Strabon et Eustathe.

[3] *Voyez* Julius Pollux.

[4] *Voyez* les auteurs cités à cette

qu'ils engendrèrent neuf Curètes[1], et que chacun de ceux-ci engendra dix fils, nommés aussi *Dactyles Idæens*. Je me suis étendu sur ce sujet (quoique j'aime peu les fables), parce qu'il intéresse l'histoire des dieux. Tout discours touchant cette matière oblige d'examiner les opinions et les fables; car les anciens avaient coutume d'envelopper les notions qu'ils avaient sur la nature des choses (*les opinions physiques*), et ils y ajoutaient toujours quelque récit fabuleux, etc.[2] » Ce qui suit est d'une philosophie excellente.

Il est à croire que ces nombres de 100, 9 et 10, appliqués aux Dactyles et aux Curètes, ont un sens caché, relatif à des questions naturelles, comme Strabon

---

occasion dans la traduction française de Strabon, tom. IV, pag. 87. Les savans auteurs de cette traduction font sentir les difficultés qui existent encore dans ce morceau, où le célèbre Heyne a dit que tout reste à éclaircir.

[1] Phérécyde, cité par Strabon, parle aussi de *neuf* Corybantes, fils d'Apollon et de Rhytia ou Rhéa, ou bien du Soleil et de Minerve, et le géographe parle encore de *neuf* Telchines qui suivirent Rhéa en Crète. (Strab. *Geogr.* lib. x, pag. 47 v.)

[2] Ὑπονοοῦσι δὲ τῶν Ἰδαίων Δακτύλων ἐκγόνους εἶναι τούς τε Κουρῆτας καὶ τοὺς Κορύβαντας· τοὺς γοῦν πρώτους γεννηθέντας ἐν Κρήτῃ ἑκατὸν ἄνδρας Ἰδαίους Δακτύλους κληθῆναι· τούτων δ᾽ ἀπογόνους φασὶ Κουρῆτας ἐννέα γενέσθαι· τούτων δ᾽ ἕκαστον δέκα παῖδας τεκνῶσαι τοὺς Ἰδαίους καλουμένους Δακτύλους. Ποηχέομεν δὲ διὰ πλειόνων εἰπεῖν περὶ τούτων, καίπερ ἥκιστα φιλομυθοῦντες· ὅτι

τοῦ θεολογικοῦ γένους ἐφάπτεται τὰ πράγματα ταῦτα· πᾶς δ᾽ ὁ περὶ τῶν θεῶν λόγος ἀρχαίας ἐξετάζει δόξας, καὶ μύθους, αἰνιττομένων τῶν παλαιῶν, ἃς εἶχον ἐννοίας φυσικὰς περὶ τῶν πραγμάτων, καὶ προστιθέντων ἀεὶ τοῖς λόγοις τὸν μῦθον.

Suspicantur etiam Idæorum Dactylorum posteros esse Curetas et Corybantes: primos c viros in Creta natos, Dactylos Idæos cognominatos: ab his progenitos IX Curetas, quorum quivis x filios genuerit, qui Idæi Dactyli sint appellati. Quanquam minime delector fabulis, tamen, ut copiosius de his dicerem, me istud movit, quia ad theologiam res istæ pertinent. Omnis autem de diis disputatio antiquas perpendit opiniones ac fabulas; priscis sub involucro quas habebant de rebus naturalibus sententias proponentibus, semperque fabulam eis annectentibus. (Strab. *Geogr.* lib. x, p. 326.)

le donne à entendre, ou bien à des résultats scientifiques. Ce n'est pas ici le lieu de nous en occuper; mais nous oserons hasarder quelques conjectures sur la fable même des Dactyles. Pline assure qu'on leur doit la découverte du fer. Sophocle disait, selon Strabon, « qu'ils ont été les cinq premiers hommes qui ont découvert le fer et l'art de le forger, et qu'ils ont trouvé beaucoup de choses utiles à la vie; que ces hommes avaient cinq sœurs, et que leur nombre les fit appeler *Dactyles*[1]. » N'est-ce pas là simplement une manière poétique d'exprimer les secours que les premiers hommes ont tirés du travail de leurs *doigts?* On y voit aussi l'origine du dactyle métrique; c'est l'action de forger sur l'enclume, qui a donné naissance à cette mesure, aussi bien qu'à la danse même. Les *Dactyles*, qui marquaient la mesure en frappant sur des boucliers, semblent n'être autre chose que des hommes qui forgeaient des boucliers trois à trois.

En résumé, c'est en *Crète* qu'on a commencé, selon les Grecs, à travailler le fer: les ouvriers marquaient, en forgeant, le mètre appelé *dactyle;* et ce mètre était appelé ainsi, parce que le doigt de la main était déjà une *mesure :* on conçoit que, par de pareils motifs, les forgerons eux-mêmes furent appelés *Dactyles.* Isidore confirme cette idée, lorsqu'il dit : *Dactyli inventores litterarum et* NUMERORUM MUSICORUM (pag. 380).

---

[1] Σοφοκλῆς δ' οἴεται, πέντε τοὺς πρώτους ἄρσενας γενέσθαι· οἳ σίδηρόν τε ἐξεῦρον καὶ εἰργάσαντο πρῶτοι, καὶ ἄλλα πολλὰ τῶν πρὸς τὸν βίον χρησίμων· πέντε δὲ καὶ ἀδελφὰς τούτων ἀπὸ δὲ τοῦ ἀριθμοῦ Δακτύλους κληθῆναι.

Sophocles censet, quinque primos mares fuisse qui primi ferrum invenerint atque cuderint, multaque alia

Le lecteur nous pardonnera cette digression, que le passage de Strabon nous a suggérée; passage qui renferme d'ailleurs plusieurs traits curieux, surtout sur les dieux Cabires, mais dont on ne peut faire ici la recherche. L'Égypte n'est point étrangère à cette fable, puisque, selon différentes traditions que Strabon rapporte, les Cabires étaient les mêmes que les Curètes et les Corybantes[1], et que, d'après Hérodote, les Cabires avaient des temples à Memphis, aussi bien que Vulcain[2]. Suivant Phérécyde[3], Vulcain (dieu égyptien) avait donné naissance aux Cabires; e les Corybantes, selon d'autres, étaient venus soit de la Bactriane, soit de la Colchide[4]: or, ce dernier pays était peuplé par une colonie égyptienne[5].

Le rapprochement que nous venons de faire entre les noms de certaines mesures et ceux des parties du palmier, a l'avantage d'expliquer naturellement plusieurs appellations singulières que l'on n'avait point jusqu'à présent éclaircies, en même temps qu'il fait entrevoir

ad vitam utilia repererint; quinque etiam his fuisse sorores: à numero autem Dactylos nomen accepis e. (Strab. Geogr. lib. x, pag. 326, d. Casaub.)

[1] Strab. Geogr. lib. x, pag. 4:2.
[2] Ibid. pag. 473.
[3] Ibid. pag. 472.
[4] Ibid.
[5] Le nom de Curète a donné naissance à celui de l'île de Crète, ainsi que le fait voir M. Clavier dans l'H. stoire des premiers temps de la Grèce (tom. 1, pag. 276), bien qu'Étienne de Byzance fasse venir Crète de Coré, fille de Cérès. M. Clavier, au sujet des Dactyles, pense qu'ils firent connaître à Prométhée le culte de Jupiter, qu'ils apportèrent à Olympie encore enfant (Paus. Græc. Descr. lib. v, cap. 7), et que, de concert avec eux, il établit les célèbres jeux olympiques, parmi lesquels la course du stade était le plus ancien. Cette origine des jeux, conforme à toutes les traditions, pourrait s'appuyer encore sur des considérations tirées des mesures égyptiennes.

la source où les Grecs ont puisé à-la-fois et ces mesures et les noms qu'elles portaient dans leur patrie. Ainsi cet arbre si précieux à l'Égypte sous presque tous les rapports de nécessité, qui jouait un si grand rôle chez les anciens Égyptiens, et qui a fourni tant de modèles à l'architecture décorative, le palmier, avait encore offert, dans les premiers temps, des mesures pour l'usage commun, c'est-à-dire le doigt et peut-être le palme; les noms de ses parties servaient peut-être aussi à les désigner. En attendant qu'on ait pénétré le mystère de la langue égyptienne, et qu'on ait découvert les diverses dénominations que portaient jadis les mesures du pays, ainsi que le palmier lui-même, ses rameaux, ses fleurs et ses fruits, nous devons nous borner à croire que les Grecs ont, sinon conservé, du moins traduit dans leur langue les noms de mesures dont il est question; la liaison du sens y est demeurée la même que s'ils étaient les anciens noms égyptiens.

REMARQUES SUR LE PALME ET SES DIFFÉRENS NOMS.

Les mots de παλάμη et παλαιςή fourniraient encore d'autres rapprochemens : nous nous arrêterons à quelques-uns, pour ne pas allonger ces recherches; le lecteur pourra facilement les pousser plus loin. On pourrait regarder le nom de la Palestine (Παλαιςίνα) comme venant de παλαιςή [1] : ce pays aurait reçu son nom de la quantité de palmes ou palmiers qui s'y trouvent, comme je crois que la Phénicie elle-même (Φοινίκη) tire son

---

[1] D'autres le font venir du nom des Philistins, *Felisthim*.

nom de φοῖνιξ, mot qui veut dire en grec le *palmier* et le fruit du palmier [1].

Παλαιςής signifie à-la-fois *lutteur* et *mesure du palme* : on luttait de la main, on mesurait avec la main ; telle est peut-être l'origine de ce double sens. La lutte s'appelait πάλη, d'où à-la-fois παλαίςρα, lieu d'exercice, et παλαιςής, *le palme*; mais personne ne dit d'où vient πάλη, si ce n'est de πάλλω, *vibro*. Or, les cirques chez les Égyptiens, et après chez les Grecs, étaient en même temps des lieux propres à exercer les citoyens et à conserver les mesures du pays; de là, le stade des jeux et le stade itinéraire s'expriment par un seul mot, comme je l'ai expliqué ci-dessus [2]. Le stade grec ou égyptien avait un nombre déterminé de palmes, savoir, 2400 palmes (400 coudées) : de même la *palestre*, παλαίςρα, était un espace dont les dimensions étaient mesurées en palmes, παλαίςοι.

Selon Pline et Vitruve, le nom de δῶρον (*dôron*), donné au palme, vient de ce qu'on donne avec la main. *Græci antiqui δῶρον palmum vocabant, et ideo δῶρα munera, quia manu darentur* [3]; *quòd munera semper gerantur per manûs palmum* [4]. J'examinerai plus loin ces étymologies.

Le sens de δῶρον est συγκλεισθέντες οἱ δ΄ δάκτυλοι, *quatuor digiti simul juncti;* c'est le même que celui de

---

[1] Si l'on en croyait Isidore dans ses *Origines*, le palmier lui-même aurait tiré son nom de celui du célèbre oiseau fabuleux dont la vie passait pour être si longue, parce que, dit-il, cet arbre vit pendant très-long-temps. On sent combien cette idée est chimérique.

[2] *Voyez* chap. VIII.

[3] Plin. *Histor. natur.* lib. XXXV, cap. 14.

[4] Vitruv. *Archit.* lib. II, cap. 3.

παλαιςή, δοχμή, δακτυλοδόχμη, palmus. Cette mesure répond à celle du poing, pugnus, qui vient sans doute de πυγμή : car, selon Suidas, πυγμή veut dire aussi la main ou le poing fermé; de plus, cette même mesure s'appelle en arabe قبضة, qabdah, qui veut dire pugnus. On sait que le mot pugno vient de pugnus.

Le nom consacré en hébreu pour le palme, est טפח tofah ou topah : en chaldéen, on le rend par שפח fchak; en syriaque, par le même mot, ܦܫܟ; en arabe, par فتر fetr. Plus haut j'ai cité le mot hébreu palm[1], et le mot chaldéen et syriaque balm, qui expriment, l'un la force de la main, l'autre les doigts unis (voyez pag. 477), et offrent une étymologie plus naturelle pour le mot grec et le mot latin que πάλη ou πάλλω. Dans la langue qobte, on pourrait avoir quelque espérance de découvrir le nom égyptien de cette mesure et l'origine même du nom; mais tout ce que j'ai pu découvrir, est que le palme se dit ϣⲟⲡ[2], et que ce mot si-

---

[1] L'hébreu a encore le mot כף kaf pour exprimer la paume de la main, vola, et aussi planta pedis.

[2] Voyez particulièrement Ézéchiel, ch. 43, vers. 13; et ch. 40, vers. 5, etc., dans un manuscrit qobte de la Bibliothèque du roi, sous le n°. 2, A. Ce manuscrit n'est point dans le Catalogue imprimé. Je rapporte ici les deux passages d'Ézéchiel, à cause de leur importance; j'ignore d'ailleurs s'ils ont été cités par les savans textuellement :

1°. ⲞⲨⲞϨ ⲚⲀⲒⲚⲈ ⲚⲒϬⲒϨ ⲈⲠⲒⲘⲀϨⲚⲈⲢϢⲰⲞⲨϢⲒ ϨⲈⲚ ⲚⲒⲘⲀϨⲒ · ⲈⲂⲞⲖ ϨⲈⲚ ⲞⲨⲘⲀϨⲒ ⲚⲈⲘ ⲞⲨ ϢⲞⲠ ·Ⲓ· Ce passage a été fidèlement rendu dans la version arabe marginale......... المنج بذراع الذراع وفتر وهذه مقادير, et istæ (sunt) dimensiones altaris per cubitos ex cubito cum palmo, etc. La Vulgate porte : Istæ autem mensuræ altaris in cubito verissimo, qui habebat cubitum et palmum, etc. (chap. 43, vers. 13.) Le texte dit seulement

486 EXPOSITION DU SYSTÈME MÉTRIQUE

gnifie aussi *vola*, et *planta pedis*. Il s'écrit quelquefois ⳛⲟⲡ; ce qui approche du mot hébreu *topah*. Le mot qobte signifiant *palmier* est ⳄⲈⲚⲒ, pluriel ⲞⲨⲰⲒⲚⲒ. Aucun nom de mesure ne s'en approche, excepté le pas, ⲚⲀⲨⳄⲈⲚ, et la station, ϛαθμὸς, ⳄⲈⲚⲎⲎ. Le nom du doigt et celui du palme n'ont aucun rapport avec ⳄⲈⲚⲒ; mais on ne peut rien en conclure, quant au nom antique égyptien.

Δῶρον, *palme*, vient-il de δῶρον, *munus*? ou bien, comme le pensent Pline et Vitruve, est-ce δῶρον, *munus*, qui vient de δῶρον, *palme*, par la raison qu'on donne avec la main? Cette dernière raison est spécieuse, mais sans fondement; car δῶρον n'est pas le véritable et le plus ancien nom du palme, bien qu'on le trouve dans Homère. C'est παλαιςή, lequel est peut-être emprunté d'une langue antérieure. Si δῶρον vient de δίδωμι, *je donne*, alors δῶρον, *munus*, peut en venir également et directement. D'un autre côté, pourquoi δοχμή, qui vient de δέχομαι, *je prends*, signifie-t-il aussi *palme*? à moins que l'on ne veuille dire que le palme ou la main s'appelait d'autant de noms qu'il y a d'actions qui

que la coudée de l'autel était d'une coudée et un palme.

2°. ⲞⲨⲞⳋ ⲚⲀϤ ⳄⲈⲚ ⲦϪⲒϪ ⲘⲠⲒⲢⲰⲘⲒ ⲚϪⲈ ⲞⲨⲔⲀϢ ⲚϢⲒ· ϤⲚⲀⲈⲢⲤ ⲘⲀϨⲒ ⳄⲈⲚ ⲞⲨⲘⲀϨⲒ ⲚⲈⲘ ⲞⲨϢⲞⲠ ·Ⲓ· etc. La version arabe porte exactement ماسكة بيد الرجل قصبة قياس مقدار

اذرع وفتروكان, *et erat in manu viri arundinem* (arundo) *mensuræ, continebat sex cubitos per cubitum cum palmo*. On trouve dans la Vulgate: *Et in manu viri calamus mensuræ sex cubitorum, et palmo*, etc. (chap. 40, vers. 5.) Il y a dans le texte, que la canne avait 6 *coudées*, chacune d'une coudée et un palme; ce qui diffère beaucoup du sens que paraît donner la Vulgate. (*Voyez* ci-dessus, §. vi.)

DES ANCIENS ÉGYPTIENS, CH. XIII. 487

lui sont propres, quelque différentes et opposées qu'elles soient. De plus, δῶρον ne dérive point de δίδωμι régulièrement ; *donum* se déduirait bien mieux de *do* ou *donô*. Enfin c'est avec la main, χείρ, que l'on donne ou que l'on reçoit : mais δῶρον, δοχμή, παλαιςή, sont des noms de mesure; ce qui est bien différent. Il faudrait donc chercher ailleurs d'où vient le nom de δῶρον, *mesure*; et l'on doit supposer qu'il a une origine étrangère, ainsi qu'il en est de *dactylus* (δάκτυλος), qui a cinq acceptions différentes, *doigt de la main, mesure, datte, mètre poétique, prêtre du mont Ida*[1]:

On trouve dans le chaldéen, דקלון daqloun, *palma, fructus dactyli*, et דקל daql, *palma arbor*, racine דקל daql, *ferbuit*[2]. Je conclus de tout ce qui précède, et sans égard aux étymologies vulgairement reçues, que du chaldéen *daql* on pourrait faire dériver *dactylus*, δάκτυλος, comme je l'ai dit plus haut, et du mot hébreu *palm*, les mots *palma, palmus*, et παλάμη, παλαιςή.

§. II. *Lichas* ou *dichas*, λιχάς : *orthodoron*, ὀρθόδωρον : *spithame*, σπιθαμή : *pygmê*, πυγμή : *pygôn*, πυγών.

Les noms des mesures qui suivent paraissent purement grecs, et leur vraie étymologie est inconnue; je me borne donc ici à donner la définition de leur étendue, puisée dans la stature humaine, qui en est la source, du moins quant à la valeur relative : je dirai

---

[1] J'ai dit qu'on fait venir δάκτυλος de δέχομαι, *accipio, quia digitis accipimus*, ou de δεικνύω, *monstro*.

[2] En hébreu, *palma arbor* se dit תמר (*tamar* ou *thamar*). Voyez Schindler, *Lexic. pentagl.* p. 406.

quelque chose de plus sur la spithame, dont j'ai essayé plus haut de découvrir l'origine.

Suivant Héron, le *lichas* ou *dichas* a 8 travers de doigt. Λιχὰς, *extensio pollicis indicisque*, c'est-à-dire l'intervalle du pouce à l'index, la main étendue.

Mais Julius Pollux lui donnait 10 doigts; ce qui est la mesure de l'*orthodoron*, ou distance du pouce à l'extrémité du *medius*. Ὀρθόδωρον, *palma porrecta, inter carpòn et extrenum digiti medii ;* on prend la mesure depuis le carpe jusqu'au bout du *nedius*. Cette mesure avait 11 doigts, selon quelques-uns (*voyez* Éd. Bernard); mais on verra par la figure ci-après la véritable application de ces noms et des mesures.

La *spithame* a 12 doigts. C'est l'intervalle du pouce et de l'auriculaire, dans la plus grande étendue. Σπιθαμὴ, *sparsio longissima digitorum, sive extrema pollicis et auricularis.* Il n'y a jamais eu d'incertitude sur la mesure de la spithame. On l'appelait *le grand palme* ou *le palme, palmus major.*

Ainsi la spithame est la mesure de la main étendue, entre l'extrémité du petit doigt et celle du pouce. On a reconnu, dès le principe, que cette mesure contient douze travers de doigt, et qu'elle est égale à la moitié de la coudée naturelle. Rien n'était plus facile, au moyen de cette propriété de la spithame, que de mesurer un objet quelconque en coudées. Après avoir appliqué la main gauche étendue sur l'objet, on appliquait la main droite, en juxta-posant le pouce contre celui de la main gauche Pour la coudée suivante, on approchait le petit doigt de la main gauche contre celui de la main droite, et ainsi successivement. Il n'était pas moins facile de mesurer avec une seule main. La moitié du nombre des applications était celui des coudées de la dimension à mesurer.

En qobte, cette mesure se dit ⲉⲣ·ⲧⲱ[1]. On croit que le nom hébreu *zereth*, זרת, vient du même mot (qui, dans le texte qobte d'Isaïe, est écrit ⲧⲉⲣ·ⲧⲱ), par le changement du *t* en *z*. Le mot arabe est *chebr*, شبر; en syriaque, *zarath*, ܙܪܬ; en chaldéen, *zarthâ*, זרתא. Du même mot ⲉⲣ·ⲧⲱ paraît venir la mesure de capacité appelée ⲉⲣ·ⲧⲱⲃ, ἀρτάϐη ou *ardeb*, mot commun au qobte, au grec et à l'arabe. Tous ces mots dérivent évidemment d'une même source.

Le *pygmé* a 18 doigts. Cette mesure est l'intervalle du coude au bout du métacarpe. Πυγμή, *spatium à cubito ad extremum metacarpion* (*voyez* Héron, Pollux, Hésychius). Les pygmées, πυγμαῖοι, tirent de là leur dénomination [2].

Le *pygón* a 20 doigts, suivant Héron; il s'étend du coude à la naissance des doigts du milieu. Πυγών, μέτεγγυ πυγούσιον (*schol.* Homeri), *Romanis palmipes, pes plus palmo, à cubito ad nodos medios digitorum;* 20 *digiti* [3].

Quant à la *coudée*, πῆχυς, elle se mesure du coude à l'extrémité du *medius*, et contient 24 doigts. Tous les auteurs sont unanimes sur ce point.

J'ai dit, chap. IX, que Héron donne le πυγών, la σπι-

---

[1] D'après le manuscrit de M. Marcel. Dans le texte imprimé de l'Exode, il y a ⲉⲡⲧⲱⲛ.
[2] *Voyez* ci-après, §. IV.
[3] Ed. Bernard, *De ponderibus et mensuris*, pag. 196.

φαμή, le διχὰς et le δῶειν, comme des mesures antiques de l'Égypte.

Toutes ces six dimensions, dont le doigt est l'unité, ont, dans la stature humaine, à peu près les mêmes valeurs relatives que celles que je viens d'exprimer d'après les auteurs, comme il est facile de s'en convaincre, en examinant la figure ci-dessous, conforme aux proportions naturelles. On y voit d'une manière sensible que plusieurs rapports ont été puisés dans la nature; si l'on s'est écarté tant soit peu de cette dernière, c'est pour rendre les rapports usuels plus commodes. Quant à la grandeur absolue, on la trouve dans la stature égyptienne métrique, telle que je l'ai définie au chapitre v.

La construction de cette figure (qui est au cinquième de la proportion égyptienne) m'a fait remarquer que, la main étant ouverte dans toute l'étendue possible, la spithame fait le diamètre d'un demi-cercle, dont le centre est dans l'axe du doigt *medius*, et dont la circonférence passe par l'extrémité de ce même doigt, de façon que l'*orthodoron*, ligne menée du pouce à cette extrémité, et celle menée de cette extrémité à celle du petit doigt, forment un triangle rectangle avec la spithame[1]. Il faut ajouter que dans la même position, et en rapprochant un peu l'index du pouce, les cinq doigts touchent à la circonférence

---

[1] Il est facile de voir qu'il y a une position où les trois côtés sont comme 4, 3 et 5, ainsi que dans le triangle *égyptien* (*voyez* plus haut, pag. 423); il suffit de rapprocher un peu du pouce le *medius*, jusqu'à ce que le grand côté vaille $9^{doigts},6$, au lieu de 10. Alors le petit côté vaudra 7,2, l'hypoténuse valant toujours 12 doigts.

DES ANCIENS EGYPTIENS, CH. XIII. 491

Le pied humain, au contraire des mesures précédentes, n'a point un nombre exact de ces unités égales à un doigt; le nombre des doigts qu'il contient n'est pas de 16, comme dans le système métrique, mais seulement de $13\frac{1}{7}$ environ.

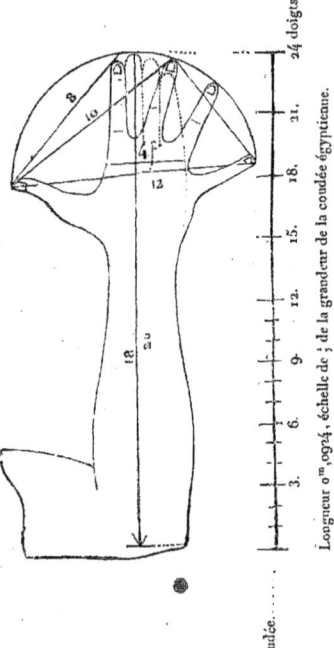

§. III. Du pied (ποῦς).

Selon Vossius, le mot *pes* vient de πός ou πῦς. Voici ce qu'il ajoute : Ποῦς, ἐ παύσω, *quia terminat animal; vel potiùs ab hebræo* בום (*bos*), *calcare; vel à* פשע (*psa'*), *incedere, gradi, à quo* פשע, *passus, gressus.* *Passus* paraîtrait plutô venir de *pes* directement, puisque le pas est formé par le pied ; mais il est vraisemblable qu'il vient de ὖς, qui dérive de בום. Vossius fait aussi venir le mot *passus* de *pando* et *passum*. Cette origine est peu probable.

Quoique l'idée d'une mesure de pied soit puisée dans la nature, cependant, ainsi que je l'ai dit, le pied naturel étant divisé en *doigts*, n'en renferme pas un nombre entier. Tandis que la coudée en contient 24, le pied en a 13 $\frac{5}{7}$ à peu près ; c'est-à-dire que le pied est à la coudée naturelle comme 4 est à 7. Le rapport égyptien de 4 à 6 est donc d'institution[1], et non puisé dans la stature humaine ; mais le nom de *pied* est sans doute resté le même, parce que la mesure naturelle était trop commode pour ne pas être maintenue dans l'usage commun, et parce qu'il est toujours difficile d'introduire un nom nouveau. Au reste, nous ignorons entièrement quelle était la dénomination du pied métrique chez les Égyptiens : rien n'annonce qu'elle fût la même que le nom hébreu qui signifie *pica*, et qui est commun au syriaque et à l'arabe ; *regel*, *reglo*, *rigl*. Ces mots ne sont pas employés comme mesure. Éd. Bernard fait connaître

---

[1] *Voyez* chap. v, pag. 133.

DES ANCIENS ÉGYPTIENS, CH. XIII. 493

le nom de *seraïm*, שירים, comme étant le nom du pied de mesure hébraïque[1] ; on ne trouve point ce nom ailleurs.

On distinguait, chez les Romains, le pied superficiel du pied linéaire, par le nom de *grand pied*. On lit dans le Varron de Scaliger : *à quo dicitur in œdificii area pes magnus*[2]. Scaliger fait voir que *pes magnus* est le pied carré ; et Adrien Turnèbe, que *pes quadratus* désigne un pied cube.

§. IV. *De la coudée :* cubitus, πῆχυς, ammah, mahi, *etc.*

1°. CUBITUS.

Les noms que la coudée porte en grec et en latin, présentent quelques données pour aider à découvrir les anciennes dénominations que portait cette mesure. *Cubus*, qui vient de κύϐος, me paraît être la racine de *cubitus*, plutôt que le mot *cubare*, indiqué comme tel par les étymologistes. Le mot arabe correspondant a les mêmes acceptions. En effet, *ko'ob* signifie en arabe ce que κύϐος veut dire en grec ; la racine est *ka'b* (*quadratum, cubicum fecit*), d'où la Ka'bah de la Mecque, *le lieu carré*[3].

On fait venir *cubitus* de *cubare*[4], parcé qu'à table on

---

[1] Ed. Bernard. *De ponderibus et mensuris*, pag. 146.
[2] Scalig. *in Varr*. tom. II, p. 245.
[3] En arabe, كعب, *quadratâ, cubicâ formâ fecit, cubicum fecit*. كعب, ka'b, كعوب, ko'ob, *cubus*; كعبه, Ka'bah, *delubrum Meccanum à quadrata forma*. كعب, ko'ob, *talus, os ad cruris et pedis juncturam protuberans, clavicula tali, calcaneus, articulus illi similis, astragalus, talusve quo luditur*.

4 Isidor. *Origin*. lib. XI, cap. 1.

s'appuyait sur le coudé : *quòd ad cibos sumendos in ipso cubamus*. Mais cette idée est bizarre et même absurde. D'où viendrait ensuite e mot *cubare*[1]? Vossius croit que *cubitus* vient du grec κύβιτον, employé par Hippocrate[2]. Mais *cubitus* semblerait plutôt dériver de *cubus*, ou κύβιτον de κύβος. On donnait le nom de κύβος à une mesure de capacité[3].

Il faut faire attention que *ko'ob* n'exprime en arabe un cube qu'à raison de ce qu'il signifie primitivement *osselet du talon*, lequel est de forme à peu près cubique[4] : aussi les osselets *à jouer* s'appellent également *ko'ob* (*talus quo luditur*). Les dés à jouer, ou cubes parfaits, ont été substitués à l'osselet, qui avait une forme moins régulière, mais qui en a donné le type; de là le premier cube. L'étude des propriétés géométriques de cette figure a pu prendre naissance dans ces jeux. Je conjecture que le mot de *ko'ob* est ancien, et qu'il a pro-

---

[1] *Cubare* ne vient-il pas de *cubus*, bien que Vossius le fasse dériver de κύπλω, *caput utque oculos declinare ut solent dormientes?* La forme d'un lit est, en général, cubique ou en parallélipipède. Selon Scaliger, dans son commentaire sur Varron, t. 1, pag. 70, on appelait *cubæ* en langue sabine les lits militaires.

[2] Κύβιτον, os cubiti; ap. Diosc. et Galen. *in Lexico Hippocratico.* le trouve dans J. Pollux le mot κύβιτος, et κυβιτίζειν, c'est-à-dire frapper du coude, παίειν τω ἀγκῶνι.

[3] Selon Festus, cité par Vossius, le κύβος était une mesure égale à l'*amphora*, ou au *quadrantal* romain, qui avait un pied cube. Κύβος Græci vocant, quod Romani quadrantal (dit Vossius) *ut est apud A. Gellium* (l. x, c. 20), *ubi addit,* « κύβους esse figuram ex omni genere quadratam, quales sunt, inquit Varro, tesseræ quibus in alveolo luditur, ex quo ipsa quoque appellata κύβοι » (vide et Vitruv.). *Quadrantal..... quòd pedem quaquaversùm haberet quadratum, unde Onomasticon* (præf. l. v.) : « *Quadrantal,* κύβος, *idem est quod amphora* (Festus), *capiebat octo congios, etc.* »

L'*artabe* avait une coudée dans tous les sens.

[4] *Voyez* la note [3], pag. 493.

duit κύϐος et *cubus*. Κύϐος, en grec, veut dire, comme *tessera*, un dé à jouer, aussi bien qu'une figure de géométrie. Remarquez ἀςράγαλος, qui signifie à-la-fois *le talon* et *un dé à jouer;* il en est de même en latin de *talus* (ce qui est bien remarquable), et aussi, comme on a dit plus haut, de *ko'ob* en arabe.

Ce mot de *ko'ob* veut dire proprement, en arabe, l'articulation du pied et de la jambe, et toute articulation semblable. Or, je trouve dans J. Pollux que l'on donnait le nom de κύϐοι aux vertèbres du cou. Si les Grecs ont emprunté de l'Orient leur mot κύϐος, ils ont dû le prendre dans le même sens, pour distinguer l'os du coude de celui du talon : peut-être, celui-ci étant appelé κύϐος, ont-ils appelé l'autre κύϐιτον. D'ailleurs κύϐιτον ne veut pas dire chez eux *coudée*, mais seulement *os du coude*, comme ἀγκὼν, et il est employé fort rarement; c'est le mot πῆχυς, dont je parlerai bientôt, qui signifie la mesure d'une coudée. L'origine de *cubitus*, que les Romains ont également employé pour désigner le *coude* et la *coudée*, me paraît donc remonter à un ancien mot oriental, auquel correspond aujourd'hui le mot *ko'ob*, qui se traduit par *os tali* et *osselet*, ou par κύϐος, d'où κύϐιτον.

On a dit, d'après un passage de Platon, qu'Archytas le pythagoricien inventa le cube[1] : mais on n'a pas attendu Archytas pour la découverte d'une figure aussi simple et aussi commune; ou plutôt cette forme se trouve fréquemment dans la nature, et elle n'a pu être

---

[1] Il ne faut pas prendre cette assertion au pied de la lettre. (*Voyez* Diogène-Laërce, qui cite la *République* de Platon, l. vııı, *in Arch.*)

496 EXPOSITION DU SYSTÈME MÉTRIQUE

le fruit d'aucune invention. C'est sans doute une figure particulière que Platon avait en vue.

2°. PÊCHUS, KOU'O, AMMAH, MAHI.

On ne trouve nulle part l'étymologie de πῆχυς. J'ai toujours soupçonné que ce mot, qui en grec n'a point de racine connue, venait de l'Orient, et qu'il dérivait d'un mot analogue à χῦς, avec l'article égyptien. Or, je trouve en hébreu כוס, *chus;* c'est le nom d'une mesure hébraïque de capacité, la même que l'*epha*[1], c'est-à-dire que l'artabe égyptien e, selon S. Épiphane : donc sa capacité est d'une *coudée cube*[2]. Ce mot hébreu *chus* signifie toujours *vase* ou *calice*. Il se rencontre en chaldéen et en arabe, comme en grec.

On trouve, dans le Dictionnaire copte de Kircher (pag. 77), un mot qui a de l'analogie avec χῦς : c'est celui de ⲔⲰⲒⲤ (ⲚⲒ), avec le sens de *coudée*. Il est encore bien remarquable que l'on trouve en syriaque le mot de *kou'ó* ܩܘܒܠ pour *cubitus*; ce qui se rapproche fort de ⲔⲰⲒⲤ et de l'arabe *ko'ob*. Enfin, en arabe, on trouve aussi *ká'* et *kou'* كعب, كوع [3].

Je suis donc porté à croire que χῦς vient d'un ancien mot égyptien, qui, joint à l'article πι, a donné naissance à πῆχυς[4]. Quant au mot *pyk* des Arabes, il vient évidemment de πῆχυς.

[1] Éd. Bernard compare le *chus* au *congius atticus;* ce qui est bien différent.
[2] On dérive ordinairement χοῦς de χέω, *capio, capax sum.*
[3] *Voy.* le Dictionnaire de Castell.

[4] Je crois qu'il serait déplacé de rechercher ici les autres sens du mot πῆχυς et ceux du mot ἀγκών qui s'y rapportent. (*Voy.* le Lexique d'Hésychius, tom. 1, pag. 53; tom. 11, pag. 958, etc., et les autres lexi-

DES ANCIENS ÉGYPTIENS, CH. XIII.

Cette origine du mot grec πῆχυς vient confirmer ma conjecture sur celle du latin *cubitus*. Dans les deux cas, nous voyons la mesure de la coudée tirer son nom de celui d'une mesure cubique. Il est probable que cette mesure était une coudée cube. Au reste, la même idée viendra à l'esprit de tous ceux qui réfléchiront à l'analogie des mots *cubitus* et *cubicus*.

Le nom de la coudée, selon Jablonski, est en égyptien ⲙⲁϩⲓ[1]. On le trouve en effet partout[2] dans la Bible qobte, notamment au livre d'Ézéchiel[3]. Le mot hébreu *ammah*, אמה, qui signifie *coudée*, est dans le plus grand rapport avec le qobte *mahi*, et l'on ne peut disconvenir de la communauté d'origine entre ces deux mots : celui-ci exprime à-la-fois l'avant-bras et la mesure qui a cette longueur; il en est encore de même en arabe du mot *derâ'* ذراع.

En éthiopien, la coudée se dit *emmat*, ሕመት; en syriaque, *ammô* ܐܡܐ : ainsi le qobte *mahi* se retrouve évidemment dans les mots hébreu, éthiopien et syriaque.

Jablonski croit que la fable des pygmées, πυγμαῖοι, ou hommes d'une coudée, πηχυαῖοι, tire son origine de ce que, dans la langue allégorique et dans les figures sacrées, les prêtres représentaient par seize enfans d'une coudée de haut les seize coudées de la crue annuelle du

---

ques, Suidas, J. Pollux, *Etymol. magn.* etc.)

[1] Jabl. *Panth. Ægypt.* part. II, pag. 175.

[2] Dans l'*Apocalypse*, cap. 21, vers. 17, version qobte, la coudée est exprimée par le mot ⲧⲱⲧⲛ; mais ce mot veut dire *palme*. (*Voyez* plus bas au mot *stade*, §. VIII.)

[3] Ezech. c. 40, vers. 5; c. 43, vers. 13, Ms. n°. 2, A. (*Voyez* ci-dessus, p. 485, et plus loin, §. VI.)

Nil. En effet, Pline et Philostrate parlent de seize images pareilles placées autour du Nil, et il existe au Vatican une peinture semblable. Tout le monde connaît la statue du Nil, environnée de seize enfans pareils. On appelait *coudées* ces enfans eux-mêmes, selon Philostraste; et les Égyptiens les plaçaient allégoriquement aux sources du Nil: de là les Grecs ont supposé une race de pygmées en Éthiopie. Mais πυγμαῖοι vient évidemment de πυγμή, et non de πῆχυς. Le πυγμή, comme on l'a vu, était une mesure de 18 doigts, c'est-à-dire 4 palmes $\frac{1}{2}$, ou $\frac{3}{4}$ de coudée (*voyez* plus haut, §. II). Au reste, Ptolémée parle des *Péchiniens*, peuples de l'Éthiopie, près de l'Astabora; ce nom paraît bien dériver réellement de πῆχυς, et se rapporter à la fable des pygmées [1].

Rapport de la coudée avec le modius des figures égyptiennes.

Les antiquaires ont coutume d'appeler *modius, modiolus*, un vase conique, souvent répété dans les bas-reliefs égyptiens, et tantôt présenté en offrande par les prêtres [2], tantôt couronnant la tête des divinités. Cette figure représente certainement une ancienne mesure de capacité, et semble désignée dans un passage de S. Clément d'Alexandrie. Quand il décrit les fonctions des divers prêtres égyptiens, il s'exprime ainsi : *Hunc* (Ἱερογραμματέα) *oportet scire ea quæ vocantur hierogly-*

[1] *Voyez* les *Mémoires de l'Académie des inscriptions*, tom. v, p. 101, Mémoire de l'abbé Bannier sur les pygmées.
[2] *Voyez* Pignor. *Tab. Isiac.* pag. 23, 31. (*Voyez* les fig. G, N.)

DES ANCIENS ÉGYPTIENS, CH. XIII. 499

phica, et quæ tractant de cosmographia..... deque mensuris et de iis rebus quæ in templorum usum absumuntur. Deinde post eos qui priùs dicti sunt sequitur qui dicitur stolistes, qui justitiæ cubitum et ad libandum habet calicem (τὸ σπονδεῖον)[1].

Jablonski interprète comme il suit ces derniers mots du grec, τόν τε τῆς δικαιοσύνης πῆχυν: *Cubitus Niliacus, qui* justam *mensuram ostendit*[2]. J'adopte cette explication de Jablonski: mais il devait ajouter qu'il s'agit de la vraie coudée, et non de la bonne mesure de la crue; ce qui est très-différent.

Apulée, qui paraît décrire les mêmes choses que S. Clément[3], parle autrement de la coudée *juste*. *Quartus æquitatis ostendebat indicium, deformatam manum sinistram porrectâ palmulâ, etc.* Jablonski en conclut que la phrase de S. Clément ne doit pas être entendue au sens propre de *coudée juste*; mais Apulée a visiblement, dans ce passage, ajouté beaucoup de traits de son imagination, comme il a fait dans tout son ouvrage.

C'est ce vase ou *modius* que Lucien appelle ποτήριον, et que, dans son humeur satirique, il appelait une divinité égyptienne. Le vase qui est présenté en offrande, est toujours trop petit pour être comparé au *modius;* mais il en est probablement une partie aliquote, peut-être la 72ᵉ partie, comme le *log* hébraïque par rapport à l'*epha*, qui était la même mesure que l'artabe ou coudée cube égyptienne.

[1] Clem. Alex. *Strom.* lib. vi. *Voyez* Zoëga, *De origine et usu obeliscorum*, pag. 507. J'ai cité ailleurs le texte grec de S. Clément.
[2] *Panth. Ægypt.* part. ii, pag. 241.
[3] *Metam.* lib. xi, pag. 262.

500 EXPOSITION DU SYSTÈME MÉTRIQUE

Sérapis est comparé au Nil par Suidas d'après plusieurs auteurs, parce qu'il porte sur la tête le *modius*, τὸ μόδιον, et la coudée ou mesure du Nil, τὸ τῦ ὕδατος μέτρον[1]. Rufin, et, d'après lui, Montfaucon, interprètent ce μόδιον, *copia rerum*; ce qui est trop vague. Jablonski apporte la même explication, qu'il appelle *simplicissima ideoque tritissima*; cependant je pense que c'est plutôt le modèle même de la *mesure de capacité*: ce nom est spécial et appellatif, et point symbolique; de plus, c'est le nom même de la mesure égyptienne, selon S. Épiphane. Ce *modius*, μόδιον, devait être en rapport exact avec la coudée cube, selon ma conjecture, aussi bien que l'*artaba*[2].

Le mot même de μόδιον pourrait bien venir de l'Orient: nous voyons en hébreu *medd* מדד, qui signifie *mesure* et *mesurer*; en arabe مد *medd*, qui exprime une mesure quelconque.

Rapport de la coudée du Nil avec Apis et Sérapis.

Rufin[3] nous apprend qu'on avait coutume, dans l'antiquité, d'apporter la mesure du Nil[4] dans le temple de Sérapis; mais que, dans la suite, on la déposa dans l'église chrétienne. Suivant Sozomène[5], la coudée du Nil, sous Constantin-le-Grand, cessa d'être apportée dans les temples païens, et fut transportée dans les

---

[1] *In voce* Sérapis.
[2] Ou la *médimne* des Grecs. Je donnerai plus tard des recherches particulières sur les mesures de capacité en usage dans l'antique Égypte, et sur celles que les Grecs et les Hébreux paraissent lui avoir empruntées.
[3] *Hist. eccles.* lib. II, cap. 30.
[4] *Ulna quam* πῆχυν *vocant*.
[5] *Hist. eccles.* lib. I, cap. 8.

églises. Socrate[1] raconte aussi qu'il était d'usage de placer la coudée dans le temple de Sérapis, et que Constantin ordonna qu'elle fût transportée dans l'église : mais, sous l'empereur Julien[2], la coudée du Nil fut rétablie dans le temple égyptien. Enfin, sous Théodose, le temple de Sérapis fut renversé de fond en comble, et cet usage prit fin.

Jablonski conclut de ce récit que la mesure des accroissemens du Nil était sous la protection de Sérapis. La sépulture d'Apis, selon lui, était un symbole de la réclusion de la coudée dans le temple du dieu, où elle restait cachée et ensevelie durant huit mois environ, pour être mise ensuite au dehors pendant le temps de la crue et de l'inondation du fleuve[3]. Il explique encore cette circonstance, qu'Apis était plongé à sa mort dans une fontaine sacrée[4], en disant que c'est l'emblème du nilomètre ou *puits nilométrique*, où la colonne de mesure se déposait à l'époque de la prétendue sépulture d'Apis.

Il retrouve dans *Sérapis* les mots qobtes ⲥⲏⲣⲓ-ⲏⲡⲓ *sari-api*, et les traduit ainsi : *columna mensionis*. Enfin il reconnaît le mot *api* (*mensura*) dans *sinopion* (*locus mensuræ, atrium, puteus mensuræ*). Il est remarquable que le nom arabe du nilomètre est le même : *meqyás* signifie *lieu où l'on mesure*[5].

---

[1] *Hist. ecclas.* lib. 1, cap. 18.
[2] Sozomen. *Hist. eccles.* lib. v, cap. 3.
[3] Pausan. *Græc. Descr.* lib. 1, cap. 18.
[4] Jabl. *Panth. Ægypt.* part. 11, pag. 257.

[5] Le nilomètre le plus connu de l'antiquité est celui de Memphis. Diodore et Strabon donnent ce nilomètre comme le plus célèbre de leur temps. Plutarque (*de Iside*, p. 368), outre le nilomètre d'Éléphantine et de Syène, fait mention

EXPOSITION DU SYSTÈME MÉTRIQUE

D'après ces deux étymologies qui se confirment, on pourrait admettre son explication; savoir, qu'*Apis* marquait la mesure des accroissemens du Nil; *Sérapis*, la colonne nilométrique; et *Sinopion*, le nilomètre : mais il resterait à prouver que ces étymologies sont parfaitement justes [1].

Selon Jablonski, *api*, *oipi*, ⲁⲡⲓ, ⲟⲓⲡⲓ, signifie en qobte *mesure*, *mensura*, *numerus*. De là *epha*, en hébreu; c'est l'*artabe* égyptienne. L'*epha*, οἰφι, est le même que l'*artabe*, selon S. Épiphane [2].

Rapprochons maintenant tous ces résultats, et essayons d'en tirer quelques conséquences. 1°. La longueur de l'avant-bras s'exprime en qobte par ⲔⲰⲒ; en arabe, par *kou'*; en syriaque, par *kou'ô*. Les mots *khus* en hébreu, et χοῦς en grec, signifient un *vase* et une mesure cubique; de là πῆχυς, qui veut dire *coudée*, d'où *pyk* en arabe.

2°. En arabe *ka'b*, *ko'ob*, en grec et en latin κύβος et *cubus*, signifient *cube*, *cubique*. *Ko'ob* exprime aussi l'*osselet*, *l'os du coude*; en général, une articulation. Κύβοι signifie quelquefois les vertèbres du cou : de là vient que κύβιτον veut dire l'avant-bras, et par suite *cu-*

---

de celui de Mendès et de Xoïs; et Aristide, de ceux de Coptos, de Panopolis et d'Hermonthis.

[1] Jablonski explique encore le surnom d'*invisibilis* donné à Sérapis, en observant que le nilomètre et la coudée étaient cachés après la crue du Nil; et le nom de *Sérapis* donné au soleil, parce que le soleil quittait notre hémisphère à la même époque, jusqu'au printemps suivant, époque où cet astre reparait et où l'on croit déjà voir des indices d'accroissement dans le Nil.

[2] *Voyez* Jablonski, *Panth. Æg.* pag. 226 et 227, pars II, *de tabula Bembina*.

bitus, la coudée. Κύϐος exprimait aussi une mesure de capacité et un *dé* à jouer. De *ka'b* vient *ka'bah*, la chambre carrée ou cubique du temple de la Mecque.

Tous ces mots semblent se réduire à une seule racine, ⲔⲰⲨ ou *kou'*, à laquelle les Grecs ont ajouté la finale ς, et les Orientaux la finale *b*, comme on voit dans ⲈⲢⲦⲰⲂ et *ardeb* (de-ⲈⲢⲦⲰ). Je conjecture que cette racine ⲔⲰⲨ signifiait le coude et l'avant-bras essentiellement; c'est la ressemblance d'un osselet avec un dé et avec un cube, qui leur a fait donner les mêmes noms de *ko'ob* et de κύϐος, ainsi que celui d'ἀςρέγαλος.

3°. Un autre mot qobte, ⲀⲘⲀϨⲒ, semble exprimer spécialement la mesure de la coudée; car *ammah* en hébreu, *emmat* en éthiopien, *ammô* en syriaque, ont le même sens.

4°. Le *modius*, μόδιον, était une mesure cubique, peut-être d'une coudée en tout sens; ce mot vient de *medd*. Le nom de *médimne*, qui est le même que l'artabe, mesure d'une coudée cube, a un rapport visible avec *medd*. Le mot grec ἀρτάϐη vient lui-même de ⲈⲢⲦⲰⲂ, conservé dans *ardeb*, nom actuel de la mesure en Égypte.

§. V. *De l'orgyie* (ὀργυιά).

J'ai déjà dit quelque chose de l'origine de la mesure appelée *orgyie*, mesure très-ancienne en Égypte. Les étymologistes se sont efforcés de faire dériver son nom de la langue grecque : ils s'accordent à dire que c'est la longueur des bras étendus, mesurée d'une main à l'autre. Suidas et J. Pollux ne donnent point l'étymologie du mot. Hésychius le tire ἀπὸ τοῦ τὰ γυῖα μέτρειν : l'*Etymologicum magnum*, παρὰ τὸ ὀρέγειν καὶ ἐκτείνειν τὰ γυῖα, ὅ ἐστι τὰς χεῖρας. Quelque peu justes que me paraissent ces étymologies, afin de les apprécier, j'ai examiné les divers sens du mot γυῖα et des analogues. Ce mot, dans Suidas, indique les membres : μέλη· ἢ πόδες τοῦ σώματος. C'est à peu près la même chose dans Hésychius : μέλη· χεῖρές τε καὶ πόδες, καὶ τὰ λοιπά. Le même explique le mot γύην par μέτρον πλέθρου, mal-à-propos corrigé par le commentateur, puisque, si le mot signifie *pied* dans cet endroit, c'est avec raison que l'étymologiste l'appelait la mesure du plèthre, qui renferme en effet 100 pieds. Hésychius explique γύης μέτρον γῆς : on disait δίγυον καὶ πεντηκοντόγυον. Ainsi ce mot désignait non-seulement le pied humain, mais le pied de mesure. Le grand Étymologiste donne encore à γύης le même sens, μέτρον τι γῆς. On a cru que le mot γυῖα signifiait *pied*, parce que cette partie du corps est celle qui touche à la terre, γαῖα. Il n'y a, dans toutes ces dérivations, rien de bien satisfaisant, quant au mot même d'*orgyie*; et quand on fait attention que cette mesure vient de l'Orient, on est bien porté à croire que le nom en vient aussi.

Or, on trouve qu'en hébreu, en chaldéen et en syriaque, le mot *arak* signifie *s'allonger*, *s'étendre*, d'où *ourkô*, étendue, longueur[1]. Le mot ὀρέγω, *étendre*, d'où on a cru qu'*orgyie* dérivait directement, bien que

[1] En hébreu אָרַך, arak, *prolongatus est*; אֹרֶך òrek, *longitudo*; en chaldéen אֲרַך arak, *prolongavit extendit*; אוֹרִיך orik, *longitudo*; en syriaque ܐܪܟ erak, *extendit*, et ܐܘܪܟܐ ourkô, *longitudo*.

DES ANCIENS ÉGYPTIENS, CH. XIII.   505

l'orgyie soit une mesure égyptienne d'une haute antiquité, pourrait donc dériver lui-même de *arak*. Le sens de *homo erectus*, que j'ai proposé au chapitre v pour le mot *orgyie*[1], est donc confirmé plutôt qu'affaibli par cette analogie: cela n'empêche point qu'il ait eu le sens de *pas géométrique*; la longueur d'un homme étendu pouvant être cette mesure du grand pas égyptien ou de l'orgyie.

Il est bien remarquable que le mot *arakh*, dans les mêmes langues, veut dire *cheminer*, et que le mot *ourkhô* signifie *route*[2]; le sens de *chemin* vient appuyer l'existence du mille itinéraire d'Égypte, composé de 1000 orgyies. C'est pour ce motif que je pense qu'*orgyie* ne vient pas immédiatement du grec. L'étendue d'un homme allongé (debout ou couché) est exprimée par les mots *orak* et *ourkô*, aussi bien que par ὀρέγω; et comme l'orgyie est l'unité du mille d'Égypte, *orakh* et *ourkhô* satisfont à cette condition.

§. VI. *De la canne* (κάλαμος).

La mesure de la canne est celle dont le nom présente l'étymologie la plus probable. On l'appelle aujourd'hui en Égypte *qasab*. Ce nom a sa racine dans le mot qobte

---

[1] *Voyez* pag. 119, et aussi au mot *orgyie*, pag. 263.

[2] En hébreu ארה arakh, *iter fecit*; אֹרַח orakh, *via* : en chaldéen אֲרַח arakh, *ambulavit*, et אָרְחָה arkha, *via* : en syriaque ܐܘܪܚ arakh, *ambulare*; ܐܘܪܚܐ ourkhô, *via*. Cette étymologie et la précédente m'ont été communiquées par M. P. Rouzée, qui, jeune encore, cultive avec ardeur et avec succès les langues de l'Asie. Je lui dois aussi plusieurs autres recherches étymologiques.

Selon Éd. Bernard et La Croze, l'orgyie se traduit en qobte par ⲈϦⲞⲦ.

ⲕⲁϣ, selon toute vraisemblance èt avec le même sens; nom qui signifie *canne* dans Ézéchiel [1] et dans l'Apocalypse [2], version qobte.

De ⲕⲁϣ on a pu former le mot arabe *qása*, qui veut dire *mesurer*.

Cette conformité de noms n'est pas ce qu'il y a de plus remarquable. Le mot qui exprime la mesure de la canne, signifie en même temps *roseau* dans plusieurs langues. Quelle raison plus naturelle pourrait-on chercher de cette analogie, que le choix fait chez tous les peuples pour fabriquer l'instrument de mesure? C'était en effet avec un roseau qu'on mesurait les terres, et qu'on les mesure encore aujourd'hui en Égypte [3]. Or, le nom de *qasab* (*casaba*, Éd. Bernard) signifie *roseau* en arabe. On sait que les bords du Nil sont garnis de grands roseaux très-propres à former cet instrument; on y trouve, entre autres, la grande espèce nommée *arundo donax*.

L'ancien nom égyptien a été remplacé par les mots ἄκαινα, κενή, κανιά, κάνε (*J. Pollux*); ce nom signifiait peut-être à-la-fois *roseau* et *mesure*. Je conjecture que c'était le mot ⲕⲁϣ ou quelque autre approchant. Κενή, κανιά, viennent probablement de l'hébreu קָנֶה *kene*, קָנִיא *kenia*, ou de *qanié* en syriaque [4]. Les Latins ont fait de là *canna*, et nous *canne*, mot qui a aussi les deux sens. Le mot latin *calamus* exprime également, ainsi que κάλαμος, le roseau et la mesure à-la-fois.

---

[1] Ézéchiel, chapitre 40, vers 5, Ms. n°. 2, A. (*Voyez* la note [3], pag. 485.)

[2] *Apocal.* chap. 21, vers. 17

[3] On se sert d'un roseau coupé à la longueur d'un demi-qasab, ou 3 coudées ¼ du pays.

[4] Voyez *Apoc.* cap. 11, vers. 15, version syriaque. En éthiopien, le mot est *halat;* voyez *ibid.*

DES ANCIENS ÉGYPTIENS, CH. XIII. 507

A la vérité, ἄκαινα signifie aussi *stimulus*, aiguillon; mais c'est par une extension de sens. La verge ou canne était armée d'une pointe pour aiguillonner les bœufs : le roseau servait en même temps de mesure et d'aiguillon. Callimaque le prouve dans le vers que nous avons déjà cité au sujet du décapode, ἀμφότερον, κέντρον τε βοῶν, καὶ μέτρον ἀρούρης. Selon le scholiaste d'Apollonius[1], ce mot ἄκαινα s'emploie pour κέντρον, et il est le nom d'une mesure de 10 pieds qui sert de verge aux pasteurs[2].

Le mesurage des terres était, en Égypte, la chose la plus importante : aussi, comme je l'ai montré au chapitre précédent, avait-on mis le plus grand soin à tenir un cadastre exact et régulier de toutes les terres. Ce travail annuel avait, selon moi, son emblème dans le ciel. Cassiopée, nom d'une constellation, paraît tirer son nom de la racine qui répond au mot *casaba*; on voit en effet à cette figure *un roseau à la main*. On avait mis dans le ciel ce roseau, ou la figure de l'arpenteur, pour indiquer la saison du mesurage des terres en Égypte; saison qui succédait à celle de l'inondation. C'est à la fin du mois d'octobre qu'on fait le partage des possessions dont les limites ont été confondues par le débordement. Or, c'est à l'avant-dernier jour d'octobre, selon l'ancien calendrier d'après Columelle, que Cassiopée commençait à se cacher[3]. Dans le traité de Ptolémée, *de Apparentiis*, on lit aussi que Cassiopée commence à se coucher le 30 d'octobre[4] : cette observation peut se vérifier sur un

---

[1] *Ad* lib. III, vers. 1322. (*Voyez* ci-dessus, pag. 258.)
[2] *Voyez* ci-dessus, pag. 258.
[3] *Uranol.* pag. 109.
[4] Voyez *ibid.* pag. 100.

globe céleste; elle est exacte pour la sphère égyptienne. Ainsi l'analogie paraît complète entre le nom de la mesure, l'objet dont elle était formée, et la constellation qui répondait à l'époque du mesurage des terres. Je ne doute donc pas que le mot de *qasab* ne dérive de celui qui était en usage dans la haute antiquité; je pense aussi que l'ancien nom égyptien signifiait *roseau*, comme il en est aujourd'hui du nom arabe.

J'ai cité plus haut (pag. 485), à propos du palme, un précieux passage d'Ézéchiel en qobte, duquel on peut conclure la valeur de la canne. Cette valeur diffère beaucoup du sens que donne la Vulgate, sens d'après lequel j'ai proposé pour la canne d'Ézéchiel une évaluation de $3^m,417$ [1]. La Vulgate s'exprime ainsi: *Et in manu viri calamus mensuræ sex cubitorum, et palmo, etc.* [2]; ce qui signifierait que la canne vaut 6 coudées plus un palme, ou 37 palmes de la coudée hébraïque. Mais voici le qobte traduit littéralement: *Et erat in manu viri arundinem* (arundo *mensuræ; continebat sex cubitos per cubitum cum palmo.* Ainsi cette mesure de canne était de 6 coudées, chacune d'une coudée et un palme. Il faut donc abandonner le sens de la Vulgate. Puisque le prophète parle de grandes coudées, il est extrêmement vraisemblable que la moindre à laquelle il les compare, est la coudée commune égyptienne et hébraïque, de $0^m,4618$. Mais ici il se présente deux solutions: dans la première, on regardera l'excès d'une mesure sur l'autre comme un palme commun; dans la seconde, comme un palme hébraïque. Au premier cas, la canne sera égale

---

[1] *Voyez* ci-dessus, pag. 263. [2] Chap. 40, vers. 5.

à $6 \times (6+1) = 42$ palmes ordinaires, ou $3^m,234$. Cette mesure serait justement de 6 coudées du meqyâs $= 6 \times 0^m,539$: mais est-il à présumer que cette coudée était celle dont le prophète voulait parler?

Au second cas, la canne d'Ézéchiel sera $= 6 \times (0^m,4618 + 0^m,0924) = 3^m,326$, c'est-à-dire précisément 6 coudées hébraïques légales ou du sanctuaire; et comme il s'agit, dans ce chapitre et les suivans, des mesures du temple, il est assez naturel de penser que la canne d'Ézéchiel, de 6 coudées, est formée de la coudée hébraïque légale. Cette explication, vers laquelle j'incline comme étant la plus vraisemblable, a l'avantage de ne point créer une mesure de plus : ainsi la canne d'Ézéchiel se confondrait avec la canne hébraïque elle-même de $3^m,326$.

On ne pourrait d'ailleurs supposer que la canne en question était plus petite que la mesure hébraïque; du moins cette idée est peu probable : et si, d'un autre côté, on imaginait qu'elle était formée de $6 \times (6+1)$ palmes hébraïques, cette supposition le serait encore moins; car la quantité de $3^m,881$ qui en résulterait, excéderait de beaucoup toutes les mesures de canne existantes, même le qasab moderne de l'Égypte. Dans un autre écrit, je me propose d'éclaircir tout ce qui, parmi les neuf derniers chapitres du livre d'Ézéchiel, se rapporte, soit à la canne, soit aux autres mesures qui y sont énoncées.

§. VII. *Du plèthre*.

On ne peut douter que le nom comme la mesure du plèthre n'appartienne à l'Égypte. J'ai fait de vaines recherches dans tous les étymologistes pour en découvrir l'origine : non-seulement on n'y trouve point, pour ce nom, comme on en trouve pour les autres, des étymologies plus ou moins forcées, puisées dans le grec ou dans l'hébreu; mais on n'en connaît d'aucune espèce. Quand Hérodote cite le plèthre parmi les mesures usitées dans l'Égypte, il indique seulement son rapport avec le stade, le pied, etc. Aucun auteur ancien ou arabe ne nous donne des lumières sur le sens du mot; mais les Grecs, en adoptant la mesure et le nom, en ont toujours conservé la valeur relative et la valeur absolue. La preuve en est dans le frontispice du temple de Minerve, qui est juste égal à un plèthre égyptien [1]. Ils adoptèrent aussi l'usage du plèthre carré; car je trouve dans Hésychius, au mot πέλεθρον (employé poétiquement pour πλέθρον).... μέτρον γῆς, ὅ φασι μυρίους πόδας ἔχειν, c'est-à-dire « le plèthre, mesure de la terre, renfermant 10000 pieds »; ce qui, par parenthèse, a embarrassé les commentateurs, qui n'ont pas songé à la mesure superficielle. Tous les auteurs anciens et les étymologistes, tels que Suidas, Hésychius, et aussi Eustathe et les scholiastes, sont unanimes sur la valeur du plèthre en pieds et en coudées : or, ces valeurs sont celles que le plèthre avait en coudées et en pieds d'Égypte. Ils disent

[1] *Voyez* ci-dessus, pag. 143.

aussi qu'il était la 6ᵉ partie du stade : πηχέων ξϛ´ διμοίρου, c'est-à-dire 66 coudées $\frac{2}{3}$; ϛαδίω ἑκτὸν, le 6ᵉ du stade. Enfin tous l'appellent μέτρον γῆς. Le mot *plèthre* correspond au *jugère* des Latins, quoique loin de lui être égal ; on les a cependant confondus ensemble : on a confondu aussi le plèthre avec l'aroure ; ce qui est plus extraordinaire.

J'ignore d'où vient qu'on appelait πλέθρον les lieux humides et remplis d'herbages, διύγρους καὶ βοτανώδεις τόπους[1] : cette acception n'est pas propre à donner beaucoup de lumières sur l'origine du mot *plèthre*, mesure. Les poëtes ont ajouté un ε dans le mot ; on trouve πέλεθρον dans Homère[2]. C'est probablement de la même source que découle ἀπέλεθρον. Je n'ai rien rencontré sur l'origine du plèthre dans Julius Pollux, ni dans l'*Etymologicum magnum*; on ne trouve même pas le mot dans ce dernier ouvrage. Varron, Columelle et Isidore ne disent rien du plèthre; ils ne parlent que du jugère, mesure de 120 pieds sur 240 : c'était le double de l'*actus quadratus*, carré de 120 pieds. *Jugerum dictum à junctis duobus actubus quadratis* (Varr. tom. 1). *Actus duplicatus jugerum facit, et ab eo quod est junctum, jugeri nomen accepit.* (Isidor. Orig. pag. 209). Le jugère égyptien, suivant Héron, avait 200 pieds sur 100 : c'était le double du plèthre carré, ainsi que le jugère était le double de l'*actus* carré ; et comme le nom d'*actus* vient de l'action de travailler, de labourer la terre, on pourrait conjecturer que le nom de *plèthre* signifiait aussi un espace cultivé.

[1] *Voyez* Hésychius et Suidas.   [2] Voyez *Odyss.* l. xi, vers. 576.

§. VIII. *Du stade.*

Nous avons prouvé par les monumens de l'Égypte et par l'histoire, que le stade n'était point une mesure imaginée par les Grecs, et qu'ils l'avaient empruntée de l'Orient. Il serait curieux de connaître le nom qu'elle portait chez les Égyptiens et les autres peuples de ces contrées. On trouve dans la version syriaque des Macchabées le mot ܐܣܛܕܘܢ *estedoun* ou *estadion*, pour désigner cette mesure[1]. Le passage est exprimé dans la version grecque par les mots suivans : καὶ συνεγγίσας τῷ Βαιθσάρα, ὄντι μὲν ἐρυμνῷ χωρίῳ, ἀπὸ δὲ Ἱεροσολύμων ἀπέχοντι ὡσεὶ σταδίους πέντε [2], et en latin par *et appropians Bethsuræ, quæ erat in angusto loco, ab Ierosolyma intervallo quinque stadiorum*. Le mot d'*estedoun* est employé dans beaucoup d'autres endroits, appliqué soit au stade itinéraire, soit au stade des courses. Reste à savoir si les auteurs de la version syriaque ont puisé ce mot dans le grec des Septante, ou bien si la langue syriaque le possédait en propre et si les Grecs au contraire l'ont emprunté aux langues orientales[3].

---

[1] Au 2.ᵉ livre des *Macchabées*, chap. 11, vers. 5.

[2] La version latine du syriaque porte, XII *milliaria et quinque stadia*.

[3] On trouve le passage suivant dans le Lexique heptagl. : ܐܣܛܕܝܘܢ, *estoudioun*, *hippicon*; ܐܣܛܘܕܐ, *astoudà*, *stadium*; ܐܣܛܕܝܘܢ, *estoudioun*, στάδιον, *stadium*, *palæstra, locus quo certatur.* Macch. lib. 1, cap. 1, vers. 15.

Dans la version arabe du passage de l'*Apocalypse*, chap. 14, vers. 20, cité plus haut, le mot *stade* est traduit par *myl*; *elf amyâl*, ألف أميال ; et au chap. 21, vers. 16, par le mot *ghalouah*.

Ce dernier passage est très curieux, en ce qu'il fait voir l'usage de la canne pour la mesure des grands espaces. *Et mensus est civitatem de*

DES ANCIENS ÉGYPTIENS, CH. XIII. 513

Le persan a une racine qui est *istâden* اِستادن, et qui veut dire, comme le grec ἵςαναι, *stare*, *statuere*[1]; le substantif répond à *statio*, ςάσις et ςαϑμὸς. Ces mots *stare*, *statuere*, en grec ςάω, ἵςημι, viennent-ils de la même source que le persan *istâden*?

Les Arabes ont aussi le mot اِستار *astár*, qui se traduit par *staier*, ςατὴρ : lequel a donné naissance à l'autre? Tous deux expriment également un poids de 6 drachmes ½; et aussi une balance : de là *statera*[2]. En hébreu, le mot סתיר, *esthir*, est encore un poids de 6 drachmes ou 6 drachmes ½[3].

La même racine *istâden* fournit beaucoup de mots qui, dans le grec, ont le même sens que dans la langue persane. Ces mots sont justement des noms de mesure, ςάδιον, ςατὴρ, ςάϑμη (*regula*, étalon), ςαϑμὸς, etc. Peut-être ont-ils été empruntés de l'Orient avec les mesures elles-mêmes. Je n'ignore pas que beaucoup de mots grecs ont passé dans les langues orientales, et qu'on peut particulièrement citer des mots commençant par ς, que les Orientaux ont fait précéder de l'*élif* pour l'euphonie; par exemple, ςόμαχος, ςρατηγοί, ςρατιώτης[4]:

---

arundine aurea per stadia duodecim millia, etc. On y voit aussi cette mesure employée à mesurer de moindres longueurs : *Et mensus est murum ejus 144 cubitorum, mensura hominis, quæ est angeli*, v. 17. Dans le texte qobte seul, au lieu de coudées, il y a *palmas*, ⲡϣⲟⲡ : ou pourrait proposer une explication assez vraisemblable de la version qobte; mais ce n'est pas ici le lieu.

[1] En persan اِستادن, ἵσταναι vel ἵστασϑαι, *consistere*, *stare* (voyez dans la *Gen*. chap. 43, vers. 15); *statuere* (voyez *ibid*. en divers endroits); اِستاد, *stans*, de اِستدن, *surgere*, *stando opperiri*.

[2] اِستار, arab. στατήρ, *pondus* 6 ½ *drachmarum*.

[3] אסתיר, *asthar*, *occa*, id est, 400 *drachmarum pondus*; סתיר, *esthir*, 6 ½ *drachmæ*.

[4] En syriaque ܐܣܛܡܟܐ,

mais ce n'est pas là une preuve que le mot *stade* ait une telle origine. Le mot grec qui signifie *antimoine*, est ςίμμι, et en qobte, ⲥⲧⲏⲙ. En conclura-t-on que les Grecs ont introduit ce mot dans la langue égyptienne, tandis qu'on sait par Eustathe qu'il appartient en propre aux Égyptiens[1]? Les mots qobtes ⲥⲧⲁⲝⲟⲩⲗ, *aranea*; ⲥⲧⲟⲩⲃ, *scamium*; ⲥⲧⲟ, *reprobare*, ne sont nullement grecs[2]. Toutes les fois que le mot *stade* se rencontre dans la Bible, il est traduit dans la version qobte par ⲥⲧⲁⲇⲓⲟⲛ. A la vérité, il est entré une foule de mots grecs dans la langue qobte[3].

L'étymologie vulgairement reçue du mot *stade* est ςάσις[4], parce qu'Hercule *s'arrêta*, dit-on, après avoir parcouru la mesure d'un stade sans reprendre haleine : origine digne de celle qui a été donnée à la longueur de l'espace même; savoir, le pied d'Hercule répété six

estaoumaká; ܠܘ݁ܕܝܘ݂ܢ. *estratygé*; ܠܐܣܛܪܛܝܓܘܢ, *es ratyoutd*.

[1] Aristoph. gramm. apud Eustath.
[2] I. Ross. Etym. Ægypt. p. 120.
[3] *Voyez*, au sujet du mot *stade*, S. Jean, chap. 6, vers. 19; S. Luc, chap. 24, vers. 13, etc. J'ai réuni les extraits de tous les passages de la Bible où se trouvent des noms de mesure que les interprètes grecs ou latins ont traduits par *stade* : il en est de même des textes relatifs au mille, et de plusieurs de ceux qui regardent la canne, le palme et la coudée. Mais je crois inutile de rapporter ici tous ces passages, qui allongeraient beaucoup ce mémoire sans utilité ; en voici seulement l'indication. A ceux qui sont cités plus haut, il faut joindre *Macchab*. l. II, chap. 11, vers. 5; chap. 12, vers. 9, 10, 16, 17, 29; *Apocal.* chap. 14, vers. 20; chap. 21, vers. 16; *Epist. Paul. ad Corinth.* liv. 1er, chap. 9, vers. 24. Le mot a été constamment exprimé en syriaque par *estadion* et *estadotho*; en qobte, par *stadion*; en éthiopien, par *me'ráf*; en arabe, par *ghalouah*. En persan et en arabe, il est quelquefois traduit par *myl*. Le mot éthiopien *me'ráf* signifie *station*; la racine *a'raf*, *stare*, *mansio*, et aussi *pierre milliaire*.
[4] Ἀπὸ τῆς στάσεως, dit Vossius (*Etymolog. ling. latin.*). Une autre origine plus absurde est celle qu'on tire *à stando*, des spectateurs qui *assistaient* aux jeux.

DES ANCIENS ÉGYPTIENS, CH. XIII.   515

cents fois. Quel homme judicieux voudrait aujourd'hui appuyer sur un pareil fondement une étymologie quelconque, surtout celle du nom d'une mesure aussi importante que le stade ? Cette mesure fut établie d'après des bases bien différentes, puisées dans un type invariable. Je conjecture que le nom qui lui fut donné en Égypte, exprimait cette circonstance, puisque je vois dans diverses langues le mot radical de *stade* exprimant l'idée d'*établir*, de *constituer*. Si le mot signifiait une chose *fixée*, qu'y a-t-il de plus conforme avec l'opération et l'institution que j'attribue aux Égyptiens ?

Rous, *stade hébraïque*, et ghalouah, *stade arabe*.

Le stade hébraïque s'appelait proprement ריס *ris* ou *rous*. Au mot *Ris*, dans le *Lexicon heptaglotton*, on trouve : « *Stade*, lieu pour la course, lieu où l'on exerçait à la course les chevaux du roi ; mesure égale à la 7ᵉ partie $\frac{1}{7}$ du mille, etc.[1] »

Le Lexique pentaglotte de Schindler explique ainsi la racine רסס : « Fouler aux pieds...... ריס, lieu où les chevaux courent, *stade* ; chemin dressé (carrière) qui a 176 coudées, égal à la 7ᵉ partie $\frac{1}{7}$ du mille italique[2]. »

Ainsi *rous*, aussi bien que *stadium* et ςάδιον, expri-

---

[1] ריס *ris*, chald. אריס ריס, *stadium, curriculum, in quo equi regii cursu exercebantur*. Jer. 31, 40.... Continebat 70 calamos mensorios ; calamus autem sex cubitos et palmum. Sec. Talm. continebat septem et dimidiam partem miliaris... On trouve encore רום *stadium* 226 *cubitorum, i. q.* ריס, *ris, vel pro eo*. Il y a une faute dans le nombre des coudées. Lisez 266$\frac{2}{3}$.

[2] Rous ריס, *contrivit, quassavit*. Jerem. 31, 40, *porta equorum*, הסוסים. Targius, *porta regis*, ניתרימא : *locus ubi equi decurrunt ; stadium : erat porta per quam rex*

33.

mait en même temps une mesure itinéraire et un lieu pour les exercices de la course.

Le stade se disait quelquefois *talak*. Cette racine signifie *courir*, *aller*; טלק, *ivit*, d'où מלאך *tallâk*, *curriculum* [1].

Enfin l'endroit où l'on court, qui a de l'analogie avec le stade des jeux, s'appelait aussi *derek*; on trouve ce mot dans l'Exode [2] : *derek* דרך, *via*; d'où طريق *taryq*, en arabe. Cette racine ד ר veut dire fouler aux pieds, *calcavit pedibus*; דרך, *calcatio*, *itio*, *vestigium*.

Les Arabes appellent *ghalouah* la mesure du stade; la racine de ce mot est غَلَا *ghalâ*, qui, entre autres sens, se rend par *summo conatu jecit* : *ghalouah* signifie en effet, non-seulement *stade*, mais *la longueur du jet d'une flèche*. غلوة, *stadium*; *summus equi cursus unus*; *sagittæ jactus, quantùm projici potest*. On voit aussi dans S. Paul (*Épître aux Corinthiens*, version arabe) le nom de ميدان *meydân* pour le nom du lieu consacré aux courses [3].

Ainsi les mots qui, en hébreu et en arabe, expriment la mesure du stade, ont à la racine le sens de *marcher*, *courir*, c'est-à-dire de l'action propre à celui qui parcourt soit le stade itinéraire, soit le stade des jeux. La prétendue origine du mot grec signifie tout le contraire. Fera-t-on dériver le stade d'une langue où il veut dire

---

egrediebatur cum equitibus, eratque ibi via æquata ad cursum equorum et via ista habebat mensuram ריס, *qi oul est* 170* *et sex*, קנה אמות *cubiti, et* זרת : *est septima pars miliaris italici cum dimidio septimæ partis*.

[1] *Stadium, locus ubi currunt equi aut homines, campus, planities.* (Voy. *Lex. heptaglot.*)

[2] Chap. 14, vers. 17.

[3] Lib. 1, cap. 9, vers. 24.

* Lisez 260.

s'arrêter, ou bien de celles où il signifie *cheminer, courir?* Réduite à ce terme, la question serait bientôt résolue. Ces rapprochemens confirment que le stade provient de l'Orient, et qu'il n'appartient point aux Grecs.

De l'épithète de ςαδιαῖαι donnée par Strabon à la grande et à la seconde pyramides de Memphis.

Au chapitre III, j'ai annoncé des éclaircissemens sur le passage de Strabon qui donne un stade en hauteur à l'une et à l'autre pyramides[1], quoiqu'elles diffèrent beaucoup entre elles : εἰσὶ γὰρ ςαδιαῖαι τὸ ὕψος, τετράγωνοι τῷ σχήματι. Il faut d'abord reconnaître que le mot de ςαδιαῖαι indique une mesure précise, et non une grandeur vague. Tous les lexiques sont d'accord sur ce point; ils traduisent constamment ςαδιαῖος par *mensuram stadii æquans.* Si j'ai été fondé à appliquer à l'apothème de la grande pyramide la valeur d'un stade, c'est également dans cette dimension de la seconde qu'il faudrait, pour être conséquent, chercher la longueur d'une mesure analogue. Or, la base étant de 204^m,35, et la hauteur verticale, 132 mètres[2], le calcul donne pour l'apothème 166^m,92; il est bien remarquable que cette mesure ne diffère que de 67 centimètres de la longueur du stade de 240000 à la circonférence. Ce stade est celui de Cléomède; il équivaut à 360 coudées égyptiennes. Il est donné par le petit segment de l'hypoténuse dans le triangle égyptien; sa proportion avec

[1] *Voyez* le passage ci-dessus, pag. 44
[2] *Voyez* ci-dessus, pag. 54.

l'apothème de la grande pyramide ou le grand stade égyptien est celle de 9 à 10; enfin il renferme juste 600 pieds de Pline. Tous ces rapports me paraissent concluans. Au reste, M. Gosssellin a prouvé que Strabon faisait aussi usage du stade dont il s'agit; c'est quand, d'après Patrocle, il donne les dimensions de l'Inde[1]. Ce résultat semble donc expliquer clairement l'épithète de ϛαδιαῖαι : mais il faut avouer qu'il reste quelque incertitude sur la mesure de la hauteur. L'angle de la pyramide d'après cette mesure de 132 mètres, et d'après celle de la base qui est de $204^m,35$[2], serait de $52°\,15'\,32''$; mais des fragmens du revêtement, apportés à Paris par M. Coutelle, donnent, pour cet angle, plus de $54°\frac{1}{2}$: cette différence ne doit pas surprendre, puisqu'on n'est pas assuré que la face inférieure de ces morceaux était horizontalement située dans l'édifice. Les morceaux de revêtement que j'ai rapportés moi-même, donnent un angle plus petit[3]. La grande pyramide est la seule qu'on ait mesurée avec assez de précision pour en déduire des conséquences rigoureuses.

Ce même passage de Strabon renferme une inversion manifeste : « La hauteur excède un peu chacun des côtés, » Τῆς πλευρᾶς ἑκάϛης μικρῷ μεῖζον τὸ ὕψος ἔχουσαι : il faudrait retourner la phrase. J'ajouterai que les deux pyramides diffèrent plus que ne le fait entendre Strabon.

---

[1] Strab. *Geogr.* lib. II, pag. 68 et 70.
[2] *Voyez* ci-dessus, pag. 56.
[3] Je suis monté, avec mon collègue M. Delile, jusqu'au revêtement de la seconde pyramide, et j'en ai enlevé, ainsi que lui, plusieurs fragmens couverts de lichen. C'est fort difficilement, et non sans danger, qu'on peut, à cette hauteur

DES ANCIENS ÉGYPTIENS, CH. XIII. 519

§. IX. Du mille.

Le mot de *mille*, attribué à une mesure géographique de mille pas, est peut-être aussi antérieur au mille romain que la mesure elle-même. On sait que les Hébreux avaient une distance itinéraire de mille pas ou mille doubles coudées ($διπηχυς$), qu'on appelait *iter sabbati, limes sabbatinus*. Dans la Bible, ce qui est traduit en latin par *milliare*, est° rendu en hébreu par כברת *kibrath*. On lit dans les dictionnaires hébraïques, au mot מיל (*myl*), *milliare, iter sabbathi*[1]. Dans le Dictionnaire heptaglotte, à la racine *mâl*, on trouve מיל (*myl*), *milliare*[2].

A la vérité, c'est dans S. Mathieu seulement qu'on trouve cette mesure exprimée par *myl*. Voici le passage: *Et quicumque te angariaverit milliare unum, vade cum illo duo*[3]. Dans la version syriaque on trouve ܡܓܠܐ *milô*: or, on sait que l'évangile de S. Mathieu passe pour avoir été écrit originairement en syriaque par cet apôtre, et que le texte grec est une version faite sur le syriaque. Telle est du moins l'opinion la plus accréditée.

Selon Éd. Bernard, le mille talmudique se disait *mylâ* מילא. Il ajoute que cette mesure a été traduite par

---

de près de quatre cents pieds, observer le revêtement de la pyramide, et en détacher quelque partie à coups de marteau.

[1] Rabb. מיל, *myl* Arab. מיל, *milliare italicum, iter sabbathi*. Pl. אמיאל (*amyâl*), *milliaria*. (Schindler, *Lexic. pentaglot.* pag. 982.)

[2] *Idem duplex : minus, quod capit 1000 gressus, vel 1000 majores Hebræorum cubitos; majus, quod 2000 gressus seu cubitos majores, aut passus minores, quale fuit iter sabbathi.* (*Lexic. heptagl.* tom. II, pag. 2047 et 2048.)

[3] *Evang.* cap. 5, vers. 41.

520 EXPOSITION DU SYSTÈME MÉTRIQUE

μίλιον en grec. Dans la Genèse[1] et dans le IVe livre des Rois[2], le mot est rendu en hébreu par *kibrath*[3].

Les deux interprètes arabes ont traduit le mot par ميل *myl*. Le qobte porte ⲙⲓⲗⲓⲟⲛ, *milion*. Quant au persan, on y trouve *ferse k* ou parasange; et par la même confusion, le texte éthiopien porte *me'râf*, nom que nous avons vu tout-à-l'heure appliqué au stade; tellement que la version persane paraît pécher par excès, et l'éthiopienne par défaut.

Mais ce qui me paraît donner beaucoup d'apparence à l'ancienneté du mot *myl*, c'est qu'en arabe la racine *mâl* et ses dérivés sont entièrement d'accord avec le sens de la mesure itinéraire. Le lexique cité plus haut porte ce qui suit, au mot مال, ميل *mâl, yemyl* : « Se pencher le corps en avant, mesurer avec les deux mains étendues ou avec 2 coudées; mille ou milliaire, intervalle de mille pas... borne itinéraire, etc. » Or, le mille hébraïque avait précisément 1000 pas, chacun de 2 coudées[4]. Il est donc assez probable que le mot est

---

[1] Cap. 35, vers. 16.

[2] IV *Reg.* cap. 5, vers. 19.

[3] C'est le même mot que plusieurs écrivent *berath*, selon d'Anville (*Mesures itinéraires*, pag. 68).

[4] Arabe مال (*mâl*), futur ميل (*yemyl*), *inclinavit, propensus fuit, partem aliquam corporis inclinatam habuit*, etc. A la dixième forme, *mensuravit duabus expansis manibus, vel duabus brachiorum ulnis*, etc., ميل, *milliare; intervallum mille passuum* (Gen. cap. 35 vers. 16; cap. 48, vers. 7; Matth. Evang. cap. 5, vers. 41)...; *quantum prospici potest; tractus terræ, iterve commodum; cippus viæ, signumve viatoribus structum; tenta; suppositorium*.

Voici les passages de la Genèse et de S. Mathieu, dans la version arabe de la Polyglotte. Au chap. 35 de la Genèse, vers. 16, on lit : *Ou-baqä le-houm mylon min el-taryq*, etc., و قد بقي لهم ميل من الطريق, *Et restante illis milliari ex itinere*. Le texte hébreu porte *kibrath*; le grec, χαβραθά; le chaldéen, *keroub*; le samaritain, *kebratouy*; le syriaque, *farskhô*.

Au c. 48, v. 7, on lit : *Oua qad baqä myl min el-mesâfet ela doukhoul*

DES ANCIENS ÉGYPTIENS, CH. XIII. 521

ancien, puisque la racine est conforme à l'action de mesurer, et que les acceptions des dérivés se lient à l'idée d'une route divisée par bornes milliaires. La connexion est étroite entre la mesure et le mot radical : en effet, l'action de mesurer à terre, de diviser un chemin par des bornes milliaires, exige qu'on se penche le corps en avant. Cette conformité de sens n'existe certainement pas pour tous les mots que l'on donne comme dérivés de telle ou telle racine.

On trouve dans le *Glossarium univ. hebr.* une étymologie bizarre du mot *mille,* qui, selon l'auteur, vient de *mala,* plénitude, parce que, dit-il, le nombre *mille, princeps numerorum,* est comme le *complément* des nombres[1]. On trouvera, je l'espère, plus de justesse dans l'origine que j'attribue à la mesure. Au reste, personne que je sache n'a proposé une conjecture solide sur le nom ancien que portait le mille hébraïque.

Quant à la mesure elle-même, elle se composait de mille fois la double coudée ou triple pied, longueur à laquelle répond la verge anglaise. C'était le tiers de la canne hébraïque *hexapêchus* ou *ennéapode.* Quelques-uns croient que le *kibrath terræ* était de 1000 coudées; dans ce cas, il n'aurait fait que la moitié du mille hébraïque ou *iter sabbathinum :* mais la chose est douteuse, puisque l'interprète latin de la version arabe[2]

Efrát وقد بقي ميل من المسافة الى دخول افرات, *Et adhuc cùm superesset unum milliare ex spatio ad ingressum Eprath.*
Le passage de S. Mathieu, ch. 5, v. 41, renferme ces mots : *Oua men sakharak myld fámdi ma'hi tneyn* ومن سخرك ميلا فامض معه اثنين, *Et quicumque te angariaverit milliarium, vade cum illo duo.*

[1] מלא, *plenitudo.*
[2] *Gen. cap. 35, vers. 16.*

traduit par *milliare*. À la vérité, les autres versions latines sont plus vagues; on trouve *tractus terræ*, *chabratha*, *spatium terræ*, et même *stadium terræ*. Le mot χαβραθά (dans le copte ⲭⲁⲃⲣⲁⲑⲁ) est écrit δεβραφά dans le iv° livre des Rois[1], version des Septante. Le chaldéen, dans les deux passages, porte כרוב *keroub;* ce qui est peut-être une altération. La racine de *kibrath* paraît être *kabar*, qui signifie *être grand, capax*.

Je trouve dans le livre des Nombres une indication très-ancienne du mille hébraïque de 2000 coudées. Au chapitre 35, vers. 5, Dieu prescrit à Moïse de donner aux faubourgs des villes réservées aux lévites, 2000 coudées sur tous les sens. Dans tous les textes de la Bible, le même nombre est constamment exprimé. Mais il est fort remarquable qu'au verset précédent, où il y a pour la même étendue 1000 coudées seulement, la Vulgate a traduit par 1000 *pas;* car le pas hébraïque simple est le même que la coudée : le *dipêchus* faisait le double pas. C'est celui-là qu'entendait l'auteur de la version de la Vulgate, et qui est l'origine de la mesure où il était compris 1000 fois.

D'autres mots que *myl* et *kibrath* semblent avoir, en hébreu, le sens de *milliaire*, ou du moins de mesure itinéraire[2]; mais ces mots pouvaient avoir des significations différentes, dont nous n'apprécions pas les nuances. Les uns exprimaient un espace de chemin en géné-

---

[1] iv *Reg.* cap. 5, vers. 19.
[2] פרס fars, *terminus;* פרסה far-sah, *milliare quorum decem sunt ite- diurnum hominis mediocris.* (*Lexic. pentaglot.*) Ici, l'on confond la parasange avec le mille.

ral; d'autres, telle ou telle espèce de mille : mais le milliaire proprement dit, le mille hébraïque de 1000 *dipéchus*, avait sans doute un nom fixe, et je conjecture que ce nom était *myl*.

Le mot μίλιον, qu'ont employé Polybe, Strabon et Plutarque, et ensuite Suidas, Héron, Julien et les différens auteurs, me paraît également provenir de *mîl*, et non point de *mille* des Latins; il n'y a qu'une seule *l* dans le mot, ainsi que dans le qobte ⲙⲓⲗⲓⲟⲛ. Au reste, on trouve *mile* chez les Latins, dans les inscriptions, dans les manuscrits et dans divers monumens. Il serait possible que χίλιοι provînt aussi de la même origine [1].

§. X. *Du schœne.*

Le schœne est une mesure propre à l'Égypte, bien qu'on la retrouve aussi chez les Perses, non-seulement avec le nom de *parasange*, comme on le voit dans l'*Etymologicum magnum*, mais avec le nom même de *schœne* [2]. D'après Hésychius et les étymologistes, ce nom vient de σχοῖνος, qui veut dire *juncus*, et par suite *funis*, *restis*, parce qu'on faisait des cordelles avec une espèce de jonc. Il paraît que la mesure a été nommée ainsi par la raison qu'on se servait de cordelles pour

---

[1] Le mot μιλιᾶσθαι signifie *metiri per milliaria*, ou mesurer par mille (Cas. in lib. VII *Geogr.* Str.). Strabon se sert aussi de βηματίζειν κατὰ μίλιον, *metiri per milliaria*.... Ἔστιν ὁδὸς ἀρῥὸς ἕω βεβηματισμένη κατὰ μίλιον (l. VII, p. 322). Dans Plutarque, *in Gracchis*, on lit τὸ δὲ μίλιον ὀκτὼ σταδίων ὀλίγον ἀποδεῖ, etc. (*Voyez* ci-dessus, pag. 242 et suiv.)
Je crois qu'on ne pourrait opposer à ma conjecture, que des écrivains récens, tels que Suidas, Héron, etc., ont fait usage de μίλιον, puisqu'Ératosthène et Polybe l'avaient employé bien long-temps avant.

[2] *Voyez* Pline, Athénée, Plutarque, etc.

remonter les barques sur le Nil. S. Jérôme, en effet, nous apprend que le chemin parcouru par les hommes chargés de ce travail, entre un relais et l'autre, s'appelait σχοῖνος. Julius Pollux et Suidas ne parlent pas de la mesure; dans Varron, dans les *Origines* d'Isidore, il n'en est pas question. Le schœne métrique s'appelait aussi *schœnisma*, σχοίνισμα et σχοινισμός[1]. On l'employait à mesurer l'étendue des terres. « Le schœne est une mesure géométrique (dit l'*Etymologicum magnum*); le *schœnisma*, mesure agraire, tire son nom du schœne, cordelle en jonc qui sert à mesurer[2]. » Dans la Bible, les mots hébreux *khabal madah* חבל מדד, *funis mensuræ*, répondent au schœne métrique. On mesurait et l'on partageait les terres au cordeau, chez les Hébreux : de là, *khabal* signifie tantôt une mesure, tantôt une portion de territoire[3].

De ce qui précède on ne peut rien conclure qui puisse faire connaître l'ancien nom égyptien : il est seulement probable que le mot a été traduit en grec, ainsi que plusieurs autres noms de mesures. Le mot qobte qui signifie *jonc*, est ⲕⲁⲙ dans le Dictionnaire de Kircher, et même avec le sens de corde, *juncus ex quo fiunt funes*[4]; mais il n'y a là aucune analogie avec *schœne*. On trouve dans le Dictionnaire de La Croze les mots ⲛⲟϩ et ⲥⲛⲁⲩϩ

---

[1] Σχοίνισμα, μέτρον ὁδοῦ ἢ μέρος. (*Voyez* Hésych.) Hésychius donne à σχοινίον le sens de mode musical propre à la flûte, νόμος τις τῶν αὐλητικῶν. Ce mot a beaucoup de composés.

[2] Τὸ δὲ σχοῖνος, μέτρον ἐστὶ γεωμετρικόν.... ἐκ γοῦν τῆς σχοίνου τοῦ μετρικοῦ σπαρτίου, καὶ τὰ μετρούμενα τῶν χωρίων, σχοινίσματα λέγεται. (*Etymol. magn.*)

[3] Voyez Zach. cap. 2, vers. 1; cap. 7, vers. 14; *Deuter.* cap. 32, vers 9; *Jos.* cap. 17, vers. 14, etc.

[4] *Voyez* pag. 138.

DES ANCIENS ÉGYPTIENS, CH. XIII.   525
ni, traduits par σχοῖνος, *funis*, *funiculus*; ces mots se rapprochent un peu plus de σχοῖνος[1].

On lit dans Hésychius : Πεντάσχοινον ςάδιον. Comment le stade, qui n'était que la 30ᵉ ou la 60ᵉ partie du schœne, peut-il équivaloir à 5 schœnes ? Je crois qu'il s'agit du *schœnion* redoublé, dont cinq font le stade[2]; les commentateurs n'ont pu rendre raison de ce passage.

La seule conjecture qu'il soit permis de tirer de ce qui précède, est que le schœne se mesurait avec un cordeau; que ce cordeau était fait avec une certaine espèce de jonc, peut-être avec le papyrus; que la mesure en prit le nom, et que ce nom a été traduit en grec[3].

§. XI. *De l'aroure* (ἄρουρα).

L'aroure est une mesure essentiellement égyptienne; il devrait être moins difficile de découvrir son nom antique dans celui que les Grecs nous ont conservé. Il en est arrivé comme du plèthre : la mesure nous a été transmise telle qu'elle était chez les Égyptiens; mais on ignore si le mot même est égyptien ou d'origine grecque. On a fait venir ἄρουρα d'ἀροῦν et d'ἀροῦσθαι, signifiant *labourer*[4], parce que l'aroure veut dire aussi une terre *labourable*[5]. Le mot est employé dans ce sens par Ho-

---

[1] Χπετ signifie *manipulus*, une brassée; c'est encore une sorte de mesure.
[2] *Voy.* le tabl. génér. des mesures.
[3] Le mot *parasange* a une étymologie connue en langue persane : j'en ai parlé au chapitre IX, page 283; ce qui me dispense de faire ici mention de cette mesure.
[4] *Etymolog. magn.* Hésych.
[5] Ἡ σπόριμος γᾶ, ἡ γεωργουμένη γᾶ. *Voyez* Hésychius, *Etym. magn.* Dans ces lexiques, on ne trouve rien de relatif à l'aroure, mesure.

526 EXPOSITION DU SYSTÈME MÉTRIQUE

mère, dans plusieurs passages de l'Iliade [1]. Selon Vossius, *aro* et *arvum* viennent du mot ἀρῦν, lequel vient d'ἄρης, *ferrum*, ou d'ἄρος, *pratum*, ou enfin de חרש, *harach*, *arare*. Il est visible, suivant lui, que le latin *rura* a été formé d'ἄρουρα, comme d'ἀμέλγω vient *mulgeo* [2]. *Arvum* vient de אר, selon Scaliger dans son commentaire sur Varron, comme *parvum* de *parum*, *larva* de *lara*, etc.

Le nom du dieu égyptien Aroueris me semble avoir bien de l'analogie avec les mots ἄρουρα et ἀρῦν. Ce nom de divinité est peu connu, et Plutarque n'en parle qu'en passant : je l'ai trouvé en Égypte dans plusieurs inscriptions. Il me paraît, d'après quelques indices indépendans de la conformité d'Ἀρουήρις et d'ἄρουρα, que la fonction de ce dieu était de présider au labour et à la mesure des terres. L'aroure était-elle la quantité de terre qu'un bœuf peut labourer dans un jour? c'est l'opinion admise, bien qu'elle soit sujette à difficulté. Le nom du feddân, qui est la mesure agraire moderne en Égypte, signifie, dans les dictionnaires orientaux, *soc*, *charrue*, *joug*, et *champ à labourer*; ce qui est parfaitement d'accord avec *aroure* et les analogues. En chaldéen et en syriaque, *feddan* פדן, signifie *jugum*, *par boum*.

On lit dans Suidas que l'aroure a 50 pieds : ὅτι ἡ ἄρουρα πόδας ἔχειν ν'. Les commentateurs sont tombés, au sujet de ce passage, dans de lourdes erreurs. Kuster, qui les a relevées, a cependant laissé subsister celle de la

---

[1] Les scholiastes le traduisent par γῆ : παρὰ τὸ ἀροτριοῦσθαι, παρὰ τὸ ἀροῦσθαι αὐτήν. Voyez Schol. *Ilia* l. Γ, 115, 246, etc.
[2] Servius, *in Æneid.* lib. 1.

mesure. Il fallait ajouter un $ρ'$ devant le $ν'$; car l'aroure a 100 coudées ou 150 pieds de côté. Au mot de *stade*, Suidas a fait la même omission; car on lit ἡ ἄρουρα ποδὰς ν'. Dans Julius Pollux, ἄρυρον, ἄρουραι, a constamment la signification d'*arva culta*.

Le mot *aroure* avait en Chypre, selon Hésychius, le sens de *monceau de blé*, σωρὸς σίτου σὺν ἀχύροις, *acervus frumenti cum paleis*. D'ἄρουρα on a fait ἀρουραῖος, qui a toujours la signification de *champêtre*. Ainsi toutes les acceptions de ce mot et de ses dérivés se rapportent à la terre cultivable, à un terrain ensemencé ou labouré.

Nous avons eu déjà plusieurs fois l'occasion de citer le vers de Callimaque qui montre que l'étendue de l'aroure se mesurait au moyen du décapode : Ἀμφότερον, κέντρον τε βοῶν, καὶ μέτρον ἀρούρης. Callimaque parle encore ailleurs de l'aroure[1], dans le sens de *terre qu'on laboure*. C'est aussi dans ce sens, comme je l'ai dit, que l'emploie Homère; mais, dans un endroit, ce poëte paraît avoir en vue la terre d'Égypte, comme je vais essayer de le prouver. Il s'agit d'un passage de l'Iliade où le poëte fait l'énumération des guerriers armés contre Troie. Cette digression ne m'écartera pas de mon sujet principal, en montrant les emprunts que les Grecs ont faits à l'Égypte.

Οἱ δ' ἄρ' Ἀθήνας εἶχον ἐϋκτίμενον πτολίεθρον
Δῆμον Ἐρεχθῆος μεγαλήτορος, ὅν ποτ' Ἀθηνᾶ
Θρέψε Διὸς θυγάτηρ, τέκε δὲ ζείδωρος Ἄρουρα,
Κὰδ δ' ἐν Ἀθήνῃσ' εἷσεν ἑῷ ἐνὶ πίονι νηῷ·
Ἔνθα δέ μιν ταύροισι καὶ ἀρνειοῖς ἱλάονται

[1] *Hymn. in Dian.*

Κοῦροι Ἀθηναίων, περιτελλομένων ἐνιαυτῶν.
Τῶν αὖθ' ἡγεμόνευ' υἱὸς Πετεῶο Μενεσθεύς.

Qui autem Athenas habitabant, bene œdificatam urbem,
Populum Erechthei magnanimi, quem aliquando Minerva
Nutrivit Jovis filia; peperit autem alma Tellus,
Athenis autem collocavit in suo pingui templo :
Illic enim ipsum tauris et agnis placant
Pueri Atheniensium, absolutis singulis annis.
His rursus præerat filius Petei Menestheus.

Iliad. lib. II, vers. 546 et seq.

Le mot ἄρουρα, dans ces vers, exprime certainement la terre cultivée ou labourable. Ζείδωρος, d'après l'explication de Pline, que je donnerai tout-à-l'heure, signifie *qui produit le zea*. Or, le zea me paraît être le grain aujourd'hui connu en Égypte sous le nom de *dourah belady* ou *dourah du pays*, par opposition au *dourah châmy*, qui est le maïs[1]. C'est un grain propre à l'Égypte, et que l'on cultive depuis un temps immémorial et en très-grande abondance, durant deux saisons de l'année. Il n'y en a aucun plus utile pour la population. Dans cette opinion, ζείδωρος ἄρουρα serait un synonyme du nom de l'Égypte : *la terre qui produit le dourah*. Et en effet, Homère dit ici qu'Érecthée fut nourri par Minerve, fille de Jupiter, mais qu'il tirait sa naissance de la *terre*

[1] Les savans ne sont point d'accord sur l'espèce de plante à laquelle appartient le nom de *zea* : la cause en est qu'il a été appliqué à plusieurs grains différens; par exemple, à l'épeautre, *triticum spelta*, au seigle, et même à des plantes très-différentes des graminées : de là vient la confusion. Le *dourah* a été en usage dans l'ancienne Égypte, comme je l'ai prouvé par les momies[*], et il a été transporté de là en Italie. Ce précieux grain n'aurait pas de nom connu, si on ne lui restituait celui de *zea*, qui lui est propre. Le *dourah belady*, c'est-à-dire *du pays*, a un épi long quelquefois de dix pouces, et gros de trois à

[*] *Voyez* mes Observations sur un plafond astronomique des tombeaux des rois, tom. VIII, *A. M.*

surnommée ζείδωρος. On sait qu'Érechthée était fils de Pandrose et petit-fils de Cécrops, qui était Égyptien de nation [1]. Le poëte pouvait donc dire qu'il était *originaire de l'Égypte* [2], et, pour caractériser ce pays, l'appeler *terre qui produit le dourah;* or, ce grain a dû être dans les temps reculés, comme de nos jours, la nourriture usuelle des habitans, ou du moins la plus générale.

Cette explication d'Homère paraîtra, je l'espère, plus vraisemblable que l'interprétation commune, où Érechthée est considéré comme fils de la terre proprement dite, ou de la terre fertile en général, ce qui n'a aucun sens; il y a au moins autant de poésie dans l'expression qu'emploie Homère pour peindre, selon moi, la contrée arrosée par le Nil. Tous les interprètes ont traduit ces deux mots d'Homère par *alma tellus*, terre bienfaisante, qui donne la vie, comme s'il y avait eu βιόδωρος : aucun n'a fait attention que Pline s'exprime d'une manière toute différente et en termes positifs : *Qui zeâ utuntur, non habent far. Est et hæc Italiæ, in Campania maximè,*

cinq pouces; la forme est un ovoïde allongé; le grain ressemble à un gros millet. *Holcus sorgo*, Linn.; *holcus durra*, Forsk.

[1] Cécrops était venu de l'Égypte avec Danaüs, dont il était le contemporain. Selon Isocrate (*Panathenaïc.* p. 258) et Hérodote (*Hist.* l. VIII, cap. 44), on pourrait croire qu'Érechthée a succédé immédiatement à Cécrops.

[2] Érechthée, selon les poëtes, était fils de la Terre ou de Minerve, ou bien de Pandrose. Le passage d'Homère, entendu dans le sens où les traducteurs l'ont présenté, *quem peperit alma tellus*, est sans doute la source de l'opinion qu'il était né de la *terre* en général; mais, si l'on admet qu'il s'agit de la *terre d'Égypte*, on concevra très-bien l'origine d'Érechthée.

Le nom de *Pandrose* ne pourrait-il pas s'interpréter, *où la rosée est abondante* (de πᾶν et de δρόσος)? On sait qu'en Égypte la rosée est d'une extrême abondance; que le matin, au lever du soleil, tous les corps exposés à l'air en sont pénétrés, imbibés, et que c'est une des causes les plus influentes de l'ophtalmie, si répandue parmi les habitans.

530 EXPOSITION DU SYSTÈME MÉTRIQUE

semenque appellatur. Hoc habet nomen res præclara, ut mox docebimus : propter quam Homerus ζείδωρος ἄρουρα dixit, non, ut aliqui arbitrantur, quoniam vitam donaret[1].

Il est extraordinaire que ce passage frappant ait échappé à tous les traducteurs. Au reste, Homère n'a pu dire que la terre, en général, produisait du *zea*; il a donc désigné une terre particulière par l'épithète de *dourifère*, si l'on peut s'exprimer ainsi, et c'est l'Égypte même. C'est de l'Égypte que l'Italie reçut le bienfait de ce grain précieux.

La confusion que Pline reproche à ceux qui ont interprété ce vers d'Homère, s'explique par l'extrême proximité des mots ζέα et ζῆν et l'analogie du sens; ζέα a pu signifier la vie, la nourriture, parce que ce grain est éminemment nourricier.[2]

Nonnus[3] appelle l'eau τὸ ὕδωρ ζείδωρον[4] : veut-il parler de l'eau en général, qui, suivant l'ancienne philosophie (de Thalès et de la secte ionienne), passait pour avoir été le principe de toutes choses ? ou bien avait-il en vue l'Égypte, ainsi qu'Homère l'a fait dans le vers 548 du livre II de l'Iliade, que j'ai rapporté plus haut ? Le dourah a besoin, pour réussir, de l'inondation du Nil, ou bien d'une irrigation abondante; il lui faut même beaucoup d'eau : pourquoi l'eau qui produit ou sert à pro-

---

[1] Voyez *Histor. nat.* lib. XVIII, cap. 8.

[2] On fait venir ζείδωρος de ζῆν et δῶρον (ζῆν, dor., pour ζᾶν, infinitif de ζάω, *vivere*) : mais le mot ζέα ou ζειά n'est-il pas plus régulièrement la racine que ζῆν ?

[3] *In Dionysiacis.*

[4] On a traduit *aquam vivificam*. Empédocle se servait de la même épithète de ζείδωρος pour désigner Vénus, parce qu'elle donne la vie. Le sens de *fertile*, *féconde*, devait naturellement dériver de l'acception primitive, propre à la terre d'Égypte.

DES ANCIENS ÉGYPTIENS, CH. XIII.   531

duire le *zea*, ne serait-elle pas l'eau du Nil? On ne doit pas oublier que Pline nous a appris qu'on se trompait sur le sens du mot ζειδωρος : c'est toujours dans le sens qu'il donne lui-même qu'on doit entendre les auteurs qui ont employé ce mot, surtout les anciens poëmes, comme celui d'Homère, ou ceux qui, tels que celui de Nonnus, ont été faits sur des ouvrages très-anciens[1]. Ce n'est qu'à une époque relativement plus récente qu'on a détourné l'acception simple et primitive des mots, pour leur donner une acception figurée.

Je conclus que le mot ἄρουρα s'applique toujours en grec à la terre cultivée et labourée; la mesure est propre à l'Égypte, et peut-être le nom est-il d'origine égyptienne. Les habitans appelaient ainsi leur mesure agraire, destinée à fixer l'étendue de la culture et du labour et les limites de chaque propriété. Pour exprimer la surface de tout autre sol, comme l'étendue d'un désert voisin, par exemple, on n'aurait pas dit que la superficie avait tel nombre d'aroures.

EXAMEN D'UN PASSAGE D'HOMÈRE DANS LE COMMENTAIRE D'EUSTATHE.

Les différens interprètes modernes ont suivi Eustathe, qui pense qu'Érechthée était indigène, et non étranger[2]. Dans son commentaire sur les vers 546, 547 et 548 du liv. II de l'Iliade, Eustathe s'exprime ainsi : Εὐγενὴς δὲ ἀνὴρ ὁ Ἐρεχθεὺς, καὶ συνετὸς ὡς οἷα κ' Ἀθηνᾶς τρόφιμος,

---

[1] Nonnus était Égyptien, et né à Panopolis. Il a vécu sous Théodose.

[2] *Voyez* les notes de Clarke dans son édition d'Homère, *Lond.* 1754, tom. I, pag. 47.

532 EXPOSITION DU SYSTÈME MÉTRIQUE

καὶ αὐτόχθων· ἐ μὴν ἔπηλυς, καθά τινες ὑπέλαϐον τὸν Κέ-κροπα. *Nobili vir genere hic Erechtheus, ingenioque præditus tanquam Minervæ alumnus, et indigena; non verò advena, ut nonnulli Cecropem suspicantur.* Les raisons qu'Eustathe allègue pour prouver qu'Érechthée était originaire du pays, ne sont rien moins que concluantes : « On pourrait le dire né de la terre, comme les légumes indigènes et les champignons terrestres, αὐτόχθωνα λάχανα, μύκητες γηγενεῖς. Ainsi que Titye, Érechthée avait une taille gigantesque; et celui-ci fut appelé fils de la Terre ζειδώρε, comme l'autre avait été nommé simplement *terrestre*. Selon les anciens, ζείδωρος, qui produit le *zea*, se disait proprement de l'Attique : c'est là, en effet, que les premiers fruits de la terre ont été produits....... C'est pourquoi l'on dit qu'Homère s'est servi pour la première fois de cette épithète, d'où sont venues celles de βιόδωιρς, ϐωτιάνειρς, παμϐῶτις; qui *donne la vie, qui nourrit les hommes, qui nourrit tout le monde* [1]. »

Dans ses notes sur Eustathe, Politi cite Tzetzès, qui prouve que Cécrops était originaire de Saïs en Égypte, ville dont le nom signifiait *Athéna* ou *Pallas* dans la langue égyptienne [2]; on sait que le nom même d'*Athènes* venait de l'égyptien *Neith*. Il ajoute que les Égyptiens s'appelaient eux-mêmes indigènes, *autochthones,* comme Érechthée, parce qu'on les croyait nés de la Terre (*Dio Chrys.*); et il dit, d'après Justin, qu'ils n'étaient point

---

[1] Eustath. Comment. in Homer. Ἰων γλῶσσῃ. (J. Tzetzès, chil. v, Iliad. tom. 1, Flor. 1732, p. 191. vers. 657.)

[2] Σαὶς δ' ἐστιν ἡ Ἀθηνᾶ τῇ Αἰγυπ-

originaires d'un pays étranger, mais nés sur le sol qu'ils habitaient. Il cite ensuite le passage de Pline que j'ai rapporté; ensuite l'*Etymologicum magnum* [1]; enfin Cicéron, qui dit qu'Athènes était si ancienne, qu'elle avait donné naissance à ses habitans, et qu'elle en était à-la-fois la mère, la nourrice et la patrie. De là Politi conclut que l'Attique ne se nommait pas ζείδωρος seulement à cause que les fruits de la terre y ont été découverts, mais parce qu'elle avait donné la vie aux hommes *nés de son sein*.

Il est aisé d'apprécier de pareils argumens. Pline, comme je l'ai dit au commencement, mérite plus de confiance que tous les autres commentateurs, et surtout que les modernes qui ont enchéri sur Eustathe. Il n'est donc pas possible de détourner le sens et l'acception évidente qu'il a donnés au mot ζείδωρος. Au reste, à qui persuadera-t-on que les grains nourriciers ont été découverts dans l'Attique, tandis que l'Égypte a toujours passé pour le pays du monde le plus fertile en grains, et l'un des premiers où les hommes cultivèrent la terre? Ce serait abuser de la patience du lecteur que de rapporter ici les preuves d'une vérité si rebattue. L'Attique et toute la Grèce ont reçu de l'Égypte les leçons de l'agriculture, et peut-être les grains et la charrue; et quand on contesterait que Cécrops et Danaüs sont venus de l'Égypte et ont civilisé la Grèce, comment pourrait-on supposer que le sol de l'Attique a été le premier cultivé

---

[1] On trouve dans l'*Etymologicum magnum* la même explication que dans Eustathe, c'est-à-dire que ζείδωρος ἄρουρα vient de ζειά ou de ζῆν, parce que la terre donne la vie ou les choses nécessaires à la vie.

en grains? Érechthée, dit Fréret, introduisit en Grèce l'orge et le blé [1]. Le passage de Cicéron ne prouve qu'une chose, c'est qu'Athènes, par opposition peut-être à d'autres villes grecques, était peuplée avant l'arrivée des colonies étrangères, et que son territoire fut un des premiers à s'enrichir des procédés de l'agriculture.

Je terminerai cette discussion en citant des autorités plus imposantes que celle d'Eustathe, en faveur de l'explication que je propose du passage d'Érechthée. Nous apprenons, par Diodore de Sicile, que les mystères d'Éleusis furent apportés de l'Égypte et établis par Érechthée, et que les Égyptiens étaient d'accord sur ce fait avec les Athéniens [2]. Le même auteur atteste que les Athéniens étaient originaires de Saïs [3]; et Jules Africain dit aussi qu'ils étaient une colonie égyptienne [4]: aussi les Saïtes ont-ils toujours eu de l'affection pour les Athéniens.

Cécrops, au rapport de Tacite, avait apporté à ceux-ci des lettres aussi ou plus anciennes que celles de Cadmus [5]; et Cadmus lui-même, selon Diodore, était venu de Thèbes en Égypte [6] : le nom de la ville qu'il fonda viendrait à l'appui de cette opinion. Deucalion, selon Lucien [7], avait apporté un certain culte d'Égypte; l'oracle qu'il fonda à Dodone, avait eu pour première

[1] *Mémoire sur les premiers habitans de la Grèce*, dans l'Histoire de l'Acad. des inscriptions, tom. XI, pag. 7.
[2] Diodor. Sic. *Bibl. hist.* lib. I, pag. 25.
[3] *Ibid.* lib. 1, pag. 24.
[4] Ap. Euseb. *Præp. evang.* l. X, cap. 10.
[5] Tacit. *Ann.* lib. XI, cap. 14.
[6] Diodor. Sicul. *Bibl. hist.* lib. I, pag. 14. Schol. Lycophr. ad *Cassandr*. vers. 1206.
[7] Lucian. *De Dea Syria*, p. 182.

DES ANCIENS ÉGYPTIENS, CH. XIII. 535

prêtresse une Égyptienne¹; et ce prince fut le premier qui éleva des autels aux douze grands dieux de l'Égypte². D'ailleurs quel témoignage plus positif que ce passage de Diodore de Sicile sur la patrie d'Érechthée, Ὁμοίως δὲ τούτῳ καὶ τὸν Ἐρεχθέα λέγουσι τὸ γένος Αἰγύπτιον ὄντα? « On rapporte qu'Érechthée était aussi Égyptien de nation³. » L'auteur cite ici Érechthée après Petès et quelques autres chefs qui vinrent de l'Égypte et portèrent dans l'Attique les usages et les pratiques de leur pays. Ce n'est donc pas sans fondement que je propose une traduction moins vague du passage d'Homère, que celle qu'on a donnée jusqu'à présent, et que je considère les mots τέκε δὲ ζείδωρος ἄρουρα comme signifiant que la terre d'Égypte, productrice du zea, était la patrie d'Érechthée.

D'UN PASSAGE D'HORAPOLLON SUR L'AROURE.

Un hiéroglyphe très-curieux du recueil d'Horapollon démontre l'antiquité de la mesure de l'aroure en Égypte. En effet, les auteurs du langage hiéroglyphique y avaient puisé un symbole.

Ἔτος τὸ ἐνιςάμενον γράφοντες, τέταρτον ἀρούρας γράφουσιν· ἔςι δὲ μέτρον γῆς ἡ ἄρουρα, πηχῶν ἑκατὸν, etc.⁴ *Instantem annum significantes, quartam arvi partem pingunt : est autem* ἄρουρα (*unde Latinis* arvum *dicitur*) *terræ mensura, centum complectens cubitos, etc.*⁵

---

¹ Herodot. *Hist.* lib. ɪɪ, cap. 54.
² *Vid.* Schol. Apoll. *Argonaut.* lib. ɪɪɪ, vers. 1086, et Hellanicus.
³ Diodor. Sicul. *Biblioth. histor.* lib. ɪ, pag. 25. Voyez l'*Histoire critique de l'établissement des Colonies* grecques, par M. Raoul Rochette.
⁴ Hor. Apoll. *Hieroglyph.* lib. ɪ, cap. 5, pag. 6, edent. Corn. de Pauw.
⁵ Version de Jean Mercier. Il faut quartam aruræ partem.

Le traducteur continue ainsi : *Itaque, annum volentes dicere, quartum dicunt, propterea quòd ab uno, ut tradunt, sideris cui soth s nomen fecimus, ortu ad alterum quarta sit interjecta diei pars : enimvero dei Solis, inquam, annus trecentis exaginta-quinque diebus absolvitur; unde et quarto quoque anno supervacuum diem computant atque intercalant Ægyptii; quatuor siquidem diei quadrantes diem perficiunt.*

Faut-il entendre que la figure de cet hiéroglyphe était celle d'un carré? Mais comment peindre ou représenter par un symbole le quart de l'*aroure*, ou bien l'*aroure* elle-même, qui n'est autre chose qu'une *superficie*? La forme du carré figure fréquemment dans les signes hiéroglyphiques; mais je doute que ce chapitre d'Horapollon puisse faire découvrir, dans les signes que nous connaissons, quel était le symbole de l'année chez les Égyptiens [1]. Toutefois il est précieux pour la métrologie égyptienne : car il prouve que l'aroure, mesure de 100 coudées de côté, se divisait en quatre parties ; chacune de celles-ci avait donc 2500 coudées carrées, et 50 coudées ou 75 pieds de côté [2].

J. Mercier et D. Hœschelius ne parlent pas de cet hiéroglyphe dans leurs notes. Corneille de Pauw, après avoir dit qu'*instantem annum* traduit mal ἔτος τὸ ἐνιϛάμενον, et qu'il faut traduire *annum ineuntem et incœptum*, ajoute : ἡ ἄρουρα, πηχῶν ἑκατὸν : *ita Ægyptii, aliter Græci*. J'ignore ce que de Pauw a voulu dire par

---

[1] Si le quart d'aroure était un emblème du quart de jour, l'aroure elle-même répondait à un jour entier : dans ce cas, la raison de ce symbole ne serait-elle point que le labourage de l'aroure exigeait une journée ?

[2] *Voyez* ci-dessus, ch. XI, p. 366.

aliter Græci; car l'aroure est une mesure égyptienne et point grecque. Il commente ensuite le reste de l'hiéroglyphe, quant à la composition de l'année égyptienne, sans ajouter plus de détails sur ce qui regarde la mesure agraire.

De tout ce que je viens de dire sur l'aroure, on peut conclure avec fondement que cette mesure appartient en propre aux Égyptiens; en second lieu, qu'elle leur a servi de symbole, et qu'elle était au nombre de leurs hiéroglyphes; troisièmement, que les plus anciens poëtes, Homère, Hésiode, et d'autres, tels que Callimaque, se sont servis du mot *aroure* pour désigner la terre *cultivable et labourable;* enfin, que, selon toute vraisemblance, le sens métrique a été appliqué à ce mot pour exprimer une étendue de terre dont la culture (soit le labourage, soit tout autre travail) exigeait un temps donné [1].

J'ai passé sous silence, dans ces rapprochemens étymologiques, la mansion ou station ($\varsigma\alpha\theta\mu\grave{o}\varsigma$), le pas ($\beta\tilde{\eta}\mu\alpha$), et quelques autres mesures, ou moins importantes ou plus variables que celles qui font l'objet de ce chapitre. Nous connaissons encore moins les anciens noms égyptiens de ces mesures, et les mots qobtes correspondans ne donnent pas de moyen pour les découvrir. On remarquera toutefois que le nom du palmier, ⳃⲉⲛⲓ, semble se retrouver dans ⳃⲉⲛⲛⲏ qui signifie *stathmos,* et dans ⲛⲁⳉⲃⲉⲛ qui veut dire *pas;* mais on ne saurait

[1] *Voyez* ci-dessus, chap. xi, pag. 366.

en conclure rien de certain pour le sens primitif de ces deux mots. La conjecture que j'ai émise au premier paragraphe de ce chapitre, sur l'origine des mesures appelées *doigt* et *palme* et de leurs dénominations, malgré les rapprochemens et les vraisemblances qui l'appuient, aurait besoin, pour être établie solidement, d'une connaissance plus approfondie de la langue égyptienne que celle que l'on possède jusqu'à présent.

CONCLUSION.

*Considérations générales sur les travaux scienti-
fiques des Égyptiens; examen de quelques objections; conclusion du mémoire.*

Que l'on imagine par hypothèse une nation éclairée, mais privée des avantages de l'imprimerie; si, après de longues révolutions et un grand laps de temps, les lumières venaient à s'éteindre chez elle, et qu'il n'y eût, à la place de son antique civilisation, qu'ignorance et barbarie absolues, on ne retrouverait plus qu'un bien petit nombre de ses ouvrages écrits. Les livres de science auraient sans doute péri les premiers; ceux-là résistent moins aux siècles que les autres. Les lettres ont conservé les poëmes des Grecs et ceux des Latins : mais les sciences regrettent, et regretteront peut-être toujours, les écrits des Phérécyde, des Thalès, des Pythagore, des Empédocle, des Eudoxe, des Chrysippe, des Démocrite, des Ératosthène, des Aristarque, des Posidonius, des Hipparque et de tant d'autres, sans parler des écrits antérieurs qui leur avaient servi de modèle. Le musée d'Alexandrie devait renfermer les exemplaires, peut-être uniques, de tous ces ouvrages : il a suffi de l'incendie d'un musée pour les anéantir sans retour; il en a détruit presque jusqu'au souvenir. Les poëmes d'Homère et d'Hésiode se trouvaient, au contraire, dans les mains de la multitude; il en a, depuis, été de même pour ceux de Virgile et d'Horace. Sans l'imprimerie, il aurait été possible que les plus méchans vers des derniers siècles arrivassent à la postérité, et non les ouvrages des Newton, des Lagrange et des Laplace.

La science était hérissée d'épines chez les anciens; toutes choses égales, il fallait alors des têtes plus fortes pour embrasser et lier ensemble les faits découverts, pour découvrir une vérité nouvelle. Les anciens écrivaient peu, et les mathématiciens moins que les autres, parce que peu d'hommes se livraient à des études alors si ardues : comment leurs écrits seraient-ils parvenus jusqu'à nous? Nous connaissons Hipparque et Ératosthène par des fragmens de Strabon; c'est comme si le livre des *Principes* était perdu, et que nous n'en eussions connaissance que par une histoire mal faite des mathématiques. Strabon n'était pas astronome, ou, si l'on veut, il l'était comme Pline a été naturaliste : est-il raisonnable de juger des connaissances de l'antiquité, sur les citations de ces deux érudits, infatigables compilateurs?

Si l'on supposait que tous nos livres de science vinssent, dans la suite des temps, à se perdre tout-à-fait, par un de ces événemens dont l'histoire prouve la possibilité, mais dont la découverte de l'imprimerie empêchera sans doute le retour; qu'ensuite, après un grand nombre de siècles, on recommençât tous les travaux de nos jours, ne se croirait-on pas fondé à avancer que rien d'exact, rien de solide, n'avait été exécuté dans les temps antérieurs? Les fragmens de nos bibliothèques n'offrant peut-être qu'une suite de problèmes à résoudre, le plus grand nombre en jugerait la solution impossible et inutile. Le sort des sciences exactes est celui de toutes les choses humaines; elles subissent des révolutions, quoique leurs principes reposent sur des vérités éternelles. De temps en temps, il s'élève des hommes nouveaux qui prétendent que les sciences sont nouvelles; mais, pour quelques-uns dont le génie et la supériorité sur leur siècle justifient en quelque sorte ces opinions, combien d'autres qui, montés sur l'épaule du géant, suivant l'expression de Bailly, oublient qu'ils lui sont redevables de voir à une plus grande distance! Cependant le colosse ruiné qui les porte, se cache de plus en plus sous la poussière des temps : plusieurs travaillent à l'immense tâche de le déblayer et de le restaurer; et, parfois, sa masse venant à se découvrir jette une vive lumière, impose le respect et force l'admiration.

Il y a long-temps que de bons esprits cherchent à établir les titres de l'antiquité dans les sciences positives, et de faire voir ce que chaque peuple et chaque âge ont apporté à l'édifice commun, dont les modernes élèvent le faîte, étendent la base et enrichissent toutes les parties. Par les débris des livres et des monumens anciens, on a reconnu qu'il a été fait en astronomie et en géographie de grands travaux[1]; que ces travaux portent l'empreinte de l'exactitude et de la précision, et que, dans plusieurs, les anciens étaient arrivés à des résultats qui approchent de ceux qu'ont obtenus les

[1] *Voyez* ci-après. Consultez les savans ouvrages de M. Gossellin, où, pour la première fois peut-être, on a vu l'érudition la plus solide consacrée à montrer au grand jour les connaissances scientifiques des anciens peuples. *Voyez* aussi l'épigraphe de ce mémoire.

modernes. Mais aucun de ces efforts n'échappe aux censeurs de l'antiquité : il est une réponse qu'ils opposent constamment, et qu'ils regardent comme une arme victorieuse, une véritable massue pour écraser les anciens; c'est que l'exactitude des observations anciennes n'est qu'apparente, et qu'elle est uniquement due au hasard.

Il faut examiner en quoi le hasard peut servir pour expliquer cette précision. Lorsqu'un résultat est produit par une ou plusieurs causes inconnues, il est téméraire d'affirmer que c'est un résultat fortuit; il serait plus sage de les rechercher. Quand c'est l'effet d'un très-grand nombre de causes, et qu'il n'est pas possible de démêler ni leur nombre, ni leur nature, ni les rapports qu'elles ont entre elles, la recherche en devient alors inutile ou plutôt impraticable, et l'on rapporte un pareil effet au *hasard :* voilà ce qu'il faut entendre par un tel mot, en bonne philosophie. C'est abuser du sens populaire de cette expression, que de la transporter dans les sciences, pour expliquer des résultats qui ne peuvent appartenir qu'à l'intelligence de l'homme. N'est-ce pas attaquer sans nécessité le principe de nos découvertes scientifiques, et mener à croire que le hasard en a été le plus souvent la cause? Où en seraient nos savans les plus illustres, si les fruits merveilleux de leur génie et de leurs travaux étaient appelés des résultats fortuits, et si l'on se croyait d'autant plus en droit de les attribuer au hasard, qu'ils porteraient le cachet d'une plus grande perfection?

Recherchons si l'étendue de la mesure de la terre, par exemple, telle que les monumens anciens de l'Égypte nous l'ont conservée, est un résultat du genre de ceux que l'on peut appeler *fortuits*. D'abord, était-il besoin d'un grand nombre de combinaisons pour y arriver? est-ce la compensation de beaucoup d'erreurs qui aurait pu y conduire? Tel serait le cas d'un effet du hasard; mais il n'y a rien de semblable. Il suffisait de deux élémens pour conclure la grandeur de la terre supposée sphérique : l'un est l'arc céleste correspondant à deux points du globe sous un même méridien; l'autre est la mesure effective et actuelle de l'espace compris entre ces deux points. Si cela est évident, n'est-il pas déraisonnable d'attribuer au hasard une mesure de la terre qui serait exacte?

On demandera comment les anciens ont fait une mesure telle qu'elle diffère peu de la dernière, exécutée avec tant de soin, par des méthodes parfaites, et avec le secours d'instrumens qui leur ont manqué. Pour bien répondre à cette question, il faudrait connaître de quelle précision étaient susceptibles les moyens qu'ils ont eus pour obtenir les deux élémens de la mesure. Quoiqu'il soit téméraire d'assurer que, pour observer une hauteur méridienne, les anciens n'ont connu d'autres moyens que ceux dont il est question dans les ouvrages qui nous restent, cependant, à toute rigueur, on peut tomber d'accord que cette espèce d'observation s'est faite au moyen du gnomon; de meilleurs instrumens n'ont pu donner qu'une perfection plus grande : or, le style étant supposé cylindrique, bien vertical, et terminé par un globe[1] afin d'avoir, au moyen d'une ombre circulaire,

---

[1] Ainsi que l'ont su faire les Romains, les plus ignorans des anciens peuples dans les sciences exactes.

la hauteur du centre et non celle du limbe du soleil, l'erreur possible sur la longueur de l'ombre, et par conséquent sur la hauteur de l'astre, peut être réduite à une quantité extrêmement petite [1].

Mais cette erreur, serait-elle plus forte, affecte également les deux hauteurs méridiennes, observées le même jour dans les deux points extrêmes de l'arc; par exemple, au jour du solstice : il en est de même sensiblement, quant à la réfraction. L'arc compris entre les deux zéniths peut donc se conclure avec une rigueur suffisante. Comment d'ailleurs pourrait-on assurer que les hauteurs méridiennes n'ont pas été mesurées par les distances au zénith, moyen qui, certes, était à la portée de l'ancienne astronomie?

L'autre élément était, pour les anciens Égyptiens, encore moins difficile à déterminer avec précision. Le perfectionnement des instrumens géodésiques nous met en état de déduire avec justesse une grandeur inconnue et considérable, de la mesure d'une très-petite base; la nécessité nous y conduisait, l'Europe manquant de très-grandes plaines. Mais, sans la précision et la perfection des instrumens à prendre les angles, et du moyen mécanique même qui sert à mesurer la base, une telle conclusion serait fort défectueuse. Les Égyptiens étaient privés de ces instrumens : mais, en quelque sorte, ils

---

[1] Ceux qui prétendent que tous les latitudes observées par les anciens sont défectueuses, parce qu'ils ne distinguaient pas l'ombre du bord du soleil d'avec celle du centre, ne peuvent ignorer qu'ils avaient mesuré le diamètre du soleil avec une certaine exactitude. D'ailleurs cette connaissance est inutile pour mesurer la différence de deux points en latitude, comme on le sent très-bien.

n'en avaient pas besoin ; on mesurait alors immédiatement sur le terrain les espaces dont on voulait avoir la grandeur absolue. Et si l'on se représente un pays dirigé du nord au sud, aboutissant à la mer, nivelé comme une plaine d'un bout à l'autre ; un pays où l'arpentage des terres était exécuté depuis un temps immémorial, et vérifié chaque année avec la précision qu'exigeait l'importance politique d'une telle opération ; un pays où l'on sait que l'astronomie a été florissante, l'Égypte enfin, l'on concevra sans peine que la mesure d'un espace égal à un ou plusieurs degrés a pu être effectuée avec une grande exactitude, telle que, si l'arc terrestre était affecté d'une certaine erreur, cette erreur était fort atténuée, quant à la valeur conclue d'un degré moyen. Un tel pays présentait plus de facilité que la France elle-même pour exécuter la mesure du degré, à part l'avantage du parallèle moyen et de la détermination du pendule qui bat les secondes.

Mais où étaient situés les points qui ont servi d'extrémités à l'arc terrestre à mesurer, et qui devaient être sous un même méridien ? Péluse, ou quelque point aux environs, me semble avoir pu servir à ce dessein. La mesure, depuis Héliopolis jusqu'à Péluse, c'est-à-dire d'une grande partie de l'arc, avait pu se faire sans obstacle, aucune élévation n'interrompant cette vaste plaine, enfermée par les derniers rameaux de la chaîne arabique. Péluse est presque sous le même méridien que Syène : ainsi la mesure de l'arc entier, en supposant qu'elle ait été effectuée, n'était point sujette à l'erreur possible sur la détermination de la différence en longitude; objection que l'on a faite avec fondement pour Alexandrie. Je ne prétends pas dire que les Égyptiens aient ignoré la position de Péluse en longitude, et qu'ils n'aient fait que la supposer : mais, se servant de cette donnée, ils ont opéré avec justesse.

On demandera encore comment ils ont eu la mesure de l'arc total, dans l'hypothèse que toute la longueur de l'Égypte ait été mesurée. J'ai déjà, dans le chapitre XII, §. II, présenté des conjectures à ce sujet. Soit qu'ils aient fait une chaîne de triangles, qu'ils ont calculés ensuite au moyen d'une ou plusieurs grandes bases ; soit qu'ils aient déduit cette grandeur de la construction de la carte par carreaux orientés, à peu près comme nous faisons en rapportant les points à la méridienne et à la perpendiculaire d'un même lieu, ils ont pu connaître avec exactitude la longueur de l'arc, et en déduire celle du degré moyen [1].

La découverte toute moderne de la figure de la terre a fait connaître que les degrés du méridien terrestre ne sont pas égaux. Les anciens, dira-t-on, ignoraient cette inégalité : leur mesure de la terre ne peut donc être que défectueuse ; ou bien, il aurait fallu que la mesure eût été exécutée vers le parallèle de 45 degrés.

Cette objection, loin d'attaquer l'existence de la mesure ancienne, fournit une nouvelle preuve en sa faveur.

---

[1] Quoique le terme moyen déduit de la longueur de l'arc de Syène à Péluse donne au degré, par le fait, la même valeur que celle du degré de la latitude moyenne de l'Égypte, je ne pense pas qu'on se soit borné à mesurer celui-ci dans la plaine de l'Heptanomide ; la tradition d'une *mesure de la terre*, déduite d'une base de 5000 stades, prouve que l'on savait l'art d'atténuer les erreurs d'une opération, en prenant un moyen terme entre tous les résultats.

Si la mesure qu'on a retrouvée en Égypte, était la même que celle du parallèle moyen, c'est alors qu'on aurait pu douter de son authenticité, et l'attribuer à un hasard heureux. Mais le périmètre de la grande pyramide de Memphis avait 30 secondes du *degré propre à l'Égypte*, autrement cinq stades compris chacun 600 fois dans ce même degré : l'apothème avait un stade ; le côté, un stade et un quart : ce même périmètre avait 2000 coudées de tour ; et le côté, 500.

Ainsi le côté de la pyramide répété 480 fois, ou le périmètre pris 120 fois, faisait le degré terrestre. Multiplié 8 fois, ce même côté faisait une minute. La mesure d'une seconde était conservée dans la 30e partie du périmètre. Le schœne, grande mesure itinéraire, 10e partie du degré, était égal à 48 fois le côté de la pyramide, ou 12 fois son périmètre, etc., etc.

Il ne sera donc plus permis de soutenir que l'imagination seule a trouvé dans la pyramide le type d'une ancienne mesure de la terre ; car, si de tels rapports et des coïncidences aussi frappantes sont l'effet d'un pur hasard, qu'on explique aussi par quelle circonstance fortuite les faces des pyramides sont exactement orientées. Cette opération exige des observations exactes, soit du passage d'une étoile au méridien, soit des hauteurs méridiennes du soleil, soit du lever et du coucher d'un astre. Mais comment les anciens observateurs ont-ils suppléé à des instrumens très-exacts ? C'est un problème qui reste à résoudre et qui vaudrait la peine d'être étudié par les savans.

A la vérité, les systèmes de plusieurs métrologues,

appuyés sur des relations inexactes de l'Égypte, se réduisent, pour la plupart, à des combinaisons arithmétiques, dont les élémens arbitraires se prêtaient à toutes leurs idées. Il n'est pas étonnant que, maîtres des conditions, ils trouvassent facilement dans les anciens et dans les voyageurs tout ce qu'ils y cherchaient. Quelques-uns plus habiles ont été induits en erreur par des savans de leur temps; et des hommes tels que Fréret ont cru, par exemple, que le degré terrestre allait en diminuant de l'équateur au pôle. Il serait aussi long qu'inutile de passer en revue les opinions et les erreurs de la plupart des métrologues : ils n'ont connu ni les monumens ni la géographie de l'Égypte; leurs raisonnemens n'ont donc aucun appui solide. Mais, s'ils ont erré faute d'observations et de faits constatés, ces erreurs ne doivent pas nuire à la gloire des Égyptiens : « les preuves des travaux des anciens fourmillent, dit le même Fréret; et elles n'échapperaient pas à nos savans, s'ils étudiaient un peu plus l'antiquité. » Les erreurs des modernes s'évanouissent devant les résultats authentiques fournis par le voyage des savans français en Égypte. Ici les monumens parlent; on peut fermer les livres des auteurs, dont le sens est quelquefois douteux, et les leçons souvent corrompues : il suffit de comparer deux autorités inaltérables; la longueur du degré terrestre, et les dimensions de la grande pyramide.

Il fallait encore découvrir les rapports qui enchaînaient toutes les mesures, les schœnes, les parasanges, le mille, le stade, l'aroure, le plèthre, la canne, l'orgyie, le pas, la coudée, le pied, etc., soit entre elles, soit avec la mesure de la terre; mais jusqu'à présent on n'avait que des mesures incohérentes et sans rapports certains.

Ce qui donne à nos résultats un caractère particulier, que n'ont point les conjectures hasardées de Bailly, de Paucton, de Romé de Lille, et de tant d'autres, c'est que la mesure de la terre, que nous trouvons conservée dans la pyramide, est précisément celle *du degré propre à l'Égypte;* degré plus court que ceux du Nord, et dont les Égyptiens, qui ne pouvaient s'en douter, ont dû conclure une mesure trop petite pour la circonférence du globe.

J'ai expliqué dans l'introduction pourquoi je ne me livrais pas à la critique des opinions des savans modernes sur la métrologie des anciens : ce travail à lui seul serait immense, et encore plus inutile que vaste et compliqué. Au reste, tous ces écrits, ou la plupart, renferment quelque chose d'utile. Mais je releverai ici une faute commise par les métrologues et surtout par Fréret. Une fois parvenu à déterminer la grandeur d'une mesure, par exemple d'une coudée, on en conclut aussitôt celle d'un pied, d'un palme, même d'un stade et d'un mille, et cela d'après un rapport constant, qui est celui qu'Hérodote fournit pour un peuple, et non pour les autres; tellement qu'on assigne une valeur à des mesures qui n'ont aucune existence : comme si, parce que les Égyptiens et les Perses ont eu des parasanges, il s'ensuivait qu'il y a eu aussi des parasanges chez les Romains, les Grecs et les Germains ; ou comme si toute mesure de pied pouvait produire une coudée, un pas, un stade, un mille, etc., en le multipliant par $\frac{1}{2}$, 5, 600, 5000; et réciproquement, comme si tout stade divisé par 600 donnait un pied, par 400 une coudée, et ainsi du reste.

Une seconde circonstance caractéristique de notre travail est le rapport découvert entre le stade et la coudée, déduits séparément l'un et l'autre de la mesure du degré *égyptien*, et tous deux fractions aliquotes de ce même degré : il en est de même pour le schœne, la parasange et toutes les mesures.

Ces deux points me paraissent donc prouvés également; savoir, 1°. qu'il a été exécuté en Égypte une mesure fort précise du degré terrestre; 2°. que les Égyptiens ont puisé dans ce type invariable leurs mesures itinéraires et usuelles. Quant à l'époque de cette opération, elle doit être fort ancienne; car beaucoup des plus anciens monumens d'Égypte aujourd'hui conservés en supposent l'existence. Ces deux conséquences sont tout-à-fait indépendantes des autorités historiques, et il importe peu que l'on dispute sur la manière dont il faut entendre sur ce point les auteurs anciens.

Ainsi l'on ne pourra plus affirmer que l'idée de mesures invariables appartient uniquement aux modernes. Il serait bien plus raisonnable de soutenir que nous en sommes redevables à l'antiquité; que la tradition des opérations anciennes s'est transmise sans interruption depuis les Égyptiens jusqu'aux Grecs, des Grecs jusqu'aux Arabes, et des Arabes jusqu'à nous; qu'à l'époque de la renaissance des lettres on a connu, traduit et commenté les anciens géographes, long-temps avant de songer à exécuter aucune mesure de la terre. Enfin l'histoire des sciences démontre que les modernes ont fait plusieurs de ces mesures avec bien moins de précision que les anciens. La mesure actuelle, qui est si parfaite, est elle-même le fruit de toutes les tentatives et même de toutes les erreurs. C'est la dernière pierre de l'édifice : serait-elle aussi solide, serait-elle même posée, sans la base qui la soutient?

Il existe une objection qu'il faut examiner : c'est celle qui attribuerait au hasard la conformité de la mesure égyptienne elle-même avec les parties du degré terrestre égyptien. C'est fortuitement, dira-t-on, que le pied égyptien est la 560000e partie du degré, et il en est de même des autres mesures.

Si un jour l'origine du système métrique français venait à se perdre, c'est-à-dire si l'on avait oublié que le mètre est puisé dans la grandeur de la terre, on aurait un moyen facile de retrouver cette origine par la considération du calcul décimal. En effet, le système français repose sur le calcul décimal et centésimal; c'est ce que la progression des mesures fera voir avec évidence dans tous les temps. Or, parmi les multiples du mètre, on trouverait le degré terrestre centésimal, dans lequel il est contenu 100000 fois, et le quart du méridien, où il se trouve 10 millions de fois. Si quelqu'un venait à attribuer au hasard cette coïncidence, il serait facile de lui répondre qu'une grandeur arbitraire, approchant de trois pieds, pourrait, à la vérité, se trouver 10 millions et un certain nombre de fois en plus ou en moins dans le quart de la circonférence terrestre; mais que si, d'une part, la coïncidence est parfaite et exacte, et si, d'autre part, la division décimale est donnée, la conséquence nécessaire et invincible est, que la circonférence du globe a été choisie comme base du mètre.

Il en est de même pour le système égyptien : une fois admis que la division des mesures était sexagésimale, si l'on trouve que la mesure égyptienne est partie aliquote de la circonférence et partie aliquote *sexagésimale*, il n'est pas permis davantage de douter du choix qu'on a fait de la grandeur du globe pour en déduire les mesures égyptiennes. Or, nous voyons que le stade est contenu $60 \times 60 \times 60$ fois dans le tour du globe, calculé sur le pied du degré égyptien; que la canne y est comprise $60 \times 60 \times 60 \times 60$ fois; que le schœne s'y trouve $6 \times 60 \times 60$ fois; que le pied y est répété $10 \times 60 \times 60 \times 60 \times 60$ fois, etc. Il est donc certain que ces mesures ont été puisées dans les dimensions de la terre, et qu'elles en dérivent suivant la progression sexagésimale[1].

Ératosthène, à qui l'on fait honneur de la mesure du globe terrestre, ne l'a point mesuré : mais il était dépositaire des débris de l'ancienne bibliothèque égyptienne; il connaissait une partie des travaux géographiques et astronomiques des anciens Égyptiens, et il en a tiré parti. Pline dit seulement que ce savant homme a publié la

---

[1] On pourrait faire le même raisonnement, et il serait aussi concluant, pour la division décimale, s'il était entièrement prouvé que cette division a été connue de l'antiquité; car il existe une mesure qui est comprise 1000 fois dans le degré centésimal égyptien : c'est le petit stade d'Hérodote et d'Aristote; la 100° partie, qui répond à très-peu près à un mètre, est 100000 fois dans ce même degré. Je me propose de revenir, dans un autre mémoire, sur les indices qui existent d'une ancienne division décimale et centésimale.

DES ANCIENS ÉGYPTIENS.   553

mesure du circuit de la terre[1]. On a cru voir de graves erreurs dans le compte de cette mesure attribuée à Ératosthène, jusqu'à penser que les anciens ont ignoré la différence des méridiens de Syène et d'Alexandrie; d'où l'on a conclu qu'un tel résultat ne peut être que fort grossier : mais on n'a pas fait attention qu'il ne nous est resté aucun livre de l'ancienne Égypte, pas même un seul d'Ératosthène lui-même; quant aux fragmens que nous avons de lui, nous en avons l'obligation à Strabon seul. L'unique notion qui ait survécu, parce qu'elle n'était point de nature à périr, et qu'elle était assez honorable au génie de l'homme pour être conservée dans ses annales, c'est qu'une mesure de la terre a été faite en des temps reculés et inconnus.

Au reste, à qui persuadera-t-on que les arpenteurs égyptiens aient cru, pendant des siècles, que le Nil coulait exactement au nord, depuis Syène jusqu'à Memphis, et de là jusqu'à la ville d'Alexandrie? A la hauteur de Tentyris, il y a un changement brusque dans le cours du fleuve, qui coule directement à l'ouest pendant une vingtaine de lieues, et continue après au nord-ouest : croira-t-on que cette déviation énorme ait été méconnue dans un arpentage exact, et dans les cartes topographiques ou géographiques en usage parmi les Égyptiens? Pour s'en apercevoir, il suffisait d'une observation grossière; par exemple, de regarder où le soleil se couchait par rapport au Nil, soit au-dessus, soit au-dessous de cette latitude.

[1] *Voyez* la Description de Syène, *A. D.*, *chap.* II, et ci-dessus, chapitre x, pag. 314.

S'il était vrai, comme Strabon le fait entendre[1], qu'Ératosthène eût supposé Alexandrie et Syène sous un même méridien, afin de conclure de la distance de ces deux lieux la longueur du degré terrestre, il s'ensuivrait seulement qu'Ératosthène a fait une grande erreur; mais rien n'oblige à regarder la prétendue mesure d'Ératosthène comme celle des anciens; et la mesure du degré égyptien n'en est pas moins pour cela conservée dans la grande pyramide de Memphis, qui est si antérieure aux Grecs et à tous les calculs des astronomes et des géographes d'Alexandrie. Les anciens habitans de cette contrée classique semblent avoir pris à tâche de conserver, dans leurs *monumens*, des marques et des preuves de leurs travaux scientifiques[2]. Telle a été leur manière d'écrire pour la postérité, et tels sont les livres admirables qu'ils nous ont transmis.

Origine et établissement du système métrique.

Voici comment je me représente l'origine du système métrique chez les Égyptiens, et comment je conjecture

---

[1] « Selon Ératosthène, le méridien de Syène suit à peu près la direction du cours du Nil, depuis Méroé jusqu'à Alexandrie, dans un espace d'environ 10000 stades. Syène se trouve être à moitié chemin, et par conséquent à 5000 stades de Méroé. De Syène à l'équateur, il y a 16800 stades. » (Strabon, *Géographie*, livre II, traduction françaiſe pag. 311.)

[2] On doit s'abstenir ici d'exposer l'ensemble des anciens travaux de l'Égypte et le tableau des savans efforts de cette nation; c'est là qu'on puiserait la conviction que donnera difficilement un mémoire où la matière est si aride. Il est prouvé aujourd'hui que la plupart des descriptions puisées en Égypte par Hérodote, relativement à des objets de physique et d'histoire naturelle, sont exactes, et souvent d'une exactitude parfaite : Hérodote les avait tirées des mémoires du pays. Les germes de plusieurs découvertes modernes sont déposés dans les livres des Grecs disciples des Égyptiens.

qu'il fut institué. Ce peuple possédait dans le principe, comme tous les autres, des mesures usuelles et vulgaires, tirées de la stature humaine. Les subdivisions de ces mesures étaient conformes aux proportions naturelles, et procédaient de 2 en 2, de 4 en 4, de 6 en 6, de 12 en 12. En effet, la coudée naturelle renferme à très-peu près 6 palmes ou largeurs de main; le palme, 4 doigts; la spithame, 12; le *dichas*, 2 palmes; la stature entière, 6 pieds, 12 *dichas*, 24 palmes. Ainsi la division duodécimale, c'est-à-dire, par 12, 6, 4 et 2, était offerte sensiblement par la nature.

La division sexagésimale était déjà adoptée pour les usages de la géométrie et de l'astronomie: elle était fondée sur la considération des propriétés des nombres, et de celles des figures géométriques [1].

Lorsqu'on eut fait en Égypte une mesure du degré terrestre, sans doute pour les besoins de l'astronomie et de la géographie, on eut l'idée d'en déduire les mesures itinéraires et même les mesures usuelles, pour les fixer sur une base invariable. L'époque de cette mesure nous est inconnue : le fait seul nous est attesté par un ancien écrivain sur l'astronomie; les monumens le prouvent *à priori*.

En cherchant parmi les diviseurs du degré égyptien une quantité qui se rapprochât de la coudée vulgaire et naturelle, il fut facile de remarquer que la 240000ᵉ partie de ce degré, égale à 0^m,4618, s'éloignait peu de cette mesure; on dut la préférer à toute autre, comme contenue 4000 × 60 fois dans cette grande base : elle

[1] *Voyez* ci-dessus, chapitre XII, §. 1, pag. 421, 429 et suivantes.

remplissait à-la-fois deux conditions; l'une, de pouvoir servir de mesure usuelle; l'autre, d'être un diviseur sexagésimal du degré.

En faisant la même recherche pour le pied, on s'arrêta à la 360000ᵉ partie de la même grandeur, égale à 0ᵐ,3079. Il en résultait un rapport de 2 à 3 entre le pied et la coudée : ce rapport était plus grand que le rapport naturel; mais il était commode pour le calcul, et conforme à la division de l'échelle métrique [1]. On conserva à ces nouvelles mesures les noms de *pied* et de *coudée*, parce qu'il n'y avait aucun motif pour substituer à ceux-ci de nouvelles dénominations.

La mesure itinéraire en usage dès l'origine était peut-être égale à 600 fois le pied naturel; on a pu, par ce motif, établir un stade de 600 fois le pied métrique; mais la série sexagésimale était un motif suffisant pour lui donner cette proportion. Il s'ensuit que ce même stade se trouvait également 600 fois au degré : il faisait 6 secondes terrestres. Sa valeur répondait à 184 mètres $\frac{1}{4}$, à fort peu près.

Il résultait de cette première détermination, que le stade contenait 400 coudées métriques; le quart faisait 100 coudées; ce quart du stade fit le côté de la mesure agraire connue sous le nom d'*aroure*.

En suivant le système de l'échelle, on forma la cou-

---

[1] La valeur de 307 millimètres $\frac{2}{3}$ est, à 7 dix-millièmes de mètre près, la même que celle qui serait conclue du degré moyen du globe, et qui est égale à 0ᵐ,3086197. On peut remarquer qu'il y a un moyen extrêmement facile pour retrouver ce dernier nombre; c'est de prendre la quatre-cent-millième partie de 123456789, nombre formé des neuf premiers chiffres. Autrement, 100 millions de pieds égyptiens, ou 30864197 mètres, font le quart du nombre 123456789.

dée de 6 palmes, et le pas de 10; l'orgyie, de 6 pieds, et la canne, de 10; le *schœnion*, de 6 cannes, et le plèthre, de 10.

Ainsi, le *schœnion* avait 10 orgyies, et le stade, 10 *schœnion*. Il était naturel de faire le mille de 10 stades, et de compter au degré 10 schœnes. Il s'ensuivait que le schœne avait 6 milles; et le stade, 6 plèthres.

Le côté de l'aroure avait 60 pas et 10 grandes cannes, mesure qui résulte de l'ensemble du système métrique; celle-ci avait par conséquent 6 pas et 10 coudées.

On imagina par analogie le scrupule (sextant ou sexagésime), grande mesure géographique renfermant 6 degrés ou 60 schœnes, et comprise elle-même 60 fois à la circonférence terrestre.

Ainsi il y avait, dans le système des Égyptiens, des mesures renfermant

6 degrés;	6 milles, ou *minutes;*	6 plèthres, ou *secondes;*	6 cannes décapodes, ou 36 *tierces;*
6 pas simples;	6 pieds;	6 spithames;	6 palmes;
10 schœnes;	10 stades;	10 *schœnion;*	10 cannes déc.;
10 orgyies;	10 coudées;	10 pieds;	10 palmes;
60 schœnes;	60 milles;	60 stades;	60 plèthres;
60 cannes déc.;	60 pas;	60 pieds;	60 palmes.

TABLEAU de l'échelle sexagésimale des principales mesures linéaires égyptiennes[1].

NOMS DES MESURES.	VALEURS RELATIVES.	
Circonférence du globe........	»	60 { sexagésimes, scrupules ou sextans.
Sexagésime..................	6 degrés........	60 schœnes.
Degré.......................	6 milles........	60 milles.
Grand schœne................	10 schœnes......	60 stades.
Mille ou *mimde*.............	»	60 *M.l...*
Stade égyptien d.. *olymp...*...	10 stades...... »	
Côte de l'aroure..............	10 *schoenion*.....	60 cannes décapodes.
Pléthro ou *secœnæ*...........	10 grandes cannes..	60 *béma haploun*.
Schoenion des terres labourées..	10 cannes décapodes.	66 ½ coudées.
Grande canne................	10 orgyies.........	60 pieds.
Canne décapode..............	10 coudées........	60 palmes.
Orgyie......................	10 pieds.......... »
Xylon......................	6 coudées (ou 6 tierces).	»
Béma haploun, pas simple.....	6 spithames....... »
Coudée.....................	6 palmes.	10 palmes.

Le pied a 4 palmes (36 *quartes*); le palme, 4 doigts.

[1] Ce tableau est tiré du *tableau général des mesures*, et fait mieux sentir la marche de l'échelle sexagésimale, à laquelle ces mesures furent assujetties en Égypte.

DES ANCIENS ÉGYPTIENS.

Le doigt était une mesure trop grande pour n'être pas subdivisée : un géomètre égyptien, Héron, nous apprend qu'il se partageait en 2 et en 3 parties; mais leurs dénominations ne sont pas parvenues jusqu'à nous. Peut-être la division du doigt arabe (le même que l'égyptien) en 6 parties égales, et de chaque sixième en 6 autres, est-elle un reste de celle qui existait chez les Égyptiens. Un passage d'Archimède (*in Arenario*) pourrait aussi faire croire que le doigt se divisait en quarantièmes; cette 40e partie serait inférieure à un demi-millimètre [1].

Jusqu'ici l'ancien système de l'Égypte n'avait pas été exposé; on ignorait le nombre des mesures, leurs rapports et leurs valeurs absolues; enfin on ne parlait que vaguement de quelques mesures incohérentes, telles que le schœne et la coudée, comme si entre deux quantités si distantes il n'avait point existé des termes intermédiaires. C'est le motif qui m'a fait aborder cette recherche longue et épineuse, pendant que j'observais et mesurais les monumens, inspiré par le génie qui a présidé à ces grands ouvrages.

Si l'on rencontrait quelque part les débris d'une belle statue, et qu'on en connût d'avance les proportions, il ne serait point téméraire d'essayer de la rétablir. C'est

---

[1] Consultez les tableaux des mesures, joints à ce mémoire. Les divers tableaux que je présente renferment toutes les données fournies par les principaux auteurs; et il suffit presque, pour l'intelligence entière des passages d'Hérodote, des traités de Héron et de S. Épiphane, etc., sur les mesures égyptiennes, d'avoir sous les yeux, en les lisant, le *Tableau comparé du système métrique des anciens Égyptiens, et des principales mesures des autres nations*, ainsi que les tableaux n°. I à n°. V.

ce que j'ai tenté de faire, en restituant le système métrique des Égyptiens : j'en ai trouvé les *débris* dans les monumens des bords du Nil ; les *proportions*, dans Hérodote, le père de l'histoire, chez les écrivains du pays, dans les autorités les plus respectables. Quoique fondé sur les simples élémens de l'arithmétique, de l'astronomie et de la géométrie, ce système métrique, appliqué aux usages de la vie civile et aux besoins de la société, est par lui-même un ouvrage remarquable, qui donne une haute idée des conceptions de ce peuple étonnant. Établir les mesures usuelles sur une base invariable et puisée dans la nature, était une entreprise admirable pour le temps où elle a été conçue, puisqu'elle contribue à la gloire même des temps modernes ; et il était bien digne d'une nation qui a fait de si grands et de si solides monumens, d'en laisser un qui durera encore plus que tous les autres.

Les hommes les plus habiles dans les sciences mathématiques avaient reconnu dès long-temps l'existence d'une ancienne mesure de la terre[1]. La coudée hébraïque, mal-à-propos attribuée aux Égyptiens, et comprise 200000 fois au degré terrestre, était déjà un indice de cette grande opération ; mais on en ignorait la véritable

---

[1] « En comparant aux distances actuelles les anciennes distances d'un grand nombre de lieux connus, on retrouve dans l'antiquité ces divers stades, avec une précision qui rend vraisemblable l'identité de ces quatre mesures de la terre (celles de 400, 300, 240 et 180 mille stades). Il est donc probable qu'elles dérivent toutes d'une mesure très-ancienne et fort exacte, soit qu'elle ait été exécutée avec beaucoup de soin, soit que les erreurs des observations se soient mutuellement compensées, etc. » (*Exposé du système du monde*, par M. Laplace, p. 301, 2ᵉ édition, in-4°.)

source. Désormais l'Égypte en sera considérée comme la patrie, et comme le lieu d'où découlèrent celles des mesures des autres peuples qui sont appuyées sur cette base naturelle.

Bien que l'objet de cet écrit ne soit pas de montrer quels sont les emprunts que la Grèce a faits à l'Égypte, cependant il contribuera à prouver que, dans les institutions les plus essentielles à la société, les Grecs ont puisé tout à cette source féconde. Après les principes de morale et de législation qu'ils lui ont empruntés, qu'y avait-il de plus important à établir, pour un état marchant vers la civilisation, que les poids et les mesures, qui servent de base au commerce et à tous les arts, et qui règlent tous les besoins de la vie commune? Les Grecs les ont également reçus des Égyptiens; c'est ce que mettent hors de doute les dimensions du temple de Minerve, l'exemple du stade Olympique et celui du prétendu pied d'Hercule : enfin Pythagore, formé à l'école de l'Égypte, avait, dit-on, porté en Grèce les poids et les mesures [1]. D'autres écrits prouveront que les Grecs ont emprunté au même peuple et les arts libéraux et les sciences exactes.

Si les découvertes à venir confirment, comme je n'en doute point, l'existence du système égyptien, ce sera une des premières bases de l'édifice que l'on devrait élever en l'honneur de l'antiquité savante. Cet ouvrage, auquel tant de savans hommes ont songé, et pour le-

---

[1] Diogen. Laërt. l. vIII, *in Vita Pythagor.* Strabon prétend que le dixième descendant d'Hercule, Pheidon, inventa les mesures appelées *pheidoniennes*. (Voyez ci-dessus, pag. 181.)

quel il existe d'assez nombreux matériaux, serait l'histoire impartiale des connaissances exactes et positives que les anciens ont eues en partage. On peut assurer, sans témérité, qu'un pareil ouvrage a été à peine ébauché jusqu'à présent. L'incertitude de l'opinion, à cet égard, est extrême; les détracteurs des anciens et leurs enthousiastes se sont écartés tellement de la vérité, que les hommes raisonnables flottent sans cesse parmi les résultats les plus opposés. Entre ces extrêmes, à quel parti s'arrêtera un esprit sage ! Toutefois, les faits ne seraient pas difficiles à recueillir ; et si l'on voulait les exposer d'une manière systématique, je veux dire avec ordre et méthode, on arriverait sans peine à découvrir le degré où sont parvenus et où se sont arrêtés les prédécesseurs des Grecs. Celui qui entreprendrait une pareille tâche, devrait d'abord bien se pénétrer de la méthode des anciens, et connaître assez leur philosophie pour savoir sous quel aspect ils étudiaient, pratiquaient et perfectionnaient les connaissances. En effet, ce qui a éloigné du but tant d'habiles personnes qui ont étudié l'antiquité, c'est peut-être d'avoir méconnu l'intervalle qu'il y a entre le point où se placent les modernes pour envisager les sciences, et celui où s'étaient placés les anciens. Cependant tout le monde sait que jadis les sciences étaient liées à la politique, à la morale et à la religion. Aujourd'hui il n'y a entre les unes et les autres presque aucun point de contact; les sciences mêmes font une famille à part, et les arts en font une autre : bien plus, chaque art et chaque science ont une existence propre, une marche isolée, indépendante; effet et nécessaire de l'accroissement qu'a pris chacune des branches. C'est aux hommes supérieurs à reconnaître s'il serait possible de faire porter à un seul arbre tant de branches diverses, malgré leur développement immense, et de leur donner à toutes une vie commune; en retranchant peut-être quelques rameaux divergens, et sacrifiant une abondance trop souvent stérile. « Toutes les sciences libérales, tous les arts qui honorent l'espèce humaine, disait l'orateur latin d'après Platon, se tiennent par une chaîne commune, et ont entre eux tous une sorte de lien de famille. » *Omnes artes quæ ad humanitatem pertinent, habent quoddam commune vinculum, et quasi cognatione quâdam inter se continentur* [1]. Et ailleurs : *Est etiam illa Platonis vera, et tibi, Catule, certè non inaudita vox, omnem doctrinam harum ingenuarum et humanarum artium uno quodam societatis vinculo contineri* [2], etc.

[1] Cicer. pro *A. L. Archia poëta*. [2] Idem, *De Orator.* lib. III, §. 6.

TEXTES
DES PRINCIPAUX AUTEURS CITÉS
A L'APPUI DES TABLEAUX MÉTRIQUES.

HÉRODOTE.

Αὕτη δὲ τῆς Αἰγύπτου ἐπὶ μῆκος τὸ παρὰ θάλασσαν, ἑξήκοντα σχοῖνοι, κατὰ ἡμέας διαιρέομεν εἶναι Αἴγυπτον, ἀπὸ τοῦ Πλινθινήτεω κόλπου μέχρι Σερβωνίδος λίμνης, παρ᾽ ἣν τὸ Κάσιον ὄρος τείνει. Ταύτης ἂν οἱ ἑξήκοντα σχοῖνοί εἰσι· ὅσοι μὲν γὰρ γεωπεῖναί εἰσι ἀνθρώπων, ὀργυίῃσι μεμετρήκασι τὴν χώρην· ὅσοι δὲ ἧσσον γεωπεῖναι, σταδίοισι· οἱ δὲ πολλὴν ἔχουσι, παρασάγγῃσι· οἱ δὲ ἄφθονον λίην, σχοίνοισι. Δύναται δὲ ὁ μὲν παρασάγγης τριήκοντα στάδια· ὁ δὲ σχοῖνος ἕκαστος, μέτρον ἐὸν Αἰγύπτιον, ἑξήκοντα στάδια. Οὕτω ἂν εἴησαν Αἰγύπτου στάδιοι ἑξακόσιοι καὶ τρισχίλιοι τὸ παρὰ θάλασσαν.

Ἐνθεῦτεν μὲν καὶ μέχρι Ἡλιουπόλιος ἐς τὴν μεσόγαιαν, ἔστι εὐρέα Αἴγυπτος, ἐοῦσα πᾶσα ὑπτίη τε καὶ ἄνυδρος, καὶ ἰλύς· ἔστι δὲ ὁδὸς ἐς τὴν Ἡλιούπολιν ἀπὸ θαλάσσης ἄνω ἰόντι, παραπλησίη τὸ μῆκος τῇ ἐξ Ἀθηνέων ὁδῷ, τῇ ἀπὸ τῶν δυώδεκα θεῶν τοῦ βωμοῦ φερούσῃ ἔς τε Πῖσαν καὶ ἐπὶ τὸν νηὸν τοῦ Διὸς τοῦ Ὀλυμπίου. Σμικρόν τι τὸ διάφορον εὕροι τις ἂν λογιζόμενος τῶν ὁδῶν τουτέων τὸ μὴ ἴσας

Ipstus autem Ægypti longitudo secundùm mare est sexaginta schœnorum, *id est funiculorum*, quemadmodum nos Ægyptum esse distinguimus à sinu Plinthinete, *id est laterito*, usque ad stagnum Serbonidis, ad quod mons Casius usque pertingit. Itaque ab hac parte sexaginta schœni sunt : etenim qui modicùm terræ possident, metiuntur illam tribus passibus; qui minùs inopes terræ sunt, metiuntur stadiis; qui multùm possident, parasangis; qui plurimùm, schœnis. Constat autem parasanga tricenis, schœnus (qui mensura est Ægyptiaca) sexagenis stadiis. Ita erat Ægyptus secundùm mare stadiorum trium millium sexcentorum. (*Hist.* lib. II, cap. 6, ed. Th. Gale.)

Hinc quidem etiam ad Heliopolin mediterranea versùs Ægyptus lata est, supina omnis et aquarum inops, simul ac limosa : à mari autem versùs Heliopolin ascendenti, iter est ejusdem spatii, cujus id quod ex Athenis ab ara duodecim deorum fert Pisam et ad delubrum Jovis Olympii. Quæ itinera si quis computet, inveniat parum quiddam differre, quòminus sit par eorum lon-

μῆκος εἶναι, οὐ πλέον πεντεκαίδεκα σταδίων. Ἡ μὲν γὰρ ἐς Πίσαν ἐξ Ἀθηναίων, κατα δεῖ πεντεκαίδεκα σταδίων ὡς μὴ εἶναι πεντακοσίων καὶ χιλίων· δὲ ἐς Ἡλιούπολιν ἀπὸ θαλάσσης, πληροῖ ἐς τὸν ἀριθμὸν τοῦτον.

Ἀπὸ δὲ Ἡλιουπόλιος ἐς Θήβας ἐστὶν ἀνάπλοος ἐννέα ἡμερέων· στάδιοι δὲ τῆς ὁδοῦ ἐξήκοντα καὶ ὀκτακόσιοι καὶ τετρακισχίλιοι, σχοίνων ἑνὸς καὶ ὀγδώκοντα ἐόντων. Οὗτοι συντεθειμένοι στάδιοι Αἰγύπτου, τὸ μὲν παρὰ θάλασσαν, ἤδη μοι καὶ πρότερον δεδήλωται ὅτι ἑξακοσίων τέ ἐστι σταδίων καὶ τρισχιλίων· ὅσον δὲ τῇ ἀπὸ θαλάσσης (γράφεται ἐς μεσόγαιαν μέχρι Θηβαίων ἐστὶ) μέχρι Θηβαίων μεσόγαι , ἐστι σημανέω. Στάδιοι γάρ εἰσι εἴκοσι καὶ ἑκαδὸν καὶ ἑξακισχίλιοι· τὸ δ᾽ ἀπὶ Θηβαίων ἐς Ἐλεφαντίνην καλεομένην πόλιν, στάδιοι εἴκοσι καὶ ὀκτακόσιοί εἰσι.

Ταύτης ἂν τῆς χώρης τῆς εἰρημένη ἡ πολλὴ, κατάπερ οἱ ἱρέες ἔλεγον, ἐδόκεε δὲ καὶ αὐτῷ μοι εἶναι ἐπίκτητος Αἰγυπτίοισι, κ. τ. λ.

Τοῦ δὲ λαβυρίνθου τούτου ἐόντος τοιούτου, θαῦμα ἔτι μέζον παρέχεται ἡ Μοίριος καλεομένη λίμνη, παρ᾽ ἣν ὁ λαβύρινθος οὗτος οἰκοδόμηται· τῆς τὸ περίμετρον τῆς περιόδου εἰσὶ στάδιοι ἑξακόσιοι καὶ τρισχίλιοι, σχοίνων ἑξήκοντα ἐόντων, ἴσοι καὶ αὐτῆς Αἰγύπτου τὸ παρὰ θάλασσαν. Κέεται δὲ μακρὴ ἡ λίμνη πρὸς βορέην τε καὶ νότον, ἐοῦσα βάθος, τῇ βαθυτάτῃ αὐτὴ ἑωυτῆς, πεντηκοντόργυιος. Ὅτι δὲ χειροποίητός ἐστι καὶ ὀρυκτὴ, αὐτὴ δηλοῖ· ἐν γὰρ μέση τῇ λίμνη μάλιστά κῃ ἑστᾶσι δύο πυραμίδες, τοῦ ὕδατος ὑπερέχουσαι πεντήκοντα ὀργυιὰς ἑκατέρη, καὶ τὸ κατ᾽ ὕδατος οἰκοδόμηται ἕτερον τοσοῦτον· καὶ ἐπ᾽ ἀμφοτέρῃσι ἔπεστι κολοσσὸς λίθινος, κατήμενος

gitudo, non ampliùs quindecim stadiis. Nam viæ quæ ex Athenis Pisam fert, quindecim stadia desunt, ut sit mille et quingentorum stadiorum : at ea quæ à mari ad Heliopolin ducit, hunc numerum complet. (L. II, cap. 7.)

Ab Heliopoli autem ad Thebas novem diebus sursum navigatur, spatio quatuor millium octingentorum et sexaginta stadiorum, hoc est unius et octoginta schœnorum. Quæ Ægyptia stadia collecta, secundùm quidem mare sunt (prout à me superiùs indicatum est) tria millia sexcenta : quantùm verò à mari ad Thebas mediterraneum sit, indicabo. Sunt enim sex millia ac centum viginti stadia : à Thebis autem ad urbem nomine Elephanticam, octingenta viginti.

Hujus igitur regionis quæ à me dicta est, pleraque pars, ut sacerdotes aiebant, etiam mihi ipsi esse videbatur acquisita Ægyptiis, etc. (Lib. II, cap. 9.)

Et cùm talis sit hic labyrinthus, tamen stagnum Mœrios, ad quod labyrinthus ædificatus est, plus adhuc præbet admirationis; cujus in circuitu mensura trium millium et sexcentorum stadiorum est, schœnorum sexaginta, quanta videlicet ipsius Ægypti ad mare mensura est. Jacet autem stagnum longo situ aquilonem versùs austrumque : altitudine, ubi ejus profundissimum est, quinquaginta passuum. Quòd autem manu facta sit ac depressa, indicat, quòd in ejus fermè medio stant duæ pyramides, quinquaginta passus ab aqua exstantes, altero tanto ædificii aquis tecto; super quarum utraque lapideus est colossus in solio sedens.

DES ANCIENS ÉGYPTIENS.

ἐν θρόνῳ. Οὕτω αἱ μὲν πυραμίδες εἰσὶ ἑκατὸν ὀργυιέων, αἱ δ' ἑκατὸν ὀργυιαὶ δίκαιαί εἰσι στάδιον ἐξάπλεθρον (γράφεται ἐξαπέδου) ἐξαπόδου μὲν τῆς ὀργυιῆς μετρεομένης καὶ τετραπήχεος, τῶν ποδῶν μὲν τετραπαλαίστων ἐόντων, τοῦ δὲ πήχεος, ἑξαπαλαίστου. Τὸ δὲ ὕδωρ τὸ ἐν τῇ λίμνῃ, αὐθιγενὲς μὲν οὐκ ἔστι· (ἄνυδρος γὰρ δὴ δεινῶς ἐστι ταύτῃ) ἐκ τοῦ Νείλου δὲ κατὰ διώρυχα ἐσῆκται· καὶ ἓξ μὲν μῆνας ἔσω ῥέει ἐς τὴν λίμνην, ἓξ δὲ μῆνας ἔξω ἐς τὸν Νεῖλον αὖτις· καὶ ἐπεὰν μὲν ἐκρέῃ ἔξω ἥδε, τότε τοὺς ἓξ μῆνας ἐς τὸ βασιλήιον καταβάλλει ἐπ' ἡμέρην ἑκάστην τάλαντον ἀργυρίου ἐκ τῶν ἰχθύων· ἐπεὰν δὲ ἐσίῃ τὸ ὕδωρ ἐς αὐτὴν, εἴκοσι μνέας.

Ἱερὰ δὲ σφι ἦν τάδε ἐξαραιρημένα μούνοισι Αἰγυπτίων πάρεξ τῶν ἱρέων, ἄρουραι ἐξαίρετοι δυώδεκα ἑκάστῳ ἀτελέες· ἡ δὲ ἄρουρα ἑκατὸν πηχέων ἐστὶ Αἰγυπτίων πάντῃ· ὁ δὲ Αἰγύπτιος πῆχυς τυγχάνει ἴσος ἐὼν τῷ Σαμίῳ. Ταῦτα μὲν δὴ τοῖσι ἅπασι ἦν ἐξαραιρημένα· τάδε δὲ ἐν περιτροπῇ ἐκαρποῦντο, καὶ οὐδαμὰ ὡυτοί. Καλασιρίων χίλιοι, καὶ Ἑρμοτυβίων ἄλλοι, ἰσοπυθμέρεον ἐνιαυτὸν (γράφεται ἑκαστοι) ἕκαστον τὸν βασιλέα· τούτοισι δ' ὦν τάδε πάρεξ τῶν ἀρουρέων ἄλλα ἐδίδοτο ἐπ' ἡμέρῃ ἑκάστῃ, ὀπτοῦ σίτου σταθμὸς πέντε μνέαι ἑκάστῳ, κρεῶν βοέων δύο μνέαι, οἴνου τέσσερες ἀρυστῆρες. Ταῦτα τοῖσι αἰεὶ δορυφορέουσι ἐδίδοτο.

Ναῦς ἐπίπαν μάλιστά κῃ κατανύει ἐν μακρῇ ἡμέρῃ ὀργυιὰς ἑπτακισμυρίας, νυκτὸς δὲ, ἑξακισμυρίας. Ἤδη ὦν ἐς μὲν Φᾶσιν ἀπὸ τοῦ Πόντου στόματος (τοῦτο γάρ ἐστι τοῦ Πόντου μακρότατον), ἡμερέων ἐννέα πλόος ἐστὶ, καὶ νυκτῶν ὀκτώ. Αὗται, ἕνδεκα μυριάδες καὶ ἑκατὸν ὀργυιέων γίνονταί· ἐκ δὲ τῶν ὀργυιέων τουτέων, στάδιοι ἑκατὸν καὶ χίλιοι καὶ μύριοί εἰσι.

Ita pyramides sunt centum passuum; centum autem justi passus sunt stadium unum sex jugerum : passus, inquam, mensura sex pedum, sive quatuor cubitorum; pedes autem, quatuor palmorum; cubiti verò, sex palmorum. Aqua stagni nativa non est, utpote solo illo admodum arido, sed è Nilo derivata, sex mensibus in stagoum fluens, totidem retrò in Nilum refluens; illisque sex mensibus quibus effluit, augens regium fiscum talentis argenti singulis in singulos dies proventu piscium; cùm influit, viginti minis. (Lib. II, cap. 149.)

His solis Ægyptiorum, præter sacerdotes, hoc eximii honoris habebatur, ut singulis duodecim aruræ essent exemptæ et immunes : est autem arura centum cubitorum Ægyptiorum quoquoversùs; Ægyptius verò cubitus Samio par est. Hæc tamen universis illis exempta erant; istis verò per vices in orbem fruebantur, et nequaquam iidem. Calasirium milleni, et Hermotybium alii totidem, circa regem fungebantur annuo satellitium munere : istis, præter aruras, dabantur ultra hæc alia, panis tosti pondo quinæ minæ, carnis bubulæ binæ, vini tres sextarii quaterni. Hæc assiduè satellitibus præbebantur. (Lib. II, cap. 168.)

Navis ferè meat omnino septuaginta millia passuum (orgyiarum) longo die, noctu verò sexaginta millia. Itaque è faucibus Ponti ad Phasin (hoc est enim Ponti longissimum) novem dierum est navigatio, et octo noctium. Quæ fiunt mille centum ac decem millia passuum (orgyiarum), hoc est stadiorum undecim millia ac centum. (Lib. IV, c. 86.)

568 EXPOSITION DU SYSTÈME MÉTRIQUE

Εἰ δὲ ὀρθῶς μεμέτρηνται ἡ ὁδὸς ἡ βασιληίη τοῖσι παρασάγγῃσι, καὶ ὁ παρασάγγης δύναται τριήκοντα στάδια, ὥσπερ οὗτός γε δύναται ταῦτα, ἐκ Σαρδίων στάδιά ἐστι ἐς τὰ βασιλήϊα τὰ Μεμνόνεια καλεόμενα, πεντακόσια καὶ τρισχίλια καὶ μύρια, παρασαγγέων ἐόντων πεντήκοντα καὶ τετρακοσίων. Πεντήκοντα δὲ καὶ ἑκατὸν στάδια ἐπ' ἡμέρῃ ἑκάστῃ διεξιοῦσι, ἀναισιμοῦνται ἡμέραι ἀπαρτὶ ἐννενήκοντα.

Quòd si iter regium rectè metiamur parasangis, et parasanga valet triginta stadia (ut valet), sunt è Sardibus ad regiam quæ dicitur Memnonia, tredecim millia stadiorum et quingenta, cùm sint parasangæ quadringentæ quinquaginta. Itaque peragrando singulis diebus centena et quinquagena stadia, consumuntur solidi nonaginta dies. (Lib. v, cap. 53.)

S. ÉPIPHANE.

Περὶ πηλικότητος μέτρων, *De quantitate mensurarum.*

Ἡ παλαιστὴ ἔχει δακτύλους δ'· γὰρ δάκτυλος ἀρχὴ, καὶ οἷον μόνας.

Palmus complectitur 4 digitos : nam digitus est principium numeri, et veluti unitas.

Ἡ σπιθάμη ἔχει παλαιστὰς γ, ἤγουν δακτύλους ιϚ'.

Spithama est mensura complectens 3 palmos, sive digitos 12.

Ὁ ποὺς ἔχει σπιθάμην μίαν καὶ ἐπέκεινα παλαιστὴν μίαν, ἤγουν παλαιστὰς τέσσαρας, ἤγουν δακτύλους ιϚ'.

Pes comprehendit spithamam unam et insuper palmum unum, id est 4 palmos, seu pedes 16.

Ὁ πῆχυς ἔχει πόδα ἥμισυν, ἤγου σπιθαμὰς β', ἤγουν παλαιστὰς Ϛ' ἤγουν δακτύλους κδ'.

Cubitus est mensura sesquipedalis, quæ complectitur spithamas 2, seu palmos 6, vel digitos 24.

Τὸ βῆμα ἔχει πῆχυν α' καὶ ἐπέκεινα πόδα α', ἤγουν πόδας βι', ἤγουν σπιθαμὰς γ' καὶ ἐπέκεινα παλαιστὴν μίαν ἤγουν παλαιστὰς δέκα, ἤγουν δακτύλους μ'.

Passus habet cubitum unum et pedem unum, vel pedes duos cum dimidio, vel spithamas 3 cum palmo, vel palmos 10, vel 40 digitos.

Ἡ ὀργυιὰ ἔχει βήματα β' καὶ ἐπέκεινα πόδα α', ἤγουν πήχεις δ', ἤγου πόδας Ϛ', ἤγουν σπιθαμὰς ὀκτὼ, ἤγου παλαιστὰς κδ', ἢ δακτύλοις ϟϚ'.

Orgyia est mensura duorum passuum, addito insuper pede uno, vel est mensura 4 cubitorum, vel pedum 6, vel spithamarum 8, vel palmorum 24, vel digitorum 96.

Ἡ ἄκαινα ἔχει ὀργυιὰς αἱ καὶ ἐπέκεινα πόδα α', ἤγουν βήματα δ', ἤίου πήχεις Ϛ' καὶ ἐπέκεινα πόδα α', ἤγου πόδας ι', ἤγουν σπιθαμὰς ιγ' καὶ ἐπέκεινα παλαιστὴν μίαν, ἤγουν παλαιστὰς μ', ἤγουν δακτύλους ρξ'.

Acæna comprehendit sesquiorgyiam cum uno pede, sive passus 4, sive cubitos 6 cum pede uno, sive pedes 10, sive spithamas 13 addito uno palmo, sive palmos 40, sive digitos 160.

DES ANCIENS ÉGYPTIENS.   569

Τὸ πλέθρον ἔχει ἀκαίνας ι', ἤγουν ὀργυιὰς ιϚ', ἤγουν βήμαϊα λη' καὶ ἐπέκεινα πόδα α', ἤγουν πήχεις ξδ', ἤγουν πόδας 𝟿ϛ', ἤγουν σπιθαμὰς ρκη', ἤγουν παλαιστὰς τπδ', ἤγουν δακτύλους αφλϛ'.

Τὸ στάδιον ἔχει πλέθρα Ϛ, ἤγουν ἀκαίνας ξ', ἤγουν ὀργυιὰς ρ', ἤγουν βήματα σμ', ἤγουν πήχεις υ', ἤγουν πόδας χ', ἤγουν σπιθαμὰς ω', ἤγουν παλαιστὰς ͵βυ', ἤγουν δακτύλους ͵θχ'.

Τὸ μίλιον ἔχει στάδια ζ', ἤγουν πλέθρα μϚ', ἤδουν ἀκαίνας υκ', ἤγουν ὀργυιὰς ψ', ἤγουν βήματα ͵αχπ', ἤγουν πήχεις ͵βω', ἤγουν πόδας ͵δσ', ἤγουν σπιθαμὰς ͵εχ', ἤγουν παλαιστὰς ͵αϚω', ἤγουν δακτύλους ͵ϚζϚ'.

Ἔνιοι δὲ τὸ μίλιον ἑπτὰ καὶ ἥμισυ στάδια λέγουσιν ἔχειν· πάλιν δὲ ἐξ ἱστορικοῦ τοῦ Εὐτροπίου οὗ μετέφρασε Παιάνιος, σημαίνει ὅτι τὰ σημεῖα, μίλια καλοῦσι Ῥωμαῖοι, τὰ ͵α γὰρ οὕτως ὀνομάζουσι, τοσούτοις βήμασι συμμετρούμενοι τὸ σημεῖον.

Ἐκτὸς δὲ τῶν προδηλωθέντων ἐστὶ καὶ ὁ λεγόμενος παρὰ τοῖς παλαιοῖς δίαυλος, καὶ σημαίνει στάδια β', ὡς καὶ ἀπ' αὐτοῦ τοῦ ὀνόματος δῆλον· τὸ γὰρ αὐτὸ στάδιον δὶς ἐπανωδρέχων ὁ ἀθλητής, ἐλέγετο δινυκέναι τὸν δίαυλον.

Καὶ ὁ δόλιχος, οὗτος δὲ ἐστι σταδίων ιβ'.

Καὶ ὁ παρασάγγης μέτρον Περσικὸν ἔχει στάδια λ', ἤγουν μίλια δ'.

Καὶ ἡ παρ' ἡμῖν ἐπινενοημένη εἰς ὑπουργίαν τῶν μα* προστάξεων ἀλλαγὴ διὰ τῶν κοντούρων μίλια Ϛ', ἤγουν στάδια με'.

Plethrum complectitur acænas 10, sive orgyias 16, sive passus 38 superaddito uno pede, vel cubitos 64, sive pedes 96, vel spithamas 128, sive palmos 384, sive digitos 1536.

Stadium est spatium 6 plethrorum, et complectitur acænas 60, sive 100 orgyias, sive 240 passus, sive cubitos 400, sive 600 pedes, sive spithamas 800, sive palmos 2400, sive digitos 9600.

Milliare complectitur stadia 7, sive plethra 42, sive acænas 420, sive orgyias 700, sive 1680 passus, sive cubitos 2800, sive pedes 4200, vel spithamas 5600, vel palmos 16,800, digitos verò 67,200.

Quidam verò asserunt milliare comprehendere septem stadia cum dimidio : ex historico verò Eutropio, quem metaphrasi et interpretatione græca donavit Pæanius, apparet Romanos signa quibus viæ distinguuntur vocare milliaria, quia mille sic vocant, tali passuum numero singula milliaria et signa commensurantes.

Præter verò superiùs memoratas mensuras est etiam diaulus, sic à veteribus nuncupatus, et notat spatium duorum stadiorum, ut patet ex ipsa nominis origine : nam, cùm athleta bis stadium decurrisset et emensus fuisset, dicebatur diaulum implevisse et perfecisse.

Dolichus etiam, qui est stadiorum 12.

Parasanga etiam, quæ est mensura Persica, comprehendens stadia 30, sive milliaria 4.

Spatium verò cujusque equorum mutationis ad mandata regis vel publica deferenda, apud nos æstimatur milliarium 6, sive stadiorum 45.

(*Varia sacra*, curà et studio Steph. Lemoine. Lugd. Batavorum, 1685, tom. 1, pag. 499-503.)

HÉRON D'ALEXANDRIE.

EXPOSITIO NOVA.

Τὰ μέτρα ἐξηύρηνται ἐξ ἀνθρωπίνων μελῶν, ἤγουν δακτύλου, κονδύλου, παλαιστοῦ, σπιθαμῆς, ποδὸς, πήχεως, βήματος, ὀργυιᾶς, καὶ λοιπῶν.

Πάντων δὲ τῶν μέτρων ἐλαχιστότερον ἔστι δάκτυλος, ὅστις καὶ μονὰς καλεῖται. διαιρεῖται δὲ ἔσθ' ὅτε μὲν γὰρ καὶ εἰς ἥμισυ, καὶ τρίτον, καὶ λοιπὰ μόρια.

Μετὰ δὲ τὸν δάκτυλον, ὅς ἐστι μέρος ἐλάχιστον πάντων, ἔστιν ὁ κονδύλος, ὃς ἔχει δακτύλοις δύο.

Εἶτα ὁ παλαιστὸς, ὅντινα παλαιστὴν, τέταρτον καλοῦσί τινες, διὰ τὶ τέσσαρας ἔχειν δακτύλοις, ἢ διὰ τὶ εἶναι τέταρτον τοῦ ποδός· τινὲς δὲ καὶ τρίτον, διὰ τὸ εἶναι τρίτον τῆς σπιθαμῆς, ἡ γὰρ σπιθαμὴ τρία τέταρτὶ ἔχει, ὁ δὲ ποὺς τέσσαρα.

Ἡ διχὰς ἔχει παλαιστὰς δύο, ἤγουν δακτύλους ὀκτὼ, κονδύλοις τέσσαρα, καὶ καλεῖται δίμοιρον σπιθαμῆς. Διχὰς δὲ λέγεται τὸ τῶν δύο δακτύλων ἄνοιγμα, τοῦ ἀντίχειρος λέγω καὶ τοῦ λιχανοῦ· τοῦτο καὶ κοινόστομον καλοῦσί τινες.

Ἡ σπιθαμὴ ἔχει παλαιστὰς τρεῖς, ἤγουν δακτύλοις δώδεκα, κονδύλοις ϛ'.

Ὁ ποὺς ἔχει σπιθαμὴν α' καὶ τρίμοιρον, ἤγουν παλαιστὰς δ', κονδύλοις ὀκτὼ, δακτύλους ιϛ'.

Ὁ πῆχυς ἔχει πόδας δύο, ἤτουν δὴ σπιθαμὰς ϛ' δίμοιρον, παλαιστὰς ὀκτὼ, κονδύλοις ιϛ', δακτύλοις λβ'.

Τὸ βῆμα τὸ ἁπλοῦν ἔχει σπιθαμὰς ιϛ

Mensuræ ex membris humanis adinventæ sunt, nimirum ex digito, condylo, palmo, spithame seu dodrante, pede, cubito, passu, ulna, et cæteris.

Omnium vero mensurarum minima est digitus, qui et *monas* sive *unitas* vocatur : dividitur autem nonnunquam in dimidium, tertiam partem, et reliquas partes.

Post digitum, qui est pars omnium minima, est condylus, qui duobus constat digitis.

Deinde palmus, quem quidam vocant quartum, quòd quatuor constet digitis, vel quòd sit quarta pars pedis; quidam verò, tertium, quòd sit tertia pars spithames : spithame enim tria quarta habet; pes verò, quatuor.

Dichas constat palmis duobus, nimirum octo digitis, quatuor condylis; vocaturque duæ tertiæ partes spithames. Dichas verò dicitur duorum digitorum apertura, nempe pollicis et indicis : quam et *cœnostomum* quidam nuncupant.

Spithame (aliqui palmum vocant), seu dodrans, habet palmos tres, nempe digitos 12, condylos 6.

Pes habet spithamen unam cum tertia parte, nempe palmos 4, condylos 8, digitos 16.

Cubitus habet pedes duos, sive duas spithamas cum duabus tertiis partibus, palmos octo, condylos 16, digitos 32.

Passus simplex constat spitha-

γ' τριμοιρον, ἢ πόδας β' ἥμισυ, ἢ παλαιστὰς ι', ἢ κονδύλοις κ', ἢ δακτύλοις τεσσαράκοντα.

Τὸ βῆμα τὸ διπλοῦν ἔχει πόδας πέντε, ἢ σπιθαμὰς ϛ' δίμοιρον, ἢ παλαιστὰς κ', ἢ κονδύλοις μ', ἢ δακτύλοις π'.

Ὁ πῆχυς ὁ λιθικὸς ἔχει σπιθαμὰς β', ἢ πόδα ἕνα πρὸς τῷ ἡμίσει, ἢ παλαιστὰς ϛ', ἢ κονδύλοις ιϛ', ἢ δακτύλοις κδ'· ὡσαύτως καὶ ὁ τοῦ πριστικοῦ ξύλου.

Ἡ ὀργυιὰ μεθ' ἧς μετρεῖται ἡ σπόριμος γῆ, ἔχει σπιθαμὰς βασιλικὰς θ' τέταρτον μέρος, ἢ πόδας ἓξ καὶ σπιθαμὴν α' τέταρτον, ἢ παλαιστὰς ἤγουν γρόνθοις εἰκοσιεπτὰ, καὶ ἀντίχειρον· τουτέστι τοὺς μὲν οἰακοσιξ, ἐσφιγμένης οὔσης τῆς χειρός· τὸν δὲ τελευταῖον ἢ πρῶτον, ἡπλωμένου καὶ τοῦ μεγάλου δακτύλου τῆς χειρός, ὃς δὴ καὶ λέγεται τέταρτον σπιθαμῆς, ἔχει δὲ δακτύλοις γ'. μεθ' ὃ δὲ ποιήσεις ὀργυίαν ἐν καλάμῳ, ἢ ἔν τινι ξύλῳ· μετὰ τοῦτο ὀφείλεις ποιῆσαι σχοινίον ἤγουν σωκάριον δεκαοργυιον, καὶ οὗτος μετρεῖν δὲ μέλλεις μετρῆσαι τόπον· τὸ γὰρ σωκάριον τῆς σπορίμου γῆς δέκα ὀργυιὰς ὀφείλει ἔχειν· τοῦ δὲ λιβαδίου καὶ τῶν περιορισμῶν, ιϛ'.

Καὶ μετὰ μὲν τοῦ δεκαοργυιου σχοινίου, ἔχει ὁ τόπος τοῦ μοδίου ὀργυιὰς διακοσίας καὶ μόνας· μετὰ δὲ τοῦ δωδεκαοργυιου, ἔχει ὀργυιὰς σπή.

Πλὴν οἱ βραχύτατοι καὶ πεδινοὶ τόποι μετὰ τοῦ δεκαοργυιου σχοινίου ὀφείλουσι μετρεῖσθαι· οἱ δὲ περιορισμοὶ τῶν προαστείων, καὶ τῶν χωρίων τῶν ὁλογύρως μετρουμένων, μετὰ τοῦ δωδεκαοργυιου σχοινίου, διὰ τὸ εὑρίσκεσθαι ἔσωθεν τῶν περιορισμῶν αὐτῶν πολλάκις ξηροχειμάρρους, καὶ ῥύακας, καὶ λόχμας, καὶ ἀχρήστους τόπους. Εἰ δὲ καὶ μετὰ τοῦ δεκαοργυιου σχοινίου μετρηθῶσιν, ὀφειλου-

DES ANCIENS ÉGYPTIENS. 571

mis 3 cum tertia spithames parte, pedibus 2 et dimidio, palmis 10, condylis 20, digitis 40.

Passus duplex constat pedibus 5, spithamis 6 cum duabus tertiis partibus, palmis 20, condylis 40, digitis 80.

Cubitus lapideus habet spithamas 2, pedem unum cum dimidio, palmos 6, condylos 12, digitos 24; simili modo cubitus ligni sectilis.

Ulna quâ serenda arva metiri solemus, habet spithamas regias 9 cum quarta parte, vel pedes 6 cum spithame una et quarta ejusdem parte, palmos sive gronthos 27 et pollicem unum; id est, 26, strictâ manu: ultimum verò aut primum extenso magno manûs digito, qui dicitur quarta pars spithames, habetque tres digitos. Postea verò ulnam facies in calamo aut in quodam ligno; dehinc facere debes funiculum sive socarium decem ulnarum, et sic dimetiri quem dimensurus es locum: socarium namque serendae terrae decem ulnas habere debet; socarium verò pratorum et ambituum, ulnas 12.

Et cum funiculo quidem decem ulnarum, modii unius solum ducentas duntaxat ulnas habet : cum funiculo verò duodecim ulnarum, ulnas habet 288.

Caeterùm loca brevissima et plana cum funiculo decem ulnarum dimensa esse oportet : ambitus verò suburbiorum, necnon vicorum, quos per totum circuitum dimetiri solent, cum funiculo duodecim ulnarum, eo quòd intra illorum ambitus sicci torrentes, proluvies, virgulta, inutiliaque loca, plerumque reperiantur. Si verò cum funiculo decem ulnarum ea dimetiaris, subtrahito

σιν ὑπεξαιρεῖσθαι, εἴτε ἀπὸ τοῦ ἀνα-
βιβασμοῦ τῶν σωκαρίων, κατὰ δέκα
σωκάρια σωκάριον ἕν, εἴτε ἀπὸ τοῦ
μοδισμοῦ, κατὰ δέκα μόδια μόδιον
ἕν, διὰ τὰς εἰρημένας αἰτίας.

Χρὴ δὲ γιγνώσκειν καὶ τοῦτο, ὅτι ὁ
σπόριμος μόδιος ἔχει λίτρας τεσσα-
ράκοντα· μία δὲ ἑκάστη λίτρα σπείρει
γῆν ὀργυιῶν πέντε.

tum à multitudine socariorum unum
ex decem socariis; tum à modismo,
unum ex decem modiis, ob memoratas causas.

Sciendum præterea quòd serendus
modius est pondo quadraginta libra-
rum; singulis autem libris quinque
ulnarum terra seritur.

Πλάτος γὰρ καὶ μῆκος ὀργυιῶν πέντε, ποιοῦσι λίτραν μίαν.
Πλάτος καὶ μῆκος ὀργυιῶν δέκα, ποιοῦσι λίτρας ϛ´.
Πλάτος καὶ μῆκος ὀργυιῶν ιε´, ποιοῦσι λίτρας γ´.
Πλάτος καὶ μῆκος ὀργυιῶν κ´, ποιοῦσι λίτρας δ´.
Αἱ σ´ ὀργυιαί εἰσι τόπος μοδίου ἑνός.
Αἱ τ´ ὀργυιαί εἰσι τόπος μοδίου ἑνὸς ἡμίσεος.
Αἱ υ´ ὀργυιαί εἰσι τόπος μοδίων δύο.

Nam latitudo et longitudo 5 ulnarum........ 1 libram continet.
Latitudo et longitudo 10 ulnarum............ 2 libras.
Latitudo et longitudo 15 ulnarum............ 3 libras.
Latitudo et longitudo 20 ulnarum............ 4 libras.
Ducentæ ulnæ sunt spatium modii unius.
Trecentæ ulnæ sunt spatium modii unius cum dimidio.
Quadringentæ ulnæ sunt solum modiorum duorum.

Ἥρωνος εἰσαγωγαί, *L'eronis introductiones.*

Ἡ πρώτη γεωμετρία, καθὼς ἡμᾶς
ὁ παλαιὸς διδάσκει λόγος, τὰ περὶ τὴν
γεωμετρίαν καὶ διανομὰς κατησχο-
λεῖτο, ὅθεν καὶ γεωμετρία ἐκλήθη· ἡ
γὰρ τῆς μετρήσεως ἐπίνοια παρ' Αἰγυπτίοις εὑρέθη διὰ τὴν τοῦ Νείλου
ἀνάβασιν· πολλὰ γὰρ χωρία φανερὰ
ὄντα πρὸ τῆς ἀναβάσεως, τῇ ἀναβά-
σει ἀφανῆ ἐποίει· πολλὰ δὲ μετὰ τὴν
ἀπόβασιν φανερὰ ἐγίνετο· καὶ οὐκ ἔτι
ἦν δυνατὸν ἕκαστον διακρῖναι τὰ ἴδια,
ἐξ οὗ ἐπενόησαν οἱ Αἰγύπτιοι τήνδε τὴν
μέτρησιν τῆς ἀπολειπομένης ἀπὸ τοῦ
Νείλου γῆς. Χρῶνται δὲ τῇ μετρήσει
πρὸς ἑκάστην πλευρὰν τοῦ χωρίου·
ὅτε μὲν τῷ καλουμένῳ σχοίνῳ, ὅτε δὲ

Prima geometria, ut ab antiquis
discimus, circa terræ dimensionem
et distributiones versabatur, unde
geometria vocata est; nam ars di-
mensionis ab Ægyptiis inventa est
ob Nili ascensum : plura enim loca
ante ascensum conspicua, exundante
fluvio abscondebantur; decrescente
autem alveo, plurima apparebant;
unaque singuli sua discernere non
valebant : unde excogitarunt Ægyptii rationem hanc dimetiendi terram
à Nilo desertam. Dimensione autem
utuntur ad utrumque loci latus, in-
terdum schœno, ut vocant, aliquando calamo, aliquando cubito,

καλάμῳ· ὅτε δὲ πήχει, ὅτε δὲ καὶ ἑτέροις μέτροις. Χρειώδοις δὲ τοῦ πράγματος τοῖς ἀνθρώποις ὑπάρχοντος, ἐπὶ πλέον προήχθη τὸ γεγονὸς, ὥστε καὶ ἐπὶ τὰ στερεὰ σώματα χωρῆσαι τὴν διοίκησιν τῶν μετρήσεων καὶ τῶν διανομῶν.

Εἰς οὖν τὸν περὶ τῆς μετρήσεως λόγον, ἀναγκαῖόν ἐστιν εἰδέναι τὴν τῶν μέτρων ἰδέαν· πρὸς ὃ βούλεταί τις ἀναμετρεῖν, καὶ ἑκάστου σχήματος τὸ εἶδος, καὶ πῶς δεῖ ἀναμετρεῖν, ὑποδείξομεν δὲ τὴν τῶν μέτρων ἰδέαν.

nonnunquam aliis mensuris. Cùm autem id rei hominibus valdè utile esset, ad plura dehinc usurpatum est, ut etiam in solida corpora mensurarum et distributionum usus cederet.

Ut igitur de dimensione sermo instituatur, necesse est mensurarum ideam agnoscere : quidnam quisquis dimetiri cupiat, et singularum figurarum speciem, necnon quâ ratione dimetiendum sit, mensurarum ideam jam exhibebimus.

EXPOSITIO ANTIQUA.

Περὶ εὐθυμετρικῶν, *De euthymetricis, seu de corporibus in rectum metiendis.*

Εὐθυμετρικὸν μὲν οὖν ἐστι πᾶν τὸ κατὰ μῆκος μόνον μετρούμενον· ὥσπερ ἐν ταῖς σκουτλώσεσιν οἱ στροφίολοι, καὶ ἐν τοῖς ξυλικοῖς τὰ κυμάτια, καὶ ὅσα πρὸς μῆκος μόνον μετρεῖται.

Euthymetricum est quidquid secundùm longitudinem duntaxat dimetimur, ut in scutulatis strophioli, et in ligueis cymatia, ac quæcumque secundùm solam longitudinem metimur.

Ἐστὶ τῶν μέτρων εἴδη τάδε· δάκτυλος, παλαιστὴς, δίχας, σπιθαμὴ, πούς, πυγὼν, πῆχυς, βῆμα, ξύλον, ὀργυιὰ, κάλαμος, ἄκενα, ἄμμα, πλέθρον, ἰούγερον, στάδιον, δίαυλον, μίλιον, σχοῖνος, παρασάγγης.

Species mensurarum hæ sunt : digitus, palmus, dichas, spithame seu dodrans, pes, pygon, cubitus, passus, xylum, ulna, calamus, acena, amma, plethrum, jugerum, stadium, diaulum, milliare, schœnus, parasanges.

Ἐλάχιστον δὲ τούτων ἐστὶ δάκτυλος, καὶ πάντα τὰ ἐλάτρονα, μόρια καλεῖται.

Harum minima est digitus, et quæ minores illo sunt, moria seu partes vocantur.

Ὁ μὲν οὖν παλαιστὴς ἔχει δακτύλοις δ'.

Palmus itaque habet 4 digitos.

Ἡ δὲ δίχας παλαιστὰς β', δακτύλοις η'.

Dichas habet palmos 2, digitos 8.

Ἡ σπιθαμὴ ἔχει παλαιστὰς γ', δακτύλους ιϛ'.

Spithame habet palmos 3, digitos 12.

Ὁ ποὺς ὁ μὲν βασιλικὸς καὶ φιλεταίριος λεγόμενος ἔχει παλαιστὰς δ',

Pes qui regius et philetærius vocatur, habet palmos 4, digitos 16 ;

574 EXPOSITION DU SYSTÈME MÉTRIQUE

δακτύλοις ιδ'· ὁ δὲ Ἰταλικὸς ποὺς ἔχει δακτύλοις ιγ' τρίμοιρον.

Ἡ πυγὼν ἔχει παλαιστὰς ε', δακτύλοις κ.

Ὁ πῆχυς ἔχει παλαιστὰς ς', δακτύλους κδ'· καλεῖται δὲ καὶ ξυλοπριστικὸς πῆχυς.

Τὸ βῆμα ἔχει πῆχυν α' δίμοιρον, παλαιστὰς ι', δακτύλους μ'.

Τὸ ξύλον ἔχει πήχεις γ', πόδας δ' ἥμισυ, παλαιστὰς ιη, δακτύλους οβ'.

Ἡ ὀργυιὰ ἔχει πήχεις δ', πόδας φιλεταιρίοις ς', Ἰταλικοὺς ζ' πέμπτον μέρος.

Ὁ κάλαμος ἔχει πήχεις ς' δίμοιρον, πόδας φιλεταιρίους ι', Ἰταλικοὺς ιβ'.

Τὸ ἄμμα ἔχει πήχεις μ', πόδας φιλεταιρίους ξ', Ἰταλικοὺς οβ'.

Τὸ πλέθρον ἔχει ἄκενας ι', πήχεις ξς' δίμοιρον, πόδας φιλεταιρίους μὲν ρ', Ἰταλικοὺς δὲ ρκ'.

Ἡ δὲ ἄκενα ἔχει πόδας φιλεταιρίους ι', ἤτοι δακτύλους ρξ'.

Τὸ ἰούγερον ἔχει πλέθρα β', ἄκενας κ', πήχεις ρλγ' τρίμοιρον, πόδας φιλεταιρίους μήκους μὲν σ', πλάτους δὲ ρ'· Ἰταλικοὺς δὲ τὸ μὲν μῆκος πόδας σμ', τὸ δὲ πλάτος ρκ'· ὡς γίνεσθαι ἐμβαδοὺς ἐν τετραγώνῳ β'η,ω'.

Τὸ στάδιον ἔχει πλέθρα ς', ἄκενας ξ', πήχεις υ', πόδας φιλεταιρίους μὲν χ', Ἰταλικοὺς δὲ ψκ'.

Τὸ δίαυλον ἔχει πλέθρα ιβ', ἤτοι στάδια ς', ἄκενας ρκ', πήχεις ω', πόδας φιλεταιρίους μὲν ασ', Ἰταλικοὺς δὲ πόδας ,αυμ'.

Τὸ μίλιον ἔχει στάδια ἑπτὰ ἥμισυ, πλέθρα με', ἄκενας υν', ὀργυιὰς ψν', βήματα ,αω', πήχεις ,γ, πόδας φιλεταιρίους μὲν ,δφ', Ἰταλικοὺς δὲ ,ευ'.

Italicus vero pes habet digitos 13 et tertiam digiti partem.

Pygon habet palmos 5, digitos 20.

Cubitus habet palmos 6, digitos 24; vocatur quoque xylopristicus, sive ligni sectilis cubitus.

Passus habet cubitum unum cum duabus tertiis partibus, palmos 10, digitos 40.

Xylum habet cubitos 3, pedes 4 cum dimidio, palmos 18, digitos 72.

Ulna habet cubitos 4, pedes philetærios 6, Italicos 7 cum quinta parte.

Calamus habet cubitos 6 cum duabus tertiis partibus, pedes philetærios 10, Italicos 12.

Amma habet cubitos 40, pedes philetærios 60, Italicos 72.

Plethrum habet acenas 10, cubitos 66 cum duabus tertiis partibus, pedes philetærios quidem 100, Italicos vero 120.

Acena autem habet pedes philetærios 10, sive digitos 160.

Jugerum habet plethra 2, acenas 20, cubitos 133 cum tertia parte, pedes philetærios longitudine quidem 200, latitudine vero 100; Italicos autem longitudine pedes 240, latitudine 120 : ita ut in tetragono sint embadi seu areæ 28,800.

Stadium habet plethra 6, acenas 60, cubitos 400, pedes philetærios quidem 600, Italicos vero 720.

Diaulum habet plethra 12, sive stadia 2, acenas 120, cubitos 800, pedes philetærios 1200, Italicos vero 1440.

Milliare habet stadia septem cum dimidio, plethra 45, acenas 450, ulnas 750, passus 1800, cubitos 3000, pedes philetærios 4500, Italicos 5400.

DES ANCIENS ÉGYPTIENS.

Ἡ σχοῖνος ἔχει μίλια δ΄, σταδίους λ΄.
Ὁ παρασάγγης ἔχει μίλια δ΄, σταδίους λ΄· ἔστι δὲ τὸ μέτρον Περσικὸν.
Ἀλλὰ ταῦτα μὲν κατὰ τὴν παλαιὰν
ἔκθεσιν· τὴν δὲ νῦν κρατοῦσαν δύναμιν, ἐν τοῖς προοιμίοις τοῦ λόγου ὑπε-
τάξαμεν.

Schœnus habet milliaria 4, stadia 30.
Parasanges habet milliaria 4, stadia 30 : est autem mensura Persica.
Sed hæc quidem juxta antiquam expositionem : eam vero quæ jam obtinet dimetiendi rationem, in hujus libri principio exposuimus. (*Excerpta ex Herone geometra de mensuris*, interprete D. Bern. de Montfaucon.)

Les fragmens tirés de Julien l'architecte sont cités textuellement pag. 223 et ailleurs.

FIN DU TOME SEPTIEME.

TABLE

DES MATIÈRES DU TOME VII.

ANTIQUITÉS—MÉMOIRES.

	Pages.
EXPOSITION *du système métrique des anciens Égyptiens, contenant des recherches sur leurs connaissances géométriques et sur les mesures des autres peuples de l'antiquité*; par E. Jomard....	1
INTRODUCTION..	*Ibid.*

CHAPITRE Ier. *Valeur du degré terrestre; étendue de l'Égypte; échelle du système*...................... 13

§. Ier. Valeur du degré terrestre en Égypte............... *Ibid.*
§. II. De l'étendue de l'Égypte en latitude, et de la distance d'Alexandrie à Syène........................... 16
§. III. Base ou échelle suivie chez les anciens pour la subdivision des mesures................................ 18

CHAPITRE II. *Détermination des mesures itinéraires par les distances géographiques des divers points de l'Égypte*..................................... 25

Tableau des mesures itinéraires en Égypte.

CHAPITRE III. *Détermination des principales mesures égyptiennes par les dimensions des pyramides*.... 29

§. Ier. Dimensions de la grande pyramide de Memphis; côté de la base....................................... 30
§. II. Hauteur de la pyramide......................... 34
§. III. Calcul des dimensions et des angles de la grande pyramide.. 37
Valeurs calculées des lignes et des angles de la pyramide..... 38
§. IV. Rapports des dimensions de la pyramide............ *Ibid.*
§. V. Origine du type qui a été choisi pour fixer les dimensions de la grande pyramide........................ 43
§. VI. Examen de plusieurs autres dimensions des pyramides. 49
§. VII. Application des résultats précédens à l'interprétation des anciens auteurs............................ 54
§. VIII. Examen particulier d'un passage de Diodore......... 59

A. M.   VII.   3$_7$

… TABLE DES MATIÈRES.

Pages.

§. IX. Application des résultats aux passages des auteurs arabes.. 60
Résumé de ce chapitre.. 64
Planche représentant la grande pyramide de Memphis........ 68
Table des hauteurs de tous les degrés de la grande pyramide, à partir du sommet, mesurées par MM. Le Père et Coutelle... 69
Idem, mesurées par MM. Jomard et Cécile.................. 71

CHAPITRE IV. *Détermination des mesures par les divers monumens égyptiens*.. 74
§. Ier. Observations préliminaires........................ Ibid.
§. II. Monument d'Osymandyas............................. 78
    Colosses du monument d'Osymandyas................... 85
    1. Statue d'Osymandyas.................................. Ibid.
    2. Autre colosse renversé................................ 87
§. III. Temples et palais................................... 89
    1. Typhonium de Denderah.............................. Ibid.
    2. Éléphantine... 91
    3. Apollinopolis magna.................................. 92
    4. Hermonthis... 95
    5. Temple d'Isis à Karnak............................... 96
    6. Grand palais de Karnak.............................. 97
    7. Antæopolis.. Ibid.
    8. Hermopolis magna..................................... 98
    9. Qasr Qeroun. Temple égyptien dans le Fayoum......... 99
§. IV. Hypogées.. Ibid.
    1. Tombeaux des rois.................................... Ibid.
    2. Grande syringe des environs du *Memnonium*........... 100
    Autres mesures... 101
    3. Beny-hasan... 103
§. V. Hippodromes... Ibid.
    1. Medynet-abou... Ibid.
    2. Antinoé... 104
    3. Alexandrie.. 105
§. VI. Obélisques.. 107
    Obélisques de Thèbes. — *A Louqsor; à Karnak*........... Ibid.
    Obélisque d'Héliopolis................................... Ibid.
    Aiguille de Cléopâtre à Alexandrie....................... 108
    Obélisque renversé près l'aiguille de Cléopâtre........... Ibid.
    Obélisque d'Arsinoé...................................... Ibid.
    Obélisques de Rome...................................... 189
§. VII. Colonnes... Ibid.
    1. Colonne d'Alexandrie, en l'honneur de Dioclétien....... Ibid.
    2. Grande colonne de Karnak (*salle hypostyle du palais*)... 110

TABLE DES MATIÈRES.

Pages.

3. Autre colonne (*même salle*)........................... 110
4. Colonne de Denderah à tête d'Isis (*portique du grand temple*)..................................... *Ibid.*
§. VIII. Application des résultats précédens à d'autres monumens égyptiens................................ 111
   Portes.. 112
  1. Grande porte de Denderah........................ *Ibid.*
  2. Grande porte de Karnak.......................... *Ibid.*
   Colosses... 113
  1. Colosse de Memphis (*poignet*)................... *Ibid.*
  2. Colosse de Karnak (*à l'entrée du palais*)......... *Ibid.*
  3. Belier colossal de Karnak......................... 114
  4. Colosse de Louqsor (*à gauche, en entrant*)....... *Ibid.*
  5. Colosse de Memnon.............................. 115
  6. Cariatides.. *Ibid.*
   Bassins.. *Ibid.*
  1. A Hermonthis.................................... 116
  2. A Karnak.. *Ibid.*
   Monolithes.. *Ibid.*
  1. A Mehallet el-Kebyr.............................. 117
  2. A Meylâouy...................................... *Ibid.*
  3. A Philœ.. *Ibid.*
  4. Sarcophage en forme de momie, trouvé à Boulâq........ *Ibid.*
   Conclusion de ce chapitre............................ 118

CHAPITRE V. *De la stature des Égyptiens, et des échelles de leurs figures sculptées. Rapport du pied et de la coudée dans la stature humaine*........... 119

§. Ier. De la stature égyptienne, et des échelles dont se servaient les sculpteurs égyptiens................. *Ibid.*
§. II. Rapport du pied et de la coudée dans la stature humaine. 132

CHAPITRE VI. *Recherche de la valeur de plusieurs mesures liées à celles de l'Égypte ; de l'ordre, des rapports et de l'enchaînement des principales mesures égyptiennes*............................. 138

SECTION PREMIÈRE. *Mesures étrangères, liées aux mesures égyptiennes*............................... *Ibid.*
§. Ier. Valeur du pied romain......................... *Ibid.*
§. II. Établissement du pied romain par son rapport avec le pied grec... 142
§. III. Valeur du pied dont Pline a fait usage........... 145
§. IV. Autre démonstration de la valeur du pied de Pline.... 150

580 TABLE DES MATIÈRES.

	Pages.
Section deuxième. *De la succession, de l'ordre et de l'enchaînement des mesures*........................	153
CHAPITRE VII. *Des mesures actuellement employées en Égypte.*	165
Mesures au-dessous de la coudée............................	166
Coudée...	167
Qyràt, mesure à l'usage des tailleurs de pierre...............	170
Qasab ou perche, canne, etc.................................	171
Feddàn...	173
CHAPITRE VIII. *Du stade en général; stades itinéraires et stades des jeux; cirques et hippodromes de l'Égypte et de quelques autres pays*.......	176
§. Ier. De la nature et de l'origine du stade...............	Ibid.
§. II. Des stades itinéraires.............................	182
§. III. Stades des jeux...................................	190
§. IV. Des jeux appelés *circenses*........................	192
§. V. De divers stades et hippodromes....................	195
§. VI. De l'espèce des stades employés dans les mesures géographiques de l'Égypte......................	198
§. VII. Du stade chez les Hébreux.........................	200
§. VIII. Stade pythique de Censorin........................	202
§. IX. De la mesure en stades de la distance comprise entre Héliopolis et la mer, comparée à celle qui existe entre Pise et Athènes............................	208
CHAPITRE IX. *Mesures des anciens peuples de l'Orient en rapport avec les mesures égyptiennes*..........	213
Témoignages des anciens auteurs et remarques sur les diverses mesures égyptiennes et étrangères, accompagnés de tableaux métriques. Recherches particulières sur le schœne et la parasange...	Ibid.
Section première. *Témoignages des auteurs anciens et arabes, et tableaux métriques formés d'après leurs données*.................................	Ibid.
1°. Hérodote. (*Mesures égyptiennes et grecques.*)...........	Ibid.
2°. Héron d'Alexandrie. (*Mesures égyptiennes.*)............	214
Premier tableau...	215
Deuxième tableau..	216
3°. S. Épiphane. (*Mesures des Égyptiens et des Hébreux.*).....	220
4°. *Julianus ascalonita*, Julien l'architecte. (*Mesures égyptiennes, mesures de Pline, etc.*)......................	223
5°. Auteurs arabes..	227
Rapprochemens entre les mesures arabes et les mesures antiques.	235

TABLE DES MATIÈRES. 581
Pages.

SECTION DEUXIÈME. *Recherches relatives aux principales mesures égyptiennes et étrangères*................ 237
§. Ier. Du *dromos*, ou journée de navigation............. *Ibid.*
§. II. Du mille..................................... 241
   1°. Du mille de dix stades....................... *Ibid.*
   2°. Du mille de Polybe de 8 stades $\frac{1}{7}$, du mille romain de 8 stades, et du *milion* de 7 stades $\frac{1}{7}$, exprimés tous trois en stades égyptiens. — Du mille hébraïque de 7 stades............ 244
   3°. Du *milion* de Héron (ou de 7 stades $\frac{1}{7}$) en particulier..... 248
   4°. Mille de 7 stades, mille hébraïque................... 252
§. III. Du plèthre................................... 256
§. IV. De la canne (decempeda ou décapode)............. 257
   Canne hébraïque................................ 262
§. V. De l'orgyie................................... 263
§. VI. Coudée...................................... 266
   Coudées hébraïque, babylonienne, égyptienne, grecque et romaine... *Ibid.*
   Coudée de Polybe................................ 274
   Mesure particulière de coudée, résultant de l'ensemble du système métrique.................................. 275
§. VII. Pied....................................... 277
§. VIII. Dichas.................................... 278

SECTION TROISIÈME. *Recherche particulière de la valeur des mesures appelées schœne et parasange*...... 279
   Preuves de la valeur du schœne....................... 284
   1°. Par les distances géographiques.................... *Ibid.*
   2°. Par les rapports tirés des anciens écrivains........... 285
   Preuves de la valeur de la parasange proprement dite....... 288
   Remarques générales.............................. 292
   Applications et éclaircissemens...................... 295
   Résumé du chapitre IX............................ 306

CHAPITRE X. *Applications servant à confirmer les déterminations précédentes*......................... 310

   Mesure de la terre; application de la valeur des stades égyptiens à plusieurs anciennes mesures astronomiques; enceintes d'Alexandrie et de Babylone........................ *Ibid.*
§. Ier. Mesure de la terre............................ *Ibid.*
   1°. Ératosthène. (*Arc terrestre entre Alexandrie et Syène ou le tropique.*)................................... *Ibid.*
   Figure représentant la situation respective d'Alexandrie, de la grande pyramide et de Syène, et celle du tropique à différentes époques.................................. 317

TABLE DES MATIÈRES.

	Pages.
2°. Posidonius. (*Arc terrestre entre Alexandrie et Rhodes.*).	319
3°. Les Chaldéens.................................	327
4°. Mesure d'un degré terrestre exécutée par les Arabes.....	330
Mesure de la plaine de Singiar........................	331
Mesure de Médine.................................	333

§. II. Application de la valeur des stades à plusieurs déterminations astronomiques............................. 336
§. III. Application de la valeur des stades aux dimensions d'Alexandrie et à celles de Babylone............. 345
   1°. Dimensions d'Alexandrie............................ *Ibid.*
   2°. Enceinte de Babylone............................... 349

CHAPITRE XI. *Mesures de superficie, ou mesures agraires*..... 355
§. Ier. Aroure, jugère égyptien, plèthre carré.............. *Ibid.*
§. II. Stade; tétraroure; diplèthre ou ancien feddân; schœnion; orgyie. Rapprochemens tirés des mesures romaines et des mesures actuelles de l'Égypte...... 358
§. III. Autres rapports avec le feddân moderne............ 363
§. IV. Remarques sur les rapports des diverses mesures superficielles, et tableau comparé.................... 365
Mesures superficielles de l'Égypte (anciennes et modernes).. 372
Valeurs des mesures romaines de superficie, d'après l'évaluation du pied romain à 0^m,2956..................... 375
§. V. Application de la valeur des mesures superficielles.... 376
   1°. De la surface de la base de la grande pyramide, d'après Pline.. *Ibid*
   2°. De la surface cultivée en Égypte, comparée à la population.. 377
   3°. Rapport remarquable entre la surface du temple de Minerve à Athènes et les mesures superficielles de l'Égypte.. 383
   4°. Explication d'un passage d'Hygin..................... 384
Note sur la construction des tableaux métriques........... 386

CHAPITRE XII. *Des connaissances des Égyptiens en géométrie, en astronomie et en géographie*....... 387
§. Ier. Notions de géométrie............................ *Ibid.*
De l'étoile à cinq branches, figurée dans les monumens égyptiens... 419
Du triangle égyptien cité par Plutarque, et de ses rapports avec le système métrique............................. 423
§. II. Des connaissances géographiques et des cartes chez les Égyptiens.. 436
§. III. Notions astronomiques........................... 449
Planche représentant le triangle égyptien et l'étoile égyptienne. 470

TABLE DES MATIÈRES.   583

	Pages.
CHAPITRE XIII. *Éclaircissemens et recherches étymologiques*..	471
§. Ier. Digitus, palmus ($δάκτυλος, παλαιστή$).............	Ibid.
Des divers sens du mot *dactyle*.......................	478
Remarques sur le palme et ses différens noms.............	483
§. II. Lichas ou dichas, $λιχάς$: orthodoron, $ὀρθόδωρον$: spithame, $σπιθαμή$; pygmé, $πυγμή$: pygòn, $πυγών$....	487
Figure représentant l'avant-bras et ses divisions métriques..	491
§. III. Du pied ($πούς$)................................	492
§. IV. De la coudée : cubitus, $πῆχυς$, ammah, mahi, etc....	493
1°. Cubitus..	Ibid.
2°. Péchus, kou'o, ammah, mahi......................	496
Rapport de la coudée avec le *modius* des figures égyptiennes..	498
Rapport de la coudée du Nil avec Apis et Sérapis.........	500
§. V. De l'orgyie ($ὀργυιά$).........................	503
§. VI. De la canne ($κάλαμος$).........................	505
§. VII. Du plèthre...............................	510
§. VIII. Du stade..................................	512
Rous, stade hébraïque, et *ghalouah*, stade arabe.........	515
De l'épithète de $σταδιαῖαι$ donnée par Strabon à la grande et à la seconde pyramides de Memphis.................	517
§. IX. Du mille....................................	519
§. X. Du schœne....................................	523
§. XI. De l'aroure ($ἄρουρα$)......................	525
Examen d'un passage d'Homère dans le commentaire d'Eustathe...	531
D'un passage d'Horapollon sur l'aroure.................	535
CONCLUSION. *Considérations générales sur les travaux scientifiques des Égyptiens; examen de quelques objections; conclusion du mémoire*............	539
Origine et établissement du système métrique.............	554
Tableau de l'échelle sexagésimale des principales mesures linéaires égyptiennes...............................	558
TABLEAUX MÉTRIQUES.	564

(I) *Tableau* des mesures égyptiennes en partie adoptées par les Grecs, tiré d'Hérodote.

(II) *Tableau* des mesures égyptiennes antiques, tiré de Héron d'Alexandrie.

(III) *Tableau* des mesures égyptiennes du temps de Héron d'Alexandrie.

(IV) *Tableau* composé d'après le fragment sur les mesures attribué à S. Épiphane.

584 TABLE DES MATIÈRES. Page.

(V) *Tableau* composé d'après des fragmens de Julien l'architecte, contenant plusieurs mesures des Égyptiens.
(VI) *Mesures* des Hébreux, comparées avec quelques autres mesures.
(VII) *Mesures* romaines linéaires.
(VIII) *Mesures* linéaires des Arabes, anciennes et actuelles.
(IX) *Tableau* des diverses mesures de coudées, antiques et modernes.
(X) Extrait du *Tableau comparé* du système métrique des anciens Égyptiens et des principales mesures longues des autres nations.

TEXTES *des principaux auteurs cités à l'appui des tableaux métriques*... 565

FIN DE LA TABLE.

ERRATA.

Page 166, ligne 23, suivant Héron, *ajoutez* cité par Éd. Bernard.
Page 222, ligne 9, par les auteurs juifs, *ajoutez* et chrétiens.
Page 485, note ª, rétablissez ainsi le texte arabe qui a été transposé :

وهذه مقادير المذهب بزراع الذراع وفتر

Page 486, note, corrigez ainsi le texte arabe :

وكان بيد الرجل قصبه قياس مقدارها سنه اذرع وفتر

(I.) TABLEAU DES MESURES ÉGYPTIENNES, EN PARTIE ADOPTÉES PAR LES GRECS,

TIRÉ D'HÉRODOTE.

		Grand schoene.	Schoene formé du pet. st.	Parasang. égypt.	Parasang. persane.	Stade égyptien.	Stade persan.	Petit stade égyptien.	Côté de l'aroure.	Plèthre.	Orgyie.	Coudée.	Pied.	Palme.
Liv. II, chap. 4, 9 (Voy. Ptolem. liv. I, ch. 9.)	Dromos[1].	9. *	16 $\frac{2}{3}$.	18.	22 $\frac{1}{2}$.	540. *	675.	1000.	2160.	3240.	54000.	216000.	324000.	1296000.
Liv. II, chap. 6		Grand schoene	1 $\frac{23}{27}$.	2.	2 $\frac{1}{2}$.	60. *	75.	111 $\frac{1}{9}$.	240.	360.	6000.	24000.	36000.	144000.
Schoene ordinairement employé par Hérodote			Schoene formé du pet. st.	1 $\frac{2}{27}$.	1 $\frac{7}{20}$.	32 $\frac{2}{5}$.	40 $\frac{1}{2}$.	60. *	129 $\frac{3}{5}$.	194 $\frac{2}{5}$.	3240.	12960.	19440.	77760.
Liv. II, chap. 6				Parasang. égypt.	1 $\frac{1}{4}$.	30. *	37 $\frac{1}{2}$.	55 $\frac{5}{9}$.	120.	180.	3000.	12000.	18000.	72000.
Liv. V, ch. 53 (route de Sardes à Suse)					Parasang. persane.	24.	30.	44 $\frac{4}{9}$.	96.	144.	2400.	9600.	14400.	57600.
Liv. II, ch. 6 et 149 (stade de 600 au degré terrestre)						Stade égyptien.	1 $\frac{1}{4}$.	1 $\frac{23}{27}$.	4.	6. *	100. *	400.	600.	2400.
Liv. V, ch. 53 (route de Sardes à Suse)							Stade persan.	1 $\frac{13}{27}$.	3 $\frac{1}{5}$.	4 $\frac{4}{5}$.	80.	320.	480.	1920.
(Stade de 400000 à la circonférence du globe)								Petit stade égyptien.	2 $\frac{4}{25}$.	3 $\frac{6}{25}$.	54.	216.	324.	1296.
Liv. II, ch. 168									Côté de l'aroure.	1 $\frac{1}{2}$.	25.	100. *	150.	600.
Liv. II, ch. 149										Plèthre.	16 $\frac{2}{3}$.	66 $\frac{2}{3}$.	100. *	400.
Liv. II, ch. 149											Orgyie[2].	4. *	6. *	24.
Liv. II, ch. 149 et 168												Coudée[3].	1 $\frac{1}{2}$.	6. *
Liv. II, ch. 149													Pied.	4. *
Liv. II, ch. 149														Palme.

Nota. Les nombres marqués d'une étoile sont tirés du texte; les autres dérivent des premiers par le calcul.

On a ajouté le stade et la parasange des Perses pour l'intelligence des passages où l'historien s'est servi de ces mesures.

[1] Δρόμος, νυχθημέριος πλοῦς, selon Éd. Bernard, journée de navigation, mesure égale à un degré centésimal.
[2] Ὀργυιὰ δικαία, orgyie juste.
[3] Πῆχυς μέτριος (coudée égale à celle de Samos).

TABLEAU DES MESURES ÉGYPTIENNES ANTIQUES,

TIRÉ DE HÉRON D'ALEXANDRIE,

Περὶ εὐθυμετρικῶν (*Introductiones Heronis de euthymetricis, juxta antiquam expositionem*, κατὰ τὴν παλαιὰν ἔκθεσιν).

	[illegible]	MILLE.	DIAULE.	STADE.	CORDE (longueur).	CORDE (largeur).	PLÈTHRE.	AMME.	ACÈNE, Calame.	ORGYIE.	XYLON.	BÊMA.	COUDÉE xylopristique.	PYGON.	PIED philétérien.	PIED italique.	SPITHAME.	DICHAS.	PALME.	DOIGT.
Παρασάγγης, σχοῖνος.	2½	* 4.	16.	* 30.	90.	180.	180.	300.	1800.	3000.	4000.	7200.	12000.	14400.	18000.	21600	24000.	36000.	72000.	
	[illegible][1].	1⅗.	6.	* 12.	36.	72.	72.	120.	720.	* 1200	1600.	2880.	* 4800.	5760.	7200.	8640.	9600.	14400.	28800.	
		Μίλιον.	3¾.	* 7½.	22½.	45.	* 45	75.	* 450.	* 750.	1000.	* 1800.	* 3000.	3600.	* 4500 [2].	* 5400.	6000.	9000.	18000.	
			Δίαυλος.	* 2.	6.	12.	* 12.	20.	* 120.	200.	266⅔.	480.	* 800.	960.	* 1200.	* 1440.	1600.	2400.	4800.	
				Στάδιον.	3.	6.	* 6.	10.	* 60.	100.	133⅓.	240.	* 400.	480.	* 600.	* 720.	800.	1200.	2400.	9600.
					Σχοινίον τὸ μῆκος.	2.	* 2.	3⅓.	* 20.	33⅓.	44 4/9.	80.	* 133⅓.	160.	* 200.	* 240.	266⅔.	400.	800.	3200.
						Σχοινίον τὸ πλάτος.	* 1.	1⅔.	10.	16⅔.	22 2/9.	40.	66⅔.	80	* 100.	* 120.	133⅓.	200.	400	1600.
							Πλέθρον.	1⅔.	* 10.	16⅔.	22 2/9.	40.	* 66⅔.	80.	* 100.	* 120.	133⅓.	200.	400.	1600.
								Ἄμμα[3].	6.	10.	13⅓.	24.	* 40.	48.	* 60	* 72.	80.	120.	240.	960.
									Ἄκαινα, Κάλαμος.	1⅔.	2 2/9.	4.	* 6⅔.	8.	* 10.	* 12.	13⅓.	20.	40.	* 160.
										Ὀργυιά.	* 1⅓.	2⅖.	* 4	4⅘.	* 6.	* 7⅕.	8.	12.	24.	96.
											Ξύλον.	1⅘.	* 3.	3⅗.	* 4½.	5⅖.	6.	9.	* 18.	* 72.
												Βῆμα.	* 1⅔.	2.	2½.	3.	3⅓.	5.	* 10.	* 40.
													Πῆχυς ξυλοπριστικός[4].	1⅕.	1½.	1⅘.	2.	3.	* 6.	* 24.
														Πυγών.	1¼.	1½.	1⅔.	2½.	* 5.	* 20.
															Ποὺς φιλεταίρειος.	1⅕.	1⅓.	2.	* 4.	* 16.
																Ποὺς ἰταλικός.	1⅑.	1⅔.	3⅓.	* 13⅓.
																	Σπιθαμή.	1½.	* 3.	* 12.
																		Διχάς.	* 2.	* 8.
																			Παλαιστή.	* 4.
																				Δάκτυλος.

* Les nombres accompagnés d'une étoile sont rapportés dans le texte de Héron ; les autres sont conclus.

[1] Suivant Éd. Bernard.

[2] Cette mesure de *mille* vaut 5000 pieds de la mesure de Pline, ou 1000 *xylon*.

[3] Le même que le σχοινίον τοῦ σπορίμου, ou schœnion des terres labourées du tableau III.

[4] Le même que la coudée lithique du tableau III.

(III.) TABLEAU DES MESURES ÉGYPTIENNES
DU TEMPS DE HÉRON D'ALEXANDRIE.

Ex Herone de Mensuris, juxta eam expositionem quæ jam obtinet dimetiendi rationem

(κατὰ τὴν νῦν κρατοῦσαν δύναμιν).

SCHŒNION des prés.	SCHŒNION ou σχοινίον des terres labourées.	ORGYIE.	BÊMA double.	BÊMA simple.	COUDÉES.	COUDÉE lithique.	PIED.	SPITHAME.	DICHAS.	PALME.	CONDYLE.	DOIGT.
Σχοινίον τοῦ λιβαδίου.	1 1/5.	* 12.	14 2/5.	28 4/5.	36.	48.	72.	96.	144.	288.	576.	1152.
	Σχοινίον ὁ συνάριον τοῦ σπορίμου.	* 10.	12.	24.	30.	40.	60.	80.	120.	240.	480.	960.
		Ὀργυιά.	1 1/5.	2 2/5.	3.	4.	6.	8 *.	12.	24.	48.	96.
			Βῆμα διπλοῦν.	2.	2 1/2.	3 1/3.	* 5.	* 6 2/3.	10.	* 20.	* 40.	* 80.
				Βῆμα ἁπλοῦν.	1 1/4.	1 2/3.	* 2 1/2.	* 3 1/3.	5.	* 10.	* 20.	* 40.
					Πῆχυς.	1 1/3.	* 2.	* 2 2/3.	4.	* 8.	* 16.	* 32.
						Πῆχυς λίθινος.	* 1 1/2.	* 2.	3.	* 6.	* 12.	* 24.
							Ποῦς.	* 1 1/3.	2.	* 4.	* 8.	* 16.
								Σπιθαμή.	1 1/2.	* 3.	* 6.	* 12.
									Διχάς.	* 2.	* 4.	* 8.
										Παλαιστή.	2.	* 4.
											Κόνδυλος.	* 2.
												Δάκτυλος.

* Les nombres accompagnés d'une étoile sont textuellement rapportés dans les fragmens de Héron.

¹ Il y a, d'après le texte, 9 1/2, au lieu de 8; les valeurs de l'orgyie, étant calculées sur ce pied, seraient d'une complication sujette à difficulté. Héron lui-même dit ailleurs que l'orgyie a 4 coudées; ce qui fait 8 spithames. (*Voyez* le mémoire, chapitre IX, page 217.)

(IV.)

TABLEAU COMPOSÉ D'APRÈS LE FRAGMENT SUR LES MESURES ATTRIBUÉ A S. ÉPIPHANE,

Περὶ Παλαιστῶν Μέτρων (de Quantitate Mensurarum),

COMPRENANT PLUSIEURS MESURES DES ÉGYPTIENS ET DES HÉBREUX.

(V.)

TABLEAU

COMPOSÉ D'APRÈS DES FRAGMENS DE JULIEN L'ARCHITECTE, CONTENANT PLUSIEURS MESURES DES ÉGYPTIENS.

	Μίλιον (τὸ νῦν).	Στάδιον.	Πλέτρον.	Ἄκαινα.	Ὀργυιὰ γεωμετρ.	Ὀργυιὰ ἁπλᾶ.	Βῆμα.	Πῆχυς.	Ποῦς.	Pied de Pline.	Σπιθαμή. (¹)	Παλαιστή.
Mille de Strabon, Ératosthène et Polybe.	1 1/7.	8 1/7. *	55 5/7.	555 5/9.	833 1/3. *	933 1/3.	1666 2/3. *	3333 1/3.	5000.	5555 5/9.	6666 2/3. *	20000.
Mille du temps de Julien.		7 1/2. *	50	500.	750. *	840. *	1500. *	3000.	4500.	5000.	6000. *	18000.
Grand stade égyptien.			6 2/3.	66 2/3.	100.	112. *	200.	400.	600.	666 2/3.	800.	2400.
Mesure formée sur le pied de Pline.............			Plèthre.	10. *	15. *	16 4/5.	30. *	60. *	90. *	100.	120.	360.
Mesure formée sur le pied de Pline.				Acæne.	1 1/2. *	1 17/27.	3.	6.	9.	10.	12.	36.
					Orgyie géométrique.	1 1/17. *	2.	4.	6.	6 2/3.	8.	24.
						Orgyie simple.	1 11/14.	3 4/7.	5 5/14.	5 10/21.	7 1/7.	21 3/7.
							Pas. *	2.	3.	3 1/3.	4.	12. *
								Coudée égyptienne.	1 1/2.	1 2/3.	2.	6.
									Pied égyptien.	1 1/9.	1 1/3.	4.
										Pied de Pline.	1 1/5.	3 3/5.
											Spithame.	3.
												Palme.

(¹) Il y a πῆχεις dans le texte, pour σπιθαμάς.
* Les nombres marqués d'une étoile sont ceux qui sont tirés des passages de Julien; les autres sont conclus.

(VI.) MESURES DES HÉBREUX, COMPARÉES AVEC QUELQUES AUTRES MESURES.

(VII.) **MESURES ROMAINES LINÉAIRES.**

	Iter pedestre	Mille romain.	Μίλιον.	Hippi-con.	Stade.	Petit chef du jugère.	Décu-ple romain.	Pas romain.	Coudée.	Pygon.	Pied.	Pied de Pline.	Spithame.	Palme.	Condyle.	Uncia.	Doigt.	Valeurs en mètres.
Suivant Procope (*Éd. Bonn.*)............ *Stathmos*	1 1/3.	26 1/4.	28.	52 1/2.	210.	1093 3/4.	13125.	26250.	87500.	105000.	131250.	140000.	175000.	525000.	1050000.	1575000.	2100000.	38791,5.
Chemin de pied pendant un jour (*Polybe, Tite-Live*) (le même que le *stathmos persique*)... *Iter pedestre*	18 3/4.	20.	37 1/2.	150.	781 1/4.	9375.	18750.	62500.	75000.	93750.	100000.	125000.	375000.	750000.	1125000.	1500000.	27708,2.
Mille des itinéraires, mille des auteurs latins........................ *Mille romain.*		1 1/15.	2.	8.	41 2/3.	500.	1000.	3333 1/3.	4000.	5000.	5333 1/3.	6666 2/3.	20000.	40000.	60000.	80000.	1477,78.
D'après Plutarque, Julien, Héron... *Μίλιον.*		1 7/8.		7 1/2.	39 1/16.	468 3/4.	937 1/2.	3125.	3750.	4687 1/2.	5000.	6250.	18750.	37500.	56250.	75000.	1385,41.
Longueur de l'hippodrome attribué à Romulus, *Circus equestris*........ *Hippicon.*				4.	20 5/6.	250.	500.	1666 2/3.	2000.	2500.	2666 2/3.	3333 1/3.	10000.	20000.	30000.	40000.	738,88.
Le même que le stade grec ou égyptien..... *Stade.*					5 1/24.	62 1/2.	125.	416 2/3.	500.	625.	666 2/3.	833 1/3.	2500.	5000.	7500.	10000.	184,72.
Le jugère, rectangle de 120 pieds sur 240....... *Petit chef du jugère.*						12.	24.	80.	96.	120.	128.	160.	480.	960.	1440.	1920.	35,472.
Virga decempedalis, pertica romana. *Décu-ple romain.*							2.	6 2/3.	8.	10.	10 2/3.	13 1/3.	40.	80.	120.	160.	2,956.
Pas géométrique ou des arpenteurs, pas double... *Pas romain.*								3 1/3.	4.	5.	5 1/3.	6 2/3.	20.	40.	60.	80.	1,478.
Coudée d'un pied romain et demi............. *Coudée.*									1 1/5.	1 1/2.	1 3/5.	2.	6.	12.	18.	24.	0,4434.
Palmipes........................ *Pygon.*										1 1/4.	1 1/3.	1 2/3.	5.	10.	15.	20.	0,3695.
Pied.											1 1/15.	1 1/4.	4.	8.	12.	16.	0,2956.
Pied de Pline.												1 1/4.	3 3/4.	7 1/2.	11 1/4.	15.	0,2771.
Spithame.													3.	6.	9.	12.	0,2217.
Palme.														2.	3.	4.	0,0739.
Condyle.															1 1/2.	2.	0,03695.
Travers du pouce..... *Uncia.*																1 1/3.	0,02463.
Doigt.																	0,01847.

Voyez le chapitre ix du mémoire.

MESURES LINÉAIRES DES ARABES, ANCIENNES ET ACTUELLES.

	MARHALAH.	FARSAKH ou Parasange. (*)	MILLE hachémique. (*)	GHALOUAH ou Stade.	* CORDE du feddân.	ASLA.	* QASAB de Gyzeh.	* QASAB plus petit.	QASAB hachémique.	BÂTOUA. (*)	* QAMAH. (*)	* PYK stamboly.	COUDÉE hachémique ou Koufique.	* PYK belady.	* COUDÉE du meqyâs.	COUDÉE noire.	COUDÉE commune. (*)	PIED. (*)	* CHEBER. (*)	* FETER. (*)	QABDAH.	A'QD.	* QYRAT du meqyâs.	* ESBA'. (*)	CHAÏRYH.	SA'RA.
Beryd égyptien.	3.	20.	60.	500.	1440.	3000.	28800.		30000.	60000.	144000.		180000.	192000.		213333 1/3.	240000.	360000.	480000.	576000.	1440000.			5760000.	34560000.	207360000.
Mohgrâ.	Marhalah.	6 2/3.	20.	166 2/3.	480.	1000.	9600.		10000.	20000.	48000.		60000.	64000.		71111 1/9.	80000.	120000.	160000.	192000.	480000.			1920000.	11520000.	69120000.
Parasange égypt.		Farsakh ou Parasange.	3.	25.	72.	150.	1440.		1500.	3000.	7200.		9000.	9600.		10666 2/3.	12000.	18000.	24000.	28800.	72000.			288000.	1728000.	10368000.
Mille arabe (*Éd. Bernard*).			Mille hachémique.	8 1/3.	24.	50.	480.		500.	1000.	2400.		3000.	3200.		3555 5/9.	4000.	6000.	8000.	9600.	24000.			96000.	576000.	3456000.
Stade de Ptolémée, adopté par les Arabes				Ghalouah.	2 22/25.	6.	57 3/5.		60.	120.	288.		360.	384.	411 3/7.	426 2/3.	480.	720.	960.	1152.	2880.			11520.	69120.	414720.
Mesure servant à l'arpentage					Corde du feddân.	2 1/12.	20.	20 5/7.	20 5/6.	41 2/3.	100.		125.	133 1/3.	142 6/7.	148 4/27.	166 2/3.	250.	333 1/3.	400.	1000.	3000.		4000.	24000.	144000.
Mesure d'origine persane (*Éd. Bernard*)						Asla.	9 3/5.	9 [illegible]	10.	20.	48.		60.	64.	68 4/7.	71 1/9.	80.	120.	160.	192.	480.	1440.		1920.	11520.	69120.
Mesure actuelle, comprise 20 fois au côté du feddân							Qasab de Gyzeh.	1 1/28.	1 1/24.	2 1/12.	5.	5 [illegible]	6 1/4.	6 2/3.	7 1/7.	7 11/27.	8 1/3.	12 1/2.	16 2/3.	20.	50.	150.	171 3/7.	200.	1200.	7200.
Mesure plus petite du qasab, que l'on trouve au Kaire. (*Voyez* l'Annuaire du Kaire.)								Qasab plus petit.	1 [illegible]	2 [illegible]	4 [illegible]	5 [illegible]	6 [illegible]	6 [illegible]	7 [illegible]	7 [illegible]	8 [illegible]	12 [illegible]	16 1/4.	19 1/2.	48 3/4.	146 1/4.	167 [illegible]	195.	1170.	7020.
D'après Kalkaschendi, etc. (*Voyez* Éd. Bernard.)									Qasab hachémique.	2.	4 4/5.	5 [illegible]	6.	6 2/5.	6 6/7.	7 1/9.	8.	12.	16.	19 1/5.	48.	144.	164 4/7.	192.	1152.	6912.
Orgyie égyptienne										Bâtoua.	2 2/5.	2 [illegible]	3.	3 1/5.	3 3/7.	3 5/9.	4.	6.	8.	9 3/5.	24.	72.	82 2/7.	96.	576.	3456.
Mesure aujourd'hui employée par les ouvriers en bâtiment; *bêma haploun* de Héron											Qamah.	1 1/7.	1 1/4.	1 1/3.	1 3/7.	1 13/27.	1 2/3.	2 1/2.	3 1/3.	4.	10.	30.	34 2/7.	40.	240.	1440.
Mesure qui passe pour venir de Constantinople : la valeur, publiée dans l'Annuaire du Kaire, est de 0m,677 (voyez le tableau IX)												Pyk stamboly.	1 [illegible]	1 [illegible]	1 [illegible]	1 [illegible]	1 [illegible]	2 [illegible]	2 [illegible]	3 [illegible]	8 [illegible]	26 1/4.	30.	35.	210.	1260.
Ancienne coudée arabe, royale, des rois de Perse, etc. (*Voyez* Éd. Bern.) *Grande coudée de Héron*[1]													Coudée hachémique ou koufique.	1 1/15.	1 1/7.	1 5/27.	1 1/3.	2.	2 2/3.	3 1/5.	8.	24.	27 3/7.	32.	192.	1152.
Coudée universellement usitée dans toute l'Égypte, *derâ' belady*														Pyk belady.	1 1/14.	1 1/9.	1 1/4.	1 7/8.	2 1/2.	3.	7 1/2.	22 1/2.	25 5/7.	30.	180.	1080.
Coudée du meqyâs ou nilomètre de l'île de Roudah[1]															Coudée du meqyâs.	1 1/27.	1 1/6.	1 3/4.	2 1/3.	2 4/5.	7.	21.	24.	28.	168.	1008.
Coudée d'Al-Mâmoun																Coudée noire.	1 1/8.	1 11/16.	2 1/4.	2 7/10.	6 3/4.	20 1/4.	23 1/7.	27.	162.	972.
Coudée des Arabes dite *nouvelle*, *juste*, *médiocre*; la même que la coudée d'Hérodote et la coudée virile de la Bible, *coudée égyptienne*; coudée vulgaire, petite coudée, etc. (*Voyez* Éd. Bernard.)																	Coudée commune.	1 1/2.	2.	2 2/5.	6.	18.	20 4/7.	24.	144.	864.
Pied arabe, pied grec, *pied égyptien*																		Pied.	1 1/3.	1 3/5.	4.	12.	13 5/7.	16.	96.	576.
Mesure égale à la demi-coudée égyptienne, ou *spithame*																			Cheber.	1 1/5.	3.	9.	10 2/7.	12.	72.	432.
Mesure égale à l'*orthodoron* de Héron																				Feter.	2 1/2.	7 1/2.	8 4/7.	10.	60.	360.
Palme arabe, *palme égyptien*																					Qabdah.	3.	3 3/7.	4.	24.	144.
Nœud (*pollex*, *uncia*)																						A'qd.	1 1/7.	1 1/3.	8.	48.
24e partie de la coudée du nilomètre de Roudah																							Qyrat du meqyâs.	1 1/6.	7.	42.
Doigt arabe, grec, égyptien																								Esba'.	6.	36.
Largeur d'un grain d'orge																									Chaïryh.	6.
Largeur d'un crin de cheval ou de chameau																										Sa'ra.

* Mesures aujourd'hui en usage au Kaire et dans le reste de l'Égypte.
(*) Mesures de l'ancien système métrique égyptien.
[1] La coudée fictive du meqyâs est égale à 0m,5[illegible]. *Voyez* le mémoire, page 169.

(IX.)   **TABLEAU DES DIVERSES MESURES DE COUDÉES,**

ANTIQUES ET MODERNES.

		Grande coudée de Hâsem, Coudée hachémique.	Pyk ou derá' belady.	Coudée kéhézique.	Coudée du meqyâs.	Coudée d'Éléphantine.	Coudée noire.	Coudée résultant de l'ensemble du système métrique.	Coudée égyptienne.	Coudée romaine.	Doigt égyptien.	Valeurs en mètres
Coudée de Constantinople, en usage au Kaire.......	Pyk ou derá' stambouly.	$1\frac{1}{17}$	$1\frac{1}{6}$	$1\frac{1}{5}$	$1\frac{1}{4}$	$1\frac{11}{57}$	$1\frac{8}{27}$	$1\frac{5}{14}$	$1\frac{11}{14}$	$1\frac{37}{176}$	35.	0,674 (¹)
Coudée royle., hachémique, des Arabes.	Grande coudée hachémique.		$1\frac{1}{17}$	$1\frac{1}{9}$	$1\frac{1}{7}$	$1\frac{1}{27}$	$1\frac{1}{5}$	$1\frac{1}{4}$	$1\frac{4}{7}$	$1\frac{7}{73}$	32.	0,6137
Coudée du pays; coudée employée au Kaire pour le mesurage des étoffes, etc........	Pyk ou derá' beledy.			$1\frac{1}{17}$	$1\frac{1}{14}$	$1\frac{1}{15}$	$1\frac{1}{9}$	$1\frac{1}{8}$	$1\frac{1}{2}$	$1\frac{27}{56}$	30.	0,5773
Coudée légale du sanctuaire, etc....:.....		Coudée kéhézique.		$1\frac{1}{17}$	$1\frac{1}{13}$	$1\frac{1}{17}$	$1\frac{1}{11}$	$1\frac{1}{4}$	$1\frac{1}{3}$		28 ⅔.	0,5542
Coudée du nilomètre de Roudah; mesure qui paraît être la nouvelle coudée grecque de Polybe........		Coudée du meqyâs.	$1\frac{1}{7}$		$1\frac{1}{79}$	$1\frac{1}{10}$	$1\frac{1}{6}$	$1\frac{11}{145}$		28.	0,5390
Terme moyen des échelles graduées à Éléphantine......			Coudée d'Éléphantine.		$1\frac{1}{21}$	$1\frac{1}{16}$	$1\frac{1}{15}$	$1\frac{1}{11}$	$1\frac{161}{134}$	27 ½.	0,527
Mesure d'Al-Mâmoun...............				Coudée noire.		$1\frac{1}{79}$	$1\frac{1}{5}$	$1\frac{1}{4}$	$1\frac{19}{27}$	27.	0,5196
Mesure qui répond à la coudée royale babylonienne et au pied Aliprand ou de Luitprand, égale à une tierce de degré.....					Coudée résultant de l'ensemble du système métrique.		$1\frac{1}{7}$	$1\frac{7}{108}$	26 ⅓.	0,5131
Coudée des Grecs, d'Hérodote; coudée de Samos; coudée commune de Moïse, d'Ézéchiel, des Hébreux, des Babyloniens et des Chaldéens; juste, médiocre, commune des Arabes.....					Coudée égyptienne.				$1\frac{11}{14}$	24.	0,4618
Coudée formée d'un pied romain et demi.............							Coudée romaine.		23 ⅕.	0,4434
Doigt vulgaire, commun, juste, etc...............									Doigt égyptien.		0,01925

(¹) Le pyk stambouly, mesuré au Kaire, est de 677 millimètres; il est réduit ici à 674, pour pouvoir être comparé à la coudée du meqyâs et au pyk belady.

(X.) EXTRAIT DU TABLEAU COMPARÉ DU SYSTÈME MÉTRIQUE DES ANCIENS ÉGYPTIENS ET DES PRINCIPALES MESURES LONGUES DES AUTRES NATIONS.

BARREAU
FRANÇAIS.

COLLECTION
DES CHEFS-D'OEUVRE
DE L'ELOQUENCE JUDICIAIRE
EN FRANCE

Par Omer Talon, Denis Talon, Patru, Lemaître, Pélisson, Erard, d'Aguesseau, Cochin, Montesquieu, Gerbier, Loyseau de Mauléon, Dupaty, Elie de Beaumont, Lally-Tollendal, Linguet, Beaumarchais, Servan, Mirabeau, Lacretelle, Target, Portalis, Duveyrier, Bergasse, Courvoisier, Lacretelle, Simeon, etc., etc. (*Ancien Barreau*).

Et par Bellart, Berryer, Billecocq, Bonnet, Berville, Chauveau-Lagarde, Dupin, Ferrère, Guichard, Hennequin, Lainé, Mauguin, Marchangy, Mahouin, Quinquet, Ravez, Roguière, Tripier, Vatimenil, etc. etc. (*Barreau moderne*).

RECUEILLIE PAR MM. CLAIR ET CLAPIER,
AVOCATS.

SEPT VOLUMES ONT DÉJÀ PARU
Les huitième et neuvième seront mis en vente incessamment.

L'ouvrage paraît par souscription; un volume in-8° sur très-beau papier, toutes les six semaines.

Le prix de chaque volume est de SIX FRANCS, et de HUIT FRANCS franc de port par la poste.

La Collection formera seize volumes; il n'en sera pas publié un seul au-delà. L'éditeur s'engage formellement à donner *gratis* le dix-septième et les suivans, s'il les publiait.

Ce Recueil présentera cet avantage, que, pour une somme modique, on pourra se procurer des ouvrages qui, achetés séparément, coûtent des sommes considérables, et que souvent même on ne peut plus retrouver.

La souscription est ouverte chez l'éditeur C. L. F. Panckoucke, rue des Poitevins, n°. 14, et chez tous les libraires de la France et de l'étranger.

Chaque volume est de 450 à 500 pages, imprimé sur très-beau papier des Vosges, des fabriques de M. Desgranges.

www.ingramcontent.com/pod-product-compliance
Lightning Source LLC
Chambersburg PA
CBHW060403230426
43663CB00008B/1370